지방자치론

제 4 판 ── 정치와 정책

이승종 | 김대욱 | 김윤지

LOCAL AUTONOMY

박영사

　　한국지방자치는 새로운 환경변화에 따른 시험대에 직면해있다. 중요한 원인 중의 하나는 팬데믹시대의 도래이다. 2020년 초부터 전 세계로 확산된 COVID19 팬데믹 사태는 건강에 대한 직접적 위협을 넘어 사회전반에 걸쳐 총체적 위기요인이 되었고, 이에 대한 대응과정에서 국가는 광범한 사회분야에 걸쳐 전례없이 적극적 역할을 수행하고 있다. 이른바 국가의 귀환이다. 문제는 이같은 상황이 그 필요성에도 불구하고 자치단체의 역할, 정부간 관계, 그리고 시민적 자율에 대하여 새로운 시험이 되고 있다는 점이다. 지방자치의 정체성과 방향정립에 대하여 새로운 성찰이 요청되는 이유이다. 또 다른 원인 역시 팬데믹과 관련된다. 팬데믹시대 하에서 시민의 경제생활과 삶의 질은 중대한 위협을 받게 되었으며 이에 따라 생활안전과 웰빙(행복)에 대한 시민의 감수성이 크게 증대되었다. 이에 더하여 팬데믹의 위협에 따라 시민의 이동성에 대한 자율적, 타율적 제한이 강화되고 비대면 접촉이 대면접촉을 상당 부분 대치하면서 시민의 정주성이 강화되었다. 이 같은 경향이 강화되면 될수록 주민의 생활근거에 근접한 지방자치단체에 대한 역할기대가 더 커지게 된다. 지방정부의 획기적 역량강화가 요청되는 이유이다. 또 다른 중요한 요인은 인구구조의 변화이다. 주지하다시피 한국의 노령화는 저출산, 평균 수명 연장 등과 겹쳐 세계에서 유래가 없을 정도로 빠르게 진행되고 있다. 농촌지역의 노령화는 특히 심각하다. 문제는 노령화가 한편으로는 노인복지와 접근행정 수요의 증가에 따른 지출요인 증대를, 다른 한편으로는 생산활동 위축과 담세능력 저하에 따른 수입요인 감소를 초래하여 행재정 역량이 열악한 자치단체 특히 군 단위 자치단체에게 존폐의 위협요인이 된다는 것이다. 지방행정체제 개편, 서비스전달체계 혁신, 커뮤니티 참여거버넌스 체제 구축 등 획기적 대책이 요청되는 이유이다.

이러한 문제의식을 갖고 개정작업을 시작하였으나 사정이 여의치않아 다음 개정작업의 과제로 남겨두고, 이번에는 일부 내용에 국한하여 개정작업을 하였다. 개정 내용은 크게 두 가지이다. 첫째, 그간 변화된 지방자치제도의 변화를 반영하였다. 특히 2020년 12월에 개정된 지방자치법의 내용을 반영하여 책의 내용 곳곳을 수정하였다. 공포 후 1년 후 시행예정인 동 개정법률은 지방자치단체 기관구성의 다양화 근거 마련, 중앙지방협력회의 설치, 특례시 설치, 지방의회 사무직원에 대한 지방의회의장의 인사권 강화, 규칙에 관한 주민의견 제출권 부여, 기초자치단체의 위법부당행위에 대한 중앙정부의 개입 강화 등 몇 가지 중요한 변화를 포함하고 있어 이에 대한 논의가 필요하였다. 둘째, 지방재정에 관한 장을 새로 마련하였다. 재정은 지방자치 수행의 근간요소 중 하나임에도 불구하고 지금까지 이 책에서는 별도로 다루지 않았는데 늦게나마 보완을 시작하게 되었다.

　　이번 개정작업에는 필자의 연구실에서 함께 수학한 바 있는 젊고 유능한 두 학자가 공동으로 참여하였다. 보람으로 생각하며 이들의 참여를 계기로 이 책이 한국지방자치에 관한 연구와 실천에 보다 의미있는 기여를 하게 될 것으로 기대한다. 아울러 어려운 여건에도 불구하고 개정기회를 주신 박영사 안종만 회장님, 조성호 이사님, 편집부 전채린 과장님께 감사드린다.

2021년 2월
저자들을 대표하며
이승종

제2판 수정 이후 짧지 않은 기간이 경과하면서 지방자치제도와 현상에 적지 않은 변화가 일어났으며 그에 따라 책의 내용이 현실을 반영하지 못하는 부분이 많이 생겼다. 이번 개정작업에서는 급한대로 제도와 부합하지 않는 부분을 수정하였다. 주로 제도변화에 따른 내용이다. 즉, 2000년대 중반 이후 도입된 주민투표제, 주민소환제, 주민소송제 등 직접민주제도의 확충과 관련한 사항과 함께 교육자치제의 변화, 지방의회제도의 변화, 주민자치제도의 변화에 대한 사항 등을 수정하였다. 물론 그간 일어난 변화가 법제도적 측면에서만 일어난 것은 아니며, 제도변화와 함께 정책과 행태변화가 적지 않게 일어났다. 중요한 참여제도가 확충되면서 추가적 참여제도가 확충되고, 지방정치의 지평에도 많은 변화가 생겼다. 분권과 참여에 매진한 정부와 국가경쟁력 강화에 매진한 정부를 지나면서 지방정부의 리더십과 정책대응 양상도 변화를 보였다. 이명박 정부 때 지방행정체제개편추진위원회가 가동되면서 지방행정체제에 대한 논의가 새롭게 이루어지면서 집권과 분권진영간의 정책대결이 전개되기도 하였다. 박근혜 정부가 들어서면서 국민행복을 정책중심에 부각시킴에 따라 지금까지 과정과 절차를 중심으로 전개되던 지방자치 논의가 국민에게 미치는 결과를 중심으로 새로운 양상으로 전개될 가능성도 있다. 이같은 점을 종합적으로 고려한 개정작업은 부득이 다음 개정작업으로 미뤄야만 하게 되었다. 바쁜 중 시간을 쪼개어 개정작업을 도와준 제자 김대욱 박사에게 고마움을 표한다. 또한 게으른 저자를 깨워 시급한 개정의 기회를 주신 박영사 안종만 회장님과 조성호 부장님께 감사드린다.

2014년 2월
이승종

제 2 판에서는 초판에서 발견된 일부 오류를 수정하는 외에 그간 진행된 저자의 연구작업 중 일부를 발췌하여 추가하였다.

첫째, 지금까지 지방자치에 대한 논의는 주로 분권과 참여를 중심으로 전개되었다. 그러나 분권과 참여가 아무리 확장되어도 그에 대응할 지방정부의 능력이 담보되지 않고는 지방자치의 정착·발전을 기대하기 어렵다는 인식이 확산되고 있다. 제 7 장 "지방정부의 책임성과 역량"에 대한 논의는 이에 대한 대응논의의 하나이다.

둘째, 현 정부는 지방분권정책과 지역균형발전정책을 병렬적으로 추진하고 있는바, 그와 같은 정책방향이 과연 바람직한가에 대한 논의가 진행되면서 사회적 갈등이 증폭되는 현상마저 생기고 있다. 이와 관련하여 제20장에서 지방분권과 균형발전의 관계와 바람직한 정책방향에 대하여 논의한다.

셋째, 지방자치는 지방의 자율과 창의에 의한 정책혁신이 자연스럽게 다른 지방으로 확산될 것을 예정한다. 그러나 실제 지방의 정책혁신이 어떻게 확산되는가에 대한 이론적 합의는 아직 이루어지지 않은 상황이다. 이와 관련하여 최근 모든 정책과정의 설명에는 시간요인의 고려가 중요하다는 이론적 주장이 제기되었다. 제27장에서는 지방행정정보공개조례의 확산을 사례로 하여 그와 같은 이론적 진전이 지방혁신정책의 확산에 어떻게 적용되는가를 검토한다.

아울러 개정의 기회를 허락해 주신 안종만 회장님, 조성호 차장님 등 박영사 관계자 여러분께 감사드린다.

2005년 5월
이승종

머리말

　저자가 이해하는 한, 지방자치는 지역주민의 복지증진을 궁극적 목표로 하며, 그 목적을 달성하기 위하여 분권, 참여, 그리고 지방정부의 정책중립성을 중요요소로 포함하여야 한다. 보유한 권한 없이 지방정부가 주민의 복지에 기여할 수는 없을 것이고, 주민의 의사투입 없이 지방정책이 주민이 원하는 방향으로 수립·시행되기는 어려울 것이며, 불평등한 정책으로 다수 주민의 이익을 충족시킬 수는 없는 노릇이기 때문이다. 그러므로 지방자치는 이 세 가지 요소에 대한 고른 관심하에서 추진되어야만 하는 것이다.

　그럼에도 불구하고 우리의 지방자치는 다른 요소에 대한 관심을 소홀히 한 채 지나치게 분권요소에 경도되어 추진되고 있어 문제시된다. 물론 아직까지 지방자치의 정착·발전에 필요한 적정수준의 분권화가 이루어지지 않은 현 상황을 고려할 때 분권에 대한 관심 집중은 불가피한 측면이 없지 않다. 사실 분권화가 이루어지지 않은 상태에서의 참여나 정책중립성의 강조는 의미 없는 것이기도 하다. 그렇다고 해서 지금과 같은 분권화 일변도의 지방자치를 그대로 수용할 수는 없다. 그간 분권화에 대한 지속적인 강조에도 불구하고 실제로 분권화가 괄목할 만하게 진전되지도 않았다는 점은 논외로 하더라도, 분권 일변도의 지방자치는 기본적으로 주민과 괴리되어 주민복지에 기여할 수 없을 것이기 때문이다.

　돌이켜 보건대, 지방자치를 재개할 당시 지방자치는 희망의 대명사인 듯했다. 많은 사람들은 대통령 직선제로 이어진 중앙차원의 민주화 움직임이 마침내 지방차원의 민주화로 확대되는 것을 환영하는 한편, 이러한 정치적 변화를 통하여 주민복지의 현저한 신장이 이루어질 것이라는 장밋빛 기대를 숨기지 않았었다. 그러나 십 년도 지나지 않은 현 시점에서 지방자치에 대한 사회적 반응은 무관심 내지는 회의적 시각으로 퇴색되어 한때의 기대를 무색하게 하고 있다. 학계를 중심으로 보다 긍정적인 평가가 제기되고 있음에도 불구하고 지방자치에 대한 사회적 반응은 대체로 부정적이다.

왜 이 같은 시각의 변화가 발생하였는가? 여기에는 지방자치에 대한 과잉기대, 일부 지방공직자들의 파행적 행태, 언론의 상업주의적 시각 등이 적지 않게 작용하였다. 그러나 보다 근원적 원인은 분권과 동일시되어 추진되어 온 지방자치가 주민의 참여나 정책의 형평성 문제를 도외시한 데서 찾아야 한다. 기본적으로 상위정부와 하위정부간에 이루어지는 권력분산행위로서의 분권은 지역주민의 의사와는 별 연관 없이 정부기구 내부에서 배타적으로 이루어질 수 있는 성질의 것이다. 그런데, 우리의 지방자치는 이러한 분권요소에만 치중하여 전개됨으로써 공직자 그들만의 잔치로 전락하였고 정작 지방자치의 주역이 되어야 할 주민은 구경꾼으로 밀어내고 말았다. 뿐만 아니라 주민의 역동적 참여를 위한 기제가 마련되어 있지 않은 상황에서 지방의 정책과정은 지역토호를 중심으로 한 일부 지배집단의 과도한 영향력하에 놓이게 되었으며, 따라서 전체 주민의 공평한 이익보장이 위협받게 되었다. 이러한 상황에서 지방자치에 대한 주민의 무관심이나 냉소는 결코 놀라운 일이 아니며 오히려 당연한 귀결이 아닐 수 없다고 하겠다.

그러나 회의적 시각이 확산되었다고 해서 어렵게 재개한 지방자치를 무작정 포기할 수는 없다. 이미 지방화는 돌이키기 어려운 시대적 조류일 뿐 아니라, 짧은 기간 동안의 시행에도 불구하고 그간 우리의 지방자치는 제한적이나마 의미 있는 변화를 불러일으키고 있기 때문이다. 지방정부에 대한 중앙의 권위주의적 태도의 수정, 지방정부의 자율적 정책추진 노력, 공직자 가치관의 민주화, 지방정책에 대한 주민의 참여욕구 표출 등은 긍정적 변화의 예라 할 수 있을 것이다. 물론 그러한 변화의 크기 자체는 여전히 미흡하지만, 그 같은 변화가 지방자치의 실시가 아니고서는 일어나기 어려운 성질의 것이라는 점을 고려할 때, 우리는 지방자치의 유지 필요성을 재확인하게 된다. 다만, 지방자치를 소기의 목적에 부응하도록 정착·발전시키기 위하여는 현재의 파행적 지방자치 기조는 수정되어야 하며, 지방자치의 제 요소에 대한 균형감각을 가지고 추진되어야 한다. 즉, 적정한 수준의 분권화 노력을 지속하면서도 지방자치 과정에서의 주민의 역할을 강화하고, 지방정책의 중립성을 제고하려는 노력을 균형적으로 기울여 나가야만 하는 것이다.

이 책은 이러한 기본적 인식을 갖고 그간 써온 글 중 일부를 수정 또는 보완하여 편집한 것이다. 그렇게 함에 있어서 지방정부, 정부간 관계 외에 주민 참여 및 지방정책의 형평성에 관한 원고를 여럿 포함시킨 것은 저자의 관심방향을 반영한 것이라 하겠다. 아무쪼록 이러한 글들이 우리의 지방자치에 대한 균형적 시각 확립에 작으나마 기여가 되었으면 하는 바램이다. 아울러 이 자리를 빌어 책의 출간을 격려하고 조언해 준 성균관대 김현구 교수님, 인하대 이기우 교수 및 한국지방행정연구원 이상용 박사, 3장과 10장을 각각 공동 집필하여 준 아주대 김홍식 교수와 대림대학 유희숙 교수, 편집을 도와 준 서울대 대학원의 강지영 석사와 성균관대 대학원의 김진덕 조교, 그리고 이 책의 출판을 맡아 준 안종만 회장님, 황인욱 상무님 등 박영사 관계자 여러분들께 고마움을 표한다. 부족한 것이지만 이 책은 아름다운 삶을 살다가 먼저 귀향한 평종 형님과 처남 동휘 형님에게 가족들의 마음을 함께 실어 드린다. 에벤에셀!

2003년 2월
이승종

CHAPTER 02 자치단체장의 리더십

CHAPTER 03 자치단체장 정책행태의 국제비교

CHAPTER 04 지방재정: 이론과 실증

CHAPTER 05 의결기관과 집행기관의 관계   98

CHAPTER 06 주민-지방의원의 관계정립

CHAPTER 07　지방교육자치제의 발전방안

CHAPTER 08   지방정부의 정책결정과 주민참여

CHAPTER 09   삶의 질과 주민참여

CHAPTER 10   주민참여의 제도화

CHAPTER 11   지방공직자에 대한 주민접촉

CHAPTER 18 중앙과 지방정부간 관계와 과제

CHAPTER 19 지방정부간 관계와 과제

CHAPTER 20 분권과 균형발전

CHAPTER 21   지방정책과정 참여자간의 상대적 권력관계

CHAPTER 22   지방정부 공공서비스 배분의 형평성

CHAPTER 29   토착비리와 지방정치 혁신

▮ 서 론

　　1995년 6월에 단체장과 지방의회를 민선함으로써 지방자치가 본격적으로 재개된 지 수 십년이 경과하였다. 아직 단정적인 평가는 이르지만 지방자치는 우리 사회에 긍정적인 영향과 부정적인 영향을 동시에 가져온 것으로 생각된다. 긍정적인 효과로는 무엇보다 과거 중앙집권적 통치하에 비하여 지방의 공공의사결정과정이 보다 민주적인 변화를 보이고 있다는 점이다. 민선 후에 확산되고 있는 탈권위주의, 고객지향행정, 여론행정 내지는 참여행정의 강조, 주민의 정치효능감의 증대 등은 그 증거라 하겠다. 그러나 이와 함께 지방자치의 부정적인 영향도 적지 않게 관찰되고 있다. 예컨대, 선거로 인한 낭비와 분열, 지역과 지역, 중앙과 지방정부 간의 갈등, 지역부패구조의 형성, 참여요구확대에 따른 행정의 중립성 또는 효율성 저하, 지방의회와 단체장 간의 갈등으로 인한 부작용, 개발편향의 지방정책 등이 그것이다(이승종, 1995b). 이에 따라 일각에서 지방자치에 대한 회의적인 시각이 수그러들지 않고 있다. 그러나 일부 부정적 효과가 노정되고 있다고 해서 어렵게 출범한 지방자치를 시행초기인 현 시점에서 실시여부 자체를 다시 논쟁의 대상으로 삼는 것은 적절치 못하다. 그보다는 오히려 여하히 순기능을 살리고 역기능을 완화하여 지방자치를 조기에 정착발전시킬 수 있겠는가하는 것이 우리의 과제가 된다 할 것이다.

　　이와 관련하여 지금까지 학계와 실무계에서 다양한 지방자치 발전방향이 제시되고 또 연구되어 왔다. 그러나 지금까지의 노력들은 대개의 경우 장기적이고, 근본적인 시각에서 이루어지기보다는 단기적이고, 대응요법적인 방안을 위주로 하는 한계를 보여왔다. 그러나 21세기라는 새로운 시대를 목전에 둔 현

시점에서는 시대적 변화추세를 고려하여 보다 장기적인 관점에서 지방자치의 발전방향을 모색할 것이 요구된다 하겠다.

　보다 적실한 지방자치의 장기적 발전방향을 모색하기 위하여는 기본적으로 다음 두 가지 질문에 대한 해답이 필요하다. 첫째, 과연 지방자치란 무엇인가 하는 것이다. 지방자치에 대한 적실한 이해 없이 지방자치의 발전방향을 논하는 것은 무의미할 것이기 때문이다. 이를 위하여 본서는 종래의 지방자치에 대한 이해를 재검토하여 보다 적실한 재개념화를 시도한다. 둘째, 지방자치환경의 변화는 지방자치수요에 대하여 어떠한 영향을 미치게 될 것인가 하는 것이다. 환경의 변화와 무관히 지방자치의 발전을 논하는 것은 적실성에 있어서 근본적인 문제를 배태할 수밖에 없을 것이기 때문이다. 이와 관련, 본서는 새로이 구성된 지방자치의 개념요소를 분석의 틀로 하여 환경의 변화가 지방자치에 미치는 영향을 전망한다. 그리고 난 후, 이 두 가지 질문에 대한 논의를 기초로 하여 새로운 세기의 지방자치의 장기적 발전방향을 제시할 것이다.

Ⅱ 지방자치의 새로운 이해

1. 지방자치의 개념요소

　지방자치가 무엇인가에 대하여는 논자에 따라 약간의 차이가 있지만 일반적으로 "일정한 지역과 주민을 기초로 하는 공공단체가 지역 내의 공공사무를 지역주민 스스로 또는 대표를 통하여 처리하는 과정"으로 이해된다(정세욱, 22; 김학노, 24; 한원택, 140; 최창호, 45). 이러한 전통적 견해는 기본적으로 지방자치를 단체자치와 주민자치라는 두 가지 차원에서 파악하는 것이다. 여기에서 단체자치란 상위정부에 대한 지방정부의 자율성 측면에 관한 것으로서 상위정부와 지방정부 간의 분권/집권이 핵심문제가 되며, 주민자치는 지방정부에 대한 시민사회의 투입측면에 관계되는 것으로서 참여/통제가 핵심문제가 된다. 그리고 이러한 이해에 기초하여 지방자치는 상위정부로부터의 "분권"과 지방정책과정에 대한 시민의 "참여"로 요약된다.

　그러나 이 같은 전통적 견해는 지방의 자율성과 관련된 요소로서 상위정부로부터의 분권측면만을 강조함으로써 지방자치에 대한 적실한 이해를 방해하고 있다. 구체적으로, 전통적 견해는 지방에 대한 제약은 대부분 상위정부로부터 오며, 따라서 상위정부로부터의 분권만 이루어지면 지방정부의 자율성이 확보될 것임을 암묵적으로 전제하고 있다. 지적할 것은 지방정부의 자율성에 대한 제약은 상위정부 이외에도 지배집단, 타 지방정부, 심지어는 외국으로부터도 온다는 점이다. 그리하여 Gurr와 King(1987: 57)은 지방정부의 자율성에 대한 제약요인으로서 상위정부에 의한 제약(제 2 유형)과 함께 사회경제적 요인에 의한 제약(제 1 유형)을 제시한 바 있다. 요컨대, 오늘날 지방의 자율성 개념은 지방정부가 외부의 영향력으로부터 독자적으로 행동할 수 있는 능력을 의미하는 것으로 확장되었으며(Gottdiener, 1987), 상위정부와 지방 간의 관계에서만이 아니라 지방정부의 권능에 영향을 미치는 제 요인과의 총체적 관계에서 파악되고 있는 것이다.[1]

강조할 것은 지방자치는 기본적으로 지방의 자율성을 전제로 하여 수행되는 것인바, 그 자율성이 위에서 지적한 바와 같이 상위정부와의 관계뿐 아니라 다른 외부요인과의 관계의 제약하에 있는 것이라면, 당연히 상위정부로부터의 분권 이외에 다른 외부요인과의 관계측면이 지방자치의 이해에 포함되어야 한다는 점이다. 그렇다면 어떠한 외부요인이 지방자치의 개념에 포함되어야 하는가? 이질화된 현대자본주의사회의 구성상의 특징을 고려할 때, 특히 관심을 가져야 할 외부요인은 지배집단이다.[2] 지배집단 중에서도 특히 중시할 것은 기업이다. 물론, 지배집단에는 기업 외에도 정치, 사회, 군, 종교분야의 다양한 엘리트집단이 포함될 것이지만 기업집단의 현저성이 가장 크기 때문이다 (Wolman & Goldsmith, 1992: 42).

이상의 논의로부터 지방자치에 대한 적실한 이해를 위하여는 지방과 상위정부와의 관계(분권/집권), 지방과 시민사회와의 관계(참여/통제)에 추가하여 지방과 지배집단과의 관계가 추가되어야 한다는 점을 알 수 있다. 이 추가적 관

---

1) 사회경제적 제약요인에는 지역의 경제적 여건, 지배집단(주로 기업), 정치문화, 지방의 정부 구성 등이 포함된다(Wolman and Goldsmith, 1992: 42).

2) 지배집단 외의 요인도 고려될 수 있을 것이다. 그러나 지방자치의 재개념화에 있어서 지방정부와 다른 요인들과의 관계가 지배집단과의 관계만큼 중요하지는 않을 것이다. 시민과의 관계는 시민이 지방정부의 구성원이라는 점을 고려할 때, 제약요인이기보다는 자기결정에의 참여관계로 이해하는 것이 타당할 것이다. 동급 지방정부와의 관계 역시 지방의 자율성에 대한 제약요인이기보다는 지방정부가 갖는 자율성의 크기에 따라 좌우되는 종속변수적 성격이 크므로 지방자치의 개념에서 제외되어도 무방할 것이다.

계에 있어서는 지방정부의 지배집단에 대한 "중립/종속" 여부가 핵심문제가 되며, 지방자치는 지방정부의 지배집단에 대한 "중립"을 요소로 포함하게 된다. 환언하면, 지방자치는 지방정부가 지배집단의 영향력에 대하여 중립적인 입장을 견지하여 편파적인 정책대응을 하지 않는다는 의미를 포함하게 되는 것이다. 또한 이 요소는 단체자치, 주민자치 측면과 비교하여 '정부자치'로 명명할 수 있을 것이다. 첨언할 것은 여기에서 "중립"이란 용어가 지배집단과 일반시민 간의 중간자적 입장을 의미하는 소극적 의미로 사용되기보다는 오히려 일반시민을 위한 우대정책(affirmative policy)을 천명하는 의미로 이해되어야 한다는 점이다. 이는 지배집단과 일반시민과의 자원과 권력의 격차를 고려한다면 당연한 요청이라 하겠다. 왜냐하면 지방정부가 중간자적 입장을 취하는 상황에서 지배집단과 일반시민과의 관계는 필연적으로 강자의 논리가 지배하게 되고 이에 따라 심각한 사회적 불평등이 조장됨으로써 지방자치의 궁극적 목적인 주민복지의 증진이 불가능하게 될 것이기 때문이다.

요컨대, 지방자치는 상위정부로부터의 "분권", 지방정책과정에 대한 시민의 "참여" 및 지방정부의 지배집단에 대한 "중립"으로 새롭게 정의되는 것이며, 이러한 견해는 지방의 자율성에 대하여 보다 포괄적인 관점을 취한다는 점에서 상위정부에 대한 지방의 자율성과 시민의 참여만을 내포한 전통적 견해와 차별된다 하겠다.[3]

새로운 지방자치의 개념화에 대한 이해를 위하여 각 요소의 특징을 비교하여 정리하면 [표 1-1]과 같다.

표 1-1 | 지방자치의 구성요소

요 소	자치측면	관 계	이 슈	관련이념	연구분야
분 권	단체자치	상위정부-지방	분권/집권	능률, 민주	정부간관계
참 여	주민자치	주민-정부	참여/통제	민주, 능률	참여론
중 립	정부자치	정부-지배집단	중립/종속	평등	국가론, 권력구조론

---

3) 세 가지 요소 중 분권은 지방자치가 성립하기 위한 필요조건의 성격이 강하며, 참여와 중립은 지방자치가 지방자치의 실시 목적에 부합하도록 하는 충분조건의 성격을 띤다는 점에서 구별할 수 있다.

2. 지방자치의 개념과 목적

위에서 지방자치의 개념을 분권, 참여 및 중립으로 재개념화하였거니와, 이러한 개념화는 지방자치의 목적달성과 관련하여 중요한 의미를 갖는다. 새로운 개념화를 전제로 하는 지방자치에 의해서만 지방자치의 목적달성이 가능할 것이기 때문이다. 그렇다면, 지방자치의 목적은 무엇인가? 지방자치의 목적에 대하여는 민주발전, 지역균형발전, 주민복지증진 등 여러 가지 항목이 제시되고 있지만 민주주의의 이념에 비추어보건대 지역사회의 주인인 주민의 복지증진에 궁극적 목적이 있다는 데 대하여 이론이 없을 것이다. 그런데 전통적 견해와 같이 지방자치를 분권과 참여만으로 이해하는 한, 지방자치의 확장을 통하여 지방자치의 궁극적 목적인 주민복지를 달성할 수 없게 된다.

왜 그런가? 그것은 기본적으로 현대 자본주의하에서 민간사회는 균질적이지 않으며 지배집단(자본)과 일반주민(노동)으로 이질화되어 있기 때문이다. 이러한 상황하에서 민간사회를 균질적인 공동체로 의제하고 분권과 참여의 확대만을 지향하게 되면, 자칫 주민은 더욱 차별받고 지배집단은 더욱 우대받는 불평등상황이 고착될 우려가 크다. 이는 기업을 중심으로 한 지배집단이 한편으로는 분권화로 증가된 지방의 의사결정에 개입함으로써, 다른 한편으로는 지방에서의 참여과정을 주도함으로써 일반주민에 비하여 편파적 이익을 차지할 수 있기 때문이다(이승종, 1993: 131). 물론 일반주민도 분권화 및 참여에 따라 어느 정도의 추가적인 이익을 얻게 될 것이다. 그러나 그 상대적 크기는 지배집단이 누리는 이익에 비하여 작을 것이다. 누가 무엇을 얻는가 하는 문제는 행위자의 영향력의 상대적 크기에 의하여 좌우되기 때문이다(Lasswell, 1958: 13). 즉, 이러한 이유 때문에 사회의 이질적 구성에 대한 고려 없이 분권과 참여의 확장만으로는 지방자치의 궁극적 목적달성이 어렵게 되는 것이다.[4]

이러한 부작용을 제어하고 지방자치가 다수 주민의 이익에 기여하도록 하기 위하여는 무엇보다도 공식적 의사결정권을 갖고 있는 지방정부가 지배집단의 영향력으로부터 자율성을 확보하고 이에 기초하여 특정집단의 이익

---

4) 이와 관련하여 지배집단의 사회적 의무로서의 참여를 강조하는 논자도 있다(예, Gneist,1871). 그러나 냉엄한 이익갈등이 교차되는 정치현실에서 그와 같은 윤리를 기대하기는 어렵다. 더욱이 지배집단의 역할강조는 동기와는 상관없이 자칫 지배집단에 대한 권력집중으로 귀결되어 일반주민의 이익확보에 중대한 저해요인으로 작용할 우려도 크다는 점이 인식되어야 한다.

과 상관없이 중립적인 의사결정을 내릴 수 있어야 한다. 바꾸어 말하면 지방정부는 자율권에 기초하여 중립적인 입장에서 지배집단에 대하여 적절한 규제를 행할 수 있어야 한다. 만일 지방정부가 지배집단으로부터의 중립성을 확보하는 데 실패한다면 지방자치는 맑시스트의 주장과 같이 일부 집단의 이익확보를 위한 도구로 전락하게 되고, 일반주민의 이익확보라는 목적을 달성하지 못하게 된다. 그러나 불행히도 지방정부는 지배이익에 협조함으로써 일반주민을 더욱 소외시킬 우려가 크다. 이는 성장연합론(Logan & Molotch, 1987), 체계적 권력론(Stone, 1980), 제2의 권력론(Bachrach & Baratz, 1962), 제3의 권력론(Lukes, 1974), 지방국가론(Cockburn, 1979), 도시한계론(Peterson, 1981) 등을 통하여 직·간접으로 뒷받침되어 온 결론이다.[5]

이러한 논의는 지방자치가 주민복지증진에 기여하는 것이 되기 위하여는 분권과 참여 외에 지배집단에 대한 지방정부의 중립성이 확보되어야 함을 가르쳐준다. 그럼에도 불구하고 지방자치에 대한 이분법적인 전통적 견해는 이러한 점을 간과함으로써 지방자치에 대한 적실한 이해를 어렵게 함은 물론, 지방자치의 목적달성을 방해하여 왔다. 그러나 지방자치의 목적이 지배집단의 복지 즉, 지배이익의 담보에 있지 않은 한, 자치에 대한 이해의 외연은 확장되어야 마땅하다. 즉, 분권과 참여 외에 지배집단에 대한 지방정부의 중립적 대응이 또 하나의 요소로 추가되어야 한다.[6]

종합하자면, 지방자치의 요소는 지방의 자율권에 대한 실제적 제약요인을 고려하거나, 지방자치의 목적달성을 고려하거나 분권과 참여 외에 지배집단에 대한 중립이라는 요소가 추가되어야 한다는 것이다.

---

5) 단, 종속성을 강조하는 좌파이론가들 사이에서도 그 정도에 대하여는 의견차이를 보이고 있다. 도구주의적 좌파이론가들은 지배이익에 대한 지방정부의 종속성이 절대적인 것으로 본다. 예컨대, Cockburn(1977)은 지방정부는 중앙정부와 마찬가지로 주민의 수요나 요구에 반응하는 대신 자본주의체제를 보호하고 정당화하는 기능을 담당한다고 주장하고 있다. 그러나 구조주의 경향의 좌파이론가들은 상대적 자율권의 개념을 동원하여 지방정부의 종속성이 절대적인 것은 아니라고 한다(Duncan & Goodwin, 1988).

6) 지방정부는 권력의 분산, 시민참여의 증진 및 적절하고 대응적인 공공서비스의 제공에서 그 존재의의를 찾을 수 있다고 한 Young(1986)의 지적은 본서의 주장과 상통하는 면이 있다.

Ⅲ 환경변화에 따른 지방자치요소의 변화전망

새로운 지방자치의 이해하에서는 지방정부와 중앙정부와의 관계(분권), 지방과 시민과의 관계(참여) 및 지방과 지배집단과의 관계(중립)가 중요한 관심의 축이 된다. 이때 향후 지방자치의 정향은 환경변화가 이러한 지방자치요소에 미치는 수요를 감안하여 결정되는 것이 바람직할 것이다. 지방자치의 세 가지 기본요소에 중요한 영향을 미칠 것으로 판단되는 사회변화추세로는 세계화, 민주화, 정보화 등을 들 수 있다.[7] 이하에서는 이러한 사회변화가 지방자치의 세 가지 요소에 대하여 어떠한 영향을 미칠 것인가 즉, 분권, 참여, 중립에 대하여 어떠한 영향을 미칠 것인가에 대하여 살펴보고자 한다. 이러한 전망이 전제되어야만 보다 적실한 지방자치 발전방안을 제시할 수 있을 것이기 때문이다.

1. 세 계 화

과거 150여 년은 국민국가의 팽창기였다. 그러나 1970, 1980년대에 이르러 이 같은 추세의 전환이 일어나기 시작하였다. 즉, 국경이 갖는 의미가 약해지면서 초국가적 차원에서의 자본과 노동의 이동이 급격히 증대되는 세계화경향이 나타나고 있는 것이다(권태준, 1995). 이 같은 추세에 따라 국가(또는 중앙정부)의 권력과 위상이 상대적으로 위축되는 대신 지방정부, 민간(시민, 기업), 국제기구 등 국가 외적 실체의 성장이 현저해지고 있으며, 따라서 세계화는 내용적으로 탈국가화(destatization), 민간화(privatization), 분권화(devolution, decentralization)와 동의어로 이해되는 형편이다(Teune, 1996). 또한 세계화는 최근의 지배적인 사조로서의 신자유주의에 의하여 이념적으로 지지받아 향후 더욱 확산될 가능성이 크다(문태현, 1999: 25). 우리나라의 경우도 이러한 세계화추세에서 예외는 아니다. 즉, 국제사회에의 편입율이 높아지면서 미흡하나

---

7) 이 외에도 사회적 불평등의 심화, 통일의 진전 등 여러 요인이 포함될 수 있겠으나 여기에서는 그 영향이 가장 현저한 것으로 추정되는 몇 가지 추세에 한정하고자 한다. 첨언할 것은 여기에서 세계화, 정보화, 민주화를 별도로 논하지만 실제로 이들은 상호연관된 현상이라는 점이다. 즉, 세계화는 정보화 없이 불가능하며, 역으로 세계화에 따라 정보화가 촉진되기도 한다. 또한 세계화의 결과 민주화가 촉진되는 측면이 있는가 하면, 민주화 없이 세계화의 수용은 불가능하기도 하다. 한편, 정보화는 민주화에 영향을 미치며, 민주화에 따라 정보화의 내용이 영향을 받는다.

마 중앙의 독점적 권력행사가 지양되는 대신 지방정부나 민간부문의 자율성이 신장되는 경향이 관찰되고 있는 것이다.[8] 그렇다면 세계화에 따른 지방자치요소의 변화는 어떻게 일어날 것인가?

1) 분권측면

일반적으로 세계화는 분권화를 촉진시키는 요인으로 작용할 것이며 따라서 세계화추세가 계속되는 한, 분권화 경향은 점차 강화되리라는 것이 지배적인 견해이다(Mlinar, 1995; 노화준, 이달곤, 1995). 반면, 국민국가의 영토고권을 압도하는 초국가적 권위의 출현에 대응하여 국민국가의 대외경쟁력 확보를 위한 집권화가 추구될 것이라는 전제하에 세계화가 집권의 촉진요인이 될 것이라는 전망도 있다(박재창, 1995). 그러나 이에 대하여는 장구한 세월에 걸쳐 구축된 국민국가의 정체성이 가까운 장래에 초국가적 실체에 의하여 압도될 가능성이 낮을 뿐 아니라, 국민국가의 대외경쟁력 확보수단이 반드시 집권을 통하여 이루어지는 것은 아니며 오히려 분권을 통하여 가능한 경우도 있다는 점이 지적되어야 할 것이다. 한편, 세계화가 분권의 촉진요인으로 작용할 것이라는 원칙론을 수용하면서도 지방자치가 미성숙하고 지방의 능력이 취약한 우리와 같은 경우에는 지방의 중앙의존의 필요성 때문에 세계화가 반드시 분권화로 이어진다고 보기는 어렵다는 비판적 견해도 제시되고 있다(정정길, 1996).

생각건대, 정정길(1996)의 지적과 마찬가지로 지방의 경제적 기초가 취약한 경우, 세계화가 반드시 분권화에 긍정적 요인으로 작용할 것으로 단정할 수는 없다. 그러나 정교수의 지적과 마찬가지로 이 경우에도 지방은 중앙에 대한

---

8) 지적할 것은 세계화에 따라 개인, 기업, 지방정부 등 비국가적 실체의 상대적 자율성이 증대되고 있는 것은 사실이지만 그렇다고 해서 국가가 소멸의 길로 들어선 것으로 단정지어서는 곤란하다는 점이다. 세계화의 현란한 구호에도 불구하고 국제사회에서의 주역은 여전히 국민 국가일 뿐 아니라, 비국가적 실체의 활동 역시 국가의 직·간접의 지원을 필요로 한다는 점을 고려할 때, 이 같은 현상이 가까운 장래에 근본적인 변화를 보일 것 같지 않기 때문이다. 그러므로, 세계화에 따른 국가와 비국가적 실체 간의 권력변화는 영화(zero-sum)관계가 아니라 승화(positive-sum)관계로서 파악하는 것이 타당하다 하겠다. 한편, 세계화의 실체적 문제와는 별도로 기본적으로 세계화의 논리는 기본적으로 강대국과 자본의 입장을 대변하는 강자의 논리적인 성격이 강하다는 점도 지적되어야 한다. 세계화는 국경과 자본의 개방을 포함하는바, 이러한 상황하에서 교호작용의 증대는 결국 중심국가와 거대 자본의 이익으로 귀결될 것이기 때문이다. 그러므로, 특히 세계사회에서 중심국가의 위치에 있지 않은 우리의 경우, 일부에서와 같이 무비판적으로 세계화를 주창하는 것은 고립주의의 고수만큼이나 문제가 있음이 인식되어야 한다.

의존을 지속하는 한편 자치권의 확보를 위하여 중앙정부의 간섭과 개입을 최소화하기 위한 투쟁을 지속할 가능성이 크다. 이 경우에 분권화는 중앙과 지방간의 역학관계에 의하여 결정될 사안이지만 시간이 경과하면서 지방의 역량이 강화됨에 따라 결국에는 분권화의 심화로 이어지게 될 것으로 예상된다. 특히 상대적으로 우월한 지방을 중심으로 분권화가 일어나게 되면 시간이 경과하면서 이들과 중앙과의 역학관계 변화가 다른 지방으로 확산되어 결국에는 분권화가 촉진될 것으로 예상된다. 즉, 동시적인 분권화는 아니라도 시차적인 분권화를 통하여 전체적인 분권화 수준은 높아질 것으로 전망되는 것이다.

2) 참여측면

세계화는 국가의 후퇴에 따라 지방뿐만 아니라 시민사회의 자율성을 강화시키는 요인으로 작용할 것인바, 이에 따라 시민사회의 주체인 시민의 정책과정에 대한 참여요구가 증대될 것이다. 시민의 참여요구는 외국의 실정에 대한 학습효과가 확산되고, 지방의 상대적 권력이 증대됨에 따라 더욱 증대될 것이다. 권력의 증대에 따른 참여의 실익도 커질 것이기 때문이다. 더욱이 보편적 문제의 해결을 위한 세계적 민간기구의 연대운동도 참여요구의 증대요인으로 작용하게 될 것이다. 한편, 박재창(1995)은 범지구적 의사결정기구로 참정권이 재위임될 것이라는 전제하에 세계화는 참여를 위축시키게 될 것이라 전망한다. 그러나 가까운 장래에 국민국가를 초월하는 범지구적 의사결정체계가 확립될 것으로 기대하기는 어렵다 하겠으며, 만일 그러한 경우에도 참여의 제한에 따라 반사적으로 참여요구가 증가될 가능성이 크기 때문에 그와 같은 전망을 그대로 수용하기 어렵다.

3) 중립측면

세계화는 시민사회의 자율성을 강화할 뿐 아니라 또 다른 민간부문 즉, 기업을 중심으로 한 지배집단의 자율성을 강화시키는 요인으로 작용할 것이다. 기실 세계화는 교역의 세계적 확산을 핵심적으로 하는 것이므로 기업을 대표로 하는 지배집단의 자율성이 강화될 것을 예측하는 것은 자연스러운 일이라 하겠다. 이때, 지배집단의 자율성 강화는 전반적으로 경제기반이 취약한 지방정부의 중립성을 저해하는 요인으로 이어지게 될 것이다. 물론 세계화에 따라 지방정부의 위상도 상대적으로 강화될 것으로 전망되니만큼 지배집단에 대한 지방정부의 중립성이 전적으로 위축될 것으로 단정하기는 어렵다. 그러나, 교역확대를 핵심요소로 하는 세계화에 따른 일차적 수혜자는 어디까지나 기업이라 할 것이며, 지방정부의 위상강화효과는 이에 비하면 부차적이라는 점이 지적되어야 한다. 이는 세계화가 분권에 미치는 효과에 대하여 일치된 전망이 이루어지지 않고 있다는 점에서도 미루어 알 수 있다.

물론, 그 같은 효과는 지방정부에 따라 차별적으로 나타나게 될 것이다. 즉, 경제적 기반이 취약한 지방정부일수록 기업에 대하여 상대적으로 높은 종속경향을, 그렇지 않은 지방정부는 상대적으로 낮은 종속경향을 보일 것이기 때문이다. 그러나 그 같은 차이에도 불구하고 세계화에 따른 기업의 상대적 권력강화효과가 크다는 점을 고려한다면 전반적으로 세계화는 지방정부의 지배집단에 대한 중립성을 저해하는 요인으로 작용할 것으로 판단된다.

한편, 세계화는 지배집단뿐 아니라 시민사회의 자율성을 강화시키는 효과도 있는 것이니만큼 위에서 제기한 역기능을 지나치게 강조하는 것에 대하여 문제제기가 있을 수 있다. 그러나 이에 대하여는 시민과 지배집단 간에는 보유자원의 크기에서 현저한 차이가 있기 때문에 세계화에 따른 민간의 자율성 확대효과는 일방적으로 지배집단에 유리하게 돌아갈 개연성이 크다는 점이 지적되어야 한다. 세계화에 따른 국내외의 사회변화현상과 관련하여 20%는 유복해지고 80%는 불행해지는 "20 : 80의 사회"가 되리라는 Martin & Schumann(1996: 38)의 전망은 이를 단적으로 나타내주는 것이라 하겠다.

2. 민 주 화

우리사회는 1987년의 6월선언을 전환점으로 하여 미흡하나마 민주화 행로에 들어서게 되었으며 향후 보다 성숙한 민주사회로 변화되어 나갈 것으로 전망된다. 물론 민주화의 폭이나 속도는 정치체제의 지지기반 취약, 장기간 계속되어온 권위주의 정치체제의 관성 및 남북대치상황 등을 고려하건대 점진적 내지는 제한적일 것으로 판단되지만(배성문, 1986: 226-239; 현대사회연구소, 1982: 54; 임혁백, 1990: 51-78), 그럼에도 불구하고 기본적으로 민주화 추세는 이미 거슬러 올라가기 어려운 중요한 사회변화 추세의 하나가 되었다. 이러한 민주화 추세는 지방자치요소에 대하여 적지 않은 영향요인으로 작용할 것이다.

1) 분권측면

사회전체의 민주화추세는 중앙에 대한 지방의 민주화로 확산될 것이다. 중앙차원의 민주화추세가 90년대에 들어와서 중앙에 대한 지방의 민주화 즉, 지방분권으로 자연스럽게 연결된 것이 그 증거이다. 따라서 향후 민주화의 진전에 따라 분권화는 더욱 제고될 것으로 전망할 수 있다. 물론, 아직 우리나라의 경우 민주화가 정착되었다고 보기 어려우므로 단기간 내에 고양된 수준의 분권화를 기대하기는 어려울 것이다. 그러나 궁극적으로는 사회전체의 민주화 수준에 걸맞은 수준의 분권화로의 이행이 이루어질 것이다.

다만, 민주화의 이행기에 있는 현 시점에서 민주화에 따른 가시적인 분권화 성과를 기대하기에는 무리가 있을 것이다. 지방에 대한 사무 및 재원이양이 미흡하고, 중앙이 행사하는 과중한 통제가 지속되고 있는 점, 지방의 문제에 대하여 지방의 의사가 개진될 기회가 부여되지 않고 있는 점 등이 이를 입증해 준다. 그러나 장기적으로는 민주화의 정착에 따라 분권화수준 역시 증대될 것이다. 다만, 분권화가 지속적으로 진행될 것으로 기대하기는 어렵다. 기본적으로 우리의 집권적 문화는 과도한 분권화에 대한 제약요인으로 작용할 것이며, 또한 분권화의 진전에 따라 분권의 여지가 축소되는 한편, 중앙정부를 중심으로 하여 과도한 분권에 대한 반작용이 강화될 것이기 때문이다. 그러므로 분권화는 일정 수준에서 균형점을 찾을 것으로 예상된다.

2) 참여측면

민주화추세에 따라 개인과 집단의 정치적 효능감 증대로 인하여 시민의 참여요구가 증대할 것으로 예상된다. 시민의 참여요구는 전통적인 선거참여에 한하지 않고 지방의 서비스제공과 관련한 직접참여 요구의 증가로 나타나게 될 것이다. 그리하여 지방의 정책결정과정은 지금까지의 소수권력집단에 의한 배타적 권위주의적 정책결정형태로부터 다양한 개인 및 사회집단의 참여요구를 수용하는 보다 민주적인 형태로 전이되어 가지 않을 수 없게 될 것이다. 물론 참여요구의 증대에도 불구하고 정부의 무반응이 지속될 가능성도 전혀 부인할 수는 없다. 최근의 경향에서 보듯이 정부는 시민에 참여를 시장화(민간화), 정부혁신을 통하여 대체하는 전략을 구사할 수도 있기 때문이다(Burns, Hambleton & Hoggett, 1994). 그러나 지방의 정책결정자가 시민에 의하여 선출되는 한, 이 같은 우회전략을 통한 시민요구의 완충에는 한계가 있을 것이며 따라서 참여요구의 수용을 위한 상당한 정책노력이 필요하게 될 것이다.

3) 중립측면

민주화는 자율화 내지는 탈규제를 통하여 정부에 대한 민간의 상대적 권력을 강화시킨다. 동시에 강화된 자율성에 기초하여 민간부문의 다양한 주체로부터 지방정부에 대한 요구가 증대될 것이다. 이때 민간의 구성이 균질적이라면 지방정부는 민간의 요구에 대하여 중립적인 대응을 할 수 있을 것이다. 문제는 지배집단과 일반시민 간의 이질화가 진전된 자본주의체제하에서 민간의 자율보장을 위한 정부의 후퇴는 필연적으로 민간부문 내에서 시민에 대한 지배집단의 우월적 지위를 강화하게 될 것이며, 이에 따라 지방정부에 대한 지배집단의 상대적 영향력 역시 강화될 것이라는 점이다(이승종, 1997). 즉, 민주화추세는 지배집단에 대한 지방정부의 종속적 경향을 강화하는 요인으로 작용하게 된다는 것이다. 더욱이 이러한 현상은 신자유주의적 사조의 발흥에 따라 민주화에 있어서의 자율화 색채가 부각되면서 더욱 증가될 가능성이 있다는 점도 지적되어야 한다.

물론 민간의 요구를 충분히 수용할 만큼 지방정부의 능력과 자원이 충분하다면 민주화와 민간부문의 이질적 구성의 상호관계에 따른 문제의 심각성은 축소될 수 있을 것이다. 그러나 우리의 경우, 대부분의 지방정부는 경제적 기반이 취약하며 따라서 그만큼 지배이익에 대하여 종속적인 경향을 보일 우려가 클 것이다.

3. 정 보 화

정보화(informatization)란 정보의 생산과 활용이 확장되는 사회현상을 말하는데, 주로 컴퓨터를 이용한 정보처리기술과 통신기술의 발달로 인하여 도래하는 미래형 사회의 특징을 의미한다(방석현, 1989: 29; 이윤식, 1990a). 우리나라도 1990년대에 들어와서 컴퓨터와 통신기기의 급속한 보급에서 확인되듯이 정보화사회로 편입되고 있는 단계에 있는 것으로 보인다. 정보화 추세 역시 지방자치요소에 대한 중요한 영향을 초래할 것이다.

1) 분권측면

정보화가 분권에 미치는 영향에 대하여는 전망이 상충한다. 일각에서는 정보화에 따른 정보교환 및 확산효과에 주목하여 정보화가 분권의 촉진제로 기능할 것이라 본다(Naisbitt, 1984). 한편, 다른 일각에서는 정보화에 따른 정보의 집중, 통솔범위의 확장, 정보독점 등의 효과에 주목하여 정보화가 집권의 촉진제로 기능할 것이라 본다(이윤식, 1990). 이에 대하여 이달곤(1995)은 정보화의 분권에 대한 양면적 효과를 인정하면서도 우리의 경우에는 정보화가 지방의 의견 투입 없이 중앙의 집권적 의사결정에 의하여 이루어지고 있는 점, 효율성의 기조하에서 수도권 중심의 정보화가 추진되고 있는 점, 지방의 저조한 산업화기반이 정보화의 균형적 추진의 장애요인으로 작용하는 점 등의 이유로 집권화 유발가능성이 보다 큰 것으로 보고 있다. 생각건대, 정보화가 정보의 집중과 분산효과를 동시에 수반한다는 점을 부인하기는 어렵다 하겠으며 따라서, 분권에 대한 효과는 양면적일 것으로 판단된다(이윤식, 1990: 30).

2) 참여측면

정책과정에 대한 정보의 부재는 시민참여를 제약하는 주요요인으로서 지적되어 왔는바(Dornan, 1977), 정보화에 따라 정보의 축적 및 확산이 이루어지게 되면 획득된 공공문제에 관한 지식에 기초하여 참여요구가 증대될 것으로 예상된다. 아울러 통신기술의 발달로 정부와 시민 간의 거리가 단축됨에 따라 원격민주주의의 가능성이 높아지면서 시민으로부터의 참여요구가 증대될 가능성도 있다. 일부 지방단위에서 시행하고 있는 통신여론의 장, 영상반상회, 120전화 등이 그러한 전망의 단초를 제공하고 있다. 그러나 가능성이 실제의 참여로 이어질 것으로 단정할 수는 없다. 정보의 축적 및 확산가능성에도 불구하고 실제로는 정보의 집중 및 독점이 이루어진다면, 정보의 확산이 차단되고 때로는 조작됨으로써 정보화가 오히려 참여를 더욱 위축시킬 가능성도 있다(이윤식, 1990: 27). 불행히도 우리의 경우, 이달곤(1995)의 지적과 마찬가지로 정보화의 집중경향이 심하므로 이 같은 우려가 더 크다 하겠다.

3) 중립측면

정보화사회에서 정보 그 자체는 중요한 권력자원이다. 따라서 정보가 확산되느냐 집중되느냐에 따라 정부의 지배집단에 대한 중립성이 중대한 영향을 받게 될 것이다. 먼저 정보확산이 이루어질 경우, 공개된 정보에 기초하여 정부의 지배집단에 대한 편파적 대응이 통제받게 될 수 있을 것이다. 아울러 시민사회로부터 지배집단에 대한 직접적 통제도 이루어지게 될 것이므로 정보화는 중립확보에 긍정적인 기능을 하게 될 것이다. 그러나 정보의 집중 및 독점이 이루어지는 경우, 그와 같은 효과는 기대하기 어렵게 될 것이다. 특히 정보화기반이 취약한 지방정부는 기업 등 지배집단의 정보능력에 비하여 상대적으로 취약한 입장에 있을 가능성이 있으며 그만큼 지배집단에 대한 중립적 대응이 어렵게 될 것이다. 또한 정보의 독점상황하에서는 지배집단에 대한 정부의 편파적 대응에 대한 시민사회로부터의 통제가 이루어지기도 어렵게 될 것이다. 평가하건대, 우리의 경우 행정문화가 권위적이고, 지방정부의 정보화기반이 미흡하며, 집권적 정보화경향이 강하기 때문에 후자의 가능성이 상대적으로 클 것으로 판단된다.

4. 요 약

환경변화추세가 지방자치의 요소에 대하여 미치는 효과를 요약하면 [표 1-2]와 같다.

표 2-1 | 환경변화의 지방자치요소에 대한 효과

환경변화	지방자치요소		
	분 권	참여요구	중 립
세 계 화	+	+	-
민 주 화	+	+	-
정 보 화	+/-	+/-	-

주) +는 강화, -는 약화, +/-는 양면적 효과를 나타냄.

Ⅳ 자치환경변화에 따른 지방자치의 대응과제

위에서 환경변화추세가 지방자치에 미치는 영향을 세 가지 요소로 나누어 살펴보았다. 여기에서는 이러한 환경변화에 따라 발생하는 자치수요가 무엇인 가를 밝히고 소여된 자치수요를 충족하기 위한 지방자치의 대응과제에 대하여 논의한다.

1. 기본방향

지방자치를 분권, 참여 및 중립의 문제로 이해하였을 때, 당연히 지방자치 발전을 위하여는 이 삼자에 대한 균형적인 관심이 요구된다. 그럼에도 불구하고 지금까지 우리의 지방자치논의는 분권문제에만 관심을 집중하였으며 시민의 참여문제 및 지배집단에 대한 지방정부의 중립성 확보문제는 소홀히 취급하여 왔다. 이러한 접근은 새로운 자치의 이해가 아닌 전통적 관점에서 보더라도 한계가 있는 것이다. 물론, 이러한 접근은 우리의 경우 강력한 집권형 국가로서 분권화에 대한 확신이 약하기 때문에(무라마쓰, 1991: 20) 지방자치초기단계에서 자치시행의 전제조건으로서 일정수준의 분권확보가 필요하다는 점을 고려할 때 일응 타당한 측면이 있다.

다만, 장기적인 관점에서 볼 때, 이는 지방자치의 균형발전을 저해하는 접근으로서 개선이 필요하다는 점이 인식되어야 한다. 실제로 지금까지 분권 일변도의 관심은 중앙과 지방 간의 불필요한 갈등을 초래하였고 이에 따라 지방자치제가 협력보다는 갈등적 정치의 양상을 보임으로써 국력의 낭비를 초래한 면이 없지 않았다. 따라서 향후 지방자치의 장기적 발전을 위하여는 지방자치의 제 요소에 대한 균형된 대응을 통하여 갈등적 자치가 아니라 협력적 자치가 이루어지도록 지향하는 것이 필요하다 하겠다.

한편, 지방자치의 요소를 세분화하였거니와 환경변화에 따른 지방자치의 대응과제 역시 지방자치의 요소별로 검토하는 것이 유용할 것이다. 따라서 이하에서는 지방자치의 요소별로 환경변화에 따른 자치수요의 변화 및 대응과제에 대하여 논의한다.

2. 분권의 내실화

정보화의 분권에 대한 양면적 효과가 상쇄된다고 했을 때, 대체적으로 환경변화는 분권화수준에 긍정적 영향을 미칠 것으로 예상됨은 앞에서 논의한 바와 같다. 이는 역설적으로 분권화를 위한 인위적 정책노력의 필요성이 상대적으로 크지 않으며, 따라서 지방자치의 장기적 발전을 위한 정책노력은 분권화 수준의 제고보다는 분권화의 내실화를 위한 노력 즉, 분권화에 따른 부작용을 줄이고 순기능을 진작시키는 데 초점을 두고 이루어져야 함을 시사해 준다. 물론 분권의 극대화가 바람직한 가치라면 환경변화추세가 분권을 강화하게 되는 경우에도 분권의 촉진을 위한 노력이 강조되어야만 할 것이다. 그러나 분권은 순기능뿐 아니라 역기능도 안고 있는 것이므로 분권의 극대화보다는 적정한 수준에서 통합과 균형을 이루는 분권화가 바람직하다는 점이 인식되어야 한다(이승종, 1996a).

그러나 이러한 지적이 분권의 반대논리로 해석되어서는 곤란하다. 여기에서 제시하는 바는 자치환경변화의 분권에 대한 효과를 고려하건대, 분권화수준의 일방향적 확대노력보다는 적정수준의 분권화를 통하여 분권에 따른 순편익의 증대를 위한 노력이 자치발전을 위하여 필요하다는 것이다. 아울러 이와 같이 균형적 시각에서 분권의 문제를 접근하는 경우에만 불필요한 중앙과 지방 간의 갈등을 줄이고 보다 협력적인 분위기에서 지방자치의 성과를 고양할 수 있으리라는 점도 인식되어야 한다.

불행히도 지금까지 분권문제에 집중하여 지방자치에 대한 논의가 전개되어왔음에도 불구하고 분권화는 매우 미흡한 수준에 머물러 있다. 즉, 분권문제에 대한 높은 관심과 논의가 실제적인 분권화로 연결되지 못하였던 것이다. 문제는 적정수준에 미치지 못하는 분권수준하에서는 필연적으로 권력유지를 추구하는 중앙의 입장과 자율성 확대를 추구하는 지방의 입장 간의 갈등적 투쟁이 구조화되어 호혜적인 정부간관계의 구축이 어렵게 되고 따라서 지방자치의 성과가 저하된다는 것이다. 그러므로 장기적으로는 분권화의 내실화를 추진하되 최소한 당분간은 적정수준의 분권화를 위한 분권확대노력이 요청된다.

이를 위한 구체적 과제로는 인사·조직상의 지방자율권 신장, 사무 및 재원의 지방이양 확대, 중앙과 지방 간의 분권협의의 활성화, 지방에 관련된 문제에 관한 지방정부의 법률제안권 부여 등이 포함되어야 할 것이다. 강조할 것은 이와 같은 분권화과제가 중앙의 시혜차원에서 추진되어서는 곤란하다는 점이다. 지금까지의 미흡한 분권화과정이 입증해 주듯이 중앙의 일방에 의한 시혜적 분권화에는 한계가 있기 때문이다. 그러므로 향후의 분권은 지방과의 협의에 기초하여 보다 민주적인 방식으로 추진되어야 한다. 이를 위하여 특히 강조될 것은 분권협의의 활성화와 지방의 법률제안권 인정이다. 전자와 관련하여는 우선, 사무의 지방이양추진을 위한 지방사무이양추진위원회에 지방대표의 참여를 확대하여 보다 균형된 시각에서 지방이양이 추진되게 할 필요가 있다. 또한 중앙과 지방 간의 문제를 대등한 입장에서 논의할 수 있는 협의체의 구성도 바람직하다. 후자와 관련하여는 먼저 시도지사협의회 등 지방의 의사를 대표할 수 있는 지방정부간협의체를 육성·지원하는 한편, 이들과의 협의통로를 실효화함으로써 민주적 분권협의를 활성화하여야 한다. 아울러 지방의견의 정책반영을 실효화하기 위하여 지방정부간협의체에 법률제안권을 부여하는 것도 적극 검토할 필요가 있다. 이러한 조치에 따라 갈등적 분권화과정이 협의적 분권화과정으로 변화되어야만 지방자치의 정착발전이 가능할 것이기 때문이다.[9]

3. 참여의 활성화

분권의 경우와 마찬가지로 참여에 대한 정보화의 양면적 효과가 상쇄된다고 보았을 때, 세계화 및 민주화추세의 진전에 따라 참여요구가 현저하게 증대될 것으로 예상할 수 있다. 이러한 현상은 중앙과 지방에 공히 적용되게 된다. 그러나 선거 이외의 직접참여요구는 주로 지방차원에서 제기되고, 또 현실적으로 지방차원에서라야 수용이 가능하기 때문에 참여요구에 대한 대응은 일차적으로 지방정부의 몫이 될 가능성이 크다. 물론 참여요구가 그대로 참여로 연계되지는 않을 것이다. 지방에 따라 참여요구에 대하여 호의적인 대응을 할 수도 또는 통제적 입장을 견지할 수도 있을 것이기 때문이다. 따라서 실제의 참여수준은 지방별로 차이를 보이게 될 것이다. 그러나 기본적으로 민선자치제하에서 지방정부가 유권자인 시민의 참여요구를 무시하기는 어려운 노릇이라 하겠으며, 따라서 지방정부는 어떠한 형태로든 증대되는 참여요구를 수용하여

---

9) 중앙과 지방 간의 관계에 대한 대응과제는 광역지방정부와 기초지방정부 간에도 동일하게 적용되어야 할 것이다.

야만 할 것이다. 만일 참여의 요구를 적절히 수용하지 못하는 경우에는 지역사회가 불안해질 뿐만 아니라 정치체제의 유지가 어렵게 될 것이기 때문이다.

시민의 참여요구를 수용하기 위하여는 일차적으로 다양한 참여제도의 구축이 필요하다. 참여제도의 확충을 위하여는 선거, 조례제정청구제, 주민소환제, 주민투표제, 반상회, 모니터, 위원회, 공청회, 간담회 등 참여제도의 운영개선 외에 정보매체를 통한 원격민주제의 확장 및 공동체적 지역문화의 유지를 위한 하부지역단위의 주민회합의 활성화가 요청된다 하겠다.

참여제도의 구축과 함께 참여의 대표성을 제고하기 위한 노력이 병행되어야 한다. 참여제도의 확장만으로는 자칫 지배집단에 의한 참여통로의 지배를 고착시킬 우려가 있기 때문이다. 이를 위하여는 특히 참여의 기회를 적절히 활용할 위치에 있지 않은 소외계층의 참여촉진을 위한 배려가 있어야 한다. 이에는 예컨대, 각종 위원회에 소외집단의 대표참여를 확대시키는 것, 주민협의체, 주민총회, 소규모 주민모임 등 주민의 자발적 회합을 활성화시키는 것 등이 포함될 수 있을 것이다.

아울러 참여제도의 확장과 함께 참여에 따른 순편익을 제고시키기 위하여는 공익지향의 건전한 참여유도를 위한 시민교육이 필요할 것이다. 참여제도의 확장에도 불구하고 시민의식이 저조하여 참여통로가 활용되지 않거나 사익위주의 참여가 이루어질 경우, 지방자치의 궁극적 목적인 주민의 복지증진달성이 어려워질 것이기 때문이다. 다행히 참여는 그 자체 시민교육의 유효한 도구로서 중시되고 있다(Parry et al., 1992: 286). 즉, 적절한 참여제도의 확장은 시민의 참여요구의 수용책일 뿐 아니라 그 자체 시민교육의 도구로서 참여의 순기능을 확장하는 효과를 갖는다는 것이다. 만일 그렇다면 지방정부는 시민참여통로의 확장만으로도 주민복지증진을 도모할 수 있는 기회를 얻게 되는 것이므로 시민참여제도화를 위한 노력에 매진할 필요가 있다 하겠다. 구체적으로, 시민교육프로그램의 개발 및 시행, 시민단체의 활동지원, 지역학교와의 공동교육프로그램 추진 등이 포함될 수 있을 것이다.

4. 지방정부의 중립성 확보

지방자치환경의 변화는 지배집단의 상대적 권력을 강화시킬 것이며, 이에 따라 지방정부의 중립성이 저하될 우려가 크다는 점은 앞에서 논의한 바와 같다. 문제는 지방정부의 중립성 저하에 따라 지방정부가 지배이익의 보호를 위한 도구로 전락하여 사회적 불평등을 심화시킬 우려가 크다는 점이다 (Cockburn, 1979). 이러한 사회적 불평등의 문제는 1997년 말 닥쳐온 외환위기로 인한 경제불황을 겪으면서 대다수 시민의 삶의 질이 저하되는 가운데 일부 지배집단의 소득은 오히려 상승함으로써 사회적 계층격차가 상승하고 있는 점을 고려할 때 중대한 문제가 아닐 수 없다. 불행히도 이 같은 사회적 불평등은 경제위기가 회복되더라도 크게 개선될 전망이 보이지 않는다. 경제위기에 따른 불평등 확대효과가 큰 때문만 아니라, 경제위기를 전후하여 사회적 불평등이 지속적으로 악화되는 추세를 보여 왔기 때문이다.[10)]

강조할 것은 지방자치의 목적이 주민복지의 증진에 있다고 했을 때, 이 같은 사회적 불평등의 방치는 지방자치의 목적에 위배되는 것이라는 점이다. 따라서 지방정부는 지배집단에 대한 중립적 대응을 통하여 일반시민의 보편적 이익을 확보함으로써 사회적 불평등의 해소를 위하여 노력하여야 한다.

이를 위한 구체적 대응과제로는 과도한 개발정책의 지양, 소외계층을 위한 복지정책 확대, 정보공개를 통한 행정책임성의 확보[11)], 시민운동의 지원확대를 통한 시민감시활동의 강화 및 반성장연합의 구축, 공직윤리의 강화 등이 포함될 수 있을 것이다.

지금까지 제시한 지방자치 발전을 위한 향후의 대응방향을 지방자치의 요소별로 구분하여 요약하면 [표 1-3]과 같다.

표 1-3 │ 지방자치의 발전방향

	과　거	미　래
분　권	지방의 자율권 확장	분권의 순편익 확대
참　여	참여제한, 형식적 참여	실질적 참여 확대
중　립	지역개발을 통한 적하효과	소외층 보호

---

10) 지니계수는 1988년에 0.34, 1996년에 0.35, 경제위기 직후인 1999년에 0.36으로 점차 악화되는 추세를 보여왔다.

11) 이러한 측면이 반영되어 개정된 지방자치법에는 지방의회의 의정활동, 집행기관의 조직과 재무에 관한 정보를 공개하는 규정이 신설되었다(제26조).

Ⅴ 결 론

　　지금까지 지방자치에 대한 재개념화에 기초하여 장기적인 자치발전을 위하여는 분권뿐 아니라 참여와 중립에 대하여 균형적인 관심이 필요함을 제시하였다. 아울러, 지금까지 분권문제에 상대적 관심을 두었다면 향후에는 참여와 중립문제에 대하여 상대적 노력이 있어야 함을 강조하였다. 다만, 종래의 분권에 대한 관심이 실제적인 분권화로 연계되지 않았음을 고려하건대, 당분간은 분권수준 확대에도 지속적인 관심이 있어야 함을 제시하였다.

　　이와 관련하여 지적할 것은 지방자치의 요소가 무엇인가에 대한 논의와 그러한 자치의 요소가 지방자치의 목적인 주민복지증진에 기여하는가는 별개의 문제일 수 있다는 점이다. 즉, 지방자치가 분권, 참여 및 중립을 구성요소로 포함한다고 해서 이들 요소의 극대화가 자치목적을 실현하는 방향인 것으로 오해되어서는 아니 된다는 것이다. 물론, 지방자치는 개념정의상 분권화, 참여확대, 중립강화로 이해된다. 그러나 분권, 참여, 중립이 순기능만 있는 것은 아니며 부작용도 수반하는 한(이종수, 1995), 과도한 분권, 참여, 중립이 주민복지를 보장할 수는 없다는 점이 인식되어야 한다. 그러므로 분권, 참여, 중립 각요소의 수행수준은 적정한 수준에서 균형을 이루는 것이 바람직하다. 요컨대, 자치요소의 강화만이 자치발전을 위한 대응이라는 오해는 불식되어야 한다.

　　그렇다면 지방자치가 자치의 목적에 기여할 수 있는 적정수준은 어떻게 판단할 수 있는가? 그것은 지방자치의 목적인 주민복지의 목표달성을 위한 이념을 규정하는 데서 출발할 수 있다. 주민복지달성을 위한 이념으로는 여러 가지 의견이 제시될 수 있겠으나 저자는 주민의 복지는 절대적 복지와 상대적 복지로 구성되어 있고 이를 충족하기 위한 지방자치이념은 민주성, 능률성, 형평성이라고 규정하고 있는바(이승종, 1995b), 따라서 지방자치가 그 실시목적에 기여하는가의 여부는 각 자치요소가 민주, 능률, 형평성에 여하히 기여하는가를 판단함으로써 가능해진다. 아울러, 지방자치는 개념상 각 자치요소별로 민주, 능률, 형평의 기준을 동시에 극대화시키는 수준에서 최적화될 수 있을 것이다.

　　끝으로 강조할 것은 지방자치의 발전이 각 자치요소에 대한 적절한 관심만으로 가능한 것은 아니며, 지방자치제가 발전하기 위한 제반여건이 성숙되

어야 한다는 점이다. 그와 같은 여건에는 유능한 공직자의 충원, 시민사회의
성장, 정치의 민주화, 경제의 균형발전 등이 포함될 수 있을 것이다.

지방정부

Ⅰ 서 론

1995년 6월의 통합지방선거를 계기로 지방자치가 재개된 후, 2018년 6월까지 7차례의 지방선거를 치르기까지 지방정치가 본격화되고 있는바, 이러한 지방정치의 장에서 단체장은 단연 핵심적인 지도자이다. 우선 단체장은 지방정치에의 참여자 중 누구보다도 우월한 자원—인력, 물자, 재원, 정보— 을 보유하고 행사할 수 있다. 물론 민선단체장이 동원할 수 있는 자원은 기본적으로 과거 임명제 단체장하에서와 대동소이하다. 그러나 민선단체장은 자치권에 기초하여 자원의 구성 및 운용에 있어서 보다 높은 자율권을 행사할 수 있다. 뿐만 아니라 민선단체장은 주민의 수권이라는 강력한 정당성에 의하여 그 권위를 인정받고, 과거의 임명제장의 평균재임기간보다 안정적인 임기를 보장받음으로써 지방정치의 장에서 핵심적인 지도자로서의 위치를 점유하고 있다. 지방의회의 견제가 있다 하지만 기본적으로 강시장제를 채택하고 있는 현행 체제하에서 지방의회를 단체장에 대한 강력한 견제장치로 보기에는 한계가 있다. 그러므로 민선단체장의 리더십이 여하히 발휘되느냐에 따라 지방정치의 성격이 달라지고 이에 따라 지방자치의 궁극적 목적이라 할 수 있는 주민복지가 많은 영향을 받게 될 것인바, 이러한 이유에서 민선단체장의 리더십에 대한 논의는 지방자치의 발전·정착을 위하여 중요한 과제가 된다.

지적할 것은 단체장이 지방의 핵심적 지도자라고 해서 진공의 상태에서 단독으로 정책을 결정하는 것은 아니며 단체장의 결정은 많은 외부 행위자로부터의 요구·지지·반대, 그리고 지역여건이라는 상황의 제약 속에서 이루어진다는 점이다. 그렇기 때문에 단체장이 주어진 역할을 담당하기 위하여는 자신이 보유하고 있는 자원과 권한에 기초하여 다양한 참여자들과의 교호작용과정에서 지역실정에 맞도록 적절히 리더십을 발휘하여야만 한다(Judd, 1988). 이러한 사실은 단체장의 리더십을 논의함에 있어 단체장의 개인적 자질만을 논의하는 것은 한계가 있다는 점을 가르쳐준다. 즉, 단체장의 리더십에 대한 논의는 단체장 개인의 자질만이 아니라 단체장이 처하여 있는 상황 즉, 지방의 다양한 참여자 및 지역여건에 대한 논의를 포함해야 한다는 것이다.

이상의 논의에 입각하여 본 장은 단체장의 리더십을 논함에 있어 단체장의 개인적 자질만이 아니라 리더십을 제약하는 다양한 요인에 대하여도 검토한다. 구체적으로, 먼저 단체장의 리더로서의 자질에 대하여 논의한 다음, 단체장의 리더십을 제약하는 영향요인에 대하여 논의하고, 이어 단체장이 지방정책과정에서 발휘해야 할 역할과제 등에 대하여 논의할 것이다.

▐▐ 리더십과 단체장의 자질

1. 리 더 십

리더십이란 무엇인가? 리더십에 대한 정의가 일치하는 것은 아니지만 대체로 리더십은 리더와 추종자 또는 대상과의 관계에 관한 용어로서 바람직한 목표를 달성하기 위하여 개인 및 집단을 동작화하는 능력을 말한다 하겠다(박동서, 1989; Welsh, 1979: 18). 이러한 리더십은 단순히 영향력 또는 권력 이상의 것으로서 정당한 권위를 포함하는 것으로 이해된다. 리더십이 효과적으로 발휘되기 위하여는 리더와 추종자 간에 일정한 선호동조(congruence)가 있어야 한다(Wiatr, 1973). 그러나 리더와 추종자 간에 항상 선호동조가 존재하는 것은 아니며 따라서 리더십의 발휘를 위하여는 일정한 영향력의 행사가 불가피하게 된다. 이렇게 볼 때 리더십에 있어서 가장 핵심적인 요소는 목표달성을 위하여 행사되는 영향력이라 하겠으며(Lassey and Sashkin, 1983) 따라서 리더십 역시 권력현상의 하나로 간주되게 된다(Burns, 1978). 앞에서 언급하였듯이 단체장은 지방의 다양한 참여자 중에서 가장 강력한 권력의 소유자이며 따라서 가장 핵심적인 리더임을 재확인하게 된다.

2. 단체장의 자질

지방의 핵심적 리더로서 효과적인 리더십을 발휘하기 위하여 단체장은 어떠한 자질을 소유해야 하는가? 물론 앞에서 언급한 바와 같이 단체장의 리더십은 참여자와의 권력관계 또는 지역여건과 같은 상황요인에 의하여 영향을 받기 때문에 단체장의 리더십을 논함에 있어서 개인적 특성만을 논의하는 것으로는 충분하지 않다. 그럼에도 불구하고 단체장의 자질에 대한 논의는 리더십에 대한 제약요인으로서의 상황요인에 대한 논의에 우선한다. 같은 상황하에서도 개인의 특성에 따라 리더십이 달리 발휘될 수 있기 때문이다. 이와 같이 외부로부터의 제약요인에도 불구하고 단체장이 일정하게 자율적인 리더십을 행사할 가능성에 대하여는 이미 여러 논자들에 의하여 제시된 바 있는데(Stone, 1995), 특히 단체장의 리더십에 대한 다양한 유형론은 이러한 가능성을 직접적인 전제로 하는 것이다. 예컨대, Yates(1977)는 단체장의 유형을 기업가형, 보스형, 전사형, 중재자형으로 나누고 있는바, 이는 상황적 제약에도 불구하고 단체장 개인의 특성에 따라 리더십이 달리 행사될 수 있음을 전제로 한 것이라 하겠다.

리더로서의 단체장의 자질은 '경력, 인품, 또는 능력'과 '정책정향' 등 두 가지 요소를 포함한다.

1) 경력, 인품, 또는 능력

단체장이 성공적 리더십을 발휘하기 위하여는 가급적 우수한 경력, 인품 및 능력을 소유할 것이 요구된다. 단체장의 경력은 학력, 직업 등 사회경험의 축적을 의미한다. 그러나 우수한 경력이 반드시 성공적 리더십을 보장하는 것은 아니기 때문에 단체장의 자질로서 경력요소를 지나치게 강조하는 것은 바람직하지 않다고 생각된다. 이와 관련하여 과거 1995년 지방선거를 앞두고 단체장으로서 정치인 출신이 좋으냐 또는 행정가 출신이 좋으냐 하는 논의가 제기된 바 있다. 그러나 후술하는 바와 같이 단체장은 행정적 역할과 정치적 역할을 동시에 수행하여야 할 것이므로, 그 같은 흑백논리는 원천적으로 타당하지 않다. 오히려 그 같은 논의는 액면 그대로 정치인이 좋으냐 또는 행정인이 좋으냐 하는 양자택일의 문제로서가 아니라, 지방정치의 장에서 이른바 정치꾼을 배제하고자 하는 것으로서 이해되는 경우에만 논의의 의미를 찾을 수 있을 것이다. 이에 대하여 단체장은 행정적 역할과 정치적 역할을 동시에 수행하여야 한다면 바람직한 단체장은 행정인으로서의 경력과 정치인으로서의 경력을 고루 갖춘 자라는 주장도 있을 수 있다. 물론 양 부문에 대한 고른 경험이 리더십의 성공적 행사에 일정한 정도 도움이 될 것으로 기대된다 하겠으나, 경력이 자질의 전부가 아닐 뿐 아니라, 경력과 성공적 리더십과의 상관관계가 확고히 입증된 것도 아니기 때문에 경력을 지나치게 중시하는 것은 곤란하다.

경력을 단체장의 자질에 대한 판단기준으로 하는 입장의 한계성은 단체장의 출신배경에 따른 장단점을 살펴보면 분명해진다. 위에서 제기한 정치인과 행정인의 상대적 우위에 관한 논의를 예로 들어보자. 먼저 정치인은 정당의 공천과정에서 후보의 자질에 대한 검증이 일차적으로 이루어진다는 장점이 있다. 그러나 우리나라 여건상 정당의 공천과정에 대한 객관성에 대한 회의와 함께, 정당을 통하여 지방정치가 중앙에 종속될 우려가 있다는 문제가 있다. 또한 만연된 정치인에 대한 불신도 문제이다. 행정인은 특히 지자제 초기에 행정경험을 살려 지방행정의 안정성, 전문성 확보에 유리하다는 점, 중앙정부와의 유대를 통하여 지역개발을 위한 중앙의 지원획득에 상대적으로 유리하다는 장점이 있다. 반면 보수성의 우려 및 지방의 자율성 제고에 저해가 될 우려가 있다. 정치인이나 행정인이 아닌 일반인은 중앙행정기관이나 정당과의 연계가 없으므로 소신껏 지방행정을 수행할 수 있다는 장점이 있다. 그러나 선거과정에서 후보의 됨됨이에 대한 객관적 검증이 곤란하고 지방의 기득권층의 진출을 방지하기 어려워 지방단위의 부패구조 형성이 우려된다는 단점이 있다. 이러한 예는 곧 경력만으로 리더의 자질을 판단하는 데 한계가 있음을 가르쳐 준다 하겠다.

경력보다 중요한 자질요소는 단체장의 인품 또는 능력이다. 단체장이 가져야 할 인품 또는 능력에 대하여는 논자에 따라 다양한 덕목이 산발적으로 제시되고 있다. 개혁성, 청렴성, 도덕성, 정직성, 성실성, 책임성, 전문성, 공정성, 봉사성, 진취성, 창의성, 개방성, 의사소통능력, 국제적 감각 등은 그 예이다. 문제는 제시된 덕목자체는 모두 바람직하고 타당한 기준임에도 불구하고, 사람마다 의견이 달라 과연 어떠한 덕목이 보다 중요한지에 대한 합의가 어렵다는 점이다. 단체장 역시 불완전한 인간으로서 그와 같이 많은 덕목을 동시에 갖추기는 불가능하다. 물론 보다 많은 덕목을 갖춘 단체장이 바람직한 리더라 할 수 있을 것이지만, 이 경우에도 여전히 덕목간의 우선순위가 문제가 된다.

더욱이 많은 경우, 이와 같은 덕목이 반드시 지방정책과정에서 유효한 결과로 연결될 것이라 보장하기도 어렵다. 예컨대, 개혁성향의 단체장이 실제로 '어느 방향'으로 개혁을 추진할 것인가에 대한 예측이 항상 가능한 것은 아니라는 것이다. 우리가 보다 중시해야 할 단체장의 자질은 단체장의 행위의 방향을 가늠하게 해주는 것이어야 한다.

2) 정책정향

경력, 인품, 능력과 같은 개인적 특성이 단체장의 성공적 리더십을 위한 중요한 자질요소이기는 하지만 이것을 단체장이 소유해야 할 자질의 전부로 이해하는 데는 한계가 있다. 어떠한 자질이 중요한가에 대한 판단은 그 요소가 리더로서의 역할수행에 구체적으로 '어느 방향'으로 영향을 미칠 것인가에 대한 예측이 가능한가를 기준으로 하는 것이 바람직하다. 단체장이 실제 수행할 정책행위의 방향을 제시하여 주지 않는 자질은 그만큼 의미가 적을 것이기 때문이다. 이러한 이유에서 우리는 단체장의 정책행위에 대한 안정적 예측을 제시하는 데 한계를 갖는 경력, 인품, 또는 능력 등에 대한 대안적 요소로서 단체장의 정책정향(policy orientation)에 주목할 필요가 있다. 정책정향이란 정책이 지향하는 일관된 방향 또는 전형으로서 일시적 또는 단편적인 공약이나 정책과는 구분되는 것으로서 단체장의 정책과정에서의 행위를 보다 안정적으로 예측하게 하는 것으로서 중시되어야 한다.

그렇다면 단체장으로서 가져야 할 바람직한 정책정향은 무엇인가? 그 대답은 지방자치의 목적과 이념에서 찾아야 한다. 지방자치의 목적으로는 민주발전, 지역의 균형발전, 국가의 총체적 발전 등 여러 가지가 제시될 수 있겠으나 지방자치의 궁극적 목적은 주민복지증진에 있다고 하겠다. 이는 주민이 주인인 민주사회에서 당연한 것이다. 이때 이러한 목적달성을 위하여는 지방자치가 능률·민주·형평의 이념적 조화 속에 추진될 것이 요청된다. 그 이유는 지방자치의 목적으로서의 주민복지는 절대적 복지(예, 소득수준)와 상대적 복지(예, 소득의 상대적 크기)로 구성되어 있는바, 절대적 복지수준의 제고를 위하여는 특히 능률성과 민주성의 제고가, 상대적 복지수준의 제고를 위하여는 특히 형평성의 제고가 요청되기 때문이다. 요컨대, 지방자치는 능률, 민주, 형평이 균형·조화되는 토대 위에서 추진됨으로써 주민복지를 극대화시킬 수 있는 것이다(이승종, 1992).

위의 논의는 능률, 민주, 형평 이념에 대한 균형된 정책정향의 소유여부가 성공적 리더십을 위한 단체장의 자질을 판단하는 중요한 기준이 됨을 가르쳐 준다. 구체적으로 단체장이 가져야 할 바람직한 정책정향을 살펴보자. 첫째, 능률적 정책정향이다. 이는 자치행정을 기업가정신에 입각하여 창의적이고 진취적인 자세로 수행하려는 정책정향을 말한다. 이러한 정향을 가진 단체장(능률형)이 선도하는 지방행정은 당연히 개혁적이고, 진취적이며, 창의적인 성향을 보이게 될 것이다. 외국의 예로는 과거 일본 이즈모시의 이와꾸니 시장을 들 수 있다. 둘째, 민주적 정책정향이다. 이는 자신의 판단이나 이익보다는 다수 주민의 의사를 존중하여 주민의 입장에서 일하려는 정책정향을 말한다. 이러한 정책정향을 가진 유형의 단체장(민주형)은 지방행정을 수행함에 있어 봉사성, 공익성, 청렴성, 정직성, 개방성을 강조하는 경향을 보일 것이다. 태국 방콕시장인 잠롱을 예로 들 수 있다. 셋째, 형평성의 정책정향이다. 이는 지역 내 자원이나 서비스배분과정에서 지역, 집단, 계층간의 형평성을 중시하는 정책정향을 말한다. 이러한 정책정향의 단체장(정의형 또는 평등형)이 이끄는 자치행정은 공정성, 청렴성, 봉사성이 강한 경향을 보이게 될 것이다. 이러한 정책정향은 자치제 실시에 따른 지역토호와 지방공직자와의 결탁에 의한 차별적 지방행정 또는 부패에 대한 우려를 생각할 때 특히 중요하다. 예컨대, 미국 뉴욕시의 전 시장 카치(Koch)가 빈곤층보다는 중산층 위주의 시정방침으로 장기집권에 성공한 사례를 역설적으로 고려하여야 한다. 그 반대의 예로는 빈곤층 위주의 정책을 명시적으로 표방하였던 미국 시카고시의 워싱턴시장을 들 수 있다.

원칙적으로 단체장은 민주, 능률, 형평성에 대하여 균형된 정책정향을 가질 것이 요청된다. 그러나 현실은 반드시 그와 같지 않을 것이며 개인에 따라 정책정향에 대한 상대적 비중을 달리하는 것이 보다 일반적일 것이다. 즉, 위에서 본 바와 같이 단체장은 어떠한 정책이념에 대한 상대적 비중을 두느냐에 따라 능률형, 민주형, 정의형, 또는 이들의 특징을 일부 중복하여 소유하는 복합형으로 유형화될 수 있을 것이다.

3) 상황과 단체장의 정책정향

어떤 유형의 단체장이 바람직한가? 이는 결국 세 가지 정책정향간의 상대적 중요성에 대한 질문이다. 지적할 것은 정책정향간의 상대적 중요성은 고정된 것이 아니라 상황에 따라 달라질 수 있다는 점이다. 또한 그렇기 때문에 어떤 유형의 단체장이 바람직한가에 대한 대답 역시 일률적이지 않으며 상황에 따라 달라질 수 있다(박동서, 1989: 594). 환언하면 상황에 따라 세 가지 정책정향간의 균형점이 이동할 수 있다는 것이다. 여기에서는 시대적 상황과 지역여건에 따라 정책정향간에 상대적 중요성이 달라질 수 있음을 간단히 언급한다(상황이 단체장의 리더십에 미치는 제약요인에 대하여는 후술한다).

(1) 시대적 상황과 정책정향

단체장이 가져야 할 바람직한 정책정향은 시대적 상황에 따라 달라질 수 있다. 지방자치의 목적이 주민복지증진이고 그러한 목적달성을 위한 지방행정 이념이 능률, 민주, 형평이라고 전제할 때, 투표에 의하여 선출되는 직선 단체장은 과거 임명제 단체장에 비하여 필연적으로 민주성이나 형평성에 상대적으로 민감할 수밖에 없게 될 것이다. 더욱이 지금까지 중앙집권하에서의 지방행정은 능률을 강조하면서 상대적으로 민주와 형평을 소홀히 취급하여 왔으므로, 지방화시대에 이르러서는 그간 소홀히 취급하여 왔던 민주와 형평을 강조하는 정책정향이 강조된다 하겠다. 물론 최근에 전세계적으로 행정의 기업적 경영이 유행처럼 강조되고 있는 상황하에서 직선단체장이라 해서 능률행정을 무시할 수는 없으며 또한 지역발전차원에서 볼 때 그렇게 해서도 곤란하겠지만 위에서 제시한 두 가지 이유를 감안할 때 최소한 당분간은 민주와 형평이 강조될 가능성이 크며 또 그럴 필요가 있다는 점이 인식되어야 할 것이다. 요컨대, 다른 요인을 고려하지 않는 경우, 최소한 지방자치 초기에는 능률보다는 민주나 형평에 상대적 비중을 두는 단체장이 보다 바람직한 단체장이 될 것이다.

아울러 지적할 것은 1997년 말의 외환위기를 겪으면서 우리 사회의 사회적 형평성이 현저하게 악화되었다는 점이다. 지역사회도 이러한 현상에서 예외가 아니며 따라서 단체장의 형평성에 대한 정책정향이 보다 요구된다 하겠다.

(2) 지역여건과 정책정향

단체장이 어느 유형의 정책정향을 갖는 것이 바람직한가는 지역여건에 따라서도 달라질 수 있다. 예컨대, 개발이 낙후된 지역에서는 상대적으로 능률을 강조하는 단체장 유형이, 성장연합의 형성 등으로 일부 계층이 자원을 독식하는 지역에서는 상대적으로 형평을 강조하는 단체장 유형이 보다 바람직한 단체장이 될 것이다. 지역의 권력구조와 관련하여 볼 때, 권력구조가 다원화된 지역은 민주성이나 형평성의 보장이 상대적으로 유리할 것이므로 역설적으로 능률을 강조하는 단체장이 바람직할 수도 있을 것이다. 반면, 권력구조가 집중화된 지역은 상대적으로 능률성 측면에서 유리하겠으므로 민주성이나 형평성을 강조하는 단체장이 바람직한 단체장 유형이 될 수 있을 것이다. 이외에도 지역특성(도시, 농촌), 자치단체의 규모, 자치계층에 따라서도 요구되는 정책정향의 비중이 달라질 수 있을 것이다. 자치계층과 관련하여 광역단체장은 관할구역 내에 다수의 기초자치단체를 포괄하고 있고 따라서 이들 자치단체의 복지수준의 평준화에 관심을 가져야 할 것이므로 기초단체장에 비하여 상대적으로 형평성을 강조하는 리더십이 요구될 것으로 사료된다.

Ⅲ 리더십의 제약요인

단체장은 자신의 자질을 최대한 발휘하여 지방행정의 목적달성을 위하여 성공적으로 리더십을 행사해야 한다. 그러나 아무리 우수한 자질을 소유한 단체장이라도 외부로부터의 제약요인을 무시하고 독자적으로 리더십을 발휘할 수는 없다. 단체장의 리더십을 제약하는 외부 요인이 있기 때문이다. 단체장의 리더십에 영향을 미치는 제약요인은 크게 보아 다양한 정책참여자와 지역여건을 포함한다. 이러한 점을 고려하여 이하에서는 단체장의 리더십을 제약하는 요인들에 대하여 검토한다.

1. 참 여 자

지방정치의 장에서의 참여자들은 단체장에 대하여 일정한 영향력을 행사하려 한다. 그러므로 단체장은 지방자치의 목표달성을 위하여 이들 참여자로부터의 영향력을 적절히 조정하면서 자신에게 부여된 역할과제를 추구하게 된다. 지방정치과정의 참여자는 다양한 개인과 집단을 포함한다. 여기에서는 단체장 이외의 공식적 참여자로서 지방의원, 행정관료, 상위정부, 비공식적 참여자로서 주민, 기업, 정당, 언론 등을 대상으로 단체장과의 영향력관계를 논의한다.

1) 지방의회

지방의회는 법적인 권한에 의하여 지방정부의 최고의사결정기관이며 단체장에 대한 공식적인 견제기관으로서의 지위를 갖고 있다. 지방의회는 조례제정권, 예산심의권, 단체장의 출석요구권, 감사 및 조사권 등의 행사를 통하여 단체장의 권력을 제한한다. 그러므로 단체장의 리더십은 지방의회의 장에 대한 상대적 권력의 크기만큼 제약을 받게 된다.

그러나 단체장에 대한 지방의회의 영향력에는 한계가 있다. 우리나라는 기본적으로 장과 의회 간의 기관대립주의에 기초하여 지방정부를 구성하고 있는바, 표면적으로 양 기관은 균형적인 권력관계에 있다. 그러나 실제에 있어서는 단체장의 권력이 지방의회에 대하여 상대적 우위에 있다(이승종, 1994a). 지방의회는 조례제정권, 감사 및 조사권 등을 갖고 단체장의 리더십에 일정한 영향력을 발휘할 수 있지만, 단체장은 의회에 대하여 재의요구권, 사무처요원의 임명권, 선결처분권 등을 소유하고 있을 뿐 아니라, 인력과 재원을 독점하고 있으며, 지방의회의 권한 밖에 있는 기관위임사무범위의 과다로 인하여 의회의 견제 범위 외에 있는 경우가 많은 것이다. 아울러 권력의 지지기반에 있어서도 단체장이 지방의회를 능가한다. 지방의회는 복수의 의원이 주민의 지지를 공유하고 있는 데 비하여 단체장은 같은 범위의 주민의 지지를 독점하고 있기 때문이다. 요컨대, 이러한 권력기반에 기초하여 단체장은 의회의 견제에도 불구하고 상당부분 자신의 리더십을 효과적으로 발휘할 수 있게 된다.

2) 관   료

관료는 공식적으로 단체장의 부하이며 따라서 단체장의 정책선호를 그대로 정책과정에 반영할 것으로 기대되기도 한다. 그러나 실제에 있어 선거를 의식하여 정치적 타당성을 우선시하는 단체장과는 달리, 일반적으로 관료는 능률성·효과성 등 보다 합리적인 결정기준에 의하여 움직이려는 성향을 보인다(Lipsky, 1976; Mladenka, 1980). 합리적인 기준 외에 관료들이 관료자체의 이익을 추구하는 경우도 있다. 이러한 이유들로 인하여 적지 않은 연구들은 임명직 관료의 결정이 선출직 단체장의 결정과 다르게 이루어짐을 보고하여 오고 있다(이성복, 1993). 실제로 대전시 유성구에서 학교급식비지원을 둘러싸고 발생하였던 단체장과 국장과의 갈등, 성남시에서 장학금지급을 둘러싸고 일어났던 단체장과 부시장과의 갈등은 관료에 대한 단체장의 리더십의 한계를 보여주는 좋은 예이다. 더 나아가서 관료들이 보다 전문적인 지식과 판단에 근거하여 단체장의 결정을 유도하는 경우도 많다. 특히 일상적인 정책의 집행과정은 일반적으로 전문직업관료에 의하여 장악된다. 이른바 테크노크라시(technocracy)가 구축되는 것이며 이는 단체장의 리더십에 대한 중대한 제약이 될 수 있다.[1]

　　그러나 관료의 독자적 행동에는 일정한 한계가 있다. 단체장은 부하로서의 관료를 통솔할 수 있는 인사권 등 적절한 통제권이 있다. 승진과 보직을 성공의 주요 가치로 생각하는 관료의 속성상 일상적으로 단체장의 리더십에 저항하기는 어려울 것이다. 또한 단체장에 따라 개인차가 있겠지만 법적권한 외에 영향력의 발휘에 따라 관료의 순응을 확보할 수도 있을 것이다. 그러므로 단체장과 정책선호가 일치하지 않는 경우라 하더라도 부하로서의 관료의 단체장에 대한 저항은 일정한 범위 내에서 이루어지거나, 산발적으로 이루어진다고 보는 것이 타당할 것이다. 지방자치 초기에 민선단체장과 관료와의 갈등에 대한 많은 우려가 지금에 와서 많이 불식된 것은 이러한 평가를 뒷받침하는 증거이기도 하다. 그럼에도 불구하고 관료의 단체장에 대한 일정한 영향력을 단체장의 리더십에 대한 중요한 영향요인으로서 부각되기에 충분하다 하겠다.

3) 주　　민

　　주민은 투표권자로서 개인적으로 또는 집단적으로 단체장에 대하여 일정한 영향력을 행사한다. 주민의 신임에 따라 정치적 생명이 좌우되는 단체장은 유권자로서의 주민의 요구와 선호에 대하여 둔감할 수 없으며, 특히 조직화된 주민의 요구와 선호에 대하여는 더욱 민감할 수밖에 없기 때문에 주민의 요구와 선호는 단체장의 리더십에 대한 중대한 제약요인으로 작용한다(Fainstein & Fainstein, 1985).

　　그러나 단체장에 대한 주민의 영향력에는 일정한 한계가 있다(이승종, 1994b). 일반적으로 주민은 자신과 직접적인 이해관계에 있지 않은 한 공적인 문제와 관련하여 지방정치 · 행정에 대한 관심이 높지 않다. 관심이 있다 하더라

---

1) Technocracy는 전문기술관료를 의미하는 technocrat와 통치를 의미하는 cracy의 합성어로서 민중에 의한 통치를 의미하는 democracy와 비교되는 용어이다.

도 유효한 참여통로는 제한적이다. 이러한 상황 하에서 주민참여는 일상화, 조직화되어 있지 않으며 대부분 산발적이다. 특히 정부정책의 시혜대상이어야 할 소외집단의 참여는 매우 제약되어 있다. 각종 위원회, 모니터, 간담회 등의 기회가 상대적으로 상위집단에 열려있는 것이 그 증거이다. 이러한 상황에서 2000년대를 넘어오면서 유의미한 변화가 일어난다. 조례제정청구제(1999), 주민투표제(2004), 주민소송제(2005), 주민소환제(2006) 등 직접주민참여제가 전반적으로 도입된 것이 그것이다. 이러한 직접참여제도의 도입에 따라 단체장의 리더십에 대하여 주민의 실질적 영향력 행사가 가능해졌다. 물론 제도적 기반이 실질적 참여로 그대로 연결되는 것은 아니며, 실제로 각 제도의 발동요건과 효과, 그리고 부작용 등에 대한 논의가 진행 중이지만 이들 직접참여제도의 도입은 지방차원의 리더십 환경에 중대한 요인으로 작동할 것임에는 틀림이 없다 할 것이다.

4) 기 업

단체장이 재선을 염두에 두고 지역발전을 추구하는 한, 기업의 단체장에 대한 영향력도 실제적이다. 기업은 세입의 원천, 고용자로서 지방정치에서 상당한 영향력을 발휘할 수 있다(Christensen, 1995: 7). 단체장의 기업에 대한 반응성에 대하여는 강력한 권력기반을 갖고 있는 시카고 시장 데일리조차 일반주민의 요구보다는 기업의 요구에 대하여 매우 차별적인 반향을 보이고 있음을 들어 기업의 상대적 권력을 갈파한 Stone(1980)에서 잘 설명하고 있다. 우리의 경우도 이와 크게 다르지 않은 것으로 사료된다. 실제로 기업이 투자증대와 같은 당근이나, 기업의 역외이전과 같은 채찍을 사용하거나, 개인적 차원에서 접근을 할 때 종종 단체장은 곤혹스러울 수밖에 없게 된다. 그리하여 단체장은 기업과 연대하여 성장을 추구하는 이른바 성장연합(growth coalition)을 구축하게 되고 이에 따라 기업의 영향력은 더욱 확대되기 쉽다(Logan and Molotch, 1987).

그러나 기업의 영향력이 지나치게 과장될 필요는 없다. 첫째, 지역경제가 취약한 우리의 지역상황은 단체장의 기업에 대한 종속의 토양으로 우려될 수도 있지만, 역설적으로 취약한 지역기업이 오히려 지방정부에 종속적일 수도 있을 것이기 때문이다. 그들은 취약한 사경제부문에서의 경쟁에서 생존하기 위하여 지방정부의 협력을 요청하여야 하는 입장에 있게 되고 그만큼 그들의 영향력은 축소될 것이기 때문이다. 둘째, 단체장과 기업이 성장연합을 구성하더라도 그 연합은 일방적인 경제논리보다는 정치인에 의한 정치논리에 의하여 지배될 것이라는 견해도 있기 때문이다(Mollenkopf, 1983). 특히 관 우위의 전통이 강한 우리의 경우, 이러한 견해는 상당한 설득력을 갖는다. 셋째, 최근 우리나라에서도 시민운동단체를 중심으로 발흥하고 있는 이른바 반성장연합(anti-growth coalition)의 견제가 있기 때문이다. 이러한 경향은 자치의식의 강화, 지나친 개발지향 및 시민사회의 성장에 따라 더욱 강화될 잠재력이 있다. 요컨대, 이들 요인을 고려한다면 기업의 단체장에 대한 영향력이 지나치게 과장될 필요는 없다 할 것이다.

5) 정 당

정당소속을 갖는 단체장은 정당인으로서 당연히 정당의 영향력을 받게 되고 따라서 정당은 단체장의 리더십에 대한 제약요인이 된다(Herson & Bolland, 1990: 150). 물론 지방선거 이후에 일부 정당소속 단체장들이 지방자치에 전념한다는 이유로 정당을 탈퇴함으로써 정당의 영향력에서 벗어나려는 시도를 보이기는 하였지만 그것은 어디까지나 일부 단체장에 한정된 것이었다. 즉, 정당소속의 단체장은 대 의회관계 및 재선을 위하여 정당의 지원이 필요한 만큼 정당의 영향에서 전혀 자유로울 수 없을 것이다.

그렇다고 해서 단체장이 정당에 취약하기만 한 것은 아니다. 우선 지구당은 단체장의 영향력하에 있는 것이 일반적이며, 중앙당에 대하여도 일단 당선된 후에는 지역의 지지기반을 토대로 하여 자신의 입지를 넓혀갈 수 있기 때문이다. 또한 무소속 단체장의 경우에는 원칙적으로 정당의 영향에서 멀다. 무소속 단체장에 대한 정당의 영향력은 있다면 보다 간접적이며, 따라서 정당의 영향력은 단체장과 기껏해야 지방의회와의 협조관계 차원에서 행사될 수 있을 것이다.

6) 언 론

정책결정자에 대한 주민의 직접접촉에 한계가 있는 현실에서, 언론은 사실보도를 넘어 정책을 비판하고 유도하는 기능을 담당함에 따라 단체장의 리더십에 대하여도 상당한 영향력을 행사하고 있다. 이러한 언론의 영향력은 기본적으로 언론이 보도를 통하여 유권자의 지지도에 상당한 영향을 미칠 수 있는 데서 비롯된다(Mellors & Copperthwaite, 1987: 225). 즉, 재선을 위하여 주민의 지지를 획득·유지해야만 하는 단체장은 당연히 주민의 지지에 영향력을 행사할 수 있는 언론에 반응하여야만 하며 따라서 언론은 단체장의 리더십에 대한 중요한 제약요인으로 기능하고 있다. 이는 과거 일부 자치단체의 공무원직장협의회가 기자실의 폐쇄를 도모하는 움직임을 보인 것에서도 반증된다.

그러나 이와 같은 언론의 영향력은 지방의 경우, 중앙에서와는 달리 현저히 약하다는 점도 동시에 지적되어야 한다. 그것은 특히 우리의 경우, 인쇄매체·전파매체를 막론하고 지방언론의 보급이 취약하기 때문이다. 게다가 언론은 기본적으로 공식적 참여자가 아니며, 보도의 관심분야가 한정되어 있는 등에서 비롯되는 한계도 안고 있다 하겠다.

7) 상위정부

중앙정부는 광역자치단체에 대하여, 중앙정부 또는 광역정부는 기초정부에 대한 상위정부로서 지방정부에 대하여 일정한 제약요인으로서 작용하며 지방정부는 상위정부가 정해놓은 권력의 범위 안에서 정책을 추진할 수 있을 뿐이다. 그렇기 때문에 단체장의 리더십 역시 상위정부가 정해놓은 범위 안에서 발휘되어야 하는 제약을 받는다. 실제로, 우리의 경우, 아직도 분권화가 미흡하고 지방의 자생력이 취약하기 때문에 상위정부요인에 의한 리더십에 대한 제약은 매우 클 것으로 생각된다. 특히 과거 1960년대 일본에서의 신산업도시 지정을 둘러싼 지방의 진정경쟁과 같이 지방정부가 상위정부의 혜택을 받기 위하여 중앙에 의존하는 경향을 강화할 경우(村松岐夫, 1991), 상위정부로 인한 리더십에 대한 제약은 더욱 커질 수밖에 없다.

상위정부의 제약에도 불구하고 단체장은 일정한 자율성을 누리며 나름대로 리더십을 발휘할 수 있다. 단체장은 상위정부의 간여를 적절히 중화시키거나 우회할 수 있는 가능성을 가지고 있다. 즉, 중앙이 부여하는 규제나 지시가 지방의 이익 내지는 단체장의 지위유지에 불리할 경우, 단체장은 창의성을 발휘하여 집행과정에서 중앙의 의사를 적절히 희석시킬 수 있을 것이다. 나아가서 단체장은 협력체를 통하여 상위정부에 대응하거나 자치능력을 신장시킴으로써 보다 자율적인 리더십을 발휘할 수 있다. 즉, 단체장의 리더십에 대한 상위정부의 제약은 단체장의 대응에 따라 차이를 보일 것이라 하겠다.

2. 지역의 여건

단체장의 리더십은 참여자와의 영향력관계 외에도 단체장이 처해 있는 지역의 사회경제적 여건에도 영향을 받는다. 예컨대, 단체장이 아무리 복지지출을 증대하고자 해도 이를 뒷받침할 재원이 부족하거나 이에 대한 지지가 형성되지 않으면 그러한 방향으로의 리더십은 효과적으로 발휘될 수 없을 것이다. 지역의 사회경제적 여건 중에서도 자본주의 경제의 특성상 경제적 요인은 특히 중시된다.[2] 일반적으로 경제적 요인의 지방정치에 대한 제약에 대하여는 앞의 기업에 관한 설명과 같이 행위자에 초점을 맞춘 설명과 구조에 초점을 맞춘 설명이 있다. 앞에서 성장연합론을 전자의 예로 언급하였거니와, Peterson(1981)이 제기한 바 있는 도시한계론은 구조결정론의 대표적인 예로 들 수 있다. 요컨대, 단체장의 리더십은 경제부문의 명시적인 또는 구조적인 요인에 의하여 일정하게 영향을 받는다는 것이다.

그러나 가시적 또는 구조적 요인을 막론하고 단체장이 경제적 요인에 대하여 종속적인 것만은 아니다. 같은 경제적 상황하에서도 다른 리더십의 성과가 나타나는 데서 알 수 있듯이 경제적 요인의 제약이 중요하긴 하지만 경제가 모든 것을 결정하는 것으로 보는 구조결정론이 반드시 옳은 것은 아니기 때문이다(Wong & Peterson, 1986). Stone(1980)이 지적하듯이 지방정부는 여전히 경제적 요인의 제약하에서 일정한 결정을 할 수 있으며 이에 단체장의 리더십이 포함되어 있음은 물론이다. 이와 관련하여 Fossett(1983)은 미국의 일부 대도시 지방정부가 같은 경제적 상황하에서도 다른 리더십의 연출로 차별적 대응이 가능함을 훌륭하게 입증하고 있어 참고가 된다. 그럼에도 불구하고 경제적 요인의 중요성을 전적으로 부인하는 입장은 찾기 어려우며 그만큼 경제적 요인은 단체장의 리더십에 대한 중요한 제약요인이라 하겠다.

Ⅳ 단체장 리더십의 역할기대

단체장은 다양한 참여자와 지역여건의 제약 속에서도 최대한의 리더십을

---

[2] 이와 같은 사회경제적 조건의 지방정치에 대한 제약은 중앙정부의 지방정치에 대한 제약(제2유형)과 구분하여 제1유형의 제약요인이라 한다(Gurr & King, 1987: 57).

발휘하여 지방행정의 목적달성을 도모하여야 한다. 리더십을 통하여 단체장이 달성할 것으로 기대되는 지방행정에서의 역할은 무엇인가? 불행히도 자치단체 장의 역할에 대한 일반화된 결론이 존재하지 않음은 물론이거니와 역할을 파악하는 접근방식도 논자에 따라 다르다. 그러나 대체로 볼 때 단체장의 역할을 논의하는 기본적 방식은 단체장과 다른 참여자와의 관계유형을 기초로 하여 파악하거나 단체장이 수행하는 역할의 성격을 중심으로 파악하는 방식으로 나누어 볼 수 있다.

1. 참여자와의 관계에서 본 역할기대

단체장의 역할기대를 단체장과 다른 참여자와의 관계유형을 기준으로 파악하건대 대내적으로는 지방의회 및 소속 공무원과의 관계, 대외적으로는 주민과의 관계, 중앙정부와 타 지방자치단체, 그리고 나아가서는 외국의 정부나 자치단체와의 관계에 있어서의 역할로 나누어 볼 수 있다. 각 관계에 있어서 단체장이 수행하여야 할 역할에 대한 논자들의 입장 역시 일치하지 않고 있으나(김병국, 1995; 이달곤, 1994), 생각건대 단체장은 지방의회와의 관계에 있어서는 협조 및 견제관계의 유지; 소속 공무원과의 관계에 있어서는 효율적 관리 및 통솔, 정치적 고려와 행정전문성의 조화; 주민과의 관계에 있어서는 참여의 신장, 행정의 민주성 및 공평성 제고; 중앙정부와의 관계에 있어서는 지방의 창의적 발전과 국가발전의 조화균형; 타 자치단체와의 관계에 있어서는 경쟁과 협조의 관계유지(광역정부의 경우에는 지방의 자율권 확보와 기초정부의 자율권 신장이 추가될 수 있을 것임); 외국의 중앙 또는 지방정부와의 관계에 있어서는 경쟁력 확보 및 호혜관계의 설정 등의 역할을 수행할 것이 요청된다.

2. 역할의 성격을 기준으로 본 역할기대

단체장의 역할기대는 이와 같이 단체장의 지위와 다른 참여자와의 관계유형을 중심으로 파악할 수도 있지만 또 다른 유용한 방식의 하나는 단체장에게 기대되는 역할의 성격을 중심으로 파악하는 것이다. 이러한 방식은 앞의 방식에 비하여 덜 구체적이긴 하지만 단체장과 다른 참여자와의 상호관계의 유형과 상관없이 단체장의 역할이 지방정부의 존립목적과 어떻게 관련되는가를 보다 간결하게 파악하게 하여 준다는 장점이 있다(Clarke & Stewart, 1990: 71). 이보다 더 세분된 역할구분도 가능할 것이다.

여기에서는 단체장의 역할을 그 성격을 기준으로 하여, 정치적 역할, 행정적 역할 및 선도적 역할 등 세 가지로 나누어 제시한다. 물론 이보다 더 세분화된 분류도 가능하다. 예컨대, 영국의 심계원(Audit Commission)의 연구에서는 단체장의 역할을 경영관리자(corporate manager), 정치적 관리자(political manager), 행정가(administrator), 의사소통자(communicator), 문제해결사(trouble shooter), 심판중재자(umpire broker), 부서관리자(departmental manager), 전문가(specialist), 사업관리자(project manager), 권위수호자(dignitary), 영업인(salesman), 대표자(figurehead) 등 12가지로 구분하여 제시하기도 한다. 그러나 이는 지나치게 세분화된 것으로 어떤 방향성을 제시하기에 미흡하다. 이들의 공통분모를 찾아내어 정리하면 결국 행정적인 것과 정치적인 것으로 구분이 가능해진다. 그리고 이에 단체장의 지도적 역할을 강조하여 추가하면 우리의 분류가 된다. 이와 유사한 분류로는 영국의 Widdicombe Report의 분류가 있다. 동 보고서는 단체장의 역할로서 중재역(arbiter), 전문적 관리역(professional manager) 및 자문역(adviser)을 제시하고 있는바(Morphet, 1993: 153), 이는 각각 정치적 역할, 행정적 역할, 선도적 역할에 대응하는 것이라 하겠다.

지방정부는 지방정책과정에의 참여자와의 적절한 관계유지를 통하여 기본적으로 두 가지 기본적 과제를 수행하도록 요청된다. 우선 지방정부는 경제활성화 기구로서 '지역성장 또는 발전'을 도모하여야 한다. 아울러 지방정부는 정치기구로서 자원의 배분과정에서 발생하는 참여자간의 '갈등을 처리'하여야 한다. 즉, 지방정부는 행정적인 측면과 정치적인 역할을 동시에 수행하여야 하는 것이다. 이때 지방정부가 수행하여야 할 이 두 가지 과제는 바로 자치단체장의 기본적 역할과제가 된다. 단체장은 이 두 가지 역할을 수행함에 있어서 어느 한 가지를 소홀히 해서는 안 되며 또 재선을 위하여는 그렇게 할 수도 없다. 즉, 단체장은 한편으로 고용을 창출하고 지역경제를 활성화시킬 수 있도록 기업과 주민에게 유인을 제공하여야만 하며, 다른 한편으로 이해집단간의 공평한 자원배분문제에 관심을 가져야만 한다. 특히 후자에 있어서는 일반적으로 자원의 배분과정에서 소외되기 쉬운 사회적 약자에 대한 재배분문제에 관심을 갖도록 기대된다.

문제는 지나치게 구분이 단순화된 감이 있지만 [표 2-1]에서 보는 바와

표 2-1 | 행정적 역할과 정치적 역할의 비교

구 분	행정적 역할	정치적 역할
기본목표	성장	가치배분, 갈등해소
복지측면	절대적 복지	상대적 복지
관련이념	능률	민주, 형평
정책결정양태	엘리트집단 내 결정 (공식적 결정자와 경제엘리트와의 연계)	이해관계인 참여 강조 (주민, 지역사회 참여)
주 수혜층	중산층	일반대중(또는 빈곤층)
정책기준	경제발전	주민분포
우선적용지역	중심지역(상업, 공업지역)	전 지역(주거지역 포함)
실패후유증	지역쇠퇴 재정곤란 이탈(exit)	정치불안 갈등증폭 요구, 항의(voice)
지도자소양	행정·경영능력	정치력
정책수단	유인, 보조	규제, 중재, 지원
정책사례	세금감면 특정지역개발 전문가위원회	역차별정책 서비스의 공평배분 공청회, 협의회
복지의 확산형태	점적효과(trickle-down)	직접적 효과

같이 이 두 가지 역할은 적지 않게 모순관계에 있어 동시에 수행하기가 결코 쉽지 않다는 것이다. 그리하여, 이와 같이 경제적 고객을 도외시하지 않으면서도(행정적 역할) 정치적 고객의 관심에 부응하는 방향으로(정치적 역할) 리더십을 발휘해야만 하는 단체장의 곤란한 입장은 "줄 타는 곡예사"로 비유되기도 한다(Judd, 1988: 408). 그러나 지방자치의 궁극적 목표인 주민복지의 증진이라는 차원에서 볼 때 양자는 필수불가결하며, 상호모순관계에 있기보다는 상호보완적이다. 행정적 역할수행을 통하여 절대적 복지의 증진이, 정치적 역할수행을 통하여 절대적 및 상대적 복지의 증진이 이루어지고, 이는 곧 총체적 복지의 증진으로 귀결될 것이기 때문이다. 그러므로 단체장은 이러한 역할을 수행함에 있어 양자간의 상충성을 강조하기에 앞서 양 역할이 주민복지차원에서

상호보완적이라는 인식을 가지고 적극적으로 두 가지 역할을 동시에 수행할 것이 기대된다.

한편, 정치적 역할과 행정적 역할의 상대적 중요성에 대한 질문이 있을 수 있다. 이와 관련하여 논자에 따라서는 광역자치단체장에게는 정치적 역할이 상대적으로 강조되어야 하고 기초자치단체장에게는 상대적으로 행정적 역할이 강조되어야 할 것이라고 주장하기도 한다. 이러한 주장은 광역자치단위는 참여자의 영향력이나 수가 많은 점을 감안한 것으로 생각되나 오히려 기초자치단위의 경우 이해관계자의 정책과정에의 참여가 보다 손쉬운 점을 감안한다면 그 반대의 경우도 생각할 수 있겠으므로 반드시 그렇다고 단정하기는 어렵다. 오히려 분명한 것은 자치계층과 상관없이 과거에 비하여 자치단체장에게 정치적 역할의 중요성이 높아졌다는 점이다. 과거 임명제 단체장은 행정적 역할의 수행만으로도 현직의 유지가 가능하였으나 민선단체장은 다양한 참여자간의 갈등해소문제 즉, 정치적 역할을 무시할 수는 없게 되었기 때문이다. 이러한 요청은 지방정치가 활성화될수록 더욱 커질 것으로 예상된다. 아울러 지방자치제하에서는 지방의 공직자와 지역의 세력가와의 유착관계로 인한 부패구조의 형성이 우려된다는 점, 지방의회의 구성이 기득권층을 과다 대표하고 있다는 점 등을 고려할 때, 정치적 역할을 과소평가할 수는 없다.

단체장의 리더십에 대한 역할기대로서 위 두 가지 역할에 더하여 선도적 역할이 추가되어야 한다. 선도적 역할이란 자치단체장이 한 지역의 핵심적 지도자로서 진취적이고 창의적인 자세로 지방의 발전을 이끌어나가야 함을 말하는 것이다. 환언하면 이는 단체장의 정책주도력을 의미하는 것이기도 하다. 최근 부각되고 있는 단체장의 기업가 정신, 경영화 노력 등에 대한 강조 역시 단체장의 선도적 역할을 강조하는 것이라는 점에서 동일한 것이다(cf., Osborne & Gaebler, 1992; 강천석 외, 1994).

실제로 단체장은 공식적 권위와 인적·물적 자원에 기초하여 지방행정과정에서 핵심적 지도자의 위치를 점하며 따라서 지방행정의 혁신을 위해 선도적 역할을 담당할 수 있는 위치에 있다(최봉기 외, 1992). 과거 중앙집권체제하에서의 단체장에게는 이러한 선도적 역할에 대한 기대가 적었다. 지방은 중앙이 정한 정책을 충실히 집행하면 그만이었기 때문이다. 그러나 이제 지방정부는 더 이상 중앙의 하부집행기관으로 존재하지 않으며 따라서 단체장의 선도적 역할이 강조되는 것이다. 단체장의 선도적 역할은 대통령의 선도적 역할에 비하여 더 자연스럽고 덜 위험하다. 그것은 대통령의 선도적 행위는 전국에 걸쳐 일시에 적용되기 때문에 보다 강제적이며, 특히 실패한 행위의 경우 위험의 크기가 크다. 그러나 단체장의 선도적 행위는 다른 자치단체로의 자발적인 확산과정을 거치기 때문에 덜 강제적이며, 실패한 행위의 경우에는 자연적으로 확산이 차단될 것이므로 위험부담도 덜하다는 점에서 그 가치가 평가되어야 할 것이다.

선도적 역할은 정치적 역할이나 행정적 역할과 구분되는 별개의 역할이라기보다는 이 두 가지 기본역할을 수행하기 위한 파생적 역할 내지는 기본역할의 수행자세에 대한 천명으로서 볼 수 있다. 그럼에도 불구하고 단체장이 행정적 역할과 정치적 역할을 수행함에 있어 지역의 핵심적인 지도자로서 보다 능동적이고 적극적인 자세를 견지하여야 할 필요성을 강조하기 위하여 구분하여 제시하는 것이다.

강조할 것은 단체장이 행정적 및 정치적 역할을 선도적으로 수행하도록 하기 위해서는 기본적으로 지방정부에게 충분한 자율권이 보장되어야만 한다는 것이다. 자율권이 미흡한 지방정부의 단체장에게 있어 진취적 또는 창의적 행정은 원천적으로 불가능할 것이기 때문이다. 물론 민선단체장은 과거 중앙에 묵종적일 수밖에 없었던 임명제 단체장과는 달리 중앙과의 관계조정을 통하여 지방의 자율성을 제고하기 위하여 나름대로 많은 노력을 기울일 것이다. 그러나 지방의 자율성 신장은 기본적으로 중앙정부의 의지에 좌우될 사안이며 단체장의 노력에 의하여 크게 좌우될 사안이 아니라는 점이 지적되어야 한다. 그러므로 중앙과 지방정부 간 권력관계의 조정문제는 기본적으로 단체장의 역할 대상이기에 앞서 단체장에게 주어진 구조적 제약요인으로 보는 것이 타당하다. 그럼에도 불구하고 종종 단체장의 역할로서 지방의 자율권 신장이 제시되곤 한다. 그러나 단체장의 노력에 따른 지방의 자율권 신장 가능성이 불투명한 상황에서 단체장의 역할을 지나치게 부각시키는 것은 자칫 자율권 신장을 위한 중앙정부의 의무를 경시하게 함으로써 결국 지방의 자율성 신장에 저해요소가 될 수 있음을 인식하여야 한다.

Ⅴ 결   론

지금까지 지방의 핵심 지도자인 단체장의 리더십과 관련하여 단체장의 리더로서의 자질, 리더십의 제약요인, 리더십의 역할과제 등에 대하여 논의하였다. 추가적으로 단체장의 성공적 리더십과 관련한 몇 가지 논점에 대하여 언급한다.

첫째, 단체장 리더십과 지방의 자율권 문제이다. 앞에서 언급한 바와 같이 단체장의 리더십 행사를 위하여는 기본적으로 지방정부의 자율권 신장이 필요하다. 아무리 단체장이 리더십을 발휘하여 역할기대에 부응하고자 하여도 지방정부 자체에 자율권이 주어지지 않으면 그러한 리더십 행사 자체가 불가능할 것이기 때문이다. 물론 지방과 국가는 별개가 아니며 총체적인 국가발전을 위하여는 중앙의 통제권과 지방의 자율권이 적절히 균형을 이루는 것이 바람직하며 따라서 지방의 자율권만이 강조되어서는 안 될 것이다. 그럼에도 불구하고, 지방자치 초기단계에 있는 우리나라의 분권화는 아직 미흡한 실정이므로 최소한 당분간이라도 지방의 자율권 신장에 초점이 맞추어져야 할 필요가 있다 할 것이다.

이와 관련하여 강조할 것은 지방의 자율권 신장에 대한 요구가 중앙정부에 대하여 제기되는 것만큼이나, 기초지방정부의 자율권 신장에 대한 요구가 광역지방정부에 대하여도 공히 적용되어야 한다는 점이다. 즉, 광역정부가 중앙에 대하여 미흡한 분권화 노력에 대하여 비판의 목소리를 높이고 있을 때, 기초정부 역시 광역정부에 대하여 같은 내용의 비판의 목소리를 높이고 있다는 사실에 경청할 필요가 있을 것이다.

둘째, 단체장 리더십에 대한 비판적 시각의 문제이다. 일각에서는 단체장이 지방의 제왕으로서 무소불위의 권력을 자의적으로 행사하여 지방행정을 왜곡하고 있다는 비판을 제기하고 있다. 이 같은 비판적 시각은 과거 상당수의 단체장들이 선거 직전에 입건되는 사태가 벌어지면서 더욱 힘을 얻기도 하였다. 물론 현직 단체장들은 이구동성으로 자신들이 과연 무소불위의 권력을 행사하고 있는가에 대하여 강력한 의문을 제기하고 있다. 생각건대, 비판적 시각은 주로 다른 지방참여자에 대한 단체장의 상대적 권력에 초점을 둔 것이며, 단체장의 시각은 주로 리더십 발휘에 필요한 객관적 권력에 초점을 둔 것으로서 이들의 주장은 사실상 별개의 차원에서 제기되는 것으로 보아야 한다.

　문제는 실정이야 어떻든 일각에서 단체장의 권한을 약화시키기 위한 제안을 지속적으로 제기하고 있다는 점이다. 그러한 제안은 주로 중앙의 정치, 행정권에서 제기되어 왔으며, 여기에는 부단체장의 권한강화, 대리집행인제, 서면경고제, 단체장 징계제, 단체장 연임 제한을 비롯하여 심지어는 기초자치단체장의 임명제안까지 포함되어 있다. 제안주체들은 이러한 움직임이 분권화에 따른 폐해의 시정을 위한 자연적인 대응이라고 합리화한다. 그러나 실제에 있어서 이러한 제안들은 대부분 기득권의 상실을 우려하는 집단의 폐쇄적 움직임에서 크게 벗어나지 않는다. 그것은 이러한 제안들이 대부분 중앙의 기득권 집단에 대한 강력한 도전세력인 단체장에 집중되고 있다는 점에서도 미루어 알 수 있다.

　생각건대, 강시장제를 채택하면서 단체장의 권력을 과도히 제약하려는 움직임은 논리적으로 흠결이 있다. 더욱이 앞에서 지적한 바와 같이 최소한 당분간은 지방자치의 적정화를 위한 분권화 노력이 필요하다는 점을 고려할 때, 현시점에서 지방의 핵심리더인 단체장 권력을 과도히 제약하는 것은 바람직하지 않다. 물론 일부 단체장의 파행적 행태는 이러한 움직임에 대한 대응논리를 약화시키는 요인이 되고 있다. 그러나 일부의 파행적 행태가 전체 단체장의 리더십을 제약시키는 계기가 되기보다는 단체장 스스로의 리더십 행태에 대한 자성적 노력이 촉구되는 계기가 되는 것이 바람직하다 하겠다.

　셋째, 단체장 리더십에 대한 견제문제이다. 단체장의 권력에 대한 중앙의 과도한 통제강화 움직임에 대하여 위에서 제기한 비판적 논의가 단체장에 대한 견제장치가 불필요하다는 주장으로 오해되어서는 곤란하다. 단체장의 권력을 보장하는 것과 그 권력에 대한 견제장치를 마련하는 것은 별개의 문제이기 때문이다. 오히려 단체장의 권력이 강화되면 강화될수록 견제장치의 중요성은 더욱 커진다. 다만, 단체장에 대한 견제가 지방의 내부가 아닌 상위정부에 의한 통제장치 위주로 이루어지는 것은 문제라는 것이다. 대신, 단체장의 리더십에 대한 견제는 지방자치의 기본취지에 맞도록 지방의 내부에서 이루어지도록 장려되어야 한다. 지방차원에서 단체장에 대한 정당한 견제의 주체는 일차적으로 주민에 의하여 대표권을 위임받은 지방의회와 주권자인 주민이 된다. 구체적으로, 지방의회는 의정활동을 통하여, 주민은 참여활동을 통하여 단체장의 리더십을 견제할 수 있어야 한다.

불행히도 우리나라는 지방의회의 권력은 단체장의 권력에 비하여 과도하게 열세에 있으며, 주민참여를 위한 제도적 장치는 매우 미흡한 실정이다. 이에 따라 지방의회와 주민에 의한 통제가 잘 이루어지지 않고 있으며, 이는 지방자치의 정착을 방해하고 있는 근본적 이유가 되고 있다. 따라서 향후 이를 시정하기 위하여 지방의회의 위상강화와 능력발전, 그리고 주민참여를 위한 제도적 장치의 마련을 위한 노력이 강화되어야 한다. 만일 그렇지 않은 상황에서 중앙통제만이 강화된다면 우리의 지방자치는 내부에서의 교호작용이 미흡한 상태에서 중앙의 의사에 따라 지방이 움직이는 사실상의 집권국가로 회귀하고 말 것이다.

CHAPTER 03 자치단체장 정책행태의 국제비교

*본 장은 김홍식 교수(아주대학교)와 공동집필한 것임.

Ⅰ 서 론

군사혁명으로 반세기 동안 중단되었던 지방자치가 재개된 지 7년 가까이 지나고 있다. 그간 중앙과 지방의 갈등, 지역이익간의 충돌, 지방의회의 파행적 운영 등 일부 부작용에도 불구하고 지방자치는 과거 중앙에 집중되었던 권력을 지방에 분산시킴으로써 지역의 정체성을 높이고, 지역의 활력을 고무시키면서 이미 돌이킬 수 없는 시대적 조류의 하나로서 자리매김하고 있다. 그러나 아직 우리의 지방자치행정은 선진 외국의 지방자치와 비교하여 볼 때 여러 가지 면에서 미흡하다. 아직 초보단계에 있는 분권화는 물론이려니와, 지방행정의 후진성, 참여제도의 부실 등 여러 가지 문제점을 노정하고 있는 것이다. 그러므로 향후 지방자치행정의 지속적 발전을 위하여는 그간 노출된 문제점을 보완하고 보다 바람직한 방향으로의 지방행정혁신이 요청된다. 그런데 지방자치행정의 바람직한 혁신방향을 제시하기 위해서는 먼저 우리의 지방행정이 처해 있는 제반 실태에 대한 정확한 진단이 요구된다. 현실에 대한 정확한 진단과 문제점의 파악이 선행되지 않고서는 바람직한 발전방향의 추출은 사실상 불가능할 것이기 때문이다. 이를 위하여는 이미 오래전부터 지방자치를 시행하고 있는 외국의 지방행정 실태를 파악하여 우리의 현실과 비교평가하는 작업 즉, 비교지방행정연구가 매우 유용할 것이다. 외국의 경험과의 비교를 통하여 보다 객관적인 입장에서 우리 자치행정의 현실을 진단하고 이에 기초하여 선진 제국수준에 걸맞은 방향으로 지방자치를 정착·발전시키기 위한 정책적 시사를 보다 용이하게 얻을 수 있기 때문이다.

이와 같은 필요성에도 불구하고 지금까지 본격적인 비교지방행정연구는 거의 이루어지지 않고 있다. 이와 같은 현상은 비단 국내에 한정한 것은 아니며 국제적으로도 비교지방행정연구는 다른 연구분야에 비하여 상대적으로 소홀히 취급되어 왔다. 이는 지방행정이 기본적으로 지방 또는 지역에 관한 것으로 치부되는 경향이 있을 뿐만 아니라 비교지방행정연구에 수반되는 자원의 과다로 인하여 사실상 비교지방행정연구의 수행이 용이하지 않은 데 기인한 것으로 판단된다. 물론, 비교지방행정연구가 전무한 것은 아니다. 예컨대, 대표적인 비교지방행정문헌으로서 1980년대에 INLOGOV(Institute of Local Government), IULA 등에서 출간한 연구보고서들이 있기는 하다(INLOGOV, 1988; Harloff, 1987; Rowat, 1980). 그러나 이와 같은 과거의 저작들은 체계적인 분석도구에 의한 비교지방행정문헌이라기보다는 각국의 지방행정실태를 사례연구식으로 개괄적으로 기술하여 소개하는 수준에 그치고 있는 것이 대부분이다(Elderveld, 1995). 국내의 경우에는 이와 유사한 연구물로는 국무총리실 행정조정실(1987), 한국지방행정연구원(1986a, 1996a, 1996b, 1996c) 등에서 각국의 지방행정제도를 단편적으로 소개한 책자 등이 있다. 그러나 이들 저작은 외국문헌의 번역·편집물이거나 단기간 외국출장에서 얻은 단편적 자료의 조합의 수준을 크게 넘지 않는 것으로서 체계적인 국제비교지방행정연구와는 거리가 멀다. 즉, 국내의 경우 체계적인 비교지방행정연구의 기근현상은 더욱 심각하다.

다행히 최근 이러한 문제를 해소하기 위한 체계적 노력이 국제적 차원에서 이루어지고 있다. 즉, 지방정치·행정분야의 저명한 학자로서 University of Chicago에 재직 중인 Terry Nichols Clark 교수가 주도하고 국제사회학회가 지원하고 있는 "지방자치행정 혁신에 관한 국제비교연구(Fiscal Austerity and Urban In- novation Project: 이하 FAUI라 함)"가 그것이다.[1] 이 국제협력연구는 일차적으로는 각국의 학자들로 하여금 국제표준조사표에 기초하여 각각 소속국가의 지방행정실태를 조사·진단하게 하고, 이차적으로는 각국별로 구축된 조사자료에 기초하여 국가간 비교연구를 수행하게 함으로써 국제적인 시각에서 세계의 지방행정 경향을 파악함은 물론, 각국의 지방행정 개선을 위한 정책적 시사점을 도출하는 것을 기본목표로 하고 있다. 아쉽게도 우리나라는 이 같은 대규모의 국제비교지방행정연구의 대상에서 제외되어 오다가,[2] 1995년부터 본 연구

---

1) 1982년에 출범한 이 대규모의 국제협력연구에는 현재 37개국에서 300명 이상의 전문학자들이 참여하여 공동으로 연구를 수행 중에 있다.
2) 단, 초기에 경제분야에 한정하여 중앙대 안충영교수가 잠시 참여하였던 적은 있다.

자들이 FAUI 연구책임자의 요청에 따라 동 연구수행을 위한 한국파트너로 참여하게 되었다. 본 장은 이 같은 국제비교연구의 일환으로 수행된 연구결과로서 자치단체장에 초점을 두어 이들의 정책과정에서의 상대적 영향력, 정책선호, 정책선호의 반영도, 주민의 정책선호 및 주요 쟁점사항들에 대한 인식과 태도를 국제비교한 조사분석결과이다. 여기서 우리가 자치단체장에 논의의 초점을 맞추는 것은 자치단체장은 공식적 권위와 인적·물적 자원에 기초하여 지방행정과정에서 핵심적 지도자의 위치를 점하며 따라서 지방행정의 혁신을 위해 선도적 역할을 담당하거나 할 수 있다는 점을 고려한 때문이다(최봉기 외, 1992; 김병국, 1996). 물론 단체장이 지방행정과정에서 차지하는 비중은 국가별로 차이가 있을 것이다. 예컨대, 미국의 경우, 약시장형의 지방정부에서의 단체장은 강시장형의 단체장의 정치행정적 비중과는 차이가 있을 것이다. 그러나 대개의 경우, 정부구조의 차이에도 불구하고 단체장은 공식적 권위와 보유자원의 우월성에 기초하여 지방행정과정에서 최소한 중요 행위자의 지위를 차지한다는 점을 부인하기는 어렵다(소순창, 1996; Stonecash, 1995; Tucker, 1981; Sabatier & Mazmanian, 1980). 특히, 전통적으로 행정권이 강한 우리나라의 경우 지방행정과정에서 단체장이 차지하는 비중은 외국에 비하여 매우 클 것인바,3) 최소한 우리나라에 있어서 지방행정혁신을 논하기 위하여는 일차적으로 단체장에 주목하여야 할 필요가 있는 것이다.

본 연구에서 사용된 조사표는 FAUI의 "국제표준조사표"를 원형으로 하되 우리나라의 실정을 감안하여 적의 수정된 것이다. 본 연구를 위한 국내 설문조사는 230개 기초자치단체의 단체장을 대상으로 1997년 7월부터 10월까지 3개월간 시행되었으며, 설문지는 총 230부 중 107부가 회수됨으로써 46.5%의 회수율을 보였다. 국내에서 조사된 통계자료는 SPSS PC프로그램을 이용하여 분석하였고, 국제비교자료를 간결하게 제시하기 위해 EXCEL을 이용하여 새로 도표를 구성하였다. 아울러 여기서 우리나라의 설문결과와 비교될 외국의 자료는 세계 각국의 FAUI 참여연구자들이 1987년 이후 실시한 설문조사의 결과들

---

3) 물론 지방자치의 시행으로 단체장 이외의 행위자 예컨대, 지방의회, 주민의 상대적 권력도 강화되고 있다. 그럼에도 불구하고 단체장이 갖고 있는 공식적 권위, 우월한 인적·물적 보유 자원을 고려한다면 단체장의 상대적 권력이 단기간에 약화될 것으로 전망할 수는 없다. 즉, 단체장은 지방행정의 혁신을 위하여 여전히 지방행정의 핵심적인 지도자의 위치를 차지하고 있는 것이다(이승종, 1995).

중 우리와 비교가 가능한 자료를 선정한 것인바, 이는 FAUI의 책임자로부터 1997년 12월에 제공받은 것임을 밝혀 둔다.

⑪ 국제비교분석

1. 자치단체장의 인적 특성

[표 3-1]은 조사된 자치단체장들의 인적 특성을 요약하고 있는바, 한국 자치단체장의 평균 연령은 다른 국가의 단체장들보다 비교적 높음을 보여주고 있다. 외국 단체장의 평균 연령이 46.02세인 데 비해, 우리나라는 57.79세로[4] 일본의 62.98세 다음으로 가장 많다. 교육수준은 한국이 평균 16.06년으로 외

표 3-1 | 자치단체장의 인적 특성

	US	CAN	FRA	FIN	JAP	NOR	POL	AUS	ISR	BEL
연령	50.7	51.2	na	na	63.0	49.9	44.3	49.8	54.9	51.5
교육수준	15.89	14.44	15.16	17.26	14.09	12.34	16.65	14.00	15.33	na
성별	13%	7%	4%	10%	na	4%	72%	na	0%	2%

	ARG	CZE	HUN	SLO	GER	ITY	KOR	외국평균*		전체평균**
연령	na	46.2	44.8	46.0	47.8	45.2	57.8	49.6		50.2
교육수준	na	na	na	na	13.1	na	16.1	14.82		14.93
성별	2%	6%	9%	14%	33%	0%	0%	13%		12%

주 1) * 외국평균＝한국을 제외한 평균
　　** 전체평균＝한국을 포함한 평균
주 2) na＝data not available
　　US＝United States, CAN＝Canada, FRA＝France, FIN＝Finland, JAP＝Japan, NOR＝Norway, POL＝Poland, AUS＝Australia, ISR＝Israel, BEL＝Belgium, ARG＝Argentina, CZE＝Czecho, HUN＝Hungary, SLO＝Slovakea, GER＝Germany, ITY＝Italy, KOR＝Korea

---

4) 전체 245명 자치단체장의 실제 연령분포를 보면 30대 5명(2.0%), 40대 30명(12.2%), 50대 135명

국 평균 14.92년을 상회하며, 핀란드(17.26년) 다음으로 가장 높게 나타났다.

한편 조사된 단체장의 성별을 살펴보면 우리나라의 경우 이탈리아와 이스라엘에서와 같이 여성의 비중은 단 1명도 없는 0%인 데에 비해, 폴란드는 72%, 독일은 33%에 달하며, 외국 전체로는 평균 13%로 여성이 적지 않은 것으로 나타났다. 물론 조사당시 우리나라에도 여성단체장(광명시)이 1명 있었다. 그러나 본 설문조사에 응답을 하지 않아 본 조사에서는 여성단체장이 전무한 것으로 나타났다. 국내 유일한 여성단체장이 여기에 포함되었다 해도 한국에서 자치단체장은 남성에 의해 독점되었다는 해석에 별다른 영향을 주지는 못할 것이다.

2. 정책결정과정에서의 영향력

정책결정은 지방정부의 핵심적인 활동이며, 이 과정에서 산출되는 정책결과는 모든 주민들에게 영향을 미친다. 정책결정과정에 참여할 수 있는 공식적인 권한을 가진 단체장, 지방의회, 행정관료 등은 물론 다양한 시민집단(개인)들도 정책결정과정에 참여하여 영향력을 행사하고자 한다. 그 이유는 무엇보다도 정책결정과정을 통해 지역 내의 제한된 가용자원이 배분되기 때문이며, 따라서 이와 관련하여 어떤 집단(개인)이 중요한 역할을 하는가는 매우 중요한 문제이다(이승종, 1993a). 지방정부의 정책결정과정에서 개인 또는 집단이 행사하는 영향력 정도에 대한 단체장의 인식을 알아보기 위해 "다음의 각 개인이나 집단은 귀 자치단체의 정책결정과정에 있어서 얼마나 영향력이 크다고 생각하십니까?"라는 설문을 하였다. 그 결과는 "매우 약함"을 0으로, "대체로 약함"을 25로, "보통"을 50으로, "대체로 강함"을 75로 그리고 "매우 강함"을 100으로 하였을 때 [표 3-2]에서와 같이 나타났다.

먼저 한국의 경우 단체장의 영향력 정도는 어느 개인이나 집단보다 클 뿐만 아니라(1위), "매우 강함"의 100에 근접하는 92.31이고 외국 평균인 57.76을 크게 상회할 정도로 지대한 것으로 인식되고 있다. 단체장 다음으로는 지방의회(73.13), 부단체장(71.93), 중앙정부(67.29), 실국장(64.85)의 순서로 영향력이 크다고 생각하는 것으로 나타났다. 이에 반해 영세상인(43.88)의 영향력이 가장

(55.1%), 60대 74명(30.2%) 그리고 70대 1명(0.4%)으로 (임승빈, 1996: 51) 50대와 60대가 절대다수를 차지하고 있으며, 이와 본 조사결과는 크게 다르지 않음을 알 수 있다.

표 3-2 | 정책결정자의 상대적 영향력

	US	CAN	FRA	FIN	JAP	AUS	BEL	HUN	GER	ITY	KOR	외국평균*	전체평균**
공 무 원	39.22(6)	36.56(6)	57.36(1)	61.83(5)	58.86(1)	32.65(8)	48.52(2)	na	46.77(5)	53.40(1)	54.44(10)	45.48(6)	46.38(6)
영세상인	28.08(10)	29.33(9)	50.14(4)	na	44.66(10)	31.50(9)	na	na	46.75(6)	49.00(2)	43.88(13)	36.59(10)	37.81(12)
주민조직	37.80(7)	34.89(7)	23.31(9)	53.50(7)	36.4(11)	34.82(6)	40.00(3)	na	81.20(1)	na	60.92(8)	47.71(5)	49.03(5)
시민단체	31.00(9)	24.33(13)	46.07(5)	63.51(3)	54.13(4)	15.12(13)	na	18.67(7)	na	46.95(4)	62.37(7)	34.04(12)	38.09(10)
기업단체	41.71(4)	41.44(5)	16.53(10)	63.24(4)	45.65(9)	33.79(7)	26.469(4)	28.83(6)	53.00(3)	na	55.16(9)	41.93(7)	43.26(7)
매 스 컴	22.98(11)	26.67(12)	32.16(7)	55.78(6)	56.77(3)	29.67(11)	na	8.92(9)	54.74(2)	na	62.76(6)	34.44(11)	37.98(11)
종교단체	22.41(12)	27.00(10)	na	42.22(10)	31.35(12)	24.97(12)	51.25(1)	16.92(8)	51.97(4)	na	52.25(12)	33.51(13)	35.59(13)
일반주민	37.33(8)	34.67(8)	36.67(6)	48.95(9)	50.61(7)	41.12(5)	na	37.90(5)	38.20(7)	na	53.40(11)	41.66(8)	42.83(8)
단 체 장	53.90(2)	53.00(3)	na	na	47.63(8)	58.99(3)	na	75.30(1)	na	48.50(3)	92.30(1)	57.76(2)	63.51(1)
지방의회	56.05(1)	60.00(1)	50.50(3)	65.24(1)	58.09(2)	61.28(1)	na	70.02(2)	na	na	73.10(2)	57.80(1)	59.72(2)
부단체장	39.40(5)	53.78(2)	na	na	na	60.14(2)	na	na	na	na	71.90(3)	55.89(3)	59.10(3)
실 국 장	44.08(3)	51.78(4)	50.77(2)	63.97(2)	52.92(5)	49.37(4)	na	65.50(3)	na	na	64.90(5)	54.06(4)	55.41(4)
중앙정부	22.04(13)	26.89(11)	28.55(8)	50.14(8)	51.71(6)	30.47(10)	na	47.10(4)	na	na	67.30(4)	36.69(9)	40.52(9)

주 1) * 외국평균 = 한구을 제외한 평균 ** 전체평균 = 한구을 포함한 평균
주 2) na = data not available; ( ) = 순위
US = United States, CAN = Canada, FRA = France, FIN = Finland, JAP = Japan, AUS = Australia, BEL = Belgium, HUN = Hungary, GER = Germany, ITY = Italy, KOR = Korea

낮고, 종교단체(52.25)와 일반주민(53.36)의 영향력도 최하위권에 있는 것으로 인식되고 있다. 한편 외국의 경우에는 일반적으로 지방의회(57.80)가 영향력이 가장 크고 그 다음 단체장(57.76), 부단체장(55.89), 실국장(54.06), 주민조직(47.71)의 순서로 높은 것으로 나타났다. 이에 반해 가장 적은 영향력을 행사한다고 생각되는 집단은 종교단체(33.51)이며, 시민운동단체(34.04), 매스컴(34.44), 영세상인(36.59)도 하위권에 머물러 있는 것으로 조사되었다.

특기할 것은 한국의 경우 지방정책과정에 대한 중앙정부의 영향력이 상위권(4위)으로 평가되고 있는 데 비하여 외국에서는 중앙정부의 지방정책과정에 대한 영향력이 중하위권(9위)으로 평가되고 있을 뿐만 아니라 그 영향력의 강도에 있어서도 우리나라보다 30 이상 낮게 평가되고 있다는 점이다. 이는 우리나라의 중앙통제가 외국에 비해 비교적 크다는 점을 가르쳐주는 증거라 하겠는바, 지방의 자율권을 전제로 하는 지방자치제에서 바람직한 현상이라 볼 수 없겠다(문재우, 1997). 한편, 한국에서는 단체장과 비교하여 지방의회의 상대적 영향력이 순위 및 영향력 강도의 면에서 모두 낮은 것으로 나타났으나, 외국의 경우에는 지방의회의 영향력이 더 강한 것으로 조사되었다. 구체적으로, 외국의 경우 지방의회와 단체장 간에 힘의 대등한 균형이 이루어지고 있는 것으로 평가되고 있는 것과는 달리(57.80 대 57.76), 우리나라에서는 양자간의 강도가 약 20의 차이점(92.31 대 73.13)을 보일 정도로 단체장에게 권력이 집중되어 있는 것으로 평가되고 있다. 이러한 현상은 단체장과 지방의회 양자가 상호 견제와 균형의 원리를 통하여 일방의 독주를 방지하자는 기관대립형의 취지에 벗어난 것으로서 이에 대한 시정이 필요함을 시사해주는 증거라 하겠다(Stewart, 1989). 끝으로 우리의 주목을 끄는 것은 우리나라의 경우 정책결정에 대한 시민관련 집단의 영향력이 모두 하위권에 있고 상위권은 모두 단체장 등 정부기관이 차지하고 있는 반면, 외국의 경우 중상위권(5위)에서 시민관련 집단(주민조직)을 발견할 수 있다는 점이다. 이는 우리의 정책결정과정이 외국에 비해 주민들에게 폐쇄적이라는 것을 시사하여 주는 것인바, 만일 이것이 사실이라면 이 같은 관에 의한 정책결정의 독점은 관의 자의적인 정책결정을 가능하게 하여 주민의 이익증진을 저해할 수 있기 때문에 향후 주민들이 정책결정과정에 보다 용이하게 접근하여 영향력을 행사할 수 있도록 참여장치의 마련이 요청된다 하겠다.

3. 자치단체장과 행정관료의 상대적 영향력

과거의 임명제 단체장은 행정관료의 신분을 소유한 자로서 지방의 관료와 동질적인 성격을 가지고 있었고, 직업관료로서 행정에 대한 전문성을 보유하고 있었다(이성복, 1993). 이에 비해 민선단체장은 행정관료의 신분을 갖고 있지 않은 정치인으로서 행정관료와는 본질적으로 이질적인 관계에 있고, 일반적으로 행정관료에 비해 전문성이 부족하기 마련이다. 따라서 민선단체장과 행정관료가 엄격한 계급제적 상하관계에 의하여 지배복종관계에 있다 해도 행정에 대한 실제 영향력 정도에서 항상 단체장이 행정관료에 비해 우월한 위치에 있다고 단언하기 어려운 측면이 있다. 이와 관련, 행정에 대한 양자의 영향력 정도를 알아보기 위하여 "예산규모의 결정, 부서간의 예산배분, 새로운 시책의 개발에 있어 선출직 공무원(단체장) 중 누구의 영향력이 큰가"에 대하여 질문하였는바, 그 응답결과는 [표 3-3]과 같다.5)

[표 3-3]은 "행정관료가 거의 결정"을 0으로, "행정관료가 대체적 수준 제시"를 25로, "양자의 영향력이 비슷함"을 50으로, "선출직 공무원이 대체적 수준 제시"를 75로 그리고 "선출직 공무원이 거의 결정"을 100으로 하였을 때의 결과를 보여주고 있다. 대체로 보아 한국과 외국 평균에서 보듯이 예산규모, 부서간 예산배분, 새로운 시책개발 모든 분야에서 공히 행정관료의 영향력이 선출직 공무원에 비해 다소 높거나 비슷한 수준에 있는 것으로 평가받고 있음을 알 수 있다. 그러나 보다 자세히 보면, 예산의 부서간 배분에서의 행정관료의 상대적 영향력이 예산규모의 결정 및 새로운 시책의 개발에 있어서의 영향력보다 높은 것으로 나타나고 있는데, 이는 전자가 후자들보다 상대적으로 하위행정과정에서 일어나는 사안으로서 관료들이 거의 배타적으로 결정하는 영역인 데서 비롯되는 결과로 해석된다.

한편 국가별로 살펴보면, 한국, 미국, 핀란드, 일본, 오스트레일리아에서 공히 선출직 공무원의 상대적 영향력이 ① 새로운 시책의 개발, ② 예산규모의 결정, ③ 부서간의 예산배분의 순서로 증가하고 있다. 강력한 행정관료제를 가

---

5) 한 가지 밝혀둘 것은 이 질문에서 선출직 공무원은 단체장과 함께 지방의원도 포함한다는 점이다. 그러므로 결과의 해석에 있어서 단체장에 한정하는 결론을 도출할 수는 없으며 행정관료에 대한 선출직 공무원 전체에 대한 것으로 이해되어야 한다. 이를 감안하여 이하에서는 행정관료를 중심으로 결과를 논의한다.

표 3-3 | 자치단체장과 행정관료의 상대적 영향력

	US	CAN	FRA	FIN	JAP	AUS
예산규모	41.62	63.99	74.59	31.32	46.81	45.97
부서간 배분	32.48	53.61	57.11	28.57	41.84	32.97
새로운 시책개발	55.96	56.27	na	35.51	49.21	52.10
	ISR	GER	ITY	KOR	외국평균*	전체평균**
예산규모	na	32.50	32.45	40.96	46.16	45.58
부서간 배분	na	34.46	34.34	34.09	39.42	38.83
새로운 시책개발	30.26	30.25	na	48.33	44.22	44.74

주 1) * 외국평균＝한국을 제외한 평균
      ** 전체평균＝한국을 포함한 평균
주 2) na＝data not available
       US＝United States, CAN＝Canada, FRA＝France, FIN＝Finland, JAP＝Japan,
       AUS＝Australia, ISR＝Israel, GER＝Germany, ITY＝Italy, KOR＝Korea

지고 있는 것으로 잘 알려진 독일의 경우(이성복, 1984) 예상과 같이 행정관료
의 영향력은 조사된 다른 어떤 국가에서보다도 높은 것으로 나타났다. 이에 반
해 강력한 행정관료제의 보유 측면에서 독일과 유사한 프랑스에서는 예상과는
달리 선출직 공무원의 영향력이 행정관료보다 더 큰 것(74.59, 57.11)으로 조사
되었다. 그러나 이러한 결과가 1980년대에 행하여진 프랑스의 지방분권개혁의
결과인지는 확실하지 않다.

4. 자치단체장의 정책선호

자치단체장의 정책에 대한 선호를 알아보기 위해 "다음 각 정책분야의 지
출에 대한 귀하의 대체적인 선호(바램)는 어떻습니까?"라고 질문하였다. [표
3-4]는 응답 중 "대폭 감액"을 0으로, "약간 감액"을 25로, "현행 유지"를 50
으로, "약간 증액"을 75로 그리고 "대폭 증액"을 100으로 하였을 때의 결과를
요약한 것이다. 우선 "모든 정책분야"에 대한 설문결과를 보면, 한국의 단체장
은 68.32로 모든 정책분야에서 보다 많은 지출을 바라는 것으로 나타났다. 이
는 외국 평균값인 56.60을 상회하는 것이며, 슬로바키아(83.22)와 폴란드(74.40)

3-4 | 자치단체장의 정책선호

	US	CAN	FRA	FIN	JAP	NOR	AUS	ISR	BEL	ARG	CZE	SLO	GER	ITY	KOR	외국 평균*	전체 평균**
모든 정책	52.36	47.14	43.93	46.07	51.05	na	59.09	58.33	53.75	na	na	83.22	45.07	64.80	68.32	54.98	53.75
교육	59.62(4)	43.92(10)	54.77(6)	53.67(6)	60.53(5)	53.88(9)	na	77.63(2)	65.81(1)	na	62.16(9)	60.91(11)	64.34(3)	58.82(7)	77.11(7)	57.42(8)	56.20(9)
사회복지	43.15(12)	33.33(12)	60.78(3)	61.21(3)	56.91(6)	60.69(4)	55.28(6)	72.22(5)	53.66(8)	62.50(3)	67.16(4)	79.94(5)	57.64(5)	77.45(3)	87.03(3)	62.07(4)	61.92(4)
도로/주차	64.62(2)	56.57(2)	63.51(2)	61.79(2)	62.36(3)	73.20(1)	72.55(1)	76.56(3)	57.43(6)	51.35(4)	68.18(2)	82.52(2)	40.24(10)	82.84(1)	90.71(1)	65.27(1)	65.66(2)
대중교통	54.41(7)	54.73(3)	53.06(7)	na	47.44(9)	54.41(8)	50.58(7)	na	58.33(5)	na	42.16(12)	57.77(12)	86.11(1)	60.78(6)	81.67(5)	56.34(9)	56.94(8)
보건/의료	50.99(10)	52.67(4)	56.91(4)	49.02(7)	60.64(4)	66.29(2)	56.25(5)	56.25(8)	37.16(11)	78.00(1)	70.60(1)	81.74(3)	64.51(2)	56.67(8)	84.20(4)	59.84(7)	59.61(7)
공원/여가	53.34(8)	46.88(9)	na	59.66(4)	64.89(2)	60.04(5)	58.97(4)	75.00(4)	64.02(2)	67.00(2)	59.55(10)	80.03(4)	59.90(4)	82.84(2)	75.94(8)	64.01(3)	62.93(3)
서민주택	52.12(9)	52.57(5)	65.71(1)	73.00(1)	48.56(8)	59.91(6)	60.85(3)	60.00(7)	54.29(7)	na	66.53(5)	75.84(8)	na	73.04(4)	73.78(9)	61.87(6)	61.57(5)
경찰	61.90(3)	50.84(6)	na	na	na	na	na	na	59.15(4)	na	63.67(8)	79.31(7)	51.95(7)	66.67(5)	61.49(11)	61.93(5)	60.77(6)
소방	54.67(6)	48.94(7)	na	46.26(8)	51.69(7)	50.94(10)	45.38(9)	51.47(9)	45.51(9)	na	55.53(11)	68.90(9)	na	na	62.78(10)	51.93(11)	52.24(11)
사회간접자본	69.04(1)	58.42(1)	56.60(5)	56.29(5)	77.63(1)	64.83(3)	67.33(2)	90.79(1)	63.41(3)	38.13(5)	68.13(3)	90.40(1)	55.99(6)	54.59(9)	88.00(2)	65.11(2)	65.88(1)
공무원 증원	47.47(11)	41.84(11)	na	43.27(9)	31.32(11)	57.60(7)	44.54(10)	na	na	na	64.84(6)	67.28(10)	46.50(8)	54.50(10)	47.33(12)	49.92(12)	47.36(12)
공무원 봉급	57.80(5)	48.71(8)	na	na	43.09(10)	na	47.41(8)	64.47(6)	40.48(10)	na	64.83(7)	79.57(6)	46.49(9)	54.49(11)	78.92(6)	54.74(10)	55.42(10)

주 1) * 외국평균 = 한국을 제외한 평균   ** 전체평균 = 한국을 포함한 평균
주 2) na = data not available; ( ) = 순위
US = United States, CAN = Canada, FRA = France, FIN = Finland, JAP = Japan, NOR = Norway, AUS = Australia, ISR = Israel, BEL = Belgium, ARG = Argentina, CZE = Czecho, SLO = Slovakea, GER = Germany, ITY = Italy, KOR = Korea

다음으로 높은 것이다. 주목할 것은 후진국일수록 지출에 대한 선호가 크다는 점인데, 이는 현재 이들 국가에서 자치단체 정책분야에 투입되는 재원이 미흡하다는 점을 반증하여 주는 것으로 해석될 수 있을 것이다. 이에 대하여 우리나라의 경우에는 새로이 시작된 지방자치제하에서 선출된 민선단체장이 갖는 정책추진 의욕이 추가적인 이유로 부가될 수 있겠다.

보다 구체적으로, 각 정책분야에 대한 단체장의 선호를 보면 한국의 단체장들은 거의 모든 정책분야에서 보다 많은 지출을 바라는 것으로 나타났다. 즉, 한국 단체장들은 "공무원의 증원"(47.33)을 제외한 모든 정책분야에서 "현행 유지"를 나타내는 수치인 50을 크게 상회할 정도로 각 정책분야에 대하여 적극적인 지출성향을 보이고 있는 것이다. 한국 단체장들은 특히 교통 관련분야인 "도로 및 주차"(90.71), "대중교통"(82.67)과 아울러 "사회복지"(87.03)와 "보건 및 의료"(84.20)에 대한 지출에 강한 선호를 보여주고 있다. 이러한 결과는 후에 자세히 논의하겠지만 복지정책과 관련하여 중요한 이론적 함축을 제공한다.

한편 공무원 증원 및 봉급에 대한 한국 단체장의 지출선호도를 살펴보면 공무원 증원에 대한 선호도는 가장 낮게 나타난 반면(12위), 공무원 봉급에 대한 지출선호는 중위권(6위)으로 나타났다. 외국 단체장의 경우에는 전체적으로 볼 때 우리와는 달리 공무원 증원(12위)뿐 아니라 공무원 봉급(10위)에 대한 지출선호도도 매우 낮은 것으로 나타났다. 주목할 점은 한국을 비롯한 어느 국가에서도 공무원 봉급보다 공무원 증원을 우선시하는 경향을 찾아볼 수 없다는 것이다. 특히, 우리의 경우 양자에 대한 선호도 차이는 다른 나라에 비하여 크게 나타나서 주목된다(공무원 증원 47.33: 12위; 공무원 봉급 78.92: 6위).

끝으로 우리의 관심을 끄는 결과는 "사회간접자본"에 대한 지출선호도가 한국(2위)과 외국(평균 2위) 모두에서 매우 높다는 점이다. 즉, 자치단체장은 지역경제의 활성화를 도모하는 사회간접자본의 확충과 같은 개발정책을 상당히 선호하고 있다는 것이다. 이러한 결과는 단체장을 포함한 지방정부의 정책결정자는 그 관할구역의 경제성장을 제일의 목표로서 추구하는 합리적 행위자이며, 이에 따라 개발위주의 정책을 선호한다는 주장의 타당성을 입증해주는 증거일 수 있다(Peterson, 1981; Kernell, 1986; Hibbs, 1987). 그러나 주목할 것은 이와 동시에 단체장들의 "사회복지"에 대한 선호도(한국 3위, 외국 평균 4위)도 결코 낮지 않다는 점인바, 이는 지방정부의 정책결정자가 지역경제성장을 극대화시킬 수 있는 개발정책을 선호하는 대신, 지역경제성장에 해가 되는 사회복지정책은 최대로 기피할 것이라는 주장을 그대로 수용할 수 없음을 알려주는 결과라 하겠다(Pauly, 1973; Blank, 1985; Gramlich and Laren, 1984). 물론 미국과 캐나다에서는 개발지향/복지지향의 경향이 명확하게 발견된다(사회간접자본 1위, 사회복지 12위). 그러나 전체적으로 볼 때, 그 같은 경향이 명확히 나타나는 것은 아니며, 이는 지역성장론의 적용가능성이 정치문화적 상황에 따라 제한받고 있음을 가르쳐주는 것이라 하겠다.

5. 자치단체장 정책선호의 반영도

지방정부의 정책에 대한 단체장 선호의 반영도는 지방행정혁신과 관련하여 단체장의 기여가능성을 나타내주는 중요한 지표이다. 단체장의 정책선호는 단체장의 정치적 효능감, 단체장의 리더십, 단체장의 리더십에 영향을 미치는 제반 여건을 가늠하게 해주기 때문이다. 이 같은 단체장 정책선호의 반영도를 파악하기 위해 "취임 이후 다음 각 정책분야의 지출에 대한 귀하의 선호를 실제로 반영하는 데 얼마나 성공적이었다고 생각하십니까"라는 설문을 하였다. [표 3-5]는 "거의 성공적"을 0으로, "대체로 성공적"을 25로, "보통"을 50으로 "대체로 실패"를 75로 "거의 실패"를 100으로 하여 응답결과를 산출한 결과이다.

전체적으로 볼 때, 한국의 점수는 31.19로서 "대체로 성공적"에 가까운 수치를 보이고 있는데, 이는 외국의 평균 점수 54.28에 비하여 상당히 높은 것이다.6) 이에 반해 이스라엘(70.68), 미국(64.69), 캐나다(62.57)는 모두가 "보통"에서 부정적인 방향으로 상당히 벗어난 수치를 보이고 있을 정도로 단체장 정책선호의 반영도가 상대적으로 매우 낮은 것으로 나타났다. 이러한 결과는 앞에서 본 바와 같이 한국 단체장의 상대적 영향력은 어느 개인이나 집단보다 크기 때문에(1위), 자신의 선호를 지방정부의 정책과정에 보다 성공적으로 반영시킬 수 있었을 것이라는 점, 30여 년 만에 부활된 지방자치제하의 초대 민선단체장으로서의 의욕이 반영된 것으로 해석된다. 그러나 불행히도 지방재정, 자율권 등 단체장의 행정수행을 좌우하는 제반 여건이 좋은 때문이라고는 해석하기 어렵다 하겠다.

---

6) 이는 헝가리 다음으로 가장 긍정적인 응답이다.

3-5 | 단체장 정책선호의 실제 반영도

	US	CAN	FIN	NOR	AUS	ISR	HUN	ITY	KOR	외무평균*	전체평균**
모든 정책	64.69	62.57	41.17	na	53.95	70.68	24.14	62.75	31.19	54.28	51.39
교육	11.00(1)	7.14(1)	42.08(1)	56.32(7)	na	69.92(7)	25.93(1)	68.63(10)	47.73(11)	40.15(2)	41.09(3)
사회복지	24.17(3)	22.71(2)	45.01(5)	51.90(5)	61.17(7)	65.41(5)	26.62(3)	60.78(9)	31.85(1)	44.72(4)	43.29(4)
도로/주차	59.82(9)	61.29(11)	47.60(6)	55.12(6)	61.86(9)	57.89(4)	31.82(4)	49.02(1)	33.57(3)	53.05(9)	50.89(8)
대중교통	30.43(4)	35.29(5)	na	33.95(1)	26.46(1)	na	54.59(8)	51.02(3)	41.67(7)	38.62(1)	39.06(1)
보건/의료	19.77(2)	25.43(3)	43.99(4)	58.89(9)	55.33(5)	50.38(3)	26.51(2)	51.52(4)	36.43(4)	41.48(3)	40.92(2)
공원/여가	56.13(6)	59.00(10)	42.26(2)	45.91(2)	62.77(10)	69.92(7)	37.18(5)	49.02(1)	39.90(5)	52.77(8)	51.34(9)
서민주택	37.71(5)	28.86(4)	49.73(8)	65.32(10)	32.19(2)	28.57(1)	62.35(9)	56.67(7)	40.56(6)	45.17(5)	44.66(5)
경찰	63.03(12)	44.86(6)	na	na	na	na	40.01(7)	57.64(8)	47.35(10)	51.39(7)	50.59(7)
소방	60.49(10)	57.29(8)	43.90(3)	46.67(3)	39.86(3)	41.35(2)	39.92(6)	na	44.52(9)	47.07(6)	46.75(6)
사회간접자본	58.73(7)	56.00(7)	57.24(9)	58.86(8)	61.51(8)	75.19(9)	na	80.67(11)	32.45(2)	64.03(12)	60.08(12)
공무원증원	60.70(11)	63.14(12)	48.33(7)	47.72(4)	56.36(6)	na	na	54.90(5)	43.09(8)	55.19(10)	53.46(10)
공무원봉급	59.34(8)	57.86(9)	na	na	51.09(4)	67.67(6)	na	54.90(5)	50.00(12)	58.17(11)	56.81(11)

주 1) * 외국평균 = 한국을 제외한 평균 ** 전체평균 = 한국을 포함한 평균 ( ) = 순위
주 2) na = data not available;
US = United States, CAN = Canada, FIN = Finland, NOR = Norway, AUS = Australia, ISR = Israel, HUN = Hungry, ITY = Italy, KOR = Korea

한편 각 정책분야에 대한 자치단체장의 선호 반영도를 살펴보면 한국의 경우 사회복지(31.84)가 가장 높고 그 다음으로 사회간접자본(32.45), 도로 및 주차(33.57), 보건 및 의료(36.43)의 순서로 높은 것으로 나타났다. 이에 반해 공무원 봉급(50.00)의 반영도는 가장 낮고 그 다음으로 교육(47.73), 경찰(47.34), 소방(44.52), 공무원 증원(43.09)의 순서로 반영도가 낮은 것으로 조사되었다. 외국의 경우 가장 높은 반영도를 보인 정책분야는 대중교통(38.62)이며, 이를 이어 교육(40.15), 보건 및 의료(41.48), 사회복지(44.72)의 순서로 반영도가 큰 것으로 나타났으며, 반면 사회간접자본(64.03)에 대한 반영도가 가장 적고, 다음으로 공무원 봉급(58.17), 공무원 증원(55.19)의 순서로 반영도가 낮은 것으로 조사되었다.

여기서 주목할 결과는 주로 중앙정부가 관장하는 정책분야에 대한 반영도가 낮고 지방정부가 대부분 수행하는 정책분야에 대한 반영도는 상대적으로 높게 나타났다는 점이다. 예컨대, 한국의 경우 실제 반영도의 최하위권에 공무원 봉급 및 증원, 사회간접자본, 경찰 등 중앙정부의 관할정책분야가 집중되어 있는 반면, 사회복지, 교육 등 지방정부의 영향권 아래 있는 정책분야에 대한 반영도는 높게 나타났는데 이러한 현상은 외국에서도 유사하게 나타난다. 이 같은 결과는 지방사무에 대하여는 지방정부가 스스로 결정할 수 있는 자율권의 범위가 넓은 반면, 국가사무와 지방정부가 대행하는 국가사무에는 각종 중앙통제장치가 잔존해 있어 지방정부의 자율권이 제한되어 있다는 데 따른 당연한 결과인 것으로 해석된다.

한편, 한국보다 지방정부의 자율권이 높은 미국, 캐나다에 있어서 공무원 증원이나 봉급문제에 대한 단체장의 선호반영도가 낮게 나타난 것은 의외의 결과일 수 있다. 그러나 이러한 결과는 중앙통제 때문이 아니라 제반여건(예, 재원의 제약, 주민의 통제 등)에 기인하는 것으로 판단되며 따라서 이러한 결과가 위의 논의에 배치되는 것은 아니라 하겠다. 요컨대, 단체장 정책선호의 반영도는 특정 정책분야에 대한 지방정부의 자율성 정도만이 아니라 정책을 수행하는 데 따른 제반 여건에도 좌우된다고 할 수 있는 것이다.

끝으로, 한국의 경우, 사회복지분야에 대한 반영도가 가장 큰 것으로 조사되었는바, 이는 앞에서 본 바와 같이 사회복지에 대한 한국 단체장의 선호도가 높은 편일 뿐만 아니라(12분야 중 3위), 후술하는 바와 같이 한국의 단체장들은 조사 대상국가들 중 유일하게 사회복지지출의 확대를 바랄 정도로 복지지출에 대한 강한 정책의지를 가지고 있기 때문에 나타난 결과로 해석된다.

6. 주민의 정책선호에 대한 자치단체장의 인식

민선단체장의 정치적 운명은 일반적으로 선거구민인 지역주민의 손에 달려 있으며, 이에 따라 단체장은 주민의 선호와 요구에 민감하게 반응하게 된다 (Smith, 1985). 우리나라에서도 민선단체장이 취임함으로써 주민 정책선호에 대한 단체장의 감수성이 크게 증대되었는바, 주민의 정책선호에 대한 자치단체장의 인식은 지방정부의 정책결정에 중요한 변수로 작용할 것이다(유재원, 1996). 이 같은 주민의 정책선호도를 파악하기 위해 "다음 각 정책분야의 지출에 대한 귀 자치단체 주민들의 선호는 어떻다고 생각하십니까?"라는 설문을 하였는바, [표 3－6]은 위에서와 같이 응답 중 "대폭 감액"을 0으로, "약간 감액"을 25로, "현행 유지"를 50으로, "약간 증액"을 75로 그리고 "대폭 증액"을 100으로 하였을 때의 결과를 요약한 것이다. 먼저 "모든 정책분야"를 보면 한국 단체장은 이에 대해 주민들이 보다 많은 지출을 원하는 것으로 생각하고 있는 반면(68.32), 전반적으로 외국 단체장은 주민들이 "현행 유지"를 바라고 있는 것으로 응답하였다(외국 평균 48.27). 국가별로 보면 한국은 이스라엘(73.53) 다음으로 높고, 미국(40.15), 캐나다(34.14), 프랑스(35.00) 등은 "현행 유지"를 나타내는 값인 50을 상당히 밑돌 정도, 즉 삭감에 해당하는 응답을 보이고 있다.

다음으로 각 정책분야에 대한 응답을 살펴보면, 한국과 외국 모두에서 단체장은 "도로 및 주차"(1위)에 대한 주민들의 선호도가 가장 높고, "공무원 증원"(12위)에 대해서는 가장 낮은 것으로 인식하고 있다. 특히 외국 평균을 보면 알 수 있듯이 공무원 봉급(33.32)과 공무원 증원(30.39)은 "현행 유지"를 가리키는 값인 50에 훨씬 못 미치는데, 이는 전반적으로 외국의 단체장은 주민들이 이들에 대한 지출의 삭감을 선호한다고 생각하고 있음을 가르쳐주는 것이다. 한국의 경우 공무원 증원은 외국의 평균에서와 비슷한 결과를 보여주고 있으나, 공무원 봉급(64.76)에 대해서는 주민들이 지출의 확대를 선호한다고 인식하고 있는 것으로 나타났으며, 이는 위에서 살펴본 단체장 자신의 선호와 유사한 것이다. 아울러 한국의 경우 사회복지에 대한 주민들의 선호는 상위권(3위)에 있고 그 강도가 90으로 "대폭 확대"에 근접해 있는바, 이것 또한 앞에서 논의한 단체장 자신의 선호와 유사한 것이다.

3-6 | 주민의 정책선호에 대한 자치단체장의 평가

	US	CAN	FRA	FIN	JAP	NOR	AUS	ISR	BEL	CZE	POL	GER	ITY	KOR	외국평균*	전체평균**
모든 정책	40.15	34.14	35.00	34.71	57.53	na	46.33	73.53	46.32	na	na	na	66.67	68.32	48.27	50.27
교육	49.09(6)	35.58(9)	64.81(4)	54.71(6)	66.84(5)	60.10(7)	na	94.74(1)	64.22(3)	63.90(9)	70.63(4)	62.86(6)	67.00(8)	83.42(6)	62.87(6)	64.45(5)
사회복지	33.42(11)	30.52(10)	68.14(2)	65.81(3)	69.68(3)	64.37(4)	55.52(6)	65.28(6)	47.14(8)	82.14(3)	na	43.48(7)	86.50(3)	90.00(3)	59.33(9)	61.69(9)
도로/주차	59.40(3)	57.03(1)	72.06(1)	65.91(2)	69.15(4)	75.62(1)	73.53(1)	84.72(4)	65.00(2)	78.24(5)	82.15(2)	68.86(3)	89.42(1)	93.63(1)	72.39(1)	73.91(1)
대중교통	46.66(7)	48.57(7)	54.94(7)	na	51.97(9)	62.09(6)	59.80(3)	na	62.07(4)	68.97(8)	68.91(5)	76.09(1)	69.50(7)	86.32(5)	60.87(8)	62.99(8)
보건/의료	44.59(8)	52.05(2)	61.93(5)	55.40(5)	66.67(6)	72.28(2)	55.12(7)	75.00(5)	46.88(10)	85.09(2)	71.06(3)	65.33(5)	69.90(6)	87.03(4)	68.18(5)	64.88(4)
공원/여가	51.79(5)	50.27(5)	na	61.41(4)	70.43(2)	59.70(8)	64.16(2)	92.11(2)	60.29(5)	71.24(7)	57.90(6)	65.69(4)	89.42(2)	76.67(4)	66.20(2)	67.01(2)
서민주택	35.00(10)	46.74(8)	67.09(3)	72.51(1)	55.97(7)	63.77(5)	55.80(5)	64.58(7)	58.33(6)	98.75(1)	na	70.56(2)	80.88(4)	78.40(7)	62.49(7)	63.82(7)
경찰	66.17(1)	51.42(3)	na	na	na	na	na	na	65.71(1)	74.01(6)	53.80(7)	na	71.94(5)	59.82(11)	64.80(3)	64.18(6)
소방	66.16(2)	49.44(6)	na	44.33(8)	53.61(8)	54.21(9)	49.19(8)	61.76(8)	48.53(7)	56.30(10)	na	na	na	61.36(12)	53.73(10)	54.49(10)
사회간접 자본	56.42(4)	50.80(4)	55.36(6)	53.32(7)	78.95(1)	65.16(3)	57.72(4)	88.16(3)	47.14(9)	82.01(4)	84.23(1)	na	53.06(9)	90.14(2)	64.36(4)	66.34(3)
공무원 증원	32.75(12)	27.93(11)	na	26.78(9)	21.84(11)	40.45(10)	25.50(9)	na	na	36.99(11)	na	na	31.37(10)	93.46(10)	30.39(12)	31.40(12)
공무원 봉급	36.15(9)	29.79(12)	na	na	27.11(10)	na	24.50(10)	51.47(9)	28.68(11)	36.98(12)	na	na	31.36(11)	64.76(9)	33.32(11)	36.81(11)

주 1) * 외국평균=한국을 제외한 평균 ** 전체평균=한국을 포함한 평균
주 2) na=data not available; ( )=순위
US=United States, CAN=Canada, FRA=France, FIN=Finland, JAP=Japan, NOR=Norway, AUS=Australia, ISR=Israel, BEL=Belgium, CZE=Czecho, POL=Poland, GER=Germany, ITY=Italy, KOR=Korea

7. 쟁점사항에 대한 단체장의 태도

지방정부의 핵심적인 역할을 하는 단체장의 태도는 해당지역 정책의 성격과 달성여부에 매우 중요한 변수로 작용한다. 그 이유는 일반적으로 태도가 행동의 선행요건이면서도 예측의 수단이 될 수 있기 때문이다(김호정, 1994). 아래에서는 ① 지역전체와 지역구의 이익, ② 법규와 주민이익, ③ 현 지방세 수준, ④ 성교육, ⑤ 사회복지지출 다섯 가지의 주요 쟁점사항들에 대한 단체장의 태도를 알아보기로 한다. 이 다섯 가지 항목은 각각 단체장이 갖고 있는 공익의 범주, 준법적 태도, 재정확대 또는 축소에 대한 태도, 자유주의적 성향, 복지성향을 가늠하기 위한 것이다.

1) 지역전체와 지역구 이익

[표 3-7]에서 『전체 대 지역구』는 "지방의원은 자신의 지역구의 이익을 위해 투표해야 한다는 의견이 있는 반면, 자신의 지역구에 이롭지 않더라도 자치단체 전체의 이익을 위해 투표해야 한다는 의견이 있습니다. 이에 대한 귀하의 의견은 어떠하십니까?"라는 설문을 한 결과를 요약한 것이다. "지역구를 위해 투표"를 0으로, "자치단체 전체를 위해 투표"를 100으로 하였을 때, 한국의 경우 96.23인 것으로 나타났는데, 이는 지역전체를 위해 투표를 해야 한다는 의견을 단체장이 전폭적으로 지지한다는 것을 확인해 주는 결과이다. 외국에서도 공히 한국과 유사한 경향을 보여주고 있으며, 이 같은 결과는 단체장이 지역전체를 대표하기 때문에 직무성격상 지역전체이익에 대한 균형감각이 높은 데에서 기인한 것으로 사료된다.

2) 법규와 주민이익

단체장에게 "주민을 돕는 일이라면, 그것이 다소 법규에 저촉되더라도 상관없다는 의견에 대하여 어떻게 생각하십니까?"라는 설문조사를 하였는바, [표 3-7]의 『법규 대 주민』에서와 같은 결과가 나왔으며, 이는 "동의한다"를 0으로, "동의하지 않는다"를 100으로 하여 계산된 결과이다. 먼저 한국의 결과를 보면 49.52로 외국 평균인 69.87과 적지 않은 차이가 있으며, 미국(86.65)과 일본(85.57)과는 상당한 차이를 보이고 있다. 이러한 결과에 비추어 볼 때 한국 단체장은 외국, 특히 미국과 일본의 단체장에 비하여 주민이익의 증진에 보다

표 3-7 | 쟁점사항에 대한 단체장의 태도

	US	CAN	FRA	FIN	JAP	POL	AUS	ISR
전체 대 지역구	97.72	96.94	na	na	95.92	na	95.70	na
법규 대 주민	86.65	68.13	na	na	85.57	46.80	67.03	77.78
성교육	86.65	20.69	na	na	3.06	na	13.19	na
지방세	45.86	31.89	38.36	52.89	46.77	na	44.74	52.73
사회복지	24.21	33.33	na	na	42.11	na	29.41	na

	ARG	CZE	HUN	SLO	KOR	외국평균*	전체평균**	
전체 대 지역구	na	na	94.55	na	96.23	96.17	96.18	
법규 대 주민	na	78.36	54.00	64.53	49.52	69.87	67.84	
성교육	na	9.63	7.80	6.29	1.89	21.04	18.65	
지방세	na	na	na	na	69.70	44.75	47.87	
사회복지	23.29	na	na	na	91.43	30.47	40.63	

주 1) * 외국평균＝한국을 제외한 평균
   ** 전체평균＝한국을 포함한 평균
주 2) na＝data not available
   US＝United   States,   CAN＝Canada,   FRA＝France,   FIN＝Finland,   JAP＝Japan,
   POL＝Poland, AUS＝Australia, ISR＝Israel, ARG＝Argentina, CZE＝Czecho, HUN＝Hungury,
   SLO＝Slovakia, KOR＝Korea

능동적이고 적극적인 자세를 견지하고 있음을 알 수 있다. 그러나 다른 한편, 이 같은 결과는 한국 단체장이 외국 단체장보다 더 정치적이거나 준법정신이 취약함을 나타내주는 것으로서 우려되는 측면도 있다.

3) 성 교 육

[표 3-7]의 『성교육』은 "공립학교에서 성교육을 실시하는 것에 대하여 어떻게 생각하십니까?"라는 설문을 하였을 때 단체장이 응답한 결과를 요약하고 있다. 여기에서도 "동의한다"를 0으로, "동의하지 않는다"를 100으로 하여

계산하였는바, 우선 한국의 결과(1.89)를 보면 단체장은 공립학교에서의 성교육 실시를 압도적으로 지지하는 것으로 나타났으며, 일본의 단체장도 성교육 실시를 전폭적으로 지지하고 있는 것으로 조사되었다. 이에 반해 미국의 경우에는 86.65로 단체장이 공립학교에서의 성교육에 대해 매우 미온적인 입장을 보이고 있으며, 이러한 결과는 미국의 경우 이미 성교육이 광범위하게 실시되었음에도 불구하고 청소년 성문제의 심각성이 지속됨으로써 미국 단체장이 그 효용성에 대해 의구심을 가지게 되어 나타난 것으로 유추할 수 있겠다. 한편 일반적으로 성에 대해 보수적인 동양권 국가에서는 현재 성교육이 미흡한 까닭에 단체장이 이에 대한 필요성을 크게 느끼고 있어 그와 같은 결과가 나온 것으로 해석할 수 있겠다. 아울러, 위의 결과는 현재 한국 단체장이 우리의 기대 이상으로 자유주의적인(liberal) 성향을 가지고 있음을 가리키는 것으로도 볼 수 있겠다.

4) 현 지방세 수준

지방재정 주요원천의 하나가 지방세인데, 현 수준에 대한 단체장의 인식을 파악하기 위해 "귀하께서는 현 지방세 수준에 대하여 어떻게 생각하십니까?"라는 질문을 하였다. [표 3-7]의 『지방세』는 "대폭 감축해야"를 0으로, "다소 감축해야"를 25로, "적정 수준임"을 50으로, "다소 증액해야"를 75로, "대폭 증액해야"를 100으로 하였을 때 얻은 결과를 보여주는 것이다. 우선 한국의 결과를 살펴보면 69.71로 조사되었는데, 이는 외국 평균인 44.75를 크게 상회하고 조사 대상국가들 중에서 가장 높은 수치로서 한국 단체장이 지방세 수준의 증가를 바라고 있음을 가리키며, 우리의 지방재정여건을 고려하면 충분히 예상할 수 있고 쉽게 이해가 되는 결과이다.

5) 사회복지지출

사회복지에 대한 단체장의 성향을 알아보기 위해 "국민의 세금부담과 정부지출을 줄여야 한다는 의견이 있는 반면, 빈곤층 및 노인층을 위한 복지와 교육 등에 대한 지출을 늘려야 한다는 의견이 있습니다. 이에 대하여 어떻게 생각하십니까?"라는 설문을 하였는바, 단체장은 [표 3-7]의 『사회복지』에서 보는 바와 같이 응답을 하였다. 이는 "정부지출을 축소해야"를 0으로, "사회복지지출을 증대해야"를 100으로 하여 계산한 결과인데, 먼저 한국의 경우를 보면 조사결과가 91.43으로 외국 평균인 30.47을 크게 상회할 뿐 아니라, 조사대 상국가들 중 유일하게 사회복지지출의 증대에 대한 동의를 명확히 보여주고 있다. 다시 말해 이 같은 결과는 한국 단체장이 정부지출과 사회복지지출의 동시감소보다는 정부지출의 증감과 관계없이 사회복지지출의 확대를 바라고 있음을 보여주는 것이며, 앞서 논의한 사회복지정책에 대한 한국 단체장의 선호도가 비교적 높다는 조사결과(12정책분야 중 3위)와 같은 맥락에서 한국 단체장의 복지지향성을 재확인해 주는 것으로 사료된다. 단, 우리의 열악한 복지수준을 고려할 때, 이 같은 복지정향은 단체장의 생래적인 정책선호에 대하여 열악한 복지환경에 대한 반동적 대응에서 비롯된 것이라 해석되어야 한다.

Ⅲ 요약 및 정책적 함의

앞에서 언급한 바와 같이 본 장의 연구는 "지방자치행정 혁신에 관한 국제비교연구(FAUI)"라는 국제비교지방행정연구과제의 일환으로 수행된 것인바, 지방행정의 혁신에 선도적 역할을 담당하고 있는 자치단체장에 초점을 두고 이들의 정책과정에서의 상대적 영향력, 정책선호, 정책선호의 반영도, 주민의 정책선호 및 주요 쟁점사항들에 대한 인식과 태도를 설문조사에 기초하여 국제비교하였다.

본 장의 주요 연구결과를 요약하면, 먼저 한국 단체장은 외국과 비교하여 연령과 학력수준에서 높게 나타났으나, 외국과는 달리 지나치게 남성 위주로 되어 있음이 밝혀졌다. 정책결정과정에서의 단체장이 행사하는 영향력 정도에 있어서는, 한국의 경우 기존의 예상과 같이 단체장의 영향력 정도가 어느 참여자보다 높게 나타나서, 일반적으로 지방의회의 영향력이 가장 강력하게 나타난 외국의 조사결과와 대비되었다. 단체장의 정책선호는 한국과 외국에서 공히 사회간접자본 등과 같은 개발정책뿐 아니라 복지정책에 대해서도 비교적 높은 선호를 보여주고 있다. 그러나 공무원 봉급에 대해서는 한국은 중간 정도의 선호를 보이고 있는 데에 비해 외국은 이에 대한 선호가 매우 낮은 것으로 조사되었다. 단체장의 정책선호의 실제 반영도는 모든 정책분야에서 한국이 외국에 비해 상당히 높은 것으로 조사되었으며, 특히 한국 단체장이 크게 선호하는 사회복지와 사회간접자본분야에 대한 반영도가 매우 높게 나타났다. 이에 반하여 교육, 경찰, 공무원 증원 및 봉급 등 주로 중앙정부가 관장하는 정책분야에 대한 반영도는 상대적으로 낮은 것으로 조사되었다.

주민의 정책선호에 대한 자치단체장의 인식은 한국과 외국이 대체로 유사하게 나타났는바, 단체장들은 도로 및 주차와 사회간접자본에 대한 주민들의 선호도가 비교적 높고, 공무원 증원에 대해서는 매우 낮은 것으로 인식하고 있는 것으로 조사되었다. 이와는 달리, 공무원 봉급에 있어서 한국의 단체장들은 주민들이 현재보다 많은 지출을 바라고 있는 것으로 인식하고 있는 데에 비하여 외국의 단체장들은 주민들이 공무원 봉급을 위한 지출의 삭감을 원하고 있는 것으로 인식하고 있어 대비되었다. 또한 사회복지에 있어서도 한국의 단체장들은 주민의 선호도가 높은 것으로 인식하고 있는 데 반하여(3위), 외국의 단체장들은 낮은 것으로 파악하고 있는 것으로 나타났다(9위).

기타 주요 쟁점사항에 대한 단체장의 태도를 살펴보면, "지역구 이익보다는 지역전체의 이익을 위해 투표를 해야 한다"는 의견에 대해 한국과 외국 단체장 모두 이를 전폭 지지하는 것으로 조사되었다. 그러나 "주민의 이익을 위해 법규가 다소 저촉될 수 있다는 의견"에 대해서는 양자간에 큰 차이를 보이고 있는데, 이에 대해 한국의 단체장은 외국 단체장과 달리 긍정적 입장을 보이고 있다. 한편 성교육에 대해서는 한국에서의 지지가 외국에 비해 큰 것으로 나타났으며, 현 지방세 수준에 대해서는 한국 단체장이 증액을 바라고 있는 데에 비해, 일반적으로 외국의 단체장은 현 지방세 수준이 비교적 적정하다고 생각하고 있는 것으로 조사되었다. 마지막으로 사회복지지출에 대해서는 한국이 조사대상국가들 중 유일하게 증대의 필요성을 표시하고 있을 정도로 한국 단체장은 상당한 복지지향성을 보이고 있다.

이상의 결과에서 나타난 한국 단체장의 비교론적 특성을 요약하면, 우리 단체장은 정책결정과정에서 영향력이 가장 크고, 따라서 실제 지방정부활동에 대한 그들의 선호 반영도가 비교적 높으며, 개발정책과 더불어 복지정책을 선호하며, 주민들의 정책선호 또한 자신과 유사하다고 생각하고, 특정지역 이익보다 지역전체 이익을 우선시하며, 주민이익의 증진을 위해 법규를 다소 위반할 수 있다는 입장이며, 성교육의 실시를 전폭 지지하고, 상당한 복지지향성을 가진 대졸 이상 학력의 50대 후반 남성이라고 할 수 있겠다.

이러한 분석결과에 기초하여 다음 몇 가지 이론적 및 정책적 함의를 도출할 수 있다. 우선 본 장의 연구는 지방정치·행정이론에 있어서 상당한 지지를 받고 있는 이른바 Peterson(1981)류의 경제적 관점에 관련하여 중대한 이론적 시사를 제공하여 준다. 본 연구결과에 의하면 단체장(특히 한국 단체장)은 사회간접자본과 같은 개발정책에 대해 강한 선호를 보이고 있는 가운데에도 복지정책에 대해서도 매우 높은 수준의 선호를 표시하고 있는바, 이는 지방정부의 정책결정자(단체장)는 그 관할구역의 경제성장을 제일의 목표로 추구하는 근본적인 성향을 가지고 있기 때문에 지역경제성장을 극대화시킬 수 있는 개발정책을 선호하고 지역경제성장에 해가 되는 복지정책은 최대로 기피한다는 주장에 문제가 있음을 보여주는 것이다. 즉, 지방정부의 정책결정자는 경제적 관점에서 주장하듯이 항상 경제적 합리성에 지배받는 것이 아니라, 경제적 고려와 무관한 정치적 요인에 의해서도 영향을 받는다는 것이다(Fry and Winters, 1970; Wildavsky, 1974; Rouke, 1984; Wong, 1988). 물론 앞에서 제시한 바와 같이 미국과 캐나다에서 개발지향/복지지양의 경향이 명확하게 나타났으나, 그럼에도 불구하고 본 연구결과는 전체적으로 볼 때 경제적 관점의 주장을 일반화시키는 데에는 분명한 한계가 있으며, 오히려 단체장의 정책정향은 경제적 요인 및 정치적 요인 간의 교호메카니즘을 통하여 결정되는 것임을 분명하게 보여주고 있다 하겠다(이승종, 김흥식, 1992).

실천적인 측면에서 본 장의 연구가 제시하여 주는 중요한 함의는 다음 몇 가지로 요약할 수 있다. 첫째, 우리의 경우, 단체장의 상대적 영향력이 매우 강한 것으로 나타났는바, 이는 단체장이 지방행정혁신의 선도적 역할을 원활히 할 수 있게 하는 요인이기도 하지만 자칫 단체장 독주의 위험성을 예고해주는 지표이기도 하다. 우리는 이에서 단체장의 리더십을 지나치게 제약하지 않는 범위 내에서 시민, 지방의회, 공익단체 등 지방정치과정에의 다양한 참여자의 상대적 영향력을 제고시키려는 노력이 필요하다는 정책적 시사를 얻게 된다. 둘째, 본 장의 연구결과는 우리 단체장의 지출성향이 매우 높음을 보여주고 있는바, 이는 한편으로는 지방재원의 한계 및 주민부담을 고려하여 수요관리를 포함하여 과도한 지출에 대한 억제장치가 필요하다는 점, 다른 한편으로는 단체장의 정책의지를 뒷받침할 수 있기 위한 최소한의 지방재정 확충이 필요함을 시사하여 준다. 셋째, 본 장의 연구결과는 우리 단체장이 법보다는 정치적 고려에 우선하는 경향이 있음을 보여주고 있는바, 이는 한편으로는 민의 의사에 민감하다는 점에서 민주주의에 부합하는 측면이 있으나 그럼에도 불구하고 민의를 구실로 자칫 법을 경시할 가능성을 보여주는 것으로서 우려되는 측면이 있다는 것이다. 이는 향후 지방행정이 법치주의에 부합하도록 하기 위하여 단체장의 준법정신을 고양시키는 한편, 지방행정에 관한 법규를 보다 현실성 있게 제정하려는 노력이 있어야 함을 제시하여 주는 것이라 하겠다. 넷째, 본 장의 연구결과는 한국 단체장의 복지정책성향이 높음을 보여주고 있는바, 이는 일각에서 제기하고 있는 지역복지행정의 중앙집권화 필요성과 관련하여 중요한 정책적 함축을 제공해 준다. 집권화 주장은 기본적으로 위에서 언급한 경제적 관점에서 주장하는 바와 같이 지방정부의 정책결정자(단체장)가 본질적으로 복지정책의 수행에 소극적일 것이라는 판단에 기초하여, 지방정부 대신 중앙정부가 지역복지사무를 담당해야 함을 주장하는 것이다(서상목 외, 1988; 정인용·박용치, 1991). 그러나, 한국 단체장의 높은 복지성향을 보여준 본 장의 연구결과는 이 같은 주장에는 명백한 한계가 있으며, 따라서 주민의 복지욕구는 지역복지행정의 중앙집권화보다는 오히려 지방정부가 자주적인 노력을 통하여 충족해 나갈 수 있도록 필요한 제도적·재정적 기반을 확충하는 것이 바람직할 수 있음을 시사하여 준다 하겠다.

I 서론

지방재정은 왜 필요하고 어떤 의의가 있는가? 지방자치와 분권에 대한 논의는 실제로 재정과 깊은 연관이 있다. 가령 지방자치를 옹호하는 분권이론들이 하는 약속은 크게 분권체제가 더 효율적(efficient)이고 효과적(effective or responsive)인 정치와 정책을 산출한다고 한다. 이론에 따르면 그 원리는 분권체제가 중앙정부와 지방정부의 역할분담(전자는 재배분, 후자는 경제발달)을 가능하게 하고 또한 지방정부 간 경쟁을 통해 더 좋은 양질의 서비스를 더 낮은 가격(즉, 세금; 이는 Tiebout 가설로 명명됨)에 공급하기 때문이다. 효율성에 대한 약속은 정책 및 정부의 비용으로서 세금의 규모로 볼 수 있고 효과성에 대한 약속은 국민 또는 주민의 수요에 대응하는 지출로 볼 수 있다.

본 장에서는 이런 지방재정의 이론과 실증연구들을 소개한다. 먼저 II절에서는 재정연방주의(fiscal federalism)연구들을 위주로 전통적 재정이론(대략 1950~1990년대)들을 살펴본다. 다음 III절에서는 최근 실증연구들을 바탕으로 지방재정의 현대 논의를 살펴보고 특히 2008년 경제 위기 이후 지방재정 추이에 초점을 맞춘다. II절과 III절의 논의는 대부분 서구국가, 특히 미국과 영국의 사례들을 바탕으로 개발된 이론들이고 III절의 실증연구들은 더 광범위하게 유럽의 다른

---

1) 본 장의 II절과 III절은 다음 논문들을 토대로 작성됨.

Kim, Y. (2017). Limits of Property Taxes and Charges: City Revenue Structures After the Great Recession. *Urban Affairs Review*, 55(1), 185−209. doi:10.1177/1078087417697199

Kim, Y., & Warner, M. E. (2020). Pragmatic municipalism or austerity urbanism? Understanding local government responses to fiscal stress. *Local Government Studies*, 1−19.

국가들도 포함하지만 국제적 시각에서 논의를 이어가기에 지방재정에 대한 세밀한 논의가 어렵다. 따라서 지방재정의 기초내용인 예산과정, 세입, 세출 등의 자세한 논의는 마지막 절에서 한국지방재정을 통해 소개한다.

Ⅱ 지방재정 전통이론: 재정연방주의를 중심으로

지방재정에 대한 이론들은 주로 정부수준 간 역할과 재정관계에 대해 연구하는 재정연방주의 분야의 학자들에 의해 발달되었다. 본 절에서는 지방재정의 고전 이론들이라고 할 수 있는 재정연방주의 이론들을 요약하고 평가한다. 재정연방주의 연구들은 공공경제학에서 나왔으며 크게 1세대 재정연방주의론(first generation fiscal federalism)과 2세대 재정연방주의론(second generation fiscal federalism)으로 나뉜다.

1세대 재정연방주의론은 주로 규범적인 논의에 초점을 맞추었다. 역사적 배경으로는 1930년대의 대공황(Great Depression)에 대한 정부의 대응으로 발달된 케인지어니즘(Keynesianism; 경제침체기에 정부는 총수요를 늘려 경제개발을 주도해야 된다는 주장)에 큰 영향을 받아 시장실패(market failure)에 대한 연구가 주를 이루었다. 1세대 재정연방주의론은 정부가 이런 시장실패를 수정할 수 있고 또 그렇기 위해 노력한다고 가정한다. 다시 말하면 이 연구들은 정부가 공익 또는 사회복리(social welfare)를 극대화시키려 한다는 가정을 기본으로 가지고 있었다. 이때 정치인과 정책결정자들이 자비로운 리더(benevolent leader)이기에 이런 가정에 도달할 수도 있고 다른 한편으로는 정부의 공공봉사 정신 또는 공익정신과 무관하게 정치시스템 내 선거에서 승리하기 위해 정치인과 정책결정자들이 사회복리를 극대화시키려 한다고 볼 수도 있다.

어찌되었건 사회복리 극대화의 동기와는 무관하게 재정연방주의론은 중앙과 지방의 분리된 정부체계에서 중앙정부는 국가 전체의 편익 극대화를 목적으로 하고 지방정부는 관할지역의 편익 극대화를 목적으로 하기에 더 효율적인 정책결과를 가져온다고 가정하였다. 이런 기본 가정을 근간에 두고 본 연구들은 정부 수준 간 역할과 그 역할을 성공적으로 수행하기 위한 세원(즉, 도구)의 배분에 대해 조언하고 있다.

주요 연구들은 Arrow(1970), Musgrave(1959), Samuelson(1954), Oates(1972)

등이 포함된다. 먼저 역할배분에 있어서 이들은 중앙정부와 지방정부의 명확한 역할 분담이 이상적이라고 주장한다. 중앙정부는 재배분과 거시경제안정(macroeconomic stabilization)을, 그리고 지방정부는 지방공공재(local public goods)를 효율적으로 제공하는 역할을 배정하였다. 이런 역할 배분에 따라 그에 알맞은 세입구조가 정해져야 된다고 주장한다. 기본적으로 지역 간 격차가 크거나 기동성이 높은(highly mobile) 과세 표준은 중앙정부가 사용하는 것을 추천하고 재배분을 위한 누진과세(progressive tax)도 중앙정부가 사용하는 것이 적합하다고 한다. 반면, 지방정부는 주로 서비스의 편익과 조세의 관계가 밀접한 편익과세(benefit tax)를 사용하는 것이 적합하다고 본다. 가령 재산세(property tax)나 사용료(user fee) 등이 있다.

2세대 재정연방주의론에서는 더 실증적인 연구를 바탕으로 재정분권체제에서 나타나는 문제점들에 집중했다. 1세대 재정연방주의론과 큰 차이는 가정에서 나타나는데 이 시기의 연구들은 1세대 연구자들이 가정한 "정부는 사회편익을 극대화하려고 할 것이다"라는 전제를 부정하고 단도직입적으로 이 가정을 질문으로 바꾼다. 다시 말하면, 이들은 정부실패(government failure)에 초점을 두며 1세대 재정연방주의론보다 더 다양한 학문분야(경영학, 정치학, 조직연구 등)의 아이디어들을 바탕으로 한다. 이 연구들은 공공선택론(public choice) 연구들에 많이 의존하는데 엄연히 따지면 시간적으로 공공선택론 연구들도 1950~1960년대에 이미 진행되고 있었다. 공공선택론에 대한 다양한 시각과 이해가 있는데 Tullock(2002)은 공공선택론자의 가장 큰 특징은 정부가 무조건 공익(public interest)을 극대화하려하지 않고 관료는 각 개인의 이익을 극대화하려고 한다는 가정이라고 설명하였다. 이는 Niskanen(1971)의 예산극대화(budget-maximizing bureaucrat)모형과 일맥상통하고 Brennan and Buchanan (1980)의 Leviathan 이론과도 연결된다. 특히 정보비대칭과 대리인 문제(principal-agent problem)를 다룬 연구들이 많았고 연방주의체제 하에서 오히려 효율성과 효과성이 떨어질 수도 있다는 주장들이 나왔다. 가령 지방정부들은 암묵적으로 라도 언제나 재정난이 있을 때 중앙정부가 그들을 구제해줄 것이라는 믿음을 가지고 있기에 예산운영을 방만하게 한다는 연성예산제약문제(soft budget problem; Qian and Weingast 1997)가 그 중 한 예이다.

재정연방주의연구들은 지방재정의 고전 이론들이라고 볼 수 있는데 이에 대한 짧은 평가로 본 절을 마무리하고 III절에서는 더 최근(2010년 이후) 논의를 소개한다. 1세대 재정연방주의이론은 규범적인 논의에 그쳐 현실과 괴리가 크다. 다시 말하면 이론적으로 중앙정부가 재배분 역할을 하고 지방정부는 (지방)서비스의 배분 그리고 지역개발에 힘써야한다고 할지라도 현재 중앙정부와 지방정부의 역할구분이 이렇게 명확하지 않다. 위 이론들이 개발된 미국(특히 counties)과 영국의 경우도 지방정부들이 현재 재배분, 복지 역할을 크게 맡고 있으며 한국의 지방자치법을 봐도 지방자치단체의 사무범위의 예시를 제시하는 제13조의 "주민의 복지증진에 관한 사무"에는 사회복지시설의 설치운영 및 관리, 생활이 곤궁한 자의 보호 및 지원, 노인 아동 심신장애인 청소년 및 여성의 보호와 복지증진 등 사회약자의 니즈를 명명하고 있다.

　　과세측면에서도 위 이론들은 현실과 거리가 있다. 지방정부는 재산세에 의존하는 것이 좋다고 하였는데(Alm, Buschman, and Sjoquist 2011; Musgrave 1983). 이는 재산세의 3가지 특징인 안정성(stable), 보편성(broad-base), 효율성(efficient) 때문이다. 그러나 최근에는 실제로 재산세 의존도가 높은 미국 지방정부들에 대해서도 학자들은 이런 지방세구조가 지속가능하지 않다고 지적한다(Bartle, Kriz, and Morozov 2011; Pagano and Johnston 2000). 2008년 경제위기 이후 미국 지방정부들의 사용료와 수수료(charges and fees)에 대한 의존도가 증가하였고 2007~2012기간[2]에는 사용료와 수수료 세입 증가(2009년 USD 기준 68억)가 재산세입 증가(2009년 USD 기준 53억)보다 컸다. 이미 미국 Government Finance Officers Association(GFOA 1998)은 1990년대부터 지방세원의 다양화를 추천했다. 실증연구들은 미국지방정부들을 대상으로 왜 지방정부가 소득세 또는 재산세에 의존하는지를 연구하였는데(예: Blackley and DeBoer 1987; Sjoquist 1981) 이는 미국 지방정부의 약 5%만[3] 소득세를 매긴다는 점을 고려하면 현실과 다소 거리가 있는 연구들이다.

　　2세대 재정연방주의이론은 더욱 실증연구에 기반을 두지만 지방정부의 방만한 예산운영에만 초점을 맞추고 있어 현재 지방재정 문제와는 거리가 있다. 중앙이건 지방이건 정부의 방만한 예산운영은 당연히 중요한 문제이다. 하지

---

2) 미국 전국 지방정부예산 자료는 US Census Bureau의 Census of Governments에서 제공되며 이 자료는 5년 주기로 수집된다.

3) Henchman and Sapia (2011) 에 따르면 2011년 기준 총 50개 주 (state) 중 17개 주에 있는 4,943 개 특별 및 일반행정구역들만 소득세를 거뒀으며 이들의 대부분인 2,961개는 Pennsylvania주에 있다. 미국의 일반지방정부는 총 38,910개이며 특별행정구역까지 합치면 90,000개가 넘는다.

만 지방자치와 지방재정의 궁극적인 목적이 주민의 복리증진임을 고려할 때 이론의 초점도 이런 포괄적인 시각을 가져야 된다. 특히 최근 2008년 경제위기 이후 국제적 시각에서 지방재정의 현황을 살펴보면 이러한 우려는 현실과 부정합(mismatch)이 있음을 알 수 있다. 지방정부의 금융파산은 드물지만 금융지불능력(fiscal solvency)는 지방정부의 궁극적 목적 중 하나인 서비스 전달 능력(service solvency)과는 다르고 최근 지방정부들의 이 서비스 지불 능력이 심각하게 저해됐다는 사례연구들(예: Hastings et al. 2017; Schulz et al. 2020)이 나오고 있는 상황이다. 다음 절에서는 이런 최근 연구결과를 살펴본다.

ⓌⒾ 2008년 경제위기 이후 지방재정

최근 지방재정 논의는 II절에서 언급한 재정연방주의연구들보다 훨씬 포괄적이다. 구체적으로 2008년 경제위기 이후 지방재정에 대한 연구들은 "지방정부가 경제위기와 재정난에 어떻게 반응하는가"라는 질문을 던지고 이를 세입과 세출 양쪽 측면에서 살펴본다. 이 질문에 대한 실증연구들은 대략 긴축어버니즘(austerity urbanism)과 실용적 지자체주의(pragmatic municipalism)의 두 가지 시각으로 정리될 수 있다. 최근 연구들은 재정연방주의연구들보다는 좀 더 국제적이나 여전히 영국과 미국 시각이 주를 이루는 편의(bias)가 있다.

2008년 글로벌경제위기 이후 심각한 지방재정 위기 사례들이 주로 미국과 영국에서 보였다는 점이 이런 편의를 일부 설명한다고 볼 수 있다. 여기서는 미국의 3개 사례를 짧게 소개한다. 첫 번째 예는 미국 Detroit시의 2013년 파산선고였는데 미국의 가장 큰 도시(인구 기준) 파산이라는 충격에 더해 도시가 이후 수도세를 내지 않은 주민들에게 수도공급을 중단하는 사태가 일어났다. Detroit시정부 입장에서는 마땅히 내야할 금액을 지불하지 않은 주민들 때문에 시 운영이 어려워졌고 따라서 더 이상은 수도 서비스를 제공할 수 없다는 것이었다. 그러나 Detroit시는 미국 도시 중 손에 꼽히는 높은 빈곤율을 가지고 있으며 특히 흑인 주민비율이 높아 미국 내 인종차별문제의 극단적 사례라고 볼 수 있다. United Nations의 인권이사회(Human Rights Commission)는 물은 인간의 기본생활에서 필수적인 요소이기에 시정부의 이런 행동은 심각한 인권침해라고 지적하였다.

이듬해 2014년 미국 Ferguson시에서는 주민들이 반경찰시위를 벌이면서 경찰과 부딪치는 사태가 일어났다. 첫 시위는 백인경찰이 무고한 18살 흑인청년을 총살한 다음 날 일어났지만 주민들은 더 구조적인 경찰조직의 문제를 지적하였다. 2015년 사법부의 수사에 의하면 Ferguson시 경찰은 고의적으로 흑인주민을 대상으로 벌금을 매겼다. Ferguson시 역시 흑인주민비율과 빈곤율이 높은 도시로서 경찰이 사소한 문제로 주민들에게 벌금을 매기고 주민들이 벌금을 지불할 재정적여력이 없는 상황에서는 범칙금이 눈덩이처럼 불어나는 상황이 발생한 것이다. 즉, 주민의 복리를 위한, 주민을 섬기는 역할을 해야 되는 지방정부가 주민의 생계에 필요한 서비스 공급을 중단하고 더 심하게는 주민을 공격하는 상황이 된 것이다.

마지막 사례는 Flint시의 수도오염사례이다. Flint시는 오랫동안 재정난을 겪었는데 Michigan주 법률에 의하면 재정위기를 겪는 도시는 긴급재정관리법(emergency management law)에 의해 시의회의 권한이 보류되고 대신 시재정을 주정부 수준의 긴급재정관리위원회(emergency management commission)의 결정에 따르게 된다. 이 위원회는 주지사가 임명하는 긴급재정관리위원장의 결정을 따르는데 그가 내린 결정 중 하나가 도시의 수도공급원을 바꾸는 것이었다. 이는 비용측면에서 훨씬 저렴하다는 이유였다. 그러나 얼마 후 주민들은 수돗물 색이 이상하고 악취가 나는 것을 인지하고 정부에 민원을 넣는다. 정부는 몇 차례 주민들에게 수돗물은 아무런 이상이 없다며 안심하고 물을 사용하고 마실 것을 권한다. 이미 약 9개월이 지난 시점에서 이 물에 엄청난 양의 납(lead)이 들어있다는 것이 밝혀진다. 납은 인체에 유해한 물질로 납중독은 특히 뇌에 치명적인 영향을 끼친다. 주민의 입장에서는 믿었던 정부가 주민을 독살한 꼴이 된 것이다.

이런 사례들을 바탕으로 긴축 어버니즘(Hastings et al. 2017; Peck 2014) 또는 긴축 로컬리즘(austerity localism; Ferry, Ahrens, and Khalifa 2019; Morris et al. 2017) 시각이 형성되었다. 이 시각은 지방정부들은 외부환경에서 오는 긴축압박을 이기지 못하고 지방정부가 세출, 세입 양쪽에서 주민 복리를 해친다는 주장이다. 세출 측면에서는 서비스 삭감, 중단 등을 예측하고 세입 측면에서는 주민의 지불능력을 고려하지 않고 형평성을 해칠 수 있는 사용료와 수수료에 대한 의존도를 높인다는 주장이다. 이 시각은 주로 영국 사례들을 기반으로 연구되었는데 이는 영국의 지방정부예산 삭감이 아주 과감했기 때문이다.

2010~2015년 기간에 영국의 지방정부와 커뮤니티청(Department of Local Government and Communities)은 예산의 50%이상을 삭감 당했다(Gray and Barford 2018). 이 시각은 특히 긴축재정의 강도가 주민니즈가 높은 지역에서 더 심각하게 나타나고 긴축재정의 영향도 사회약자에게 더 크기 때문에 사회 불평등을 악화시킬 것이라고 주장한다. 가령 Fitzgerald and Lupton(2015)은 런던의 3개 자치구(borough) 2009~2014년 기간 데이터를 바탕으로 예산삭감은 결핍(deprivation)이 더 높은 지역에서 더 컸음을 밝히고 Hastings et al.(2017)은 영국의 Newcastle, Coventry와 Milton Keynes 지역을 2011~2015년 기간 동안 연구하여 긴축재정정책의 "도시 겨냥(targeting cities)"이 "빈곤자 겨냥(targeting the poor)"과 같은 결과를 가져왔다고 주장한다.

이 시각은 특히 정치(politics)에 민감하다. Kennett et al.(2015)은 영국의 이런 강력한 긴축정책을 위대한 리스크 이동("great risk shift"; Hacker, 2006)의 최근 사례라고 명명하였다. 위대한 리스크 이동("great risk shift"; Hacker, 2006)이란 공공영역의 리스크(risk)와 불안정성(insecurity)을 민간 또는 개인에게 떠넘기고 중앙정부(nation-state)에서 지방정부로 떠넘기는 활동이라고 설명한다. 실제로 영국의 지방재정삭감은 영국의 빅소사이어티(Big Society)와 신로컬리즘(New Localism) 어젠더에 따른 분권화 내러티브(Lowndes and Gardner 2016; Dowling and Harvie 2014; Lowndes and Pratchett 2012) 속에서 진행되었다. 다시 말하면, 빅소사이어티와 신로컬리즘을 근거로 분권화를 외치고 지방정부의 역할이 커져야한다고 하면서 실제 지방정부가 이런 역할들을 수행할 때 필요한 재정지원은 크게 삭감한 것이다.

긴축 어버니즘 시각이 영국에서만 발견된 것은 아니다. 이탈리아(예: Di Feliciantonio 2016; Pollio 2016), 아일랜드(예: van Lanen 2017), 그리스(e.g. Chorianopoulous and Tselepi 2019), 그리고 스페인(e.g. Davies and Blanco 2017)에서도 학자들은 이런 현상을 목격하였는데 이들은 유럽에서 재정위기가 심각한 나라들로 비판의 대상이 된 PIIGS(Portugal, Italy, Ireland, Greece, Spain; 돼지를 연상시키는 단어로서 주로 해당 국가들을 비하하는 명칭으로 사용됨) 국가들이 대부분이다 (Ntampoudi 2014). 유럽연합(EU)에서는 긴축재정이 트로이카(Troika, 즉 European Commission, European Central Bank, International Monetary Fund)에 의해 주도되었으며(Chorianopoulos and Tselepi 2019) Clifton, Diaz-Fuentes, and Gomez(2018)에 의하면 이런 긴축재정의 강도가 특히 채권자권리를 시민권리

보다 우선시하는 트로이카의 가치체계와 문화적 또는 가치 차이가 큰 국가들에서 더 심하게 나타났다.

이렇듯 긴축 어버니즘 관점에서는 기업 특히 금융권의 권력을 비판적으로 바라본다. 기업의 역할에 초점을 맞추는 연구들은 긴축기계(austerity machine; Donald et al. 2014; Peck 2012)를 언급한다. 긴축기계 이론에 의하면 지방정부는 재정난을 겪을 때 재정수지와 주민복리 중 선택의 갈림길에서 자의 또는 타의에 의해 재정수지(balancing the books)를 택하고 그 결과로 주민복리를 해치게 된다는 주장이다. 여기서 지방자치가 중요한 이유는 Flint시 사례의 경우 수도 원공급을 바꾸는 결정에 주민의견이 전혀 반영되지 않았고 이는 주정부 수준에서 지방정부에게 선택권 없이 강요한 결정이기 때문이다.

긴축 어버니즘 시각은 이론적으로 신자유주의 어버니즘(neoliberal urbanism)과 그 근간이 같다. 즉 도시의 모든 정책은 "사업하기 좋은 환경" 조성 ("good business climate")을 추구한다는 것이다(Peck, Theodore and Brenner 2009, 63). 이런 어젠더의 수단으로 지방정부는 플레이스 마케팅(place-marketing), 기업유치지구(enterprise and empowerment zones), 지방과세경감(local tax abatements), 공공-민간 파트너십(public-private partnerships) 등의 새로운 지역 선전광고를 사용한다(Brenner and Theodore 2002, 21). 신자유주의 어버니즘(neoliberal urbanism)은 수익창출만 추구할 뿐 아니라 그 과정에서 어떤 행위자(actor)는 보호하고 나머지는 그 보호에서 제외하며 궁극적으로 구조적불평등을 악화시킨다. 신자유주의 어버니즘의 이론적 뿌리는 또 레짐 이론(regime theory; Stone 1989)과 성장연합이론(growth machine theory; Logan and Molotch 1987)에 있는데 이들 간에 큰 차이는 도시의 주체성(agency)이다. Stone(1989)의 레짐 이론에서 지방정부는 명백한 목적을 달성하기 위해 주체성을 활용한다. 즉, 거버넌스 능력(capacity)을 늘리기 위해 레짐을 형성한다. 성장연합도 토지 엘리트(land-based elite) 또는 플레이스 창업자(place entrepreneur)와 지방정부의 이익이 성장 또는 개발에 겹칠 때 형성된다. 전자는 토지와 지역에 근거한 수익을 창출하고 후자는 재산세입을 늘릴 수 있는 것이다. 정리하자면 1980년대 이론들은 최소한 지방정부가 무언가를 얻고 따라서 주민이 득을 볼 수 있는 기회를 열어둔 반면, 최근 2010년대에 나온 이론들은 이런 기회 자체를 부정한다. 긴축기계는 지방정부의 지출과 더불어 그들의 관리역량도 삭감한다(Peck 2014).

두 번째 시각인 실용적 지자체주의는 첫 번째 시각과 비교할 때 더욱 다양한 지방정부 반응을 인정하고 정치적 관점 보다 행정관리적 관점을 더 강조한다. 미국 지방정부들이 처음으로 2008년[4] 재정난을 겪은 것은 아니다. 1970년대에 연방정부가 지방정부에게 직접 주던 보조금을 과감히 삭감하면서 미국 도시들은 재정난을 겪었다. 이 중 1975년 파산 직전까지 간 New York시의 사례가 특히 유명했다. New York시는 긴축재정의 일환으로 소방서들을 닫았는데 이런 결정이 특히 빈민동네에 집중되어 있어 이런 결정이 향후 엄청난 주택문제와 보건문제로 연결되었다(Wallace and Wallace 1998). 당시 나타난 이론들 중 유명한 것은 Levine(1978)의 감축관리(cutback management) 이론인데 이에 따르면 지방정부가 재정난에 대응하는 행동은 재정난의 유형(원인과 심각성)에 따라 다르며 보통 재정난 초기에는 저항(resistance) 반응을 보이고 재정난 수준이 더 악화되면 다듬질(smoothing) 반응으로 전환한다는 주장이다. 이는 Lindblom(1959)의 점진주의(incrementalism; "muddling through")와도 비슷한 시각으로 공공조직인 지방정부는 민간기업처럼 과감한 행동을 보이지는 않는다는 것이다. 이런 기존의 이론과 2008년 이후 지방정부에 대한 실증연구를 바탕으로 Kim and Warner(2016)는 지방정부들의 반응은 각각의 환경에 따라 다를 것이고 대부분의 지방정부들은 어떤 정치적 이념에 따른 반응 보다는 실용적인 반응을 보인다고 주장했다. 즉, 서비스공급이 지방정부의 존재이유로서 이들은 재정난 상황에서도 어떻게든 서비스를 유지하기 위해 다양한 수단(수입원 또는 서비스전달체계)을 활용한다는 것이다.

감축관리(cutback management) 이론과 최근의 실용적 지자체주의 이론의 차이는 지방정부의 공공성 인식에 있다. Levine(1978)의 감축관리 이론은 민간 조직연구에서 많은 영감을 얻었다. 가령, 조직은 환경 스트레스에 대한 답을 찾는 과정에서 혁신을 이룬다고 주장하였다(Cyert and March 1963; March and Simon 1958). 그러나 이런 주장은 지방정부가 공공조직이기에 나타나는 많은 역설(paradoxes)들을 간과한다(Pandey 2010). 가령 Levine(1978)은 재정난 초기에 지방정부가 조직의 중요성을 나타내기 위해 주요 서비스 공급을 중단하는 것도 하나의 대응이라고 했다. 그러나 이는 미국의 다층거버넌스구조(multilevel

---

4) 전문가들은 실제로 2008년 경제위기 효과가 지방정부 예산에 나타나기까지는 약 5년의 시간이 걸려 2011, 2012년경인 것으로 평가한다.

governance structure)를 간과한다. 주요 (essential) 서비스는 법적으로 상위정부 (여기서는 주 정부)가 지방정부에게 공급을 명령(mandate)할 가능성이 높다. 나아가 지방정부는 주민니즈와 요구에 더 빠르게 반응할 것이다. 지방정부 정치인들에 대한 유권자 반응은 중앙정부와 비교할 때 더 빠르고 직접적이다. 다시 말하면 주민이 지방정부의원 또는 시장을 투표로 몰아내는 것이 국회의원이나 주의원(state legislator)을 몰아내는 것보다 쉽다. 또한 지방정부는 항상 다른 지방정부와의 경쟁을 염두해야 한다. 즉, 서비스 공급 또는 그의 중단은 인구이동을 부추길 수 있기 때문이다. 이런 우려는 현실적으로 상위정부에서는 덜 심각하다. 국경을 넘거나 주 경계(state line)를 넘는 것은 개인에게 훨씬 더 많은 비용을 수반한다.

이렇듯 지방정부는 주민 – 정부 관계의 최전방에 있지만 감축관리 이론은 민주성에 대한 논의가 거의 없다. 긴급재정관리에 따른 민주성의 압박 속에서도 Loh(2016)는 Michigan주의 6개 도시의 지역계획과정은 주민들이 목소리를 낼 수 있는 장이었음을 발견했다. Warner, Aldag, and Kim(2020)도 미국 전국 설문을 통해 주민과 노조와 더 소통을 많이 하는 지방정부들은 재정난 대응이 더 균형적(즉 삭감, 미루기, 세수보충의 3가지 대응)인 것으로 나타났다.

그렇다면 긴축 어버니즘과 실용적 지자체주의의 이런 상반된 시각은 왜 나타나는가? Kim and Warner(2020)는 첫째, 두 가지 시각을 지지하는 실증연구들의 방법론 차이와 둘째, 각 시각을 지지하는 사례들의 재정분권수준의 차이 때문이라고 설명한다. 긴축 어버니즘 시각은 주로 사례연구를 기반으로 형성되었으며 특히 긴축정책이 강력하게 적용된 극단적인 사례들이다. 반면, 실용적 지자체주의는 설문지 등을 활용하여 샘플규모가 더 큰 연구들이 주를 이룬다. 재정분권수준의 차이에 있어서는 긴축 어버니즘 시각은 주로 영국 연구들에서 지지되고 있으며 실용적 지자체주의 시각은 주로 미국 연구들에 의해 지지된다. 재정분권을 나타내는 지표는 여러 가지가 있는데 국가 전체 조세 중 지방세 비중과 국가 전체 지출 중 지방정부 지출의 비중을 볼 수 있다. OECD 국가들을 대상으로 두 지표를 나타낸 [그림 4-1]에서 영국(GBR)은 왼쪽 하단에 나타나고 미국(USA)은 오른쪽 상단에 위치한다. 또한 미국의 지방정부들은 높은 수준의 분권역사가 더 오래 축적되어 지방정부들이 시장체제를 활용할 수 있는 노하우를 축적한 것으로 평가된다. Warner and Clifton(2014)은 이를 "시장파도타기"("riding the marketization wave")라고 부르며 미국 지방정부들은

그림 4-1 | 의결기관과 집행기관의 바람직한 관계

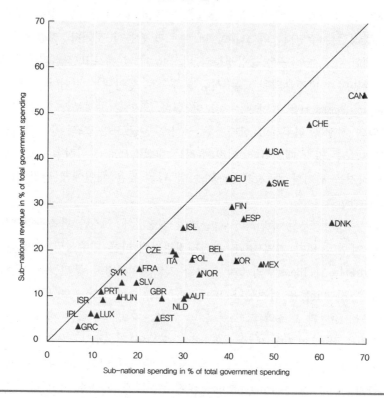

주: 가로축은 세출, 세로축은 세입분권을 나타냄. 하위정부 세출은 이전재원을 포함하고 하위
   정부 세입은 이전재원 제외. 한국자료는 2012년, 멕시코자료는 2013년 자료. 호주, 칠레,
   일본, 뉴질랜드, 터키는 제외.
출처: OECD (2016) OECD Fiscal Decentralisation Database,
   www.oecd.org/ta/federalism/oecdfiscaldecentralisationdatabse.htm

다양한 서비스전달방식(예: 관-관 협력, 민-관 협력, 민영화 등)과 다양한 세외수
입(예: 사용료, 수수료, 그리고 최근에는 사회성과 연계채권 또는 social impact bonds)
을 활용하지만 이때 공익의 보호는 칼날 위에서 균형을 잡는 것처럼 어려운
일이라고 설명한다.

Ⅳ 지방재정의 기초

지방재정은 넓은 의미에서 지방정부가 돈을 걷고(세입) 쓰는 것(세출)을 말

한다. 본 절에서는 한국지방재정 구조를 통해 예산과정, 세입, 세출에 대해 소개한다.

1. 예산과정

예산과정은 일반적으로 다음과 같은 과정을 거치고 전체 과정은 통상 3년의 기간에 이루어진다. 회계연도는 각 해 1월 1일에 시작하여 12월 31일에 끝난다.[5]

예산편성 단계에서는 지방자치단체가 다음 해에 쓸 예산을 통상 전년도 8~11월에 편성한다. 즉, 전체 예산 중 얼마큼을 어디에 어떻게 쓸지에 대한 계획을 세운다. 이 예산(안)은 다음의 제도에 따라 편성되어야 한다.

- 중기지방재정계획(지방재정법 제33조): 예산편성의 장기적 시각을 수립하기 위한 5년 계획이며 이는 매해 향후 5년을 반영하는 계획으로 수정한다. 내용은 재정운용의 기본방향과 목표, 중장기 재정여건과 재정규모전망, 분야별 재원배분계획, 예산과 기금별 운용방향, 의무지출의 증가율 및 산출내역과 재량지출의 증가율에 대한 분야별 전망과 근거 및 관리계획, 지역통합재정통계의 전망과 근거, 통합재정수지 전망과 관리방안 등을 포함한다.
- 지방재정투자심사제도(지방재정법 제37조, 제37조의2): 투자사업의 필요성과 타당성을 미리 심사하는 제도로 채무부담행위, 보증채무부담행위 등에 대한 지방의회 의결의 요청이 포함되고 총 사업비 500억원 이상의 신규사업에 대해서는 행정안전부장관이 정하여 고시하는 전문기관으로부터 타당성 조사를 받고 그 결과를 바탕으로 투자심사를 해야 한다.
- 지방채발행제도(지방재정법 제11조~13조, 제44조, 지방자치법 제139조): 지자체는 공유재산의 조성 등 소관 재정투자사업 경비의 충당, 재해예방 및 복사업, 천재지변으로 발생한 예측할 수 없었던 세입결함의 보전 등 주로 재정수입의 부족을 보충하기 위해 지방채를 발행할 수 있다.
- 성인지예산제도(지방재정법 제36조의2): 지자체장은 예산이 여성과 남성에게

---

[5] 미국의 경우 일반적으로 회계연도가 7월 1일에 시작해서 6월 30일에 끝나는데 이는 주(state)마다 다를 수 있고 지방정부와 주정부의 회계연도가 다른 경우, 또 지방정부의 종류(i.e. county, city, village, towns)에 따라 다른 경우들도 있다.

미칠 영향을 미리 분석한 성인지 예산서를 예산(안)에 첨부해야 한다.
- 주민참여예산제도(지방재정법 제39조): 지방자치단체장은 지방예산 편성 등
  예산과정에 주민이 참여할 수 있는 제도를 마련하여 시행하여야 한다.
  주민참여예산제도를 통해 수렴한 주민의 의견서를 지방의회에 제출하
  는 예산(안)에 첨부해야 한다. 주민참여예산기구의 구성·운영은 각 지
  자체의 조례로 정한다.

이 예산(안)은 지방의회에 11월 중(시·도는 회계연도 시작 50일 전인 11월 11
일까지; 시·군·자치구는 회계연도 시작 40일 전인 11월 21일까지) 제출하고 지방의
회는 이 예산(안)을 12월 중(시·도는 회계연도 시작 15일전인 12월 16일까지; 시·군
·자치구는 회계연도 시작 10일전인 12월 21일까지) 심의하고 의결한다. 지방의회가
의결한 예산은 의결 후 3일 이내에 지방의회가 지방자치단체장에게 이송하고
시·군·자치구는 이를 이송받은 즉시 그 결과를 시·도에 시·도는 다시 행정
안전부에 보고한다. 다만 이때 지방의회가 의결한 예산에 대해 지방자치단체
장이 "예산상 집행할 수 없는 경비를 포함하고 있다고 인정되면"(지방자치법 제
121조) 의결한 예산을 이송받은 날부터 20일 이내에 재의를 요구할 수 있다.
집행 단계에서는 편성된 계획에 따라 예산을 집행한다. 이때 수입의 지방
채의 발행, 이용·전용, 계약의 체결 등도 포함한다.
결산 단계에서는 작년 예산의 실제집행 기록을 정리·보고하는 단계이다.
지방자체단체장은 출납폐쇄(12월 31일) 후 80일 이내에 결산서와 증빙서류를
작성하고 다음 연도 지방의회의 승인을 받아야 한다. 결산 단계에서 다음과 같
은 제도가 적용된다.
- 지역통합재정통계 작성(지방재정법 제59조): 회계연도마다 예산서와 결산서
  를 기준으로 일반회계, 특별회계, 지방공기업의 재정상황, 지자체 출자
  ·출연기관의 재정상황을 나타내는 통계를 작성하여야 한다.
- 지방재정공시제도(지방재정법 제60조, 제60조의2): 지자체는 회계연도마다
  예산서와 결산서를 기준으로 예산 또는 결산의 확정 또는 승인 후 2개
  월 이내에 세입·세출예산의 운용상환, 재무제표, 채권관리 현황, 기금
  운용 현황, 공유재산의 증감 및 현재액, 지역통합재정통계, 지방공기업
  및 지자체 출자출연기관의 경영정보, 중기지방계획, 성인지 예산서 및
  결산서, 주민참여예산제도의 운영현황 및 주민의견서 등을 주민에게

공시하여야 한다. 본 제도는 지방재정의 책임성과 투명성 제고를 위해 2006년 도입되었으나 전문가과 공무원을 대상으로 한 한국지방행정연구원(2013)의 설문조사에 의하면 공시자료가 전문용어나 수치 위주로 공개되어 이해하기 어렵고 접근성이 불편한 것으로 평가된다. 대통령 직속 재정개혁특별위원회도 국민 관점에서 접근성과 활용도 높은 재정정보를 제공해야 한다고 지적하였다(재정개혁특별위원회 2019).

성과평가 또는 재정분석 단계에서는 결산결과를 토대로 성과평가를 하고 이때 평가결과 및 정보는 다음연도 예산편성에 다시 환류된다. 주요제도는 다음과 같다.

- 지방재정분석진단제도(지방재정법 제55조, 제57조): 행정안전부장관은 지자체의 재정보고서를 바탕으로 각 지자체의 재정위험 수준을 점검해야 하고 재정 건전성과 효율성이 현저히 떨어지거나 재정위험 수준이 대통령령으로 정하는 기준을 초과하는 지자체에 대해서는 지방재정위기관리위원회의 심의를 거쳐 재정진단을 실시할 수 있다.
- 재정위기관리제도(지방재정법 제55조의2~제56조): 행정안정부장관은 재정분석 및 재정진단 결과를 토대로 지방재정위기관리위원회의 심의를 거쳐 지방자치단체를 재정위기단체 또는 재정주의단체로 지정할 수 있다. 재정위기단체는 재정건전화계획을 수립하고 따라야 하는데 이에도 불구하고 재정위험 수준이 3년 이후 악화되거나, 소속 공무원의 인건비를 30일 이상 지급하지 못하거나, 상환일이 도래한 채무의 원금 또는 이자에 대한 상환을 60일 이상 이행하지 못한 경우 행정안전부장관은 해당 지자체를 긴급재정관리단체로 지정할 수 있다(긴급재정관리제도는 지방재정법 제60조의3~9).

2. 세입

지방재정 세입은 크게 자주재원, 의존재원, 그리고 지방채로 나뉜다(그림 4-2 참조). 자주재원은 지방자치단체가 스스로 마련하는 예산을 말하고 의존재원은 다른 정부기관이 주는 예산이다. 지방채는 지방정부가 과세권 등을 담보로 자금 조달을 위해 채권을 발행해서 부담하는 채무이다. 2019년 결산기준

그림 4-2 | 지방재정 세입 구조

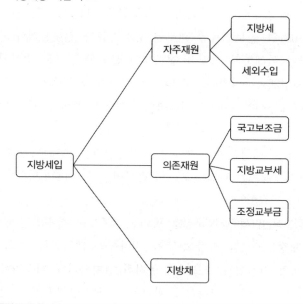

그림 4-3 | 2019 지방세 세목별 구성

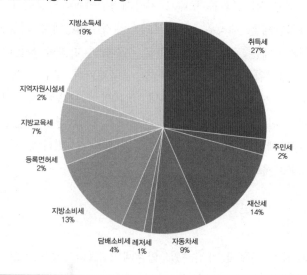

주: 2019회계연도 지방세 일반회계 징수액을 바탕으로 작성함.
출처: 지방재정365 지방세통계연감

총 지방재정 중 자주재원이 49%(지방세 90,457,152백만 원이 총괄 세입의 38%, 세외수입 26,600,333백만 원이 총괄 세입의 11%), 의존재원이 50%(보조금 61,559,853백만 원이 총괄 세입의 26%, 지방교부세 57,490,581백만 원이 총괄 세입의 24%), 그리고 지방채가 1%(3,547,868백만원)를 차지했다(지방재정365 지방재정통합공개시스템).

자주재원은 다시 크게 지방세와 세외수입으로 나뉜다. 지방세는 지방자치단체종류에 따라 달라지는데 도세는 취득세, 등록면허세, 레저세, 지방소비세, 지역자원시설세, 지방교육세가 있고(특별(광역)시세는 취득세, 레저세, 지방소비세, 지역자원시설세, 지방교육세, 자동차세, 담배소비세, 주민세가 있다. 단, 광역시의 경우 주민세는 자치구세임)·군세는 담배소비세, 주민세, 지방소득세, 자동차세가 있다. 자치구세는 등록면허세와 재산세가 있다(그림 4-3 참조).

각 지방세목의 과세대상, 납부방법, 세율 등은 지방세법, 부가가치세법, 소득세법에 따르는데 [표 4- 1]은 세목ㄴ별 과세대상 및 목적을 간단히 소개한다.

표 4-1 | 지방세 세목별 과세대상 및 목적

세목	과세대상 및 목적
취득세	취득행위(원시·승계취득, 유상·무상 포함)에 대한 세금이다. 부동산, 차량, 기계장비, 항공기, 선박, 입목, 광업권, 어업권, 양식업권, 골프회원권, 승마회원권, 콘도미니엄 회원권, 종합체육시설 이용회원권, 요트회원권 등을 취득한 자에게 부과한다. - 지방자치단체 조례에 의하여 표준세율의 100분의 50범위 내에서 가감 조정을 할 수 있다.
등록면허세	각종 등기·등록하는 자에게 부과하는 등록분과 각종 면허, 검사, 검열 등 인가·허가 등을 받는 자에 부과하는 면허분으로 구분된다. - 부동산 등기 등록면허세일 경우, 지방장치단체 조례에 의하여 표준세율의 100분의 50범위 내에서 가감조정을 할 수 있다.
레저세	경마, 경륜, 경정 및 소싸움을 영위하는 사업자에게 부과한다.
담배소비세	담배의 소비 행위에 대하여 과세하는 지방세이다. 납세의무자는 담배제조자(한국담배인삼공사), 수입판매업자, 외국으로부터의 반입자이다.
지방소비세	사업자가 행하는 재화 또는 용역의 공급, 재화의 수입에 부과하는 지방세이다. 부가가치세법에 따른다. "법률에서 규정하고 있는 부가가치세의 감면세액 및 공제세액을 빼고 가산세를 더한 세액의 79퍼센트를 부가가치세로, 21퍼센트를 지방소비세로 한다."(부가가

세목	과세대상 및 목적
	치세법 제72조) - 2010년 도입
주민세	지방자치단체의 구성원인 주민을 대상으로 과세되는 지방세로서 소득의 크기에 관계없이 균등하게 과세되는 주민세균등분과 환경개선 및 정비에 필요한 비용에 충당하기 위하여 사업소를 운영하는 자에게 사업소 연면적을 과세표준으로 하는 재산분, 종업원의 급여총액을 과세표준으로 하는 종업원분으로 구분된다.
지방소득세	소득세법에 따른 소득세 납세의무가 있는 자에 대한 개인지방소득세와 법인세법에 따른 법인세 납세의무가 있는 자에 대한 법인지방소득세로 구분한다. - 2010년 도입
재산세	과세기준일(6월1일)에 토지, 건축물, 주택, 항공기, 선박을 소유한 자에게 과세하는 지방세이다.
자동차세	자동차의 소유에 대해 과세하는 소유분과 과거 주행세인 주행분으로 나누어진다.
지역자원 시설세	지하·해저자원, 관광자원, 수자원, 특수지형 등 지역자원의 보호 및 개발, 지역의 소방사무, 특수한 재난예방 등 안전관리사업 및 환경보호·개선사업, 그 밖에 지역균형개발사업에 필요한 재원을 확보하거나 소방시설, 오물처리시설, 수리시설 및 그 밖의 공공시설에 필요한 비용을 충당하기 위하여 부과하는 지방세로 위 시설을 운영하는 자에게 부과된다. 가령, 지하자원을 채광하는 자, 지하수를 개발하여 먹는 물로 제조·판매하거나 목욕용수로 활용하는 자 등.
지방교육세	지방교육재정 확충을 목적으로 하며 취득세, 등록에 대한 등록면허세, 레저세, 담배소비세, 주민세 균등분, 재산세의 납세의무자에게 부과된다.

세외수입은 세금이 아닌 지방자치단체의 수입으로 경상적 수입, 사업수입, 임시적 수입, 사업외 수입 등이 있다. 가장 중요한 세외수입 종류는 사용료, 수수료, 상하수도 사업수입, 주택사업, 병원사업 등이 있다. 세외수입 중 특히 사용료와 수수료는 몇 가지 장점이 있다. 첫째, 사용료는 주로 특정 서비스를 사용할 때 징수되기에 수평적 공평성(horizontal equity)을 제고한다. 즉, 서비스를 사용하는 사람은 비용을 지불하고 서비스를 사용하지 않는 사람은 비용을 지불하지 않는다. 이는 특히 반세금(anti-tax) 감정이 높은 지역 또는 시기에 주민들에게 비용지불의 선택권을 준다는 점에서 인기가 많은 옵션일 수 있다. 둘째, 서비스에 값을 매기기에 서비스 수요를 줄이고 나아가 지출을 줄일 수 있다(Sun and Jung, 2012). 이런 서비스 수요 감소는 친환경 효과 또는 사회에 좋은 효과를 가

져올 수 있다. 가령, 쓰레기봉투에 사용료를 매기면 이는 주민들이 쓰레기를 줄이게 하는 효과를 가져올 수 있다(Dijkgraaf and Gradus, 2004). 그러나 사용료와 수수료가 서비스를 사용하는 자에게만 부과되는 선택권을 주는 한편, 다른 한편으로는 비용을 지불할 수 있는가에 따라 서비스 이용을 못하는 형평성 우려가 있다. 이런 사용료와 수수료의 실제 형평성에 미치는 효과를 분석한 연구는 찾기 어렵다. 한국에서 사용료와 수수료는 특히 공공요금이 대부분을 차지하고 따라서 그 가격이 실제 원가보다 대단히 낮게 책정되어 있어 지방자치단체의 재정부담이 크다는 지적이 있다(임재현, 2017). Martinez-Vazquez(2015)는 이런 적자가 서비스 공급의 중단까지 이어진다면 그 피해는 경제하위층에 더 크다고 설명한다. 공공서비스 공급이 중단되면 경제상위층은 경제하위층보다 이런 서비스수요를 민간에서 충족할 수 있는 재원을 갖고 있기 때문이다. 한국에서는 2015년부터 지방행정제재·부과금의 징수 등에 관한 법률 제22조의2에 따라 행정안전부 사업으로 지방세외수입 운영실적의 분석·진단이 이루어지고 있다.

의존재원은 정부 간 이전되는 재원으로서 지역간 재정격차완화와 정부 간 공통된 정책목표 달성 시 효율성 증진 등의 역할을 한다. 크게 국고보조금, 지방교부세, 조정교부금이 있다.

1) 국고보조금(또는 부담금, 교부금, 조성비, 장려비, 위탁금)은 지방정부가 지방의 사무 또는 특정사업을 수행할 때 사용하도록 중앙정부가 지방자치단체에게 주는 재원이다. 이는 중앙정부가 추구하는 특정 사업일 수도 있고 지방정부가 진행하고자 하는 사업일 수도 있고 또는 중앙정부가 지방자치단체에 위임한 국가사무일 수도 있다. 중요한 특징은 사용목적이 이미 정해져 있다는 점이다. 대부분의 경우 국고보조금은 매칭펀드(matching fund) 구조를 갖는다. 즉, 지방자치단체가 일정금액을 해당목적에 지출하면 그 지출금액의 일정한 비율로 국고보조금이 정해진다.

2) 지방교부세(또는 지방교부금, 지방재정교부금)는 중앙정부가 재정력이 취약한 지방자치단체에 지원하는 교부세이다. 지방교부세는 보통교부세, 특별교부세, 부동산교부세, 소방안전교부세가 있다. 교부세는 지방자치단체가 자유롭게 사용목적을 정할 수 있다.

3) 조정교부금은 광역자치단체가 재정력이 취약한 기초자치단체의 재정력을 보출하는 목적으로 주는 의존재원이다. 조정교부금 세입의 사용은 지방자치단체가 정해서 자유롭게 사용할 수 있다.

마지막으로 지방정부의 세입원 중 지방채가 있다. 지방자치단체는 공유재산의 조성 등 재정투자사업의 경비 충당, 재해예방 및 복구사업 등에 필요한 자금조달을 위해 지방채를 발행 할 수 있다. 지방채 발행 한도액은 대통령령에 따른다. 한국의 지방채무는 2008/2009년 경제위기 때 증가했다가(2008년 19조 원, 2009년 25.6조원) 2011년부터 지속적으로 감소 추세를 보여 2018년에는 24.5 조원이었다(행정안전부 지방채무현황). 행정안전부에 의하면 2020년에는 코로나 19 여파로 지방채무는 증가할 것으로 전망된다.

3. 세출

지방재정에 대한 논의는 주로 세입 쪽에 초점을 맞추는데(가령, 세입원의 종류, 세입 증가 또는 감소 추세) 이런 좁은 시각은 지방정부, 지방자치, 지방재정의 궁극적 목적을 간과할 수 있다. 그럼에도 불구하고 세출예산의 분류와 구성이 세입예산과 비교해서 더 다양하고 세입은 법적으로 어디서, 어떻게 세입이 들어오는지가 정해져 있는 반면 세출[6]은 지자체별로 재량권이 비교적 더 많아서 일반적인 논의가 어려운 것이 사실이다.

지방재정 세출예산은 기능별, 사업별, 또는 성질별 등 다양한 분류가 있고 각 과목의 구분과 설정 등은 대통령령에 따른다. 여기서는 흔히 사용되는 기능별 분류와 성질별 분류를 간단하게 살펴본다. 기능별 분류는 크게 일반공공행정, 공공질서 및 안전, 교육, 문화 및 관광, 환경보호, 사회복지, 보건, 농림해양수산, 산업, 중소기업, 수송 및 교통, 국토 및 지역개발, 과학기술, 예비비, 기타의 분야가 있다. 기능별 분류는 세출의 기능에 초점을 맞추기에 일반주민이 이해하기 쉬운 분류이다. 이와 비교하여 성질별 분류는 경제적 성질에 초점을 맞추어 일반주민에게는 다소 거리감이 느껴지는 분류일 수 있다. 성질별 분류는 인건비, 물건비, 경상이전(지방자치단체가 다른 지방자치단체에게 지출), 자본지출(시설비 등 자본 형성과 관련된 지출이며 도로 건설, 교량 전설, 하천 개수, 토지매입비, 자산취득비 등을 포함), 융자 및 출자, 보전재원, 내부거래, 예비비 및 기타의 그룹이 있다.

[그림 4-4]는 2019년 결산 총 지방재정 기능별 지출구성을 나타낸다.

---

6) 세출예산의 원칙은 지방재정법과 지방공무원법을 기반으로 한다.

그림 4-4 ｜ 2019년 지방재정 기능별 지출 구성

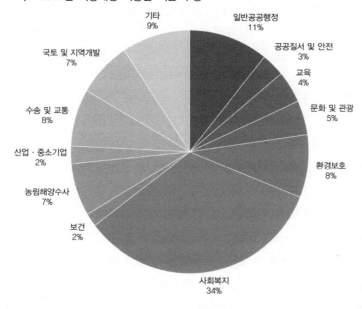

주: 2019 결산 총계규모를 바탕으로 작성. 총계의 1% 이하인 과학기술, 예비비는 제외.
출처: 지방재정365

2019년 결산(총계기준)에 따르면 기능별로는 사회복지 세출이 총세출 중 34%(114,455,579백만 원)로 가장 큰 비중을 차지하고, 그 다음 일반공공행정이 11%(37319476백만 원), 기타가 9%(31,785,144백만 원), 환경보호(28,492,661백만 원)와 수송 및 교통(26,346,445백만 원)이 각각 8%, 국토 및 지역개발(24,951,152백만 원)과 농림해양수산(23,938,233백만 원)이 각각 7%이다.

성질별로는 2019년 결산자료에 따르면 경상이전이 총세출의 42%(103,990,376백만 원), 자본지출이 30%(72,363,906백만 원), 인건비가 11%(26,211,593백만 원)를 차지했다. 지방정부가 서비스공급을 주 업무로 하기에 일반적으로 지방정부 지출에서 인건비가 가장 높은 비중을 차지한다.

Ⅴ 한국지방재정의 과제

국내 지방재정 연구들은 주로 지방정부의 세입확충 특히 자주재원에 대한

표 4-2 | 국세 대 지방세 비중, 1995-2019

	'95	'96	'97	'98	'99	'00	'01	'02	'03	'04	'05	'06	'07
국세(%)	79	79	79	80	80	82	78	77	78	78	78	77	79
지방세(%)	21	21	21	20	20	18	22	23	22	23	22	23	21
	'08	'09	'10	'11	'12	'13	'14	'15	'16	'17	'18	'19	
국세(%)	79	79	78	79	79	79	77	75	76	77	78	76	
지방세(%)	21	22	22	21	21	21	23	25	24	23	22	24	

출처: 행정안전부, 「지방세통계」

논의가 활발하게 이루어졌다(김철회 2018; 이승철 2014). 이는 한국지방재정의 과제 중 자주 언급되는 낮은 재정분권 수준에 대한 우려를 비추어준다.[7] 이 때 주로 세입에 초점을 맞추어 국세 대 지방세 비율이 언급된다(예: 임성일 2003; 유태현·임상수 2018). 그런데 이 비율은 1999~2001년, 2006~2007년, 2014~2015년 기간을 제외하고는 큰 변화는 보이지 않고 대략 8:2 비율을 유지하고 있다(표 4-2 참조). 이 비율을 볼 때 염두해야 할 점은 조세 총액 중 지방세 비중의 감소는 국세의 총액 변화에도 영향을 받는다. 즉, 국세의 증가가 지방세의 증가보다 그 속도가 빠르면 조세 총액 중 지방세 비중은 당연히 낮아진다. 그럼에도 불구하고 가령 문재인 정부는 국정과제 중 하나로 국세 대 지방세 비율을 6:4로 바꾸겠다는 목표를 세웠는데 이런 비율이 바람직하다는 논리적 근거는 다소 약하다(김재훈, 2020). 재정분권 노력은 노무현 정부 때부터 본격적으로 추진된 것으로 평가되는데(김재훈, 2007) 2020년 현재 지방소득세와 지방소비세가 도입되었다. 그러나 실제 지방소비세의 세율은 법률로 정해져 있고 지방소비세 배분이 소비활동이 높은 지역과 낮은 지역 간 격차를 줄이기 위한 형평화 기능 때문에 지방소비세가 실제 지방세 역할을 못 하고 있다고 평가된다(김재훈, 2020).

재정분권수준의 변화를 보기 위해 비율 대신 실제 중앙정부와 지방재정의 변화 추이를 볼 수 있다. 국세와 지방세 모두 증가추이를 보이는데 국세의 증

---

7) 한국의 재정분권 수준에 대한 평가는 어떤 기준을 정하느냐에 따라 달라질 것이다. OECD 국가들과 국제비교를 하면 연도별로 다소 변화가 있으나 한국의 재정분권 수준은 OECD 평균 수준(또는 다소 상회하는 수준)이다. 가령, 2019년 GDP 대비 지방세 비중을 보면 한국은 4.73%였고 OECD 평균은 3.98%(호주와 멕시코는 2018년 자료 이용), 2019년 조세 내 지방세 비중을 보면 한국은 17.26%였고 OECD 평균은 11.26%(호주, 일본, 멕시코는 2018년 자료 이용)였다(출처: OECD Revenue Statistics 2020).

그림 4-5 | 국세와 지방세 추이, 1995-2019

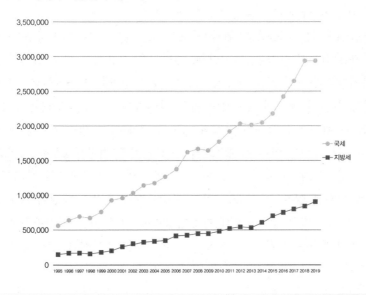

출처: 행정안전부, 「지방세통계」

그림 4-6 | 중앙정부, 지방자치단체, 지방교육 사용액 추이

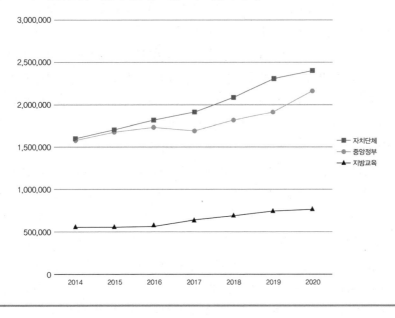

주: 2018년까지는 결산액, 2019년은 최종예산액, 2020년은 당초예산액.
출처: 지방재정365. 지방자치단체 통합재정 개요.

가추세가 지방세의 증가추세 다 빠른 것으로 나타났다(그림 4-5 참조). 특히 2014~2018년에 국세 증가율이 돋보인다.

[그림 4-6]은 세출측면 현황을 보여주는 중앙정부, 지방정부, 지방교육 사용액 자료이다. 중앙정부, 자치단체, 지방교육 사용액이 모두 증가하는 추세 인데 자치단체와 중앙정부 사용액은 2014, 2015년에는 비슷하다가 이후 자치 단체 사용액이 더 빠르게 증가하여 둘의 차이가 더 커지는 추세를 보였다. 이 미 [그림 4-4]에서 보았듯이 지자체 세출 중 사회복지 세출이 가장 큰 비율을 차지하고 전문가들은 이런 복지수요의 증가가 향후 지방재정운용을 어렵게 할 것이라고 경고한다(하능식·구찬동 2012). 구체적으로 지방정부의 복지재정압박 원인으로 2005년 일부 국고보조사업의 지방이양과 지방비 매칭이 요구되는 국 고보조사업의 증가가 언급되는데(김태일, 2013), 이에 따른 복지재정부담이 늘 어나면 지자체들은 사회기반시설(SOC)분야 자체사업예산을 감축하고 나아가 사회복지분야 자체사업예산도 감축하는 것으로 나타났다(한재명·신우진 2017).

더 명확히 지방재정력에 대한 논의를 위해서 재정상태를 나타내는 두 개 지표, 자립도와 자주도를 살펴볼 수 있다. 자립도는 자치단체 전체예산 중 자 체수입 비중을 나타내고 자주도는 자체수입에 지방교부세와 조정교부금을 추 가한 자주재원의 비중을 나타내는데 두 개 지표 모두 일반적으로 감소추세를 보이고 있다(그림 7 참조). 이는 역대 정부에서 명목적으로는 지방분권, 특히 지 방재정 확충을 강조한 것과는 대조되는 자료이다. [그림 4-6]에서 본 지방정 부 사용액의 증가 추이가 지방정부의 역할과 책임증가를 나타낸다면 지방재정 상태를 나타내는 지표들의 감소추세는 다소 우려되는 점이다. 이는 한국 지방 세입 구조가 취약하다는 평가(이재원, 2019)의 근거가 되는데 두 개 지표 모두 사후적인 결산지표이며 비중을 나타내기에 이들을 정책목표로 삼는 것은 바람 직하지 않다. 예를 들어 국세의 지방세 이양 들을 통해 자체재원 비중이 늘어 나면 자립도는 증가하나 자주도는 감소할 수 있고 다른 한편으로 지방교부세 또는 조정교부금을 늘리면 자립도는 감소하고 자주도는 증가할 수 있다. 즉, 각 지역의 재정력에 따라 바람직한 재정분권 정책이 다를 것이다(유태현, 2017).

재정분권을 어떻게 확대할 것인가의 논의에서 (즉, 지방자주재원을 확대할지 vs 중앙이전재원을 확대할지) 중요한 쟁점 중 하나가 지역 간 격차이다. 한국은 수도권-비수도권 간 격차가 지속적으로 사회이슈가 되왔으며 이런 격차는 지 방재정에서도 확인할 수 있다. 자립도와 자주도 모두 지방자치단체종류에 따

그림 4-7 | 지방재정자립도와 재정자주도 추이

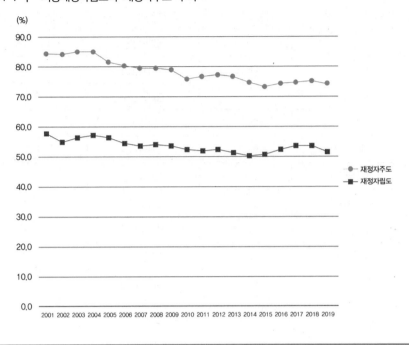

주: 당초예산, 일반회계 기준. 2014 세입 과목 개편 전 자료 이용.
　　자립도 = (자체수입 ÷ 자치단체 예산규모) × 100(%)
　　자주도 = [(자체수입 + 자주재원) ÷ 자치단체 예산규모] × 100(%)
　　자주재원 = 지방교부세 + 조정교부금
출처: 통계청@지역통계총괄과

라 편차를 보이고 지역에 따른 편차도 보인다. 재정자립도는 서울, 경기 지역
이 현저하게 높고 전남, 강원 지역이 낮다. 전국재정자립도가 가장 높은 10곳
은 세종본청을 제외하고는 모두 서울, 경기, 인천이고 이 10곳의 재정자립도
평균은 64.1%이다. 하위 10곳의 재정자립도 평균은 8.76%로 상위그룹과 하위
그룹의 큰 편차(약 8배)가 있다. 자치단체 종류별로는 2020년 시도별 평균은
50.4%, 특별시·광역시평균는 60.9%, 도평균은 39.45, 시평균은 33.5%, 군평균
은 17.3%, 자치구 평균은 29%로(시도만 순계규모, 나머지는 총계규모) 특히 광역
자치단체(특별시·광역시, 도)와 기초자치단체(시, 군, 구) 간 차이가 뚜렷하고 기
초자치단체 내에서도 군의 자립도가 특히 낮게 나타났다.
　　자주도는 지방교부세와 조정교부금을 반영한 지표이며 자주도 자료를 살

표 4-3 | 2020년도 전국재정자립도 상위 10곳과 하위 10곳

지자체명(상위 10곳)	재정자립도(%)	지자체명(하위 10곳)	재정자립도(%)
서울본청	79.41	경북영양군	10.46
서울강남구	68.02	충북괴산군	9.86
서울중구	67.57	경남합천군	9.63
경기화성시	66.26	전남보성군	9.43
세종본청	64.83	강원인제군	8.99
경기성남시	63.87	전남함평군	8.79
서울서초구	62.47	전남구례군	8.52
경기용인시	57.33	전남강진군	7.8
경기본청	55.66	경북봉화군	7.48
인천본청	55.57	전남신안군	6.62

주: 2014 세입 과목 개편 전 자료 이용
출처: 지방재정365

펴보면 교부세와 교부금 모두 의도한 형평화기능을 수행하는 것으로 보인다. 표4는 각각 전국재정자주도가 가장 높고 가장 낮은 10곳을 나타내고 상위 10곳의 평균자주도는 75.1%이며 하위 10곳의 평균자주도는 31.9%로 여전히 2배가 넘는 편차가 있지만 자립도의 상위-하위 그룹 차이보다는 현저히 적다. 자치단체 종류별로는 2020년 시도별평균은 73.9%, 특별시·광역시평균는 69.8%, 도평균은 50.6%, 시평균은 63.8%, 군평균은 64.9%, 자치구 평균은 45.5%로(시도만 순계규모, 나머지는 총계규모) 자치단체 종류별 편차도 자립도편차보다 작은 것을 볼 수 있다.

자립도와 자주도 격차를 지니계수로 측정한 연구결과(주만수, 2014)에 따르면 2012년 지방정부들의 자립도 지니계수는 약 0.25 수준(시·도 0.25; 시 0.25; 군 0.24; 자치구 0.24)이며 자주도 지니계수는 약 0.05 수준(시·도 0.05; 시 0.04; 군 0.05; 자치구 0.15)으로 자립도 불평등이 자주도 불평등보다 심했다. 본 연구는 2003~2012년 기간의 자립도와 자주도 지니계수 추이도 분석하였는데 시·도와 시는 자립도 지니계수가 다소 감소하고 군은 2008년까지 자립도 지니계수가 증가하다가 다시 감소추세를 보였다. 자치구가 자립도 지니계수의 가장 큰 변

표 4-4 | 2020년도 전국재정자주도 상위 10곳과 하위 10곳

지자체명(상위 10곳)	재정자주도(%)	지자체명(하위 10곳)	재정자주도(%)
경기과천시	81.22	대전동구	30.4
서울본청	80.21	부산북구	30.42
경기화성시	74.78	광주남구	30.64
강원평창군	74.28	대전서구	31.23
경북영양군	73.68	광주북구	31.23
서울중구	73.64	대전중구	32.27
강원화천군	73.62	대구동구	32.58
경북청송군	73.52	부산부산진구	33.3
충남계룡시	73.5	대구달서구	33.55
강원정선군	72.53	부산사하구	33.73

주: 2014 세입 과목 개편 전 자료 이용
출처: 지방재정365

동을 보였는데 2003년에서 2010년까지 급상승하다가 다시 하락추세를 보였다. 이는 2011년 지방세 세목 조정을 통해 광역시 자치구들이 주민세 재산분과 지방소득세 종업원분을 할당받아 기존에 자립도가 낮았던 광역시 자치구들의 재정력이 강화된 결과로 추측한다(주만수, 2014). 자주도 지니계수 추이는 시·도, 시, 군 모두 감소추세를 보이고 저자는 이를 지방교부세법 개정에 따라 지방교부세가 내국세의 19.24%까지 확대된 것의 효과로 설명한다. 자주도의 지니계수 추이에서도 자치구 추이는 다른 지자체 유형들과 차이가 나는데 자치구의 자주도 지니계수는 2005~2010년 기간에 급격하게 증가하고 이후 다소 감소추세를 보였다. 저자는 이런 추이가 2000년대 중반 이후 특별광역시 조정교부금의 형평화 기능의 약화 때문이라고 지적한다.

현행 지방재정조정제도를 구성하는 교부금과 국고보조금을 비교한 연구(박병희, 2018)에 따르면 교부금의 형평성 기능이 국고보조금의 형평성 기능보다 크고 연구자는 따라서 지방교부세의 법정교부율이 현 내국세의 19.24%에서 더 상향 조정되어야 한다고 제언하며 특히 미래 저성장, 저출산, 고령화 등의 사회변화를 예측할 때 재정분권은 각 지자체의 재정여건에 따라(즉, 재정여건이

좋은 지자체는 자체재원 강화, 재정여건이 나쁜 지자체는 이전재원 확대와 향후 점진적인 자체재원 강화) 이원화할 것을 추천한다(유태현, 2017).

　　지방재정력 강화를 논의할 때 재정력을 단순히 재정분권화 수준 또는 지방세수 확대로만 봐서는 안 될 것이다. 지방재정의 궁극적 목적으로서 주민복리 증진을 위해 예산을 마련하고 집행하는 능력으로 재정력을 이해하고 이런 지방정부의 책임성을 강조해야 한다. 앞서 III절에서 2008년 경제 위기 이후 미국과 영국을 중심으로 지방정부 재정난에 대한 논의를 살펴보았다. 국내에서도 2010년경 몇 가지 사례를 계기로 지방재정 위기에 대한 우려가 정책 및 사회 이슈로 떠올랐다. 가령 2010년 성남시 모라토리움 선언, 대전 동구청의 호화청사(700억 원이 넘는 신청사 설립을 시작했다가 예산부족으로 공사중단), 그리고 태백시 오투리조트(사업에 1년 총예산 약 3,300억 원의 50%에 해당하는 채무를 지급 보증한 결과 1,761억 원의 빚을 짐) 사업 등이 있다. 그러나 위 사례들은 특이한 경우로 국내 지방정부의 대부분은 재정을 건전하게 운영하고 있다고 판단되고(이재원, 2019) 지방재정압박의 주요원인은 중앙과 지방의 비대칭적인 조세·재정관계, 중앙정부 주도의 감세정책과 복지지출정책, 그리고 매칭펀드 형태의 국고보조사업으로 분석된다(류민정, 2015). 한국 지방정부는 재정압박에 어떻게 반응하는가? 세입 측면에서 지방정부는 지방채 발행, 지방세 징수율 증가, 동원가능 임세세외수입 활용을 하는 것으로 나타났다(최웅선·최서연, 2018), 세출 측면에서는 재정압박(채무잔액지수 기준)이 개발, 재분배, 할당 정책 모든 분야의 총 지출액은 증가시키고 개발정책과 할당정책의 지출비율은 감소시키는 한편 재분배정책의 지출비율은 증가시키는 것으로 나타났고 이는 재분배정책의 대부분인 복지사업이 중앙정부의 보조금을 통해 전달되는 의무사업 때문인 것으로 판단한다(김은주 외, 2014). 다시 말하면 국내에서 재정압박에 대한 반응으로 긴축 기계처럼 행동하는 지방정부에 대한 우려는 낮다고 볼 수 있다. 그럼에도 불구하고 국내에서도 2010년 초에 나타난 재정위기 사례들에 대한 반응으로 각종 재정위기관리제도가 도입되었지만 실제 제도가 적용된 사례는 드물다. 2015년 처음으로 부산, 대구, 인천광역시, 태백시 4곳이 재정주의단체로 지정되었고 2018년 마지막으로 전국 유일의 재정주의단체로 선정된 인천광역시가 2018년 2월에 "정상"으로 해제되었다. 그러나 현재 재정위기관리제도는 사후적 제도의 성격이 강해서 사전적으로 재정건전화를 위한 제도, 특히 재정에 대한 정부가 일반인에게 공개되는 것이 필요하다는 지적이 있다(조임곤,

2016).

　　지방재정의 책임성을 강화하기 위한 한 가지 방법이 주민참여를 강화하는 것인데 한국에서 주민참여예산제도는 2011년 의무화되었다. 그러나 주민참여 예산제도의 구성과 운영에 대한 가이드라인이 거의 없고 주민참여예산제도의 비중이 전체예산의 1% 정도로 추정되기에(한국지방행정연구원, 2015) 전체 지방 정부 예산에 대해서 실제로 주민이 감시하기는 어렵다. 더군다나 지방재정 자료는 일반 주민에게 접근성이 낮아서 의미 있는 주민참여가 아직은 어렵다고 볼 수 있다(이효, 2013). 2020년 지방자치법 전부개정으로 주민참여권이 강화되 었으나 이런 참여권한의 강화가 실제 예산에 어떤 영향을 미칠지는 예측하기 어렵다. 다만 한국의 주민참여 수준이 다소 미흡하다는 평가(본 저서 10장. 주민 참여의 제도화 참조)를 고려하면 예산과정에서의 주민참여 확대는 더 시간이 걸 릴 것으로 예상된다.

　　민주성 측면에서 주민참여의 확대, 특히 재정·예산 과정에서 주민참여의 확대는 바람직하다고 볼 수 있지만 효율성과 형평성 측면에서는 다소 부정적 인 연구결과들이 있다. 윤태섭·배정아(2016)에 따르면 주민참여예산제도가 재 정건전성과 효율성에 미치는 영향은 다소 미흡한 것으로 나타났고 심지어 효 율성에 다소 부정적인 영향을 미치는 것으로 나타났다. 오영민·신헌태(2018)에 서도 주민참여예산제도가 효율성에 미치는 영향은 찾지 못하였으나 사회복지 분야 지출은 증가시키는 것으로 나타났다. 사회복지 지출은 재분배 성격이 강 하기에 지방정책의 형평성을 강화한다고 볼 수 있는 한편 사회복지 지출이 지 방재정 압박의 원인이 될 수도 있다는 점을 고려할 때 향후 일반주민에게 지 방재정 및 예산에 대한 교육 및 정보제공(예: 예산학교, 전문가 컨설팅)이 중요할 것이며 궁극적으로는 시민의식의 발달(본 저서 15장. 지방화세계화시대의 시민의 식과 16장. 지방정치참여와 시민교육 참조)이 재정분권의 효율성과 효과성 약속을 현실화시키기 위해 필수적일 것이다.

Ⅰ 서   론

우리나라는 1949년 지방자치법 제정 이래로 지방자치단체의 기관을 구성함에 있어 일관하여 의결기관(지방의회)과 집행기관(자치단체장)을 분립시키는 기관대립주의를 채택해 왔다.[1] 이와 같이 기관대립주의를 채택하는 기본목적은 양 기관간의 권력상의 균형 및 기능수행상의 견제를 통하여 지방행정의 종합적 효율화를 도모하는 데 있다 하겠다. 그러나 실제로는 과거 50년대의 지방자치에서 경험하였듯이 양 기관간의 관계가 적절하게 정립되지 못하는 경우 즉, 양자간의 권력의 불균형으로 인하여 어느 일방이 독주하거나 또는 지나친 견제에 따라 상호간 갈등·대립이 일반화될 경우, 이상과는 달리 지방행정의 종합적 효율성이 제고되기는커녕 지방행정이 마비될 우려가 없지 않다. 따라서 기관대립주의하에서 지방행정이 효율적으로 수행되도록 하기 위하여는 의결기관과 집행기관을 분립시키면서도 여하히 그와 같은 폐단이 발생되지 않도록 양 기관간의 관계를 바람직한 방향으로 정립시키느냐 하는 것이 중요한 과제가 된다.

이상의 논의에 입각하여 본 장은 최근 어렵게 부활한 지방자치제의 성공적 정착·발전을 위한 주요 과제의 하나로서 의결기관과 집행기관과의 바람직한 관계정립을 위한 대안을 모색해 보고자 한다. 그런데 의결기관과 집행기관간의 관계와 관련하여 상용되는 "견제와 균형"이라는 어구에서도 명하게 나타나듯이, 무릇 양 기관간의 관계에 대한 논의는 ① 권한(power) 및 ② 갈등

---

1) 주의할 것은 지방자치단체의 모든 작용(의결 및 집행기능)은 행정작용에 속하는 것이기 때문에 지방자치단체의 기관분립은 국가의 권력분립과 구별되어야 한다는 점이다(이기우, 1991: 212).

(conflict)이라는 두 가지 핵심문제에 귀결된다.

첫째, 권한의 문제이다. 즉 의결기관과 집행기관이 어느 정도의 권한을 보유하는가 하는 문제이다.[2] 바람직한 관계의 정립과 관련하여 권한의 문제에 있어서는 양자간의 권한을 여하히 균형화시키느냐 하는 것이 중심과제가 된다. 본질적으로 기관대립주의는 양 기관간의 권력상의 균형을 토대로 한 상호견제를 전제로 하는 것인바, 권한의 적정한 배분을 통한 양자간 권한의 균형화가 바람직한 관계정립을 위한 필수불가결의 요건임은 당연하다. 반대로 양자간의 권한상의 불균형은 지방행정의 효율적 수행에 저해가 됨은 물론[3] 민주정치의 발전에도 위해가 되므로 바람직하지 못한 것이다(cf. 김종림, 1988).

그러나 양자간 권한의 균형화 요청이 의결기관의 권한과 집행기관의 권한이 정확히 비례되어야 함을 의미하지는 않는다. 실제로 그와 같은 의미의 균형화는 가능하지도 않다. 따라서 권한의 균형화라 함은 각 기관의 권한의 정도가 양 기관간의 일방적 종속 또는 지배관계가 형성되지 않을 정도의 범위 내에 있어야 함을 의미하는 것으로 이해되어야 할 것이다.

둘째, 갈등의 문제이다.[4] 즉, 의결기관과 집행기관의 기능수행과 관련하여 발생하는 상호간의 갈등의 문제이다. 여기에서는 상호간의 갈등을 여하히 효과적으로 해소하느냐 하는 것이 중심과제가 된다. 이러한 필요성은 특히 의결기관과 집행기관 간의 견제를 전제로 하는 기관대립주의하에서는 지나친 견제에 따른 갈등발생의 소지가 상대적으로 크기 때문에 더욱 그러하다(최창호, 1990).

물론 갈등을 역기능적으로만 보는 것은 문제시된다. 갈등은 그 자체가 민주성의 발로인 측면도 없지 않으며, 나아가서 갈등은 효과적으로 해소되는 경우 조직발전에 긍정적으로 기능할 수도 있을 것이기 때문이다(Turney, 1981).[5] 그럼에도 불구하고 일반적으로 갈등에 관하여는 긍정적인 측면보다는 부정적인 측면이 상대적으로 부각된다. 첫째, 갈등은 공동이익에 우선하여 개별이익

---

2) 양 기관간의 관계와 관련하여 특히 중요한 것은 상대적 권한이다.

3) 왜냐하면 권한이 불균형을 이루는 경우 상대적으로 우위에 있는 기관은 기존 상태를 지키기 위한 노력을, 상대적으로 열세에 있는 기관은 불균형 상태의 개선에 노력을 낭비하게 되어(cf. Blau, 1964) 본연의 기능수행을 소홀히 할 우려가 있기 때문이다.

4) 조직의 의사결정 측면에서 볼 때, 갈등이란 일반적으로 의사결정과정의 참여자들이 대안의 선택에 있어 곤란을 겪는 상황을 말한다(박동서, 1984).

5) 경우에 따라 두 기관간의 "적당한" 갈등은 지역주민의 참여의식을 유발할 뿐만 아니라 상호간 경쟁을 통하여 주민의 복지증진에 이바지할 가능성도 있을 것이다(이치수, 1992).

을 강조하는 데서 발생하는 경우가 보통이라 하겠는바, 개별적으로는 합리적인 행위라 할지라도 집합적으로는 공동이익에 저해되는 경우가 많다는 데서 문제시된다(Metcalfe, 1978).[6] 그러므로 의결기관과 집행기관의 기관이기주의적 행위에 따른 갈등은 개별기관으로 보아서는 합리적인 행위의 결과라 할지라도 집합적으로는 지방행정의 종합적 효율화라는 공익을 저해할 우려가 있다.

둘째, 갈등이 기관이기주의적 행위의 소산이 아닌 경우라 할지라도 일반적으로 갈등의 해소에는 추가적인 시간·인력·재원 등의 비용이 소요될 것이기 때문에 문제시된다. 이러한 비용은 갈등이 원만히 해결되는 경우라도 피할 수 없는 필연적인 것이다. 더욱이 갈등이 효과적으로 해소되지 않는 경우, 자칫 갈등의 증폭에 따라 양 기관의 기본관계가 적대적(adversarial) 관계로 악화될 우려마저 있는 것이다.

이상의 논의는 갈등의 문제에 있어서 "갈등의 효과적 해결"이 양 기관간의 바람직한 관계의 정립을 위하여 매우 중요한 과제임을 가르쳐 준다. 여기에서 갈등의 해결이라 함은 기 발생된 갈등의 사후적 조정(coordination)뿐만 아니라 상호관련업무에 대한 사전적 협조(cooperation)를 통한 갈등의 극소화노력을 포괄하는 개념으로 이해되어야만 한다. 사후적 조정에 소요되는 비용의 문제 등을 감안할 때 갈등의 해결은 조정보다는 "협조적 요소"에 강조점을 두는 것이 바람직할 것이기 때문이다.[7]

한 가지 강조할 것은 지금까지 갈등의 논의를 권한의 문제와 구분하여 논의하였으나 양자는 사실상 밀접한 관계가 있다는 점이다. 그것은 권한에 있어 대등하지 아니한 기관간의 관계에 있어서는 협조와 조정보다는 강자의 지배에 대한 약자의 순응 내지는 저항이 보다 보편화될 것이라는 점을 생각하면 쉽게 이해된다. 요컨대 양자간의 갈등의 해결은 권한상의 균형을 전제로 하는 것임이 인식되어야 한다는 것이다.

이상의 논의는 의결기관과 집행기관의 바람직한 관계의 정립을 위하여는 양 기관간의 "적절한 권한배분"과 기능수행상 발생하는 "갈등의 효과적 해결"

---

6) 이는 이른바 "공유지의 비극(tragedy of commons)"이라는 Hardin(1968)의 비유에서도 단적으로 드러나고 있다.

7) 협조의 중요성에 대한 논의는 Bish(1978) 참조. 아울러 강대영(1991)이 전남지역 의회의원 및 공무원 약 100명을 대상으로 실시한 조사에서 응답자들은 지방의회가 가장 중점을 두어야 할 사항은 집행기관에 대한 보완 및 협조기능이라고 응답하여(각각 42%, 60%), 견제보다 협조기능을 중시하는 태도를 보여주어 참고가 된다.

그림 5-1 | 의결기관과 집행기관의 바람직한 관계

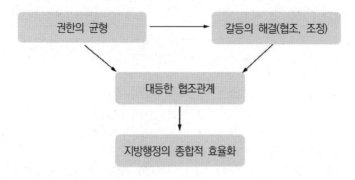

이 필수적 요소임을 가르쳐 준다. 그리고 의결기관과 집행기관은 이와 같은 토대 위에서 비로소 "대등한 협조관계"를 형성함으로써 지방행정의 종합적 효율화를 도모할 수 있게 되는 것이다([그림 5-1] 참조).[8]

지금까지 의결기관과 집행기관과의 바람직한 관계정립을 위한 두 가지 요소로서의 ① 권한의 균등화와 ② 갈등의 효과적 해결에 대하여 논의했거니와 이하에서는 이를 분석의 틀로 삼아, 지방자치 재개 이후의 양 기관간 관계의 실태를 분석·평가한 다음 이에 기초하여 양 기관간의 바람직한 관계의 정립을 위한 정책대안을 제도적 측면에 중점을 두어 제시하고자 한다.

Ⅱ 의결기관과 집행기관의 관계

1. 권한관계

1) 현 황

의결기관과 집행기관 간의 관계에 대하여는 평상적 관계와 비상적 관계(최창호, 1990), 협조관계와 대립관계 등과 같이 이분하기도 하고(김병국, 1991),

---

8) 여기에서 "대등한 협조"는 "균형과 견제"에 상응하는 것이다. 다만 "대등한 협조"라 함은 양 기관이 견제의 차원을 넘어 지방행정의 효율적 수행을 위해서 협조적 관계를 형성할 필요성이 있음을 강조한 데서 대비된다.

표 5-1 | 의결기관과 집행기관의 권한관계

의결기관의 집행기관에 대한 권한	집행기관의 의결기관에 대한 권한
·조례제정권	·조례공포권
·의안제출권	·의안제출권
·의 결 권9)	
− 조례의 제정·개폐	
− 예산의 심의·확정	·예산안 편성·제출권
− 예산의 승인	·예산불성립시 예산집행권
− 사용료·수수료·분담금 등의 부과·징수	·장의 의견제시권
− 예산외 의무부담, 권리의 포기	− 새로운 재정부담을 수반하는 조례나 안건에
− 청원의 수리·처리 등	대하여 의견제시
·행정사무 감사·조사권	·장 및 공무원의 출석·답변권
− 자치사무에 대한 일반적 감사	·임시회소집요구권
− 특정사안에 관한 조사	·위원회개최요구권
− 현지확인 또는 서류제출 요구	·의회사무직원 임명권
− 장·보조기관의 출석증언·의견진술 요구	·재의요구권
·장의 출석답변·요구권	− 지방의회의 의결이 월권 또는 법령 위반시
·임시회소집	− 예산상 집행불가능한 의결시
·청원서 이송·보고요구권	·제소권
·사무직원 임명협의권	·선결처분권
·선결처분의 사후승인권	·의회해산권(불인정)
·각종 동의 및 승인권	
·장 불신임권(불인정)10)	

협력관계·합의관계·대립관계 등으로 삼분하기도 하나(이등광이, 1988), 실제로
는 협력·대립의 구분이 그와 같이 명확하지도 않거니와 굳이 구분할 실익도
크지 않으므로 여기서는 상대방에 대한 권한을 중심으로 의결기관의 집행기관
에 대한 권한 및 집행기관의 의결기관에 대한 권한으로 구분하여 살펴본다. 현

---

9) 의결권의 대상으로는 지방자치법 법정의결사항, 조례에 의한 의결사항 외에도 임의적 의결사항
　　이 있을 수 있다. 임의적 의결사항의 인정여부에 대한 논의는 이기우(1991: 183) 참조.
10) 현행 지방자치법은 의결기관과 집행기관 간의 강력한 상호견제수단이라 할 수 있는 단체장에
　　대한 불신임의결권과 의회해산권을 인정치 않고 있다. 참고로 제정당시의 지방자치법은 이를
　　인정하였으나 제2차 개정 지방자치법(1956. 2. 13.)에서는 의회해산권 및 기초자치단체에서의
　　불신임의결권을 폐지한 바 있다(단, 광역자치단체에는 불신임의결권을 인정하였음). 그러나 그
　　후 4차 개정 자치법(1958. 12. 26.)은 다시 의회해산권 및 불신임의결권을 부활시킨 바 있음을
　　밝혀둔다.

행 자치법상 양 기관이 상대방에 대하여 갖는 주요한 권한은 [표 5-1]과 같다.

2) 평   가

전체적으로 볼 때 의결기관과 집행기관은 상호 다양한 권한을 갖고는 있으나 현행 지방자치단체의 기관구성은 대체로 집행기관 우위적인 것으로 판단된다. 그 이유로서는 일반적으로, ① 지방의회는 자치사무와 단체위임사무를 주로 간여하는 데 비하여 집행기관은 배타적으로 기관위임사무까지 관장하고 있고,11) ② 지방자치단체에서 시행하는 국가사무는 법령에 다른 규정이 없는 한 기관위임사무로 한다는 원칙이 있으며, ③ 재의요구권, 제소권, 선결처분권과 같은 강력한 권한이 자치단체장에게 부여되고 있다는 점 등이 제시된다.12)

그러나 현행 지방정부의 기본구성을 집행기관 우위형으로 판단하는 데는 이상의 이유만으로는 부족하다. 왜냐하면 지방의회에도 예산심의권, 행정사무의 감사 및 조사권, 각종 동의 및 승인권 등 여러 가지 유효한 집행기관에 대한 견제권이 부여되고 있기 때문이다. 더욱이 가장 강력한 상호견제 수단이라할 수 있는 의회의 장에 대한 불신임 의결권이나 장의 의회해산권이 인정되고있지 않기는 양 기관 모두 마찬가지인 실정이므로 단순히 어떠한 권한이 부여되어 있느냐의 여부만으로 양 기관간의 상대적 우위성을 판단하기에는 다소무리가 있는 것이다.

오히려 더욱 중요한 이유는 지방의회가 갖고 있는 주요 권한의 실질적 행사에 한계가 있다는 점이다. 즉, 법령상 의결권의 행사범위가 협소하다는 점,사무조사권의 발동요건이 엄격하여 권한행사에 장애가 된다는 점, 서류제출및 질문요구 등 지방자치법상 의무의 이행을 담보하기 위한 수단이 취약하다는 점, 의회 사무처직원의 임명권을 자치단체장이 보유하고 있어 사무처직원의 의회에 대한 충성심 확보에 문제가 있다는 점, 일반적으로 지방의회의원의행정에 대한 전문적 식견의 부족으로 실질적인 권한행사가 곤란함에도 이의개선을 위한 체계적 노력이 미흡하다는 점 등이 그 예라 하겠다. 이러한 지적

---

11) 단, 이러한 지적이 반드시 타당하지는 않다고 본다. 그것은 단체위임사무와 기관위임사무의 구분이 모호된 경우가 많기 때문이다.

12) 이에 대하여 최창호(1990)는 지방의회의 권한은 열거주의가 채택되어 있는 데 비하여, 자치단체장의 권한에 대하여는 개괄주의가 채택되어 있다는 점을 추가하고 있으나, 지방자치법에 규정된 권한사항만을 열거주의로 제한해석하는 것은 지나치다 할 것이다.

은 양 기관간의 권한상의 균형을 추구함에 있어 권한의 형식적 측면에 부가하여 권한의 실질적 내용에 보다 많은 관심이 경주되어야 함을 시사해 주는 것이라 하겠다.

한편, 권한상 상대적으로 우위에 있는 집행기관의 권한행사 역시 미흡한 점이 없지 않다. 예컨대, 지방의회의 의결사항에 대하여 갖는 자치단체장의 재의요구권의 발동요건이, 자치단체장이 직권으로 재의를 요구하는 경우에는 월권 또는 위법시로 한정되어 있는 반면, 상급기관의 요구에 의하여 재의를 요구하는 경우에는 위법 외에 공익침해의 경우도 포함하고 있어 문제시된다. 즉, 지방의회의 부당한 의결에 대하여 자치단체장은 자체적 판단만으로는 재의를 요구할 수 없으며, 재의요구를 위하여는 부득이 상급단체에게 재의요구를 청해야 하는 모순이 있는 것이다.

또한 자치단체장의 재의요구에 대하여 지방의회가 재적과반수 출석과 출석 2/3 이상의 찬성으로 재의결하면, 그 의안은 확정되도록 되어 있는바(지방자치법), 이때에도 자치단체의 상급기관이 재의요구를 한 경우에는 대법원에의 제소가 인정되지만, 자치단체장이 직권으로 재의를 요구한 경우에는 대법원에의 제소를 명시적으로 인정하는 명문규정이 없어 개선이 필요한 실정이다(박윤흔, 1992).

2. 갈등관계

1) 실 태

기관대립적 기관구성하에서는 지나친 견제에 따른 집행기관과 의결기관 간의 갈등발생의 소지가 크다 함은 이미 서두에서 지적하였다. 이와 관련하여 1991년 지방의회 출범 이후 현재까지의 갈등사례를 발췌·정리하여 [표 5-2]에 나타냈다.

물론 [표 5-2]가 갈등사례를 망라한 것은 아니지만, 그럼에도 불구하고 갈등사례의 평균적 내용을 알 수 있게 해주는 동시에 갈등사례가 비교적 전지역에 걸쳐 균등하게 발생하였음을 가르쳐 준다. 동 기간 중 대법원에의 제소건수는 5건이 있었는데, 이 중 지방의회가 승소한 것은 청주시의 행정정보공개조례가 유일했으며, 특기할 것은 순천시 등이 기속력은 없지만 장에 대한 불신임의결을 한 것이라 하겠다.

표 5-2 | 의결기관과 집행기관 간의 대표적 갈등사례[13]

시·도	시·군·구	갈 등 내 용	결 과	비 고
서 울	서울시	·의회가 시의회유급보좌관설치 조례 개정안을 의결하자 서울시장이 시의회에 재의요구	미결	92. 4. 18
		·의회가 쓰레기 관련 예산집행 정지 결의안을 발의	집행부 사과	91. 11. 24
		·서울시가 의회의 예산삭감에 대해 비판하는 기자회견을 하여 의회와 갈등		
		·시의회가 「서울시의회에서의 증언·감정 등에 관한 조례안」을 제정·통과, 이에 대해 서울시가 이의 위법성을 들어 재의요구 계획	미결	93. 3. 26
	양천구	·구의회의 구의회결산심의위원의 선출방법·운영 및 일비보상에 관한 조례개정안에 대해 구청장이 재의 요구	부결	
부 산	부산시	·의회는 부산시가 제출한 '92 제1회 추경예산의 심의보류를 가결		92. 4. 29
	동래구	·구의회가 의결한 「정책개발연구회」 설치규약안에 대하여 구청장이 상임위원회 성격의 연구회 설치는 위법이라고 재의요구	재의결	91. 6.
대 구	대구시	·시의회의 도시계획위원 위촉에 관한 조례개정안에 대해 대구시가 재의요구, 이에 시의회가 재의결하자 대구시가 대법원에 제소	무효판결	92. 7. 6- 93. 2. 9
	동 구	·구의회의 결산검사위원선임 및 운영에 관한 조례개정안에 대하여 구청장이 재의요구	재의결 (수용)	1991년
광 주	광주시	·의회의 5·18 광주시민의 날 지정에 대해 광주시 반대입장표명		1992. 6.
	서 구	·구의회가 동정자문위원회 위원 위촉 및 해촉에 관한 조례개정안을 의결하자 구집행부에서 재의요구, 그 후 의회에서 재의결하자 구청장이 대법원에 제소	무효판결	91. 12. 31- 92. 7.

---

13) 「지방자치」, 현대사회연구소(1991. 7.－1993. 3.), 「지방행정정보」, 지방행정연구원(1991. 6.－1993. 2.), 「자치통신」, 지방자치학회(1991. 12.－1993. 2.), 주요 일간신문(1991. 6.－1993. 3) 등에서 발췌정리.

		·구의회가 주택건설사업계획입지심 의회 운영 조례제정안을 의결하자 구청장이 재의요구, 그 후 의회에서 재의결을 하자 구청장이 대법원에 제소	무효판결	92. 1.- 92. 7. 28
		·구의회가 본회의장 내 연단 위에 위치한 구청장 책상이 위화감을 준다는 이유로 구청장 책상 철거를 결의하여 집행기관과 대립	수용	91. 5. 28 (집행부)
인 천	북 구	·91년도 본회의에서 삭감되었던 서울 신문 구독을 위한 예산액을 북구청이 부활 요청		92. 5. 17
경 기	수원시	·중앙정부가 시·군준칙으로 내려보낸 시공유지재산관리조례 중재개정 조례안을 의회에서 부결시키자, 수원시에서 재의요구	부결	92. 2. 28
		·수원시 사무의 구 및 동 위임조례 개정안에 대해 수원시가 재의요구	부결	
	부천시	·부천시 사무의 구 및 동 위임조례 개정안에 대해 부천시가 재의요구	부결	1991년
		·의정활동경비의 예산 불계상과 관련 시의회가 시장 판공비·정보비 등을 삭감의결하여 집행부와 대립		91. 12
		·시의회는 부천시가 설계안을 공모·결정한 부천시청사 및 의회청사 설계안에 대해 의회의견을 묻지 않고 시가 일방적으로 당선작을 결정했다는 이유로 신축중지안을 의결	부분수용(시)	92. 9. 24
	의정부시	·시장이 제출한 도시계획토지구획정리사업시행 조례개정안을 의회가 부결처리하자 시장이 재의요구	부결	1991년
강 원	춘천시	·춘천시의 삼천유원지 도시계획시설 결정안에 대하여 의회가 부결처리 했으나 시에서는 법적구속력 등을 들어 계획 강행을 주장	불수용	91. 12. 27
	춘성군	·춘성군 공유재산관리계획의결안과 관련, 공유재산대부의 포함관계를 놓고 군과 의회가 대립	수정 동의안 통과	91. 12. 28
	정선군	·정선군의 부동산중개업자에 대한 과태료징수 조례안에 대해 군의회가 부결처리하자 군수가 재의요구	부결	
충 북	청주시	·시의회가 제정한 행정정보공개조례 제정안에 대해 청주시장이 재의를 요구했으나 시의회에서 재의결하자 청주시장이 대법원에 제소	적법판정	91. 11. 25- 92. 6. 23

	청원군	·군의회의 금고설치조례개정안에 대하여 군수가 재의요구	부결	1991년
	보은군	·군의회가 수혜자부담원칙을 강조, 93년부터 가동예정인 하수정화시설의 예산을 대폭삭감하자 보은군이 반발하여 갈등	미결	92. 12. 21
경 북	경북도	·경북도가 기초의회경비의 삭감을 지시하자 의원들이 반발 ·도의회가 의원일비 및 여비지급에 관한 조례개정안에 대해 의결하자 도지사가 재의요구	재의결	92. 7 92. 5. 30 (수용)
경 남	울산시	·시의회가 정화조청소 대행업체에 대한 행정조사권의 발동을 위해 특별위원회를 구성. 그러나 울산시는 이 당사자가 특위위원장으로 선임되었다면서 행정사무조사에 불응키로 함	수용 (행정조사 사무에 응하기로 함)	92. 12. 21- 93. 3
전 북	전북도	·도의회가 의원일비 및 여비지급에 관한 조례개정안에 대해 의결하자, 도지사가 재의요구	재의결 (수용)	92. 6. 2
전 남	목포시	·시의회가 통반설치조례 및 동정자문 위원회 조례개정안에 대하여 재의결 하자, 목포시장이 대법원에 제소	무효판결	91. 11. 25- 92. 8. 21
	여천시	·시장 사퇴권고 결의안 의결		91. 11. 4
	순천시	·시의회는 시 공무원의 연구논문 내용과 관련하여 요구한 인사조치에 대하여 시장이 불응하자 시장 불신임안 및 시장사퇴를 위한 시민서명 운동을 전개하기로 결의	집행부 수용 (시장사과 및 인사조치)	92. 10. 13- 10. 20

2) 평   가

[표 5 - 2]와 관련하여 갖는 우리의 일차적 관심은 과연 지방의회 출범 이후의 의결기관과 집행기관 간의 갈등현상이 위험수위 이상인가 아니면 정상적인 수준인가 하는 것이다. 이를 판단하기 위한 한 가지 방법은 현행 자치단체장이 임명제로 충원되고 있음을 감안하여 과거 50년대 장의 임명제 시기의 갈등사례와 비교하는 것이 되겠다.[14]

---

14) 광역자치단체장은 지방자치법 제 5 차 개정(1960. 11. 1)으로 직선제로 변화하기까지 계속해서 임명제에 의하였다. 기초자치단체장은 지방자치법 제정당시에는 간선제로 선출되었는데, 제 2

그러나 이러한 방법의 적용에는 한계가 있다. 왜냐하면 ① 그 당시의 갈등상황에 대한 충분한 자료가 없어 정확한 비교가 어려우며, ② 당시에는 현재와는 달리 장 불신임권과 의회해산권이 인정되었기 때문이다. 그럼에도 불구하고 현재의 갈등상황에 대한 대체적인 평가는 최소한 과거와 비교하여 볼 때 우려할 수준이 아니라는 데에서는 일치하고 있는 것 같다(예, 최봉기 외, 1992; 송광태, 1992; 안용식 외, 1992). 이는 과거의 의결기관과 집행기관 간의 갈등상황에 대한 평가가 일관되게 부정적인 것과는 대조되는 것이다.[15] 그럼에도 불구하고 현 상황에 대한 만족한 평가 역시 찾기 어려운 현실을 감안할 때 효과적으로 갈등의 해결을 위한 제도의 확충이 필요할 것이다. 이는 특히 향후 장의 직선제가 시행될 경우 갈등의 증폭이 우려되기 때문에 그러하다 하겠다.

한편, 갈등사례의 발생원인으로는 기관대립주의 기관구성의 본질적 특성, 지역적 특수성(예, 광주시민의 날 제정에 따른 갈등), 지방의원의 특성[16] 또는 정치·경제·사회적 상황요인 등을 들 수 있겠으나 이 외에 다음 두 가지 요인에 주목할 필요가 있다.

하나는 의결기관과 집행기관 간의 사전협의 또는 대화부족으로 발생한 갈등사례가 적지 않았다는 점이다. 이와 관련, 정보공개조례 제정을 추진하던 한 청주시의원이 "시 공무원이 사전협의요청에는 무관심하다가 제정단계에 와서야 때늦게 의사표시를 한다"고 한 지적은 음미해 볼 만하다. 이는 갈등해결을 위한 대안을 마련함에 있어 사전 협조를 통한 갈등해결방식의 구체화가 필요함을 가르쳐 준다. 다른 하나는 지방의회의 기능수행과 직접 관련성이 적은 지방의회 의원의 권한, 신분, 명예, 예우, 경비 등의 위상문제에서 비롯된 갈등이 적지 않았다는 점이다. 예컨대, 순천시의 시장불신임 결의, 광주시 서구 등의 동정자문위원회 위촉 및 해촉에 관한 조례개정안, 경북의 기초의회 경비삭감 지시 건 등이 그것이다. 이러한 원인에 의한 갈등은 양 기관의 본연의 기능수행과의 관련성이 적다는 점과 함께 사전에 적당한 조치를 통하여 예방할 수도

차 개정(1956. 2. 13)으로 직선제로 선출되다가 제4차 개정(1958. 12. 26)으로 임명제로 바뀌었다. 그리하여 광역 및 기초자치단체장 모두가 임명되던 시기는 제4차 지방자치법하의 1년 10개월간이었다(1958. 12. 26—1960. 11. 1).

15) 50년대 지방자치제하의 의결기관과 집행기관 간의 갈등상황에 대한 평가는 손봉숙(1985), 내무부(1968), 한국지방행정연구원(1988), 내무부지방행정연구위원회(1966, 1967) 등을 참조할 것.
16) 최봉기 외(1992)는 지방의원의 전문지식부족, 지역이익 집착, 권위적 태도, 무리한 요구, 이권개입, 법률위반 등을 들고 있다.

있는 것이었다는 점에서 아쉬움이 있다.

끝으로 갈등상황과 관련하여 제시되는 의문은 현 갈등상황의 수준의 문제와는 별도로 갈등으로 인한 부작용을 극소화할 수 있는 갈등해결을 위한 제도적 장치는 효과적인가 하는 것이다. 그러나 불행히도 현재 의결기관과 집행기관 간의 갈등해결을 위한 제도적 장치로는 사법적 쟁송(이 조치의 발동요건이 제한되어 있음은 이미 앞에서 지적한 바와 같음) 외에는 장에 대한 불신임권이나, 또는 주민투표제와 같은 실효성 있는 정치적 해결방법이 채택되어 있지 않기 때문에 양 기관간의 갈등·대립이 장기화되었을 경우에 문제시된다(장병구, 1988).[17]

Ⅲ 바람직한 관계정립을 위한 정책방향

1. 기본방향

의결기관과 집행기관 간의 바람직한 관계정립을 위한 구체적인 정책대안을 제시하기에 앞서 정책대안이 지향해야 할 기본방향을 제시하고자 한다.

첫째, 의결기관과 집행기관 간의 권한관계는 상호균형을 이루도록 하는 것이 필요하다. 그것은 앞서 논의한 바와 같이 상호균형이 양 기관간의 견제 내지는 원만한 협조관계의 형성을 위한 초석이기도 하거니와, 그렇지 못한 경우 불균형 상태의 지속을 위한 일방의 노력과 이의 개선을 위한 타방의 노력의 상충으로 인하여 지방행정의 효율성이 저하되고 말 것이기 때문이다. 그러나 규범적으로는 양 기관간의 권한이 대등한 것이 바람직하다고 하겠으나, 현실적으로는 의결기관의 권한이 집행기관에 대하여 상대적으로 열세에 있는 형편이므로 정책대안은 당연히 의결기관의 권한을 강화시키는 데 초점을 두어야 할 것이다. 이 경우에도 권한의 강화를 위한 대안은 형식적 측면에 그칠 것이 아니라 실질적인 권한행사가 가능하도록 세심한 배려가 필요함은 이미 언급한 바와 같다. 다만 의결기관에 대한 권한강화요청이 집행기관의 무조건적인 권한축소를 의미하는 것은 아니다. 의결기관의 권한강화를 도모하면서도 양 기관간의 권한균형을 위하여 필요한 집행기관의 권한은 합리적으로 조정되어야 할 것이다.

---

17) 이러한 문제는 직선제 단체장과 지방의회의 정당배경이 다를 경우 더욱 문제시될 것이다.

둘째, 의결기관과 집행기관 간의 갈등해결을 위한 제도적 장치가 미흡한 현실을 감안하여 효과적인 갈등해결을 위한 방안이 다각도로 모색되어야 할 것이다. 갈등해결을 위한 방안을 마련함에 있어서 강조할 것은 앞서 지적한 바와 같이 기 발생된 갈등의 사후적 조정뿐만 아니라 사전적 협조에도 세심한 배려가 있어야 할 것이라는 점이다. 즉, 갈등의 발생을 전제로 한 대안의 모색도 중요하겠지만 갈등의 예방 내지는 극소화라는 목적하에 사전적 협조를 위한 방안의 모색이 함께 중시되어야 한다는 것이다.

아울러 강조할 것은 갈등의 해결방식은 두 기관간의 자주적 해결에 일차적 우선순위를 두는 것이 바람직하다는 점이다. 생각건대, 양 기관간의 갈등의 해결을 위한 기본방식에는 다음 4가지가 있을 수 있다.

(1) 상급기관에 의한 조정(central control)

이는 제 3 자 기관으로서의 상급기관의 주도에 의하여 의결기관과 집행기관의 갈등을 해결하는 방법이다. 즉, 기초자치단체에 대하여는 광역자치단체가, 광역자치단체에 대하여는 중앙정부가 개입하는 방식이다. 그러나 이 방식은 ① 지방자치단체의 기관간에 발생하는 갈등에 중앙정부 또는 상급자치단체의 개입을 확대함으로써 자치이념에 위배될 뿐만 아니라 지방자치의 정착을 저해할 우려가 있으며,[18] ② 지방자치단체의 반발로 인하여 실효성이 의문시되는 등 적용상의 한계가 있다.[19]

(2) 사법적 해결(judicial decisions)[20]

의결기관과 집행기관 간의 갈등은 사법적 절차에 의하여도 해결을 도모할 수 있다. 현행 지방자치법은 지방의회의 의결이 법령에 위배되거나 공익에 현저히 위배될 경우 상급기관의 요구에 의하여 자치단체장이 당해 지방의회에

---

18) 지방자치단체의 내부기관간의 갈등에 대한 상급기관의 개입과 지방자치단체 상호간의 갈등에 대한 상급기관의 개입은 구별된다. 후자는 광역행정의 고려에 의하여 불가피하게 인정되는 측면이 없지 않다.

19) 이와 같은 경향은 향후 자치단체장이 직선될 경우 더욱 심화될 것으로 예측된다. 광역회 의장단협의회의 결의(1992. 10. 9.) 이후의 잇단 지방의회의 국정감사 거부결의사태에서도 이 같은 성향을 볼 수 있다. 아울러 상급기관에 의한 조정방식의 일반적 한계에 대하여는 Hanf and Scharpf(1978)를 참조할 것.

20) 준사법적 해결방식으로 중재자(예, 분쟁조정위원회)의 조정을 통한 해결도 가능하다 하겠다. 그러나 그 구속력에 있어 사법적 해결이 보다 확실한 차이 외에는 기본적으로 내용에 있어 대동소이하다 하겠으므로 별도로 논의하지 않는다.

대하여 재의를 요구할 수 있도록 허가하는 한편, 이러한 재의요구에 대하여 지방의회가 재의결을 할 경우 대법원에의 소제권을 인정함으로써 사법적 해결을 도모하고 있다.

이와 같은 방법은 양 기관과 직접적 이해관계가 없는 제3자 기관에 의한 중립적인 조정이 기대되므로 일응 바람직한 방법이라 하겠으나, ① 사법적 판단을 위주로 하는 결과, 정치적 판단이 무시될 우려가 있고, ② 사법절차의 지연에 따른 실기 또는 소요비용의 문제가 있으며, ③ 승자와 패자를 가르는 사법절차는 결과적으로 보다 양 기관의 이해에 근접한 결정을 제외시키게 된다는 데서 한계가 있음이 지적되어야 한다.

(3) 주민참여(public participation)에 의한 해결

지방자치단체의 기관간의 갈등은 주민투표(referendum), 주민발안(initiative), 주민소환(recall)과 같은 주민참여의 제도적 인정을 통하여 해결을 모색해 볼 수 있다.21) 물론 주민참여에 의한 해결방식은 주민의식 및 참여도의 문제, 비용의 문제, 소수 선동세력에 의한 악용의 문제 등이 없는 것은 아니지만, 지방자치단체의 기관간에 자율적으로 해소되지 않는 갈등을 수권주체로서의 주민이 중립적 입장에서 직접해결을 도모하는 정당성이 높은 방식이라는 점에서 상급기관 또는 사법기관에 의한 해결방식보다 바람직한 것으로 사료된다.

(4) 상호간 조정(mutual coordination)

위에서 살펴본 바와 같이 제3자 기관(특히, 상급기관 또는 사법기관)에 의한 조정방식의 적용에는 한계가 있으므로, 의결기관과 집행기관 간의 직접적인 상호조정을 통하여 갈등해결을 할 것이 요청된다.

상호간 직접조정은 기 발생한 갈등의 사후적 조정뿐만 아니라 사전적 협조를 통하여 갈등발생의 여지를 극소화시킬 수 있는 방식이라는 데서 주로 기 발생한 갈등의 사후적 조정을 위한 방식으로서의 상급기관에 의한 조정이나 사법적 해결방식, 또는 주민참여에 의한 해결방식에 비하여 보다 바람직한 갈등해결방식인 것으로 판단된다. 더욱이 상호간 직접조정은 양 기관간의 타협·협상을 가능케 함으로써 다른 갈등해결방식에 비하여 상대적으로 양측을 보다 만족시킬 수 있는 결과의 도출이 가능한 점도 장점으로 지적될 수 있을 것

---

21) 이와 관련하여 현행 지방자치법(제5장 제8절)은 주민의 청원을 인정하고 있으나 갈등의 해결책과는 거리가 있다.

이다. 다만, 이와 같은 외부의 개입 없는 당사자 기관 상호간의 직접적 조정이 원활히 이루어지기 위하여는 양 기관이 상호의존관계(mutual dependence)에 있을 것이 요청된다(Scharpf, 1978). 이때 상호의존관계란 다름 아닌 권한상의 균형관계를 의미하는 것이며, 이에서도 앞서 지적한 바와 같이 의결기관과 집행기관 상호간의 갈등해결을 위하여 양 기관간의 권한의 균형화가 중요함을 알 수 있다.

요컨대, 이상의 논의는 세 가지 갈등해소방식의 적용우선순위는 상호간 직접조정, 주민참여에 의한 해결, 사법적 해결, 상급기관에 의한 조정의 순이 되어야 함을 가르쳐 준다. 이하에서는 앞에서 제시한 기본방향에 입각하여 의결기관과 집행기관 간의 바람직한 관계정립을 위한 정책대안을 권한의 균형화를 위한 대안과 갈등해결을 위한 대안으로 구분하여 제시한다.

2. 권한의 균형화

1) 지방의회의 의결범위의 확대

지방의회의 권한강화를 위한 가장 기본적인 조치는 지방의회의 의결사항의 범위를 확대하는 것이다. 그러나 현행법상 지방의회의 의결범위는 비교적 제한적인 것으로 생각된다. 물론 지방자치법은 제47조에서 10가지 법정의결사항 이외에도 조례에 의한 의결사항을 인정하고 있으므로, 지방의회의 노력여하에 따라 의결범위의 확대가 불가능한 것은 아니다. 그러나 조례에 대한 집행기관의 재의요구권의 행사가능성 등을 감안할 때 지방의회의 의결사항의 범위는 협소한 것으로 사료되며, 이는 제6차 지방자치법 개정시(1988. 4. 6.) 12개 의결사항이 10개 항목으로 축소된 데서도 알 수 있다.[22]

지방의회의 의결사항확대를 위한 구체적 대안으로는 첫째, 지방자치법 제47조 제1항에 "지방자치단체의 중요시책사항"을 추가할 것,[23] 둘째, 지방자치법 제47조 제1항에 열거된 사항을 제한적 열거사항으로 해석하지 말고 예시적 열거사항으로 인정할 것, 셋째, 조례개정을 통하여 집행기관의 행정행위 중 의

---

[22] 손해배상과 손실배상액의 결정, 행정쟁송·소송 및 화해에 관한 조항이 삭제되었음.

[23] 외국의 경우 중요시책사항, 중요계약의 체결, 기구·정원 등이 지방의회의 의결사항으로 되어 있음은 참고가 된다(국무총리실, 1987: 28).

회의결을 거치는 사항의 범위를 주민의 복지에 미치는 직접적 영향력의 크기 및 의회의 처리능력 등을 고려하여 합리적 수준으로 확대할 것, 넷째, 법정의결사항 및 조례에 의한 의결사항 이외에 임의적 의결사항을 적극적으로 인정하는 관행을 확립할 것 등이 있겠다. 물론 이러한 대안이 수용되기 위하여는 지방의회의 의결사항의 확대를 집행에 대한 간섭(nuisance)의 확대로 여기기보다는 의사결정기관으로서의 지방의회의 당연한 기능수행을 보장하기 위한 것으로 보는 시각의 확립이 중요하다 할 것이다.

2) 감사 · 조사권의 합리적 조정

현행 지방자치법 제49조는 지방의회에 대하여 행정사무에 대한 감사 및 조사권을 부여하고 있는바, 의회권한강화를 위하여는 이의 합리적 조정이 필요하다. 이와 관련, 일부에서는 감사기간이 짧아 감사권의 실질적 행사가 곤란하므로 감사기간의 연장이 필요하다고 주장한다. 그러나 감사권의 강화는 ① 감사권의 정략적 사용이 우려된다는 점, ② 감사기간의 소폭연장을 통하여도 심도 깊은 감사는 사실상 곤란한 점, ③ 감사에 따른 행정능률의 저하가 우려되는 점,[24] ④ 대부분의 외국도 우리나라와 같은 포괄적 감사권을 인정하지 않고 있는 점(국무총리실, 1987) 등을 고려할 때 그다지 바람직하지 않은 것으로 사료된다. 생각건대, 감사기간은 현 수준정도를 유지하되, 감사는 일반행정 수행상태에 대한 포괄적 청취 및 기본정책수행방향의 개괄적 검토를 위주로 운영되는 것이 바람직할 것이다.

한편 감사권을 제한하는 대신 보다 실질적인 행정사무의 감시를 위하여는 특정사안에 관한 조사권의 발동요건을 완화시키는 것이 필요하다. 현재 조사권은 재적의원 1/3 이상의 발의로 의회의결을 거쳐서 발동하도록 되어 있는바, 의회의결을 거친다 함은 결국 출석과반수의 찬성을 조사권의 발동요건으로 하고 있는 셈이며, 이에 따라 조사권의 행사가 제한받고 있는 실정인 것이다.[25] 따라서 현 의석비율 등을 감안할 때 조사권은 재적의원 1/4 이상의 발의로 의

---

24) 기간이 길수록 그 피해는 더욱 클 것이며, 더욱이 감사대비로 인한 형식적 행정풍토의 조장 우려도 있다.

25) 정당활동을 인정하고 있는 광역의회의 경우 광주, 전북, 전남을 제외하고는 집권여당의 의석 비율이 50% 이상으로, 조사권발동에의 장애요인이 되고 있다. 이러한 경향은 향후 직선제 단체장과 의회다수당의 소속정당이 같은 경우 더욱 문제시될 것이다.

회의결 없이 의회의장의 확인만으로 발동될 수 있도록 발동요건을 완화하는 것이 바람직하다고 본다. 이러한 조치는 행정능률을 크게 저해하지 않으면서도 의회권한을 실질적으로 강화하는 효과를 갖게 될 것이다.

3) 의무이행을 위한 조치의 강구

지방자치법은 의결기관과 집행기관에게 여러 가지 의무사항을 규정하고 있는바(예, 출석답변요구에 대한 답변의무, 주민청원처리결과의 보고의무, 지방의회의 결과의 장에 대한 통보의무 등), 어느 일방이 이러한 의무를 제대로 이행하지 않을 때 그 이행을 여하히 담보하는가가 문제가 될 수 있다.

논자에 따라서는 지방자치법상의 의무이행을 담보하기 위하여 지방자치법에 의무불이행에 대한 제재조항을 신설함이 필요하다고 주장한다(김병국, 1991; 최창호, 1991). 그러나 제재조항의 신설은 문제의 직접적인 해결방식이기보다는 개인에 대한 제재를 통한 간접적인 문제해결방식으로서 벌칙남용의 우려와 함께 굳이 그리할 필요성이 크지 않다 하겠다.

이보다는 오히려 기본방향에서 제시한 바와 같이 양 기관의 정치력(협상 또는 다른 제재수단의 동원)을 바탕으로 의무가 수행될 수 있도록 하는 것이 부작용을 방지하는 보다 바람직한 접근방법이라 하겠다.

또 다른 대안으로는 기관소송을 통한 의무이행의 담보가 가능하다고 본다. 다만 의결기관과 집행기관 간의 쟁송관계는 외부적 법률관계가 아니라 내부적 법률관계로서 기관쟁송의 대상이라 하겠는바, 그럼에도 불구하고 현행 행정소송법 제45조는 "기관소송은 법률이 정한 경우에 한하여 제기할 수 있다"고 규정함으로써 의결기관과 집행기관 간의 갈등문제를 기관소송을 통하여 해결하는 것을 막고 있어 문제시된다. 이의 해결을 위하여는 동법 제45조를 삭제하여 내부적 법률관계에 대한 기관쟁송을 포괄적으로 인정하는 조치가 필요하다고 본다(이기우, 1992a). 아울러 여기에 제시한 바는 의결기관뿐만 아니라 집행기관의 권한의 실효화에도 같이 적용되는 것임을 첨언해 둔다.

4) 기   타

이 외에도 의결기관과 집행기관 간의 균형을 위한 지방의회의 권한강화방안으로는 다음과 같은 사항이 추가적으로 고려될 수 있을 것이다.

(1) 지방의회 사무직원에 대한 의회의 간여제고

기존 법령에서는 지방의회의 사무직원은 지방의회 의장의 추천에 의하여 자치단체장이 임명하도록 되어 있어 사무직원의 지방의회에 대한 충성심 확보에 문제가 있음을 지적하였다. 이를 개선하기 위해서는 지방의회의장의 인사권한을 확대하는 것이 필요하다. 즉, 의회직을 신설하여 사무처 직원을 지방의회의장이 임명하는 것이 보다 근본적인 대안이라 할 수 있다. 최근 개정된 지방지치법에서는 지방의회 의장의 권한을 보다 확대하여, 사무직원에 대한 인사권한을 시도의회 의장이 행사하도록 함으로써 간여제고에 대한 개선이 이루어졌다(제103조 제2항).

(2) 지방의회의원 능력발전을 위한 체계적 프로그램 시행

지방의회의원의 행정에 대한 전문적 식견의 습득은 지방의회 권한의 실질적 행사를 위한 중요한 요건 중의 하나이다. 이를 위하여는 의원 개인의 노력, 산발적인 강연, 연찬회 외에 국가적 차원에서의 보다 체계적인 능력발전 프로그램의 개발 및 시행이 절실하다 하겠다. 미국 시정부연합(National League of Cities)이 지방의원의 능력발전을 위한 각종 교육세미나 및 관련저서의 출간을 포함하는 정책지도자 프로그램(Policy Leader Program) 및 연방인사처 등의 재정지원을 바탕으로 의회정책지도자 프로그램(Council Policy Leadership Program) 등을 시행한 것은 중요한 참고가 된다.

3. 갈등의 효과적 해결

1) 사전협의제의 정착

앞서 협의를 통한 조정의 결여로 갈등이 발생한 사례가 적지 않고, 기존의 갈등해결노력은 주로 발생한 갈등의 사후적 조정에 초점을 두어 갈등에 따른 부작용의 해소에 한계가 있음을 지적하였는바, 이러한 한계를 극복하기 위하여는 적극적으로 의결기관과 집행기관 간의 사전협의를 통하여 갈등을 예방하는 동시에 양 기관의 입장에 보다 근접한 대안에의 접근을 모색할 것이 요청된다.

이를 위하여는 첫째, 중요사항에 대한 양 기관의 협의의무를 법제화할 것이 요청된다. 물론 지방자치법에는 재정부담을 수반하는 조례제정시(제148조)

등에 양 기관간의 협의를 의무화하고는 있으나, 그 범위의 확대가 필요한 것이다. 둘째, 중요사항 및 갈등의 소지가 있는 안건에 대하여 사전협의가 이루어질 수 있도록 양 기관간의 구체적인 대화통로를 갖도록 한다. 예컨대, 경상남도가 '91년 정기회와 관련하여 예산안, 행정사무감사, 도정질문 등의 주요사항에 대한 사전 상호협의 및 각 상임위원회와 해당 실·국 간의 수시간담회 개최(91년중 5회)를 통한 사전의견조정을 통하여 심각한 갈등을 방지하였음은 주목할 만하다([표 5-2] 참조). 사전협의를 위한 구체적 방안으로는 의장단과 집행기관지도부와의 정기적 협의회 및 각 상임위원회와 관련 실·국 간의 정기협의회로 이원화하여 정책 및 실무차원의 협의가 병행되도록 하는 것이 바람직할 것이다.

2) 장 불신임권 및 의회해산권 채택

대안의 기본방향에 대한 논의에서 언급한 바와 같이 의결기관과 집행기관 간 갈등의 가장 바람직한 해결방식은 상호간 조정방식이라 하겠는바, 이러한 방식으로서의 지방의회의 장 불신임권과 장의 의회해산권의 채택을 적극 검토할 필요가 있다.[26] 물론 이의 채택에 대하여는 과거 자치제의 경험에서의 남용의 폐단, 기관대립주의에 위배되는 점, 대부분의 외국이 채택하지 않고 있는 점(일본은 채택) 등을 들어 우려가 많은 것이 현실이다. 그러나 다음과 같은 점을 고려할 때 그 채택의 적극검토가 필요하다 하겠다.

① 불신임권과 의회해산권은 상호간 조정방식으로서의 갈등해소수단인 동시에, 대등한 협조의 필수요건으로서의 양 기관간의 세력균형을 위한 가장 강력한 권한이다. ② 사법절차에 의한 갈등해결은 기본방향에서 논의한 바와 같이 상호간 조정방식에 비하여 우선순위에 뒤질 뿐만 아니라, 현행 사법절차는 그 발동요건에 제약이 있어 실효성이 적다.[27] ③ 향후 직선제 장과 지방의회 간의 갈등이 정치적 이유 등으로 장기화될 경우 법적 해결수단보다는 정치적 해결수단이 보다 유효할 것이다. ④ 과거 임명제시(지방자치법 제4차 개정)에도 불신임권과 의회해산권을 인정한 바 있다.[28] ⑤ 과거와 비교하여 자치의식이

---

26) 불신임권 및 그에 대한 의회해산권은 갈등으로 인하여 발동될 것이지만, 그 발동의 효과는 갈등의 해결을 의미한다.

27) 사법절차에 대한 개선방향은 앞에서 기관쟁송 및 제소권의 논의를 통하여 제시하였음.

28) 실상 불신임권의 인정 필요성은 단체장 임명제의 경우에 더 절실하다. 주민에 대하여 책임지지

많이 향상되어 남용의 우려가 상대적으로 적어졌다.

⑥ 가장 중요한 이유로서 불신임권과 의회해산권과 같은 강력한 견제수단의 존재는 양 기관으로 하여금 상호 파국을 막기 위하여 사전에 협조·조정을 강제하는 효과를 가질 수 있다.[29]

3) 주민투표제의 활용

의결기관과 집행기관 간의 장기적 대립상황의 해결을 위하여는 사법적 해결방식보다는 앞에서 논의한 불신임권 및 의회해산권의 인정, 또는 주민참여에 의한 해결방식이 보다 효과적일 것으로 사료되는바, 주민참여에 의한 해결방식은 불신임권, 의회해산권을 인정 않는 경우에 그 대체수단으로서(인정하는 경우에도 보완 또는 대체수단으로서) 중요하다. 주민참여에 의한 해결방식 중 의결기관과 집행기관 간의 갈등해결에 직접적인 연관을 갖는 것은 주민투표제로서,[30] 의결기관과 집행기관 간에 심각한 갈등이 있는 경우, 어느 일방이 신임투표성격의 주민투표 실시를 발의함으로써 주민으로부터 심판을 받도록 운용할 수 있겠다.[31] 다만 발동요건에 있어 불신임권 및 의회해산권이 인정되지 않을 경우의 주민투표제의 발동요건은 의결기관 또는 집행기관 일방의 발의에 의하도록 하되, 주민투표제를 불신임권 및 의회해산권의 보완 또는 대체적 수단으로 실시하는 경우에는 의결기관과 집행기관 간의 합의하에 실시토록 하는 것이 바람직할 것이다. 현재 주민투표제는 지방자치법상에 실시가 명문화되고 있으나 주민투표법이 제정되지 않아 상당기간 시행되지 않고 있다가 2004년 1월에 도입되었다.

않는 자치단체장이 독주할 경우 주민대표기관으로서의 의회가 갖는 단체장 불신임권의 행사 외에는 실질적 제어수단이 미흡하기 때문이다.

29) 냉전체제하에서도 미·소가 상호 핵을 사용치 못한 사실을 상기할 것. 한편, 이러한 효과를 극대화하기 위하여는 불신임결의에 대한 의회해산권의 발동요건을 완화할 것이 필요하다고 본다.

30) 주민발안은 정책의 제시에, 주민소환은 특정 선출직 공무원의 해직청구에 직접적 효과를 갖는다.

31) 물론 주민투표제는 양 기관간의 갈등해소를 위한 신임투표 목적 외에도 미국 등의 경우와 같이 행정구역개편, 자치헌장의 제정 등 중요사안에 관한 투표로서의 용도를 병행할 수 있겠다.

4) 기　　타

(1) 의회의원의 위상강화

앞에서 의원의 신분, 권한, 명예, 대우, 경비 등의 문제로 야기된 불필요한 갈등이 적지 않다고 하였거니와, 이러한 사유로 인한 갈등을 예방하기 위하여는 의정활동 보좌기능의 강화, 지방의원에 대한 적절한 예우, 의정활동에 소요되는 경비의 합리적 보상책 강구, 대학 또는 연구기관과의 연계하의 의정활동 지원체제의 확립 등의 검토와 아울러 앞에서 논의한 바와 같은 의원능력발전 프로그램의 체계적 실시 및 지원 등에 대한 전향적인 고려가 있어야 하겠다.[32]

(2) 의결기관과 집행기관 간의 권한 및 업무분담 명확화

많은 경우 양 기관간의 갈등은 권한 또는 소관업무 한계의 불분명으로부터 기인하는바(이계희, 1992; Hanf, 1978), 이를 명확히 하는 일은 양자간의 갈등완화에 이바지하게 될 것이다. 이를 위하여는 우선 적절한 교육 프로그램을 통하여 권한 및 업무분담의 한계를 명확히 이해시키는 일이 중요하다 하겠다. 또한 사무와 관련하여 자치사무와 위임사무 간 및 기관위임사무와 단체위임사무 간의 구분의 모호성을 해결하기 위한 작업이 필요하다 하겠으며, 구분의 기준은 명문화하는 것이 바람직할 것이다.

Ⅳ 결　　론

지금까지 본 장은 의결기관과 집행기관 간의 바람직한 관계의 정립을 위한 기본요소로서의 권한의 균형화 및 갈등의 효과적 해결 문제에 대하여 그 실태를 분석한 다음, 그에 기초하여 제도적 측면을 중심으로 몇 가지 정책대안을 제시하였다. 그러나 자명한 것은 제도의 개선만으로 양 기관간의 바람직한 관계가 자동적으로 이루어지는 것은 아니라는 사실이다.

제도의 개선이 실효를 거두기 위하여는 무엇보다 관련 당사자로의 인식

---

[32] 단, 의원직의 유급화 문제는 급여문제에만 초점을 두어 논의될 성질이 아니며 의원의 숫자와 연계되어 논의될 문제이므로 일률적으로 논의하기 어려우나, 주민과의 유대감 등을 고려하건대 의원정수를 대폭 축소하는 데에는 문제가 없지 않으므로 당분간은 현행을 유지하는 것이 바람직하다고 본다.

및 행태의 개선이 수반되어야 한다. 구체적으로 지방의회의원과 공무원이 권위적인 자세와 편견을 버리고, 지방행정의 종합적 효율화를 위하여 상호협조적인 자세를 견지할 것이 요청된다. 그런데 그와 같은 협조적 자세는 지방의원과 공무원이 상호 대립적인 별개 기관의 구성원이기에 앞서, 보다 고차원적으로 볼 때 동일한 지방자치단체에 소속하여 소속단체의 존립목적 달성을 위하여 공동의 노력을 경주해야만 하는 공동체의 일원으로서의 의식 즉, "공동체의식(team spirit)"을 소유하는 경우에만 가능할 것이다.

그러나 불행히도 사회의 일반적 문화와 "관료문화"와의 차이성에 기인하여,33) 사회인으로서의 지방의원과 관료조직의 구성원으로서의 공무원이 자연발생적으로 공동체의식을 갖기란 매우 어려운 일이다. 따라서 그러한 의식의 조성을 위한 인위적 노력이 필요하겠는바, 이를 위하여는 앞서 제시한 의결기관과 집행기관 간의 협의통로의 확보·운용, 합동워크샵, 시정합동연구, 지방의원의 행정견습제도 등의 활성화 등의 조치와 함께 최근 관심이 높아지고 있는 협상기술의 습득을 통한 갈등의 예방 및 원만한 해결을 도모할 것이 요청된다.34)

의결기관과 집행기관 간의 바람직한 관계의 정립을 위한 또 하나의 중요한 요인은 주민의 참여의식 제고이다. 주민의 참여의식 강화는 주민의 지방행정에 대한 감시자로서의 역할이 강화됨을 의미하며, 이는 곧 양 기관의 자의적 판단에 의한 권한다툼이나 갈등의 억제라는 긍정적 효과로 나타내게 될 것이기 때문이다. 이러한 효과는 향후에 지방의원과 자치단체장 모두가 주민직선으로 선출됨으로써 그 존립의 기반을 주민에 두는 경우 특히 명료해질 것이다. 주민의 참여의식 강화를 위하여는 주민투표제를 포함한 각종 참여기회의 확대와 아울러 주민의 건전한 집합의사의 표현이 가능하도록 주민집단의 육성을 위한 지원이 요청된다.

끝으로 강조할 것은 의결기관과 집행기관 간의 바람직한 관계정립을 위하여는 중앙의 지방에 대한 간여가 지방자치의 이념에 따라 절제되는 것이 필요하다는 점이다.35) 지방자치의 이념이란 지방의 문제는 지방적 수준에서 자율적으로 해결되도록 하는 것이겠는바, 지방자치단체의 의결기관과 집행기관 간

---

33) 그러한 문화적 차이에 관하여는 Hummel(1987)이 좋은 참고가 된다.
34) 협상을 통한 갈등해소에 관한 논의는 이달곤(1989, 1992) 참조.
35) 여기서 중앙의 간여라 함은 행정계통의 간여뿐만 아니라 정당계통에 의한 간여도 포함하는 의미이다.

의 관계도 지방의 문제로서 양 기관이 자주적인 판단의 토대 위에서 정립해 나가는 것이 바람직할 것이기 때문이다. 아울러 이러한 논의는 지방자치단체의 기관구성형태에 대한 논의에도 동일하게 적용될 수 있다. 지금까지 지방자치단체의 기관구성형태에 대한 논의는 기관대립주의를 기정사실로 하고 그 범위 안에서 임명제냐 직선제냐의 논의에 한정되어 온 것이 사실이다. 그러나 의결기관과 집행기관 간의 갈등의 측면에서 본다면 임명제, 직선제 외에도 간선제 또는 기관통합형의 채택도 가능하게 된다는 점을 간과하기 어렵다. 물론 기관구성형태의 선택은 어느 한 가지 기준에만 의할 수는 없는 노릇이며 국정과의 연계성, 자치단체의 계층, 여론, 사회적 상황 등 다양한 요인이 함께 고려되어야 하는 것이겠으나, 기본적으로는 지방자치이념에 입각하여 지역특성에 맞추어 주민자율에 의한 선택의 여지를 주는 방안도 논의에서 배제해서는 안 될 것으로 사료된다. 이와 관련하여 최근 개정된 지방자치법 제4조에서는 기관구성을 다양화할 수 있는 근거를 마련함으로써 향후 주민투표에 따른 자율적 기관구성이 가능하게 되었다.

I 주민-지방의원간 관계정립의 의의

지방자치 실시의 궁극적 목적은 지역주민의 복지를 증진시키는 데 있다 할 것인바, 이를 위하여는 지역주민의 의사 즉, 주민여론이 지방행정과정에 효과적으로 반영될 것이 요청된다. 주민여론이 지방행정과정에 효과적으로 반영될 경우, 지방행정은 공무원의 전문적 판단과 주민여론의 조화·균형에 기초하여 합리적·민주적으로 수행됨으로써 주민복지의 극대화에 이바지하게 될 것이기 때문이다. 이는 주민여론을 무시한 지방행정은 그것이 아무리 공무원의 전문적 판단에 기초하여 합리적으로 수행된다 하더라도 주민의 의사에 반하는 한 주민을 행복하게 할 수는 없을 것이라는 점을 생각하면 쉽게 이해된다.[1] 더욱이 주민이 주인인 민주사회에서 주민은 당연히 자신들의 의사가 행정과정에 반영되도록 요구할 권리를 가지고 있으며, 또한 지방정부는 당연히 지역주민의 여론을 행정과정에 반영할 의무를 지니고 있다 하겠으므로 주민여론의 지방행정과정에의 반영은 하나의 당위적 명령으로 인식되어야 하는 것이다.

지방행정과정에 지역주민의 여론이 반영되는 연계통로 또는 경로(channel)는 지방의원, 관료집단과 같은 공식기구를 통한 공식적 통로와 정당, 이익집단, 대중매체 또는 직접참여와 같은 비공식 기구를 통한 비공식적 통로가 있다(Mellors & Copperthwaite, 1987: 202-231). 그런데 대의민주제 아래에서 특히 중

---

1) 이와 관련하여 De Sario & Langton(1987: 3-15)은 전문기술관료(technocrat)의 전문가적 판단에 의한 지배(technocracy)와 주민의 여론에 의한 지배(democracy)가 조화·균형을 이루어 소위 "전문기술 민주주의(technodemocracy)"가 정착될 때에 비로소 주민의 복지가 극대화될 수 있음을 지적하고 있으며, 아울러 Edwards와 Sharkansky(1978: 5)는 정책결정을 위한 두 가지 기준으로서 전문적 판단 및 여론을 들고 있다.

시되어야 할 주민여론과 지방행정과의 연계통로는 주민 – 지방의원(이하 '의원' 과 혼용함)으로 이어지는 경로이다. 이는 본래적으로 지방의원은 주민이 자신들의 의사를 지방행정과정에 반영하게 하기 위하여 직접 선출한 주민의 대표라는 점에서 그러하다. 주민여론과 지방행정을 연결하는 통로로서의 주민 – 지방의원관계에 있어서, 먼저 지방의원은 주민의 대표로서 주민여론을 수렴하여 행정과정에 반영하는 연결작용을 한다. 구체적으로 지방의원은 의원의 집합체인 지방의회 구성원으로서의 활동을 통하여 지방정부의 정책을 결정하거나 또는 집행기관에 지역주민의 여론을 전달함으로써 행정과정에 주민여론을 반영시키는 것이다.[2] 아울러 주민은 지방의원의 활동에 대한 감시·협조를 통하여 의원의 대표적 기능이 충실히 수행되도록 함으로써 행정과정에 대한 주민여론의 반영을 촉진한다.

물론 주민 – 의원을 통한 경로 외에 다른 경로를 통하여도 주민여론은 행정과정에 반영된다. 그러나 ① 일반적으로 관료집단은 능률성·효과성과 같은 합리성에는 민감하지만 주민여론에 대하여는 상대적으로 민감하지 못한 점,[3] ② 특히 지방단위에서는 정당, 이익단체, 또는 대중매체와 같은 다른 매개집단의 활동이 활발하지 못한 점, ③ 주민의식의 취약성 및 참여를 위한 유효한 제도가 미흡한 점 등에 기인하여 주민의 직접참여 역시 활발치 못한 점 등을 고려하건대, 주민 – 지방의원간 관계를 통한 여론반영의 중요성은 부각될 수밖에 없다.[4]

뿐만 아니라 앞서 지적한 바와 같이 대의제하에서는 주민대표로서의 의원을 통한 주민여론의 반영은 그 자체가 대의제의 근간을 이루는 기본요소로서 중요하다. 만일 대의제하에서 주민대표인 의원이 여론반영기능을 제대로 수행하지 않을 경우에는 그 존재의의마저 상실하게 될 것이다. 즉, 지방의회의 구성과 운영에는 필연적으로 비용이 소요될 것인바, 그와 같은 비용의 유지는 주민여론이 의원을 통하여 행정과정에 효과적으로 반영되는 경우에만 그 정당성을 찾을 수 있을 것이기 때문이다. 그렇지 않은 경우에는 비용이 소요되는 지

---

2) 이러한 활동은 주민 대표기관 및 지방정부의 최고의사결정기관으로서의 지방의회의 지위에 입각하여 수행되는 것이다. 여기에서 집행기관에 대한 감시·통제기관으로서의 지방의회의 지위는 주민대표기관으로서의 지위와 최고의사결정기관으로서의 지위에서 파생되는 것으로 본다.
3) 이는 기본적으로 지방의원은 선출직인 데 반하여 관료는 임명직이기 때문에 기인한다.
4) 의원을 통한 여론반영의 효과성에 대하여는 Skogan(1975), Jones(1981) 또는 Yates(1977: 7) 참조.

방의회를 구성하기보다는 단순한 행정분권화에 기초한 지방행정이 최소한 행정효율 측면에서 낮거나 같은 정도로 기능할 수 있을 것이기 때문에 오히려 더 바람직한 대안이 되는 것이다. 요컨대, 주민-의원간 관계정립은 여론반영의 상대적 효과성 측면에서 보거나 정당성 측면에서 보거나 그 중요성이 인식되어야 하는 것이다.

이상의 논의에 입각하여 이하에서는 주민-의원간 관계정립을 위한 방향제시를 함에 있어 ① 먼저 양자간 관계에 대한 실태를 간단히 가늠해 본 다음, ② 양자간의 관계정립을 위한 정책방향을 제시하고자 한다.

▌Ⅱ▐ 주민-지방의원간 관계의 실태

1. 실   태

주민-지방의원간 관계의 실태에 대한 본격적인 연구결과는 찾아보기 어렵다. 이는 대부분의 지방자치에 관한 연구들이 주민-의원관계보다는 정부간 관계(중앙정부와 지방정부, 지방정부와 지방정부), 또는 지방행정기관과 주민과의 관계에 상대적으로 더 많은 관심을 가진 결과이기도 하다. 이 같은 제약하에서 여기에서는 과거 실시된 두 건의 의식조사 즉, 연세대 지역사회개발연구소(1992)의 「지방자치실시 1년의 평가와 전망」 및 한양대 지방자치연구소(1992)의 「지방자치 발전을 위한 국민의견조사」에 기초하여 제한적이나마 현 시점에서의 주민-지방의원간 관계의 실태를 가늠해 보기로 한다.[5]

[표 6-1]에서 보는 바와 같이 거주지의 지방의원을 "모른다"고 응답한 주민의 비율은 광역의원의 경우 60.3%, 기초의원의 경우 62.8%로서 "안다"고 응답한 비율 37.7% 및 36.0%보다 현저히 높은 것으로 나타났다. 이는 지방선거에서의 투표참여율이 저조하였다는 사실에서 볼 때 일응 당연한 결과라 하겠으나 여하튼 주민-지방의원의 관계가 긴밀치 못함을 가르쳐준다 하겠다.[6]

[표 6-2]에서 보는 바와 같이 주민응답자의 의회방청경험은 극히 저조하

---

5) 조사시기는 각각 1992년 5월 및 1991년 12월이었다.

6) 1991. 3. 26. 및 1991. 6. 20.에 시행된 기초 및 광역의회의원선거의 투표율은 각각 55.0%, 58.9% 였다.

표 6-1 ┃ 주민의 지방의원 인지도 　　　　　　　　　　　　　　(단위: 명(%))

	광 역 의 원	기 초 의 원
안 　 다	153(37.7)	146(36.0)
모 른 다	245(60.3)	255(62.8)
무 응 답	8(2.0)	7(1.7)
계	406(100.0)	406(100.0)

자료: 연세대 지역사회개발연구소(1992), p. 50.

표 6-2 ┃ 주민의 지방의회 방청경험 　　　　　　　　　　　　(단위: 명(%))

	광 역 의 회	기 초 의 회
있 　 다	11(2.7)	4(1.0)
없 　 다	392(96.6)	397(97.8)
무 응 답	3(0.7)	5(1.2)
계	406(100.0)	406(100.0)

자료: 연세대 지역사회개발연구소(1992), p. 50.

여 광역의회의 경우 2.7%, 기초의회의 경우 1.0%에 지나지 않아 주민의 의원 활동에 대한 관심이 매우 저조함을 짐작할 수 있다. 물론 이러한 결과는 지방 의회가 출범한 지 오래되지 않았기 때문이거나, 또는 개인의 사회경제적 상황 등에 기인하는 것으로 볼 수도 있겠으나 [표 6-3]에서 보는 바와 같이 방청경 험이 없다고 응답한 주민의 대다수가 그러한 이유보다는 의회개원시기에 대한 무지(광역=24.7%, 기초=25.7%), 관심 가는 내용 없음(광역=15.8%, 기초=13.6%), 지방의회에 기대 안 함(광역=27.6%, 기초=29.0%) 등을 이유로 제시하고 있음은 주민의 의원활동에 대한 무관심이 저조한 방청경험의 주원인이었음을 알게 해 준다.

[표 6-4]에 나타난 지방의원의 활동에 대한 주민의 인지도를 보더라도 주 민의 지방의원의 활동에 대하여 관심이 저조함을 알 수 있다. 즉, 응답자의 대부 분은 광역과 기초를 막론하고 의원의 활동에 대해 잘 모르거나(광역=46.3%, 기 초= 43.3%) 전혀 모른다(광역=39.9%, 기초=41.6%)고 응답하고 있는 것이다.[7]

---

7) 연세대 지역사회개발연구소(1992)의 조사에는 위에서 제시한 결과 외에도 주민-의원간 관계 관련하여 주민의 의회개원시기 인지도, 주민과 지방의원 간 접촉경험, 주민의 의원활동인지경

표 6-3 | 지방의회 방청경험이 없는 이유 (단위: 명(%))

	광 역 의 회	기 초 의 회
의회개원시기 모름	97(24.7)	102(25.7)
관심 가는 내용 없음	62(15.8)	54(13.6)
지방의회에 기대 안 함	108(27.6)	115(29.0)
개인적 시간 없음	96(24.5)	89(22.4)
기 타	22(5.6)	23(5.8)
무 응 답	7(1.8)	14(3.5)
계	392(100.0)	397(100.0)

자료: 연세대 지역사회개발연구소(1992), p. 51.

표 6-4 | 지방의원의 활동에 대한 주민인지도 (단위: 명(%))

	의원의 활동	
	광 역 의 원	기 초 의 원
매우 잘 안다	0(0.0)	0(0.0)
어느 정도 안다	54(13.3)	50(12.3)
잘 모른다	188(46.3)	178(43.3)
전혀 모른다	162(39.9)	169(41.6)
무 응 답	2(0.0)	9(2.2)
계	406(100.0)	406(100.0)

자료: 연세대 지역사회개발연구소(1992), p. 53.

[표 6-5]에 나타난 응답결과는 주민-의원관계에 대한 주민과 지방의원의 종합적 평가를 보여준다. 주목할 것은 표에서 보는 바와 같이 지역주민의 응답과 의원의 응답이 상충하고 있다는 점이다. 즉, 지방의원의 경우는 만족스럽다는 응답이 55%로서 불만스럽다는 응답 12.6%를 훨씬 상회하고 있는 반면, 주민의 경우에는 불만족스럽다는 응답이 49.7%로서 만족스럽다는 응답 17.6%를 훨씬 상회하고 있는 것이다.

이와 같은 주민과 의원 간의 인식의 차의 존재는 양자간의 관계가 긴밀하지 못함을 나타내 주는 증거로서 특히 의원의 현실인식이 미흡하다는 점은 주

로, 지방의원이 주민으로부터 청탁을 받은 경험 등에 관한 설문조사결과가 제시되어 있으나 여기에서는 지면관계상 인용하지 않는다.

표 6-5 | 주민-의원간 유대관계에 대한 평가 (단위: 명(%))

구 분	지 방 의 원	일 반 시 민
매우 불만	4(1.1)	42(10.3)
불 만	41(11.5)	161(39.4)
보통이다	111(31.1)	132(32.2)
만족	157(44.0)	60(14.7)
매우 만족	40(11.2)	12(2.9)
무 응 답	4(1.1)	2(0.5)
계	357(100.0)	409(100.0)

자료: 한양대 지방자치연구소(1992), p. 29.

목할 만하다. 이러한 결과는 양자간 관계정립에 대하여 무엇보다도 의원의 관심증대가 우선적 과제임을 가르쳐준다 하겠다.

이상에서 제한적이나마 주민-의원관계가 긴밀치 못함을 살펴보았다. 그러나 이러한 결과를 수용함에 있어서는 다음 두 가지 사항이 추가적으로 고려되어야 할 것이다.

첫째, 앞에서 언급한 바와 같이(각주 5 참조), 제시된 설문조사 결과는 지금으로부터 약 1년 전에 시행된 것으로서, 지방의회가 출범한 지 2년이 경과하고 있는 현 시점에서의 주민-의원관계에 대한 평가자료로서는 제약이 따른다. 왜냐하면, 조사 이후 양자간의 관계가 상대적으로 보다 긴밀해졌을 가능성이 있기 때문이다. 다만 이의 확증을 위하여는 추가적인 조사가 필요하다 하겠다.

둘째, 여기서 논의한 주민-의원관계의 실태와 전반적인 지방의회활동의 성과는 별도의 문제라는 점이 인식되어야 한다. 실제로 지방의회 출범 이후 의원의 의정활동에 대하여는 긍정적인 평가와 부정적인 평가가 교차되고 있는 실정이다. 다만 강조하고자 하는 것은 이에 대한 보다 정확한 평가를 위하여는 별도의 논의가 필요하다는 점이다.

2. 원 인

앞에서 주민의 무관심 및 상호접촉저조 등으로 주민-의원관계가 견실치 못함을 지적하였는바, 그 원인을 규명하는 일은 문제에 대한 처방의 모색을 위하여 중요하다. 원인으로는 여러 가지가 있겠으나 중요한 것 몇 가지만 제시하면 다음과 같다.

1) 의원에 대한 주민의 관심 미흡

주민의 의원활동에 대한 관심 및 기대가 미흡한 때문에 양자간의 관계가 긴밀하지 못할 것이다([표 6-1], [표 6-2], [표 6-3], [표 6-4] 참조). 주민의 미흡한 관심은 양대 지방의원선거에서의 투표참여율이 매우 저조하였다는 데서도 알 수 있다. 이와 같이 주민의 그들의 대표에 대한 낮은 관심은 아직까지 주민이 '전통적 시민'으로부터 '민주적 시민'으로의 이행과정에 있는 점, 의원의 자질 및 영향력에 대한 회의적 시각의 존재 등 다양한 요인에 기인한 것으로 사료된다.

2) 의원의 노력부족

양자간의 관계강화를 위하여는 주민의 자발적 참여의식 제고와 함께 의원의 주민에 대한 관심이 촉구된다 하겠다. 그러나 실제로는 의정활동의 초기단계에서 의원들은 의정업무 숙지 및 자기계발, 의회의 위상정립, 집행기관에 대한 감시·통제에 상대적으로 더 큰 비중을 두어 왔으며 이에 따라 주민-의원관계가 상대적으로 소홀히 취급되었을 가능성이 크다. 더욱이 [표 6-5]에서 보듯이 주민과는 달리 다수의 지방의원이 주민과의 유대관계에 대하여 긍정적인 인식을 하고 있음은 그들이 대 주민관계에 대하여 피상적인 판단하에 유대강화를 위한 노력을 소홀히 하였을 가능성을 보여주는 것으로서 문제시된다 할 것이다.

3) 접촉기회의 제한성

주민-의원관계가 긴밀하기 위하여는 양자가 접촉할 수 있는 장으로서의 공청회, 토론회, 여론조사 등과 같은 기회가 많아야 하는데 우리의 현실은 그러한 기회가 많지도 않거니와, 있는 경우에도 그에 대한 참여가 제한적이다. 이는 양자간의 관계정립에 부정적인 영향요인으로 작용할 것이다.

4) 미흡한 분권화

지방자치가 실시되었다고는 하나 여전히 지방행정과정에 대한 중앙정부의 영향력이 강력한 현실은 지방단위에서의 주민-의원간 유대강화에 대한 관심을 저상시키는 요인으로 작용할 것이다. 그리하여 주민과 의원은 영향력이 약한 상대방에 대한 기대 또는 관심을 갖기보다는 중앙의 정치·행정과정에 보다 많은 기대 또는 관심을 갖게 될 소지가 크다.

5) 집행부 우위현상

현대 행정국가에서의 일반적인 현상이기는 하지만 지방행정과정에서의 지방의회에 대한 집행부의 상대적 우위현상은 주민−의원관계에 대한 관심과 기대보다는 주민−공무원 또는 의원−공무원 관계에 대한 관심과 기대를 증대시킴으로써 결과적으로 주민−의원 관계의 정립을 저해하게 될 것이다. 이와 관련하여 한 연구조사는 주민들이 ① 중앙정부, ② 지방정부(공무원), ③ 정당 및 이익집단, ④ 지방의회의 순으로 지방행정과정에 상대적 영향력을 행사하는 것으로 생각하고 있음을 보고하고 있어 참고가 된다(전주수, 1991).

▮▮▮ 주민-지방의원 관계 정립방안

1. 기본방향

주민−지방의원 관계정립을 위한 정책방향 또는 방안은 다음과 같은 기본방향에 입각하여 제시될 것이다.

첫째, 서두에서 논의한 바와 같이 주민−의원간 관계정립의 의의는 행정과정에 대한 주민여론의 효과적 반영에 있다 하겠는바, 이를 위하여 지방의원은 주민의 대표로서 주민여론을 수렴하여 행정과정에 반영하는 연결작용을 충실히 수행하여야 하며, 동시에 주민은 지방의원이 그러한 역할을 충실히 수행하도록 지방의원의 활동에 대한 감시·협조활동을 적극적으로 수행할 것이 요청된다. 여기에서 전자는 의원의 "대표역할의 강화" 필요성을, 후자는 "주민의식의 고양" 또는 "주민참여 활성화"의 필요성을 의미하는 것인바, 이는 바로 주민−의원관계 정립을 위한 기본방향이 된다.

둘째, 양자간의 관계정립을 위하여는 접촉증대를 위한 제도 및 인식행태의 개선이 다 같이 필요하겠으나 이 중에서도 특히 인식 및 행태의 개선이 중요하다. 이는 양자간의 관계정립은 기본적으로 주민과 의원의 "자발성"이 결정적인 요소로 작용하는 사적 문제의 성격이 강하기 때문이다. 즉, 제도의 개선으로 양자간의 관계를 강제하는 데는 물리적으로나 규범적으로 한계가 있다는 것이다(예, 의회의 방청허용과 주민의 방청여부).

2. 의원의 대표역할 강화

1) 주민 대표성에 대한 인식 제고

의원활동의 정당성 및 영향력의 궁극적인 원천은 그들이 대표하는 주민에 있다. 따라서 의원－주민관계의 정립을 위하여는 무엇보다도 의원자신이 주민 대표성에 대한 깊은 인식을 갖는 것이 중요하다. 이때 대표성이라 함은 주민여론을 지방행정과정에 반영하는 정도를 의미하며, 단순히 선거를 통하여 지방의원을 선출하는 것을 의미하지 않는다. 구체적으로 대표의 의미에 대하여는 기속적 위임 또는 대리라는 설과 비기속적 위임 또는 신탁이라는 설이 상충하고 있으나 일반적으로 대표라 함은 주민의 요구를 그대로 수용하기보다는 의원자신의 신념과 판단에 따라 의사결정을 하는 것을 의미하는 것으로 인식되고 있다(촌송기부·이등광리, 1986: 139; Hill, 1974: 140; Mellors & Copperthwaite, 1987: 213). 아울러 지방의회의 구성원으로서의 의원의 대표권은 지역구 주민에 대한 것이기보다는 당해 지방자치단체 지역주민 전체에 관한 것으로 이해되는 것이 일반적이라 하겠다. 그러나 지역구 주민의 대표기능 수행의 필요성을 무시할 수 없는 현실이 의원에 대한 부담으로 작용하는 것은 부인할 수 없다.

나아가서 의원의 대표성에 대한 올바른 인지와 함께 의원의 공인의식이 제고될 것이 요청된다. 일반적으로 지방의원직의 수행과정에 있어서 개인생활에 필요한 요구와 공인으로서의 의무가 상충하는 경우가 적지 않을 것이다. 그러나 지방의원은 공적의무를 우선해야 마땅하다. 본인이 공직봉사를 자원하여 주민의 신임을 얻어 의원이 되었을 뿐 아니라, 공직봉사를 전제로 의정경비를 지원하고 있기 때문이다. 다만 실제에 있어서 모든 의원이 같은 정도의 공인의식을 갖기를 기대하는 것은 무리라 하겠으므로 ① 의회의 운영과정에서 의원 개인의 특성(신념, 의지, 여건 등)이 다양하게 반영될 수 있는 융통성을 부여할 것과(Barron et al., 1991: 199), ② 주민이 선거과정에서 보다 적임자를 선택하는 노력을 배가할 것이 요청된다 하겠다.

2) 의원의 역할정립

(1) 정책결정자 역할강화

의원은 일반적으로 ① 고충처리자(caseworker), ② 행정감시자(watchdog or manager) 및 ③ 정책결정자(policy-maker)로서의 역할을 수행하는 것으로 인식되고 있다(Barron et al., 1991).[8] 고충처리자 역할이라 함은 지역주민의 고충처리를 도와주는 역할을, 행정감시자 역할이라 함은 행정과정에 대한 감시를 통하여 행정의 효과성, 형평성 및 반응성 등을 확보하는 역할을, 그리고 정책결정자 역할이라 함은 여론에 기초하여 정책목표의 설정 및 자원의 배분을 결정하는 역할을 담당하는 것을 의미한다. 아울러 고충처리 역할은 지역구의 대표로서의 역할 또는 대리인(trustees)으로서의 역할의 성격이 농후한 것이며, 행정감시 및 정책결정은 자치단체의 대표로서의 역할 또는 수탁자(trustees)로서의 역할의 성격이 짙은 것이라 할 수 있다.

생각건대, 시간·자원 및 전문성의 부족으로 개개 의원이 이 모든 역할을 같은 비중으로 수행할 수는 없을 것이겠는바,[9] 바람직하기는 지방의원이 무엇보다도 정책결정자로서의 역할을 다른 역할에 우선하는 것이라 하겠다(Barron et al., 1991: 8). 이는 ① 앞서 지적한 바와 같이 지방의원의 주민대표성은 기본적으로 지역구의 대표이기보다는 해당 자치구역의 대표라는 점, ② 정책결정의 영향범위가 다른 역할에 비하여 보다 광범하다는 점 등을 고려할 때 그러하다.[10]

외국의 경우를 보더라도 지방의원은 고충처리자로서의 역할보다는 일차적으로 정책결정자 역할을 보다 중시하여야 할 것으로 판단된다. 예컨대, 영국의 지방의원의 경우, 그들이 의회활동에 사용한 시간은 1985년의 경우 월평균 74시간이었는데, 그 구성비를 보면 의회 및 위원회 회의＝28.4%(21시

---

8) Mellors & Copperthwaite(1987: 212)는 의원의 역할을 대표(representative), 고충처리자(ombudsman), 관리인(manager), 정책결정자(policy-maker) 및 정치인(politician)으로 나누고 있으나 그 내용은 기본적으로 Barron et al.과 같다.

9) 외국의 경우, 일반적으로 경력이 오래된 의원일수록 고충처리보다는 정책결정 역할을 보다 중시하는 경향이 있는 것으로 보고되고 있다(Mellors & Copperthwaite, 1987: 213; Hill, 1974: 1974: 140).

10) 고충처리는 일부 개인에 해당되는 사안으로서 어떠한 의미에서는 형평에 위배되는 측면이 있으며, 대부분의 행정감시는 정책결정 이후에 발생하기 때문에 그 영향범위가 정책결정에 비하여 좁다.

간), 회의준비 및 교통시간=33.8%(25시간), 고충처리=17.6%(13시간), 정당별모임=6.8%(5시간), 공공단체회합=10.8%(8시간), 여론수렴활동=2.7%(2시간) 등으로 나타났으며(Mellors & Copperthaite, 1987: 211); 일본의 시정촌의원의 경우, 1978년의 활동일수는 연평균 59일이었는데 그 구성비는 회의 및 위원회 참석=34.9%(20.6일), 협의회 참석=12.9%(7.6일), 조사·시찰, 연수회=11.0%(6.5일), 고충처리=2.5%(1.5일), 공공단체회합=13.7%(8.1일), 기타=20.0%(11.8일)로 나타났다(촌송기부·이등광리, 1986: 72). 여기에서 우리는 의회 및 위원회 회의가 고충처리에 비하여 월등히 큰 비중을 차지하고 있다는 점에 주목해야 한다. 우리나라의 경우는 실증적인 자료는 없으나 고충처리에 상대적으로 많은 시간이 사용될 것으로 사료된다.

3) 의원의 능력발전

의원이 주민대표역할(정책결정자, 행정감시자, 또는 고충처리자)을 보다 충실히 수행하기 위하여는 의원의 능력발전이 필요하다. 의원의 능력발전은 이미 지방행정에 대한 상당한 경험과 자질을 갖춘 의원이라 하더라도 지속적인 능력발전노력이 필요하다. 주목할 것은 선후진국을 막론하고 지방의원의 능력발전을 위한 각종 프로그램을 의회발전의 일환으로 적극 시행하고 있다는 점이다. 예컨대 미국의 경우, 시정부연합(National League of Cities)이 연방인사처 등의 재정지원을 받아 의회정책지도자 프로그램(Council Policy Leadership Program)을 시행함으로써, 의원의 역할에 대한 인식제고, 정책결정능력의 제고, 의사과정의 효율화, 장기계획 수립능력 제고 및 예산심의 능력의 제고 등의 긍정적 효과를 얻은 것으로 보고되고 있다(Burks & Wolf eds., 1981).

현재 우리의 경우 연합회, 간담회, 단기교육 등이 학교, 연구소 등을 중심으로 산발적으로 이루어지고 있으나 보다 체계적인 의원능력발전 프로그램의 마련이 필요한 실정이다. 이를 위하여는 능력발전 프로그램을 위한 국가 또는 지방정부 차원의 체계적 지원(비용, 프로그램 등) 및 의원의 능동적인 참여가 필요하겠다.

한 가지 지적할 것은 능력발전을 위한 프로그램이 의원의 행정에 대한 전문성을 지나치게 강조할 필요는 없다는 점이다. 왜냐하면 전문적 지식은 전문가, 지역연구소, 전문위원회의 활용을 통하여 획득가능한 것일 뿐만 아니라 오히려 비전문가로서의 참신한 판단이 행정과정의 개선에 보다 도움이 되는 경우가 많을 것이기 때문이다.

4) 주민 접촉확대 및 여론수렴

주민대표로서의 역할을 보다 충실히 수행하기 위하여 의원은 원내활동 이외에 주민과 보다 빈번하게 접촉할 필요가 있다. 첫째, 의원은 반상회, 각종 봉사단체, 협의회 등 각종 주민조직에 적극 참여하여 ① 주민조직의 운영방향을 지도·조언하고, ② 필요한 경우 그들의 대표로 활동함으로써(예컨대, 지역간의 분쟁시 주민대표로 활동) 주민과의 유대를 강화하는 것이 바람직하다.11) 특히 의원의 주민조직과의 접촉확대는 그 자체로서 주민조직을 활성화시키는 효과가 있으므로 바람직하다. 주민조직 중에서는 반상회와 같이 특정 계층의 대표가 아닌 보편성을 갖는 주민조직을 특히 중시해야 할 것이다.12)

둘째, 의원은 주민과의 개별적 또는 집단적 접촉을 통하여 주민여론을 수렴해야 한다. 앞에서 의원은 주민여론을 행정과정에 반영한다고 하였는바, 여론 반영을 위하여는 여론수렴이 전제되어야 하기 때문이다.13)(여론수렴은 특히 의원이 정책결정자 역할을 충실히 수행하기 위하여 필요하다.) 여론수렴에 있어서는 어느 지역, 계층, 집단의 편성된 의견이 아닌 대표성 있는 여론의 수렴이 중요하다. 그렇지 아니할 경우 의원의 왜곡된 여론수렴 및 반영으로 인하여 하층계급은 추가적인 불이익을 당하게 될 것이기 때문이다.14)

---

11) 예컨대, 미국 New York시의 경우, 59개의 동(community districts)이 설치되어 있고 각 동별로 주민대표기관으로서의 동위원회(community board)가 설치되어 있는바, 동위원회는 주민 대표 뿐만 아니라 해당지역에 연고가 있는 시의원도 그 구성원으로 포함시킴으로써(단, 시의원은 표결권이 없음) 주민여론과 시정과의 유기적 연계를 도모하고 있음은 중요한 참고가 된다.

12) 경력이 오래된 의원일수록 조직과의 접촉이 빈번하다고 한다(Mellors & Copperthwaits, 1987: 213).

13) 여기서는 편의상 여론반영과 여론수렴을 구분하였으나 실제로는 여론수렴은 여론반영을 포함하는 개념으로 이해되어야 한다. 즉, 여론수렴은 여론수집 및 홍보까지 포함하는 개념으로 사용되기도 한다(이승종, 1992: 11).

14) 이른바 Schattschneider(1960)의 "왜곡의 동작화(mobilization of bias)" 현상이 구조화되는 것이다. 참고로 대표성 있는 주민여론을 수렴하기 위한 영국 Sheffield City의 Central Area District Plan을 간단히 소개하면 다음과 같다. 동 의회는 일반적인 시민참여과정에서 소외되기 쉬운 소수집단에게 특별한 관심을 갖고자 하였다. 그리하여 대중매체를 통한 홍보, 전시회, 영화, 편지, 공중집회 등과 같은 전통적인 PR방법에 부가하여 9개 목표집단(여성, 소년소녀 가장, 노인, 장애인, 실업자, 저소득자, 청소년, 소수민족 — 아시안 및 남미 아프리카인)을 설정하여 자문회의를 구성하였다. 의원은 이러한 자문회의를 주관함으로써 소외집단으로부터의 여론을 청취하여 정책도출에 반영하였다(관련행정기관도 동 자문위원회에 대표를 파견하였다). 이와 같은 자문회의의 운영은 참여자에게는 정책과정에 대한 효능감 증대를, 의원에게는 소외집단으로부터의 생생한 여론확보를, 그리고 전체적으로는 주민－의원간 유대강화라는 긍정적 효과를 가져온 것으로 평가되고 있다(Gyford, 1991: 75).

구체적으로 지방의회는 대표성 있는 여론수렴을 위하여 ① 보편성 있는 주민조직(예, 반상회)을 통한 여론수렴, ② 광범한 여론조사(survey), ③ 소외집단과의 의사소통경로 확보, ④ 객관적이고 중립적인 공청회, 토론회 등을 적극적으로 시행할 것이 요청된다 하겠다.

5) 의원수의 적정화

의원의 수는 의원과 주민과의 관계에 영향을 주는 중요한 변수이다. 즉, 의원의 수가 많으면 상대적으로 주민－의원관계는 접촉기회의 증대로 보다 긴밀해질 가능성이 있으며, 의원의 수가 적으면 주민－의원관계는 접촉기회의 감소로 약화될 가능성이 있는 것이다. 현재 우리나라의 지방의원(기초) 1인당 주민의 수는 약 17,000명으로서, 영국의 1,800명, 그리고 대개의 서방국가의 경우 250~ 450명 정도인 것과 비교하여(Barron et al., 1991: 193) 과다한 형편이다. 이런 점에서 볼 때 과연 주민－의원관계가 긴밀할 수 있겠는가가 근본적으로 의문시된다. 생각건대, 주민－의원관계의 강화를 위하여는 의원의 수(기초)를 적정한 범위 내에서 상향조정하는 것이 필요할 것이다(광역의원은 주민과의 직접 대표성이 상대적으로 약하므로 논외로 한다). 예컨대, Sweden이 1970년대에 의원수를 대폭 축소하였다가 최근에 주민－의원과의 유대강화를 위하여 의원수를 다시 증가시킨 경험은 우리에게 중요한 참고가 된다(Barron et al., 1991: 192). 다만, 현 자치구역체계하에서 자치단체당 의원수만 증가시킬 것인가, 또는 자치구역을 보다 세분화함으로써 의원수를 증가시킬 것인가 하는 문제에 대하여는 별도의 논의가 필요하다 하겠다.[15] 아울러 의원정수의 변경 논의는 지방의원의 유급제 논의와 별개로 다루어지기 어려운 성질의 것이라는 점을 지적해 둔다.

---

15) 참고로 우리나라의 시·군·구당 평균 인구는 약 17만 명으로서 영국 122,000명, Sweden 29,000명, 덴마크 17,000명, Australia 14,000명, 미국 12,000명, New Zealand 8,000명, Italy 6,700명, Canada 5,000명, France 1,300명, 서독 2,694명 등에 비하여 월등히 높음을 지적해 둔다(Barron et al., 1991: 192).

3. 주민활동 강화

1) 주민의식의 고양

의원으로 하여금 주민대표로서의 역할을 충실히 수행하게 하기 위하여는 즉, 주민-의원 관계의 정립을 위하여는 기본적으로 주민의식(또는 시민의식, citi- zenship)의 함양이 필요하다. 주민의식이 낮아 대표로 선출된 의원의 활동에 대하여 주민이 무관심할 경우, 의원은 주민의 이익에 반하는 무책임한 의사결정을 할 수도 있을 것이기 때문이다. 이는 [그림 6-1]에 나타난 바와 같이 의원의 의사결정 양태는 주민의식 또는 행태에 직접적인 영향을 받게 된다는 사실에서 쉽게 이해된다.

주민의식이라 함은 "지역공동체의 일원으로서 공동체의 유지·발전을 위하여 필요한 권리·의무를 행사하는 의식"이라 하겠는바(Barbalet, 1988: 2; 최호준, 1987: 245 참조), 여기에서 주민의 지방행정과정에의 직·간접의 참여는 지역공동체의 일원으로서의 권리이자 의무에 해당하는 것이라 하겠다. 즉, 앞서 지적했듯이 주민은 의원활동에 대한 감시·협조를 통하여 의원이 대표역할을 충실히 수행토록 담보하는 노력을 기울여야 한다는 것이다. 그럼에도 불구하고 우리의 경우, 지방의원의 활동에 대한 주민의 관심은 매우 미흡한 실정으로 문제시된다.[17] 더욱 문제시되는 것은 주민의 의원활동에 대한 관심이 오히려 저

그림 6-1 | 주민의식과 의원의 의사결정[16]

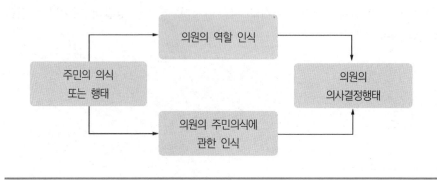

---

16) Dalton(1988: 211)의 모형을 수정한 것임.

하되고 있는 현상마저 발견되고 있다는 점이다. 예컨대, 1993. 4. 1자 경북일보에 의하면 영천시·군 의회의 방청주민 수가 매 회기마다 감소하고 있다는 것이다. 이 같은 현상은 물론 주민의식 외에도 홍보부족, 생업에의 지장, 접근성 등 여러 가지 요인의 복합적인 결과라 하겠으나 여하튼 우려되는 바 없지 않다 할 것이다.

구체적으로 주민의식은 어떠한 방향으로 정향되어야 하는가? 요약해서 말하자면 주민은 행정의 객체적 지위를 탈피하여 행정과정에 대한 주권적 지위를 갖도록 노력할 것이 요청된다. 이와 관련하여 주민들은 종래의 납세자 (ratepayer)에서 주주(shareholder)로, 고객(client)에서 소비자(consumer)로, 투표자 (voter)에서 시민(citizen)으로 변모되는 것이 바람직하다고 한 Gyford(1991: 181)의 주장은 우리에게 보다 구체적인 지침을 제공해 주므로 주목된다.

끝으로, 주민의식의 고양을 위하여는 ① 시민강좌, 개방학교, 지방언론매체 등을 통한 지속적 사회교육의 실시, ② 지방행정 및 의정활동에 대한 적극적 홍보, ③ 주민조직의 활성화, ④ 건의사항의 성실한 수렴, ⑤ 참여기회의 확대 등이 필요하다 하겠다.

2) 주민참여기회 확대

(1) 기본방향: 사전적 참여기회의 부여

주민의식의 고양노력과 함께 주민의식의 동작화를 위한 참여기회의 확대가 필요하다. 참여기회의 부여와 관련하여 우선적으로 논의될 사항은 참여기회가 언제 주민에게 주어져야 하느냐 하는 문제이다. 의원활동에 대한 주민의 참여기회는 의사결정 이전 단계에 주어질 수도 있고, 의사결정 이후 단계에 주어질 수도 있다. 그런데 일반적으로 주민의 의원(또는 공무원)에 대한 접촉(또는 공무원에 대한 접촉)은 사후적으로 이루어지는 것으로 인식되고 있다. 즉, 의원 또는 공무원의 주민에 대한 접촉은 기존의 어떠한 구체적 결정이 불합리하다고 판단될 경우에 사후적·교정적으로 이루어진다는 것이다 (Mellors & Copperthwaite, 1987: 205).[18] 그러나 의사결정의 시정가능성 및 시정

---

17) 이는 이미 2장에서 언급한 설문조사 결과에서 지적된 바 있다([표 6-1]~[표 6-5] 분석결과 참조).
18) 단, 상대적으로 볼 때 주민-의원간 접촉이 주민-공무원간 접촉에 비하여 보다 사전적·예방적인 경향이 있을 것으로 생각된다. 이는 주민-공무원간 접촉이 주로 정책의 집행과정에서 생기는 문제의 사후적·교정적 목적으로 발생하는 경우가 많은 데서 기인한다.

에 따른 수혜의 범위 등을 고려할 때 참여의 기회는 사전적·예방적으로 부여되는 것이 바람직하다.

(2) 감시·협조 기회의 확대

주민에게 의원의 의정활동에 대한 감시 또는 협조기회 부여를 위하여는: 첫째, 현재 일부지역에서 주민이 자발적으로 조직하고 있는 의정감시단, 의정지기단과 같은 주민의 자발적 활동의 확대가 바람직하다. 의정활동에 대한 감시활동은 특히 우리나라 지방의원의 경우, 그 구성에 있어 사회적 대표성이 미흡하기 때문에 특히 중시되어야 한다.[19] 아울러 의정감시활동의 효과성 증대를 위하여는 일반주민과 학계와의 연계노력이 바람직할 것이다.

둘째, 주민조직이 활성화 되어야 한다. 이는 특히 조직을 통한 집단참여가 주민개인에 의한 참여에 비하여 상대적으로 사전적·교정적인 데서 중시되어야 한다. 주민조직의 활성화를 위하여는 ① 조직의 독립성과 자율성의 보장, ② 최소한의 경비지원,[20] ③ 주민조직을 통한 여론수렴 활성화, ④ 유사한 주민조직의 연합 도모 등의 노력이 필요할 것이다.[21]

(3) 주민-의원간 접촉기회 확대

주민-의원간 접촉기회 확대를 위하여는: 첫째, 의회운영의 공개가 확대되는 것이 바람직하다. 현재 방청제도가 운영되고 있으나 방청을 확대하기 위하여 의사일정, 안건 등에 대한 적극적 홍보가 필요하다. 나아가서 전북 완주군 의회가 처음으로 도입한 방청인의 의회발언허용도 전향적으로 수용하는 것이 바람직하다고 본다. 단, 완주군의 경우와 같이 발언허용 범위를 이해관계인에 한정하는 것은 형평의 원칙에 어긋나므로 바람직하지 않다고 본다. 또한 방

---

19) 초기 지방의원 중 전문직 및 기업체 임직원 비율은 광역의원의 경우 56.8%, 기초의원의 경우 35.2%로 중산층이 과다대표된 것으로 지적된 바 있으며, 이러한 현상은 여전히 시정되지 않고 있는 실정이다. 기초자치단체의 규모가 과대한 것도 중산층이 과다대표되는 한 원인으로 작용한 것으로 판단된다. 이러한 와중에 최근 선거구를 중선거구로 확대하자는 의견이 대두되고 있으나, 대표성의 문제차원에서 볼 때, 선거구의 확대는 중산층 과다대표의 문제를 더욱 악화시킬 것이라는 점이 지적되어야 한다.

20) 일본의 경우 주민조직에 보조금을 교부하는 市町村은 1,680단체로서 전체의 51.4%에 달하고 있음을 참고할 것(杉田憲正, 1981). 단, 지나친 경비지원은 주민조직을 관변단체화로 변질시킬 우려가 있으므로 제한되어야 함.

21) 주민-의원관계와 관련하여 가장 중시해야 할 주민조직은 반상회이다. 반상회의 체계적 조직구상에 대하여는 이승종(1992: 62-66) 참조.

청인의 발언허용은 출신지역 의원의 소개가 아닌 의회 또는 위원회의 의결로 서 할 것이 요청된다 하겠다.

둘째, 앞서 제시한 주민조직에 대한 의원의 참여확대 및 공청회, 토론회, 여론조사 등의 적극시행이 필요하다. 단, 이들 방안의 시행시기는 기본방향에 서 언급한 바와 같이 의사결정 이전에 예방적으로 시행되는 것이 바람직하다.

4. 환경적 요인

주민-의원관계의 정립을 위하여는 앞서 제시한 방향 외에 다음과 같은 환경적 요인의 충족이 필요하다.

1) 공무원의 협조 I : 의원활동에 대한 적극적 대응

공무원의 협조는 주민-의원간 관계의 정립을 위한 불가결의 요소이다. 공무원이 주민-의원 경로를 통하여 전달된 주민여론을 적극적으로 수용할 경 우, 의원의 여론수렴노력이 활성화되고 주민의 대 의원관계에 대한 관심이 제 고됨으로써 주민-의회관계가 긴밀해질 수 있기 때문이다(공무원이 비협조적인 경우는 그 반대이다).[22]

강조할 것은 공무원의 협조적 태도는 주민-의원 관계의 정립을 위하여 뿐만 아니라 공무원에게도 이득이 있다는 점이다. 즉, 공무원들도 원활한 행정 수행을 위하여 여론의 파악이 필요하겠는바, 공무원은 의원을 통하여 전달되 는 여론을 수용함으로써 여론수렴을 위한 추가적인 비용·노력을 경감할 수 있 는 것이다.[23] 더욱이 앞서 지적했듯이(각주 19 참조) 일반적으로 주민-공무원 간 접촉은 상대적으로 문제에 대한 사후적·교정적인 경우가 많은 데 비하여 주민-의원간 접촉은 상대적으로 사전적·예방적인 접촉인 경우가 많다 하겠 는바(Mellors & Copperthwaite, 1987: 206), 공무원은 의원을 통한 여론수렴기회를

---

22) 예컨대, 앞서 각주 16에서 제시한 영국 Sheffield City의 자문위원회 운영사례의 경우, 그 성공적 운영을 위하여는 무엇보다도 공무원의 협조가 중요한 요인으로 작용한 것으로 평가받고 있다. 즉, 공무원은 자문회의와 관련하여 회의진행협조, 의사기록, 제안설명, 회의장소 마련과 같은 협 조와 아울러 무엇보다 중립적 자세로서 관련사안에 대한 주민의 의견이 최대한 반영되도록 촉 진하는 역할을 담당함으로써 자문회의의 성공적 운영에 기여하였던 것이다(Gyford, 1991: 75).
23) 이 같은 효과는 현재 집행기관의 여론수렴활동이 부진하기 때문에 더욱 두드러진다. 집행기관 의 여론수렴활동의 실태 및 개선방향에 대하여는 이승종(1992) 참조.

적극 활용함으로써 공무원 자신만에 의한 여론수렴에 따른 취약점을 보완할 수 있다는 점을 중시해야 할 것이다. 공무원의 협조제고를 위하여는 공무원의 인식제고를 위한 교육, 공무원의 의회참관, 의원과 공무원의 정례적 회합이 지속적으로 이루어질 것이 요청된다. 의원과 공무원의 회합에 있어서는 의원과 고위직 공무원과의 회합도 필요하겠지만 의원과 실무공무원의 회합이 특히 중시되어야 한다.

2) 공무원의 협조 II: 행정정보공개

주민-의원관계와 관련하여 의원의 주민대표역할의 충실한 수행 및 그의 대상으로서의 주민여론의 건전화를 위하여는 행정정보의 공개가 필수적이다. 문제는 대부분의 행정정보는 공무원이 독점하고 있으며, 공무원은 일반적으로 정보공개에 소극적이라는 점이다. 그러나 주민-의원관계를 통하여 건전한 주민여론이 행정과정에 전달되도록 하기 위하여는 공무원의 적극적인 행정정보 공개 노력이 절실히 요청된다. 다행히 1992년 청주시에서의 정보공개조례제정을 시발점으로 지방과 중앙단위에서의 정보공개 노력이 구체화되었다. 그러나 지적할 것은 아무리 정보공개 관련법규가 마련되어 있다 하더라도 공무원의 자발적 노력 없이 실질적인 공개가 이루어지기는 어렵다는 점이다. 그렇기 때문에 정보공개의 수행에 있어서 주민의 청구에 의한 소극적인 정보공개보다는 오히려 공무원의 자발적인 정보공표가 강조되어야 할 것이다.[24]

3) 지방분권의 내실화

제 2 장에서 미흡한 분권화로 인하여 주민과 의원이 지방보다는 중앙의 정치·행정과정에 더욱 많은 관심을 갖게 되고, 이는 주민-의원관계 정립에 장애요인으로 작용함을 지적한 바 있다. 이 같은 논의는 주민-의원관계의 정립을 위하여도 지방분권화는 내실화되어야 함을 가르쳐주는 것이다.

지방자치의 내실화를 위하여는 적정한 사무(기능), 재원 및 자치입법권(조례제정권)의 지방정부로의 이양이 이루어져야 할 것이다. 물론 국정의 통합성, 지방행정의 책임성 확보 및 지역간의 균형발전 등을 고려하건대 지나친 분권화는 오히려 부작용이 클 우려가 있겠으나 1995년 지방자치제의 재개 이후 현

---

24) 지방단위에서의 정보공개에 대하여는 이승종(1991a) 참조.

재까지의 분권화 정도는 지나친 분권화에 대한 우려를 하기에는 매우 미흡한 형편이라 하겠다.

4) 의회위상 강화

제2장에서 지적한 바와 같이 주민－의원 관계의 정상화 입장에서 볼 때, 지방의회에 대한 집행부의 과도한 우위현상은 지양되어야 한다. 집행부의 대의회우위현상이 과도할 경우, 실효성 없는 의원(또는 의회) 활동에 대한 주민의 관심은 저하되게 되고 이에 따라 의원을 통한 주민여론의 행정과정에의 반영은 더욱 저하될 것이기 때문이다. 따라서 지방의회의 위상강화를 위한 노력이 필요하다고 본다. 이를 위하여는 지방의회의 의결권의 범위확대, 의회와 집행부 간의 해산권 및 불신임권의 인정 등의 제도적 조치의 검토와 함께 앞서 제시한 의원능력발전 프로그램, 행정정보공개 등이 활성화되어야 할 것이다.

Ⅳ 결 론

지금까지 대의제 민주제하에서 주민－의원관계가 주민과 지방행정을 연결하는 가장 중요한 통로라는 전제하에서 주민－의원관계의 정립방향에 대하여 간단히 논의하였다.

강조할 것은 주민과 지방행정과의 연계통로로서의 주민－의원관계의 정립에 대한 논의가 공무원 집단, 언론매체, 정당 또는 직접참여와 같은 다른 연계기제의 중요성을 부인하는 것으로 인식되어서는 아니 된다는 점이다. 결국 주민－의원 관계정립의 의의가 주민의사의 행정과정에의 반영을 통한 주민복지증진에 있다고 할 때, 다른 연계통로도 그러한 목적에 부합하는 한 같이 중시되어야 하기 때문이다. 즉, 다양한 연계통로는 상호보완적인 역할을 하는 것으로서 동시에 활성화가 모색될 필요가 있다.

주민여론을 지방행정과정에 연결하는 통로로서 의원과 함께 특히 중시할 것은 공무원 집단이다. 공무원은 의원 못지않게 주민과 빈번한 접촉을 갖는 집단이기 때문이다.[25] 이러한 논의는 결국 주민여론의 행정과정에의 반영을 통

---

25) 주민－의원간 접촉과 주민－공무원간 접촉 중 어느 편이 더욱 빈번한가에 대하여는 주장이 엇갈린다. 예컨대, 외국의 경우 Eisinger(1992), Skogan(1975)은 주민－의원간 접촉이 더 빈번하다

한 주민복지 증진을 위하여는 의원과 공무원의 역할이 함께 강조되어야 함을 가르쳐주는 것이다. 그러나 가장 중요한 요소는 사회의 주인으로서의 주민 스스로의 인식이라 하겠다. 주민의 주인의식이 전제되어야만 의원이나 공무원의 봉사정신이 도출될 수 있을 것이기 때문이다.

고 한 반면, Mellors & Copperthwaite(1987)는 주민-공무원간 접촉이 더욱 빈번한 것으로 보고하고 있다. 우리의 경우 어떠한지에 대하여는 실증적 조사가 필요한 실정이다.

Ⅰ 서 론

1991년에 이르러 지방자치가 재개되면서 일반지방자치와는 별도로 분리·독립형의 지방교육자치제가 시행되어 왔다.[1] 즉, 지방교육행정을 수행하기 위한 기구로서 별도의 집행기관인 교육감을 두고 있는 것이다. 그러나 이러한 지방교육자치제의 시행과정에 있어 교육감 및 교육의원[2]의 선출과정에서의 잡음, 일반지방자치와 지방교육자치와의 연계부족에 따른 비능률 등 많은 문제점이 노정되면서 지방교육자치제의 개선요구가 점고되어 왔다.

그리하여 지금까지 교육위원회의 위상과 구성, 교육감의 선출, 지방교육자치의 시행단위, 지방교육행정기관의 구조, 지방교육재정, 학교운영위원회 등의 문제를 중심으로 지방교육자치제의 개선을 위한 다양한 논의와 주장이 제기되어 왔다. 그러나 다양한 외양과는 달리 기본적으로 지방교육자치의 개선에 관한 논의는 기본적으로 일반지방자치기구와 지방교육자치기구를 현재처럼 이원화할 것인가 또는 일원화체제로 통합할 것인가라는 문제로 요약된다(김재웅, 1998). 이 문제에 대하여 교육학계는 대체로 헌법 제31조 4항이 규정하고 있는 교육의 자주성, 전문성, 정치적 중립성을 보장하기 위하여는 지방자치단체의 교육사무를 지방자치단체의 일반행정기관으로부터 분리·독립된 별개의 교육

---

1) 일반적으로 지방교육자치를 교육자치로 줄여 부르는 경향이 있다(김신복, 1985). 그러나 김재웅 (1998)이 지적하듯이 교육자치는 교육활동상의 자율성 보장으로서 반드시 지방교육자치에 한하는 것은 아니므로 지방교육자치와 교육자치를 개념상 구분할 필요가 있을 것이다. 한편, 교육자치라는 개념이 자칫 교육행정기관의 일반행정으로부터의 독립이나 교육자자치를 연상케 한다는 우려에서 자치교육이라는 개념을 쓰는 경우도 있다(김병준, 1998).

2) 2014년 6월 지방선거부터는 특별자치법에 의하여 교육의원을 별도로 선출하도록 되어있는 제주특별자치도를 제외하고 별도의 교육의원을 선출하지 않고 있다.

행정기관이 처리해야 한다고 주장하면서 지방교육행정기구의 독립성을 더욱 강화하고자 한다(김종철 외, 1985). 반면, 행정학계를 중심으로 일각에서는 지방교육자치는 전체 지방자치의 일환으로 수행되는 것이라며 분리·독립에 반대하는 입장을 취한다(김병준, 1998; 정세욱, 1996). 중간적인 입장도 관찰된다. 예컨대, 교육부 지방교육자치제도 개선특별위원회(1999)가 제시한 합의제 집행기관안은 기본적으로 일반지방행정기관과 지방교육행정기관과의 연계성을 증대시키면서도 지방교육행정기관의 독립성을 보장하려는 입장을 취하고 있다. 그러나 앞에서 지적한 바와 같이 이렇듯 상충하는 의견은 근본적으로 지방교육자치에 관한 이해의 차이에서 연원하는 것이며, 따라서 지방교육자치의 발전방향과 관련한 이견 해소를 위하여는 우선적으로 지방교육자치에 대한 적실한 이해노력이 선행되어야 한다.

이러한 문제의식에 입각하여 본 장은 먼저 지방교육자치가 무엇인가를 밝히고, 이에 기초하여 현행 지방교육행정체제의 현황과 문제점을 살핀 다음, 개선방안을 제시하고자 한다.

⏸ 지방교육자치란 무엇인가

지방교육자치가 무엇인가에 대한 이해를 위하여는 먼저 지방자치가 무엇인가에 대한 이해가 필요하다. 지방자치란 일정한 지역의 주민들이 스스로 또는 대표(지방자치단체)를 통하여 지역의 공공사무를 자율적으로 처리하는 제도이며(최창호, 1995: 44), 지방분권과 참여 및 정부의 계층중립성을 그 본질적 요소로 포함한다. 여기에서 지방자치의 본질적 요소로서 세 가지 항목을 제시하는 데 대한 설명이 필요하다. 일반적으로는 지방자치의 기본요소는 분권과 참여로 규정되고 있다. 그러나 사회의 이질적 계층구성을 고려한다면(Dahl, 1982), 분권과 참여 외에 기득권층에 대한 정부의 중립을 추가요소로 포함할 것이 요구된다(이승종, 1996b). 이때 정부의 중립성이란 정부가 특정계층에 대하여 편파적으로 대응하지 않는다는 점을 가리키는 것인바, 실제적으로는 기득권층의 영향력에 대한 정부의 자율적 대응을 강조하기 위한 개념으로서 Gurr와 King(1987: 57)이 제시한 제2유형의 자율성에 관련되는 것이다.

지방교육자치란 기본적으로 지방자치의 일환으로 수행되는 것으로서 교육사무에 대한 지방자치의 성격을 갖는다. 그러므로, 교육자치란 일정한 지역의 교육사무를 지역의 주민들이 스스로 또는 대표를 통하여 자율적으로 처리하게 하는 제도로서 이해된다(조성일·안세근, 1996: 27). 이와 같이 지방교육자치를 교육사무에 대한 지방자치로 이해할 때, 지방교육자치의 본질적 구성요소 역시 교육사무분야에 있어서의 지방분권, 주민참여 및 정부의 중립성이라 할 수 있을 것이다. 요컨대, 대상사무의 종류만이 다를 뿐, 지방교육자치 역시 기본적으로 지방자치와 차이가 없는 것이다. 다만, 교육사무의 특수성 및 중요성을 고려하여 일반지방자치와 별도의 취급을 하고 있을 뿐이며, 따라서 이 같은 별도의 취급은 어디까지나 지방자치라는 틀 안에서 고려되는 것이 마땅하다(교육부, 1999).

그러나, 실제에 있어서 지방교육자치가 무엇인가에 대하여는 관점의 차이를 보인다. 대개의 경우, 지방교육자치가 지방교육사무에 대한 지방의 자율적 처리제도라는 원론적 개념정의에는 동의하면서도 지방교육자치를 구성하는 본질적인 요소가 무엇인가에 대하여는 다른 각도에서 파악하고 따라서 다른 처방을 제시하고 있는 실정이다.

1. 교육행정기관의 자치로 보는 관점

교육계를 중심으로 편만하여 있는 이 견해는 지방교육행정기관의 독자성을 강조하면서 "일반지방행정기관과 지방교육행정기관과의 관계"를 중심으로 지방교육자치를 규정하려 한다(옹정근, 1993). 물론 이러한 관점에서도 지방교육자치가 일반지방자치의 부분으로서 수행되는 점이 정면으로 부정되지는 않는다. 그리하여 지방교육자치제의 기본원리로서 분리·독립, 전문적 관리와 함께 지방분권 및 주민통제가 제시하기도 한다(김영식·최희선, 1988). 그러나 이러한 견해를 주창하는 집단의 주요 관심은 어디까지나 교육의 특수성 고려에 경도되어 있으며 따라서 다른 것에 우선하여 지방교육행정기관의 분리·독립을 강조하게 된다.[3] 구체적으로, 이들은 지방교육자치의 목적이 교육의 자주성, 전문성, 중립성의 보장에 있으며 이러한 목적달성을 위하여는 분리형이 유리

---

3) 그리하여, 조성일·안세근(1996: 27)은 지방교육자치를 교육·학예에 관한 사무에 대한 지방의 자율적 처리로 이해하면서도 그 본질적 요소로서는 일반행정으로부터 분리·독립과 지방 분권을 제시하고 있는 모순을 보이기도 한다.

한 제도임을 주장한다(조성일·안세근, 1996; 김신복, 1985). 대체적으로 이들의 견해는 지방교육행정의 분리독립을 통하여만 교육의 자주성, 전문성, 중립성이 담보될 수 있다는 점, 교육은 교육전문가에 의하여 수행되는 것이 바람직하다는 등의 논리에 의하여 지지되고 있으나, 종종 교육자 이외의 참여를 배제하는 경향을 띠면서 영역이기주의의 모습을 보이기도 한다.

지적할 것은 앞에서 제시하였듯이 지방교육자치의 본질은 중앙으로부터 지방으로의 교육분권, 그리고 교육활동에 대한 주민참여에 있는 것이며, 교육행정의 일반행정으로부터의 독립에 있지 않다는 점이다. 그럼에도 불구하고 이들의 견해는 마치 양 기관간의 분리통합문제가 지방교육자치의 핵심적 사안인 것처럼 호도함으로써 양 영역간의 필요한 연계를 차단할 뿐만 아니라, 결과적으로 교육계의 불필요한 독자적 영역의 구축수단으로 오용될 우려가 있다는 점에서 비판의 소지가 있다.

생각건대, 교육의 자주성, 전문성, 중립성은 기본적으로 교수－학습현장에서의 자주성, 전문성, 중립성을 의미하는 것이라 할 때(이기우, 1997; 김재웅, 1998) 과연 일반지방행정과 지방교육행정과의 분리·독립이 그와 같은 목표가치들과 유의미한 관계에 있는가에 대하여는 회의적일 수밖에 없다. 아울러, 일반지방행정과 지방교육행정 간의 분리여부는 어디까지나 지방교육자치의 목적달성이라는 평가기준에 의하여 판단될 문제라는 점에서 이들의 견해를 그대로 수용하기는 곤란하다.

2. 교육주체의 자치로 보는 관점

앞의 견해와 대비되는 것으로서 지방교육자치를 "지방"의 자치라는 관점에서가 아니라 교육현장에서의 "교육주체의 자치"로서 파악하는 관점이 있다. 예컨대, 이기우(1997, 1998)는 지방교육자치를 교육의 주체가 교육행정기관의 획일적인 규제와 간섭으로부터 독립하여 법규의 범위 내에서 자기책임하에 교육을 하도록 보장함으로써 교육의 목적을 달성하기 위한 제도로서 이해하고 있다.4) 이러한 입장에 따르면 지방교육자치란 결국 교육현장에 있어서의 교육

---

4) 초기에 이기우(1997)는 교육주체의 범위를 교사에 한하였다가 후에(1998) 학생, 학부모로 확장하는 변화를 보이고 있는바, 교육활동이 교사, 학생, 학부모, 또는 지역주민 간의 상호작용이라는 점을 생각할 때, 올바른 관점의 변화라 하겠다.

주체의 교육활동상의 자율성을 보장하기 위한 제도 즉, 학교자치에 다름 아니며 따라서 "교육주체(또는 단위학교)와 교육행정기관과의 관계"를 기초로 지방교육자치를 파악하게 된다.[5]

이러한 입장은 지방교육자치의 궁극적 지향점으로서의 교육현장에서의 자율성 보장에 적절히 비중을 두게 된다는 점 외에도 지방교육자치와 본질적 연관이 적은 지방교육행정기관과 일반지방행정기관과의 분리·독립문제를 부차적인 문제로서 파악하게 된다는 점에서 평가받아야 한다.

지적할 것은 이러한 견해는 기본적으로 교육자치를 "기능적 자치"(또는 영역적 자치)로 파악하는 것으로서 지역적 자치의 성격을 갖는 지방교육자치와는 차원을 달리하는 개념이라는 점이다. 즉, 기능적 자치로서의 교육자치는 지방자치의 실시여부와 상관없이 교육행정기관과 교육주체와의 관계에서 검토될 수 있는 사안이라는 것이다. 이는 예컨대, 대학자치가 지방자치와 무관히 거론될 수 있다는 사실에서도 확인된다. 물론 이러한 의미의 교육자치는 중앙뿐 아니라 지방에서도 시행되는 것이라는 점에서 지방교육자치와 무관한 것은 아니다. 그러나 기본적으로 이와 같은 교육자치의 주 관심은 교육의 기능적 자치에 있으며, 교육사무의 지방적 처리에 있지 않다는 점에서 동일시되기 어려운 측면이 있다. 또한 이와 같이 지방교육자치를 기능적 자치차원에서 파악할 경우, 교육주체의 자율성 내지는 참여문제가 부각되는 대신 지방자치의 또 다른 핵심요소인 지방분권문제나 정부의 중립성문제가 소홀히 다루어질 우려가 크므로 전폭적으로 수용하기 어렵다.

---

5) 이기우(1998)에 있어서 교육자치란 학교자치에 다름 아니며, 지방교육자치와도 구분되는 개념이다. 이와 유사하게 김재웅(1998) 역시 교육자치를 지방교육자치와 구분하여 사용한다. 다만, 김재웅은 교육주체를 단위학교의 교사, 학생, 학부모뿐만 아니라 학교, 지방정부, 중앙정부를 포괄하는 것으로 규정함으로써 교육자치와 학교자치를 구분하고 있다는 점에서 차이를 보인다. 생각건대, 기능적 자치(또는 영역적 자치)로서의 교육자치는 학교에서의 교육활동만을 포함하는 것은 아니며 학교 밖, 중앙 및 지방차원의 교육활동에 공히 적용되는 것이므로 이기우의 경우와 같이 학교자치와 동일시하는 것은 한계가 있다 할 것이다. 따라서 김재웅과 같이 영역적 자치 개념에 한정하여 교육자치라는 용어를 사용하되, 지방차원에서의 교육자치에 대하여는 지방교육자치, 단위학교에서의 자치에 대하여는 학교자치라는 용어를 사용하는 것이 개념상 혼란을 막는 조치가 될 것이다.

3. 지방자치의 일환으로 보는 관점

앞의 두 견해는 지방교육자치에 대한 적실한 이해와는 거리가 있다. 즉, 전자는 지방교육행정기능과 일반지방행정기능의 분리·독립에, 후자는 교육행정기관의 간섭으로부터 교육활동의 독립성 보장에 초점을 둠으로써 지방교육자치 역시 지방자치제도의 부분이라는 점을 간과하고 있는 것이다. 요컨대, 두 견해 모두 지방교육자치를 지방자치의 틀 안에서 접근하지 않음으로써 지방교육자치의 본질적 요소인 분권, 참여 및 중립성의 일부 또는 전부를 소홀히 취급하게 되고 결국 지방교육자치의 바람직한 발전을 저해하고 있는 것이다.[6]

이러한 한계를 극복하기 위하여는 지방교육자치를 지방자치의 틀 안에서 접근함으로써 지방교육자치의 본질적 요소인 교육사무의 지방분권, 주민참여 및 정부의 중립성이 균형되게 강조되도록 하여야 한다. 즉, "교육자치"의 지방적 성격에 초점을 맞춤으로써 교육의 특수성뿐만 아니라 지방자치의 기본요소

표 7-1 | 지방교육자치에 대한 세 가지 관점의 비교

	교육행정기관의 자치	교육주체의 자치	지방교육자치
강조측면	일반교육기관과 교육행정기관 간 관계	교육행정기구와 교육주체 간 관계	중앙-지방관계, 교육행정기관과 교육주체와의 관계 및 정부-기득권층의 관계
지향방향	교육영역의 독자성(교육자자치)	교육주체의 자율성	교육의 자율성 지방자치 발전
일반-교육관계	분리·독립	통합	통합
교육의 특수성	매우 강조	강조	강조
분권의 성격	기능분권	기능분권	지역분권, 기능분권
주요 참여자	교육자	교육주체	교육주체 및 주민
처 방	일반-교육행정의 분리·독립보장	교육현장의 자율성	교육의 지방분권, 교육현장의 자율성, 정부의 중립성

---

6) 전자는 세 가지 문제 모두를, 후자는 분권과 정부의 중립성 문제를 소홀히 하게 된다.

인 분권과 참여와 계층중립성을 동시에 고려할 수 있어야 한다. 그리고 이 경우 지방교육자치는 "중앙과 지방과의 관계, 행정기관과 교육주체와의 관계 및 정부와 기득권층에 대한 관계"에 비중을 두고 파악하게 된다. 참고로 이상에서 논의한 지방교육자치에 대한 세 가지 관점을 비교하면 [표 7-1]과 같이 요약될 수 있다.

4. 종 합

이상에서 살펴본 바와 같이 지방교육자치의 발전을 위한 처방간의 현격한 차이는 기본적으로 지방교육자치에 대한 이해의 혼란에서 비롯되는 바 크다. 지방교육자치에 대한 이해의 혼란상은 이기우(1997)의 지적과 같이 예컨대, 상당수의 교육단체나 교사들이 교육주체와 단위학교의 자율성과 참여를 주장하면서도 교육행정기관의 분리·독립을 주장하고 있는 현상에서 단적으로 확인된다. 그렇기 때문에 지방교육자치에 관하여 보다 합의된 정책방향의 도출을 위하여는 먼저 지방교육자치에 대한 적실한 이해가 선행되어야 하는 것이다.

이와 관련하여 본 장은 지방교육자치가 지방자치의 일환으로 수행되는 것으로서 이해하여야 함을 제시하였거니와, 기존의 지방교육자치에 관한 논의에 대하여 본 장이 제시하는 바는 다음 두 가지로 요약된다. 첫째, 지방교육자치의 본질에는 일반지방행정과 지방교육행정 간의 분리·독립이 포함되어 있지 않다는 점이다. 즉, 지방교육자치는 지방자치의 일환으로 수행되는 것이며, 따라서 특별한 사유가 없는 한 일반지방사무와 지방교육사무는 통합지방행정기관에 의하여 수행되어야 한다는 것이다. 둘째, 지방교육자치의 목적달성을 위하여는 일반지방행정과 지방교육행정 간의 분리·독립보다는 교육분야에서의 지방분권과 참여, 그리고 정부의 중립적 행동이 강조되어야 한다는 점이다.

이하에서는 이러한 논의를 바탕으로 현행 분리형 지방교육자치제의 문제점을 진단하고 이에 기초하여 지방교육자치제의 개편방향을 제시하고자 한다.

III 지방교육자치제의 현황과 문제점

1. 현　황

　　현행 지방교육자치제는 지방자치법 제135조 제1항의 "지방자치단체의 교육, 과학 및 체육에 관한 사무를 분장하기 위하여 별도의 기관을 둔다"라는 조항에 근거하여 일반지방행정기관으로부터 독립된 분리형 지방교육행정체제를 유지하고 있다. 아울러 동 조항에 따라 제정된 지방교육자치에 관한 법률 제2조에 의하여 지방교육자치는 시도수준에서 시행되고 있다. 그러므로 시군구 단위에 설치되어 있는 교육청은 자치기관이 아니며 시도교육청의 하부행정기관일 뿐이다.

　　지방교육자치의 행정기구는 일반지방자치가 기관병립형을 채택하고 있는 것과 마찬가지로 의결기관으로서의 지방의회와 집행기관으로서의 교육감을 병설하고 있다. 단, 지방의회에 교육사무를 처리하기 위하여 교육위원회를 상임위원회로 설치하여 교육관련 의결기능을 수행하도록 하고 있다. 교육위원회는 특별법에 따라 교육의원을 별도로 선출하는 제주도를 제외하고는 일반 의원을 배정하여 운영하고 있다. 한편, 교육감의 보조기관으로 17개 시도교육청이 있고, 하부행정기관으로는 시군구단위의 지역교육청이 177개가 있으며, 시군구교육장은 임명제로 운영되고 있다.

2. 문 제 점

　　전체적으로 볼 때, 지방교육자치제는 오늘에 이르기까지 교육감 및 교육위원 선출방식의 변화를 제외하고는 교육의 자주성, 전문성, 중립성을 표방하면서 기본적으로 분리독립형을 유지해오고 있다. 그러나 이러한 지방교육자치제는 지방자치행정의 종합적 효율화 측면에서나, 교육주체의 실질적인 자치보장 측면에서나 문제점이 많아 개선이 요구된다. 현행 지방교육자치제는 다음과 같은 문제점을 노정하고 있는바, 이들 문제는 대체적으로 분리형 지방교육행정체제를 유지하고 있다는 점으로 환원된다.

1) 지방교육자치제의 시행목적 달성 곤란

현행 분리형 지방교육자치는 진정한 의미의 지방교육자치와는 거리가 먼 제도로서 교육행정기관의 자치 내지는 교육자자치를 보장할 수는 있어도 지방교육자치제의 궁극적 지향인 교육현장의 자율성을 보장하지 못하는 파행적인 제도이다. 서두에서 살펴본 바와 같이 지방교육자치란 지방의 교육사무를 지역주민들이 스스로 또는 대표를 통하여 자율적으로 처리하게 하는 제도인바, 이는 궁극적으로 교육성과의 제고를 위하여 교육활동의 이해관계자인 교사, 학생, 학부모, 또는 주민이 자율적으로 교육(교수-학습)활동을 수행하도록 보장하는 것이다. 그럼에도 불구하고, 현행 지방교육자치제는 마치 일반행정과 교육행정 간의 분리독립이 교육현장의 자율성을 보장하는 것처럼 호도하면서 실제로는 교육행정기관 내지는 교육자집단의 독자적 영역만을 강화하도록 운영되고 있다는 점에서 비판받아야 한다.

분리독립형의 현행 지방교육자치제가 타당하지 않음은 교육기능을 지방자치기능의 일환으로 규정하고 있는 지방자치법(제135조 제1항)을 보더라도 명백하다. 그럼에도 불구하고 교육행정의 분리를 인정하는 경우에는, 복지, 환경, 건설 등 여타 지방행정기능을 일반자치단체로부터 분리·독립시키지 않을 이유가 없게 되며 그렇게 되면 지방자치행정이 편린화됨으로써 기능통합에 기초한 지방행정의 종합적 효율화 역시 기대할 수 없게 될 것이다. 요컨대, 지방자치의 틀 밖에서 사고됨으로써 교육현장의 자율성강화와는 무관하게 일반자치단체로부터 지방교육행정기관의 분리독립만을 담보할 뿐인 현행 지방교육자치제는 개편되어야 한다.

2) 일반지방행정과 지방교육행정 간의 연계 단절

현행 분리형 지방교육자치는 일반행정과 교육행정 간의 연계를 단절시킴으로써 교육에 대한 일반행정으로부터의 행·재정적 지원노력을 원천적으로 봉쇄하고 있다. 구체적으로, 교육재정지원을 비롯하여 학교부지확보, 학교주변정화, 교육시설의 설치 및 관리 등에 있어서 일반행정의 적극적 지원을 기대하기 어려운 형편이다(박영희 외, 1991). 이러한 문제는 대전시 유성구에서 학교급식을 둘러싸고 일어났던 논란에서 확인된 바 있다. 현재는 이 문제가 제도적으로 해결되도록 변화되었으나 기본적으로 교육에 대한 책임이 단체장에 있지

않은 한 여타 교육문제에 대한 일반지방자치단체의 자발적·지속적 지원노력
은 여전히 기대하기 어려운 실정이다.

　이와 같이 지방차원에서의 교육행정과 일반행정 간의 단절은 특히 자원동
원력이 가장 큰 자치단체장의 교육에 대한 자발적 지원의사를 원천적으로 질
식시키게 된다는 점에서 문제가 크다. 열악한 교육환경이 우리 교육의 중대한
문제점으로 지속적으로 지적되고 있는 상황을 고려한다면 더욱 그러하다. 그
러나 만일 교육이 교육에 대한 유권자의 높은 관심을 의식하지 않을 수 없는
자치단체장의 책임하에 있게 된다면 자치단체장의 관심에 따라 지방자치단체
의 교육에 대한 관심과 노력의 증대가 이루어질 수 있을 것이며 이에 따라 교
육환경의 획기적 개선도 기대해볼 수 있을 것이다. 이렇듯 단체장의 지원문제
에 관한 한, 현재의 제도는 지방교육자치제 실시 이전 단체장이 교육위원회의
장직을 겸할 때에 비하여서도 후퇴된 상태라 할 것이다.

3) 유사·중복기능의 분리수행으로 인한 비효율

　현행 분리형 지방교육자치제는 일반지방행정과 유사한 기능을 지방교육행
정기관으로 하여금 분리수행하게 함으로써 행·재정적 자원의 낭비를 초래하
고 있다. 특히 서무, 시설관리, 재정관리 등은 고유한 교육업무로 보기 어려움
에도 불구하고 별도의 조직과 인력을 보유함으로써 자원의 낭비를 초래하고
있다. 조직과 인력의 중복보유뿐만 아니라 일반행정과의 협조가 필요한 관련
기능의 수행에 있어서도 기관의 분리·독립에 따라 상호협조가 미흡하여 업무
비효율을 초래하는 경우가 적지 않다. 구체적으로, 학생생활지도, 기능경기대
회참가, 청소년직업교육, 공공도서관 운영, 청소년교육시설관리, 학교주변환경
정화, 체육시설관리, 학교신설부지 선정 및 시설결정, 건축협의, 교육재정지원,
학자금지원 등의 업무는 어떠한 형태로든 일반행정과의 관련성이 깊은 업무임
에도 불구하고 양 기관 간의 연계성이 확보되지 않아 효과적 수행이 어려운
형편이다(박영희 외, 1991).

4) 기초단위에서의 지방자치 수행곤란

　지방자치란 기본적으로 주민에 근접한 행정을 근간으로 하는 것이므로 자
치의 기본단위는 기초단위이어야 하며 광역단위는 어디까지나 이차적·보완적
이어야 함에도 불구하고, 기초단위로 시행되고 있는 일반지방자치와는 달리

지방교육자치는 광역단위로 시행함으로써 교육활동에 대한 주민의 직접 또는 간접적인 참여와 통제를 곤란하게 할 뿐 아니라 교육현장(특히 학교)에의 주민 접근을 방해하고 있다. 뿐만 아니라 현행 광역단위의 지방교육자치는 기초단위에서의 일반행정과 교육행정과의 연계를 제약하고 있다. 즉, 일반지방자치는 기초단위로 시행하고 있음에도 불구하고 지방교육자치는 광역단위로 시행함으로써 기초단위에서의 일반행정과의 협의를 위하여는 광역단위의 교육행정기관을 경유하여야 하는 데 따른 행정력 낭비가 발생하고 있는 것이다.

이와 같이 광역단위의 지방교육자치를 시행하게 된 논거로서 기초수준에서의 지방교육자치 시행에 따른 비용부담 등이 제시되어 왔으나, 이는 어디까지나 분리형의 지방교육행정기관의 설치를 전제로 한 것이라는 점이 지적되어야 한다. 나아가서 이미 177개 기초단위에 교육청이 설치되어 있는 상황을 고려한다면 분리형을 폐지하고 기초단위의 지방교육자치를 시행하더라도 지금에 비하여 비용부담이 더 축소될 수 있음도 아울러 지적되어야 한다.

5) 기   타

위에서 제기한 문제 외에 지방교육행정기관의 분리·독립문제와는 차원을 달리하는 문제로서 교육업무의 지방분권 미흡에 따라 실질적인 지방교육의 자치가 어렵다는 점, 학교운영위원회의 설치에도 불구하고 그 작동을 위하여 필요한 단위학교차원의 자치체제 구축을 위한 노력이 소홀하다는 점, 사립학교가 사실상 공적 교육체제의 부분으로서 기능하고 있는 현실에도 불구하고 사립학교에서 설치되는 학교운영위원회의 심의기능을 제한하고 있는 데서 확인되듯이 교육 기득권층의 이익이 과잉보호되고 있다는 점 등을 추가적인 문제점으로 지적할 수 있다.

이상에서 보았듯이, 현행 분리형 지방교육자치체제는 교육의 자주성, 전문성, 중립성을 보장하는 체제이기보다는 교육행정기관 또는 교육자집단의 자율성 강화에만 유리한 제도로서 교육발전 측면에서뿐 아니라 전체 지방자치의 발전의 측면에서 보더라도 많은 문제를 안고 있다. 분명한 것은 전체 지방자치의 틀 안에서 볼 때, 교육행정기관의 분리독립이나 교육자의 자치가 지방교육자치를 시행하는 목적은 아니라는 점이다. 따라서 지방교육자치의 개편방향은 분리적 시각을 탈피하여 교육현장 또는 교육주체의 자율성을 강화하는 방향으로 재정향되어야 하는 것이다.

Ⅳ 발전방안

위에서 현행 지방교육자치제의 문제점을 살펴보았는바, 이러한 문제점을 해소하기 위하여는 일차적으로 일반행정기관과 교육행정기관을 통합하여 일원화할 것이 요청된다. 통합만으로도 많은 문제가 해소될 수 있기 때문이다. 그러나, 양 자치기구의 일원화가 지방교육자치의 정상화를 위한 방안의 전부는 아니다. 일원화가 지방행정과 지방교육행정 간의 "수평적 연계"의 문제는 해결하지만, 지방교육행정의 "수직적 분권화", "주민참여", 그리고 기득권에 대한 지방정부의 "중립성"의 문제는 해결할 수 없기 때문이다. 즉, 앞에서 제시한 바와 같이 지방교육자치는 지방자치의 일환으로 수행되는 것이라는 점을 고려할 때, 교육행정의 분권화, 교육활동에 대한 주민참여의 확장, 지방정부의 기득권집단에 대한 중립성을 위한 조치가 추가적으로 필요하다.

1. 일반지방자치기구와 지방교육자치기구의 일원화

지방교육자치의 발전을 위하여는 기본적으로 일반지방행정기구와 지방교육행정기구를 통합·일원화함으로써 일반지방자치와 지방교육자치 간의 수평적 연계를 강화하여야 한다. 이는 지방교육행정기관의 분리·독립이 지방교육자치의 필요조건이 아니라는 점 및 분리체제로 인하여 많은 문제점이 노정되고 있다는 사실을 감안할 때 당연한 귀결이라 하겠는바, 양 기관의 일원화에 따라 행·재정·인력자원의 효율적인 운용, 지방자치단체장의 교육에 대한 관심과 지원노력의 유도, 주민통제의 강화를 통한 보다 책임있는 교육활동의 전개 등이 가능해질 수 있을 것이다.

이에 대하여 일원화하는 경우에는 교육의 전문성이 침해받게 될 우려가 있을 것이라는 문제제기가 있을 수 있겠다. 그러나 지방교육자치의 핵심활동인 교수학습활동은 교육전문가로 하여금 전담하게 하는 것이 타당하지만, 직접적인 교육활동이 아닌 교육활동에 대한 행정, 재정, 기술상의 지원기능은 원칙적으로 교육전문가가 전담해야만 하는 것은 아니라는 점이 지적되어야 한다. 교수학습 외의 분야에서 교육자는 이미 독점적 전문가가 아니며 다른 분야의 전문가와의 협조가 오히려 요청될 것이기 때문이다(김재웅, 1998). 이와 관련, 미국의 학교구 이사회 구성원의 대다수는 교육전문가가 아니라 교육에 관심있는 학부모라는 사실은 우리에게 좋은 시사를 제공해 준다(Christensen, 1995: 297).

구체적인 일원화방안을 제시하면 다음과 같다.

첫째, 교육감은 일반행정과의 연계를 고려하여 단체장이 임명하도록 한다. 이에 대하여 일각에서 연합후보제(running mate), 공동등록제 방식 등이 제기되기도 하나 교육의 정치적 중립성 확보차원에서 볼 때 한계가 있다고 본다.[7]

둘째, 일반행정기관과 교육행정기관을 통합하여 중복·불필요한 조직 및 인력을 정비하고, 관련기능의 통합에 따른 업무시너지효과를 기하도록 한다. 구체적으로, 일반지방행정기관과 중복되는 지방교육행정기관의 기능(예, 시설, 총무, 관재)은 일반지방행정기구와 통폐합하고, 직접적인 교육지원기능은 통폐합에서 제외하여 교육감의 전속으로 한다.

강조할 것은 이 같은 내용의 일원화 주장이 지방교육자치를 폐지하자는 것이 아니라 불필요한 부분의 이원화를 막는 동시에 지방교육행정이 지방자치의 일환으로서 수행되게 함으로써 보다 진정한 의미에서의 지방교육자치를 시행하고자 하는 것이라는 점이다.

2. 교육의 지방분권 강화

지방교육행정의 수직적 분권의 강화가 이루어져야 한다. 지금은 중앙으로부터 지방으로의 교육분권이 미흡할 뿐만 아니라 그나마 광역단위의 지방교육자치에 그치고 있어 지역실정에 맞는 창의적이고 효율적인 지방교육자치행정이 이루어지지 못하고 있는 실정이다. 이러한 문제가 있음에도 불구하고 그간 지방교육자치에 대한 논의가 일반행정과 지방행정 간의 수평적 관계에 경도되어 온 것은 본말이 전도된 것이다. 그러므로, 일반지방행정기구와 지방교육행정기구와의 일원화에 더하여 중앙정부로부터 지방자치단체, 광역자치단체로부터 기초자치단체, 지방자치단체(광역 및 기초)로부터 학교로의 수직적 분권이 이루어져야 한다. 세분화해서 논의하자면 첫째, 중앙으로부터 지방으로의 교육

---

7) 일반지방자치기구와 교육자치기구를 통합하는 경우, 교육감 및 교육위원의 선출방식은 단체 장의 임명제, 또는 직선제가 원칙이 되어야 할 것이다. 그러나 교육계의 정서, 학교자치의 활성화 측면을 고려할 때, 학교운영위원회를 통한 선출이 현실적인 대안 내지는 중간단계의 대안으로 판단된다. 단, 교육계의 정서, 원활한 정책실천을 감안하여 임명제 이전에 과도적 방안으로 고려될 가치는 있다.

분권이 강화되어야 한다. 집행사무는 원칙적으로 지방에 이양되어야 하며 중앙은 지도, 지원, 조정역할에 전념하여야 한다.

둘째, 지방교육자치를 기초단위로 확대시행하여야 한다. 기초단위의 지방교육자치가 필요한 논거로는 중층제를 통한 광역적 통합과 지역적 적실성의 조화가 가능한 점, 기초지방교육자치를 시행할 경우, 일반자치와의 자치수준의 일치로 양 자치기능간의 연계가 원활해질 것이라는 점(박영희 외, 1991),[8] 기본적으로 교육서비스는 노동집약적 기능으로서 규모의 경제를 기대하기 힘든 기능분야로서 가급적 하위단위로의 분권이 바람직하다는 점(Stein, 1980) 등을 들 수 있다. 물론 일원화에 따른 추가비용이 문제시될 수 있으나 양 기관의 일원화에 따라 상당한 비용절감이 가능할 뿐 아니라, 현재에도 대부분의 시군에 교육청이 설치되어 있는 실정이므로 추가비용이 크지 않을 것이라는 점이 정당하게 평가받아야 한다.

3. 학교자치의 활성화

교육활동의 자주성, 전문성, 중립성의 보장을 통하여 교육성과를 제고하기 위하여는 교육의 지방분권에 더하여 교육현장의 자율성을 최대한 보장하여야 한다. 그러나 기초단위에까지 지방교육자치가 확대되더라도 지방정부가 교육현장에 대한 통제를 강화하면 지방교육자치의 궁극적 목표인 교육현장의 성과제고는 기대하기 어렵게 될 것이기 때문이다. 이때 교육현장은 학교뿐 아니라 학교 밖의 교육현장을 포괄하는 것이다. 그렇지만, 국가나 지방자치단체의 교육활동에서 학교가 차지하는 비중이 압도적으로 크다는 사실을 감안할 때(조성일·안세근, 1996: 15), 특히 단위학교의 자율성 보장이 중요하다. 이와 같이 단위학교에 대한 자율성 보장의 필요성은 일반지방행정에 있어서 일선행정기관은 시군단위이지만, 지방교육행정에 있어서 실질적 일선행정기관은 단위학교라는 점에서 그 타당성이 인정된다(이기우, 1998).

단위학교의 자율권 보장은 교육주체의 자발적 참여에 기초한 학교자치가 확립되도록 하기 위한 일차적 조건이다. 자율성이 결여된 상황에서는 참여의 실익이 없기 때문에 참여가 위축되고 이에 따라 학교단위의 자치가 활성화되

---

8) 같은 지방자치의 일환으로 수행되는 것임에도 불구하고 교육자치만을 광역단위로 시행하는 것 자체가 논리적으로 모순이다.

기는 어려워질 것이다. 그러나 단위학교의 교육활동에 대한 교육행정기관의 간섭축소 즉, 자율권 보장이 학교자치를 위한 필요충분조건은 아니다. 학교자치의 확립을 위하여는 자율권 보장과 함께 교육현장에서의 교육주체의 능동적 참여를 위한 민주적 제도의 구축이 필요하다.

대안으로는 우선 학교운영위원회를 개선하여 학교자치의 구심점이 되도록 하여야 한다. 현행 학교운영위원회는 형식적 운영, 교장과의 알력, 실질적 권한의 미흡, 참여 부족, 과두화, 사립학교운영위원회 기능 제약 등 여러 가지 문제를 노정하고 있기는 하지만 일정한 개선의 노력을 통하여 학교자치의 구심점이 되도록 할 가능성이 있다는 데 주목해야 한다. 구체적으로, 교사회, 학생회, 학부모회를 법정 자치기구화하고 이들의 대표로 학교운영위원회를 구성한 다음, 이들에 의하여 단위학교의 자치적 운영이 이루어지도록 하여야 한다. 교장은 학교관리의 책임자로서 학교운영위원회장을 담당하도록 함으로써 학교운영위원회의 운영을 활성화하는 동시에, 교장의 전횡을 제어하기 위하여 교장의 보직제 및 초빙제를 제도화할 것이 요청된다.

4. 지방교육행정의 중립성 확보

아무리 교육의 지방분권이 이루어지고 학교운영위원회를 통한 교육주체의 교육참여가 이루어지더라도 교육분야의 기득권 집단의 이기적 영향력을 적절히 제어하지 못한다면 그러한 지방교육자치는 자칫 일부 기득권 집단의 추가적 이익확보를 위한 도구로 전락하게 된다. 이러한 측면에서 지방교육자치가 교육주체 일반, 그리고 나아가서 모든 주민의 이익을 위한 것이 되도록 필요한 정책적 노력을 기울여야 한다. 이는 곧 정책의 형평성 차원이 중시되어야 함을 의미하는 것인바, 이를 위하여 다음 몇 가지 조치가 필요하다.

첫째, 사립학교에 설치되어 있는 운영위원회의 심의권한은 국공립학교의 운영위원회와 차별을 두지 않도록 해야 한다. 사립학교에 대하여 국고 지원이 이루어지고 있고, 공사립을 막론하고 공통의 학사기준이 적용되고 있는 현 상황하에서 사립학교에 대한 예외를 지나치게 인정하는 것은 결국 기득권집단에 대한 편애일 뿐이라는 점이 강조되어야 한다.

둘째, 단위학교에서의 교육활동의 자주성, 전문성, 중립성이 지켜지지 않는 이유 중의 하나는 교장충원제도의 불합리 때문이라는 점이 인식되어야 한다. 교장은 교육계에서의 또 하나의 기득권 집단으로서 이들에 대한 과보호는 지방교육자치에 중대한 장애가 될 수 있다. 구체적으로 교장의 임명에 있어서 학교운영위원회에서 추천하는 복수의 교장후보 중에서 교육감이 임명하도록 한다. 아울러 교장이 되기 위한 수단으로서의 교사의 계급화를 방지하기 위하여 봉직기간 기준에 의한 수석교사제를 실시하고 이들을 교장초빙 후보자군으로 지정하여 유능한 교사가 교장으로 봉직할 수 있는 기회를 확대한다. 교장의 기득권 집단화를 방지하기 위하여 교장은 보직제로 운영한다. 즉, 교장이 퇴임 후에는 교사로 계속 근무할 수 있도록 제도화하는 것이다.

Ⅴ 결 론

지금까지 본 장은 지방교육자치가 지방자치의 일환으로 수행되는 것이라는 전제하에 지방교육자치에 대한 개념화를 시도한 다음, 이에 기초하여 지방교육자치의 발전방안으로서 일반지방행정기구와 지방교육행정기구의 일원화, 교육의 지방분권 강화, 학교자치의 활성화, 지방교육행정의 중립성 확보 등을 제시하였다.

돌이켜 보건대, 지금까지 지방교육자치체의 개선을 위하여 적지 않은 대안이 제시되었으나, 예외없이 양 기관간의 일원화 여부가 핵심적 논쟁거리였다. 이와 같이 일원화문제가 교육자치 관련 논의에서 핵심적 위치를 점해 온 배경에는 본문에서 논의한 바와 같이 기본적으로 교육계를 중심으로 한 분리·독립체제의 주장과 지방교육행정기관의 분리·독립이 지방교육자치의 발전을 저해하게 된다는 주장간의 현저한 인식차이가 자리잡고 있었다. 이와 관련하여 본 장은 분리·독립의 주장이 지방교육자치와는 본질적인 상관관계에 있지 않음을 밝히고자 하였다. 아울러 그렇게 함에 있어서 본 장은 논란이 되고 있는 일반지방행정과 지방교육행정과의 분리·통합문제와 함께 교육의 지방분권, 교육주체의 참여, 지방정부의 계층중립성 문제를 다룸으로써 보다 포괄적 시각에서의 문제접근이 유용함을 제시하고자 하였다. 특히 지방교육자치가 궁극적으로 교육현장에서의 성과제고를 지향하는 것임을 감안하여, 향후의 지방교육자치 개선을 위한 연구는 교육현장으로부터 교육행정기관으로의 배향적(backward) 접근방법을 구사할 필요가 있음을 제시하고자 하였음을 부언해둔다.

끝으로 언급할 것은 본 장이 제시한 바는 현재까지 수립된 공식적 지방교육자치 개선대안인 합의제 집행기관안에 정면으로 배치되는 것이라는 점이다. 그러나 합의제 집행기관안은 지방교육자치발전을 위한 바람직한 대안이 될 수 없다. 합의제 집행기관안은 지방교육자치가 지방자치의 일환으로 수행되는 것이라는 점을 간과하고 기본적으로 분리형을 유지하면서 기관대립형을 기관통합형으로 전환시키려는 미봉책에 불과한 것으로서, 여전히 본 장에서 제기하고 있는 분리형 체제하에서의 문제점을 피할 수 없는 대안이기 때문이다. 이와 관련하여, 본 장은 지방교육자치가 지방자치의 전체 틀 안에서 수행되는 것이라는 인식하에서 합의제집행기관안이 일원화안으로 이행될 필요가 있음을 제시한 것이라 하겠다.

PART

02

참여

I 지방정부의 정책결정의 의의

지방자치는 궁극적으로 주민의 복지(citizen well-being)를 향상시키기 위하여 그 존재의 의미가 있으며 따라서 지방정부는 정책결정을 통하여 주민의 복지를 향상시키기 위한 노력을 해야 한다.[1] 그런데 지방정부가 주민복지와 관련된 모든 결정을 하는 것은 아니며 지방정부가 하는 정책결정의 범위는 중앙정부가 하는 정책결정의 범위에 비하여 상대적으로 제한되어 있다. 특히 우리나라는 중앙집권의 정도가 심하여 국민생활과 관련된 많은 정책분야가 지방정부보다는 중앙정부의 결정에 의하여 좌우된다. 예를 들어, 국방, 외교뿐만 아니라 국민의 일상생활과 직결된 치안, 복지, 교통, 교육, 환경 등 거의 모든 분야가 중앙정부의 의사에 따라 결정되며 그만큼 지방정부가 행사할 수 있는 결정범위는 제한적이다.[2]

그러나 이와 같은 제약에도 불구하고 지방정부는 주민과 가까운 거리에서 자신의 결정권한범위 내에서의 정책결정을 통하여 주민의 복지 수준에 상당한 정도로 영향을 미친다. 예컨대, 지방정부는 주택, 의료, 보건, 상하수도, 쓰레기 처리, 교육, 방재문제 등 주민의 일상생활과 밀접하게 관련되어 있는 많은 공공문제에 대하여 결정을 내림으로써 주민복지에 상당한 영향을 미치게 되는

---

1) 일반적으로 정책결정이란 공공문제의 해결을 위하여 정부가 취하는 의사결정을 의미한다. 따라서 지방정부의 정책결정이란 지방정부가 당해 지방의 공공문제를 해결하기 위하여 취하는 의사결정을 의미하는 것이다.

2) 이는 중앙의 각 부처가 자신의 지역업무를 해당 지역의 지방정부에 이양하기보다는 직접 하부기관으로서의 일선지방행정기관을 설치하려는 현상에 따라 각 지방에 일선지방행정기관이 난립하여 있는 현실에서도 알 수 있다.

것이다. 더욱이 중앙정부가 내리는 정책결정도 많은 경우 정책수행과정에서 지방정부의 정책결정을 필요로 하게 되므로 지방정부의 정책결정은 그만큼 중요하다. 예를 들면, 생활보호자에 대하여 정부가 지급하는 급부수준은 중앙정부가 결정하지만 실제로 생활보호대상자를 선정하고 급부를 시행하는 결정은 지방정부가 담당하게 되는 것이다. 그러므로 지방정부의 정책결정범위가 중앙정부의 그것에 비하여 상대적으로 제한적이라고 해서 지방정부의 정책결정이 주민복지에 미치는 영향을 가볍게 취급하는 것은 잘못된 태도라는 것이다.

뿐만 아니라 앞으로 지방자치가 점차로 활성화되면서 지방정부의 결정권의 범위는 점차 확대되어 나갈 것으로 예상된다. 물론 지방정부의 자주결정권 확대가능성에 대하여 지나친 기대를 갖는 것은 금물이다. 첫째, 아직까지 중앙으로 부터의 지방에 대한 정책결정권의 이양은 매우 미흡한 실정이기 때문이다. 중앙은 아직까지 지방의 인사, 조직, 재정, 사무 등 거의 모든 분야에 걸쳐 간여하고 있는 것이다. 특히 지방의 조례제정권은 광범위한 분야에 걸쳐 개별 법령의 규정에 의하여 제한받고 있는 실정으로 단기간에 이의 개선이 이루어지기는 어려울 것이다. 둘째, 지방의 재정력이 취약하여 자주적이고 창의적인 정책결정을 뒷받침하기 어렵기 때문이다. 셋째, 오랫동안 집권의 타성에 젖어 있는 지방정부가 과연 효과적으로 자주적인 정책결정을 내릴 수 있겠는가에 대한 의문이 여전히 남아 있기 때문이다.

위와 같은 지적은 상당부분 타당한 것이다. 그럼에도 불구하고 강조할 것은 주민과 가까운 거리에 있는 지방의 정책결정은 여전히 주민의 복지에 중대한 영향을 미친다는 것이며 아울러 지방정부의 자주결정권의 범위가 최소한 과거에 비하여 확대되는 것은 현 추세로 보아 틀림없다는 것이다. 특히 단체장의 직선은 지방정부의 정책결정의 중요성에 대하여 갖는 의미가 매우 크다 하겠다.

한 가지 의문은 이와 같이 주민복지를 위하여 중요하고 또 그 중요성이 보다 커지고 있는 지방정부의 정책결정이 과연 주민의 복지증진을 위하여 제대로 기능하겠는가 하는 것이다. 만일 예상과는 달리 주민에 의하여 선출된 자치단체장과 지방의원을 포함한 지방의 공직자들이 대다수 주민의 이익보다는 일부 계층의 이익을 챙기기에 분주하다면 어떻게 하겠는가 하는 것이다. 이러한 질문과 관련하여 본 장은 먼저 지방정부의 정책결정이 주민복지에 대하여 갖는 의미에 대하여 살펴본 다음, 지방정부의 정책결정이 주민복지에 긍정적으로 기여할 수 있게 하기 위한 조건으로서의 주민의 역할 즉, 주민참여문제에 대하여 논의하고자 한다.

Ⅱ 지방정부의 정책결정과 주민복지

1. 정책결정자

앞에서 지방정부의 정책결정은 주민복지에 중대한 영향을 미친다고 하였다. 그렇다면 지방정부의 정책결정은 어떻게 이루어지는가? 원칙적으로 지방정부의 정책결정은 공식적인 정책결정자에 의하여 이루어지도록 되어 있는데 여기에서 공식적 정책결정자란 지방의원, 자치단체장과 같은 선출직공무원과 행정관료와 같은 임명직 공무원을 묶어서 말하는 것이다. 한 가지 지적할 것은 공식적으로 정책결정은 공식적인 정책결정자에 의하여 내려지도록 되어 있지만 실제로 정책결정은 이들의 의사에 의하여만 이루어지는 것은 아니며 다소간에 외부의 영향력하에서 이루어지게 된다는 것이다. 그것은 이들 공식적 정책결정자가 무인도와 같이 사회와 동떨어진 공간에서 정책을 결정하는 것이 아니라 정책을 결정하는 과정에서 정책결정의 결과에 대하여 이해관계를 갖는 지역사회의 개인이나 집단들이 자신들의 이익을 확보하기 위하여 이들의 결정에 대하여 영향력을 행사하기 때문이다. 이는 예컨대 핵폐기물 처리장의 입지를 선정함에 있어서 핵폐기물처리장 설치로 영향을 받게 되는 지역주민이나 사회집단들이 찬성하고 반대함으로써 정부가 내리는 결정에 영향을 미친 사실을 통하여 알 수 있다. 물론 어떠한 경우에도 최종적으로 공식적인 결정은 정책결정권한을 가진 공식적인 정책결정자가 내리게 되어 있다. 그러나 그러한 결정에 이르기까지 이해관계를 갖는 개인이나 집단의 정책결정자에 대한 영향력은 계속 작용하게 되고 이에 따라 정책결정의 내용이 영향을 받게 된다는 것이다. 그렇기 때문에 실제로 정책결정자의 공식적인 결정범위가 어떠하든 지방의 정책결정은 공식적인 정책결정자의 전유물이 아니라 지역사회에 있는 모든 개인과 집단으로부터의 영향을 받는 가운데 이루어지는 것이다.

2. 지방의 정책결정과 주민복지

· 규범적으로 볼 때, 정책결정자들은 외부의 영향력과는 상관없이 자신들을 포함하여 지역유지나 권력층과 같은 일부 특수계층의 이익이 아닌 대다수의 일반 주민의 이익에 부합하도록 중립적이고 객관적인 입장에서 정책을 결정하도록 요청된다. 지방정부는 일부 계층이 아닌 모든 주민의 복지증진을 위하여 존재하는 것이기 때문에 그러하다. 그러나 그것은 어디까지나 이상이며 불행히도 현실은 반드시 그와 같이 이루어지지만은 않는다. 왜 그런가? 그 이유는 기본적으로 지방정부의 정책결정자(공식적 참여자)와 정책결정과정에 직간접으로 참여하여 영향력을 행사하는 행위자(비공식적 정책참여자) 간의 상대적 영향력 관계에 의하여 정책결정의 내용이 달라지고 그에 따라 상대적으로 이득을 보는 부류와 상대적으로 손해를 보는 부류가 필연적으로 생기기 때문이다.

정책결정자와 정책결정과정에 영향을 미치는 다양한 행위자 간의 상대적 영향력 또는 권력관계에 대하여는 크게 보아 다음과 같이 세 가지 상충하는 견해가 있다(정책결정과정에의 참여자들간의 상대적 권력관계는 단적으로 말하여 지역사회의 권력구조의 문제인바, 이러한 권력구조에 대한 제 견해의 이해는 지방정부의 정책결정의 내용 및 결과가 권력구조의 형태에 따라 결정되므로 중요하다).

첫째는 엘리트론자 또는 계급론자의 입장이다. 이 견해는 지역사회는 사회경제적인 지위에 따라 계층화되어 있음을 전제로 하여 상위계층은 하위계층에 비하여 정책결정자에 대한 영향력이 크다는 것을 강조한다. 보다 구체적으로 지역사회의 권력은 공식적인 정책결정자가 아니라 사회경제적 상위계층이 가지고 있으며 따라서 지방정부의 정책결정은 지역유지, 권세가, 부유층 등 사회경제적 상위계층의 이익에 부합하는 방향으로 이루어진다는 것이다. 극단적으로 전통적 맑시스트 이론가들에 의하면 정책결정자는 자신의 판단에 의하여 독자적인 결정을 내리기보다는 사회경제적 계층구조라는 절대적인 영향 아래 자본가계급의 대리인으로서 자본가계급의 이익을 위하여 정책결정을 내리는 것으로 보기도 한다. 이때 정책결정자는 상위계층의 명시적인 요구에 의하거나 또는 명시적인 요구가 없어도 정책결정자 스스로의 이익을 위하여 상위계층에게 유리한 방향으로 정책결정을 하게 된다고 본다. 이러한 경우 상위계층이 아닌 대다수 주민들은 상대적으로 지방정부의 정책결정을 통하여 손해를 보게 된다. 실제로도 향후 지방자치가 활성화됨에 따라 지역단위로 정책결정자와 지역유지와의 유착관계가 형성되어 일반 주민의 이익이 침해받게 될 우려가 심각하다 하겠으며3) 이러한 우려는 바로 엘리트론자 또는 계급론자의 입장과 통하는 것이다.

둘째는 앞의 입장과 대립되는 입장으로서 다원론자의 입장이 있다. 이에 의하면 지역사회의 권력은 상위계층이 독점하는 것은 아니며 다양한 집단에 분산되어 있고 따라서 정책결정은 다양한 집단의 균형과 상호작용 아래 이루어지는 것으로 본다. 이 견해의 핵심적인 주장의 하나는 선거를 통하여 공직에 취임한 정책결정자들이 유권자의 표를 의식하여 정책결정에 있어서 유권자의 이익을 대변하고 조정하게 된다고 보는 것이다. 바꾸어 말하면, 다원론자들은 선거기제(electoral mechanism)를 통하여 지역사회의 다양한 집단의 이익이 정책결정과정에서 골고루 반영되는 것으로 보는 것이다. 이러한 입장은 지방공직자의 민선에 즈음하여 거는 우리의 암묵적 기대를 잘 설명해주는 것이다. 즉, 우리는 이미 민선으로 선출되는 지방의원과 함께 향후 자치단체장까지 민선에 의하여 선출되게 되면 이들 공직자가 주민의 표를 의식하여 보다 일반 주민의 복지증진을 위한 정책결정을 하게 될 것으로 기대하고 있는 것이다. 이러한 기대는 기본적으로 옳은 것이다. 이는 지방의회가 아예 없었던 과거나 임명제 자치단체장이 지방행정을 주도하는 지금까지의 경우와 자치가 활성화되어 있는 외국의 경우와 비교해본다면 금세 알 수 있을 것이다. 그리고 이러한 점에서 다원화된 사회가 엘리트론이 설명하는 사회보다 주민복지의 보장면에서 상대적으로 낫다.

그러나 다원화된 사회하에서도 일반 주민의 이익이 이상처럼 잘 보장되지는 않을 것이다. 우선 유권자와 정책결정자를 연계하는 선거기제가 자동적으로 작동하게 될 것인가에 대하여 확신하기 어려운 측면이 있다. 비록 민선된 공직자라도 엘리트론자의 입장에서 주장하듯이 상위계층의 이익을 위하여 봉사할 가능성이 없지 않기 때문이다. 어쩌면 선거기제에 대한 믿음은 단순한 믿음에 지나지 않는 것일 수도 있다. 실제로 오래전부터 지방공직자를 민선에 의하여 선출하여 온 외국의 경우에도 정책결정에 있어서 하층계급이 상대적으로 손해를 본다고 가정하는 엘리트론 또는 하층계급가설(underclass hypothesis)이

---

3) 이와 같은 지역사회에서의 정책결정자와 지역유지와의 지역개발을 중심으로 한 유착관계를 가리켜 지역성장기구(local growth machine) 또는 지역성장연합(local growth coalition)이라고 부른다(Elkin, 1987; Logan & Molotoch, 1987).

상당한 지지를 받아오고 있음은 이러한 우려를 가능하게 한다. 나아가서 다원론은 지역사회의 다양한 집단들의 영향력을 강조하고 있으며 따라서 지방정부의 정책결정 역시 지역사회에 존재하는 다양한 집단간의 교호작용의 결과 내지는 그에 대한 정책결정자의 중재의 결과로 이해하고 있는바, 지역사회 내에 존재하는 여러 집단의 상대적 영향력의 크기가 같지도 않으며 또한 집단화되지 아니한 일반 시민 —특히 하위계층일수록 집단화 정도가 낮음— 의 이익은 누가 대변해 주는가라는 문제가 생긴다.

셋째는 정책결정집단 중에서 관료집단의 독자적인 영향력을 강조하는 입장이 있다. 이 견해에 따르면 현대 행정국가에서는 중앙과 지방을 막론하고 복잡하고 다양한 공공문제를 해결하기 위하여는 전문적 지식과 능력이 요구되며 이에 따라 행정전문가로서의 관료집단이 정책결정과정에서 독자적인 결정을 하는 것으로 본다. 행정관료집단은 자신들의 전문적 지식에 기초하여 세운 결정기준에 의거하여 중립적이고 객관적인 입장에서 정책을 결정한다고 한다. 만일 지방정부의 정책결정이 관료집단의 자주적이고 중립적인 판단에 의하여 이루어진다면 최소한 일반주민에 대한 의도적인 차별행위는 없다는 데서 긍정적인 측면이 있다.

문제는 관료집단의 전문적 판단에 의한 정책결정과정에서는 주민의사의 투입 및 반영이 당연히 저조해질 수밖에 없다는 것이다. "일반 주민은 시청을 상대로 싸울 수 없다"라는 말은 바로 관료집단 앞에서 무력한 주민의 처지를 잘 지적하여 주는 유명한 경구이다. 요컨대, 이 견해가 맞는다면 정책결정의 능률성은 확보될 수 있을지라도 민주성이나 계층간 형평성은 상대적으로 침해받게 되는 문제가 있는 것이다. 더욱이 관료집단이 중립적이고 객관적인 입장에서 정책을 수행하지 않는 경우, 주민복지의 증진은 매우 어렵게 된다는 것은 자명한 일이라 하겠으며, 공무원의 세금비리의 만연 현상은 이러한 우려를 더욱 심각하게 한다고 하겠다.

지금까지 정책결정자와 비공식적 참여자와의 상대적 권력관계에 따라 지방정부의 정책결정이 여하히 이루어지며 그에 따라 주민복지가 어떻게 이루어지는가에 대한 대립되는 견해를 간단히 살펴보았다. 첫 번째 및 두 번째 견해는 다 같이 외부 행위자의 정책결정자에 대한 영향력을 강조하는 견해이면서도, 첫 번째 견해는 상위계층의 영향력을, 두 번째 견해는 집단의 영향력을 강조하는 점에서 차이가 있다. 그리고 세 번째 견해는 정책결정자의 구성원으로서의 관료집단의 독자적 영향력을 강조하는 것이었다. 문제는 어느 견해도 현재의 권력구조하에서 지방정부의 정책결정이 일반주민의 이익을 자동적으로 그리고 충분히 보장하리라고 제시하지는 않는다는 것이다. 생각건대 이러한 견해들이 근거 없는 허무맹랑한 견해들이 아니며 각각의 이론적 및 실증적 근거를 갖고 있다고 하겠는바, 여기에서 우리는 지방정부의 정책결정이 진정으로 일반 주민의 복지를 위하여 기여할 수 있게 하기 위한 조치의 필요성을 느끼게 된다.

그렇다면 지방의 정책결정이 주민복지의 증진을 위한 방향으로 이루어지기 위하여는 어떠한 조치가 필요한가?

첫째, 우리의 지역사회가 보다 다원화되도록 하는 것이다. 다원화된 사회는 계층화된 사회에 비하여 최소한 다원화된 정도만큼은 상위계층이 누리는 불균형적 이익을 완화시킬 수 있기 때문이다. 이와 관련하여 앞으로 지방자치가 활성화되어 가면서 지방정치가 활성화되고 이에 따라 지역사회의 다원화가 촉진됨으로써 일반 주민의 복지가 보다 향상되리라는 전망도 가능하다. 문제는 그와 같은 지방자치의 효과에도 불구하고 지역사회의 구조를 다원화시키는 일은 말과 같이 간단한 일이 아니라는 사실이다. 실제로 그와 같은 사회구조의 변화는 정치, 사회, 경제, 문화 등 여러 가지 요인이 복합적으로 작용하여야 가능한 것이며 또 가능한 경우라도 실로 오랜 기간이 소요되는 일이다. 그렇다면 어쩌면 사회의 다원화는 정책결정자가 추구할 조치의 대상이기에는 너무나 큰 문제이겠으며 오히려 주어진 정책환경으로 보는 것이 더 타당하다 하겠다. 더욱이 위에서 지적한 바와 같이 아무리 사회가 다원화되더라도 역시 조직화되지 아니한 일반주민의 이익확보에는 한계가 있으므로 주민복지증진을 위하여는 사회의 다원화와 더불어 추가적인 조치가 필요하다.

둘째, 정책결정자의 공직윤리를 강화시키는 것이다. 정책결정자가 정책을 결정함에 있어 자신의 이익 또는 일부계층의 이익이 아니라 공익에 봉사한다는 공직윤리를 바탕으로 정책을 결정할 때 지방의 정책결정이 일부 계층의 이익을 과도하게 반영하는 현상은 완화될 수 있을 것이므로 정책결정자가 확고한 공직윤리를 갖는 것은 주민의 복지증진을 위하여 매우 중요하다. 다만, 과연 그러한 의식의 변화가 말과 같이 쉽게 이루어지겠느냐 하는 의문과 함께, 자본주의 사회에서 정책결정자가 자본의 논리에 따라 상위계층의 이익을 위하여 봉사하게 되는 것은 어쩌면 정책결정자 개인차원을 넘는 구조적인 문제일

수도 있다는 점에서 이러한 조치의 한계가 있다 하겠다.

셋째, 보다 근본적이고 직접적인 조치는 정책결정의 수혜자인 주민자신들이 정책과정에 직접 참여하여 자신들의 의사를 투입함으로써 정책결정이 보다일반주민의 이익증진에 기여하게 되도록 도모하는 것이다.[4] 이 역시 말처럼간단한 일은 아니나 현재의 민주화추세와 민도의 개선추세로 볼 때 정책결정자의 적극적 노력만 있으면 불가능한 일이 아닐 뿐 아니라 민주사회에서 당연히 추구하여야 할 바이므로 그 중요성이 강조되어야 한다.

이하에서는 지면관계상 첫 번째 및 두 번째 문제에 대한 구체적인 논의는 생략하고 다른 두 가지 과제에 비하여 보다 직접적이고 효과적인 조치라고 생각되는 주민참여의 의의 및 그 활성화를 위한 제도화방안에 대하여 간단히 살펴본다.

III 지방의 정책결정과 주민참여

1. 주민참여의 뜻

주민참여가 무엇인가에 대하여는 논자에 따라 견해차이가 있으나 간단히말하자면 주민참여는 정부의 정책결정과정에 영향을 미치기 위한 일반 주민의행위이다. 구체적으로 주민참여는 다음과 같은 특징을 지니는 것으로 인식되고 있다. 첫째, 주민참여는 정치전문가가 아닌 아마추어(amateur)로서의 일반주민에 의한 행위라는 점이다. 둘째, 주민참여는 공공문제에 관한 영향력 행사를 목적으로 하는 행위라는 점이다. 셋째, 주민참여는 단순한 인식이나 태도가아닌 명시적인 행위 또는 활동이라는 점이다.[5]

2. 정책결정과정에 대한 주민참여의 효과

위에서 설명한 바와 같이 주민참여란 기본적으로 정책결정과정에 영향을미치기 위한 행위인바, 주민참여는 정책결정과정에서 주민복지증진을 위하여

---

4) 개정 지방자치법 제17조(주민의 권리)에는 '주민은 법령으로 정하는 바에 따라 주민생활에 영향을 미치는 지방자치단체의 정책의 결정 및 집행과정에 참여할 권리를 가짐'을 명시하여 개선이 이루어졌다.

5) 주민참여의 개념에 대한 보다 구체적인 논의는 이승종(1993: 73-81)을 참조할 것.

다음과 같은 긍정적인 영향을 미치게 될 것이다. 첫째, 정책결정과정에 주민의 의사를 투입시켜 정책내용이 일부 계층이 아닌 일반주민의 의사에 부합하는 방향으로 결정되도록 촉진하게 된다. 만일 주민참여를 통한 주민의사의 정책 결정과정에 대한 효과적인 전달이 이루어지지 않는 경우, 정책결정자들은 자칫 자신의 판단을 주민의사로 판단하거나 또는 일부 상위계층의 이익을 위하여 정책을 결정할 우려가 있는바, 이러한 경우 정책은 주민의 복지에 충분히 이바지하지 못하게 되는 것이다.

둘째, 주민참여는 정책결정자의 책임성을 고양시키는 효과를 가져온다. 예를 들어 주민의 자발적인 노력으로 결성된 의정지기단, 의정감시단 등의 활동은 지방의원이 보다 주민의 입장에서 정책을 결정하도록 강제하는 효과를 가져오고 있는 것이다. 이러한 효과는 앞에서 제시한 공직윤리의 강화요청에 직접적으로 관계되는 것이기도 하다.

셋째, 정책결정자간에 의견의 대립으로 지방행정의 효율적 수행이 어려울 경우, 권력의 주체로서의 주민이 나서서 정책결정자간의 의견대립을 조정할 수 있다. 이를 위하여는 지방자치법상의 주민투표제의 적용범위를 보다 넓힐 필요가 있을 것이다.

넷째, 주민은 참여를 통하여 정책결정과정에 자신들의 의견을 투입하는 데 그치지 않고, 참여를 통하여 얻는 정책에 대한 이해를 바탕으로 정책의 결정 및 시행을 위하여 필요한 협조를 하게 된다. 만일 참여가 없다면 그러한 이해는 어렵게 되고 그 결과 정책결정자와 주민간의 불신에 기초하여 결정된 정책의 시행은 효과적이지 못할 우려가 있다. 이는 핵폐기물처리장 시설입지선정과정에서 정부가 보여준 독단적 태도와 시민의 비협조 내지는 항거가 단적으로 가르쳐주는 것이다.

끝으로 주민은 투표를 통하여 유능하고 책임성 있는 공직자를 선출하고 또 무능하고 부패한 공직자를 소환함으로써 정책결정의 질을 높일 수 있게 된다. 과거의 선출과정은 타락선거로 인하여 문제가 많았고 주민소환제도는 아직까지 인정되지 않고 있으므로 개선이 요청된다.

지방의 정책결정은 이와 같은 주민참여의 효과를 통하여 보다 주민복지에 부합하는 방향으로 질적 개선을 이루게 될 수 있을 것이다.

3. 정책결정과정에 대한 주민참여의 부정적 효과

주민참여가 정책결정과정에 긍정적인 영향만 미치는 것은 아니며 경우에 따라 오히려 부정적인 효과를 낼 것으로 우려되기도 한다. 그 중 중요한 우려를 몇 가지 제시한다면: 첫째, 참여에는 당연히 시간, 재원, 지식 등이 필요한 바, 이와 같은 자원은 상위계층이 상대적으로 더 많이 보유하고 있으므로 참여가 오히려 기존의 계층간 격차를 더욱 심화시키게 될 우려가 있다. 그러나 이같은 문제점은 참여과정에서 하위계층이 보다 많이 참여하여 목소리를 낼 수 있도록 참여를 제도화함으로써 상당부분 완화될 수 있을 것이다.

둘째, 참여는 정책과정의 효율성을 저해할 우려가 있다. 실제로 정책결정자가 일일이 주민의 의사를 들어 정책을 결정한다는 것은 시간적으로나 비용면에서나 비능률을 초래할 수 있을 것이다. 그러나 그러한 비능률은 참여를 통한 긍정적 효과를 얻기 위한 최소의 비용으로 간주되어야 한다. 더욱이 위에서 제시한 바와 같이 정책결정 및 집행과정에서의 주민협조의 증대가능성을 생각한다면 이러한 측면을 지나치게 우려할 필요는 없을 것이다.

셋째, 주민참여가 정책결정의 중립성을 해한다는 우려가 있을 수 있다. 그러나 정책결정의 중립성이 보다 강조되어야 할 부분은 정책결정이 상위계층의 영향력으로 인하여 상위계층의 이익을 위하여 편파적으로 이루어질 경우이며, 정책과정에 대한 일반 주민의 영향력 확대는 일부 부작용에도 불구하고 기본적으로는 바람직한 것이다. 또 다른 우려는 주민참여가 정책결정자의 전문적 판단을 저해한다는 것이다. 그러나 전문적 판단과 주민의사는 조화되어야 할 균형요소이지 하나는 존중되고 다른 하나는 무시되어도 좋을 성질의 것이 아니라는 점이 지적되어야 한다.

이 외에도 주민참여가 선동가의 무대가 될 우려, 정치안정을 저해할 우려, 조작적 참여의 가능성 등이 우려되는 요소로 제기되기도 한다. 그러나 이러한 부정적 측면을 무시할 수는 없으되 지나치게 강조하는 것은 바람직하지 않다. 그것은 특히 우리나라의 경우, 참여로 인한 부정적 요소를 강조하기에는 아직까지 참여가 매우 저조할 뿐 아니라 정책결정자의 참여에 대한 인식 역시 저조한 상태이므로 아직까지 참여는 활성화의 대상이지 우려의 대상은 아니기 때문이다. 뿐만 아니라 위에서 논의한 바와 같이 참여의 부정적인 측면으로 제기되고 있는 사항들은 대부분 적절한 정책적 노력을 통하여 완화가능한 것이거나 우려 자체가 타당하지 않은 경우가 있다는 점이 인식되어야 한다.

IV 주민참여의 활성화를 위한 제도화방향

1. 주민참여의 활성화

위에서 논의한 바와 같이 전체적으로 보아 주민참여는 지방의 정책결정과정에 긍정적인 영향을 미쳐 주민복지증진에 이바지하게 되므로 그 활성화가 요청된다. 주의할 것은 참여활성화가 참여의 극대화를 의미하는 것으로 오해되어서는 아니 된다는 점이며, 참여의 활성화란 참여의 적정화를 의미하는 것으로 이해되는 것이 옳다. 그것은 지나친 참여는 자칫 정치안정을 해쳐 오히려 주민복지를 저해할 수도 있겠기 때문이다. 그럼에도 불구하고 앞에서 지적한 바와 같이 우리의 현실은 과잉참여가 아닌 과소참여가 문제가 되고 있는 형편이므로 최소한 당분간은 참여의 활성화는 참여의 확대를 의미하는 것으로 보아 무방하다 할 것이다.

주민참여의 활성화(적정화)를 위하여는 어떠한 조치가 필요하겠는가? 이를 위하여는 참여제도의 확충, 주민의 참여의식 고양, 시민교육의 확대, 참여에 대한 정책결정자의 인식 및 행태개선, 사회집단, 언론, 정당과 같은 매개집단의 참여진작을 위한 역할 강화, 그리고 정보공개, 경제정의의 구현, 지방자치의 내실화와 같은 참여를 위한 환경의 조성과 같은 여러 가지 조건이 동시에 개선되어야 한다.[6] 단, 여기에서는 지면의 제약으로 가장 기본적인 조치의 하나라고 생각되는 참여의 제도화에 한정하여 논의하고자 한다.

2. 참여제도화의 의의

주민참여의 활성화를 위하여는 참여의 제도화가 필수적이다. 물론 주민은 제도화된 방법뿐만 아니라 비제도화된 방법을 통하여도 정책결정과정에 참여할 수 있다. 그러나 참여에 소요되는 시간, 노력, 재원 등 비용측면에 있어 제도적 방법을 통한 참여가 비제도적 방법을 통한 참여에 비하여 훨씬 더 유리

---

6) 이에 대한 자세한 논의는 이승종(1993) 제 3 장을 볼 것.

하다. 그렇기 때문에 참여제도의 확충은 참여에 필요한 비용을 줄임으로써 주민의 참여를 촉진시키는 기능을 하게 되는 것이다.

다만 제도적 참여과정에서 비전문가인 일반주민은 상대적으로 정보와 전문성을 소유한 정책결정자에 압도당하기 십상이며 따라서 제도를 통한 참여는 역동성을 잃고 정부의 조작의 대상이 될 우려가 없지 않다. 따라서 이러한 부작용을 최소화하기 위하여 ① 제도를 통한 참여에 있어서 주민의 자율성을 최대한 보장하는 한편, 제도가 경직되지 않도록 상황변화에 맞추어 제도의 운용상의 융통성을 확보할 것, ② 제도적 참여를 주민참여의 기본적 수단으로 하되, 보완적 수단으로서 비제도적 참여도 광범위하게 인정할 것 등이 요청된다 하겠다.

3. 참여제도화의 방향

참여활성화를 위한 참여제도는 기본적으로 참여과정에서 소외되기 쉬운 빈곤계층을 포함하여 참여의 대표성을 높일 수 있도록 확충될 것이 필요하다. 이는 앞에서 살펴본 바와 같이 참여의 의의는 무엇보다 기존의 권력구조하에서 소외되기 십상인 일반 주민의 의사를 정책과정에 보다 많이 반영하려는 데 있기 때문이다. 참여제도가 이와 같은 참여의 대표성 확보요청에 부응하기 위하여는 기본적으로 다음과 같은 방향으로 추진되어야 할 것이다.

(1) 평등한 참여기회 제공

참여제도는 누구에게나 평등하게 참여의 기회를 제공하는 것이어야 한다. 즉, 사회계층 및 집단에 영향을 받지 않는 공개된 제도이어야 한다. 이는 대표성 확보의 요청에서 당연히 비롯되는 것이라 하겠다. 그러나 실제로 참여의 대표성 확보를 위하여는 특히 소외계층의 참여기회 확대를 위한 우선적 고려가 있어야만 한다. 왜냐하면 소외계층은 참여에 필요한 시간, 재원, 능력 등이 결핍되어 있기 때문이다. 예컨대, 미국의 경제기획처(Office of Economic Opportunity)는 근린활동사업을 시행함에 있어서 "가능한 최대의 참여"를 표방함으로써 빈곤계층의 참여를 촉진하였던 사실은 우리에게 참고가 된다. 빈곤계층을 포함하여 참여의 대표성을 높이기 위하여는 이웃과 같이 생활공동체를 공간으로 한 참여조직의 활성화가 필요하다. 이러한 의미에서 볼 때, 현재의 반상회는 공간적으로는 이상적인 참여조직의 모습을 갖추었음에도 불구하고 정부로부터의 주민에 대한 일방통행식 홍보의 장으로 오용되고 있음은 아쉬운 일이 아닐 수 없다.

(2) 다양한 참여제도의 마련

아무리 참여제도의 공개성을 높이더라도 어떤 특정한 참여제도는 필연적으로 참여의 대상, 절차 등에서 제한적인 요소를 포함하게 될 것이며, 따라서 한두 가지 참여제도만으로는 다양한 계층 또는 집단의 고른 참여를 보장하기 어렵다. 그러므로 다양한 계층·집단의 참여가 골고루 이루어지기 위하여는 다양한 참여제도가 마련되어야 할 것이다.

물론 우리나라에서도 참여제도로의 기본이라 할 수 있는 선거 외에 반상회, 행정모니터 제도, 각종 위원회, 간담회, 설문조사, 공청회, 민원실, 조례제정청구제 등 비교적 다양한 참여제도가 채택되고 있다. 또한 2000년대 들어 주민투표, 주민소송, 주민발의, 주민소환 등 직접 참여제가 도입·운용되고 있다. 그러나 이와 같이 형식상으로는 선거제도 이외의 여러 가지 참여제도가 인정되고 있으나 실제로는 제도의 불비 및 인식부족으로 주민참여제도로서 충분히 기능하지 못하고 있는 형편이다. 따라서 이들 제도가 활성화되도록 제도의 내용을 개선하려는 노력이 요청된다.

아울러 현행 참여제도의 개선노력과 함께 아직까지 채택하지 않고 있거나 활용가능성이 높은 대안들에 대하여 적극 관심을 가질 필요가 있다. 예컨대, 지방정부의 각 기관 및 부서의 전화번호·주소·담당자의 성명 등을 주민에 공개함으로써 전화에의 접근이 가능한 주민은 누구라도 공공정책 및 사업에 대한 의견을 제시할 수 있도록 하는 방안의 활용;[7] 주민의 입장에서 정부와의 접촉을 통하여 주민의 이익을 구제하기 위한 제도로서의 지방옴부즈맨(local ombudsman)의 강화;[8] 정보화사회에 즈음하여 TV, 컴퓨터, 팩시밀리 등 전자통신기기를 이용한 주민참여방안의 모색 등이 필요할 것이다.

---

7) 예컨대, 미국 뉴욕시에서는 매년 녹서(Green Book)라는 소책자를 발간하여 시 행정기관의 각 부서, 간부, 주민접촉 담당공무원의 전화번호, 성명, 주소, 심지어는 선출직 공무원의 봉급액 등을 공개함으로써 주민의 관청에의 접근을 용이하게 하고 있다.

8) 이와 같은 대리참여 내지는 주민근접행정의 도구로서의 옴부즈맨제도는 1809년 스웨덴에서 시발되었고 현재는 핀란드, 노르웨이, 덴마크, 독일, 뉴질랜드, 캐나다, 미국, 프랑스 등 선진국을 비롯하여 세계 70여 개국에서 보편적으로 채택되어 있다. 우리나라에서도 1994년에 중앙단위에 옴부즈맨 성격을 갖는 '국민고충처리위원회'를 설치하였으나 지방단위에서도 이 요소를 도입하는 것이 바람직할 것이다.

(3) 정책결정자의 노력

참여제도의 확충을 위한 정책결정자(또는 정부)의 자발적이고 적극적인 노력이 요청된다. 정책결정자의 소극적인 태도로 참여의 제도화가 미흡한 경우, 참여에 대한 주민의 요구증대로 정치는 불안하게 되고 이에 따라 주민복지도 저해받게 될 것이기 때문이다. 한편, 제도적 참여가 어렵거나 제도적 참여에 대한 효과에 대하여 주민이 회의적인 경우, 자연적으로 주민운동이 증가하게 될 것이다. 그런데 이러한 주민운동은 대개의 경우 공해문제, 사회기강문제, 경제정의문제 등 주로 공공문제의 해결을 추구하는 성격을 띠는 것이 일반적이겠으므로, 정책결정자는 그러한 활동을 지지하고 장려할 수 있는 제도를 마련하도록 해야 한다. 구체적으로 정책결정자는 '주민운동 지원센터' 같은 것을 설립하고 주민운동에 필요한 장소, 기금 및 정보의 지원 등을 할 수 있을 것이다. 현재 문화복지 프로그램의 시행위주로 활용되고 있는 주민자치센터를 그러한 용도로 활용하는 것도 대안이 될 수 있을 것이다.

강조할 것은 정책결정자는 주민으로부터의 협조획득을 위한 형식적 참여의 수단으로서 참여제도를 이용하지 않아야 한다는 점이다. 그러한 참여제도는 당장에는 유용한 것 같지만 장기적으로 볼 때 주민의 진정한 의사가 정책과정에 전달되지 못하게 되므로 정책결정의 질을 떨어뜨리게 되어 문제시된다.

(4) 사회변화 반영

잠재적인 비제도적 참여를 흡수할 수 있도록 참여제도는 사회변화 및 주민의 여론을 고려하여 융통성 있게 제도화되어야 하며, 필요한 경우 발전적 개편을 게을리 하지 말아야 한다. 그렇지 않을 경우, 제도적 참여에 대한 불신이 팽배하게 되고 결국 비제도적 참여의 대두에 따라 사회안정이 저해되게 될 것이기 때문이다.

Ⅴ 결   론

지금까지 지방정부의 정책결정이 지방정부의 존립목적인 주민복지에 이바지하기 위하여는 주민참여의 활성화가 필수적이라는 전제하에, 참여활성화를 위한 중요한 조치의 하나로서 주민참여의 제도화방안에 대하여 간단히 제시하였다.

앞에서도 지적하였듯이 참여제도의 확충은 기본적으로 정책결정자의 책임이다. 그러나 그러한 제도가 여하히 활용되느냐 하는 문제에 있어서는 주민자신의 인식과 태도가 중요한 몫을 차지하게 된다. 아무리 훌륭한 참여제도가 갖추어져도 주민이 적극적으로 참여하지 않고 권리 위에 잠자는 자가 된다면 참여의 제도화는 또 다른 낭비일 뿐 아니라, 정책결정자는 주민을 우습게 보고 자의적으로 정책을 결정할 위험이 있는 것이다. 이를 위하여는 기본적으로 주민개개인이 "자신 하나의 힘"에 대하여 자각하는 것이 중요하다. 반대로 나 아닌 남의 참여를 통하여 반사이익을 얻고자 하는 이른바 '무임승차'의식은 참여를 통하여 주민일반의 복지를 증진시키고자 하는 노력을 무력화시키는 부정적인 요소로 작용하게 될 것임에 틀림없다.

이와 같은 주민의 적극적 참여의식은 정책결정의 질 향상을 통한 주민일반의 복지증진을 위하여 중요할 뿐만 아니라, 막 꽃피기 시작한 우리나라의 지방자치의 정착을 위하여도 필수적인 요소가 된다. 지방자치는 중앙정부에 대한 지방의 자주권의 확립과 함께, 정부로부터의 주민의 주권회복을 그 기본요소로 하고 있는 것이기 때문이다. 부언할 것은 주민의 참여의식이 중요하다고 해서 그것을 과거의 관변국민운동과 같이 위로부터의 하향적 교화를 통하여 성형하려고 해서는 아니 된다는 것이다. 그러한 의도는 비민주적인 데다가 우리의 경험에서 보듯이 효과조차 적거나 단기적이다. 생각건대, 주민의 참여의식은 어디까지나 개인의 자발적인 노력을 전제로 하여, 주민자신의 생활공간으로서의 지역사회에서의 참여활동을 통하여 스스로 체득되는 것이 바람직할 것이다. 그리고 그와 같이 지역생활공간에서의 경험을 통한 참여의식의 체득이야말로 지방자치시대의 요청에 부응하는 것이기도 하다.

CHAPTER 09 삶의 질과 주민참여

I 서 론

지방의원과 단체장을 민선한 1995년 6·27선거를 계기로 본격적인 지방화의 시대가 도래하였다. 물론 아직도 미흡한 분권화와 참여가 말해주듯이 지방자치가 본격화된 것은 아니지만 최소한 외형상으로나마 지방화의 시대로 접어들었음은 그동안의 집권통치의 폐해를 고려할 때 다행한 일이라 하겠다.

그렇다면 지방자치는 왜 하는가? 즉, 지방자치의 목적은 무엇인가 하는 것이다. 그 대답은 간단하다. 지역주민의 삶의 질(또는 복지) 향상이다. 민주사회에서 어떠한 제도도 사회의 주인인 시민의 이익보호와 연계되어야만 그 정당성을 인정받을 수 있을 것인바, 지방자치 역시 지역사회의 주인인 주민의 삶의 질 향상을 궁극의 목적으로 한다는 점에 대하여는 의문의 여지가 있을 수 없다. 더욱이 후술하는 바와 같이 지방자치란 기본적으로 지역주민에 의한 통치방식이라는 점도 인식되어야만 한다. 논자에 따라서는 삶의 질 외에 민주발전, 시민성의 고양, 지역균형발전, 그리고 이에 기초한 총체적인 국가발전 등을 지방자치의 목적으로서 제시하기도 한다. 물론 그러한 목적들도 바람직하고 중요한 것이기는 하다. 그러나 이들 목표는 주민의 삶의 질 향상에 기여하는 한에서 의미가 있는 것이며, 따라서 오히려 부차적인 목표에 지나지 않는다. 지방자치법(제12조 제1항)도 "지방자치단체는 사무를 처리할 때 주민의 편의 및 복리증진을 위하여 노력하여야 한다"라고 규정함으로써 지방자치의 목적이 주민의 삶의 질 향상에 있음을 천명하고 있다.[1] 이렇게 볼 때, 지방자치와 삶의

---

1) 여기에서 복리라 함은 단순히 재분배를 의미하는 한정적 의미가 아니라 삶의 질 또는 복지와 같이 보다 포괄적인 의미로 이해된다.

질은 별개의 것이 아니라 수단과 목적이라는 불가분의 관계에 있게 된다.

물론 지방자치만이 주민의 삶의 질 향상을 위한 유일한 수단은 아니다. 지방자치를 하지 않아도 국가는 나름대로 주민의 삶의 질 향상에 기여할 수 있다. 그러나 지방자치는 추가적으로, 그리고 보다 충실하게 삶의 질 향상에 기여할 수 있다는 점에서 중요하다. 지방자치의 주체인 지방정부는 주민과 보다 가까운 위치에서 주민의 정치·경제·사회·문화 등 모든 측면에서의 총제적 수요를 보다 잘 파악하여 충족하여 줄 수 있기 때문이다. 지방자치가 출범하면서 보다 많은 주민의 요구와 관심이 지방정부로 집중되고 있는 현상은 그러한 가능성을 잘 보여주는 것이다.

강조할 것은 이와 같이 삶의 질 향상을 목적으로 하는 지방자치는 필연적으로 지역주민의 참여(또는 단순히 주민참여)를 그 본질적 요소로 포함하고 있다는 점이다(이기우, 1996). 왜 그러한가? 그것은 지방자치란 본래적으로 지역주민의 참여에 기반한 것이기 때문이다. 이는 일반적으로 지방자치가 일정한 지역의 주민들이 자신들의 의사와 책임하에 단체를 구성하여 스스로 또는 대표를 통하여 지역에 대한 통치를 담당하는 것으로서 정의되는 데서 알 수 있다. 이러한 지방자치는 일반적으로 단체자치 요소와 주민자치 요소를 그 기본요소로 포함하는 것으로 이해되고 있다(정세욱, 1995). 여기에서 단체자치는 중앙정부와 지방정부와의 관계에 관한 것이며, 주민자치는 지방정부와 주민과의 관계에 관한 것인바, 전자에서는 분권이, 후자에서는 참여가 핵심문제가 된다. 또한 지방자치는 어느 한 측면이 아니라 양자가 긴밀히 결합된 토대 위에서 시행되는 것이 바람직하게 된다. 이렇게 이해할 때, 우리는 주민참여가 지방자치의 불가결의 요소이며 따라서 삶의 질과 관련하여서도 그 의의가 매우 큼을 알 수 있다. 즉, 전통적인 관점에서 보더라도 시민참여는 최소한 지방자치에 있어서 1/2 이상의 비중을 갖는 것이며, 그만큼 삶의 질 향상에 미치는 효과에 있어서도 중대한 요인이 되는 것이다.[2] 그럼에도 불구하고 본 장은 주민참여가 지방자치의 목적인 주민의 삶의 질 향상과 밀접한 관련이 있음에도 불구하

---

2) 이러한 전제하에서 지방자치는 흔히 분권과 참여로 이해되고 있다. 그러나 실제에 있어 지방자치를 분권과 참여로만 이해하는 것은 한계가 있으며 지역사회의 이질적 구성을 고려할 때, 지방정부의 지배이익에 대한 자율성을 제3의 요소로 포함하는 것으로 보는 것이 보다 적실할 것이다(이승종, 1996b). 그러나 지방자치를 좁게 이해하든 넓게 이해하든 참여가 그 핵심 요소인 것만은 부인할 수 없다.

고 아직까지 양자간의 관계에 대한 본격적 논의가 결여되어 왔음을 지적하며 주민참여가 삶의 질에 여하히 기여하게 되는가에 대하여 논의한다.

II 주민참여와 삶의 질

1. 개   념

1) 주민참여

참여란 무엇인가? 참여에 대한 개념정의는 일정하지 않다. 좁게는 정부에 영향력을 미치기 위한 주민(시민)의 행위라는 입장에서부터(Verba & Nie, 1972), 넓게는 정부기관과 사적기관과의 상호작용 또는 정보교환이라는 입장(Barnes & Kaase, 1979)까지 다양하게 정의되고 있다.3) 생각건대, 만일 참여의 개념을 지나치게 넓게 인정하여 정부에 대한 주민의 의사표시뿐 아니라 주민에 대한 정부의 의사전달행위까지 포함시키게 되면 일차적으로 참여와 홍보와의 구분이 어려워지는 문제가 생긴다. 물론 정부의 의사를 주민에게 전달하는 행위로서의 홍보 역시 정부에 투입되는 주민의 의사의 내용에 영향을 미치게 된다는 점에서 참여와 밀접하게 관련된 것이기는 하지만 그럼에도 불구하고 홍보는 정부에 영향력을 미치기 위한 주민의 직접적인 행위가 아닐 뿐 아니라, 정보흐름의 방향에 있어서도 정반대의 행위라는 점을 감안할 때, 양자간에는 일정한 구별을 두는 것이 바람직할 것이다. 나아가서 참여는 기본적으로 대표에 의한 정치를 보완하기 위하여 정부에 대한 주민의 직접적 의사투입의 필요성에 그 정당성의 근거를 두고 있는 것이며, 정부로부터 주민에게로의 의사투입에 그 정당성을 두고 있지 않다는 점을 감안하더라도, 참여의 본지를 흐리는 정도까지 참여의 외연을 지나치게 확장하는 것은 타당하지 않다 하겠다. 그리하여 여러 가지 입장 차이에도 불구하고 실제로는 참여의 요체가 정부에 영향력을 미치기 위한 일반 주민의 행위에 있다는 데 대하여는 대체적인 공감대가 형성되

---

3) 이와는 별도로 정부에 대한 지지행위도 참여로 볼 것인가, 불법적인 항의·폭력적 참여도 참여로 볼 것인가와 같은 점에 대하여도 참여의 개념화는 차이를 보이고 있다. 이 점에 있어서는, 어떤 참여행위가 사회적으로 바람직한가라는 문제와는 별도로 그것이 정부에 영향력을 행사하기 위한 주민의 행위인 한 참여행위로서 폭넓게 인정하는 것이 논리적으로 타당하다(이승종, 1993a).

어 있는 것이다. 이러한 참여는 일반적으로 다음과 같은 특징을 갖는 것으로 이해된다. 첫째, 참여는 정치전문가가 아닌 아마추어(amateur)로서의 일반 주민에 의한 행위이다. 둘째, 참여는 공공문제에 관하여 정부에 영향력 행사를 목적으로 하는 행위이다. 셋째, 참여는 단순한 인식이나 태도가 아닌 명시적인 행위 또는 활동이다.

이와 같이 참여를 일반적으로 정부에 대한 주민의 영향력 행사라고 정의할 때, 주민참여는 지방정부에 영향을 미치기 위한 지역주민의 행위라고 정의할 수 있다. 그러나 실제로 주민참여는 시민참여, 정치참여와 다른 개념이 아니라는 점을 지적하여야 한다. 다만, '지역'에서의 참여라는 공간적 의미를 강조하여 일반적 참여와 구분하고자 할 때 '주민'으로 특정할 뿐이다.

2) 삶의 질

일반적으로 삶의 질은 복지(welfare), 행복(happiness), 안녕(well-being), 만족감(satisfaction) 등과 동의어 또는 이를 포괄하는 의미로서 모호하게 사용된다. 그러나 실제 사용에 있어서는 삶의 질이라는 용어를 삶의 조건에 대한 주관적인 인지로서 사용하는 입장과 삶의 조건에 대한 주관적 평가 및 객관적 상황을 포괄하는 개념으로 사용하는 입장으로 대별하여 볼 수 있다.

전자의 입장에서 삶의 질이란 개인이 생활과정에서 직접 느끼는 주관적 만족감 또는 행복감의 정도로서 정의되는바(신도철, 1981: 27), 이와 같은 입장은 1970년대 행하여진 일부 연구들이 주관적 인지 측면이 아닌 삶의 객관적 조건(예, 공해, 혼잡도, 교육시설, 평균수명 등)만을 대상으로 삶의 질을 평가함으로써 객관적 삶의 조건이 삶의 질이라는 혼동을 자아내기도 한 것과는 매우 대조가 되는 것이다(Carley, 1981).[4] 이와 같이 삶의 질을 주관적 인지로서 파악하는 입장에서는 삶의 객관적인 조건 그 자체가 삶의 질은 아니며 삶의 질은 객관적 삶의 조건에 대한 주관적 평가로서 결정됨을 강조한다. 그리고 삶의 질 즉, 삶의 객관적 조건에 대한 평가는 삶의 객관적 상황에 대한 인지적 평가라는 매개과정을 통하여 결정되는 것으로 이해된다(김흥식, 1996). 이때 삶의 질 또는 삶의 조건에 대한 주관적 인식은 같은 조건에 대하여 다르게 나타나거나,

---

4) 주관적인 인지개념으로서의 삶의 질과 삶의 객관적 조건을 구분하기 위하여 일부에서는 삶의 객관적 조건을 물리적 삶의 질(PQL: physical quality of life)이라 부르기도 한다.

또는 다른 조건에 대하여 유사하게 나타나는 등의 가변성을 보이게 된다.5) 연혁적으로 볼 때, 삶의 질이라는 개념은 객관적 삶의 조건이 그 조건에 대한 주관적 평가와 일치하는 것은 아니라는 인식에서 출발한 것이므로 삶의 질은 바로 이와 같이 주관적 행복 또는 만족감을 강조하는 용어로 적지 않게 사용되어 왔다.

그러나 최근에 이르러서는 주관적 차원뿐 아니라 객관적 차원을 포함하는 보다 넓은 개념으로 삶의 질을 이해하는 입장이 보다 일반화되고 있다(임희섭, 1995; 김상균, 1996). 그리고 이에 따라 삶의 질을 측정함에 있어서 주관적 인지 측면과 함께 객관적 삶의 조건을 같이 측정하려는 시도가 증가하고 있다(예, Myers, 1987). 우리나라에서 지방자치 실시 이후 각 자치단체를 대상으로 행하여진 삶의 질에 관한 연구들 역시 주관적 평가와 함께 객관적 조건을 동시에 평가하고 있다(예, 중앙일보, 1995). 이러한 입장은 기본적으로 삶의 객관적 조건과 이에 대한 주관적 인지 간에는 밀접한 상관관계가 있다는 것을 전제로 한 것이라 하겠다.

어느 개념을 쓰는가 하는 것은 각자의 선호와 용도에 따라 차이가 있을 수 있겠으나 기본적으론 삶의 조건과 이에 대한 주관적 평가 간의 상관관계가 어떠한가에 대한 인식의 차이에 따라 달라지게 될 것이다. 그러나 생각건대, 삶의 질을 주관적 인지로만 사용할 경우에 자칫 객관적 삶의 조건은 삶의 질과 무관하다는 오해를 불러일으킬 수 있다는 점을 감안할 때,6) 삶의 질은 객관적 조건과 주관적 평가를 포괄하는 개념으로 사용하는 것이 바람직하다고 판단된다. 그러므로 본 장에서도 삶의 질은 삶의 객관적 측면과 주관적 측면을 동시에 나타내는 개념으로 사용한다.

한 가지 의문은 삶의 조건과 이에 대한 주관적 평가 간에는 어떠한 상관관계가 있느냐는 것이다. 물론, 삶의 조건에 대한 주관적 평가는 개인의 특성 또는 상황에 따라 차이가 있으므로 양자간에 규칙적이고 안정적인 상관관계가 있다고 하기는 어렵다. 그럼에도 불구하고 다른 조건이 같다면 일반적으로 우

---

5) 다만 이러한 가변성은 개인의 삶의 조건과 이에 대한 평가 간에 긍정적인 관계가 있는 한, 최소한 집합적 수준(aggregate level)에서는 상당히 축소될 것이다.

6) 양자간에 유의미한 관계가 없다면 삶의 객관적 조건 향상을 위한 요구는 힘을 잃게 될 것이다. 극단적으로는 불행이나 불만은 삶의 조건과는 무관하게 개인의 심리·성격상의 결함 때문이라는 반응도 가능하여질 것이다.

월한 삶의 조건은 열악한 삶의 조건에 비하여 보다 우월한 주관적 평가를 가져올 개연성이 크다 하겠으며 따라서 양자간에는 대체로 정의 상관관계가 있다는 점 또한 부인하기 어렵다 하겠다. 그리고 그러한 한에 있어서 특히 집합적 차원에서는 양자간의 보다 안정적인 정(正)의 상관관계가 존재하게 된다.

주목할 것은 이러한 사실이 지역사회(하부지역사회 포함)의 삶의 조건 향상을 위한 지방정부의 공공노력(중앙정부도 마찬가지이지만)을 정당화할 수 있는 중요한 논거가 될 수 있다는 점이다. 일반적으로 지방정부는 지역의 삶의 조건 개선을 위하여 노력을 집중하게 마련인바, 삶의 조건이 주관적 평가로 연계될 수 있다는 위의 논의는 결국 지방정부가 지역사회의 삶의 조건 개선에만 역량을 집중하더라도 주민의 주관적 만족으로 연결될 수 있음을 시사해주는 것이기 때문이다. 그러나 문제는 주민 개개인의 삶의 조건이 아니라 지역사회를 단위로 한 집합적 차원의 삶의 조건 개선을 위한 지방정부의 노력이 과연 주민 개개인의 만족으로까지 연결될 수 있겠는가 하는 것이다.[7] 만일 이에 대한 대답이 부정적이라면 지역사회의 삶의 조건 향상을 위한 지방정부의 정책노력의 정당성은 저감될 수밖에 없게 된다. 지방정부의 정책은 궁극적으로는 지역사회의 삶의 조건 개선에서 더 나아가 주민 개개인의 만족으로 연결되지 않으면 안 될 것이기 때문이다. 그리고 이 경우에 지방정부의 정책노력은 부분적 내지는 잘못된 노력으로 비판받게 될 것이다. 따라서 그러한 비판을 면하기 위하여는 지방정부가 삶의 질 향상을 위한 노력을 경주함에 있어서 집합적 차원에서만이 아니라 개인차원에서의 삶의 질 향상을 동시에 추구하도록 변화되어야만 할 것인바, 이는 지방행정이 보다 개별화되어야 함을 의미한다. 그러나 이 같은 지방행정의 개별화는 비용의 문제를 논외로 하더라도 현실적으로 곤란하다는 문제가 있다. 편차가 큰 개개인의 주관적 평가를 만족시키려고 노력하다가는 결국 예이츠(Yates, 1977)가 지적하였듯이 통치불능의 상태에 빠지게 될 것이기 때문이다. 그렇기 때문에 지방정부의 삶의 조건, 그리고 나아가서 삶의 질 향상을 위한 노력은 개인차원보다는 집합적 차원의 삶의 조건 향상을 상대적으로 중시할 수밖에 없다. 그것은 정부가 갖는 공적 자원배분기구적인 성격을 고려한다면 당연한 것이기도 하다. 다행히 개인차원의 삶의 질은 집합적 차

---

7) 이는 논리상 개별적 차원에서의 논리와 집합적 차원에서의 논리를 혼동하는 이른바 생태의 오류(ecological fallacy)와 관련된 문제이다.

원 즉, 지역사회 전체의 삶의 조건과 밀접한 연관을 갖는 것으로 판단된다. 지역사회의 삶의 조건 개선을 위한 지방정부의 노력은 주민 개개인이 충족하기 어려운 개인의 삶의 조건의 개선에 일정하게 기여할 것이기 때문이다.[8] 그리고 그렇기 때문에 지방정부의 지역사회의 삶의 조건개선을 우선시하는 지방정부의 정책노력은 정당화된다. 요컨대, 지방정부의 공공정책은 집합적 차원의 삶의 조건 또는 삶의 질 향상을 목표로 수행되는바, 이러한 노력은 대체로 개인의 삶의 질 향상으로까지 이어지게 되므로 지방정부의 집합적 차원의 삶의 조건 또는 질 향상을 위한 노력이 정당화된다는 것이다.

3) 절대적 삶의 질과 상대적 삶의 질

삶의 질의 개념정의와는 별도로 삶의 질에는 절대적 차원과 상대적 차원이 있다. 전자는 삶의 질의 객관적 수준을 의미하며, 후자는 타인과 비교한 삶의 질의 수준을 의미한다. 이와 같이 삶의 질이 복수의 차원으로 구성되어 있는 것은 기본적으로 인간의 행복 또는 만족은 자신이 가진 만족의 절대적 크기뿐만 아니라 상대적 크기에 의하여도 좌우되기 때문이다. 물론 기본적으로 인간의 행복이나 만족을 위하여는 기본적으로 절대적 삶의 수준 향상이 중요하다. 이는 일정한 수준에서 절대적 삶의 질이 확보되지 않은 상황하에서 인간의 행복이 이루어질 수는 없는 노릇이기 때문이다. 그러나 절대적 삶의 질 확보가 인간의 행복을 위한 필요충분조건이 되지는 못한다. 아무리 일정 수준의 삶의 질이 확보되더라도 그러한 수준이 타인의 삶의 질 수준과 비교하여 열악한 것으로 판단될 때, 인간은 행복을 느끼기 어렵게 될 것이기 때문이다. 그리하여 상대적 복지 또는 상대적 박탈감에 관한 이론에서는 인간의 행복이나 만족은 절대적 복지수준보다는 오히려 상대적 복지의 수준에 의하여 더욱 영향을 받는 것으로 보기도 한다.[9] 그러나 양자간의 상대적 중요성에 대한 합의는 아직까지 없는 실정이다. 다만, 이러한 논의는 삶의 질 향상을 위하여는 어느 하나의 충족만으로는 곤란하며 반드시 절대적 삶의 질과 함께 상대적 삶의 질의 향상을 위한 노력이 병행되어야 함을 가르쳐 주는 것이라 하겠다.

절대적 및 상대적 삶의 질에 대한 구분은 그 자체에 의미가 있는 것은 아

---

8) 이와 같이 개인의 삶의 질이 지역사회의 삶의 조건 또는 삶의 질과 연계되어 있다고 보는 접근을 삶의 질에 대한 초월적 접근(transcendental approach)이라 한다(Gerson, 1976).

9) 이는 Stouffer(1949)의 군대집단에 대한 사기연구를 통하여 입증된 바 있다.

니며 여하히 삶의 질을 향상시키는가 하는 방법론과 관련지어 중요하다. 즉, 삶의 질 향상이라는 지방자치의 궁극적 목적달성을 위하여 지방자치는 어떻게 수행되어야 하는가 하는 것이다. 결론부터 제시한다면 지방자치는 민주성, 능률성, 및 형평성이라는 세 가지 이념을 조화롭게 추구함으로써 주민의 삶의 질 향상에 기여할 수 있게 된다. 능률성과 민주성은 특히 절대적 삶의 질을 향상시킴으로써, 형평성은 특히 상대적 삶의 질을 높임으로써 총체적인 삶의 질을 제고하게 될 것이다. 여기에서 민주성이란 주민의 요구가 지방의 정책과정에 충실하게 반영되는 것을 의미하고, 능률성이란 최소의 비용으로 최대의 서비스가 주민에게 제공되는 것을 말하며, 형평성이란 지방의 정책과정이 일부 지역이나 집단에 편파적으로 이루어지지 않는 것을 말한다. 만일 지방자치가 이와 같은 세 가지 이념에 입각하여 수행되지 않는 경우, 즉 비민주적으로, 비능률적으로, 차별적으로 이루어질 경우에는 삶의 질 향상은 어렵게 된다(이승종, 1993b). 이러한 논의는 주민참여에도 동일하게 적용된다. 지방자치는 주민참여를 그 내용요소로 포함하는 것이기 때문이다.

문제는 과연 주민참여가 위에서 제기한 세 가지 이념의 달성에 긍정적으로 기여함으로써 주민의 삶의 질 향상에 기여할 수 있겠는가 하는 것이다.

2. 주민참여의 삶의 질에 대한 기여

무릇 지방자치가 주민의 삶의 질에 기여하기 위하여는 지방의 정책과정이 주민의 의사에 부합하는 것이 되어야 한다. 주민의 의사에 배치되는 정책을 통한 삶의 질 향상이란 있을 수 없는 노릇이기 때문이다. 문제는 행정관료에 의하여 주도되는 지방의 정책과정은 주민의 의사에 우선하여 능률성을 우선하는 정책편향을 보이게 될 우려가 있다는 점이다. 이는 현대사회의 복잡화·이질화 추세에 따라 정책결정과정에서의 전문적 판단의 필요성이 증대함에 따라 중앙과 지방을 막론하고 정책과정의 주도권이 비전문가인 정치인으로부터 전문적 관료로 이전하는 현상 즉, 행정국가화 현상이 심화되고 있는 데서 비롯된다. 관료가 주도하는 정책과정이 민의에 소홀할 염려가 있음은 이들의 신분이 선거가 아닌 임명에 의하여 임기를 보장받는 직위라는 점을 생각하면 당연한 것이기까지 하다. 물론 능률은 정책과정에서 추구하여야 할 바람직한 기본이념의 하나임에는 틀림없다. 그러나 아무리 능률적인 정책이라도 그것이 사회의 주인인 민의 의사와 무관하거나 배치되어서는 곤란하므로 그와 같은 정책편향은 보다 민의에 부합하는 방향으로 보정되어야 마땅하다.

정책과정의 능률편향을 시정하기 위하여는 무엇보다도 주민참여를 통하여 민의 의사가 지방의 정책과정에 유효하게 투입될 것이 요청된다. 그렇게 되어야만 정책과정은 능률편향에서 벗어나서 능률성과 민주성, 그리고 형평성이 조화되는 보다 바람직한 상태로 이행할 수 있게 되고 그에 따라 주민의 삶의 질 향상도 가능하게 된다. 그리고 그러한 상태는 이른바 관료의 전문가적 판단에 의한 지배와 민의 지배가 조화·균형을 이루는 "기술민주주의(technodemocracy)"의 이상이 시현됨을 의미한다.10)

보다 구체적으로, 지방자치하의 주민참여가 세 가지 이념에 어떻게 부합하여 삶의 질 향상에 기여하는가를 이념별로 살펴보자. 첫째, 주민참여는 지방정책의 민주성을 제고시킴으로써 삶의 질 향상에 기여하게 될 것이다. 지방자치하에서 주민(住民)의 지위는 종래의 객민(客民)으로부터 주민의 지위로 회복되고 이에 따라 지방의 정책과정에 대한 주민의 영향력이 증대된다. 즉, 지방자치실시 이전에 주민은 통치의 객체에 불과하였으나 지자제 실시 이후에는 단체장이나 지방의원과 같은 지방공직자의 구성기관으로 위상이 격상되고 따라서 지방 공직자의 주민의 요구나 선호에 대한 감수성이 획기적으로 증대됨에 따라 정책과정에 대한 주민의 영향력이 증대되는 것이다.11) 지방공직자의 주민에 대한 감수성 증대는 정책과정에서 주민의 요구나 선호에 대한 배려로 나타나게 된다. 뿐만 아니라 주민의 정치적 효능감 증대에 따라 정책과정에 대한 주민참여 역시 보다 활발해질 것이다. 이와 같이 공직자의 주민요구나 선호에 대한 감수성 증대와 주민의 요구투입의 증대는 상승작용을 일으킬 것이며 그 결과로 지방정책결정은 보다 민의에 근접한 것이 되어 삶의 질 향상에 기여하게 될 것이다. 또한 주민참여는 참여과정에서 참여자에게 직접적인 만족감을 제공하는 직접적인 삶의 질 향상요인이라는 점도 빠뜨릴 수 없다.

둘째, 주민참여는 지방정책과정의 형평성 신장을 통하여 주민의 삶의 질

---

10) 원래는 능률과 민주의 조화가 시현된 상태를 기술민주주의라고 하고 있으나(De Sario & Langton, 1987) 민주성과 형평성이 항상 동반하는 것은 아니며 그 때문에 여기에서는 민주성과 형평성을 명시하여 열거한 것이다.

11) 지난 1995년 통합지방선거에 있어 인천시장 후보로 나선 후보 모두가 다 같이 이미 결정된 굴업도 핵폐기물처리장 설치문제를 새삼 제기하였던 것은 그 주장의 당위성에 대한 논의와는 별도로 지방공직자의 주민에 대한 감수성 증대를 단적으로 보여주는 증거라 하겠다.

향상에 기여하게 될 것이다. 앞에서 언급한 바와 같이 주민참여는 행정관료의 기본성향에 따라 필연적으로 능률편향을 띠게 마련인 지방의 정책성향을 시정하는 힘으로 작용한다. 구체적으로 시정하는 방향에 있어 주민참여는 일부 계층이 아닌 일반주민의 이익에 보다 부합하는 방향으로 정책이 결정되도록 함으로써 사회적 형평성을 제고하게 된다. 만일 주민참여가 활성화되지 못하여 주민의사의 정책결정과정에 대한 투입이 제대로 이루어지지 않는 경우, 정책결정자들은 자칫 자신의 판단을 주민의사로 판단하거나 또는 일부 상위계층의 이익을 위하여 정책을 결정할 우려가 있는바, 이러한 경우 정책은 주민다수의 이익을 충분히 반영하지 않게 될 것이다. 다만, 이 같은 형평화 효과는 참여과정에서 누가 주도하고 누가 참여하느냐에 따라 달라질 수 있는바, 따라서 참여과정을 여하히 조직화하느냐 하는 문제는 주민참여에 있어 핵심적인 과제가 된다.

셋째, 지방자치하의 주민참여는 지방의 행정과정의 능률화에 대한 압박요인으로 작용함으로써 주민의 삶의 질 향상에 기여하게 된다. 생각건대, 이에 대하여는 주민참여가 원활하지 않은 상태에서 지방의 정책과정은 능률편향을 보이기 쉽다고 한 앞에서의 지적을 들어 의문이 제기될 수 있을 것이다. 그러나 능률과 능률편향은 별개의 문제일 수 있다는 점을 인식하여야 한다. 과거 중앙집권시대의 지방행정에 있어서 주민은 행정객체일 뿐, 지방행정과정에 대한 영향력 행사가 어려웠고 따라서 낭비적인 지방행정이 이루어져도 주민은 속수무책이었던 것이 사실이었다. 지방의 정책과정은 어디까지나 외부로부터 격리된 지방자치단체 내부의 사안일 뿐이었다. 그러한 상황하에서 지방의 정책과정은 능률편향하에서 비능률을 노정하는 경우가 빈번하였고 이는 결국 주민의 삶의 질에 대한 저상요인으로 작용하여 온 것이다. 그러한 상태는 명백하게 주민으로부터의 통제가 미흡한 데서 비롯된 것이었다. 그러나 지방자치제하에서는 주민들이 참여를 통하여 지방정부에 대하여 감시, 비판, 요구를 보다 활발히 할 수 있으며 이는 곧 지방정책과정의 능률화 압박요인으로 작용하게 된다. 실제로 미국 캘리포니아주에서 통과된 주민제안 13호의 사례가 보여주듯이 선진국에서는 주민들의 조세저항이 강화되고 있으며, 이에 따라 재정수입에 제동이 걸린 지방정부는 경쟁적으로 능률화에 박차를 가하고 있는 실정이다. 그러나 조세저항은 지방정부의 능률화에 대한 주민요구의 단편적 예에 지나지 않으며 지방정부에 대한 전반적인 능률화요구는 점차 강도를 더해가며 보편화되고 있는바, 이미 외국의 지방정부들은 생존을 위한 다양한 방법으로 능률화를 추구하고 있다. 예컨대, 어떤 지방정부는 민간기업과 같이 공무원을 공개경쟁입찰에 부치기도 하고, 어떤 지방정부는 세수확충을 위하여 레크리에이션센터를 운영하기까지 한다.[12] 우리의 경우도 자치제실시에 따라 주민의 영향력이 증대되고 또 주민의식이 고양되어 감에 따라 더 이상 지방정부가 능률개선 없이 현실에 안주할 수는 없게 되었다. 그리하여 초보적인 단계이기는 하지만 일부 지방정부는 민관협동사업, 경영수익사업의 확충 등 경영적 요소의 도입을 추진하기도 하고, 다른 일부 지방정부에서는 공무원 인원동결을 선언하는 등 행정능률화를 위한 노력을 기울이고 있다. 앞으로 지방정부간 경쟁이 심화되면 될수록 각 지방정부는 이러한 능률화 노력을 배가되지 않을 수 없게 될 것이다. 요컨대, 지방자치하의 주민참여는 능률화에도 긍정적인 영향을 미침으로써 주민의 삶의 질 향상에 기여하게 될 것이다.

이와 같이 지방자치하의 주민참여는 원활히 이루어지는 경우, 민주성·능률성·공평성의 균형된 신장을 통하여 주민의 삶의 질 향상에 기여하게 될 것으로 기대된다. 물론 이러한 전망은 어디까지나 지방자치에 따라 증대된 주민의 영향력이 성숙한 주민의식을 바탕으로 지방정책과정에 긍정적인 방향으로 기능한다는 것을 전제로 한 것이다. 그러나 만일 주민의 참여의식이 성숙하지 못하여 그 영향력 행사가 미미하거나 또는 파행적으로 이루어질 때, 지방의 정책과정은 오히려 비민주, 비능률, 불공평으로 얼룩지게 되고 이에 따라 삶의 질이 저하될 위험도 없지 않다.

우선 민주성 측면에서 볼 때, 일부 주민이 공익에 우선하여 자신의 이익만을 고집하거나 집단의 힘을 과시하며 선동을 일삼을 때, 주민참여는 선동정치로 변질되거나 또는 지역이기주의 또는 집단간 갈등만을 증폭시킬 우려가 있다. 이 경우 주민참여에 대한 지방정부의 반응은 민주를 의미하기보다는 일부 집단의 압력에 대한 반응의 성격을 띠게 되어 민주에 역행하는 결과를 낳게 될 것이다. 형평성 측면에서 본다면, 참여에는 시간·재원·지식 등의 자원이 소요되는바, 만일 참여과정이 이 같은 자원을 상대적으로 많이 보유한 상위계층이 독점하게 되는 경우에는 오히려 주민참여가 대다수 주민의 삶의 질에 저해요인이 될 우려가 있다. 또한, 대다수 주민의 무관심 속에서 지방의 정책

---

12) 지방정부의 능률혁신 사례에 대하여는 Osborne & Gabler(1993)가 참고가 된다.

과정에 대한 주민통제가 취약할 경우, 지방의 공직자와 지역엘리트가 결합하여 이른바 성장연합(growth coalition)을 구성함으로써 지방의 정책이 기득권층 위주로 이루어질 우려도 있다.[13] 능률성 측면에서 볼 때, 만일 정책과정에 대한 주민의 참여나 감시가 소홀할 경우, 지방정부에 대한 외부로부터의 능률성 향상을 위한 압박요인은 없어지게 되고 이에 따라 지방행정은 자치제 실시 이전과 별 차이가 없게 될 우려가 있다. 요컨대, 주민이 주어진 영향력을 제대로 행사하지 않거나 잘못 행사할 경우, 주민참여는 오히려 주민의 삶의 질에 대한 저해요인으로 전락할 우려가 있다는 것이다.

그러나 기본적으로 이러한 부정적 측면을 무시할 수는 없겠지만 그렇다고 해서 이를 지나치게 강조하는 것은 바람직하지 않다. 그것은 우리나라의 경우에는 주민참여로 인한 부정적 영향을 강조하기에는 아직까지 주민참여가 저조할 뿐 아니라, 참여의 부정적인 측면으로 제기되고 있는 사항들은 기본적으로 적절한 정책적 노력을 통하여 완화가능한 것이기 때문이다. 요컨대, 아직까지 우리에게 있어 주민참여는 활성화의 대상이지 우려의 대상은 아니라는 것이다 (이승종, 1995c). 부언할 것은 이와 같이 참여를 통한 정책편향 시정의 필요성은 중앙보다는 지방차원에서 특히 더 절실하다는 점이다. 그것은 상대적으로 서비스공급을 주 임무로 하는 지방정부의 정책과정에서 관료가 차지하는 비중이 중앙의 그것에 비하여 상대적으로 크기 때문이다.

III 결 론

지금까지 주민참여가 지방정부의 존립목적인 주민의 삶의 질 향상에 이바지할 수 있다는 점에 대하여 논의하였다. 그런데 주민참여가 그렇게 기능하도록 하기 위하여는 참여제도의 확충만이 아니라 시민의식의 고양, 공직자의 인식전환 등 참여여건의 개선이 이루어져야만 한다. 이러한 조건의 하나로서 특히 강조할 것은 사회경제적 불평등의 개선을 위한 노력이 필요하다는 점이다.

---

13) 성장연합이란 성장(개발)위주의 정책으로부터 이익을 얻게 되는 지주, 기업인 등 지역엘리트와 지역의 성장에 관심을 갖고 있는 지방의 공직자가 마치 연합을 한 것 같이 성장정책 일변도로 지방정책을 선도하여 나가는 것을 말한다. 성장연합이 활성화되면 그 과정에서 부패가 구조화될 우려가 크며 또한 성장의 과실 역시 상위계층이 과도히 차지하게 되어 형평성이 저상되는 문제가 생긴다(Logan & Molotch, 1987).

그 이유는 다음과 같다. 참여에는 시간·노력·지식 등 비용이 소요되는바, 이러한 비용의 부담능력이 큰 기득권층은 소외층에 비하여 참여과정을 주도하게 되고 따라서 참여에 따른 편익을 과점하게 될 가능성이 크다.[14] 반면, 비용의 부담능력이 크지 않은 소외층은 참여과정에서도 역시 열위에 서게 되고 따라서 참여의 신장은 주로 기득권층의 참여신장으로 특징지어질 가능성도 없지 않다. 그렇게 되면 참여활성화는 기득권의 삶의 질을 향상시킬지언정 소외층을 포함한 주민전체의 삶의 질을 향상시키는 데는 실패하게 된다. 물론 참여의 제도화는 소외층의 참여비용 부담을 완화함으로써 소외층의 참여성향을 높이는 효과를 가져오게 될 것이다. 그러나 사회경제적 불평등의 격차가 커서 참여자원의 격차가 지나치게 벌어져 있는 상황하에서는 참여제도를 통한 소외층의 참여신장 효과에도 한계가 있게 된다. 더욱이 참여제도의 참여신장효과는 그 크기는 상대적으로 작으나 여하튼 기득권층에도 동일하게 적용된다는 점도 감안되어야 한다. 이러한 논의는 두 가지를 시사하여 준다. 첫째는 과도한 사회적 불평등은 참여에 있어서의 계층간 불평등으로 연장되므로 개선되어야 한다는 것이며, 둘째는 참여제도를 마련함에 있어서 일차적으로 소외층에 대한 배려가 있어야 한다는 것이다.

---

14) 물론 경우에 따라 사회경제적 약자가 더욱 참여에 적극적인 경우도 있다. 그러나 그것은 일반적으로 생존권 위협에 대한 항의활동 등 예외적인 경우가 많으며 일반적으로는 참여의 가능성은 사회경제적 지위와 긍정적인 관계에 있는 것으로 평가되고 있다.

CHAPTER 10 주민참여의 제도화

Ⅰ 서 론

　현대사회의 복잡화·이질화 추세에 따라 정책결정을 위한 전문적 판단의 필요성이 증대함에 따라 중앙과 지방을 막론하고 정책과정의 주도권이 비전문가인 정치인으로부터 전문적 관료로 이전하는 현상 즉, 행정국가화 현상이 심화되고 있다. 문제는 이와 같이 관료에 의하여 주도되는 정책과정은 필연적으로 민의 의사보다는 능률성이나 효과성을 우선하는 정책편향을 보이게 될 우려가 있다는 점이다. 관료가 주도하는 정책과정이 민의에 소홀할 염려가 있음은 이들의 신분이 선거가 아닌 임명에 의하여 임기를 보장받는 직위라는 점을 생각하면 당연한 것이기까지 하다. 물론 능률이나 효과 역시 정책과정에서 추구하여야 할 바람직한 기본이념임에는 틀림없다. 그러나 아무리 능률적이고 효과적인 정책이라도 그것이 사회의 주인인 민의 의사와 무관하거나 배치되어서는 곤란하므로 그와 같은 정책편향은 보다 민의에 부합하는 방향으로 보정되어야 한다.

　정책과정의 능률편향을 시정하기 위하여는 무엇보다도 주민참여를 통하여 민의 의사가 정책과정에 유효하게 투입될 것이 요청된다. 그렇게 되어야만 정책과정은 능률편향에서 벗어나서 능률성과 민주성, 그리고 형평성이 조화되는 보다 바람직한 상태로 이행할 수 있게 된다.[1] 강조할 것은 이와 같이 참여를 통한 정책편향 시정의 필요성은 지방차원에서 특히 더 절실하다는 점이다.

---

1) 그러한 상태는 이른바 관료의 전문가적 판단에 의한 지배와 민의 지배가 조화·균형을 이루는 기술민주주의(technodemocracy)를 의미한다(De Sario & Langton, 1987). 일반적으로 전문가 지배하에서보다 민의 지배하에서는 민주성과 형평성이 향상되리라고 전제한다. 그러나 항상 민주성과 형평성이 동반하는 것은 아니며 그 때문에 여기에서는 양자를 열거한 것이다.

189

그것은 상대적으로 서비스공급을 주 임무로 하는 지방정부의 정책과정에서 관료가 차지하는 비중이 중앙의 그것에 비하여 상대적으로 크기 때문이다. 그럼에도 불구하고 지방자치 실시 이후에도 지방의 정책과정에서의 주민참여의 필요성에 대한 인식은 크게 진전되지 않고 있어 문제시된다. 실제로 지금까지 지방자치에 관한 논의의 많은 부분은 주로 정부간 관계(또는 단체자치측면)에 초점을 맞추어 왔으며 참여문제(또는 주민자치 측면)에 대하여는 지나치게 소홀한 경향을 보여 왔다. 물론 참여의 필요성에 대한 인식이 전혀 없는 것은 아니라 하겠으나 기껏해야 지방자치의 정착을 위하여 주민 참여가 필요하다는 규범적 주장 정도에 머무르고 있을 뿐이며, 실제로 참여를 활성화하기 위한 실천적 노력은 미흡한 형편이라 하겠다.[2]

이와 같이 지방자치에 대한 논의가 정부간 관계 측면에 경도되고 있는 것은 지방자치가 아직까지 시행초기인 점을 감안할 때 일응 이해가 가는 일이다. 지방자치제 초기에는 우선 과도하게 집권화된 정부간 관계를 분권적인 구조로 바꾸는 것이 보다 일차적인 과제라고 생각되기 쉬울 것이기 때문이다. 그러나 앞에서 지적한 바와 같이 지방의 정책과정에서의 능률편향의 우려를 고려하거나, 지방자치가 단체자치측면과 주민자치 측면을 포괄하는 것임을 고려할 때, 현재와 같이 단체자치 측면에 경도된 불균형적인 논의와 관심은 분명 바람직하지 않다. 요컨대, 지방자치의 정착·발전을 위하여 향후 지방의 정책과정에서의 주민참여 활성화에 대한 관심과 노력이 요청된다는 것이다.

주민참여의 활성화를 위하여는 참여제도의 확충, 주민의 참여의식 고양, 참여환경의 조성 등 다양한 조건이 동시에 이루어져야 하지만,[3] 이 중에서도 특히 참여를 매개할 수 있는 제도적 장치의 확충이 중요하다. 참여제도가 충분히 마련되지 않은 상황하에서는 참여에 수반되는 비용, 시간, 기술 등의 자원상의 제약 등으로 참여가 전반적으로 과소할 수밖에 없을 뿐 아니라, 산발적으로 이루어지는 참여마저 참여에 필요한 자원을 소유한 일부 계층의 독점물로 전락하게 되는 이중적 문제가 발생하게 되기 때문이다. 즉, 참여의 제도화는

---

2) 이와 관련하여 개정 지방자치법에서는 목적에 주민의 지방자치행정 참여에 관한 내용명시(제1조), 정책결정과 집행과정에 참여할 권리신설(제17조), 주민조례발안제의 도입(제19조), 규칙의 제정과 개정 및 폐지에 관한 의견제출(제20조), 주민감사 청구인수와 연령기준의 완화(제21조) 등의 개선이 이루어졌다.

3) 이에 대한 자세한 논의는 이승종(1993) 제 3 장을 볼 것.

이러한 문제의 발생을 예방하기 위한 노력이라는 점에서 중요한 의의를 갖는 다. 강조할 것은 이때 지역주민의 참여제도를 마련하는 일차적인 의무는 지방 정부에게 있다는 점이다. 간혹 논자들은 과소참여를 주민들의 탓으로 돌리기 도 하나 참여제도가 마련되어 있지 않은 상황하에서 그 같은 지적은 설득력이 없다. 참여를 요구하는 주민에 대한 정부의 소극적인 조치로 오히려 참여문제 가 증폭되어왔다는 사실이 이를 가르쳐 준다. 그러나 아직까지 지방정부는 참 여에 대한 인식부족으로 참여제도 마련에 인색하며, 그 결과 주민들은 여전히 선거 이외에는 지방의 정책과정에 유효한 투입창구를 가지지 못하고 있다.

본 장은 이러한 인식을 바탕으로 지역주민참여의 활성화를 위한 방안을 제시함에 있어 제도화측면에 초점을 맞추고자 한다. 그렇게 함에 있어서 먼저 참여의 개념, 필요성, 제도화의 의의 등에 대하여 이론적 검토를 하고, 지역주 민의 참여실태를 진단한 다음, 이어서 지역주민의 참여활성화를 위한 참여제 도의 개선·확충방안을 제시할 것이다. 참여실태에 관한 진단을 위하여는 충남 연기군민 500명을 대상으로 설문조사를 시행하였는바, 면접원에 의한 조사를 통하여 90%의 회수율을 확보하였다.[4]

▐▐ 이론적 배경

1. 주민참여의 필요성

주민참여란 간단히 말하자면 지방정부의 정책과정에 영향을 미치기 위한 지역주민의 행위라 정의할 수 있겠는바(이승종, 1993), 주민참여는 정책의 능률 편향의 완화, 사회적 형평성의 증대, 정책결정의 책임성 제고, 주민의 협조 확 보를 통한 정책집행의 능률확보와 같은 순기능을 통하여 주민복지증진에 기여 하므로 필요하다. 이 중에서도 특히 강조할 것은 참여가 능률편향의 완화를 통

---

4) 조사는 1996년 11월 1일부터 1주간에 걸쳐 면접원을 동원하여 시행되었다. 유효응답자를 기준 으로 할 때, 조사대상의 성별구성은 남자 268명(61.9%), 여자 165명(38.1%); 연령구성은 19세 이 하 2명(0.5%), 20~29세 119명(27.2%), 30~39세 152명(34.8%), 40~49세 92명(21.1%), 50~59세 17명(12.6%), 60세 이상 23명(3.9%); 교육정도는 초등학교 18명(4.2%), 중학교 42명(9.7%), 고등 학교 225명(52.2%), 전문대학 21명(29.0%), 대학교 29명(6.3%); 소득정도(월평균)는 50만원 이하 56명(13.5%), 100만원 이하 121명(29.2%), 150만원 이하 107명(25.8%), 200만원 이하 78명(18.8%), 300만원 이하 33명(8.0%), 301만원 이상 19명(4.6%)으로 나타났다.

하여 사회적 형평성을 제고하는 효과를 갖는다는 점이다. 우선, 앞에서도 제시한 바와 같이 주민참여는 참여가 없을 경우 행정관료의 기본성향에 따라 필연적으로 능률편향을 띠게 마련인 지방의 정책성향을 시정하게 된다. 시정의 방향에 있어 일반적으로 주민참여는 지방의 정책과정에 주민의 의사를 투입시켜 정책내용이 일부 계층이 아닌 일반주민의 이익에 보다 부합하는 방향으로 정해지도록 함으로써 사회적 형평성을 제고하게 된다. 만일 주민참여가 활성화되지 못하여 주민의사의 정책결정과정에 대한 투입이 제대로 이루어지지 않는 경우, 정책결정자들은 자칫 자신의 판단을 주민의사로 판단하거나 또는 일부 상위계층의 이익을 위하여 정책을 결정할 우려가 있는바, 이러한 경우 정책은 주민다수의 이익을 충분히 반영하지 못하게 되는 것이다. 다만, 이 같은 형평화 효과는 참여과정에서 누가 주도하고 누가 참여하느냐에 따라 달라질 수 있는바, 따라서 참여과정을 여하히 조직화하느냐 하는 문제는 참여에 있어 핵심적인 과제가 된다.

물론, 주민참여가 정책결정과정에 긍정적인 영향만 미치는 것은 아니며 경우에 따라 오히려 부정적인 효과를 낼 것으로 우려되기도 한다. 그러한 우려에는 참여가 시간, 재원, 지식 등의 참여에 소요되는 자원을 상대적으로 많이 보유한 상위계층에 유리하게 될 우려; 참여가 정책과정의 효율성을 저해할 우려; 참여가 정책결정의 중립성을 해할 우려; 주민참여가 선동가의 무대가 될 우려; 정치안정을 저해할 우려; 조작적 참여의 우려 등이 포함된다. 그러나 기본적으로 이러한 부정적 측면을 무시할 수는 없으되 지나치게 강조하는 것은 바람직하지 않다. 그것은 특히 우리나라의 경우, 참여로 인한 부정적 요소를 강조하기에는 아직까지 참여가 매우 저조할 뿐 아니라 정책결정자의 참여에 대한 인식 역시 저조한 상태이므로 아직까지 참여가 활성화의 대상이지 우려의 대상은 아니기 때문이다. 뿐만 아니라 참여의 부정적인 측면으로 제기되고 있는 사항들은 대부분 적절한 정책적 노력을 통하여 완화가능한 것이거나 우려 자체가 타당하지 않은 경우가 있다는 점도 인식되어야 한다(이승종, 1995c).

2. 수권처방으로서 주민참여의 의의

참여를 강조하는 것은 기본적으로 정부가 주민의 요구나 선호에 냉담하다는 것을 전제로 한다. 주민의 요구나 선호에 대한 정부의 반응성을 제고시키기 위한 처방으로는 참여의 신장과 함께 시장화 또는 민간화(market or privatization), 경영화(new managerialism)가 포함된다(cf, Burns et al., 1994). 이들은 정부에 대한 주민의 권력을 확대하는 수권처방(empowerment strategy)으로서의 성격을 공유하면서도 그 효과의 내용에 있어서는 상당한 차이를 보이게 된다.

우선, 시장화(민간화)는 정부가 담당하던 일을 시장의 자동조절장치에 맡김으로써 주민의 선호를 충족시키기 위한 방식인데, 이는 기본적으로 개인의 자유와 선호를 보장하는 데 우선순위를 두는 방식으로서 집합적 이익(공익)의 보장을 위한 방식으로는 본래적으로 한계가 있다.

경영화는 지방정부 자체의 개선노력을 말하는바, 최근의 지방경영, 고객제일주의 등은 이러한 경영화의 움직임이 표출되고 있는 것으로 볼 수 있다. 문제는 지방행정이 지방경영을 표방함으로써 공공성보다는 이윤추구를 표방한다는 점을 논외로 하더라도, 외적 압력 없는 상황하에서 스스로의 개혁 움직임으로서의 경영화는 관료제의 보수적 속성을 고려할 때 일정한 한계가 있다는 점이다.

이러한 상황하에서 우리는 당연히 참여의 신장에 주목하지 않을 수 없다. 참여는 시장화와는 달리 공익지향적이며, 경영화와는 달리 정부에 대한 외부통제적 성격을 갖는 것이기 때문이다. 물론 앞에서 논의한 바와 같이 참여에 따른 부작용이 없는 것은 아니다. 그러나 전반적으로 볼 때 우리의 경우에는 참여과소로 인한 문제가 참여과잉으로 인한 문제보다 크다. 더욱이 정부에 대한 민의 통제가 중앙에서보다는 지방단위에서 상대적으로 용이하므로 지방차원에서의 주민참여의 중요성이 보다 강조될 필요가 있다. 그리고 이와 같은 효과를 갖는 참여를 제도화하는 것은 주민복지증진을 위한 가장 유효한 처방이 된다.

3. 참여제도화의 중요성

주민참여의 활성화를 위하여는 무엇보다 참여의 제도화가 중요하다. 물론 지역주민은 제도화된 방법뿐만 아니라 비제도화된 방법을 통하여도 정책과정에 참여할 수 있다. 그러나 비용측면에 있어 제도적 방법을 통한 참여가 비제도적 방법을 통한 참여에 비하여 훨씬 더 유리하다(Kweit & Kweit, 1984).[5] 이

---

5) 이는 제도적 방법은 정부의 주도하에 정부의 비용으로 확충되며, 비제도적 방법은 시민자신의 비용과 노력으로 발의되는 것이 일반적임을 생각하면 쉽게 이해된다.

외에도 참여제도화는 다음과 같은 점에서 중요하다(이승종, 1993). 첫째, 참여제도화는 주민들로 하여금 보다 접근이 가능한 제도적 참여방법을 택하게 함으로써 비제도적 참여를 대체하는 효과를 갖는다. 일반적으로 비제도적 참여(예, 데모, 폭동)는 참여에 필요한 비용이 많이 소요될 뿐만 아니라 사회안정을 해쳐 공익의 저해요인으로 작용할 우려가 없지 않다. 이와는 달리 제도를 통한 참여는 안정적이고 지속적이다. 즉, 제도적 참여는 비제도적 참여의 대체효과를 통하여 사회의 안정을 저해하지 않으면서도 공익증진으로 연결되는 바람직한 측면이 있다.

둘째, 참여제도가 불충분한 상황하에서 참여에 필요한 자원이 부족한 소외계층은 참여과정에서도 소외되기 십상이라 하겠는바, 참여제도화는 이와 같이 참여과정에서 소외되기 쉬운 소외계층의 참여를 촉진시킴으로써 참여의 대표성 또는 형평성을 제고하게 되는 것이다. 더욱이 1960~70년대 서구의 경험이 가르쳐주듯이 참여의 통로가 제한되어 있는 경우, 소외계층의 참여는 사회안정을 해치는 집단행동으로 쉽게 이행되는 경향이 있음도 인식되어야 한다.

셋째, 참여에 대한 공직자의 수용성은 비제도적 참여보다는 제도적 참여에 대하여 상대적으로 높다 할 것인바, 따라서 제도화를 통한 참여가 상대적으로 효과가 크다. 물론 공직자의 비제도적 참여에 대한 거부감과는 상관없이, 폭력·집단항의와 같은 비제도적 참여가 매우 유효한 결과를 가져오는 경우도 종종 있는 것으로 보고되고 있다. 예컨대, Welch(1975)는 미국의 인구 5만 이상의 도시에 대한 조사에서 폭동주도집단과 관련한 시정부예산 항목의 실질적인 증가가 있었음을 보고함으로써 비제도적 참여의 정책효과를 입증한 바 있다. 그러나 일반적으로 비제도적 참여의 효과는 지속적이기보다는 산발적일 뿐만 아니라, 공직자의 반응 역시 일회적 또는 대증요법적인 경우가 많아 제도적 참여의 경우에 비하여 그 효과가 제한적이라 하겠다.

이상의 이유로 참여는 주로 제도화를 통하여 확대되는 것이 바람직하다. 지적할 것은 참여제도의 확충은 이와 같이 바람직한 측면에도 불구하고 제도적 참여과정에서 비전문가인 일반주민은 상대적으로 정보와 전문성을 소유한 공직자에 의하여 압도당하기 십상이며 따라서 제도를 통한 참여는 역동성을 잃고 정부의 조작의 대상이 될 우려가 없지 않다는 점이다(신원득, 1989). 그리하여 예컨대, 미국의 사회이론가이자 실천가인 Alinsky와 그의 추종자들은 참여의 제도화에 대하여 회의적이다. 그들은 제도가 권리를 보장하는 것은 아니며 주민들은 권리를 쟁취하지 않는 한 얻을 수 없는 것으로 본다(Bollens & Schmandt, 1982). 그리고 그러한 판단에 기초하여 그들은 주민집단을 정책결정 자에 대한 투쟁의 도구로 하여 소외계층의 권리를 쟁취하기 위하여 노력하였 다. 그러나 실제로 그들이 제도의 필요성 자체를 부인한 것은 아니며 제도의 운용상의 한계를 공격한 것이라 하겠다.

강조할 것은 참여의 제도화를 추구함에 있어서 제도적 참여를 주민참여의 기본적 수단으로 하되, 보완적 수단으로서 비제도적 참여도 인정되어야 한다 는 점이다(윤주명, 1991). 즉, 참여의 외연을 제약하면 안 된다는 것이다. 왜냐하 면 상황의 변화에 따라 제도적 참여와 비제도적 참여의 구분은 변화할 것이고, 정해진 절차와 규칙이 지배하는 제도적 참여만으로는 주민의 창의적인 참여의 지를 위축시킬 우려가 있으며, 무엇보다도 비제도적 참여의 존재야말로 제도 적 참여의 유효화 또는 참여제도의 확충을 위한 실질적인 압력으로 작용할 것 이기 때문이다(Jones et al., 1978).

III 실   태

1. 주민참여의 실태

앞에서 제시한 바와 같이 지역주민참여의 실태를 파악하기 충남 연기군민 을 대상으로 설문조사를 시행하였는바, 조사결과를 국내의 다른 조사결과 및 외국의 조사결과와 같이 대비하여 [표 10-1]에 제시하였다.[6]

[표 10-1]에서 보는 바와 같이 우리나라 주민들은 정치관련 기사의 읽기, 정치에 관한 토론 활동 등 정치문제에 관하여 비교적 높은 관심을 갖고 있음 에도 불구하고 실제의 참여에 있어서는 투표 이외에는 그다지 높지 않은 참여 율을 보이고 있다. 주목할 것은 이와 같은 우리의 참여수준이 주요 선진 외국 과 비슷한 수준이라는 점이다. 즉, [표 10-1]에서 보는 바와 같이 우리 주민 의 항목별참여수준은 주요 외국과 큰 차이를 보이지 않고 있는 것이다. 오히려

---

6) 한 가지 첨언할 것은 본 조사는 한 자치단체의 지역주민을 대상으로 한 것인 데 반하여 다른 조 사는 전국을 대상으로 한 조사결과라는 차이가 있다는 점이다. 그러나 이와 같이 표본의 차이 는 질문문항이 같기 때문에 크게 문제시되지 않을 것으로 본다. 이는 한국(A)와 한국(B) 간에 두드러진 차이가 나타나지 않고 있는 데서 알 수 있다.

표 10-1 | 각국 주민의 참여실태 (단위: %)

항 목	한국(A)	한국(B)	미 국	영 국	독 일	오스트리아	네덜란드
선거투표	81	87	68	73	90	89	76
정치기사 읽음	71	-	74	66	73	58	59
정치에 관한 토론	50	45	64	46	43	45	52
청원서명	48	-	58	22	31	34	21
지역문제 위하여 일함	30	17	36	17	14	14	18
공직자와의 접촉	24	12	27	11	11	12	13
지지투표 권유	35	35	19	9	23	17	10
정치집회 참석	53	53	18	9	22	18	6
선거운동	17	11	14	4	8	5	3

자료) 한국(B): 박동서·김광웅(1987); 외국: Barnes and Kaase et al.(1979).

투표율은 다른 나라보다도 상당히 높은 수준에 있는 것으로 나타났다. 이는 통상적으로 우리의 참여수준이 선진외국에 비하여 크게 후진적일 것이라는 통념에 비추어 볼 때 다소 의외이기까지 하다. 물론 [표 10-1]은 관습적 참여행태(conventional participation)에 관련된 항목, 그것도 일부만을 비교하여 나타난 것이기 때문에 이 결과만으로 우리의 참여수준이 외국의 그것과 비슷한 것으로 단정할 수는 없다. 그럼에도 불구하고 [표 10-1]은 전통적으로 중요한 참여행위로 지목되는 항목들을 비교한 것이라는 점에서 최소한 우리의 참여수준이 절대적인 수준에 있어서 외국에 크게 뒤지지 않는다는 점을 시사해주기에는 충분하다고 본다.

그럼에도 불구하고 이러한 결과가 바로 우리나라의 참여수준이 선진적임을 나타내 주는 것은 아니다. 우리에 비하여 보다 합리성이 편재하여 안정적인 선진국가에서의 참여수준과 합리성이 현저히 떨어지고 사회가 불안한 우리사회에 있어서의 참여수준을 평면적으로 비교할 수는 없는 노릇이기 때문이다. 다시 말하면, 선진국가에 비하여 정치적 불합리가 큰 우리의 경우에는 참여에 대한 요구가 보다 클 것임에도 불구하고, 정치적 합리성이 상대적으로 높고 따라서 참여에 대한 요구가 상대적으로 낮을 선진국가와 동일한 참여수준을 보인다는 것은 오히려 우리의 참여수준이 미흡함을 보여주는 것이라는 것이다.

그렇다면 우리의 경우, 왜 전반적으로 참여가 저조한가? 이와 관련하여 일각에서는 정치과정에 직접적으로 영향을 미치는 압력활동, 단체활동, 또는 선거운동 참여와 같은 활동에 비해 투표참여가 압도적으로 높은 소위 "참여구조의 이중성"에 근거하여 우리나라 주민의 참여의식에 대하여 회의적인 시각이 있다(배성동 외, 1975). 금권선거의 원인을 규명함에 있어 유권자의 의식부족을 부각시키는 것 역시 이러한 시각에 속하는 것이다. 다른 한편으로는 참여의 수준이 낮다고 해서 이를 반드시 참여의식이 낮기 때문이라고는 할 수 없으며 참여제도의 불비를 포함한 환경적 요인 때문이라는 시각이 있다(박동서·김광웅, 1987). 생각건대, 양 시각은 나름대로의 타당성이 있으나, 권위주의정권하에서의 참여탄압의 경험이나, 참여를 위한 제도 및 자원 등 참여환경이 열악한 우리의 현실을 고려할 때, 후자의 견해가 보다 타당한 견해라 판단된다. 요컨대, 참여활성화를 위하여는 일차적으로 참여를 위한 제도의 확충이 필요하다는 것이다. 물론 참여의식의 부족도 과소참여의 한 요인으로 작용하는 것도 사실이니만큼, 참여여건의 불비만을 지나치게 과장하는 태도는 바람직하지 않다. 그러나 우리의 경험과 현실은 일차적으로 의식의 형성에 앞서 일차적으로 제도의 확충을 요구한다. 더욱이 참여의 제도화를 통하여 미흡한 참여의식이 앙양되는 효과도 수반된다는 점도 감안하여야 한다. 이때 참여제도화에 대한 일차적인 책임은 정부에 있음은 재론의 여지가 없다 하겠다.7)

이하에서는 위의 논의에 기초하여 제도적 방안을 중심으로 참여의 활성화 방안을 제시하겠는바, 그에 앞서 우선 지방차원에서의 참여제도의 실태에 대하여 간단히 살펴본다.

2. 주민참여제도화의 실태

현재 우리나라에서 채택하고 있는 투표 이외의 주민참여제도는 다양한 방안이 채택되고 있으나 이 중에서 대표적인 것을 든다면, 반상회, 행정모니터제도, 각종 위원회, 간담회, 설문조사, 공청회, 민원실, 조례제정청구제, 주민자치위원회 등이 있다(이승종, 1993).

(1) 반 상 회

반상회는 정부시책의 홍보 및 주민의 여론수렴을 목적으로 1976년 5월에

---

7) [표 10-1]에서 보는 바와 같이 모든 국가에서 투표를 제외한 참여활동이 상대적으로 저조한 이중구조를 보이고 있다. 이는 참여제도화를 위한 노력은 사실상 투표 이외의 활동에 초점이 맞추어져야 함을 가르쳐 주는 것이다.

조직된 전국적 주민조직으로서 매월 25일에 정례적으로 개최하도록 되어 있는 반단위의 주민총회의 성격의 모임이다. 그 구성은 세대주 또는 주부로 되어 있으며 비교적 높은 참석률을 보이는 가장 보편화된 주민참여제도라 할 수 있겠다. 그러나 지금까지 참여통로로서보다는 관주도의 획일적 운영으로 부정적 인식이 팽배하여 잠재적 가능성에 비하여 제구실을 다하지 못하고 있다.

(2) 여론모니터 제도

여론모니터 제도는 지방행정에 관한 여론을 수집하기 위하여 일정 수의 주민을 모니터로 위촉하여 여론을 수집하는 제도로서 최근 시군단위에까지 많이 확산되어 있다. 다만, 행정부에 협조적인 인사가 과다대표되는 경향과 모니터가 제보하는 여론의 객관성 미흡 등의 한계를 노출하고 있는 형편이다.

(3) 위 원 회

위원회는 주민으로부터 시책에 대한 자문협조를 받기 위한 공식적 참여제도이다. 그러나 위원회의 대표성 미흡,[8] 운영의 형식화 등이 문제점으로 제기되고 있는 실정이다.

(4) 간 담 회

여러 가지 유형의 주민과의 간담회 역시 주민참여제도의 하나이다. 예컨대, 기관장과의 대화, 행정에 관한 설명회, 각종 초청대화 등은 이에 해당된다. 문제점으로는 저조한 개최횟수, 참여대상자 선정의 작위성, 다수주민 참여곤란으로 대표성 있는 여론수렴 곤란, 형식적 운영 등이 지적되고 있다.

(5) 설문조사

정부가 주민들의 일반 사항 또는 특정시책에 관한 여론의 파악수단으로 활용하는 설문조사는 주민들로 하여금 응답이라는 수단을 통하여 정책과정에 참여하게 하는 수동적 주민참여제도이다. 최근 들어 설문조사에 대한 관심이 높아 지면서 우리나라에서도 중앙과 지방에서 현저하게 설문조사가 증가하고 있는 추세에 있으나, 조사에 대한 전문성 결여, 시책합리화를 위한 조사의 폐단 등이 문제점으로 지적되고 있다.

---

8) 특히 사회지도층 인사가 대부분으로서 사회저변층의 여론수렴이 미흡하다는 점이 지적되고 있다.

(6) 공 청 회

각종 시책에 대한 공청회는 정부의 시책에 대하여 주민들이 참석 또는 발언할 수 있는 참여의 장으로서 의의가 있다. 그러나 이들 방안 역시 참여대상자 선정의 공정성 문제, 참여율 저조 등이 문제점으로 제기되고 있으며 특히 시책의 정당성 확보수단으로 형식적으로 개최되는 경향이 높은 데 대한 비판이 많다.

(7) 민원전화

주로 개별민원에 대한 안내 및 처리용으로 사용되는 것이기는 하지만 1996년 2월 1일부터 전국적으로 개통된 민원전화도 참여제도의 하나로 거론할 수 있을 것이다. 그 운영형태에 있어서는 자치단체마다 약간의 차이를 보이고 있는데 일부에서는 자동응답 형식으로 시정소식 및 민원안내만을 하고 있고, 일부에서는 공무원 직접통화방식으로 민원을 직접처리하고 있으며, 또 다른 일부에서는 민원처리기동반과 연계하여 운영하고 있다. 또한 이와 함께 직소민원전화를 운영하는 곳도 적지 않다. 이에 대하여는 공공문제에 대한 건의보다는 개별민원의 처리위주로 운영되고 있는 점, 홍보가 미흡하여 활용이 저조한 점, 다른 전화(예, 직소민원전화)와 그 기능이 중복된다는 점, 민원에 대한 처리체제가 미흡하고, 정책과정에 대한 환류기능이 취약한 점 등이 문제점으로 지적되고 있다.

(8) 조례제정청구제(주민발의)

1999년부터 주민발의(initiative)의 일종으로서 조례제정청구제가 시행되고 있다. 주민발의는 일정 수 이상의 유권자의 서명에 의거 법령의 제정이나 개폐를 주민이 직접 청구하는 제도를 말하며, 미국의 대다수 지방정부와 일본에서 채택하고 있다. 이에는 주민의 발의가 있으면 반드시 주민투표에 회부해야 하는 직접적 주민발의와 발의사항을 입법기관에 회부하여 의회 스스로 이 안을 채택하는 경우에는 주민투표를 시행하지 않는 간접적 주민발의가 있을 수 있다(손재식, 1983). 현재 시행되고 있는 조례제정청구제는 간접 주민발의의 형태로서 직접 주민투표에 회부하는 것을 인정하지 않으며, 청구요건이 제약적이며, 조례에 대한 청구 이외에 일반 정책적 제안을 할 수 없도록 되어 있는 등의 한계가 있다.[9] 조례제정청구제와 함께 주민감사청구제를 통하여 자치단

---

9) 개정 지방자치법은 조례의 제정과 개폐 청구에 관한 상세 내용을 삭제하고 별도의 법률로 정함

체의 사무처리가 법령에 위반되거나 공익을 현저히 해하는 경우에 감사를 청구할 수 있도록 하고 있다. 이에 대하여는 청구요건의 완화가 필요하다는 지적이 제기되고 있다.[10]

(9) 주민자치위원회

1999년도에 시작된 읍면동 기능전환사업의 일환으로 주민자치센터의 설립과 함께 주민자치위원회가 설치되었다. 그러나 이름과는 달리 동 위원회는 주민자치센터에서 시행하는 문화, 복지프로그램의 운영과 관련한 심의기능을 행사하는 데 그치고 있으며 주민의 대표기능 내지는 주민자치의 매개기능을 수행하는 데 이르지 못하고 있다. 또한 위원을 위촉제로 함으로써 위원의 대표성이 문제시되는 점도 지적할 수 있다.

(10) 기타

이 외에도 지방의원을 통한 청원, 지방의회나 행정기관에 설치되어 있는 민원실 등을 통하여 주민참여가 이루어지고 있다. 그러나 이들 방법은 주로 공익보다는 개인 또는 특수집단의 이익에 관련된 것이 대부분이라는 점에서 다른 참여수단과 동일한 차원에서 보는 데는 한계가 있다(윤재풍, 1996).

Ⅳ 주민참여의 활성화방안: 제도적 방안을 중심으로

1. 기존제도의 운영개선

현행 참여제도가 보다 참여제도로서의 실질적인 기능을 발휘하기 위하여는 다음과 같이 개선되는 것이 바람직하다.

1) 반 상 회

반상회는 풀뿌리민주주의의 기간조직으로 활성화될 잠재력에도 불구하고 지금까지의 파행적 운영으로 부정적 시각이 높으므로 이를 불식하기 위

을 규정하고 있다(제19조).

10) 최근 개정된 지방자치법에서는 연령 기준(19세→18세)과 주민 수(시·도의 경우 500명→ 300명, 인구 50만 이상 대도시 300명→200명, 시·군·구 200명→150명) 기준이 완화되었다(제21조).

하여는 정책과정에 대한 여론의 투입 또는 주민간의 담화(deliberation)를 위한 장으로 변환시킬 것이 요청된다. 이러한 기능은 민주적 의사결정의 훈련 경험이 일천한 우리나라 정치문화를 고려할 때 매우 중요한 것으로 생각된다.[11] 다만, 현행 명칭으로는 과거의 부정적인 이미지로 새로운 기능을 부여하기 어려우므로 뒤에서 제시하는 새로운 형태의 주민회합의 일환으로 개선하는 것이 바람직할 것이다.

2) 여론모니터

여론모니터제도의 운용에 있어서 핵심적인 사항은 모니터 선정에 있어서의 객관성 및 공정성을 확보하는 일이다. 구체적으로는 행정부에 협조적인 주민이 과다대표되지 않도록 무작위 추출방법에 의하여 모니터를 선정해야 한다. 이 외에 모니터 인원의 확대지정, 접수된 여론처리결과의 신속한 통보, 모니터의 순환지정 등도 필요하다.

3) 위 원 회

위원회가 실질적인 참여의 장이 될 수 있도록 형식적인 위원회의 운영을 지양하고 위원회에 부의된 안건에 대하여 위원들이 실질적인 영향력을 발휘할 수 있도록 해야 한다. 바람직하기는 부의안건도 위원이 자율적으로 제출할 수 있도록 해야 할 것이다. 또한 위원의 구성에 있어서 지도급 인사로만 위원으로 위촉하지 말고 사회 저변층을 비롯하여 가급적 다양한 계층의 여론이 균형 있게 대표되도록 위원회를 구성할 것이 요청된다.[12] 단, 전문적 지식이 필요한 위원회의 경우는 필요한 전문인력으로 구성하되 시책방향에 대하여 중립적 및 반대적 의견의 소지자도 반드시 위원회에 포함되도록 하여야 할 것이다.

---

11) 반상회는 기본적으로 Barber(1993)가 민주주의적 담론의 제도화 방법으로 중시하는 근린회합의 성격을 갖는 것이다. 그에 의하면 근린회합은 정책결정체로서의 의미보다는 공공문제에 관한 시민의 담화를 활성화시킴으로써 시민의 능력을 개발시키는 데 더 큰 목적이 있다고 한다. 이러한 근린회합은 크게는 스위스의 Commune이나 영국의 Parish, 또는 미국 북동부의 Town 같은 주민총회형 지방정부로부터 마을단위의 community boards, 그리고 작게는 우리나라의 반상회와 같은 소규모 회합을 포함한다.

12) 예컨대, 영국 Sheffield City의 지방의회는 중앙지역계획을 수립함에 있어서 여성, 소년소녀 가장, 노인, 장애인, 실업자, 저소득자, 청소년, 소수민족 등 9개 소수집단을 망라한 자문회의를 구성한 바 있다(Gyford, 1991).

4) 간 담 회

기본적으로 간담회에 참여하는 대상주민을 선정함에 있어서 작위성을 배제하여야 한다. 즉, 간담회는 참여대상에 원칙적으로 제한을 두지 말고 "나도 한마디 형식"으로 운영함으로써 다수 주민에게 의견개진의 기회를 제공하는 제도로 정착시켜야 한다는 것이다. 다만, 예외적으로 간담회의 능률적 진행을 위하여 불가피한 경우에는 사전에 희망자 등록을 받아 참석발언대상을 선정하되 사전에 지정한 주민의 발언이 끝난 후에는 반드시 미등록된 주민에게도 발언의 기회를 주어야 할 것이다. 그렇지 않은 경우 일부를 제외한 다수의 참여의지를 위축시키게 될 우려가 있다. 또한 간담회는 시책홍보보다는 주민참여 기회의 부여 또는 여론수렴을 목적으로 하여 개최되어야 한다. 이를 위하여는 간담회의 개최일시 및 장소에 대한 공고를 사전에 충분히 할 것이 요청된다. 끝으로, 간담회는 여러 장소에서 다양한 주민을 대상으로 하여 실시하여 개최 횟수를 늘리는 것이 바람직하다.

5) 설문조사

대표성 있는 여론수렴을 위하여 가장 잠재력이 큰 방법이다. 단, 비용, 시간 등의 제약으로 자주 실시할 수는 없겠으나 여론의 변화추세파악을 위하여는 정기적으로 실시하는 것이 바람직하다.[13] 아울러 졸속 여론조사에 의한 여론오도 폐단을 방지하기 위하여 표준설문문항의 개발 및 보급도 필요할 것이다.

6) 공 청 회

이미 결정된 시책의 합리화를 위한 형식적 개최를 지양하고 시책과 관련하여 주민의 다양한 의견개진의 기회로 활용할 것이 요청된다. 또한 공청회에서 제시된 의견은 적극적으로 시책에 반영함으로써 주민의 참여의지를 고양시켜야 한다. 아울러 공청회를 통하여 다수 주민의 객관적인 여론을 수렴하기 위하여 공청회의 공개성을 제고하려는 노력이 필요하다. 구체적으로는 공청회를 관심 있는 주민 모두에게 개방할 것; 지정토론자의 수를 지나치게 많게 하여

---

13) 예컨대 미국에서 시행하고 있는 전국 선거조사(National Election Study)나 각종 사회조사가 유사한 항목으로 정기적으로 시행되고 있음은 참고가 된다.

준비된 발언만으로 공청회가 종료되지 않도록 할 것; 일반 청중에게 자격제한 없이 발언기회를 충분히 부여할 것; 시책방향에 호의적이거나 협조적인 인사 위주의 토론자 지정관습을 지양할 것; 충분한 공시기간의 부여, 사전 사업설명, 공청회 일정 등 자료의 사전배포 및 홍보로 다수 주민의 참여를 유도할 것 등이 요청된다 하겠다.

7) 민원전화

일반적으로 주민은 생활관련 불편사항이나 정책건의 등을 하고자 하여도 담당기관이 어디인지도 잘 모르는 상황이며, 접촉이 된다 하여도 부서간에 소관을 미루는 경우가 많아 문제시되고 있는 실정이다. 이러한 상황을 시정하기 위하여는 보급이 확산된 전화를 이용하여 참여의 활성화를 도모할 수 있을 것이다. 이는 가장 적은 비용으로 주민의 정책과정에의 참여를 용이하게 하는 장점이 있다. 이를 위하여는 현재 전국적으로 보편화되고 있는 민원대표전화를 개별민원에 대한 접수 및 처리용으로서보다는 기본적으로 이를 포함한 보편적인 참여의 통로로 발전시키는 것이 바람직하다. 구체적으로는, 유사한 기능을 가진 다양한 명칭의 전화(직소민원전화, 빨리빨리 전화, 신문고전화 등)를 민원대표전화(또는 가칭 "주민의 전화")로 통합하는 한편, 적극적 홍보를 통하여 주민의 인식과 활용도를 높일 것이 요청된다. 무인응답식보다는 전담직원에 의한 직접통화방식이 보다 충실한 여론의 투입 및 활용도 제고에 유리할 것이다. 아울러, 주민의 요청을 단순개별민원과 정책건의로 분류하고 이를 체계적으로 처리하고 정책과정에 반영시킬 수 있는 조직체계의 뒷받침이 병행되어야 한다.

대표전화 외에도 급속히 보급이 확산되고 있는 소셜미디어를 활용한 참여의 장 마련이 적극 모색되어야 할 것이다. 현재 여러 자치단체에서 소셜미디어를 활용하고 있으나 주로 홍보에 주력하고 있으며 여론수렴을 위한 활용도는 높지 않은 실정이므로 개선이 요청된다.

8) 주민감사청구제

현재 상당 수 자치단체에서 주민의 요청에 따라 주민이 행정을 감사하게 하는 주민감사청구제를 시행하고 있다. 주민감사청구제의 경우도 제도의 활성화를 위하여 청구요건을 완화하는 한편, 홍보를 강화할 것 등이 요구된다(윤재풍, 1996). 이와 관련하여 최근 개정된 지방자치법에서는 주민감사청구의 연령

기준을 18세로 낮추고, 청구주민수의 기준도 완화함으로써 감사청구제도가 실질적인 구제 수단으로 운영될 수 있도록 개선되었다(제21조).

9) 주민자치위원회

사실상 복지 및 여가프로그램에 관한 것으로 제한되어 있는 주민자치위원회의 기능을 실질적인 주민자치활동에 관한 것으로 전환시켜야 한다. 아울러 위원을 위촉제로 하지 말고, 주민들이 선출하도록 하여 명실상부한 주민의 대표체가 되도록 해야 한다. 선출방식은 반상회를 기점으로 하여 상향적, 축차적인 호선방식을 택하는 것이 좋을 것이다.

10) 직접민주제강화

일정한 수의 주민이 연서에 의해 국가 또는 지방의 공공문제에 관한 결정을 청구하는 제도로서의 직접민주제적 방식에는 주민발의, 주민투표, 주민소환, 청원, 감사청구, 소송청구 등이 포함되지만 특히 앞의 세 가지는 직접민주제의 근간을 이루는 제도로서 중시되고 있다. 여기에서는 앞서 도입한 주민발의에 이어 후에 도입된 주민투표제와 주민소환제를 포함하여 논의한다.

(1) 주민투표(referendum)

주민투표는 지방의 중요한 공공문제에 대하여 주민이 직접 투표로써 최종적인 결정을 내리도록 하는 제도이다. 이에는 법률에 규정되어 있는 강제적·의무적 주민투표와 정부 또는 주민발의에 의한 임의적 투표가 있다. 후자에는 의회가 발의하는 임의적 또는 자문적 주민투표와 의회가 가결한 법률·조례의 효력을 주민발의에 의하여 다루는 항의적 또는 청원적 주민투표가 있다.[14] 주민투표제는 2004년에 도입되었다. 이후 시행과정에서 주민투표제의 정착을 위하여 발동요건의 완화, 주민투표제 적용대상의 적정화를 둘러싼 논의가 진행되고 있다.

(2) 주민소환(recall)

해직 또는 해산청구라 부르기도 하는 주민소환은 선거에 의해 공직에 취임한 자에 대한 해직을 청구하거나 의회의 해산을 청구하는 행위를 포함하는

---

14) 참고적으로 Butler & Ranney(1978)는 시민발안을 시민투표의 한 유형으로 제시하고 있다. 주민 투표에 대한 추가적인 논의는 Barber(1983)을 참고할 것.

제도로서 가장 유력한 직접민주제도라 하겠다. 이 제도는 미국, 일본, 스위스 등지에서 인정되어 있으며, 실제로 행사되는 경우는 드물지만 심리적 효과가 큰 것으로 인식되고 있다(손재식, 1993). 우리나라에서는 2006년에 도입되었다. 도입 이후 시행과정에서 주민소환의 정략적 악용, 지역 주민의 분열 등의 폐해가 지적되고 있지만 다른 한편, 지방선출직에 대한 심리적 통제 효과도 큰 것으로 평가받고 있다.

(3) 주민발의제

주민발의는 주민이 지방정부에 정책을 건의하거나 법규제정을 요청하게 하는 제도이다. 1999년에 우리나라가 도입한 제도는 기본적으로 간접적 주민발의를 법규에 한정하여 인정한 것이다. 향후, 제도의 발의요건을 완화하고, 조례사항만이 아니라 일반 정책청구도 가능하게 하고, 주민의 참여기회 확장과 지방행정에 대한 주민의 관심 증대를 위하여 직접적 주민발의의 형식을 취하는 것이 바람직하다.[15)]

이들 직접민주제의 도입이 이루어지기 전까지 참여의 제도적 기반은 매우 취약한 것으로 평가받았으나 이제는 최소한 형식적으로는 외국에 비교하여 손색없는 제도적 참여기반이 마련된 것으로 볼 수 있다. 문제는 이들 제도의 성공적 정착이다. 한편으로는 이들 참여제도의 활성화를 위한 조치, 다른 한편으로는 이들 참여제도가 사회적 안정과 공적책임 확보에 균형적으로 기여할 수 있게 하는 조치가 요청된다. 전자와 관련해서는 주민투표, 주민발의, 주민소환제를 포괄하는 "주민참여법(가칭)"의 제정과 함께 각 제도의 발동요건에 대한 전향적 검토가 바람직하다. 물론 제도의 기본적 사항은 법률에서 정하더라도 구체적 사항은 조례로 정하도록 하여 지방정부가 지역실정에 맞게 시행하도록 하는 것이 바람직할 것이다. 후자에 대해서는 주민과 공직자의 공공의식 강화를 위한 교육과 상호 접촉기회 확대 등의 노력이 요구된다.

2. 참여통로의 확충

현행 참여제도의 개선과 함께 참여통로 확장을 위한 추가적 노력이 필

---

15) 개정 지방자치법 제20조에서는 주민이 조례 외에도 권리 및 의무와 직접 관련되는 사항에 대한 규칙의 제정, 개정 또는 폐지와 관련된 의견을 단체장에게 제출할 수 있도록 규정하여 이에 대한 일정한 개선이 이루어졌다.

요하다.

1) 주민회합의 활성화

우리나라는 전통적으로 아래로부터의 민주주의를 매개할 만한 주민회합이 활성화되지 못하였고 이는 오늘날에도 주민자치의 활성화에 장애요인으로 작용하고 있다. 물론 반상회가 그러한 잠재성을 지닌 것이기는 하나 아직 권위주의적 정부의 파행적 운영에 따른 부정적 인식이 남아 있어 새로운 역할을 담당하기에 한계가 있으며, 따라서 향후 아래로부터의 민주주의를 위한 새로운 주민회합체제의 구축이 필요한 실정이다. 한 가지 방안을 제시하면 다음과 같다.

현재 자치계층별로는 지방의회가 설치되어 있으나 행정계층인 읍면동 단위에는 주민여론을 실질적으로 대표할 수 있는 매개체가 없는 실정임을 감안하여 읍면동 단위로 주민여론을 수렴하고 이를 행정과정에 반영하는 통로로서 읍면동별 주민대표의 모임인 '주민자치위원회'와 주민전체의 모임인 '주민총회'를 활성화할 필요가 있다.[16] 앞에서 제시한 대로 주민자치위원회 위원의 선출은 축차적·상향적 방식에 의한다. 먼저 반별로 반대표 1인을 자율적으로 선출하고, 반대표 중에서 통 대표를 선출하여 읍면동별 주민자치회의를 구성한다.[17] 이와 같이 주민자치회의의 위원선출방식을 상향적·축차적으로 하는 것은 반대표가 최종단위의 대표직을 담당하게 함으로써 상위계층이 주민대표직을 독점하는 폐단을 방지하기 위함이다. 아울러 읍면동 주민자치회의에는 읍면동장과 당해 선거구 지방의원이 순회참석하게 함으로써 여론과 정책의 연계성을 제고시키도록 한다. 나아가서 장기적으로는 주민자치회의가 정착될 경우, 시군단위로 확대하여 지방의회를 대치할 수도 있을 것이다. 이는 보다 아래로부터의 민주주의의 이상에 맞을 뿐만 아니라 주민대표직을 상위계층이 과점하는 폐단을 막는다는 장점도 있다.[18]

주민자치위원회와 병행하여 통리별, 읍면동별로 전체 주민을 대상으로 하는 주민총회를 개최한다. 주민자치위원회는 주민총회를 개최하여 활동사항에

---

16) 여론투입 기능 외에도 이들 회합은 홍보의 접수창구, 주민과 행정기관과의 정보교환, 주민자 조 활동의 매개체로서 기능할 수 있을 것이다.

17) 이렇게 할 경우 대체적으로 통리별 대표자의 수는 약 5명, 읍면동 주민자치회의의 위원수는 약 25명 정도가 될 것이다.

18) 91년과 95년에 선출된 의회의원의 사회경제적 배경자료는 계층편향성을 보이고 있다는 점을 참조할 것(김병준, 1994).

대한 보고 및 토론의 장을 마련하도록 한다. 읍면동 주민회의는 연 1회, 통리 주민회의는 연 2회 정도 개최하되 이들 주민총회에는 읍면동장과 당해 선거구 지방의원이 참석하도록 한다.

주민회합과 관련하여 자치단체장은 주민자치위원회 및 주민총회를 대상으로 순회정책설명회를 개최하여 주민과의 거리를 좁혀나갈 수 있을 것이다. 즉, 연 1회 정도 주민자치위원회 및 주민총회에 대한 정책설명회를 개최하고 주민 여론을 청취할 수 있을 것이다.[19]

2) 주민운동의 제도적 지원

주민운동은 공공문제의 해결과 관련한 주민의 자발적이고 집합적인 행동을 말한다. 이러한 주민운동은 정책과정에 대한 주민여론의 반영이 미흡한 경우 또는 제도적 참여가능성에 대하여 회의적일 경우 촉진되는 경우가 많다(박문옥, 1982). 그런데, 충동적이거나 과격한 운동으로 발전되지 않는 한, 대개의 주민운동은 환경문제, 사회정의문제, 경제정의문제 등 주로 공공문제 해결을 추구하는 성격을 띠는 것으로서 장려되어야 할 것임에도 불구하고 대개의 지방정부는 주민운동을 성가신 것(nuisance)으로 여겨 적극 지원을 기피하고 있는 실정이다. 그러나 점점 이질화되어 가고 있는 지역사회의 변화를 고려할 때, 오히려 공익, 특히 소외계층의 이익을 대변하는 주민운동을 지지하고 장려하는 제도적 지원이 필요하다. 필요한 지원은 주민운동에 필요한 장소, 기금 및 정보의 지원이 포함되며, 보다 체계적인 지원을 위하여는 정부가 출연하여 민

---

19) 참고로 주민총대회제도를 채택하고 있는 일본 가계가와시에서는 매년 4월 주민대표 420명으로 구성되는 주민총회중앙집회를 개최하여 시장이 당해연도의 시정방침 및 시예산 등의 설명을 하고 전년도 주민의 의견, 요망, 고충, 아이디어의 해결 및 처리상황을 수록한 '시장·구장교류수첩'을 주민대표에게 교부하고 있다. 또한 10월에는 시장과 간부가 같이 참가하는 이동시청형태의 주민총대회 지구집회를 시내 16개 국민학교를 집회장으로 순회개최한다. '교류수첩'은 이때 청취된 주민의 의견을 토대로 작성한다. 이때, 시의회의원은 집회의 입회인이나 고문과 같은 역할을 담당하고 있다.

한편, 독일 Nordrhein-Westfalen주의 지방자치법은 지방자치단체에게 일반적으로 의미 있는 지방자치업무에 대하여 주민에게 고지할 의무를 규정하고 있는데 그 내용은 다음과 같다. 지방자치단체는 지역개발, 또는 경제사회문화적 복리증진에 지속적으로 영향을 미치는 지방자치단체의 중요계획이나 사업에 대하여 주민에게 가능한 한 일찍 그 기초, 목적, 목표, 방향 등에 대하여 알려야 하고; 주민에 대한 고지는 통상 말하고 토론할 수 있는 방식으로 행해져야 하는데 이를 위하여 지방의회는 주민회합일자를 정할 수 있으며; 주민회합은 관할구역의 일부에 한정하여 개최할 수 있다 등이다. 물론, 주민회합이 결정의 합법성에 영향을 미치는 것은 아니지만 이와 같은 주 지방자치법에 따라 각 지방자치단체는 순회정책설명회를 개최하고 있다.

간이 자율적으로 운영하는 '주민운동 지원센터(가칭)'의 설립이 필요할 것이다.

3) 옴부즈맨(ombudsman) 제도의 도입

주민고충처리인, 주민보호자, 주민대리인, 민원감찰관, 호민관 등으로도 불리는 옴부즈맨은 주민의 입장에서 정부와의 접촉을 통하여 주민의 이익을 구제하기 위한 제도인바, 주민은 이를 통하여 간접적으로 정부의 결정에 참여하게 되며, 이에 따라 정부는 보다 주민요구에 부합하는 정책을 수행할 수 있게 된다(Atkins, 1992). 이와 같은 대리참여 내지는 주민근접행정의 도구로서의 옴부즈맨제도는 1809년 스웨덴에서 시발되었고, 현재는 핀란드(1919), 노르웨이(1952), 덴마크(1953), 독일(1956), 뉴질랜드(1962), 캐나다(1962), 미국(1967), 프랑스(1973) 등 선진국을 비롯하여 현재 세계 70여 개국에서 보편적으로 채택되어 있는 참여제도로서 그 도입이 요망되어 왔다. 우리의 경우, 중앙차원의 옴부즈맨제도로서 1994년에 국무총리실에 설치된 '국민고충처리위원회'가 있다. 다만, 중앙단위에서뿐만 아니라 지방단위에서도 이 요소를 도입하는 것이 필요할 것이다. 이는 옴부즈맨 활동이 지방정부 수준에서 가장 효율적으로 이루어질 수 있을 것이기 때문이다.[20] 또한 지방단위의 옴부즈맨과 중앙단위의 옴부즈맨의 체계적 결합을 통하여 주민이익의 신장이 보다 원활해질 수 있다는 점도 고려되어야 한다.

4) 행정기관 안내

지방정부의 각 기관 및 부서의 전화번호·주소·담당자의 성명 등을 공개함으로써 전화에의 접근이 가능한 주민은 누구라도 공공정책 및 사업에 대한 의견을 제시할 수 있도록 하는 것이 필요하다. 예컨대, 미국 뉴욕시에서는 매년 녹서(Green Book)라는 소책자를 발간하여 시 행정기관의 각 부서, 간부, 주민접촉 담당공무원의 전화번호, 성명, 주소, 심지어는 선출직 공무원의 봉급액 등을 공개함으로써 주민의 관청에의 접근을 용이하게 하는 데 도움을 주고 있음은 우리에게 참고가 된다.

---

20) 예컨대, 옴부즈맨 제도를 수용하지 않았던 일본이 일차로 지방단위에서 이 제도를 도입하여 시행하고 있음은 우리에게 참고가 된다(심익섭, 1993).

5) 기   타

이 외에도 논자에 따라 다양한 참여제도가 제시되고 있는바, 실정에 맞게 적용하려는 노력이 요구된다. 예컨대 참여민주주의의 신봉자인 Barber는 참여제도를 세 가지로 분류하면서 강한 민주주의적 담화를 위한 참여제도로서는 근린주민회합, 원격통신을 통한 참여, 주민교육과 균등한 정보의 접근기회 등을; 강한 민주주의적 의사결정을 위한 참여제도로서는 주민발의와 주민투표, 전자통신을 이용한 투표, 추첨식 선거, 보증제도와 공공선택을 위한 시장적 접근 등을; 강한 민주주의적 활동을 위한 제도로서는 국가적 주민정신과 공공활동, 이웃정신과 공공활동, 작업장에서의 민주주의, 공공장소로서의 마을만들기 등을 제시하고 있어 참고가 된다(Barber, 1983). 생각건대, 향후 정보화사회에 즈음하여 특히 TV, 컴퓨터, 팩시밀리 등 전자통신기기를 이용한 주민참여방안의 활용을 더욱 확대하여 나갈 것이 요청된다.

Ⅴ 결   론

지금까지 지방정부의 정책과정상의 능률편향을 시정함으로써 지방정부의 정책이 주민다수의 이익에 이바지하는 것이 되기 위하여는 주민참여의 활성화가 필수적이라는 전제하에, 참여활성화를 위한 중요한 조치의 하나로서 주민참여의 제도화방안에 대하여 논의하였다.

첨언할 것은 참여의 제도화만으로 참여활성화가 이루어지는 것은 아니라는 점이다. 앞에서도 지적하였듯이 참여제도의 확충은 기본적으로 지방정부의 책임이다. 그러나 그러한 제도가 여하히 활용되느냐 하는 문제에 있어서는 주민의 인식과 태도가 중요한 몫을 차지하게 된다. 아무리 훌륭한 참여제도가 갖추어져도 주민이 적극적으로 참여하지 않고 권리 위에 잠자는 자가 된다면 참여의 제도화는 무용지물이 될 것이기 때문이다. 주민의 적극적 참여의식은 정책결정의 편향시정을 통한 주민일반의 공익증진을 위하여 중요할 뿐만 아니라, 막 꽃피기 시작한 우리나라의 지방자치의 정착을 위하여도 필수적인 요소가 된다. 지방자치는 중앙정부에 대한 지방의 자주권의 확립과 함께, 정부로부터의 주민의 주권회복을 그 기본요소로 하고 있는 것이기 때문이다.

주민의식을 고양시키기 위하여는 시민교육의 활성화가 요청된다. 이에 대하여는 종래 권위주의 정부하에서 시민교육이 정치적 교화의 도구로 사용되었던 경험에 대한 반동으로 소극적인 태도가 있을 수 있다. 그러나 시민교육이란 공동체의 유지·발전을 위하여 바람직한 가치관, 태도, 능력의 학습을 목표로 하는 것으로서 정권의 유지를 위한 정치적 교화와는 다르며, 참여진작 나아가서 사회발전을 위하여 오히려 적극 추진되어야 한다. 의도적 교육 없이 자연적으로 바람직한 시민의식이 형성되기를 기다릴 수는 없기 때문이다. 시민교육을 추진함에 있어서 지역사회에서의 시민교육의 잠재적 가능성에 대하여 주목할 필요가 있다.[21] 지역사회는 시민에게 상호접촉을 통하여 집단적 담론 및 의사결정의 체험을 할 수 있는 기회를 부여하는 효과적인 공공학습의 영역이며, 각 시민이 정치공동체 안에서의 생활에 관한 이슈들을 민주적으로 공동해결하는 대표적인 "공공영역"이라 하겠는바(Arendt, 1963), 이와 같은 시민교육의 장으로서의 지역사회의 중요성은 일찍이 J. S. Mill이 강조한 이래 많은 논자들에 의하여도 지지되고 있다. 또한 지역사회는 중앙단위에서 공식적 참여의 기회가 적은 소외계층이 보다 효과적으로 참여할 수 있는 정의실현의 장이라는 점에서도 중시되어야 한다.[22] 이와 관련하여 앞에서 제시한 참여제도들은 주민으로 하여금 지방의 정책과정에 대한 지역사회에서의 참여활동을 통하여 참여의식을 익히고, 공동의 문제를 같이 의논하는 과정에서 공동체의식을 느끼게 함으로써 그 자체로서 시민교육매체로 기능하게 된다. 특히 주민회합은 주민간의 상호작용을 보다 보편화하고 일상화시킨다는 점에서 많은 장점을 갖는 시민교육의 도구라 하겠다.

주민참여의 활성화를 위하여 주민의식과 함께 필요한 것은 관련 환경조건의 개선이다. 이에는 지방정부의 참여관련 조직의 확충, 시민교육관련 기구 및 제도의 확충·정비,[23] 공직자의 인식강화, 정보공개, 분권의 신장 등이 요청된다 하겠는바, 특히 분권화의 신장은 참여 진작을 위한 가장 중요한 요건으로서 부각되어야 한다. 참여의 대상인 지방정부가 참여자들에게 참여의 실익을 보

---

21) 지역사회는 지방화가 이루어지는 장소로서 중요할 뿐만 아니라, 세계화에 따라 국가의 의미가 감소하면서 반사적으로 그 중요성이 커지고 있다.
22) 이와 관련하여 Hill(1991)은 지역사회가 소외층의 정치행위와 공식적 정치기구와의 상호작용이 발생할 수 있는 장소라는 점을 강조한다.
23) 이에는 시민교육재단, 시민방송 등의 설립이 포함될 수 있을 것이다.

장하기에 충분한 권한과 자원을 가지는 경우에만 참여가 의의를 지닐 수 있게 될 것이기 때문이다. 만일 그렇지 못한 경우에 참여자는 참여의 실익을 찾지 못하고 지역주민은 참여에 냉소적이 될 수밖에 없게 될 것이다.

CHAPTER 11 지방공직자에 대한 주민접촉

* 본 장은 유희숙 교수(대림대학교)와 공동집필한 것임.

I 서 론

지방의 정책과정에 영향을 미치기 위한 주민의사의 전달 또는 표출행위로서의 주민참여는 지방행정과 주민의사가 최대한 부합되게 하는 하나의 정치적 메커니즘인 동시에 민주사회에서 당연히 인정되어야 할 주민의 기본적 권리이다. 이러한 주민참여를 통하여 정책결정자의 전문가적 판단에 의한 지배와 주민의 여론에 의한 지배가 조화를 이루는 이른바 "기술민주주의(technodemocracy)"(De Sario & Langton, 1987: 3-15)의 구현이 가능해지고 이에 따라 지방자치가 실질적으로 주민복지에 이바지하게 된다는 점에서 주민참여의 중요성이 인정된다.

주민참여는 투표, 선거운동, 청원, 항의, 시민운동 등 여러 가지 형태로 이루어지고 있지만 최근에 이르러 특히 정책결정자에 대한 직접적인 투입행위로서 공직자에 대한 주민의 자발적 접촉(citizen-initiated contacts, 이하 '주민접촉'과 혼용함)이 중요한 참여행위의 하나로서 새로이 주목받고 있다.[1] 이러한 관심은 후술하는 바와 같이 주민접촉이 다른 참여행위에 비하여 요구되는 비용이나 동기수준이 높고, 제기되는 문제가 보다 구체적이고 절실하다는 점 등에서 구별하여 취급할 필요성이 있다는 인식에서 비롯된 것이다. 이와 같은 주민접촉은 주민의 입장에서는, 그들이 직접 또는 간접으로 이해관계를 갖고 있는 공공

---

1) 주민접촉이라는 용어는 의미상 공직자에 대한 주민의 자발적 접촉뿐 아니라 공직자의 주민 접촉을 포괄할 수 있는 용어라 하겠다. 다만, 본 장에서는 편의상 주민의 공직자 접촉을 주민 접촉이라 축약하여 사용하는 한편, 후자의 경우에 대하여는 접촉의 주체를 밝혀 나타내도록 하겠다. 아울러, 여기에서 제시하는 주민접촉은 공공문제에 관한 영향력행사를 목적으로 하는 참여행위로서의 공직자와의 접촉을 의미하며 따라서 주민등록증의 발급 등과 같은 일상적인 행정서비스의 이용절차에 포함된 공직자와의 접촉행위는 포함하지 않는다.

문제에 관하여 공직자와의 직접적인 접촉을 통하여 소기의 목적을 보다 조기에 달성할 가능성이 높은 방법으로서; 공직자의 입장에서는, 그들에 대한 주민의 절실한 요구나 선호의 표출이므로 보다 단기간에 구체적인 반응을 보여야 하는 참여행위로서 중요한 의의가 있다.

주민접촉에 대한 본격적인 연구가 이루어진 기간은 매우 일천하다. 그럼에도 불구하고 외국의 경우 이 분야에 대한 연구가 비교적 활성화되어 있다. 즉, Jacob(1972)이 미국 지방정부의 공공서비스배분과 관련하여 주민의 접촉행태에 관한 기초적 연구를 시행한 이래 여러 후속연구가 이루어져 오고 있는 것이다(Coulter, 1988; Sharp, 1986; Eisinger, 1976; Vedlitz and Veblen, 1980; Hirlinger, 1992, etc.). 그러나 우리의 경우, 주민접촉에 대한 연구는 불모에 가까운 형편으로서 주민접촉은 일부 참여에 관한 연구에서 일반적인 주민참여의 부분요소로서 취급되어 온 것이 거의 전부였다(김병국, 1989; 강행남, 1992; 김인철, 1992). 다행히 예외적이지만 최근 국내에서도 주민접촉을 본격적 연구주제로 다룬 연구가 시도되었는바, 일선관료제와 시민 간의 상호작용을 다룬 윤주명(1991)과 중소도시민의 공직자에 대한 접촉을 다룬 유희숙(1994)이 그것이다. 이들 연구는 지금까지 주민접촉을 다른 참여행위의 일환으로서만 취급하였던 국내의 참여연구에 새로운 전기를 마련하였다는 중요한 의의를 갖는다. 그러나 이들을 제외하곤 아직까지 국내에서는 주민접촉에 대한 별다른 연구관심이 모아지지 않고 있는 실정으로 향후 이에 관한 연구활성화가 요청된다 하겠다.

지적할 것은 주민의 공직자 접촉은 행정관료와 지방의원 모두를 대상으로 이루어지는 것임에도 불구하고, 국내외를 막론하고 거의 모든 주민접촉에 관한 연구들이 연구범위를 행정관료와의 접촉행위로 제한함으로써 연구결과의 일반화 측면에서 근본적인 한계를 노정하고 있다는 점이다.[2] 이와 같이 대개의 기존 연구들이 선출직 지방의원을 제외하고 임명직 행정관료에 연구범위를 제한하는 것은 지방의원에 비하여 상대적 다수인 행정관료에 대한 주민의 접

---

2) 예외라면 주민접촉의 대부분(80%)은 행정관료보다는 선출직공무원에게 집중된다고 보고한 Eisinger(1972)가 있다. 유희숙(1994) 역시 행정관료뿐 아니라 지방의원까지 연구범위에 포함하였으나, 실제로는 전체 공직자를 단일체로 가정하고 주민접촉행위의 영향요인에 관한 일반적 모형의 수립·검증을 시도하는 데 그쳐 양 공직자 집단에 대한 주민의 접촉선호에 차이가 있음을 논외로 하였다는 점에서 기존 연구와 유사한 한계를 보였다.

촉가능성이 상대적으로 크다는 점이나, 도구적·국지적 참여의 성격이 강한 주민접촉의 우선적 대상은 당연히 구체적 행정기능을 수행하는 행정관료가 될 것으로 예상할 수 있는 점 등을 고려할 때 일응 타당한 측면이 있다. 그러나 지방의 주요 정책결정자는 행정관료뿐 아니라 지방의원을 포함하는 것이며, 주민의 접촉 역시 두 공직자 집단 모두에 대하여 상당한 수준에서 이루어진다고 했을 때, 연구범위를 어느 한 공직자 집단에 한정하는 것은 문제가 있으며, 주민접촉에 대한 보다 적실성 있는 이해를 위하여는 두 집단 모두를 연구범위에 포괄할 것이 요청된다.

이상의 논의에 입각하여 본 장은 주민의 주요 접촉대상에는 지방의원과 행정관료가 포함된다는 전제하에 ① 두 공직자 집단에 대한 주민의 접촉실태(접촉수준 및 접촉선호) 및 ② 그 영향요인(접촉수준 및 접촉선호의 영향요인)을 실증적으로 분석하고자 한다.3) 그렇게 함에 있어서 특히 기존 연구에서 다루지 않은 문제인 지방의원과 행정관료에 대한 상대적 접촉선호의 논의에 비중을 둘 것이다. 또한 영향요인을 검증함에 있어서는 영향요인의 색출보다는 주민의 접촉행위와 사회경제적 지위와의 상관관계 검증에 연구초점을 맞추게 될 것인바, 양자간의 관계는 사회정의와 관련하여 중요한 의의가 있을 뿐만 아니라 이에 대한 논란이 지속되고 있음을 감안한 것이다.

본 장의 연구범위는 지방공직자에 대한 주민접촉으로 제한하는바, 이는 주민(시민)의 공직자 접촉은 중앙공직자에 대하여도 이루어지지만 접근가능성 등의 차이로 인하여 지방공직자와의 접촉이 훨씬 보편화되어 있기 때문에 지방공직자와의 접촉의 중요성이 크다는 점을 감안한 것이다. 분석자료의 수집을 위하여는 설문조사를 시행하였다. 대상지역은 조사의 편의성 및 도농간 지역격차가 주민접촉에 미치는 영향의 통제를 위하여 도시지역인 경기도 안양시와 농촌지역인 경상남도 창녕군으로 하였다. 설문지는 지역별로 500부씩 도합 1,000부를 배포하였고, 1998년 8월 중 읍면동 사무소별로 면접원을 배치하여 방문하는 주민을 대상으로 시행하였으며 회수율은 78.0%였다(안양시 66.8%, 창녕군 89.2%).4) 자료의 분석기법으로는 SPSS를 이용하여 chi-square 검증, 로지

---

3) 물론 지방의 주요 공직자에는 단체장도 포함된다. 그러나 실제로 단체장 1인에 대한 접촉빈도는 행정관료나 지방의원에 비할 수 없이 제약받게 됨을 고려하여 단체장은 분석대상에 포함하지 않는다.

4) 응답자의 특성은 유효응답자를 기준으로 할 때, 성별은 남성 68.3%, 여성 31.0%; 연령은 10대

스틱회귀분석 등을 시행하였다.

⊞ 이론 및 가설

1. 주민참여와 주민접촉

주민참여는 공직자의 선출 또는 선출된 공직자의 결정에 대한 영향력 행사를 통하여 정부에 영향력을 미치기 위한 시민의 활동으로 정의되는바(Verba and Nie, 1972: 2), 전자는 선거참여, 후자는 비선거참여로서 구분된다. 전통적으로 주민참여는 선거를 중심으로 논하여져 왔으나 1970년대에 들어 영미를 중심으로 참여폭발의 시대를 거치면서 비선거 또는 직접참여방식으로서의 집단적 항의, 지역사회활동 등과 함께 주민접촉에 대한 새로운 관심이 대두되었다 (Abravanel & Bush, 1975; Jones et al., 1977).

주민접촉이란 무엇인가? 주민접촉이란 주민이 자신의 요구나 견해를 표명하기 위하여 자발적으로 공직자(임명직 또는 선출직)와 접촉하는 개인적 행위를 말한다(Coulter, 1988).[5] 이러한 주민접촉은 주민의 일상생활에서 가장 보편적으로 이루어지는 참여행위라는 점, 다른 참여방식에 비하여 주민들의 요구나 선호가 직접적으로 표출되는 행위인 점, 요구되는 동기수준이나 참여에 필요한 비용이 높다는 점,[6] 제기되는 문제가 구체적인 경향이 있는 점, 참여의 도구적

0.4%, 20대 14.9%, 30대 27.2%, 40대 31.7%, 50대 21.2%, 60대 이상 4.6%; 교육수준은 초등학력 5.4%, 중졸 18.9%, 고졸 48.6%, 대졸 22.9%, 대학원 이상 4.2%; 거주기간은 1년 미만 3.1%, 1~5년 19.5%, 6~10년 17.4%, 11~20년 18.9%, 21~30년 15.2%, 30년 이상 25.9%로 나타났다. 이러한 표본추출방식에는 일정한 한계가 있을 수 있다. 만일 행정청 방문자가 다른 주민에 비하여 참여성향이 높을 경우, 이와 같이 행정청 방문자를 표본으로 하는 것은 일반 주민을 대상으로 무작위추출하여 표본으로 하는 경우에 비하여 과다측정의 오류를 범하게 될 것이기 때문이다. 다만, 그러한 판단을 위한 실증적 자료는 아직까지 확보되지 않고 있으며 별도의 연구를 통하여 확인될 수 있을 것이다. 본 연구에서는 일정한 제약의 우려에도 불구하고 연구여건의 제약으로 읍면동사무소의 방문자를 설문대상으로 한정하였음을 밝혀둔다.

5) 이러한 주민접촉은 민원의 매개행위의 하나이기 때문에 관련개념으로서 민원행정이 제시되기도 한다. 그러나 민원행정은 주민접촉을 포함하여 정부에 대한 주민으로부터의 요구나 견해 표명에 대한 행정적 대응을 지칭하는 것으로서 주민접촉과는 행위의 방향에서 차이가 있다.

6) Coulter(1984: 6)는 그 이유로서 주민접촉은 주민 스스로의 발의에 의하여 이루어질 뿐 아니라 접촉의 성격, 내용, 대상, 목적, 정부의 수준과 시기들까지도 스스로 선택해야 하기 때문임을 들고 있다.

성격이 강하다는 점, 개별적 차원에서 이루어진다는 점 등 다른 참여행위와 구별되는 특징을 갖는다(Coulter, 1984; Jones, 1983: 112).

이러한 특징 때문에 일각에서는 주민접촉이 다른 유형의 참여행위와는 별 상관관계가 없는 것으로 이해하였고, 그리하여 Verba와 Nie(1972: 11)는 주민접촉을 다른 참여행위와 구분하여 "국지적 참여(parochial participation)"로 명명하기도 하였다. 그러나 Coulter(1988)가 미국 Birmingham에서 시민의 관료에 대한 접촉연구를 통하여 접촉활동도 다른 참여활동의 정도와 상당히 밀접한 관계에 있음을 보여줌으로써 다른 유형의 참여양태와의 차별성 여부가 또 하나의 관심사가 되고 있다.

한편, 주민접촉은 접촉문제의 성격을 기준으로 하여 개인, 가족 등의 문제해결을 위한 개별목적의 접촉(particularized contacting)과 지역사회, 이웃의 문제의 해결을 위한 일반목적의 접촉(general referent contacting)으로 구분되기도 한다(Hirlinger, 1992). 이 경우, 접촉문제의 범위가 상대적으로 넓은 후자에 있어서 다른 참여행위와의 유사성이 더 강할 것으로 생각되는바, Coulter(1988)의 발견은 이러한 점에서 설명이 가능해진다. 그러나 접촉행위 유형간의 내적 차이에도 불구하고 전체적으로는 주민접촉행위가 다른 참여행위에 비하여 상대적으로 도구성, 국지성이 강한 것으로 인식되고 있다.

2. 상대적 접촉선호

앞에서 언급한 바와 같이 주민의 주 접촉대상은 규모와 접촉가능성을 고려할 때 행정관료와 지방의원으로 집약된다 하겠는바, 우리의 관심은 주민이 어느 공직자 집단을 접촉대상으로 더 선호하느냐는 것이다. 우선 주민접촉이 구체적 이슈와 관련해서 이루어지는 경향이 있다고 가정할 때, 그러한 이슈는 대부분 행정관료의 소관이라는 점, 관료의 숫자가 지방의원의 숫자보다 훨씬 많기 때문에 접촉용이성이 더 크다는 점 등을 고려한다면 지방의원보다는 행정관료에 주민접촉이 집중될 가능성이 있다.[7] 반대로, 선출직인 지방의원의 주민요구에 대한 상대적 민감성, 업무수행의 상대적 융통성, 의원을 통한 간접적 영향력행사에 대한 행정관료의 반응성이 직접참여의 경우보다 크다는 점

---

7) 단, 관료의 냉담성, 규칙에 근거한 업무수행의 경직성, 절차의 복잡성 등은 반대요인으로 작용할 것이다.

(Skogan, 1975) 등을 고려한다면 행정관료보다는 지방의원에로 주민접촉이 경도될 것으로 예측하게 된다.

불행히도 아직까지 상이한 예측을 해소할 증거는 축적되어 있지 않다. 접촉경험자의 80%가 행정관료보다는 정치인을 접촉하는 것으로 보고한 Eisinger (1972)의 연구, 접촉경험자의 94.8%가 지방의원이 아닌 행정관료를 접촉한 것으로 보고한 유희숙(1994)의 연구가 판단자료의 전부라 하겠는바, 이와 같이 전혀 상반된 결과의 해소를 위하여도 추가적 연구가 요구되는 실정이다.

기본적으로 주민의 상대적 접촉선호문제는 행정관료와 지방의원 양 집단의 담당업무, 주민참여에 대한 대응성의 정도, 업무수행방식, 보유자원 등에서 차이가 있고, 이에 따라 주민 접촉의 효과의 크기와 내용이 달라질 수 있기 때문에 중요하다. 이와 관련하여 주민의 접촉선호간에 유의미한 차이가 있는가를 검증하기 위하여 "행정관료와 지방의원에 대한 주민의 접촉선호에는 차이가 없다"는 가설을 설정해둔다(가설 1).

3. 접촉의 영향요인

주민접촉에 미치는 영향요인에 대하여는 논자에 따라 사회경제적 지위, 서비스수요, 정치적 효능감, 참여성향, 성별, 연령 등 다양한 요인이 제시되고 있다(Hirlinger, 1992; Thomas, 1982; Coulter, 1988). 여기에서 우리의 기본적 관심은 영향요인의 색출보다는 주민접촉과 사회경제적 지위와의 관계의 검증에 있으므로 논의를 이에 집중하고자 한다. 일반적으로 주민참여와 개인의 사회경제적 지위 —직업, 교육, 소득 등— 와의 관계에 관하여는 상위층일수록 참여에 필요한 물리적·심리적 자원을 많이 보유하고 있으므로 보다 적극적인 참여경향을 보인다는 이른바 "사회경제적 모형(socio-economic model)"이 널리 수용되어 왔는바(Verba & Nie, 1972: 132; Alford & Scoble, 1968), 참여행위의 하나로서의 주민접촉 역시 사회경제적 지위와 긍정적 상관관계를 갖는가가 문제시되어 왔다.

이와 관련하여 일부 연구는 주민접촉 역시 표준적인 사회경제적 모형이 적용됨을 보고한 바 있다(Eisinger, 1972; Vedlitz and Veblen, 1980; Sharp, 1984, 1986). 그러나 전체적으로 볼 때, 다른 참여행위에 비하여 도구적·국지적 참여의 성격이 강한 주민접촉에 관하여는 표준적인 사회경제적 모형이 적용되지 않는다는 의견이 지배적인 양상을 보인다.[8] 다만, 그 내용에 있어서는 다양성을 보인다. 즉, 상위층보다는 정부서비스에 대한 수요가 많은 하위층일수록 오히려 접촉성향이 강하다는 의견(Vedlitz, Dyer, & Durand, 1980; Haeberle, 1986), 서비스수요 및 참여지식의 총화 측면에서 유리한 중위층의 접촉성향이 강하다는 의견(Jones et al., 1980; Mladenka, 1977), 접촉과 사회계층과는 유의미한 상관관계를 보이지 않는다는 의견(Thomas, 1982; Jacob, 1972; Sharp, 1986) 등으로 나뉘고 있는 것이다. 이와 같이 상충된 의견을 검증하기 위하여 본 장은 "주민의 공직자접촉행위는 사회경제적 지위와 긍정적인 상관관계에 있지 않다"는 가설을 설정한다(가설 2).

본 장은 이에서 더 나아가 상대적 접촉선호와 사회경제적 지위와의 상관관계에 관하여 관심을 갖는다. 불행히도 이에 대하여는 아직까지 연구가 시도된 바 없다. 그러나 분명 접촉과 접촉선호는 다른 차원의 문제이며 따라서 기존의 접촉행위와 사회경제적 지위와의 관계에 대한 논의가 접촉선호의 경우에도 그대로 적용될 수 있을지에 대하여 의문을 갖는 것은 당연하다. 다만, 접촉선호 역시 기본적으로 도구적·국지적 성격이 상대적으로 강한 접촉행위의 일환이라는 점을 고려하여 "주민의 상대적 접촉선호는 사회경제적 지위와 긍정적인 상관관계에 있지 않다"는 가설을 설정한다(가설 3).

III 분 석

1. 변수 및 분석방법

가설검증을 위한 분석에 있어서 종속변수는 행정관료와 지방의원에 대한 주민의 접촉행위(접촉수준 및 상대적 선호)이다. 측정지표로는 "최근 5년간 공무원 또는 지방의원을 만나 지역문제를 논의한 경험여부"에 대한 설문응답을 채용하였는바, 이는 Hirlinger(1992)의 분류에 따르면 일반목적

---

8) 접촉행위 중 개인, 가족 등의 문제해결을 위한 개별목적의 접촉에 비하여 지역사회, 이웃의 문제 해결을 위한 일반목적의 접촉의 경우, 접촉대상문제의 범위가 상대적으로 넓은 때문에 사회경제적 지위와의 관련성이 상대적으로 강하게 나타나는 것으로 보고되고 있다(Zuckerman & West, 1985; Hirlinger, 1992). 그러나 본문에서 언급한 바와 같이 전체적으로 볼 때, 주민접촉은 다른 참여행위에 비하여 상대적으로 도구적·국지적 성격이 강하고 따라서 사회경제적 지위와의 관련성 역시 보다 약할 것으로 판단된다.

표 11-1 | 독립변수

변 수		측 정 지 표
사 회 경제적 지 위	교육수준	국졸=1, 중졸=2, 고졸=3, 대졸=4, 대학원졸=5
	소득수준	월 평균소득 (50만원 미만=1, 100만원 미만=2, 150만원 미만=3, 200만원 미만=4, 300만원 미만=5, 300만원 이상=6)
통 제 변 수	참여성향	참여경험에 대한 11개 세부지표를 단일화한 복합지표
	참여에 대한 태도	매우 부정=1, 매우 긍정=5로 한 서열척도
	서비스 만족도	매우 불만=1, 매우 만족=5로 한 서열척도
	성 별	남=1, 여=0인 가변수
	연 령	10대=1, 20대=2, 30대=3, 40대=4, 50대=5, 60대 이상=6
	거주기간	1년 미만=1, 1~5년=2, 6~10년=3, 11~20년=4, 21~30년=5, 31년 이상=6
	지 역	도시지역(안양시)=1, 농촌지역(창녕군)=0인 가변수

의 접촉경험을 묻는 측정지표의 성격을 갖는 것이다.[9] 이와 같이 접촉대상을 행정관료와 지방의원으로 제한하는 것은 앞에서 제시한 바와 같이 공직자에 대한 주민접촉의 대부분이 이들 두 공직자 집단에 집중하여 이루어진다는 점을 감안한 것이다.

주민의 공직자 접촉행위에 영향을 미치는 독립변수 및 측정지표는 [표 11-1]에 제시한 바와 같다.

[표 11-1]에서 교육수준과 소득수준은 접촉행위와 사회경제적 지위와의 상관관계를 검증하기 위하여 포함하였다. 참여성향 및 참여에 대한 태도는 주민접촉과 여타 참여행위와의 상관성을 검증하기 위한 통제변수로서 포함하였다. 구체적으로, 참여성향은 선거참여(대통령선거, 국회의원선거, 지방선거), 지역사회활동, 지역사회단체 가입, 정당 및 후보자지원활동, 정당가입 및 활동, 청원·진정, 항의집회, 가두시위 참여 경험 등 총 11개의 항목을 단순가중치에 의하여 복합한 지표(composite index)이다. '참여에 대한 태도'를 알기 위한 구체

---

9) 구체적으로, 행정관료와 지방의원의 접촉경험 여부에 대한 문항은 별도의 문항으로 처리하였으며 지표값은 접촉경험 있음=1, 접촉경험 없음=0으로 하였다. 분석을 위하여는 이들 지표 값을 통합하여 단일지표화하였으며, 통합지표의 값은 필요에 따라 재분류하여 적용하였다.

적 설문문항은 "주민참여가 자치행정에 도움이 된다고 생각하는가"이다. 이 외에도 주민접촉의 영향요인으로서 거론되고 있는 서비스만족도, 성별, 연령, 거주기간, 지역 등을 통제변수로서 포함하였는바, 이때 '서비스만족도'에 대한 구체적 질문은 "시·군청이 제공하는 서비스에 대하여 어떻게 생각하는가"였다.

자료는 앞서 언급한 설문조사결과를 활용하였으며, 통계분석기법으로는 종속변수가 접촉여부를 묻는 이원변량의 명목변수인 점을 고려하여 chi-square 검증 및 로지스틱 회귀분석을 시행하였다.

2. 분   석

1) 접촉실태: 접촉수준과 상대적 접촉선호

과거 5년간 행정관료와 지방의원에 대한 주민접촉실태의 조사결과는 [표 11-2]와 같다. 표에서 보는 바와 같이 응답자의 52.6%가 행정관료와 지방의원의 일방 또는 모두를 접촉한 것으로 나타났다. 이는 48%의 접촉률을 보고한 국내의 연구결과(유희숙, 1994)와 비슷한 수준이지만,[10] 대체로 30% 내외의 접촉률을 보고하고 있는 외국의 경우에 비하여는 상대적으로 높은 수준이다.[11] 이와 같이 국내의 접촉률이 상대적으로 높게 나타나는 것은 주민의 참여성향이 높은 때문이기보다는 접촉을 필요로 하는 문제가 상대적으로 많은 때문일 것으로 추측된다.

표 11-2 | 주민의 공직자 접촉실태

	빈 도	비 율(%)
접촉경험 없음	350	47.4
행정관료만 접촉	124	16.8
지방의원만 접촉	53	7.2
모두 접촉	211	28.6
계	738	100.0

주) one sample chi-square=265.827, df=3, p<0.001

---

10) 윤주명(1991)의 경우에는 89.6%의 접촉률을 보고하고 있으나 이는 단순민원을 위한 기관접촉을 포함한 것으로서 직접비교가 어렵다.
11) 실제로 외국의 연구결과는 많은 편차를 보이고 있다. 즉, 20% 미만의 주민이 공직자와 접촉하

주민의 행정관료와 지방의원에 대한 상대적 접촉선호는 어떠한가? [표 11-2]에서 보듯이 행정관료 또는 지방의원 일방에 대한 접촉자만을 대상으로 하였을 때, 행정관료에 접촉선호를 보인 주민(124명)의 숫자가 지방의원에 접촉선호를 보인 주민(53명)의 숫자를 7:3의 비율로 능가하고 있다. 또한 이 같은 차이는 통계적으로 유의한 수준의 차이인 것으로 판명되었다(P<.001). 따라서 "행정관료와 지방의원에 대한 주민의 접촉선호에는 차이가 없다"는 가설 1은 기각된다. 즉, 주민은 지방의원보다는 행정관료에 대하여 접촉선호를 보이고 있는 것이다. 이 같은 결과는 대다수 주민의 공직자 접촉이 행정관료에 집중된다고 한 유희숙(1994)의 연구결과와도 부합하는 것인바, 국내에 관한 한 행정관료에 대한 접촉선호가 보다 강한 것으로 평가할 수 있을 것이다. 다만, 상반되는 외국의 연구결과와의 불일치에 대한 설명을 위하여는 별도의 비교론적 논의가 필요할 것이다. 생각건대, 우리의 경우 지방의회에 대한 행정기관의 상대적 권력과 자원이 크다는 점, 기초자치단체의 규모가 크기 때문에 소수인 지방의원에 대한 상대적 접근성이 낮은 점, 지방자치의 역사가 일천하여 지방의회의 위상이 아직 취약한 점 등을 설명요인으로 제시할 수 있을 것이다.

한편, 양 집단 모두에 대한 접촉자 비율(28.6%)이 일방 접촉자의 비율(각각 16.8%, 7.2%)을 상회하는 것으로 나타났는바, 이는 주민들이 문제해결을 위하여는 접촉대상을 가리기보다는 가능한 접촉통로를 모두 활용하려는 기본적 행동정향이 있음을 시사해주는 것이라 하겠다.

2) 영향요인

주민접촉(접촉수준 및 상대적 접촉선호)의 영향요인을 검증하기 위하여 로지스틱회귀분석을 시행하였는바,[12] 분석에 사용된 회귀방정식은 아래와 같으며, 회귀분석결과는 [표 11-3]에 요약하여 제시하였다.

고 있다고 한 Verba와 Nie(1972)의 보고 이래, 적게는 11%(Eisinger, 1976)로부터 많게는 55%의 접촉률(Thomas, 1982)을 보이고 있는 것이다. 여기에서 제시한 평균치는 Coulter(1988: 13)가 열거한 17개 선행연구에서 보고된 접촉률의 평균치를 계산하여 제시한 것이다(31.7%). 한편, 여기에서의 결과는 대면접촉에 한한 것이며 따라서 우편, 전화, 전자통신상의 접촉 등을 포함한다면 다른 결과가 관찰될 수도 있을 것이다. 단, 여기에서는 외국의 연구들이 대면접촉을 위주로 연구되었다는 점을 고려하여 비교연구차원에서 대면접촉에 한정한 것이다.

12) 로지스틱분석에 대한 설명 및 적용 예에 대하여는 Aldrich & Nelson(1984), 허만형(1994), Haeberle (1997)이 참고가 된다.

표 11-3 | 주민접촉수준 및 상대적 접촉선호의 영향요인

	접촉수준	상대적 접촉선호
	.20	
교육수준	−.03	.43*
소득수준	.43****	.07
참여성향	−.10	.17
참여에 대한 태도	.11	−.10
서비스 만족도	.51***	−.18
성별	.31***	.04
연령	.26***	.19
거주기간	−.39*	.11
지역		−1.11**
상수	−4.78****	−3.00*
χ^2		18.42**
예측정확도(%)	172.35****	71.9
N	71.4	153
	645	

주 1) * p<.10** p<.05*** p<.01**** p<.001
주 2) 접촉수준에 관한 회귀분석에 사용된 종속변수의 측정지표는 비접촉자=0, 접촉자=1이며, 상대적 접촉선호에 관한 회귀분석에 사용된 종속변수의 측정지표는 관료접촉선호자=0, 의원접촉 선호자=1임.

주민접촉(수준, 상대적 선호) =
　　f(교육수준, 소득수준, 참여성향, 참여에 대한 인식, 성별,
　　서비스 만족도, 연령, 거주기간, 지역)

(1) 접촉수준의 영향요인

접촉수준의 영향요인에 대한 회귀분석결과([표 11−3]의 접촉수준란), 주민접촉과 긍정적인 관계에 있는 변수로는 참여성향, 성별, 연령, 거주기간, 지역으로 나타났다. 구체적으로, 다른 참여활동이 많을수록, 남성일수록, 연령이 많을수록, 거주기간이 길수록, 군 지역일수록 높은 공직자 접촉성향을 보였다. 여기에서 참여성향이 유의미한 변수로 판명된 것은 주민접촉과 다른 참여행위와의 정의 상관관계를 확인하는 것이므로 주민접촉과 다른 참여행위와의 차별성을 기각해야 할 것이라는 지적이 있을 수 있다. 물론, 주민접촉도 참여행위의 하나로서 다른 참여행위와 일정한 관계를 가지지 않을 수 없을 것이다. 그

럼에도 불구하고, 양자간의 상관관계만으로 강한 도구성, 국지성과 같은 주민 접촉의 특이성을 부인하기는 어렵다. 오히려 이 사실은 주민접촉에 요구되는 적극성(activism)과 비용부담이 다른 참여행위에 비하여 크다는 점을 확인해주는 것으로 해석되어야 한다. 한편, 남성의 접촉률이 높은 것은 남성의 사회활동수준과 관계가 있는 것으로 생각되며, 년령과 거주기간이 많을수록 접촉률이 높은 것은 이들이 공직자 접촉에 필요한 지식, 유대관계 등에서 상대적으로 유리한 입장에 있는 때문인 것으로 추측된다(Hirlinger, 1992). 도시보다 군지역의 접촉률이 높은 것은 도시의 익명성이 접촉의 장애요인으로 작용하는 데서 원인을 찾을 수 있을 것이다.

사회경제적 지위는 주민접촉수준과 유의미한 영향요인이 아닌 것으로 나타났는바, 이에 따라 "주민의 공직자 접촉행위는 사회경제적 지위와 긍정적인 상관관계에 있지 않다"는 가설 2는 지지된다. 또한 이러한 결과는 주민접촉이 일반적으로 사회경제적 지위와 유의미한 상관관계에 있는 다른 참여행위와 구분되는 특성을 가지고 있음을 확인하여 주는 것이기도 하다. 주목할 것은 이 검증이 주민접촉과 사회경제적 지위와의 관계에 관하여 상충하는 기존 연구에 대한 결정적 검증(critical test)의 성격을 갖는다는 점이다. 왜냐하면 본 회귀분석은 지역문제의 해결을 위한 일반목적의 접촉(general referent contacting)을 종속변수로 채용하고 있는바, 개별목적의 접촉(particularized contacting)에 비하여 다른 참여행위와의 유사성이 상대적으로 높은 일반목적의 접촉이 사회경제적 지위와 유의미한 상관관계에 있지 않다면 개별목적의 접촉은 더더욱 사회경제적 지위와 유의미한 관계에 있을 수 없을 것이기 때문이다. 즉, 이 검증을 통하여 주민접촉은 접촉유형을 막론하고 다른 참여행위와 다른 특성이 있음을 확인하게 되는 것이다.[13]

(2) 상대적 접촉선호의 영향요인

주민의 상대적 접촉선호의 영향요인에 관한 회귀분석을 시행한 결과([표 11-3]의 상대적 접촉선호), 교육수준과 지역이 유의미한 영향요인으로 나타났다. 즉, 교육수준이 높을수록, 군 지역일수록 행정관료보다 지방의원에 대한 접촉

---

13) 이 외에도 서비스에 대한 만족도 및 참여에 대한 태도가 유의미한 영향요인이 아닌 것으로 나타났다. 여기에서 서비스 만족도의 경우는 서비스 일반에 대한 만족도가 국지적 문제에 관한 활동으로서의 주민접촉과 상관성이 약한 때문일 것으로 생각되며, 참여에 대한 태도의 경우는 참여에 대하여 긍정적인 태도를 갖고 있다고 해서 이것이 반드시 실제의 참여행위로 변환되지는 않기 때문이라고 해석할 수 있을 것이다.

선호를 보인 것이다. 주목할 것은 접촉수준과는 유의미한 상관관계에 있지 않았던 교육수준이 상대적 접촉선호에 대하여는 유의미한 영향요인으로 나타났으나 또 다른 지위변수인 소득수준은 유의미한 영향요인이 아닌 것으로 나타났다는 점이다. 생각건대, 이러한 결과는 기본적으로 같은 지위변수라도 세부적으로는 종속변수에 대하여 차별적인 효과를 갖기 때문에 비롯된 것이라 하겠으며,[14] 이에 따라 "행정관료와 지방의원에 대한 주민의 상대적 접촉선호는 사회경제적 지위와 긍정적인 상관관계에 있지 않다"는 가설 3을 부분적으로 기각하게 된다. 그럼에도 불구하고 부분적이기는 하지만 상대적 접촉선호가 사회경제적 지위와 유의미한 관계에 있다는 분석결과는 지방의원의 접촉을 위하여 요구되는 자원의 크기가 클 것이라는 점을 제시해주는 것으로서의 의의가 있다 하겠다. 한편, 군지역일수록 지방의원에 대한 접촉을 선호하는 것은 군 지역에서 지방의원의 익명성이 도시지역에 비하여 낮은 때문일 것으로 해석된다.

한편, 상대적 접촉선호의 영향요인에 관한 회귀분석결과를 접촉수준의 영향요인에 관한 분석결과와 비교했을 때, 유의미한 영향요인의 항목과 수, 회귀계수의 크기 및 부호 등에서 적지 않은 차이를 보이고 있는바, 이는 접촉수준과 상대적 접촉선호는 같은 차원의 행위가 아니라는 앞에서의 언급을 확인해주는 증거라 하겠다.[15]

Ⅴ 결 론

본 장은 주민의 접촉대상으로서의 주요 공직자는 지방의원과 행정관료라는 전제하에 두 공직자 집단에 대한 주민의 접촉실태(접촉수준 및 상대적 접촉선호) 및 그 영향요인을 설문조사결과에 기초하여 실증적으로 분석하였다. 그렇게 함에 있어서 특히 기존 연구에서 사각지대로 남아 있던 양 공직자 집단에 대한 상대적 접촉선호문제에 연구초점을 맞추었다. 분석결과, 주민접촉은 과반수 이상의 주민이 참여하는 보편적 참여활동인 동시에 다른 참여행위와 구분

---

14) 참고로 교육수준과 소득수준의 상관관계는 0.26으로 나타났다($p<.001$).

15) 이러한 분석결과에 대하여는 표본규모가 클수록 유의수준이 높아지는 경향이 있음을 근거로 하여 양 회귀분석에 사용된 표본규모의 현저한 차이 때문이라는 설명이 제시될 수도 있을 것이다(각각 N=645 및 153임). 그러나 유의미한 영향요인의 항목 및 항목 수뿐만 아니라 회귀계수의 크기 및 부호에서 차이가 있다는 점에서 본문의 설명이 타당한 것으로 판단된다.

되는 특성을 갖는 참여행위라는 점, 주민의 접촉선호는 행정관료에 집중되고 있다는 점, 주민접촉은 사회경제적 지위에 영향을 받지 않으나 주민의 상대적 접촉선호는 일부 영향을 받는다는 점 등을 발견하였다. 이 같은 분석결과에 기초하여 다음 몇 가지 사항을 결론으로 제시한다.

첫째, 주민의 과반수 이상이 공직자 접촉경험을 갖고 있음을 보여준 분석결과는 주민접촉이 주민의 다양한 문제와 관련하여 일상생활에서 가장 빈번하게 일어나는 가장 보편적인 참여방식이라는 기존의 인식을 재확인해 주었다(Jones, 1983: 113). 이러한 사실은 우리에게 가장 보편화된 참여활동으로서의 주민접촉에 대하여 그 비중에 걸맞은 관심을 가질 필요가 있음을 가르쳐 준다. 그럼에도 불구하고 지금까지 우리는 주민접촉에 대하여 적절한 관심을 갖지 못하였다. 생각건대, 이 같은 무관심은 주민접촉의 고유한 특성은 차치하더라도 확인된 바와 같이 주민접촉의 보편적 성격을 감안할 때 의외이기까지 하다. 그러므로 이제부터라도 주민접촉의 비중에 부합하는 학계와 실무계의 관심이 있어야 한다. 더욱이, 향후 지방자치가 본격화되면서 지방의 자원배분과정에서 지방정부가 차지하는 비중이 점증함에 따라 지방의 공직자에 대한 주민접촉 역시 증가할 것으로 전망되는바, 지방자치의 정착발전을 위하여도 주민접촉에 대한 관심과 대응이 강조될 필요가 있다.

둘째, 분석결과 주민은 지방의원보다 관료를 우선적인 접촉대상으로 선호하는 것으로 나타났다. 이 같은 선호구조는 민주주의의 실현이라는 기준에서 볼 때, 한편으로는 임명직 관료집단에 대하여 지방의회에 의한 통제 외에 주민 스스로의 접촉을 통한 추가적인 통제가 이루어지게 된다는 점에서 바람직한 측면이 있음에도 불구하고, 다른 한편으로는 주민대표기관인 지방의회의 주민 의사 매개기능이 미흡하게 된다는 점에서 부정적인 측면이 있다. 이러한 지적은 행정기관의 경우 주민접촉에 대한 적극적 대응에, 지방의회의 경우 주민접촉 확대를 위한 접촉창구의 제도화에 상대적 노력을 기울여야 함을 가르쳐준다.16) 물론 후자의 경우, 주민접촉 확대노력은 자칫 지방의회로 하여금 정책개발(policymaking) 또는 행정감시(watchdog)보다는 고충처리(caretaker) 역할을 자

---

16) 기본적으로 이 같은 노력은 지방의회와 행정기관에 공히 해당된다. 분석결과에 의하면 행정 관료에 대한 우선적 접촉성향에도 불구하고 기본적으로는 접촉자 다수가 행정관료와 지방의원을 모두 접촉하는 성향을 갖는 것으로 나타났기 때문이다. 즉, 본문에서 제시하는 바는 어디까지나 상대적 노력을 의미하는 것이다.

임하게 하는 부작용을 낳을 우려도 없지 않다(Barron et al., 1991). 그러나 지방의회 전체 차원에서 제도화된 주민접촉창구(예, 민원실)의 마련은 민의의 체계적·안정적인 파악을 가능하게 함으로써 지방의회의 정책개발 및 행정감시 기능을 강화할 뿐만 아니라, 민의를 배경으로 하여 지방의회의 위상을 제고시킴으로써 집행기관과의 생산적 긴장관계를 조성하게 된다는 측면에서 권장되어야 할 것이다.

셋째, 제한적이기는 하지만 지방의원에 대한 상대적 접촉선호와 사회경제적 지위가 정의 상관관계에 있다는 분석결과는 참여의 대표성 내지는 불평등의 문제와 관련하여 우려되는 바가 없지 않다.[17] 왜냐하면 일반적으로 행정관료보다는 지방의원과의 접촉시 제기되는 대상문제의 범위가 더 넓고, 지방의원을 매개로 한 접촉의 효과가 행정관료에 대한 직접적 접촉효과보다 더 큰 경향이 있기 때문이다(Skogan, 1975). 즉, 상위층일수록 지방의원에 대한 접촉선호가 크고, 지방의원접촉에 따른 효과가 관료접촉에 따른 효과보다 상대적으로 크다면 결국 상위층은 공직자 접촉과정에서 편파적 이익을 확보하게 된다는 것이다. 이 같은 왜곡을 줄이기 위하여는 기본적으로 지방의원과의 접촉통로를 제도화하여 접촉에 필요한 비용을 축소할 것이 요청된다. 그렇게 함으로써 중하위층의 의원접촉이 증대되고, 따라서 접촉편차에 따른 자원배분의 왜곡이 축소될 수 있을 것이기 때문이다. 단, 의회기능의 정상화를 위하여는 위에서 제시한 바와 같이 개별적 통로보다는 지방의회 전체 차원에서의 제도화가 바람직함은 물론이다. 강조할 것은 사회경제적 지위와 상대적 접촉선호와의 관계를 접촉수준과의 관계와 혼동해서는 안 된다는 것이다. 분석결과, 접촉수준에 관한 한, 사회경제적 지위는 유의미한 영향요인이 아닌 것으로 밝혀졌으며, 따라서 위에서 제시한 바와 같이 상대적 접촉선호 격차에 따른 문제만 시정된다면 여전히 주민접촉은 계층에 의한 자원배분 왜곡의 우려가 적은 바람직한 참여활동이기 때문이다.

끝으로, 접촉수준과 상대적 접촉선호를 막론하고 지역이 유의미한 영향요인으로 나타났다는 점을 고려할 때, 후속연구는 지역의 특성을 고려한 사례연구 또는 보다 다양한 지역을 포함한 횡단연구를 병행하여 수행될 수 있을 것임을 첨언해 둔다.

---

17) 참여의 대표성 또는 불평등의 문제에 대하여는 이승종(1993: 131) 참조.

■ 서 론

지방자치의 실시에 따라 지방정치 활성화의 기반이 마련되었다. 지방정치란 Lasswell(1958)의 표현을 빌리자면 지방의 참여자들이 지방차원에서의 자원배분문제를 해결해나가는 정책결정과정이다(이승종, 1994b). 이러한 지방정치의 목적은 궁극적으로 지역주민의 복지증진에 있다 할 것인바, 이 같은 목적달성을 위하여는 지방정치과정에서 지역주민의 참여가 활성화될 것이 요청된다. 주민의 참여를 통한 주민의사의 정책과정에 대한 투입이 이루어져야만 지방의 정책이 보다 주민의 이익에 부합하는 것이 될 수 있을 것이기 때문이다. 이와는 달리, 주민참여가 활성화되지 않은 지방정치는 일부 계층에 의하여 과점되기 마련이며 이에 따라 지방정부의 정책은 다수 주민이 아닌 일부 계층을 위한 정책으로 전락할 위험이 크다.

문제는 주민참여를 활성화시킨다고 해서 증가된 주민참여가 주민 다수의 복지증진이라는 지방정치의 목적에 자동적으로 부합하게 되는 것은 아니라는 점이다. 그것은 기본적으로 주민참여가 사회계층(이하 사회경제적 지위와 혼용함)에 따라 차별적으로 나타나는 경향이 있으며, 이러한 참여의 불평등으로 인하여 참여에 따른 정책효과 역시 불평등하게 나타날 우려가 있기 때문이다.[1]

참여의 불평등은 왜 발생하는가? 그것은 기본적으로 참여에 소요되는 시간, 지식, 노력, 금전 등의 비용부담능력이 사회계층별로 차이가 나고 이에 따라 참여도에 있어서의 계층격차가 발생하기 때문이다. 구체적으로, 비용부담

---

[1] 민선된 지방정책결정자의 참여에 대한 감수성을 고려할 때, 참여의 불평등이 지방정책산출의 배분에 있어서의 불평등으로 연계될 우려는 지방자치 시행 이후 더욱 커졌다 할 것이다.

능력이 상대적으로 큰 상위층의 참여도가 높고, 그렇지 않은 하위층의 참여도가 낮게 나타나는 경향이 있다. 또 다른 요인으로서 참여에 대한 수요(need)의 계층별 격차를 상정해 볼 수 있다. 그러나 일반적으로 참여에 대한 수요가 사회경제적 지위와 유의미한 관계에 있는지는 아직까지 확실하지 않다. 이와 관련하여, Jones et al.(1977)은 주민의 참여행위 중에서 공직자접촉은 참여자의 참여비용부담 능력뿐만이 아니라 사회계층별로 다르게 나타나는 참여수요에도 영향을 받는다고 주장하여 주목된다. 즉, 일부 참여행위 ─주민의 공직자접촉─에 한한 것이기는 하지만 참여행위와 사회경제적 지위 간의 전형적 관계의 존재를 제시하고 있는 것이다. 그러나 이에 대하여 Thomas(1982)는 주민의 공직자접촉에 있어서의 참여수요가 Jones et al.(1977)이 제시한 객관적 수요뿐 아니라 주관적 수요를 포괄하는 것이며, 나아가서 객관적 수요보다는 참여자의 판단에 따른 주관적 수요(perceived need)가 더 중요하기 때문에 사회경제적 지위와 참여수요와의 관계를 정형화하는 것은 불가능하다고 논박하고 있다는 점 또한 주목할 필요가 있다. 요컨대, 참여행위 전체는 물론이려니와 공직자접촉행위에 있어서조차 참여수요와 사회경제적 지위와의 유의미한 관계에 대하여 설득력 있는 논증이 확립되어 있지 않은 실정이며 따라서 사회경제적 지위에 따른 참여의 불평등문제를 다룸에 있어서 단순화의 우려에도 불구하고 일차적으로 참여의 비용요소에 주목하게 되는 것이다.

참여불평등의 원인에 대한 논의와는 별도로 앞에서 제시한 바와 같이 주민의 지방정치 참여가 지방의 정책산출과 일정한 정(正)의 함수관계에 있는 한, 사회경제적 지위에 따른 참여의 불평등 문제는 지방자치목적의 달성과 관련하여 간과할 수 없는 중요한 문제가 된다. 더욱이 점차 이질성이 증가하고 있는 지역사회의 성격을 생각한다면 지방정치참여에 있어서의 불평등에 대한 연구의 중요성은 더욱 커진다 하겠다. 실제로 대부분의 참여연구문헌들은 지속적으로 참여에 있어서의 사회경제적 요인의 중요성을 강조하여 왔으며(Verba et al., 1995; Parry et al., 1992; Conway, 1985 etc.) 따라서 다른 요소에 우선하여 사회경제적 지위에 따른 참여도 격차에 관심을 갖는 것은 충분히 의미 있는 일이라 하겠다.

지적할 것은 참여불평등 현상이 모든 참여활동에 반드시 동일하게 적용되는 것은 아니라는 점이다. 그 이유는 기본적으로 참여활동에 내재되어 있는 참여비용의 크기가 참여활동유형에 따라 차이가 있기 때문이다. 구체적으로, 참여에 요구되는 비용의 크기가 큰 참여유형의 경우에는 참여비용부담 능력이 참여의 중요한 영향요인이 될 것이며 따라서 다른 참여유형에 비하여 사회경제적 지위에 따른 참여 불평등문제가 부각되게 될 것이다. 그러나, 참여에 요구되는 비용의 크기가 작은 경우에는 참여비용부담 능력이 참여의 중요한 결정요인이 되지 않을 것이며 따라서 다른 참여유형의 경우에 비하여 사회경제적 지위에 따른 참여불평등 문제가 덜 문제시될 수 있는 것이다.[2] 이러한 지적은 사회경제적 지위에 따른 참여의 불평등에 대한 논의에 있어서 반드시 참여활동의 유형에 대한 고려가 이루어져야 함을 제시해주는 것이다.

이상의 논의에 입각하여 본 장은 지방정치에 있어서 사회경제적 지위에 따른 참여의 불평등 현상에 대하여 실증적 자료에 기초하여 분석하고자 한다. 그렇게 함에 있어서, 본 장은 ① 앞에서 제시한 바와 같이 참여불평등 정도는 참여유형에 따라 다를 것이라는 가정하에 참여를 하나의 전체로서 취급하기보다는 투표(간접적 참여)와 비투표참여(또는 직접적 참여—공직자접촉 및 비접촉참여 포함)로 구분하여 각각에 있어서의 참여불평등 문제를 다루고자 한다. 이러한 연구는 기존의 관련연구가 참여를 전체로 또는 일부분에 한정하여 다룬 것과 대비된다. ② 아울러 참여 불평등 실태를 조사하는 데 그치지 않고 참여불평등 시정을 위한 대응방향에 대하여 언급할 것이다.

실증분석을 위한 자료는 설문조사에 의하였다. 설문조사는 지역적 특성을 고려하여 서울, 부산, 광주, 수원, 진주, 순천 등 6곳을 대상으로 1999년 11월 16일부터 12월 3일까지 시행하였다. 표본선정은 무작위표집법(random sampling), 계통추출법(systematic sampling), 할당표집법(quota sampling) 등을 조합하여 적용하였다. 구체적으로, 표본설정을 위한 기본단위는 최소행정구역인 반을 기준으로 하되, 각 반 단위까지는 계통추출에 의해 표집을 하고, 각 반 단위의 최종 응답자 선정은 할당 및 무작위표집법을 조합하여 적용하였다. 설문조사는 면접원에 의한 방문면접을 통하여 수행되었다. 설문지는 총 999매(서울, 부산, 광주 각 200매, 수원, 진주, 순천 각 133매)가 배부되었으며 총 992매가 회수되어

---

2) 한편, 앞에서 제시한 바와 같이 계층과 참여수요 간의 유의미한 관계가 존재하지 않는다는 것을 전제로 할 때, 이 경우에도 참여수요가 참여유형별로 계층에 따른 참여격차를 낳는 영향 요인은 아니라 하겠다. 물론 개인의 특성에 따라 참여선호가 달라질 수 있다고 보는 다중차원적 관점이 제시하듯이(Verba and Nie, 1972; 이승종, 1993) 개인적 차원에서는 참여비용과는 무관하게 특정 참여활동에 대하여 상대적으로 높거나 낮은 차별적 참여양상을 보일 수 있을 것이다. 그러나 이러한 차별적 참여가 사회계층이라는 집합적 차원에서 동일하게 적용되는가는 의문시된다. 이는 기본적으로 사회계층이라는 개념 자체가 비용측면과 밀접하게 연관된 것이라는 점을 고려하면 쉽게 이해가 된다.

99.2%의 회수율을 기록하였다.[3] 이같이 높은 회수율은 면접원을 통한 설문조사 방법을 택한 데 기인하는 것이다.

■ 참여유형, 사회경제적 지위, 참여불평등

주민참여는 공직자의 선출 또는 정부에 대한 영향력 행사를 위한 시민의 활동으로 이해되는바(Verba and Nie, 1972: 2), 전자는 투표와 관련된 참여행위이며, 후자는 정부활동에 대한 직접적 참여행위인 데서 구분된다.[4] 그런데 앞에서 제시한 바와 같이 이러한 참여행위에는 일정한 비용이 소요되며 따라서 비용부담 능력이 상대적으로 큰 사회적 상위계층이 참여에 있어서 우월적 지위를 점하게 될 가능성이 크다. 물론 특정계층이 참여에서 우월적 지위를 차지하더라도 그와 같은 참여양태가 정책산출에 영향을 미치지 않는다면 참여의 불평등은 크게 문제시되지 않을 수도 있다.[5] 그러나 참여과정에서의 불평등은 필연적으로 정책산출의 불평등으로 이어지기 마련이며 따라서 참여 불평등의 시정은 중요한 사회적 과제가 되는 것이다. 불행히도 오늘날 중앙뿐만 아니라 지방차원에서도 사회구성의 계층적 이질성이 심화되면서 참여에 있어서의 평등확보가 더욱 어려워지고 있다. 지방의 정치참여에서의 평등확보의 어려움은 예컨대, 영국 Tower Hamlet에서 지역주민의 참여확대를 위하여 개설한 주민참여포럼이 오히려 기득권층의 추가적인 참여기회 확대의 장으로 전락하였음을 보고한 Burns et al.(1994: 193)의 연구 등에서 쉽게 확인된다.

일반적으로 주민참여와 사회계층 —직업, 소득, 교육 등— 과의 관계에 대하여는 참여에 필요한 물리적, 지적, 심리적 자원을 많이 보유하고 있는 상위층일수록 높은 참여경향을 보이고 그렇지 못한 하위층일수록 낮은 참여경향을

---

3) 수원지역의 회수율이 94.7%였고, 나머지 지역은 100% 회수되었다.

4) 엄격히 볼 때, 선거참여(electoral participation)는 투표참여(voting turnout)와 구분되어야 한다. 선거참여가 핵심요소인 투표를 포함하여 선거과정에서의 모든 지지 또는 반대활동을 포함하는 개념인 데 비하여 투표참여는 공직자의 최종적 선택행위만을 지칭하는 것이기 때문이다. 그러므로 참여를 유형화함에 있어서 선거참여와 비선거참여로 구분하는 것도 가능하다. 그러나 참여와 사회경제적 지위와의 관련성 측면에 대한 연구를 위하여는 투표와 비투표참여의 구분이 유용하다. 양자간에는 참여비용의 실질적 차이가 있을 것으로 판단되는바, 이에 근거하여 사회경제적 지위의 차별적 효과를 식별해낼 수 있을 것이기 때문이다.

5) 단, 참여자체에 의의를 두는 전통적 입장에서는 그 자체로서도 문제시된다.

보인다는 이른바 표준적 사회경제적 모형(standard socio-economic model)이 널리 수용되어 왔다(Verba and Nie, 1972; Alford and Scoble, 1968). 그러나 앞에서 지적한 바와 같이 이와 같은 사회경제적 모형이 모든 참여방식에 공히 적용될 수 있는지에 대하여는 의문이 있다.

첫째, 참여방식에 따라 소요되는 비용의 차이가 있는 만큼 사회경제적 모형의 타당성은 참여유형에 따라 차이가 있으리라는 것이다. 구체적으로, 제도화 수준이 높아 참여비용이 크지 않은 투표참여(공직자 선출뿐 아니라 공공문제에 관한 주민투표 포함)의 경우에는 사회경제적 지위의 영향이 크지 않은 대신, 제도화가 불충분한 비투표참여(또는 직접참여)의 경우에는 상대적으로 사회경제적 지위의 영향이 클 것이라는 점을 지적할 수 있다.

물론 적지 않은 기존의 연구들은 사회경제적 모형이 투표참여에도 공히 적용되는 것으로 보고하고 있다. 그러나 상대적인 관점에서 볼 때, 참여비용이 적게 소요되는 투표참여가 보다 많은 비용이 요구되는 비투표참여와 같은 정도로 사회경제적 지위의 영향을 받는 것으로 상정하는 것은 논리적으로 타당하지 않으며 따라서 투표참여에 대한 사회경제적 지위의 영향은 비투표참여에 대한 영향에 비하여 상대적으로 약할 것으로 예측된다.

둘째, 비투표참여에 있어서도 사회경제적 지위의 영향이 차별적으로 나타날 가능성이 있다. 구체적으로, 다른 참여행위와의 차별성이 강조되고 있는 주민의 공직자접촉행위(이하 주민접촉)가 다른 참여행위와 마찬가지로 사회경제적 모형에 적용받는가에 대하여 의문이 있을 수 있다. 주민접촉이란 무엇인가? 주민접촉이란 주민이 자신의 요구나 견해를 표명하기 위하여 자발적으로 공직자(임명직 또는 선출직)와 접촉하는 개인적 행위를 말한다(Coulter, 1988). 이러한 주민접촉은 주민의 일상생활에서 가장 보편적으로 이루어지는 참여행위라는 점, 다른 참여방식에 비하여 주민들의 요구나 선호가 직접적으로 표출되는 행위인 점, 요구되는 동기수준이나 참여에 필요한 비용이 특히 높다는 점, 제기되는 문제가 구체적인 경향이 있는 점, 참여의 도구적 성격이 강하다는 점, 개별적 차원에서 이루어진다는 점 등 다른 참여행위와 구별되는 특징을 갖는다(Coulter, 1988; Jones, 1983: 112). 이러한 특징 때문에 일각에서는 주민접촉이 다른 유형의 참여행위와는 별 상관관계가 없으며 이른바 표준적인 사회경제적 모형이 적용되지 않는다는 의견을 설득력 있게 제시하여 왔다(예, Verba와 Nie, 1972: 11). 그러나 반대의 주장도 적지 않다. 즉, Coulter(1988)는 미국 Birmingham에서

관료에 대한 시민의 접촉연구를 통하여 접촉활동도 다른 참여활동의 정도와 상당히 밀접한 관계에 있음을 보여주었으며, 다른 참여연구들도 주민접촉 역시 표준적인 사회경제적 모형이 적용됨을 보고한 바 있는 것이다(Eisinger, 1972; Vedlitz and Veblen, 1980; Sharp, 1982, 1986). 요컨대, 접촉행위의 고유성 여부는 새로운 논란거리가 되고 있으며, 이러한 배경에서 공직자접촉이 다른 참여행위와 마찬가지로 사회경제적 지위와 일정한 상관관계를 갖는가가 문제시되는 것이다. 이와 같이 공직자접촉과 사회경제적 지위 간의 관계에 대하여 일관된 결론이 없는 상황이기는 하나 여기에서는 공직자접촉에 요구되는 비용이 비접촉참여의 경우에 비하여 높을 것이라는 가정하에 주민의 공직자접촉행위에 대한 사회경제적 지위의 영향이 다른 비투표참여(이하 비접촉참여라 함)에 대한 영향에 비하여 상대적으로 강할 것이라는 가설을 제시해 둔다.

셋째, 위와 같이 하더라도 투표와 비접촉참여와의 차별성 문제가 남는다. 이에 대하여는 아직까지 구체적으로 진행된 연구가 없다. 다만, 비투표행위에 소요되는 비용이 투표에 소요되는 비용보다 클 것이라는 점을 고려할 때, 사회경제적 지위의 투표참여에 대한 영향은 주민의 비접촉참여행위에 대한 영향에 비하여 약할 것으로 판단된다.

이상의 세 가지 언명을 종합하여 다음과 같은 가설을 설정할 수 있다. 투표, 공직자접촉 및 비접촉참여의 세 가지 참여유형에 있어서 사회경제적 지위가 참여활동에 미치는 영향은 공직자접촉행위에서 가장 강하고, 투표행위에서 가장 약할 것이다.

Ⅲ 분 석

1. 변수 및 분석방법

앞에서 제시한 가설검증을 위한 종속변수로는 세 가지 유형의 참여행위 즉, 투표, 공직자접촉 및 비접촉참여를 적용하였다. 각 변수에 대한 측정지표를 얻기 위하여 응답자에게 "지난 5년간의 참여경험"을 질문하였다. ① 투표참여와 관련해서는 "지난 지방선거에의 투표참여여부"를 질문하였고, ② 공직자접촉변수에 대하여는 "지역문제를 의논하기 위하여 공무원, 지방의원, 국회의원을 접촉한 경험" 등 3개 문항을 질문하였으며,[6] ③ 비접촉참여를 위하여는 "지역문제를 위하여 타인과 같이 일한 경험", "지역문제에 대한 토론회 참여경험", "공공문제에 관한 설문조사 응답경험", "정당 또는 후보자를 위하여 일한 경험", "후보자를 위하여 투표권유한 경험", "정치에 관한 의견교환을 자주 한 경험", "언론에 의견투고한 경험", "청원, 진정서에 서명한 경험", "행정기관에 항의, 의견투입한 경험", "항의집회에 참여한 경험", "가두시위에 참여한 경험" 등 11개 항목을 질문하였다. 분석의 편의를 위하여 복수문항은 통합하여 단일지표로 축약하였다. 각 변수에 있어서 구체적인 지표값은 경험 있음=1, 경험 없음=0으로 하였으며 복수문항의 경우 이들 값을 단순가중치로 합산평균하여 단일지표화하였다.

독립변수는 참여유형에 따라 사회경제적 지위가 참여에 미치는 효과의 비교를 위하여 참여유형을 불문하고 동일한 변수군을 적용하였으며 각 변수와 측정지표는 [표 12-1]에 제시한 바와 같다.

[표 12-1]에서 보는 바와 같이 독립변수인 사회경제적 지위는 교육수준, 가구별 연평균 소득수준 및 직업의 통합변수를 채용하였다. 사회경제적 지위를 구성하는 세 가지 변수는 서열척도로 환산하여 표준점수를 산출한 뒤 합산하여 통합지표화하였다.[7]

표 12-1 | 독립변수

변 수	측 정 지 표
사회경제적 지위	교육수준, 소득수준 및 직업유형을 통합한 복합지표
지방정부운영 만족도	매우 불만=1, 매우 만족=5로 한 서열척도
정치적 효능감	낮음=0, 보통=1, 높음=2, 매우 높음=3
지역정체의식	지역정체의식에 대한 8개 세부지표를 통합한 복합지표
조직가입도	7개 유형의 지역단체 중 가입단체의 수를 통합한 복합지표
성 별	남=1, 여=0인 가변수
연 령	실제 연령
거주기간	실제 거주한 연도

6) 여기에서 국회의원은 지방정치인은 아니지만 현실적으로 지방정치에 있어서 중요한 사실상의 참여자일 뿐 아니라 지역문제와 관련한 접촉경험 여부를 물은 것이므로 항목에 포함시켰다.

7) 구체적으로, 교육수준의 척도는 초등중퇴 이하=1, 초등졸업=2, 중학중퇴=3, 중학졸업=4, 고등학교 중퇴=5, 고등학교 졸업=6, 대학교 중퇴/전문대학 졸업=7, 대학 졸업=8, 대학원 이상

통제변수로는 기왕에 주민참여도에 영향을 미치는 것으로 인식되어 온 변수들을 자료의 허용범위 내에서 채용하였다. 지방정부운영 만족도에 대한 구체적 문항은 "지방자치실시 이전과 비교하였을 때, 지방정부의 현재 운영상태에 대하여 만족하는가"이다. 정치적 효능감은 "지역의 중요한 정책결정에 영향을 미치는 집단 중 주민의 상대적 영향력 정도에 대한 평가"로서 측정하였다.[8] 지역정체의식은 해당지역과 관련하여 "노후 거주의사", "이주 의사", "자부심", "지역발전에 대한 확신 정도", "해당 지역에 대한 비난의 수용도", "지역에 대한 애착심", "타인에 대한 해당지역 거주권유의사", "지역봉사 의지" 등 8문항에 대한 응답(예= 1, 아니오=0)을 통합하여 단일변수화한 것이다. 조직가입도는 "공공/행정기관 주관단체나 위원회", "교육관련 단체", "종교단체", "문화단체", "정치단체", "사회봉사단체", "이익단체" 등 7개 유형의 단체 가입 수에 대한 문항을 통합하여 단일변수화한 것이다. 지역정체의식 및 조직가입도의 경우 공히 단순가중치를 적용하여 복합지표를 구성하였다. 이 외에도 성별, 연령, 거주기간 등이 통제변수로서 포함되었다.

자료는 앞서 언급한 설문조사결과를 활용하였으며,[9] 통계분석기법으로는 회귀분석을 적용하였다.

=9; 소득수준의 척도는 0~1,000만원 미만=1, 1,000만원~1,500만원 미만=2, 1,500만원~2,000만원 미만=3, 2,000만원~2,500만원 미만=4, 2,500만원~3,000만원 미만=5, 3,000만원~4,000만원 미만=6, 4,000만원~5,000만원 미만=7, 5,000만원~7,000만원 미만=8, 7,000만원 이상=9; 직업의 척도는 무직(주부 포함)=0, 서비스직, 생산직, 1차산업 종사자=1, 사무직, 판매직=2, 전문직, 관리직=3으로 하였다. 직업의 사회경제적 지위점수로의 환산에 대한 논의는 홍두승(1992: 161)이 참고가 된다.

8) 측정값은 주민의 영향력 순위에 대한 평가가 1순위=3점, 2순위=2점, 3순위=1점, 그 외=0점으로 하였다.

9) 참고로 응답자의 특성은 다음과 같다. 소득은 1,000만원 미만=14.1%, 1,000만원~1,500만원 미만=17.2%, 1,500만원~2,000만원 미만=21.6%, 2,000만원~2,500만원 미만=14.7%, 2,500만원~3,000만원 미만=13.7%, 3,000만원~4,000만원 미만=10.2%, 4,000만원~5,000만원 미만=4.9%, 5,000만원~7,000만원 미만=1.8%, 7,000만원 이상=1.9%; 학력은 무학=0.8%, 초등학교 중퇴=0.9%, 초등학교 졸업=4.6%, 중학교 중퇴=1.1%, 중학교 졸업=8.6%, 고등학교 중퇴=3.0%, 고등학교 졸업=40.0%, 대학교 중퇴 및 2년제 대학(전문대 포함) 졸업=12.4%, 대학교 졸업=21.4%, 대학원 중퇴, 졸업, 재학중=7.1%; 연령은 10대=0.1%, 20대=29.7%, 30대=25.6%, 40대=22.0%, 50대=20.0%, 60대=1.7%; 성별은 남=50.7%, 여=49.3%; 거주기간은 1년 미만=1.9%, 1년~3년 미만=4.9%, 3년~5년 미만=5.1%, 5년~10년 미만=10.9%, 10년~20년 미만=21.1%, 20년 이상= 56.0% 등으로 나타났다.

2. 분   석

1) 참여의 유형별 실태

지방정치에 대한 과거 5년간 주민의 참여경험에 대한 조사결과는 [표 12-2]와 같다.

[표 12-2]에서 보는 바와 같이 전체적으로 볼 때, 투표참여가 다른 직접참여에 비하여 훨씬 높은 수준의 참여도를 보인다. 즉, 투표참여자는 70%를 상회하는 데 비하여 다른 직접참여행위의 경험자 비율은 50% 이상의 비율을 나타낸 설문조사응답의 경우를 제외하고는 대체로 20%를 밑도는 것으로 나타난 것이다. 이와 같이 투표참여도가 다른 직접참여활동에 비하여 높은 참여도를 나타낸 것은 기본적으로 투표참여에 소요되는 비용이 적은 대신, 직접참여활동에 소요되는 비용이 큰 데서 비롯된 것이라 판단된다. 이러한 판단은 비투

표 12-2 | 주민의 과거 5년간 지방정치 참여경험   (단위: N(%))

참여활동		경 험	무 경 험
투표 참여	·지난 지방선거에 투표했다	666(71.3)	268(28.7)
공직자 접촉	·공무원과 만나 지역문제를 의논했다	96(10.3)	838(89.7)
	·지방의원과 만나 지역문제를 의논했다	73(7.8)	861(92.2)
	·국회의원과 만나 지역문제를 의논했다	27(2.9)	907(97.1)
비접촉 참여	·지역문제를 위하여 다른 사람과 같이 일했다	87(9.3)	847(90.7)
	·지역문제에 대한 토론회에 참가하였다	89(9.5)	845(90.5)
	·공공문제에 관한 설문조사에 응답하였다	480(51.4)	454(48.6)
	·정당이나 후보자를 위하여 일했다	76(8.1)	858(91.9)
	·후보자를 위하여 투표를 권유했다	138(14.8)	796(85.2)
	·정치에 관한 의견교환을 자주 했다	173(18.5)	761(81.5)
	·언론에 의견을 보낸 경험이 있다	53(5.7)	881(94.3)
	·청원서나 진정서에 서명한 경험이 있다	313(31.6)	621(66.5)
	·행정기관에 항의전화/편지 또는 항의방문한 경험이 있다	135(14.5)	799(85.5)
	·항의집회에 참여한 경험이 있다	97(10.4)	837(89.6)
	·가두시위에 참여한 경험이 있다	66(7.2)	857(92.8)

표참여 중에서 설문조사에 대한 응답경험의 비율이 다른 비접촉행위에 비하여 높게 나타난 점에서도 지지된다. 즉, 주민의 자발적 참여노력이라는 비용이 다른 직접참여 행위에 비하여 상대적으로 덜 요구되는 설문조사응답의 경험자 비율이 다른 참여행위의 경험자 비율보다 상당히 높게 나타난 것이다. 즉, 우리는 이러한 관찰로부터 주민의 참여도가 참여행위에 내재된 참여비용에 상당한 영향을 받게 된다는 점을 시사받는 것이다. 물론 이에 대하여 설문조사에의 참여비용이 투표활동의 참여비용보다 낮음에도 불구하고 설문조사 참여도가 투표율보다 낮게 나타나는 점에 대한 의문이 제기될 수 있다. 그러나 이에 대하여는 양자간의 차이가 참여활동자체의 비용차이보다는 설문조사의 적용대상이 보다 제한적인 데서 비롯된 것이라는 점을 지적할 수 있다.

한편, 공직자접촉과 비접촉참여 간의 차이는 후자가 다양한 범위의 참여활동을 포함하고 있고 따라서 참여도의 편차가 작지 않기 때문에 명확한 구분은 어렵지만 전체적으로 본다면 공직자접촉률이 상대적으로 낮은 경향을 보인다고 하겠다. 이러한 결과는 기존의 연구에서 제시한 바와 같이 공직자접촉의 경우, 접촉행위의 구체성, 특수성에 따라 소요되는 참여비용이 큰 데서 기인하는 것으로 생각된다. 물론, 정당 또는 후보자 지원, 언론투고, 가두시위 등의 참여경험은 공직자접촉의 평균수준(8.4%)과 유사하거나 하회하는 수준의 참여도를 보이고 있기 때문에 양 유형의 참여활동간의 차이에 대하여 단정하여 말하기는 어렵다. 그럼에도 불구하고 이들 활동이 다른 비접촉참여활동에 비하여 참여에 요구되는 비용이 상대적으로 더 크다는 점에서 다시 한 번 참여비용이 참여도를 제약하는 요인으로 작용할 것이라는 시사를 받게 된다.

문제는 이와 같이 참여를 제약하는 참여비용의 부담능력은 사회경제적 지위에 따라 차이가 나며, 따라서 참여의 불평등이 발생하게 된다는 것이다. 그러나, 참여비용의 발생은 참여방식 또는 유형에 따라 차이가 나기 때문에 참여의 불평등은 참여유형에 따라 차별적으로 발생하게 될 것으로 예측된다. 그러므로 이하에서는 참여유형별로 주민의 사회경제적 지위가 참여활동에 대하여 얼마나 제한적인 요소로 작용하느냐에 대하여 비교분석한다.

2) 사회경제적 지위와 주민참여: 참여유형별 비교

각 참여유형별로 주민의 참여에 대한 사회경제적 지위의 영향력관계를 검증하기 위하여 회귀분석을 시행하였는바, 분석에 사용된 회귀방정식은 아래와 같으며, 회귀분석결과는 [표 12-3]에 요약하여 제시하였다.

주민참여(투표, 공직자접촉, 비접촉참여) =
f(사회경제적 지위, 지방정부운영 만족도, 지역정체의식,
조직가입도, 성별, 연령, 거주기간)

[표 12-3]은 사회경제적 지위가 참여에 미치는 영향이 기본적으로 참여유형에 따라 차이가 나고 있음을 보여준다. 첫째, 투표참여의 경우에는 사회경제적 지위가 참여의 유의미한 영향요인이 아닌 것으로 나타난 데 비하여, 공직자접촉과 비접촉참여의 경우에는 사회경제적 요인이 유의미한 영향요인으로 나타났다(p<.01).[10] 둘째, 비투표참여의 두 가지 유형 중에서 공직자접촉에 대한 사회경제적 지위의 영향이 비접촉참여에 대한 영향보다 큰 것으로 나타났다. 이는 공직자접촉에 있어서 사회경제적 지위의 비표준화회귀계수의 크기 0.011이 비접촉에 있어서의 비표준화회귀계수의 크기 0.009보다 큰 점 및 사회경제적 지위변수의 표준회귀계수의 크기가 공직자접촉에 있어서는 1순위변수인 연령의 계수크기의 63%인 데 비하여 비접촉에 있어서는 51%인 점에서 알 수 있다. 다만, 계수의 수치차이가 크지 않은 데서 알 수 있듯이 그 차이는 현저하지 않으며 이는 기본적으로 이들 참여행위에 소요되는 잠재적 비용의 차이가 크지 않은 데서 비롯되는 것으로 사료된다. 아울러, 이러한 분석결과는 향후 참여에 관한 논의에 있어서 공직자접촉과 비접촉참여 간의 차이보다 투표와 비투표 간의 차이가 보다 중시되어야 한다는 점과 공직자접촉의 독특성(uniqueness)에 대한 주장에 일정한 한계가 있다는 점을 시사하여 주는 것으로서 의의가 있다. 요컨대, [표 12-3]은 가설에서 제시한 바와 같이 사회경제적 지위의 참여에 대한 영향이 공직자접촉, 비접촉참여, 투표참여의 순으로 큰 것임을 보여주는바, 이는 곧 사회경제적 지위에 따른 참여불평등이 공직자접촉,

---

10) 여기에서 주민의 공직자접촉과 사회경제적 요인과의 관계가 유의미한 것으로 나타났는바, 이는 저자의 다른 조사(1999)의 결과와 상치된다. 이에 대하여는 두 가지 설명이 있을 수 있을 것이다. 첫째, 지역차이 때문일 가능성이다. 이 가능성의 확인을 위하여는 향후 지역적 특성을 고려한 비교연구가 필요할 것이다. 둘째, 참여비용 외에 사회경제적 지위와 연관된 다른 요인의 영향 때문일 가능성이다. 다만, 앞에서 지적한 바와 같이 사회경제적 지위와 참여수요와의 관계에 대하여는 유의미한 관계가 없는 것으로 판단되며, 참여수요 외의 다른 요인이 있는지에 대하여는 향후 추가적인 연구가 요구된다 하겠다.

표 12-3 | 유형별 주민참여의 영향요인

	투표참여	공직자접촉	비접촉참여
사회경제적 지위	.037	.126**	.123**
	(8.011E－03)	(1.121E－02)	(9.299E－03)
지방정부운영 만족도	－.006	－.028	－.032
	(－3.70E－03)	(－6.65E－03)	(－6.42E－03)
지역정체의식	－.079**	－.057	－.130
	(－2.86E－02)	(－8.48E－03)	(－1.63E－02)
조직가입도	.064	.200***	.238***
	(2.046E－02)	(2.622E－02)	(2.643E－02)
성 별	.054	.086**	.073*
	(5.059E－02)	(3,283E－02)	(2.366E－02)
연 령	.266***	.180	.077*
	(1.036E－02)	(2.862E－03)	(1.033E－03)
거주기간	.068	－.011	.051
	(2.509E－02)	(－1.71E－03)	(6.559E－03)
상 수	(.457)**	(4.716E－02)	(.278)***
N	736	736	731
R^2 11)	.104	.111	.123
수정치 R^2	.094	.101	.113
F	10.581***	11.309***	12.669***

주 1) 회귀계수는 표준회귀계수를 제시하였음(괄호 안은 비표준화회귀계수임).

주 2) * p<.05** p<.01*** p<.001(유의수준은 상수의 경우를 제외하고는 표준회귀계수에만 표시하였음)

주 3) 일반적으로 종속변수의 값이 이원변량으로 되어 있을 경우, 일반회귀분석보다는 로지스틱 회귀분석을 시행한다(cf. Aldrich & Nelson, 1984; Haeberle, 1997; 허만형, 1994). 그러나 이것이 절대적인 것은 아니며 여기에서는 회귀분석을 유형별로 시행하여 비교하기 위하여 투표참여의 경우, 이원변량적 성격에도 불구하고 로지스틱회귀분석 대신에 일반회귀분석을 시행하였다. 참고로 로지스틱회귀분석의 시행결과에 있어서도 변수의 유의성은 일반회귀분석의 결과와 사실상 동일하였음을 밝혀둔다.

---

11) [표 12-3]에서 보는 바와 같이 적지 않은 변수의 삽입에도 불구하고 R^2의 수치가 매우 낮다. 즉, 모형이 설명력이 높지 않으며 각 유형의 참여수준의 예측을 위하여는 다른 유의미한 변수의 모색이 필요할 것이다. 다만, 본 연구와 같이 개인의 응답자료에 의하는 경우는 집합자료 (aggregate data)에 의한 분석의 경우에 비하여 낮은 결정계수를 산출하는 경우가 많다는 점 및 본 연구의 주목적이 종속변수의 값의 예측에 있지 않고 독립변수간의 상대적 유의미성을 파악하는 데 있는 만큼 낮은 결정계수값이 심각한 문제는 아니라고 본다.

비접촉참여, 투표참여의 순으로 크다는 것을 말해준다.

본 장의 주 관심사는 아니지만 참고로 다른 독립변인과 참여와의 관계를 살펴본다. 우선, 지방정부운영에 대한 만족도는 참여수준과 유의미한 영향관계에 있지 않은 것으로 나타났지만 그 부호에 있어서 참여유형 전반에 걸쳐 일관되게 지방정부운영에 대한 불만이 높을수록 참여에 적극적일 가능성을 제시하여 준다. 지역정체의식은 투표와 비접촉참여에 있어서 참여에 미치는 유효한 영향요인인 것으로 나타났다. 그러나 그 부호가 부정적으로 나타난 것은 의외라 하겠다. 즉, 지역정체의식이 높을수록 참여에 소극적이라는 것이다. 생각건대, 이 같은 결과는 지역에 대한 정체의식이 지역실정의 개선을 위한 적극적 노력으로 동기화되기보다는 현실에 안주하려는 소극적 동기요인으로 작용할 가능성을 제시하는 것이라 사료된다. 이는 지방정부운영에 대한 만족도 관련 회귀계수의 부호가 일관되게 부정적인 것과 연관되어 이해될 수 있다. 공직자 접촉 및 비접촉참여에 있어서는 조직가입도가 높은 응답자일수록 적극적 참여성향을 보였다. 이는 조직자체를 통한 참여, 또는 조직에서의 학습효과가 개별적 참여로 연계된 때문인 것으로 판단된다. 다만, 개별적 행위의 성격이 강한 투표에 있어서는 조직참여도가 유의미한 영향요인이 아닌 것으로 나타났다. 이 외에도 성별은 공직자접촉과 비접촉활동에서, 연령은 모든 참여활동분야에서, 거주기간은 투표에서 참여의 긍정적인 영향요인인 것으로 나타났다. 이 중에서도 연령은 회귀모형에 투입된 변수 중에서 일관되게 가장 중요한 참여영향요인으로 나타나고 있는바, 이는 지방정치차원에서도 젊은 층을 중심으로 한 정치적 무관심이 확산되었음을 보여주는 것이라 하겠다.

Ⅳ 참여불평등에 대한 대응과제

분석결과에 의하면 투표에 있어서 사회경제적 지위의 격차에 따른 유의미한 참여불평등은 관찰되지 않는다. 이는 앞서 제시한 표준 사회경제적 모형과 일치하지는 않으나 여하튼 대표의 구성과정에서의 불평등으로 인한 정책차별 우려는 크지 않다는 것을 보여준다는 점에서 고무적인 결과라 할 수 있다. 이와는 달리 정부의 정책과정에 대한 직접참여의 성격을 갖는 비투표참여(공직자 접촉 및 비접촉참여)에 있어서는 사회경제적 지위의 차이에 따른 유의미한 참여

불평등이 존재하는 것으로 나타났는바(p<.05), 이러한 참여불평등은 정책상의 불평등으로 이어지게 될 개연성이 크므로 문제시된다. 아울러 이와 같이 참여 불평등으로 인한 정책불평등은 기왕의 사회 내 불평등구조의 악화요인으로 작용한다는 점도 인식되어야 한다. 즉, 비투표참여에서의 불평등의 결과, 상위층은 사회경제적 지위의 원천적 우위에 따른 사회적 편익에 더하여 참여우위에 따른 추가적 정책수혜를 누리게 되는 반면, 소외층은 사회경제적 지위의 열위에서 오는 원천적 차별에 더하여 지방정치의 참여과정에서의 불평등에 기인한 정책불평등을 이중으로 겪어야 하는 것이다. 요컨대, 사회경제적 지위의 격차는 참여불평등을 낳고 이는 다시 사회 내 불평등구조를 악화시키는 악순환이 지속될 우려가 있는 것이다. 아울러 이러한 상황하에서는 절차적 민주주의의 확대가 자칫 실질적 민주주의를 해치게 되는 모순이 배태될 공산이 크다는 것도 지적되어야 한다.

이에 대하여 지방정치에 있어서의 참여불평등은 분석결과가 보여주듯이 참여일부에 한한 것이라는 반론이 있을 수 있다. 그러나 비투표참여가 참여활동의 전부는 아니지만 한편으로는 행정국가화에 따라 대의민주주의의 위기현상이 심화되고 있으며, 다른 한편으로는 시민사회의 성장에 따른 직접참여의 중요성이 점고하고 있는 상황에서 비투표참여에 있어서의 불평등 문제를 평가 절하하기는 어렵다 할 것이다. 또한 비투표참여가 계층차별적으로 이루어지더라도 참여의 목적이 공익지향적인 경우는 참여의 불평등이 문제시되지 않을 수 있다는 반론도 생각해볼 수 있다. 그러나 모든 참여가 공익지향적으로 이루어진다는 것은 비현실적이고, 참여가 공익지향적으로 이루어지는 경우에도 공익이 무엇인가에 대한 시민의 이해가 완전히 일치하는 것은 불가능하며, 일반적으로 참여의 크기와 정책반응의 크기 간에는 비례적 관계가 존재한다는 점을 감안한다면 참여의 목적내용과 상관없이 참여의 불평등은 문제시되어야 마땅하다 할 것이다.

그렇다면, 비투표참여에 있어서의 불평등 해소를 위한 대응과제는 무엇인가? 결론적으로, 이를 위하여는 소외층의 참여를 확대시키고 상위층의 참여를 조절하는 것이 주요 대응과제가 될 것이다. 첫째, 기본적으로 참여의 제도화를 통하여 참여에 소요되는 비용을 축소함으로써 참여비용 부담능력이 상대적으로 약한 소외층의 참여를 촉진시키도록 노력할 필요가 있다. 참여제도화의 효과는 양면적이다. 즉, 한편으로는 상위층의 자원에 기초한 추가적 참여통로의 범위를 축소하고, 다른 한편으로는 소외층의 참여통로의 확산을 통하여 참여 불평등 축소에 기여하게 되는 것이다. 이러한 노력의 당위성은 [표 12-3]의 분석에서 본 바와 같이 제도화 수준이 높은 투표의 경우 사회경제적 지위에 따른 참여불평등이 관찰되지 않은 데서 지지된다. 한편, 참여의 제도화를 시도함에 있어 제도화의 우선순위를 어디에 둘 것인가 하는 문제가 대두된다. 이에는 실현가능성, 가용재원 등 여러 가지 기준이 동시에 고려되어야 하겠지만 참여불평등 해소의 측면에서 볼 때 일차적으로 참여비용에 대한 고려가 우선되어야 할 것이다.

둘째, 참여의 비용을 축소하는 외에 직접적으로 소외층의 참여자원을 증대시키기 위한 정책노력이 요구된다. 이를 위하여는 기본적으로 사회경제적 자원배분의 형평성을 제고하여 계층간 지위격차의 축소노력이 필요하다. 한편, 참여자원이 소득요인만을 의미하는 것은 아니며 지식, 기술, 의지 등을 포함하는 것이므로 이와 함께 소외층의 참여능력과 의지를 고취시키기 위한 시민교육이 시행되어야 한다. 물론 시민교육은 소외층만을 대상으로 하는 것은 아니며 사회구성원 모두에게 적용되어야 한다. 다만, 소외층의 과소참여의 시정을 위하여는 일차적으로 소외층의 참여의지와 능력을 신장시키는 일이 중요하고 또 보다 효과적이라는 점이 지적되어야 한다.

셋째, 비투표참여에서의 불평등을 완화하기 위하여는 소외층의 참여촉진을 위한 정책의 추진과 함께 상위층의 과도참여에 따른 문제에 적극적으로 대응하여야 한다. 논리적으로 이러한 노력에는 상위층 참여의 축소 및 상위층에 대한 편파적 정책반응의 방지가 포함될 수 있을 것이다. 그러나 상위층의 참여 자체를 축소하는 것은 소외층의 참여와의 격차를 축소시키는 긍정적인 측면이 있음에도 불구하고 상위층이라 해서 자발적 참여활동을 제약하는 데 따르는 규범적, 현실적 한계가 있을 뿐 아니라 총체적으로 정부에 대한 시민사회의 투입축소라는 점에서 문제시된다. 이보다는 상위층의 요구에 대한 정부(공직자)의 중립성 확보를 위한 노력을 추구하는 것이 바람직하다. 이는 문제의 핵심이 참여의 불평등 자체에 있기보다는 이로 인한 정책산출의 불평등에 있는 것이라는 점에서 당위성을 찾을 수 있을 것이다. 이때 상위층에 대한 정부의 중립성이라 함은 상위층의 압력에 대한 자율성과 도덕성을 포괄하는 것으로 이해되어야 한다.

이상의 논의와 관련하여 본 장은 참여의 저해요인에 대한 주민의 인식을

표 12-4 | 참여저해요인에 대한 계층별 인식

	상 위 층			중 간 층			소 외 층		
	N	점수	평균(순위)	N	점수	평균(순위)	N	점수	평균(순위)
참여제도 미흡	247	186	0.75(1)	285	211	0.74(2)	231	327	0.68(1)
지방행정정보의 부족	247	173	0.70(2)	285	223	0.78(1)	231	317	0.67(2)
시민의식의 부족	247	80	0.32(4)	285	64	0.22(5)	231	188	0.22(5)
참여에 대한 공직자의 반응성 부족	247	85	0.34(3)	285	89	0.31(3)	231	255	0.32(3)
계층에 따른 공직자의 차별적 반응	247	70	0.28(5)	285	87	0.30(4)	231	243	0.31(4)
지방자치권 미흡	247	26	0.10(6)	285	30	0.10(6)	231	211	0.18(6)

주 1) 계층의 구분은 회귀모형에 독립변수로 포함된 사회경제적 지위변수값을 3분하여 설정하였다. 각 항목별 총 응답자수는 763명씩임.
주 2) 점수는 1순위=2점, 2순위=1점을 부여하여 합산한 것이며, 평균점수는 이를 N으로 나눈 결과임.

설문조사하여 그 결과를 [표 12-4]에 제시하였다.[12) 구체적인 항목은 위에서 제시한 대응과제를 반영하여 참여제도의 미흡, 지방행정정보의 부족, 시민의식의 부족, 참여에 대한 공직자의 반응성 미흡, 계층에 따른 공직자의 차별적 반응, 지방자치권 미흡 등 6가지를 제시하였고, 이에 대하여 응답자로 하여금 "지역의 정책결정과정에서 주민의 참여를 어렵게 하는 순서로 우선순위에 의하여 2가지 항목"을 지정하도록 요구하였다. 응답결과는 사회경제적 지위를 기준으로 구분하여 제시하였다. 이를 통하여 우리는 참여불평등의 해소와 관련하여 위에서 제시한 대응과제의 우선순위에 대한 일정한 시사를 얻고자 한다.

우선 [표 12-4]는 계층구분 없이 응답자들이 참여제도의 미흡과 지방행

---

12) 주민의 인식을 조사한 것은 참여의 저해요인에 대하여는 참여의 주체인 주민이 가장 잘 파악하고 있으리라는 판단 때문이다.

정정보의 부족을 가장 심각한 참여의 저해요인으로 제시하고 있음을 보여준다. 이는 미흡한 참여제도화가 소외층의 참여를 제약하고 있을 뿐만 아니라 다른 계층의 참여 역시 제약함으로써 전체적으로 주민의 참여활동에 제약요인으로 작용하고 있음을 가르쳐 주는 것이다.13) 우리는 이러한 관찰로부터 정보공개를 포함하여 참여통로의 제도화가 참여의 불평등해소를 위한 가장 기본적 수단이라는 점을 제시받는다. 참여에 대한 공직자의 반응성 부족 역시 계층과 상관없이 참여를 저해하는 3순위의 요인으로 지적되었다. 공직자의 차별적 반응 여부에 대하여는 상위층과 소외층 간의 의견차이가 발견된다. 즉, 상위층은 소외층에 비하여 이를 덜 문제시하는 반면, 소외층은 이를 더 문제시하는 것으로 나타난 것이다. 이러한 결과는 공직자의 반응이 상위층에 유리하게 작동한다는 기존의 연구결과와 일치하는 것이다(예, Stone, 1980). 시민의식에 대하여도 계층간 관점의 차이를 보인다. 즉, 소외층에 비하여 상위층이 시민의식의 부족을 더 문제시하고 있는바, 이는 아마도 기득권층으로서의 상위층이 상대적으로 보수화된 이념적 성향 때문에 비롯된 결과일 것으로 사료된다.

조사결과에 대한 해석의 타당성과는 별도로 참여의 불평등 완화라는 관점에서 볼 때 보다 중시할 것은 상위층보다는 소외층이 인식하고 있는 참여의 저해요인이 무엇인가 하는 것이다. 참여불평등으로 인한 피해는 일차적으로 소외층에 귀결되는 것이기 때문이다. [표 12-4]는 소외층이 참여제도의 미흡, 정보공개의 미흡, 공직자의 반응성 부족, 계층차별, 시민의식의 부족, 지방자치권 미흡의 순으로 문제시하고 있는 것으로 나타났다. 이러한 저해요인의 제거가 소외층의 참여증진에 긍정적으로 연계된다고 가정할 때, 위에서 제시한 대응과제의 우선순위는 참여의 제도화(정보공개제도 포함), 정부의 반응성 및 계층 중립성 강화, 시민교육강화 등의 순이 될 것이다.14)

---

13) 여기에서 정보공개는 참여제도의 하나로서 취급할 수 있다. 이는 행정정보가 참여의 필수적 요건이라는 점 및 공개의 제도화 없이 정보공개가 원활히 이루어질 수 없기 때문이다.

14) 여기에서, 지방자치권의 강화는 참여불평등의 해소보다는 전반적인 참여의 증진에 관련된 것으로서 관심 항목의 상대적 위치를 확인하기 위하여 참고로 포함한 것이므로 참여불평등을 위한 대응방안과 연계하여 논하지 않는다.

Ⅴ 결   론

지금까지 지방정치참여에 있어서 사회경제적 지위에 따른 불평등현상을 설문조사 결과에 기초하여 분석하였다. 분석결과는 사회경제적 지위에 따른 참여의 불평등이 획일적으로 일어나기보다는 참여유형(투표, 공직자접촉, 비접촉참여)에 따라 차별적으로 나타난다는 점을 보여주었다. 구체적으로, 사회경제적 지위의 참여에 대한 영향은 가설에서 제시한 순서와 같이 공직자접촉에서 가장 강하게 나타났고, 비접촉참여에서는 큰 차이는 아니지만 이보다 약하였으며, 투표에서는 통계적으로 유의미하지 않은 것으로 나타났다. 아울러 본 장은 지방정치참여에 있어서의 불평등 완화를 위한 대응과제를 제시하고 이의 우선순위를 주민에 대한 설문조사에 의하여 평가하였다. 그 결과, 우선순위는 참여의 제도화, 공직자 반응 증대, 정부의 계층중립성 강화, 시민교육 등의 순으로 나타났다. 이러한 연구는 지방정치에 있어서의 참여불평등문제를 참여유형이라는 분석틀을 동원하여 포괄적으로 분석한 연구로서 의의가 있는 것으로 평가될 수 있을 것이다.

이하에서는 연구주제와 관련된 몇 가지 논의를 더함으로써 결론을 맺고자 한다. 첫째, 소외층의 지방정치참여 불평등 현상을 완화하기 위하여는 앞에서 제시한 대응과제의 추진과 병행하여 이념적인 측면에서 소외층의 참여 확대에 대한 사회적 지지확산을 위한 조치가 필요하다. 문제는 이에 대한 사회적 지지확산이 용이하지 않다는 점이다. 그것은 우리 사회가 보수이념에 의하여 지배받고 있다는 점을 논외로 하더라도 종종 소외층의 참여가 초래하는 사회혼란 등의 역기능에 대한 예민한 반응을 나타내는 경향이 있기 때문이다. 그러나 소외층의 참여가 보편적으로 과격행동을 수반하는 것은 아니며, 과격한 참여양태를 보이는 경우의 대부분은 그들의 요구를 매개할 적절한 제도적 통로가 없는 데서 비롯되는 것이라는 점에 대한 인식이 확산되어야 한다. 이와 관련하여 미국의 경우, 가능한 최대의 참여(maximum feasible participation)를 주창하면서 시행된 지역사회행동사업(Community Action Program)이 경제적 목표달성에는 성공적이지 못하였지만 소외층, 그리고 나아가서 사회전반의 참여문화 확산에 성공적으로 기여하였다는 평가는 우리에게 좋은 참고가 된다(Marston, 1993).

둘째, 지방정치에 있어서의 참여 불평등 해소를 위한 정책적 노력의 주체는 일차적으로 지방정부가 되어야 한다. 그 논거는 ① 비투표참여의 대부분은 가까운 정부인 지방정부를 대상으로 하는 것이며 특히 참여자원의 보유가 적은 소외층일수록 상대적으로 접근이 용이한 지방정부에 대한 지향성이 강할 것이라는 점, ② [표 12-4]에서 제시된 바와 같이 참여제도 및 정보공개의 미흡 등 가장 중요시되는 저해요인의 제공자가 바로 지방정부라는 점, ③ 주민의 지방정부에 대한 인식이 최소한 중앙정부에 비하여 우호적인 만큼 지방정부의 역할강화가 효과적일 것으로 기대된다는 점, ④ 지방정부는 중앙정부에 비하여 상대적으로 계층차별성이 작은 경향을 보인다는 점 등에서 찾을 수 있다.[15]

셋째, 참여의 불평등문제는 최근 시장의 확산(marketization) 등에 따라 그 중요성이 새롭게 조명되고 있는 지방정치의 민주화 담론과 관련해서도 필수적인 문제로 부각되어야 한다. 지방정치의 민주화는 참여의 확산을 필수요소로 포함하는 것인바, 전반적인 참여수준의 제고가 지방정치의 실질적 민주화를 위한 필요조건이라면 참여의 평등성 확보는 그 충분조건으로서 중시되어야 한다(Verba et al., 1995: 1). 그럼에도 불구하고 최근 이른바 시장기능을 중시하는 신자유주의사조의 확산에 따라 민주적 참여를 중시하는 정치(government)를 대신하여 효율지향의 성격이 강한 협력정치(governance)의 추세가 강화되고 있다.[16] 지적할 것은 이 같은 협치가 기본적으로 공공정책의 결정에 있어서의 시장역할의 제고를 포함하는 것이며 이에 따라 사회적 약자의 공공정책에 대한 영향력이 더욱 약화될 우려가 높아졌다는 것이다. 이러한 문제의 시정을 위하여는 시장의 확대보다는 정치의 민주화가 강조되어야 하는 것이다. 이때 정치의 민주화는 정부의 전반적인 대응성의 증대만 아니라 시민이익의 공평한 고려에 의하여 실질화되는 것이며 그렇기 때문에 참여에 있어서의 평등문제가 중시되어야 하는 것이다.

끝으로, 본 장에서는 참여활동을 세 가지 유형으로 나누어 분석하였으나

---

15) 지방정부의 계층차별성이 작다는 것은 상대적인 의미에서 그러하다는 것이며 지방차원에서의 차별이 없음을 의미하는 것은 아니다. 지방차원의 계층차별성에 대하여는 이미 비결정(non-decision), 체계적 권력(systemic power), 성장연합(growth coalition), 지방국가(local state) 등에 대한 논의에서 지속적으로 제기되어 온 것일 뿐 아니라, 본문의 분석에서도 확인되었다.

16) 현재 governance의 번역은 거버넌스, 통치, 국정관리, 망치(網治), 협치(協治) 등의 용어가 혼용되고 있다. 영어표현을 고려하면 통치가 가까우나 권위적 지배의 의미가 강하여 공공목표달성을 위한 사회 내 주체간의 협력을 강조하는 governance의 의미를 살리지 못하는 한계가 있다. 다소 어색하지만 의미상으로는 협치(협력정치)가 가까운 번역이 될 것 같다.

실제에 있어서는 각 영역 내에서도 세부참여활동별로 불평등의 정도가 다르게 나타날 수 있음을 감안하여 향후에는 보다 세분화된 유형화를 기초로 한 후속 연구가 이루어질 수 있을 것이다.

CHAPTER 13 지방정부의 여론수렴

Ⅰ 서 론

　현대사회의 복잡화, 이질화 추세는 행정수요의 급격한 증대를 초래하였으며 이에 따라 중앙과 지방을 막론하고 행정기능도 질적·양적으로 확대되어 왔는바, 이와 같이 변화된 행정기능은 비전문가인 정치인보다는 일반적으로 전문적 판단능력(expertise)을 갖춘 행정관료 또는 기술관료(technocrat)가 주축이 되어 수행하도록 되었다(cf. Rourke, 1984). 문제는 이와 같이 전문성을 가진 행정관료(즉, 기술관료)가 주축이 되어 그들의 전문적 판단에 기초하여 수행되는 행정은 필연적으로 주민(또는 국민)의 의사 즉, 여론에 앞서서 우선적으로 능률성, 효과성과 같은 합리적 기준을 행정이념으로 추구하게 될 것이며(Jones, 1977) 그 결과 주민다수의 의사 즉, 여론과는 무관하거나 배치되는 방향으로 수행될 우려가 있다는 점이다. 그러나 민주사회에서 여론과 괴리된 행정은 아무리 전문적 판단에 근거한 것이라 할지라도 그대로 인정하기 어렵다. 주민이 주인인 민주사회에서 공복에 의하여 수행되는 행정이 주민의 의사(여론)와 무관하게 수행된다는 것은 모순이기 때문이다.

　이 같은 지적은 민주사회에서의 행정이 적극적으로 주민의 여론을 수렴함으로써 민주이념에 부응해야 할 필요성을 가르쳐 준다.[1] 그럼에도 불구하고 이 같은 지적이 행정이 전적으로 여론에 의하여 지배받아야 함을 의미하지는 않는다. 전문가적 판단을 도외시한 채 주민의 여론에 의하여만 수행되는 행정은 주민여론을 무시한 채 전문가적 판단에 의해서만 수행되는 행정과 비교하

---

1) Edwards와 Sharkansky(1978: 5)는 정책결정을 위한 두 가지 기준으로서 전문적 판단에 부가하여
　여론을 들고 있다.

여 볼 때 그 결과에 있어 크게 다를 바 없을 것이기 때문이다. 즉, 주민의 복지증진이 행정의 궁극적 목적이라는 관점에서 볼 때(이승종, 1991a: 10) 전자는 합리성이, 후자는 민주성이 결여됨으로써 복지증진에 저해되는 행정양태를 보이게 될 것이기 때문에 다 같이 문제시된다 할 것이다. 그러므로 행정이 주민의 복지증진에 기여하는 것이 되기 위하여는 합리성이나 민주성 어느 한쪽에 치우침이 없이 양자가 적절히 균형·조화를 이루도록 수행되어야 한다. 이는 이른바 기술관료의 전문가적 판단에 의한 지배(technocracy)와 주민의 여론에 의한 지배(democracy)가 조화·균형을 이루어 소위 "기술민주주의(technodemocracy)"가 정착될 때에 비로소 주민의 복지가 극대화될 수 있음을 의미하는 것이다(DeSario & Langton, 1987: 3-15).[2]

　　한편 여론수렴의 필요성은 중앙정부의 경우에도 마찬가지이겠으나 특히 일정한 지역을 기초로 하여 주민과 가까운 위치에서 밀접한 관련을 가지고 수행되는 지방행정의 경우에 더욱 절실할 것으로 사료된다(ACIR, 1979: 221). 이는 주민이 자신의 거주지역에서 수행되는 지방행정에 대하여 지대한 관심을 가지고 있다는 점을 고려하면 쉽게 이해된다. 지방정부의 여론수렴 필요성은 특히 최근 사회전반에 걸친 민주화 추세와 더불어 부활된 지방자치의 실시에 따른 주민의 의식구조상의 변화를 고려해 볼 때 더욱 강조되어야 한다. 즉, 오늘날의 주민은 과거와는 달리 수동적이고 복종적이지 않으며 보다 능동적으로 자신들의 주장을 표출하려는 경향을 보이고 있는바,[3] 이같이 변화된 행정여건하에서 주민여론의 수렴 없이 행해지는 지방행정은 주민복지를 증진시키기는커녕 주민의 협조를 확보하지 못함으로 인하여 행정의 능률적 집행마저 저해받기 십상일 것이기 때문이다. 요컨대 성공적인 지방행정의 수행을 위하여는 지방정부가 전문가적 판단에 부가하여 주민여론의 수렴을 위한 적극적인 노력을 경주할 것이 요청된다 할 것이다.

　　이상의 논의에 입각하여 본 장은 "지방정부의 여론수렴 효율화를 위한 정책방향"을 모색하고자 하는바, 이러한 연구를 수행함에 있어 취하고자 하는 두

---

2) 이는 기본적으로 행정과정의 수행이 행정관료와 주민과의 파트너십에 의한 공동생산(coproduction)에 의하여 이루어져야 한다는 행정철학에 바탕을 두고 있는 것이라 하겠으며(노화준, 1987), 동시에 주민참여를 수단시하는 이른바 공리주의적 입장과 주민참여를 목적시하는 계몽적 입장이 절충되는 것을 의미한다(cf. ACIR, 1977: 25-30).

3) 대표적인 예가 1990년 11월 8일 핵폐기물 처리시설 설치와 관련하여 발생한 안면도 주민의 집단행동사태이다.

가지 기본 관점은 다음과 같다.

첫째, 본 장에서는 주민여론의 효율적 수렴을 위한 정책방향을 모색함에 있어 행정관료의 전문가적 판단(또는 합리성)과 주민여론(또는 민주성)과의 조화·균형의 필요성에 우선하여 "행정과정으로의 주민여론의 전이 필요성"을 강조하는 입장을 취한다. 물론 앞에서 행정의 궁극적 목적은 주민의 복지증진에 있으며 이를 위하여는 관료의 전문가적 판단과 주민의 의사가 조화·균형을 이루는 것이 바람직하다고 하였으나 실제로는 관료의 냉담성(bureaucratic apathy), 권위주의, 주민의 무지·소극성 및 관료와 주민 간의 상대적 권력의 차이 등에 기인하여 주민의사의 행정으로의 전이가 과소한 것이 보편적인 현상이므로[4] 실제적 고려에서 양자간의 조화 균형보다는 주민여론의 행정에의 전이측면을 보다 강조하게 되는 것이다. 더욱이 아직도 관료적 권위주의가 강하게 잔재하고 있는 우리나라의 경우 이러한 접근방법은 더욱 타당성을 갖는다 할 것이다. 요컨대 주민의 복지증진을 위한 조건으로서 기술민주주의(technodemocracy)의 실현이 요청됨에도 불구하고 우리의 현실은 전문가적 판단에 우선하여 주민여론의 행정으로의 전이측면을 부각시키도록 하는 것이다.

둘째, 본 장에서는 주민여론의 행정과정으로의 전이에 있어서도 특히 주민이 주체가 되는 여론투입에 우선하여 지방정부가 주체가 되는 "여론수렴"을 강조하는 입장을 취한다(주민여론이 행정과정으로 전이되는 현상을 주민의 입장에서 볼 때는 여론투입, 지방정부의 입장에서 볼 때는 여론수렴으로 개념상 구분하여 쓰기로 하자).

이와 같이 여론투입에 우선하여 여론수렴에 연구초점을 맞추는 이유는 여론전이의 성과여부가 주민보다는 지방정부의 행태에 좌우된다는 점을 감안한 때문인데 그 이유를 구체적으로 보면 우선, 주민에 의한 여론투입은 행정의 주체인 지방정부의 자발적인 여론수렴이 전제되지 않고서는 그 실효성이 매우 제한적일 것이기 때문이다. 즉, 행정의 객체인 주민이 주체가 되는 여론수렴은 앞에서 지적한 바와 같이 관료의 냉담성, 권위주의 및 관료와 주민 간의 상대적 권력의 차이 등에 기인하여 그 효과가 위축되기 마련이기 때문에(ACIR, 1977:

---

4) 간혹 행정이 여론에 대하여 과도히 반응함으로써 합리적으로 수행되지 못하는 경우가 문제시 되기도 한다(예, 서울시 성동구청이 계획·추진하던 장애인 복지관 공사가 주민의 반대로 중단된 사례, 동아일보 1992. 1. 29자 보도). 그러나 그 같은 현상은 보편적이기보다는 일시적이며 예외적인 현상이라 할 것이다.

30-37; Eisinger, 1972) 지방정부의 주체적 노력이 강조되어야 하는 것이다.[5]

또 다른 이유는 지방정부(또는 지방정부의 관료)의 자발적인 여론수렴노력에 대한 우려에서 비롯된다. 즉, Edwards와 Sharkansky(1978)가 지적하듯이 관료를 포함한 정책결정자의 인식과 주민여론과의 상호부합성이 높지 않을 뿐만 아니라[6] 정책결정자들은 외부로부터 유입되는 정보(주민여론)에 따라 가지고 있는 기존의 인식을 쉽게 바꾸지 않는 경향을 가지고 있으므로(DeSario, 1987; Morgan, 1987) 결국 지방정부의 자발적인 여론수렴은 미미한 수준에 그치고 말 우려가 있는바, 지방정부의 여론수렴을 위한 주체적인 노력을 촉구하는 의미에서 주민에 의한 여론투입보다는 지방정부에 의한 여론수렴을 강조하게 되는 것이다.

물론 지방정부의 자발성에 대한 긍정적인 기대도 가능하다. 우선 지금까지 지방정부는 비록 그 제도화의 수준이 미흡하기는 하였으나 나름대로 여론수렴을 위한 노력을 기울여왔을 뿐만 아니라[7] 지방자치제 실시에 즈음하여 지방정부의 주민여론에 대한 감수성이 증대되는 추세에 있는바, 이에 따른 지방정부의 자발적인 여론수렴 노력의 제고가 기대되는 측면이 있기 때문이다. 더욱이 향후 민선자치단체장이 선출되는 경우 선거기제(election mechanism)를 통하여 지금과 같은 추세는 더욱 강화될 것이므로 이에 따른 지방정부의 자발적 노력에 의한 여론수렴의 효율화도 기대해 볼 수 있는 것이다. 그러나 지금까지 주민여론의 행정과정에의 수렴이 과소한 것이 보편적인 현상이었다는 사실을 감안하건대 지방정부의 자발성에 대한 과신은 금물이라 하겠으며 이에 지방정부의 여론수렴을 효율화시키기 위한 방안을 모색하고자 하는 데서 본 장의 의의를 찾을 수 있겠다.

본 장의 연구범위는 지방정부, 특히 광역자치 단위에서 이루어지는 여론수렴으로 한정한다. 따라서 중앙정부 차원에서 이루어지는 여론수렴은 연구범위에서 제외된다. 그러나 시·군·구 단위에서 이루어지는 여론수렴은 광역단위

---

5) 실제로는 주민의 의사표출 능력 즉, 여론투입 능력 자체는 매우 제한적이다. 이에 대한 구체적 논의는 Dornan(1977), Verba & Nie(1972), Eisinger(1972) 등을 참조할 것.
6) 물론 이에 대비되는 주장도 있을 수 있겠으나(Erikson et al., 1991: 268-274) 여기에서와 같이 문제해결방법에 관한 정책결정자와 주민 간의 인식은 상대적으로 괴리가 있다거나(Gomley et al., 1983) 정책결정자의 성향이 상층계급의 이익을 옹호하는 방향으로 왜곡되어 있다는 주장들(Stone, 1980; Katznelson, 1981)을 경시하기는 어렵다.
7) 직소민원상담실, 위민실, 공청회, 기관장과의 대화의 날 등의 운용이 그 예이다.

에서의 여론수렴과 연계되는 범위 내에서 같이 논의될 것이다.

Ⅱ 이론적 배경

1. 개념: 여론수렴

여론에 대한 개념정의는 논자에 따라 다양하겠으나[8] 일반적으로 여론은
"공공문제에 대하여 갖는 공중의 의견"으로 정의할 수 있다.[9] 여론수렴이란
앞서 지적한 바와 같이 여론이 행정과정으로 전이되는 현상을 행정주체의 입
장에서 파악한 것으로 주민의 입장에서 파악한 여론투입과 대비되는 개념이라
하겠으나, 아직까지 명확한 개념정의는 없는 실정이다. 여론수렴의 개념은 관
점에 따라 다음과 같이 볼 수 있다.

1) 최 협 의

가장 좁은 의미로서의 여론수렴은 "여론수집(gathering)"만을 의미한다. 이
러한 개념정의하에서의 여론수렴의 효율화는 여론의 질이나 수집된 여론의 행
정과정으로의 반영과는 무관한 것이며 단지 여론수집과정의 효율성 제고만을
의미하게 된다.

2) 협   의

협의의 여론수렴은 "여론수집"에 부가하여 "여론반영(reflecting)"까지를
의미한다. 이는 일본에서의 광청 또는 공청과 같은 의미라 하겠다(예: 암기충
부, 1984; 고기승삼, 1980). 이러한 개념정의하에서의 효율적 여론수렴은 여론수

---

8) 예컨대, Powell(1951)은 특정 시간 및 장소에서 어떠한 집단이 갖는 판단, 태도 및 신념;
Erikson, Luttbeg, & Tedin(1991) 등은 정부와 관련한 문제들에 대하여 개인들이 갖고 있는 의견
의 총화; Yeric & Todd(1983)는 공공의 관심사에 대한 개인들의 공통된 의견; 조재권(1977: 10)
은 특정한 사회의 구성원이 그 사회전체의 이해에 관계되는 문제에 관하여 가지는 공통적인
의견의 종합; 백상기(1982)는 공중의 의견 등으로 여론을 정의하고 있다.

9) 여론이 갖는 속성으로는 첫째, 여론은 사회문제, 공공서비스 등과 같이 공공문제(public issue)
에 관한 것으로서 개인의 문제에 관한 것을 의미하지 않는다는 점; 둘째, 여론은 개인이 아닌
공중(public)이 갖는 의견이라는 점; 셋째, 여론은 태도(attitude)가 아닌 의견(opinion)을 실체로
한다는 점 등을 들 수 있다.

집뿐만 아니라 수집된 여론의 행정과정으로의 반영이 동시에 효율화될 것을 요구하지만 여론의 양질화를 위한 홍보(또는 광보, 공보)의 효율화는 부차적인 문제가 될 것이다.

3) 광　의

광의의 여론수렴은 "여론수집", "여론반영"에 부가하여 "홍보(information)"까지를 포괄하는 의미로 쓰인다. 이는 결국 PR(공공관계, 여론관리, 또는 광의의 홍보)과 같은 의미이며(예, 적석순일, 1982; 박문옥, 1982; 김홍기, 1987) 이러한 개념정의하에서의 여론수렴의 효율화는 여론수집과정, 수집된 여론의 행정과정에의 반영 및 양질의 여론조성을 위한 홍보의 동시 효율화를 요구하게 된다.

본 장에서는 여론수렴을 협의의 개념으로 파악함으로써 여론수렴을 "행정주체가 주민의 여론을 수집하여 행정과정에 반영하는 과정", 또는 보다 간단히 "행정주체가 주민의 여론을 행정과정에 받아들이는 과정"으로 정의하고자 한다. 이러한 개념은 행정주체가 주민에게 알리는 활동을 통하여 양질의 여론조성을 목적으로 하는 홍보 또는 정보제공(information)과 대비된다.[10] 여기에서 최협의의 개념을 채택하지 않는 이유는 여론의 반영을 전제로 하지 않는 여론수집은 무의미한 것임을 고려한 때문이며, 광의의 개념을 채택하지 아니하는 이유는 ① 홍보까지를 포괄하는 광의의 개념이 일상적인 언어감각에 부합되지 아니하며, ② P.R. 또는 광의의 홍보와 같은 유사개념과의 구분이 불분명하기 때문이다. 한편 협의의 개념을 채택하는 이유는 일상적인 언어감각에 맞추어 여론수렴을 여론수집과 반영을 포함하는 개념으로 쓰도록 하되 주민으로부터 행정과정으로의 의사전달(여론수렴 또는 여론투입)과 행정주체로부터 주민으로의 의사전달(홍보)은 구분하여 쓰는 것이 개념상 보다 명확한 이점이 있음을 고려한 때문이다.[11]

---

10) 광의의 홍보는 알리고 듣는 과정을 포괄하는 의미로 쓰인다.
11) 한편, 여론이 행정과정에 전달되는 측면만을 고려하여 여론수렴을 단순히 주민참여의 소극적 표현(즉, 주민참여를 행정주체의 입장에서 파악한 것)이라 함으로써 여론수렴 또는 여론투입과 주민참여를 동일시하는 견해가 있으나(예: 강형기, 1982; 최영국, 1983) 여론의 전달수단이 주로 언어나 문서인 반면 주민참여의 수단은 이에 부가하여 구체적인 행동까지 포함하는 것이 일반적이므로 양자를 동일시하는 데는 무리가 있다. 이 같은 점을 고려하건대 여론수렴과 대비되는 개념으로는 주민참여보다는 여론투입이 보다 정확한 표현이라 할 것이다.

2. 여론수렴의 유형

대체적으로 볼 때 여론수렴의 유형은 여론수렴이 매개집단을 통하여 이루어지느냐의 여부에 따라 직접적 여론수렴과 간접적 여론수렴으로 나눌 수 있을 것이다. 구체적으로 직접적 여론수렴은 행정기관이 주민(주민대표 또는 주민조직 포함) 또는 행정기관 자신으로부터 직접 주민여론을 수집하는 경우 즉, 직접적 경로를 통한 여론수집을 의미하며(예: 주민 개인, 여론모니터, 반상회, 자생주민조직, 각종 위원회 등을 통한 여론수렴), 간접적 여론수렴은 행정기관이 주민이나 행정기관 이외의 매개집단을 통하여 주민여론을 수렴하는 경우 즉, 간접적 경로를 통한 여론수집을 의미한다(예: 지방의회, 정당, 대중매체, 이익집단 등을 통한 여론수렴).[12]

이와 같이 매개집단의 개입여부를 기준으로 여론수렴을 유형화하는 실익은, 전자의 경우는 여론수렴과정에 대한 행정기관의 영향력의 행사범위가 상대적으로 크기 때문에(예: 반상회의 운영) 행정기관의 의지 및 노력여하에 따라 여론수렴의 효율화정도가 좌우되는 범위가 큰 데 비하여, 후자의 경우는 여론수렴과정에 대한 행정기관의 영향력의 행사범위가 상대적으로 크지 않기 때문에(예: 신문보도) 행정기관의 의지 및 노력에 따라 여론수렴 효율화의 정도가 좌우되는 범위가 제한적이라는 데 있다 하겠는바, 이는 여론수렴의 효율화를 기하기 위한 행정기관의 정책대응이 여론수렴의 유형에 따라 차별화되어야 함을 시사해 준다.

구체적으로는 여론수렴의 효율화를 위한 행정기관의 정책적 대응이, 직접적 여론수렴의 경우에는 ① 행정기관에 전달되는 주민여론의 수렴뿐만 아니라, ② 그 이전에 주민여론이 효과적으로 행정기관에 전달될 수 있도록 하는 것을 동시에 목표로 할 수 있으며 또 목표로 해야 하는 반면, 간접적 여론수렴의 경우에는 (행정기관의 영향력 행사범위가 제한되어 있기 때문에) ① 주민여론의 매개집단으로의 효과적 전달에 관하여는 이루어지기 어렵고, 다만 ② 매개집단으로부터 행정기관으로 전달되는 주민여론의 효과적 수렴에 국한될 수밖에 없다는 것이다.[13]

---

12) 각 유형은 다시 개인(예: 여론모니터, 의회의원 개인)을 통한 여론수렴과 조직(예: 반상회, 집단으로서의 의회)을 통한 여론수렴으로 더 세분할 수도 있을 것이다.

13) 간접적 경로를 통한 여론수렴에 있어서 주민여론의 매개집단으로의 전달과정은 행정기관의 영향력 행사범위 밖에 있는 것이며 만일 이에 대하여 행정기관이 과도히 개입하는 것은 여론 수렴노력이 아닌 여론의 조작(manipulation)기도로 전락할 우려가 크므로 지양되어야 한다.

3. 여론수렴의 필요성

여론수렴의 효율화는 행정주체의 전문가적 판단과 주민여론과의 균형·조화를 통한 주민복지구현이라는 당위적 목표의 실현 외에도 일반적으로 행정의 민주성, 효율성, 책임성 제고, 지역사회의 안정·발전, 정책결정의 타당성 제고 등의 긍정적 효과를 기대할 수 있으므로 필요하다. 물론 여론수렴이 항상 긍정적인 행정성과를 보장하는 것은 아니다. 즉, 여론수렴이 과도히 이루어지거나 또는 미흡하게 이루어지는 경우 이러한 효과는 기대할 수 없게 되고 오히려 행정의 효율성, 책임성, 전문성 등을 저해하는 부작용을 초래할 우려마저 있다.[14] 그러나 그와 같은 부작용의 우려가 여론수렴의 긍정적 효과에 대한 인식을 불식시킬 정도로 심각한 것은 아니라고 판단된다. 그 이유는 여론수렴에 따른 부작용들이 언제나 발생하는 것이 아닐 뿐 아니라 여론수렴이 적절히 효율화되는 경우 부작용도 최소화될 수 있는 성질의 것이기 때문이다. 더욱이, 행정의 효율성 또는 전문성 침해 등의 우려는 그 정도가 과도하지 않은 한 민주성 제고를 위한 최소한의 비용으로 간주해야 할 필요성이 있음이 인식되어야 한다. 민주성과 합리성의 균형·조화는 결국 주민복지증진에 기여하게 될 것이기 때문이다. 문제는 여하히 여론수렴을 효율화시킴으로써 부작용을 극소화하는 한편 긍정적 효과를 최대한 발현시키느냐 하는 것이라 하겠다.

4. 효율화의 기본전제

여론수렴의 효율화를 논함에 있어 강조할 것은 여론수렴 활동의 성패는 수렴(수집·반영)되는 여론의 대표성(representativeness)의 크기에 달려 있다는 점이다(Erickson et al., 1991). 이때 여론의 대표성이 확보되어야 한다 함은 여론이 다수주민의 의사를 널리 골고루 반영해야 하며 어느 지역, 계층, 집단의 편중된 의견을 나타내는 것이어서는 아니 된다는 것을 의미한다. 만일 그렇지 못한 경우 여론은 일부 계층의 이익만을 대변하는 것이 됨으로써 소외된 계층의 이익이 제대로 반영될 여지를 불식시키게 될 것이기 때문이다.[15] 더욱이 우리나

---

14) 이에 대한 보다 구체적인 논의는 이승종(1992: 14-16) 참조.

15) 이른바 Bachrach & Baratz(1962)의 "비결정(nondecision)" 또는 Schattschneider(1960)의 "편견의 동원(mobilization of bias)" 현상이 구조화되는 것이다.

라는 선진제국에 비하여 덜 다원화된 사회로서 집단간의 경쟁 및 이해갈등이 상대적으로 저급하기 때문에 이 같은 우려는 더욱 클 것이므로[16] 대표성의 확보는 더욱 강조되어야 한다. 요컨대 대표성이 결여된 여론은 진정한 의미에서의 여론이라고 할 수 없겠으며, 이는 곧 지방정부가 여론수렴 효율화를 위하여 지향해야 할 정책의 기본방향은 "대표성 있는 여론"의 수렴에 있어야 함을 가르쳐주는 것이라 하겠다.

이하에서는 지금까지의 논의에 기초하여 지방정부의 여론수렴실태 및 그 개선방향을 제도적 측면을 중심으로 고찰한다.

Ⅲ 여론수렴의 실태

광역자치단체를 중심으로 여론수렴실태를 조직과 방법으로 나누어 간단히 살펴보면 다음과 같다.

1. 여론수렴조직

1) 여론수집의 기능상 분업체계 미확립

현재 광역 단위에서 여론수렴기능을 담당하는 주무부서는 자치행정과(또는 자치지원과 등)이다. 물론 여론수집기능을 주무부서인 자치행정과에서만 수행하는 것은 아니다. 즉, 여론은 자치행정과 외에도 각 실·과, 시·군·구 및 읍·면·동에 의하여 분산 수집되고 있으며 그 총괄책임을 자치행정과가 담당하고 있는 것이다. 문제는 자치행정과와 시·군(읍·면·동) 간의 수직적 관계에 있어서는 일일보고·즉시보고 등으로 비교적 정보교환이 원활히 이루어지고 있으나 자치행정과와 각 실·과 간의 수평적 관계에 있어서는 정보교환이 활발하게 이루어지지 못함으로써 분산수집체제의 이점을 충분히 살리지 못하고 있다는 점이다.

---

16) 다원화의 정도가 낮은 사회 또는 엘리트 권력사회(예, 농촌)의 지배계층은 다원화의 정도가 높은 사회(예, 도시)에서의 지배계층보다 지배력에서는 앞서지만 사회구성원의 이익을 대표하는 정도는 낮을 것이기 때문이다(cf, Grunig & Hunt, 1984: 274).

2) 직접수렴 위주의 조직체계

앞서 논의한 바와 같이 주민여론은 주민과 행정계통 간의 직접적인 경로에 의해서뿐만 아니라 정치인(국회의원, 지방의회의원), 정당, 이익단체, 대중매체 등을 매개로 한 간접적 경로를 통하여도 수집될 수 있다. 오히려 주민과 공무원 간의 의사소통장치의 미비, 또는 주민의 행정과정에 대한 지식결여 등에 기인하여 주민과 공무원 간의 의사소통 기회가 많지 않다는 점을 감안한다면 경우에 따라서는 이들 매개집단을 통한 간접적 여론수렴이 보다 중시될 수도 있는 것이다(cf. Jones, 1981). 그럼에도 불구하고 현행 여론수렴조직체계는 행정계통을 통한 직접적 여론수렴에만 치중하고 있을 뿐 간접적 여론수렴에 대한 배려는 미흡한 실정이라 하겠다.

3) 여론의 수집 및 반영의 연계체제 미흡

현행 여론수렴체제하에서는 수집된 여론이 효과적으로 시책에 반영되기가 어려운 실정이다. 즉, 현행 체제하에서는 수집된 여론의 시책에의 반영은 기본적으로 각 실·과 소관으로 되어 있고 여론담당 주무부서인 자치행정과는 수집된 여론의 총괄보고만을 담당할 뿐 수집된 여론이 시책에 종합적으로 반영되도록 각 실·과를 조정·통제하거나 시책반영여부를 확인·감독할 권한을 갖고 있지 않기 때문에 여론의 시책에의 반영은 잘 이루어지지 않거나 이루어지는 경우라도 대체로 각 실·과 간의 유기적 협조 및 조정 없이 개별적·산발적으로 이루어지고 있는 형편이다.

특히 문제시되는 것은 현행 여론수렴체계에는 개별 시책에 대한 주민여론의 반영여부와는 별도로 주민여론이 행정의 기본계획이나 예산수립과정에 종합적으로 반영되도록 하는 메커니즘이 매우 취약하다는 것이다. 물론 수집된 여론은 간부회의를 통하여 간헐적으로 행정의 기본계획이나 예산수립에 반영될 수도 있겠으나 체계적인 반영가능성은 매우 낮은 것이 현실이라 하겠다. 이는 기본적으로 여론수렴 담당부서인 자치행정과는 계선조직인 자치행정국 소속인 반면 기획, 예산 및 평가기능은 참모조직인 기획관리실에서 담당하고 있기 때문으로 사료된다.

4) 여론수렴기능과 홍보기능과의 단절

여론수렴이 소기의 성과를 거두기 위하여는 여론수렴의 효율화에 부가하여 그 전제조건으로서 건전하고 합리적인 여론의 육성을 위한 홍보활동이 여론수렴활동과 유기적인 연계하에 추진되어야 할 필요성이 있다. 그러나 현행 광역자치단체의 조직을 보면 여론수렴은 자치행정과에서 담당하고 있으나 홍보는 공보관실에서 담당하고 있어 양자간의 기능상 연계가 매우 취약하다. 주민의 여론을 무시한 홍보활동이 비효율적이듯이 홍보를 통한 여론의 질 개선 없이 있는 그대로의 여론만을 파악하여 시책에 반영하는 여론수렴활동 역시 비효율적일 수밖에 없다 할 것인바, 양 기능간의 연계강화를 위한 제도상 조치가 요청된다 하겠다.

5) 기초 및 하부행정단위의 여론수렴기능 취약

현재 광역단위에서의 여론수렴은 광역자치단체의 각 실·과에 의한 수평적 수렴경로 및 읍면동－시군구－시도로 이어지는 수직적 경로를 통하여 이루어지고 있는바, 이 중 기간을 이루는 것은 후자라 하겠다. 문제는 일선행정기관에서의 여론수렴이 업무의 과중한 부담 및 제도의 미비 등으로 인하여 능동적·체계적으로 이루어지지 못하고 있다는 것이다. 생각건대 광역단위에서의 여론수집노력의 성패는 "여론의 취수구"라 할 수 있는 기초자치단체(시군구) 및 일선행정기관(읍면동)에서의 여론수렴능력에 달려 있다 해도 과언이 아니라 하겠는바, 이를 감안하건대 기초 및 하부행정단위에서의 여론수렴창구의 제도적 확충이 요구된다 하겠다.

2. 여론수렴방법

1) 여론수렴방법의 비효율적 운영

현재 광역단위에서 여론수렴과 관련하여 채택하였거나 채택하고 있는 방법(또는 수단)으로는 반상회, 여론모니터, 각종 위원회, 민의수렴우편엽서제, 각종 간담회(도정설명회, 기관장과의 대화, 생활현장대화, 사랑방대화 등), 설문조사, 공청회, 민원실, 직소민원실 등을 들 수 있다. 이와 같이 비교적 다양한 방법이 여론수렴을 위하여 활용되고 있으나 이들 방법의 제도화 수준이 미흡한 데 기인하여 ① 대표성 있는 여론이 효과적으로 수집되지 못하고 있거나, ② 여론수렴방법이 본래의 여론수렴목적보다는 오히려 홍보수단 내지는 시책협조확보의 수단으로 사용되고 있는 실정이다.[17]

2) 간접적 여론수렴방법의 저활용

현재 활용되고 있는 대부분의 여론수렴방법은 주로 행정기관과 주민 또는 행정기관 자신 간의 경로를 통한 여론수렴에 관한 것으로서 지방의회, 정당, 대중매체, 이익집단 등의 매개집단을 통한 간접적 여론수렴방법의 활용은 매우 저조한 실정이다. 이는 현행 여론수렴방법에 대한 공무원의 의견을 물은 설문조사에서 응답자들이 대중매체를 통한 여론수렴방법 이외의 다른 매개집단을 통한 간접적 여론수렴방법을 지적한 사례가 없었음이 입증해 준다. 바람직하기는 직접적 여론수렴방법뿐 아니라 간접적 여론수렴방법에 대한 보다 높은 활용이 이루어지는 것이다.

3) 기본운영방향의 문제점

현재 여론수렴을 위하여 여러 가지 방법이 활용되고 있으나 이들의 기본운영방향에 있어 다음 두 가지 문제점을 지적할 수 있다. 첫째, 여론수렴활동(여론수렴방법의 운용)이 소기의 목적을 거두기 위하여는 시책의 시행 전 또는 주민불만으로 인한 문제발생 이전에 예방적 목적으로 이루어져야 함에도 불구하고 많은 경우 여론수렴은 정책결정단계 이후 또는 문제발생 이후에 수습목적 위주로 행해지고 있다. 집단민원발생지역에 대한 사후적 여론수렴을 예로 들 수 있다. 둘째, 여론수렴활동은 지속적, 장기적으로 이루어지는 것이 바람직함에도 불구하고 실제로는 간헐적, 임의적으로 이루어지고 있다.

3. 여론수렴실태

지금까지 광역지방정부를 중심으로 여론수렴의 제도화 실태를 간략히 살펴보았거니와 앞에서 지적한 바와 같은 문제점들로 인하여 지방정부의 여론수렴은 효율화되지 못하고 있다. 물론 지방정부가 주민여론의 수렴에 대하여 전

---

17) 보다 자세한 문제점에 대하여는 이승종(1993: 208)을 참조할 것.

혀 소극적이지는 않다. 즉, 지금까지 살펴본 바와 같이 지방정부는 미흡하나마 지역주민여론을 수렴하기 위한 비교적 다양한 제도적 장치(조직 및 방법)를 운용함으로써 나름대로 지역주민여론수렴을 위한 노력을 기울이고 있는 것이다.

그럼에도 불구하고 지방정부에서의 주민여론수렴은 여론수렴을 위한 제도화의 수준이 미흡한 데 기인하여 활발히 이루어지지 못하고 있는 것으로 판단된다.[18] 즉 조직면에서는 여론수렴 주무부서인 자치행정과가 종합적인 여론수렴창구로서의 기능을 제대로 발휘하지 못하고 있으며, 방법면에서는 기존의 여론수렴방법들이 제도자체의 결함 또는 운영상의 문제점 등으로 인하여 효과적인 여론수렴수단으로서의 기능을 발휘하지 못함으로 해서 결국 전반적으로 지방정부단위에서의 주민여론수렴이 만족스럽게 이루어지지 못하고 있는 것이다(물론 여론수렴이 저급한 원인은 주민에게도 있다. 이에 관하여는 추후 별도로 논의한다).

Ⅳ 효율화를 위한 정책방향

지금까지 광역지방정부를 중심으로 여론수렴 제도화의 실태를 살펴보았거니와, 이에 기초하여 본 장에서는 지방정부에서의 여론수렴 효율화를 위한 정책방향을 제시하고자 한다. 강조할 것은 정책방향은 기본적으로 대표성 있는 주민여론이 행정과정에 수집 및 반영되도록 지향하는 것이어야 한다는 점이다. 즉, 정책방향이 일부계층 또는 일부지역 주민의 여론만을 수렴하도록 하는 것이어서는 아니 된다는 것이다. 이러한 전제하에 정책방향을 제시하면 다음과 같다.

1. 공무원의 인식 제고

여론수렴이 효율화되기 위하여 최우선적으로 강조되어야 할 요소는 공무원의 여론수렴에 대한 긍정적 인식이다. 왜냐하면 여론수렴의 주체인 공무원의 여론수렴에 대한 인식이 미흡한 상태에서는 아무리 훌륭한 여론수렴 장치

---

18) 여론수렴실태에 관한 설문조사결과는 이 같은 판단이 타당함을 입증해 주었다(이승종, 1992 참조).

의 제도화가 이루어지더라도 결국 이러한 제도적 장치는 효율적으로 운용되지 못할 것이기 때문이다. 이승종(1992)의 조사결과에 의하면 지방정부 공무원의 여론수렴에 대한 인식수준은 대체적으로 양호한 것으로 나타났다. 즉, 응답자(117명) 중 대다수인 97명(74.3%)이 "지방행정업무의 수행을 위하여 여론수렴은 필요하다"고 응답한 것이다. 문제는 그와 같은 인식이 실제적인 성과로 충분히 동작화되지 못하고 있다는 것이다(이승종, 1992). 이러한 조사가 타당하다면 문제는 과연 어떻게 공무원의 여론수렴에 대한 인식을 동작화시킬 수 있겠느냐 하는 것이라 하겠다.

이와 관련하여 상기 조사결과는 공무원을 대상으로 "공무원이 적극적으로 여론수렴에 임하게 하기 위한 효과적인 방법은 무엇인가?"를 질문하였는바, 응답자들은 "여론수렴제도의 확충"(75.7%), "여론수렴 의무화 법규제정"(14.0%), "교육훈련"(6.5%), 그리고 "심사분석 강화"의 순으로 효과적이라고 생각하고 있는 것으로 나타났다. 생각건대 여론수렴제도의 확충이 첫 번째로 제시되었다는 사실은 응답자의 대다수가 공무원 자신들의 여론수렴에 대한 인식수준이 결코 낮지 않은 것으로 생각하고 있음을 단적으로 보여주는 것인 동시에 여론수렴 효율화를 위하여는 여론수렴제도의 확충이 필수적임을 가르쳐 주는 것이라 하겠다. 그럼에도 불구하고 총 응답자의 30%에 가까운 응답자가 교육훈련, 심사분석 강화, 또는 여론수렴의무화 법규제정의 필요성을 제시하고 있다는 사실은 공무원의 여론수렴에 대한 인식수준의 제고 여지가 있다는 것을 시사해 주는 것으로서 결국 여론수렴 효율화를 위하여는 ① 여론수렴 제도의 확충 노력과 아울러 ② 공무원의 인식강화를 위한 노력이 병행되어야 함을 가르쳐 준다. 공무원의 인식강화를 위한 방안으로는(여론수렴제도의 확충에 대하여는 조직과 방법으로 나누어 별도로 논의) 여론수렴 제도의 확충,[19] 기관장의 적극적인 의지, 지속적인 교육훈련의 실시, 심사분석강화, 여론수렴 의무의 법제화 등이 있겠다.

2. 여론수렴조직체계의 개선

앞에서 현행 여론수렴조직체계상의 문제점으로 기능상 분업체계의 미확

---

19) 여론수렴제도의 확충은 그를 통하여 공무원의 인식이 동작화되는 수단일 뿐만 아니라 그 자 체가 공무원의 인식을 강화시키는 수단이 된다.

립, 직접수렴 위주의 조직체계, 여론수집 및 반영의 연계체제 미흡, 여론수렴
기능과 홍보기능과의 단절, 일선행정기관의 여론수렴능력 취약 등을 지적하였
는바, 이 같은 문제점을 극복하기 위한 정책대안은 다음과 같은 것이 있을 수
있다.

1) 여론수렴 총괄부서의 기획부서 배치

현재 광역단위에서의 여론수렴 체계는 한마디로 말하여 분산형 체제라 할
수 있다. 즉, 여론수렴 행정의 주무부서는 자치행정과라 하겠으나 여론수렴 창
구는 시군구·읍면동 및 도청의 각 실과로 분산되어 있을 뿐 아니라 수집된 여
론의 시책에의 반영책임 또한 소관실과에 분산되어 있는 것이다. 반면 여론수
렴 주무부서인 자치행정과는 수집된 여론의 총괄만을 맡고 있을 뿐 여론의 반
영에 관하여는 각 실과의 여론처리 현황을 파악하는 책임 외에는 여론이 시책
에 반영되도록 조정·통제할 수 있는 특별한 권한을 갖고 있지 못한 실정이다.

생각건대 여론의 "수집측면"에서만 보는 경우, 현재와 같은 분산형 여론수
렴 체제는 일응 바람직한 형태라고 할 수 있다. 왜냐하면 단일화된 여론수집
창구에 비하여 분산화된 여론수집 창구를 통하여 보다 대표성 있는 여론의 수
집이 가능할 것이기 때문이다. 그러나 여론의 수집측면뿐만 아니라 여론의 "반
영측면"까지 포함하여 보는 경우, 현재와 같은 분산형 체제는 크게 문제시된
다. 즉, 수집된 여론이 시책에 제대로 반영되는지에 대하여 조정·통제할 메커
니즘이 결여되어 있는 현 체제하에서는 수집된 여론이 체계적으로 시책에 반
영되지 못하고 있기 때문이다. 더욱이 현 체제하에서는 각 부서간의 정보교환
이 원활하지 못한 데 기인하여 여론의 반영은 물론 여론의 종합적인 수집마저
사실상 원활하지 못하다는 것은 앞에서 지적한 바와 같다.

이상의 논의는 여론수집 과정에 대한 효과적인 통할기능과 함께 수집된
여론이 시책에 적극적으로 반영될 수 있도록 여론반영 과정에서의 조정·통제
기능을 담당하는 여론수렴행정에 대한 총괄부서의 설치가 필요함을 가르쳐준
다. 현재의 자치행정과는 그 위상이 타 실과보다 높지 못하기 때문에 수집된
여론의 시책에의 반영은 고사하고 효율적인 여론수집마저도 쉽지 않은 형편인
것이다. 문제는 여론수렴 총괄부서를 어디에 어떤 형태로 설치하느냐 하는 것
이다. 이에는 기획부서와의 통합여부를 기준으로 하여 통합형 및 분리형이 있
을 수 있겠으나, 생각건대 주민여론과 시책의 기본골격을 결정짓는 기획, 예산

기능과의 연계성을 고려할 때 통합형이 상대적으로 바람직한 대안이라 할 것이다.

2) 주민조직을 통한 여론수렴기능 강화

여론은 주민 개개인의 의사표시를 통하여 외부로 표출될 뿐만 아니라 집단으로서의 주민 즉, 주민조직을 통해서도 외부로 표출된다.[20] 그 중에서도 행정기관은 특히 주민조직을 통한 여론수렴에 각별한 노력을 기울일 필요가 있다. 주민조직을 통하여 표출되는 여론은 개별주민에 의하여 표출되는 개인의 의견(엄격한 의미에서 볼 때 개인의견은 여론 이전의 상태임)과 비교해 볼 때 여론수렴과 관련하여 다음과 같은 특징을 가지고 있기 때문이다.

첫째, 개인의견은 개개인의 고정과 관련된, 그야말로 개인의 의견에 그치는 경우가 많은 반면 주민조직을 통한 집단여론은 소수의 의견만을 대표하는 경우보다는 상대적으로 조직 구성원의 개별적 의견의 공약수적인 요소를 나타내는 경우가 많을 것이다. 둘째, 개인의견에 비하여 주민조직을 통하여 표출되는 여론은 행정기관의 이에 대한 대응비용을 절감시켜 준다. 우선 개인의견은 그 자체가 여론은 아니므로 여론의 파악을 위하여는 개인의견의 종합, 분석 및 평가절차가 필요할 것이다. 그러나 주민조직에 의해 표출되는 여론은 이미 의견의 종합절차를 종료한 것이므로 그만큼 행정기관의 소요비용을 절감시켜 준다. 만일 행정기관이 개별주민의 개별의견에 일일이 대응하는 경우에는 행정능력에 대한 행정수요의 초과로 말미암아 소위 시가전형태의 다원주의(street-fighting pluralism) 현상을 야기하게 될 것이다(Yates, 1977). 셋째, 주민조직을 통하여 표출되는 집단여론은 개인의견에 비하여 그 강도가 높다. 개인으로서의 주민은 사실상 행정기관에 비하여 취약한 존재일는지 모르나 개인의 집합으로서의 주민조직은 매우 위협적일 수 있다. 따라서 행정기관은 지역사회의 안정을 위하여는 주민조직을 통하여 표출되는 주민여론을 적극적으로 수렴해야 할 필요가 있는 것이다.

한편 주민조직의 대표성이 저급하여 일부계층 주민의 여론만을 표출하는 경우에 주민조직을 통한 여론수렴의 개인의견에 기초한 여론수렴에 대한 상대

---

20) 일반적으로 주민조직이라 함은 주민집단이 특정목적을 위해 체계적으로 결합된 것을 의미하지만 그 체계적 결합의 정도가 어느 정도를 의미하는지에 대하여는 정해진 바가 없으며 따라서 여기에서는 주민조직과 주민집단을 엄격히 구분하지 않는다.

적 우위성은 문제시된다. 그러나 이러한 문제는 한편으로는 주민조직의 활성화, 또 다른 한편으로는 주민조직을 통한 여론수렴과 개인의견의 종합을 통한 여론수렴을 동시에 수행함으로써 극복될 수 있을 것인바, 주민조직의 대표성의 불충분 우려는 주민조직을 통한 여론수렴을 지양해야 할 장애요인으로 인식될 것이 아니라 보다 효율적인 여론수렴을 위하여 보다 개선되어야 할 목표로서 인식되어야 할 것이다.

또한 지적할 것은 주민조직을 통한 여론수렴의 활성화를 위하여는 주민조직과 행정기관과의 적당한 연계체제를 갖출 것이 필요하다는 점이다. 그런데 이러한 필요성은 지역단위(특히 읍면동)에서 더욱 크다. 왜냐하면 읍면동은 광역단위에서의 여론수렴을 위한 기간조직으로서 여론수렴의 취수구 기능을 담당하고 있음에도 불구하고 앞서 지적한 바와 같이 체계적인 여론수렴능력이 매우 제한되어 있기 때문이다. 한 가지 대안은 주민조직을 통한 체계적인 여론수렴을 위하여 기존의 반상회를 근간으로 하여 읍면동 단위로 주민의 자율조직체로서의 "읍면동 주민자치위원회"를 설치하는 것이다. 이러한 읍면동 주민자치위원회는 기존의 반상회 조직을 그대로 활용하면서도 보다 효과적으로 지역 내의 모든 주민의 의견을 읍면동 단위로 집약해낼 수 있는 제도로서 효율적으로 운영되는 경우 가장 대표성이 높은 주민조직으로 효율적인 여론수렴에 기여할 수 있을 것으로 생각된다. 현재 주민자치센터에 설치되어 있는 주민자치위원회는 이름과는 달리 이러한 기능을 행사하고 있는 주민기관은 아니며, 따라서 이러한 기능을 담당하는 진정한 주민대표체로서 탈바꿈시키는 것이 바람직하다.

3) 간접적 경로를 통한 여론수렴기능 강화

현재 지방정부의 여론수렴조직체계는 행정계통(읍면동 → 시군 → 도)을 통한 직접적 여론수렴에 치중한 조직체계로서 지방의원, 지역정당, 대중매체, 이익단체 등과 같은 매개집단을 통한 간접적 여론수렴에 대한 고려가 미흡한 실정이므로, 간접경로를 통한 여론수렴기능이 강화되어야 할 필요성이 있음은 이미 앞에서 지적한 바와 같다. 물론 주민여론을 가장 잘 집약해서 표출해 줄 수 있는 집단(또는 조직)은 매개집단보다는 주민자신들의 조직이다. 주민조직은 개별 주민의 의견을 자체적인 의사수렴과정을 통하여 비교적 왜곡 없이 종합·정리하여 외부에 표출해 줌으로써 행정기관으로 하여금 보다 대표성 높은 여론

을 용이하게 파악할 수 있도록 해주기 때문이다. 그러나 주민조직 이외의 지방
의회, 대중매체, 이익단체와 같은 매개집단들도 주민여론수렴을 위하여 유용한
경우가 많다. 이 중에서도 특히 지방행정과 관련하여 볼 때 중시되어야 할 여
론매개집단은 지역주민과 긴밀한 유대관계를 갖고 있는 지방의회의원들이다.

직위의 유지를 위하여 필연적으로 선거를 의식해야만 하는 지방의원들은
본래적으로 선거구의 주민여론에 대하여 민감할 수밖에 없겠으므로 자연히 주
민여론의 전달매체로서 훌륭히 기능할 것으로 기대되기 때문이다.[21] 더욱이
이들을 통하여 행정기관에 전달되는 여론은 주민자신들에 의하여 행정기관에
전달되는 여론에 비하여 보다 민감한 행정기관의 대응을 받을 것이므로(Skogan,
1975; Jones, 1981), 이들을 통한 여론수렴은 중시될 필요가 있다.

한편 이 외에도 대중매체(신문, 방송), 지역정당, 이익단체 등도 주민여론의
매개집단으로 기능할 수 있을 것이나 우리의 현실을 고려하건대 이들 조직을
통한 주민여론수렴의 효율성은 지방의회의원을 통한 여론수렴의 효율성과 비
교하여 볼 때 제한적일 것으로 사료된다. 우리의 경우 신문, 방송의 상업주의
및 저급한 중립성, 이익단체의 지나친 특수이익 옹호, 정당의 당리당략을 위한
여론의 호도 또는 압력단체화 경향 등으로 인하여 이들 조직을 매개로 하여
수렴되는 여론은 대표성이 낮은 경우가 많기 때문이다.

3. 여론수렴방법의 효율적 활용

현재 지방정부에서 채용하고 있는 여론수렴방법에 관한 문제점으로는 ①
여론수렴방법의 비효율적 운영, ② 간접적 경로를 통한 여론수렴방법의 저활
용, ③ 여론수렴방법의 기본운영방향의 왜곡 등이 지적되었는바, 여기에서는
①에 초점을 두고 대응방안을 모색한다(②에 대한 대응방안은 이미 앞에서 논의하
였으며, ③에 대하여는 추후 별도 논의).

기본적으로 여론수렴방법이 효율적인 것이기 위하여는 앞서 논의한 바와
같이 그 방법을 통하여 수렴(수집)되는 주민의 여론이 일부계층, 지역주민의

---

21) 주민여론에 민감하기는 지방의회의원뿐만 아니라 국회의원도 마찬가지일 것이다. 그러나 지역
   주민 여론수렴에 대한 국회의원의 기여도는 지방의회의원의 기여도에 비하여 상대적으로 낮
   을 것이다. 국회의원은 지방의원과 비교하여 볼 때 훨씬 넓은 선거구를 통하여 선출되므로 그
   만큼 지역주민과의 유대관계의 강도가 낮을 것이기 때문이다.

편중된 의견이 아닌 다수주민의 의견을 골고루 반영하는 것 즉, 대표성이 있는 것이어야 한다. 문제는 과연 어떻게 대표성 있는 여론을 정확히 파악해 낼 수 있겠는가 하는 것이다. 강조할 것은 대표성 있는 주민의 여론을 정확히 파악하기 위하여는 인력, 시간, 재원이 허락하는 한 가급적 "다양한" 여론수렴방법을 채용하는 것이 바람직하다는 점이다. 그것은 어느 한두 가지 방법만으로는 사실상 주민의 여론을 정확히 파악하기 어렵고 보다 다양한 방법이 상보적으로 사용되어야만 보다 여론의 실체에 접근할 수 있을 것이기 때문이다.

물론 다양한 여론수렴방법을 동원하더라도 대표성 있는 여론을 정확히 파악하기란 말처럼 그리 쉬운 일이 아니다.[22] 그러나 확실한 것은 보다 다양한 여론수렴방법을 동원하게 되면 각 방법을 통하여 수렴되는 "여론이라 할 수 있는 주민의 의견들의 최대공약수로서의 여론" 즉, 보다 대표성 있는 여론을 파악함으로써 여론의 실체에 보다 근접하게 되리라는 점이다. 현재 지방정부에서는 미흡하나마 다양한 여론수렴방법을 통하여 여론수렴에 임하고 있으므로 효율적 여론수렴을 위한 수렴방법의 다양화 요청에 일응 부응하고 있는 것으로 생각되나, 그럼에도 불구하고 보다 대표성 있는 여론을 수렴하기 위하여는 ① 기존 여론수렴방법의 운영개선과 함께 ② 효율적인 여론수렴방법의 추가적 도입이 모색되어야 할 것으로 판단된다. 여기에서는 이에 대한 구체적인 논의는 생략하기로 하고,[23] 그 대신 여론수렴방법이 지향해야 할 가장 중요한 목표라고 할 수 있는 여론의 "대표성" 확보의 측면에서 여론수렴방법의 차별적 수용기준을 제시하고자 한다.

여론의 대표성은 ① 여론수렴방법의 개방성의 정도(즉, 여론수렴방법이 일반주민에게 개방되어 있는 것인가, 아니면 일부주민 또는 공무원에게만 제한적으로 적용되고 있는가의 여부), ② 여론수렴방법을 통하여 표출되는 의사(opinion) 또는 응답(response)의 형태(즉, 개인의 의견인가, 아니면 다수의 집합적 의견인가의 여부)와 밀접한 함수관계에 있다. 구체적으로는 수렴되는 여론의 대표성은 여론수렴방법이 개방적일수록, 표출되는 의사의 형태가 집합적인 것일수록 높아지며, 그

---

22) 그 이유는 여론파악의 본래적인 곤란성 외에도 아직까지 (대표성 있는) 여론이 정확히 무엇을 의미하는지에 대한 합의조차 존재하지 않는 데 기인하는 바 크다. 즉, 여론을 흔히 다수주민의 의견으로 간단히 정의하고는 있지만 다수가 과연 얼마만큼의 다수를 의미하는 것인지, 여론이 다수의 의견이라면 소수의 의견은 여론의 범주에서 제외되는 것인지, 또는 실제로 다수주민간에 공통된 의견이 존재하는 것인지 따위의 질문에 대한 합의된 결론은 없는 실정인 것이다.
23) 이에 대한 구체적 논의는 이승종(1992: 75–90) 참조.

그림 13-1 여론수렴방법의 유형

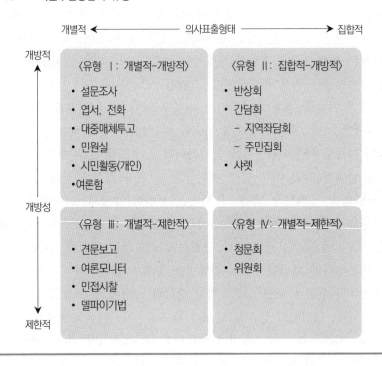

반대의 경우는 낮아질 것이다. 이러한 논의에 입각하여 여론수렴방법들은 각 방법의 "개방성정도" 및 "의사표출 형태"의 두 가지 기준에 의거하여 [그림 13-1]과 같이 유형화할 수 있다.

　　[그림 13-1]과 같이 유형화했을 때 가장 우선적으로 활성화시켜야 할 여론수렴방법은 <유형 Ⅱ>에 속하는 방법들이며(수집된 여론의 대표성이 가장 높을 것이기 때문), 맨 마지막으로 추진해야 할 여론수렴방법은 <유형 Ⅲ>에 속하는 방법들이 될 것이다(수집된 여론의 대표성이 가장 낮을 것이기 때문). 문제는 <유형 Ⅰ>과 <유형 Ⅳ> 간의 우선순위가 되겠는바, 이의 결정은 여론의 대표성이 수렴방법의 개방성과 의사표출형태 중 어느 요인의 영향을 더 받는가에 대한 지식이 있어야 한다. 이에 대하여는 논자에 따라 의견이 다르겠으나 생각건대 수렴방법의 개방성이 의사표출형태보다 상대적으로 여론의 대표성에 더 영향을 미칠 가능성이 크다 하겠다. 그 이유는 예컨대 여론수렴방법이 일부 주민만을 대상으로 제한했을 경우 그 의사표출형태가 아무리 집합적이더라도 제한된 소수에 의한 의견을 대표성 있는 여론으로 간주하기는 어려울 것이기

때문이다.

이상의 논의에 입각한 여론수렴방법의 채택우선순위는 여론수렴방법을 통하여 수집되는 여론의 대표성의 정도에 따라 <유형 Ⅱ>, <유형 Ⅰ>, <유형 Ⅳ>, <유형 Ⅲ>의 순서가 될 것이다.

4. 기본운영방향의 개선

앞에서 현행 여론수렴방법의 운용 즉, 여론수렴활동은 예방목적보다는 수습목적을 위하여 사후적으로 이루어지고 있으며 간헐적 임의적으로 이루어지고 있음이 문제점으로 지적되었다. 생각건대 많은 인력, 시간, 비용이 소요되는 여론수렴활동이 이와 같이 이루어지게 되면 진정한 의미에서의 여론수렴을 통한 주민복지의 향상이란 요원한 목표가 되고 말 것인바, 이의 개선을 위한 정책방향은 다음과 같다.

1) 정책제언형 여론수렴지향

현재 지방정부에서 이루어지고 있는 여론수렴활동은 주로 주민의 고충처리 및 주민의 요구파악에 그치고 있을 뿐 수집된 여론의 시책반영은 사실상 대단히 미흡한 실정이다. 이러한 여론수렴활동은 보다 고양된 정책제언형 여론수렴활동으로의 방향전환이 필요하다(고기승삼, 1982). 특히 여론반영의 효과의 크기를 고려하건대 여론의 개별시책에의 반영보다는 여론의 예산과정 및 기본사업계획수립과정에의 반영이 더욱 중시되어야 하며, 이를 위하여는 주민의 기본수요조사와 같은 기본적 조사의 시행, 분석, 정책반영결과에 대한 심사분석의 시행(정홍익·김호섭, 1991) 등이 필수적으로 이루어져야 한다.

2) 사전적·예방적 여론수렴 지향

여론수렴활동은 발생한 문제(예컨대, 집단민원 또는 고충처리와 같은)의 사후수습목적으로 시행하기보다는 적극적으로 문제발생 이전에 예방적 차원에서 이루어져야 한다. 강조할 것은 여론수렴활동이 지속적으로 발생한 문제의 사후수습 위주로 이루어지는 것은 주민과 행정기관(공무원) 모두에게 부정적인 영향을 미치게 되므로 바람직하지 못하다는 점이다. 즉, 주민은 행정기관이 사전에 잠재적 문제를 파악하여 해결해주지 않기 때문에 지속적으로 문제를 제기함으로써 결국 문제의 양적·질적 확대를 초래하게 될 것이며, 또한 행정기관은 주민이 제기해 오는 문제의 증대에 따라 주민요구에 대한 거부반응 내지는 무사안일주의 경향을 갖기 쉽게 될 것이다. 요컨대 주민은 행정기관에 대하여 보다 공격적이 되고 행정기관은 보다 방어적이 되어 양자간의 관계는 상호이해(communal) 관계가 아니라 갈등(adversarial) 관계로 전락하게 되는 것이다. 설혹 행정기관이 주민의 계속적인 문제제기에도 불구하고 적극적으로 그와 같은 문제해결에 임하고자 한다 하더라도 결국에는 행정능력의 제약조건으로 모든 문제의 원활한 해결은 어렵게 되므로 결국 사후적 수습위주의 여론수렴활동은 그 효용성에 있어 한계가 있는 것이다.

3) 의무적 여론수렴지향

여론수렴활동은 소기의 성과를 거두기 위하여는 임의적 또는 간헐적으로 이루어지는 것보다는 의무적으로 이루어지는 것이 바람직하다. 그것은 공무원은 속성상 주민여론을 파악하기보다는 자신들의 전문적 판단에 기초하여 행정업무를 수행하려 할 것이기 때문이다. 여론수렴활동이 적극적으로 이루어지기 위하여는 여론수렴의무의 법제화, 여론수렴실적에 대한 심사분석 철저 및 그 결과의 인사고과에의 적극 반영, 기관장의 지속적인 관심, 각 부서별로 여론수렴이 필요한 사무일람표 작성 및 시행 등의 조치가 바람직하다.

Ⅴ 결론: 여론수렴 효율화의 전제조건

지금까지 지방정부에서의 여론수렴의 효율화를 위한 정책방향을 모색해 보았다. 정책방향은 여론수렴주체인 공무원의 인식, 여론수렴제도(조직·방법)로 구분하여 제시하였으며 그 기본방향은 대표성 있는 여론의 수집 및 반영에 두었다. 물론 여기서 제시된 정책방향이 준수된다고 해서 여론수렴의 효율성이 전적으로 보장되는 것은 아니다. 효율성제고를 위하여는 추가적으로 다음과 같은 몇 가지 전제조건이 필요하다.

1. 홍보와의 연계

여론수렴의 효율화만으로는 여론수렴의 궁극적 목적인 주민복지를 증진시키기에는 미흡하다. 수렴의 대상인 여론의 질이 비합리적이거나 건전치 못하다면 아무리 효율적으로 주민여론이 행정과정에 수렴된다고 하더라도 여론자체의 결함으로 인하여 주민복지증진을 기대하기는 어려울 것이기 때문이다. 그런데 개념상 여론수렴의 효율화는 여론의 질 향상과는 무관한 것이며 따라서 여론개선을 통하여 여론수렴이 소기의 성과 즉, 주민복지 향상을 이룩할 수 있도록 하기 위하여는 여론수렴의 효율화에 부가하여 ① 홍보활동의 효율적 추진, ② 여론수렴과 홍보와의 연계강화의 두 가지 추가적 조치가 수반될 것이 요청된다.

1) 홍보활동의 효율적 추진

여론수렴활동을 통하여 주민복지가 향상되기 위하여는 건전한 주민여론의 육성을 위한 홍보활동이 효율적으로 추진되어야 한다. 이때 홍보의 효율적 추진여부는 행정주체로부터 주민에게 제공되는 정보의 "객관성" 정도에 달려 있다. 객관성에 기초하지 아니한 홍보는 결국 여론조작으로 전락하게 되며 이는 여론수렴활동을 무의미한 것으로 만들게 되기 때문이다.

홍보활동이 객관적인 것이 되기 위하여는 첫째, 홍보담당자가 시책의 잘된 점만을 알리고 잘못된 점은 합리화시키려 하기보다는 객관적 사실을 알려 주민의 이해와 협조를 구하고자 하는 의지를 소유할 것이 요청된다. 그러나 현재 지방정부에서의 홍보는 이와 같은 방향으로 이루어지고 있지 못하여 개선이 요망된다.

둘째, 행정정보가 적극 공개되어야 한다. 일반적으로 행정정보의 공개는 홍보활동과는 별개의 것으로 인식되는 경향이 있으나 양자는 모두 주민에게 알리는 활동으로서 사실상 동일한 차원의 활동인 것이라 하겠는바, 홍보는 당연히 행정정보공개를 포함하는 것으로 인식되어야 한다. 홍보활동의 일환으로서의 행정정보공개는 주민의 알 권리에 대한 행정기관의 알릴 의무의 실천행위로서 행정정보공개가 적절하게 이루어져야만 비로소 객관적 정보에 기초한 합리적인 주민여론이 형성될 수 있을 것이다.[24]

---

24) 행정정보공개는 건전한 주민여론의 육성을 통하여 주민복지증진에 기여할 뿐만 아니라, 행정에

2) 여론수렴과 홍보와의 연계 강화

여론수렴활동이 주민복지증진에 더욱 이바지할 수 있게 하기 위하여는 주민으로부터 듣는 활동으로서의 여론수렴과 주민에게 알리는 활동으로서의 홍보간에 "유기적 연계성"이 확보되어야 한다. 이는 양자간의 상승효과 즉, 효율적 여론수렴을 통한 적정한 홍보방향의 제시 및 효율적 홍보를 통한 여론의 건전화 유도를 기대하기 때문이다. 그러나 현재 지방정부 단위에서의 여론수렴활동과 홍보활동은 사실상 별개의 활동으로서 수행되고 있어 문제시된다. 즉, 여론수렴은 자치행정과에서 주관하고 홍보는 공보관실에서 주관하는 2원적 체제로 운영되고 있는바, 조직만 이원적으로 분리되어 있는 것이 아니라 실제업무도 상호연계성이 결여된 채로 수행되고 있는 것이다(정창석, 1989).

여론수렴기능과 홍보기능과의 연계성을 제고시키기 위하여는 기본적으로 여론수렴담당부서와 홍보담당부서의 통합이 바람직할 것으로 사료된다.[25] 다만, 통합을 추진함에 있어서 현재와 같이 여론수렴기능이 활성화되지 못한 상태에서 홍보기능과 여론수렴기능을 무조건 단일부서의 업무로 통합시키게 되면 자칫 여론수렴기능이 홍보기능의 부속기능으로 전락하거나 기능수행 자체가 소홀해질 우려가 있다는 점이 충분히 고려되어야 한다.

2. 참여자의 인식 및 역할정립

여론수렴이 효율적으로 이루어져 주민복지 증진에 기여하기 위하여는 그 전제조건으로서 여론수렴과정에서의 참여자들(여론생성주체로서의 주민, 국회의원·지방의회의원, 대중매체, 정당, 이익집단 등의 여론매개집단)의 인식 및 행태가 바람직한 방향으로 전환되어야 한다.

대한 주민의 이해증진 및 협조 확보, 공개된 행정정보에 기초한 주민참여 활성화를 통한 지방자치의 활성화, 그리고 공무원의 행정책임성 제고 등의 부수적 효과를 가져오므로 반드시 활성화되어야 할 것이다.

[25] 일본의 경우, 광보(홍보), 광청(여론수렴) 주관과는 전도도부현에 55개 설치되어 있는데(1990년 현재) 광청만을 주관하는 것은 7개, 광보만을 주관하는 것은 6개인 반면 광보와 광청을 모두 주관하는 것은 42개로 나타나서 분리형보다는 통합형이 여론수렴기능과 홍보기능과의 연계성 제고를 위한 방안의 일반적 추세임을 보여 준다(도변극기, 1990).

1) 주민의식 제고

본질적으로 여론수렴은 행정주체의 시혜로서가 아닌 주민자신의 권리로서 이루어져야 하는 것인바, 바람직하기는 무엇보다도 주민자신이 행정주체의 여론수렴에 소극적으로 대응할 뿐만 아니라 보다 적극적으로 자신들의 의사를 행정과정에 반영시키고자 하는 의식을 갖는 일이라 하겠다. 한 가지 강조할 것은 주민이 자신의 의견을 표출함에 있어서 개인 또는 일부주민의 이익만을 주장하는 개인 및 집단이기주의 입장에 서서는 아니 된다는 것이며 오히려 다수주민과 관련된 공익의 입장에 서야만 한다는 점이다. 그렇지 아니한 경우에는 여론수렴활동이 아무리 활성화된다고 하더라도 대표성 있는 여론의 수렴을 통한 주민복지향상은 요원한 목표가 될 것이기 때문이다.

한편 주민의 인식제고를 위한 구체적 방안으로서는 시민강좌, 대중매체, 개방학교 등을 통한 사회교육의 지속적 실시; 주민조직의 활성화 및 건의사항의 성실한 수렴; 여론수렴실적 및 결과에 대한 적극적 홍보(정보공개 포함) 등이 있겠다.

2) 매개집단의 역할정립

지방정부의 여론수렴에 있어 정치인(특히, 지방의회의원), 대중매체, 정당, 이익집단 등은 여론의 전달매체로서 중요한 기능을 담당한다. 따라서 행정기관이 주민의 여론을 정확하게 파악하여 행정과정에 반영함으로써 주민복지가 증진될 수 있기 위하여는 이들 여론 매개집단이 자신의 입장이 아닌 객관적 입장 또는 공익의 차원에서 건전한 여론을 분별하여 적극적으로 행정기관에 전달하는 일이 무엇보다 중요하다. 그러나 현실적으로는 앞에서 지적한 바와 같이 정치인의 경우는 주민의 이익을 대변하기보다는 자신들의 권익 확보에 노력하는 등으로 인한 자질문제가, 대중매체의 경우에는 상업주의 또는 불공정한 보도에 따른 폐단이, 지방정당의 경우에는 중앙당에의 예속성이 커서 지역문제를 중앙문제화하는 폐단이, 이익집단의 경우에는 속성상 지나친 자기입장을 지나치게 옹호하는 경향 등이 매개집단의 여론수렴과정에서의 바람직한 역할 수행을 저해하고 있는 실정이다.

문제는 이와 같은 매개집단의 바람직하지 못한 행태에 대한 단기간의 처방이 존재하지 않는다는 것이다. 이는 근본적으로 오늘날 우리나라의 정치문화가 공동체적(communal)이기보다는 상호대립적(adversarial)인 성격을 띠고 있는 데 기인하는 것이라 하겠는바, 여론수렴주체인 행정기관으로서는 우선 매개집단을 통한 여론수렴기능을 강화하되 이들을 통해 전달받는 여론을 객관적 안목으로 분석·평가할 수 있는 능력을 기르는 것이 최우선적인 과제라 할 것이다. 장기적으로는 지속적인 정치교육(political education)[26]을 통하여 이들 매개집단이 상호대립주의적인 행태에서 탈피하여 주민의 입장에서 주민을 대변하는 노력을 자발적으로 기울일 수 있도록 변화되도록 해야 할 것이다.

3. 지방자치의 내실화

여론수렴을 통하여 주민복지가 향상되기 위하여는 지방자치의 내실화 즉, 지방정부에 대한 중앙정부로부터의 실질적인 분권화가 전제되어야 한다. 그것은 지방정부가 아무리 대표성 있는 주민여론을 파악하여 행정과정에 반영함으로써 지역주민의 복지향상에 이바지하고자 하여도 여론을 반영시킬 대상으로서의 업무에 대하여 지방정부가 적정한 권한을 가지고 있지 못하거나 적정한 권한을 가지고 있는 경우라도 그 권한행사를 뒷받침할 수 있는 재원이 확보되어 있지 않다면 그와 같은 경우의 여론수렴활동은 헛수고로 그칠 것이기 때문이다.

지방자치의 내실화를 위하여는 적정한 사무(기능), 재원 및 자치입법권(조례제정권)의 지방정부로의 이양이 이루어져야 할 것이다. 물론 국정의 통합성, 지방행정의 책임성 확보 및 지역간의 균형발전 등을 고려하건대 지나친 분권화는 오히려 부작용이 클 우려가 있겠으나 1991년 지방자치제의 재개 이후 현재까지의 분권화정도는 지나친 분권화에 대한 우려를 하기에는 매우 미흡한 형편이라 하겠는바, 여론수렴활동을 통한 주민복지의 증진이라는 관점에서 보더라도 분권화는 앞으로도 계속 추진되어야만 할 과제인 것이다.

---

26) 정치교육이란 사회공동체의 유지·발전을 위해 필요한 가치관 및 태도를 사회구성원에게 습득시키는 과정으로서(이승종, 1990) 정부가 정치체제의 존립만을 위하여 행하는 정치적 교화(political indoctrination)와는 구별된다.

▌ Ⅰ ▌ 서　론

　　지방자치 실시에 따라 과거 중앙에서 배타적으로 행사되던 정책결정권한
이 지방으로 분산됨에 따라 지방의 참여자에 의한 지방정치가 태동하기 시작
하였다. 물론 아직도 미흡한 분권화 및 참여제도의 미비로 인하여 그 변화의
폭은 기대에 못 미치는 것이 현실이다. 그럼에도 불구하고 이미 지방자치는 자
체적으로 관성을 얻은 상태이며 따라서 향후 극심한 중앙과 지방 간의 권력
불균형은 점차 완화될 것으로 전망되는바, 이에 따라 지방정치 역시 보다 활성
화될 수 있을 것으로 전망된다.

　　지방정치란 무엇인가? 이에 대하여는 다양한 정의가 있을 수 있겠으나 참
여자에 초점을 맞출 경우, 대체로 지방의 자원배분에 관한 정책결정과정에서
의 참여자간의 교호작용으로 보아 무리가 없을 것이며 그렇기 때문에 지방정
치는 지방정책과정과 불가분의 관계에 있게 된다. 이러한 지방정책과정에는
다양한 행위자 ―단체장, 지방의원, 행정관료 등 공식적 정책결정자와 주민, 기
업인, 지역유지, 시민단체, 이익단체, 정당, 언론 등 비공식적 참여자― 가 참여
하여 자원배분에 대한 공공정책과정에 일정한 영향력을 행사하게 되며,[1] 자원

---

1) 지방정치 또는 지방정책과정의 참여자에 대한 분류는 논자에 따라 다소간의 차이를 보인다. 그
　러나 일반적으로는 본 장에서와 같이 지역내부의 행위자에 한하여 참여자의 목록을 작성하는
　경향을 보인다(Herson & Bolland, 1990; Schumaker, 1993). 이러한 구분은 중앙정부와 다른 지방
　정부가 특정 지방의 정책과정에 영향을 미칠 수 있음에도 불구하고 행위자의 목록에서 배제하
　는 것이다. 이러한 분류는 지방정치란 일차적으로 지역내부의 참여자간의 상호작용으로서 지
　방정치에서의 행위자와 중앙정치에서의 행위자를 구분할 필요성이 있는 점, 중앙정부는 지방
　정치에 있어서 일차적 행위자가 아니라는 점, 외부의 정부는 환경적 요건으로 추가적인 고려가
　가능하다는 점 등을 고려할 때 타당성이 인정된다. 그럼에도 불구하고 기본적으로 지방외부의

배분은 이들 참여자간의 상대적 영향력의 크기에 따라 결정되게 될 것이다 (Lasswell, 1953). 문제는 참여자간의 상대적 권력의 크기가 같지 않고 따라서 자원배분의 공평성을 확보하기가 쉽지 않다는 것이다. 특히 민주사회의 이념에도 불구하고 기본적으로 통치의 객체로서 존재할 뿐인 대다수 시민은 지방의 정책과정에 유효한 영향력을 행사하기 어려운 것이 현실이며, 이에 따라 지방정책과정에서 힘없는 다수 시민의 이익보호가 어렵게 될 우려가 크다.[2] 이러한 우려는 이미 선행 연구들에 의하여 지속적으로 제기되어 왔다. 예컨대, 엘리트론(Bachrach & Baratz, 1962), 도시성장연합론(Logan & Molotch, 1987), 도시한계론(Peterson, 1981) 등은 매우 설득력 있게 지방정책과정에서 다수 시민의 소외 가능성에 대하여 언급해 온 것이다.

물론 우리는 이러한 우려를 불식하고 지방의 정책과정이 다수 시민의 이익보호를 위한 장이 되도록 노력하여야 한다. 무릇 정책의 목적이 다수 시민의 이익보호(또는 공익실현)에 있다고 했을 때, 지방의 정책과정 역시 다수 시민의 이익보호를 위한 것이 되어야 마땅할 것이기 때문이다.[3] 이러한 관점에서 보건대, 최근 시민사회의 성장에 따라 그 중요성이 점고하고 있는 시민단체가 지방정책과정에서 차지하는 역할에 주목하게 된다. 그 이유는 공익실현을 목표로 하는 조직으로서의 시민단체는 정책과정에서 한편으로는 일부 특수집단의 이익을 견제하면서 다른 한편으로는 시민 다수의 이익을 매개하고 주창함으로써 공익확보에 기여할 것으로 기대되기 때문이다.

물론 시민단체의 매개가 없더라도 시민들은 한편으로는 선거기제를 통하여, 다른 한편으로는 공직자에 대한 접촉, 청원, 진정, 항의 등 직접참여를 통하여 정책과정에서 자신들의 이익 확보를 위하여 노력할 수 있다. 그러나 일반적으로 선거기제는 잘 기능하지 않으며, 시민의 직접참여 역시 시민의식의 미흡과 참여제도의 불비로 활발히 이루어지지 않고 있을 뿐 아니라, 시민참여에

행위자를 지방정치의 행위자 목록에 포함시킬 것인가의 여부는 연구자의 필요와 관점의 문제로 보아야 한다.

2) 시민전체의 경우도 그렇지만 특히 빈곤층, 실업자, 저학력자, 비숙련노동자, 노인, 청소년과 같은 소외계층은 정책과정에 참입할 자원을 결여함으로써 다른 시민계층에 비하여 더욱 소외되게 된다.

3) 엄격히 본다면, 다수시민의 이익이 반드시 공익과 일치하는 것은 아니다. 공익에 대한 실체론적 입장에 따른다면 다수 시민의 이익과 공익은 별개의 문제일 수 있기 때문이다. 그러나 실제에 있어서 다수를 충족시키는 이익을 공익으로 의제할 필요가 크다는 점에서 여기에서는 양자를 유사한 것으로 간주한다(박동서, 1989: 225).

대한 공직자의 반응성조차 매우 낮다. 특히 소외층은 매개체가 없이는 자신의 이익을 대변할 능력이 원천적으로 결여되어 있다(Ridley, 1984). 즉, 소외층을 포함한 시민 스스로의 이익보호를 자발적 노력 및 그러한 노력의 효과에는 한계가 있으며 따라서 이를 보완할 매개체로서 시민단체의 역할이 중시되어야 한다. 물론 시민단체만이 정책과정에서 시민이익의 매개기능을 하는 것은 아니다. 이 외에도 정당, 언론, 이익단체 등도 정책과정에 시민이익을 투사하는 기능을 한다.4) 그러나 상대적 영향력의 크기문제를 제외할 때, 다른 매개집단은 고유의 조직기능을 수행하는 과정에서 부차적으로 시민이익의 매개기능을 하는 것과는 달리, 시민단체는 공익적 차원에서 시민의 이익을 정책과정에 매개하는 것을 주 기능으로 한다는 점에서 구별된다.

이와 같이 시민단체가 정책과정에서 담당하는 매개기능의 중요성에도 불구하고 과연 시민단체가 얼마만큼 그러한 기능을 하고 있는지에 대하여 지금까지 본격적인 연구가 수행된 바 없다. 대부분의 논의는 시민단체가 시민의 이익 확보를 위하여 긍정적인 기능을 할 것이라는 규범적 차원의 논의에 한정되고 있으며, 실제적인 기여도에 대한 평가는 별로 시도된 바가 없다.

이러한 인식에 입각하여 본 장은 시민단체가 과연 정책과정에서 역할기대에 얼마나 부응하고 있는가에 대하여 실증자료에 기초하여 검토하는 것을 목적으로 한다. 구체적으로, ① 시민단체가 얼마나 적극적인 활동을 하고 있으며, ② 그 결과 얼마나 정책과정에 영향력을 행사하고 있는지에 대하여 살펴본다. 이와 같이 하는 이유는 활동이 영향력을 담보해주지 않기 때문이다. 여기에서는 양자간의 비교를 통하여 활동의 효율성을 측정하고자 하며 그렇게 함으로써 시민단체의 다른 정책참여자에 대한 상대적 영향력을 보다 적실히 평가할 수 있게 될 것이다. 이를 위하여 본 장은 시민단체의 활동과 영향력에 대한 조사에 그치지 않고, 다른 매개집단을 조사대상에 포함시켜 상호비교함으로써 시민단체가 전체 지방정책의 장에서 어떠한 위상을 차지하고 있는지를 포괄적으로 평가할 것이다.

---

4) 이러한 매개집단 외에도 정책결정자들 — 의원, 관료 — 도 개인적 차원에서 시민의 이익을 정책과정에 투입하는 매개기능을 담당하기도 한다(Ridley, 1984). 단, 매개기능과 정책결정기능은 혼재되어 구분하기가 용이하지 않은 난점이 있다.

Ⅱ 지방정책과정과 시민단체

1. 시민단체

현대에 이르러 시민의 위상이 강화되면서, 국가와 시장으로부터 구분되는 제3의 영역으로서의 시민사회가 존재하는 것으로 보는 것이 일반화되고 있다. 국가에서는 공권력에 기초하여 시민사회에 대한 일정한 규율이 이루어진다. 시장에서는 재화와 용역의 생산 및 교환이 이루어진다. 이와는 달리 시민사회는 권력의 논리와 시장의 논리로부터 상대적으로 독립하여 공적인 의견과 규범이 형성되는 사회정치적 공간이다(정수복, 1994). 시민사회의 주체로서 시민은 국가와 시장과 불가분의 관계를 갖는다. 즉, 국가에 대하여는 선거, 납세의무 등과 같은 권리·의무를 통하여 공적인 관련을 맺으며, 시장에 대하여는 노동의 제공이나 소비행위를 통하여 사적인 연관을 맺는다(허석렬, 1998). 그러므로 시민생활은 국가와 시장이 어떻게 기능하느냐에 따라 중대한 영향을 받는다.

문제는 국가영역에서 정부의 실패가 발생하거나, 시장영역에서 시장의 실패가 나타날 때, 시민사회가 이로 인한 피해에 직접 노출되게 된다는 것이다. 이러한 피해를 배제하기 위하여는 시민사회의 능동적 대응이 요청된다. 그러나 이미 지적한 바와 같이 조직화되지 않은 시민의 직접적인 대응에는 한계가 있다. 이와 관련하여 민주화의 진전에 따라 확장된 시민사회에서 국가영역을 대표하는 정부와 시장영역을 장악하고 있는 기업에 대한 통제 및 대안제시기능을 하는 시민운동이 확산되어 왔다(Weiss & Gordenker, 1996). 이러한 시민운동은 정부와 자본을 타도 내지는 배척의 대상으로 하여 종종 폭력적·비합법적 운동을 추구하는 민중운동과는 달리 정부와 자본을 견제와 타협의 대상으로 하는 온건·비폭력 운동이라는 점에서 구분되기도 한다(정수복, 1994; 김호기, 1997). 그러나 실제로 양자의 차이는 정도의 차이일 뿐, 공히 공익보호를 표방하며, 정부와 자본에 대한 견제 기능을 수행한다는 점에서 많은 유사점이 있다 하겠다. 시민단체는 이러한 시민운동과정에서 발생·성장한 시민의 자발적 결사체라 하겠으며 복지, 노동, 사회정의, 환경, 교육 등 다양한 사회적 문제에 대하여 공익적 차원에서의 대안을 제시함으로써 시민사회의 이익을 보호하는 기능을 하게 된다.

이러한 시민단체는 최근 관심이 증대되고 있는 비정부조직(NGO: Non-Gov-ernmental Organization)의 하나로서, ① 정부로부터 직접적인 통제를 받지 않는 비정부조직, ② 영리를 추구하지 않는 비영리조직, ③ 조직구성원의 이익이 아니라 공익(公益)을 추구하는 조직이라는 특징을 갖는다.[5] 이 외에 산발적 운동이 아니라 조직화되어 있을 것(Green & Mattias, 1997: 25; 손봉호, 1994), 자발적 조직이어야 할 것 등이 추가적으로 제시되고 있지만, 대개의 단체가 정도의 차이는 있지만 운동을 위하여 어느 정도 조직화되어 있고, 또한 비영리기관의 경우 자발적 참여를 근간으로 하는 경우가 대부분이므로 굳이 이들 요소를 핵심적 특징으로 제시할 필요는 없다고 본다.

한편, 시민단체의 활동은 공익적 입장에서의 정부와 자본에 대한 의사표현 및 통제활동, 시민성의 고취 즉, 시민교육 활동 등을 수행한다. 본 장은 지방의 정책과정에서 시민단체가 정부에 대하여 어느 정도의 활동을 하며, 어느 정도의 영향력을 발휘하느냐에 관심을 갖는다. 이는 지방정책과정에서의 참여자의 행위는 정부의 공식적 권한행사를 축으로 이루어진다는 것을 감안한 것이다.

2. 지방의 시민단체

지방에는 다양한 단체가 활동을 통하여 지방정부의 정책과정에 영향력을 미친다. 이러한 단체에는 시민단체를 비롯하여, 주민조직, 노동단체, 정당, 기업, 영세상인, 언론, 종교집단 등이 망라된다(Herson & Bolland, 1990; Kweit & Kweit, 1990: 148-166, 201-216). 우리의 관심은 이들 단체 중에서 시민단체가 상

---

5) 비정부조직이 무엇인가에 대하여는 논자에 따라 다양한 이해와 정의가 내려지고 있다. 좁게는 시민단체와 동일시하는 의견으로부터(허석렬, 1980), 넓게는 정부의 지배를 받지 않는 사적 조직 전부를 지칭하는 것으로 보는 의견까지를 망라한다. 가장 혼란이 많은 부분은 공익성(externality) 추구 여부를 비정부조직의 특성으로 인정할 것인가 하는 데 있다. 구체적으로, 기업 단체, 노동조합 등 사익단체를 비정부기구에 포함하는 입장(Salamon, 1992; Ridley, 1984)과 포함하지 않는 입장(Weiss & Gordenker, 1996; Green & Mattias, 1997)이 대립되고 있다. 생각건대, 기본적으로 비정부조직이 정부와 자본으로부터 독립하여 시민사회의 이익을 정책과정에 투입하는 데 본연의 기능이 있다는 점을 감안할 때, 공익성은 중요한 기준이 될 필요가 있다 할 것이다. 즉, 비정부조직의 외연을 지나치게 확장하는 것은 바람직하지 않다는 것이다. 이와 같이 공익성을 비정부조직의 특성으로 파악할 때, 비정부조직에는 시민단체를 포함하여 자금 조성단체, 종교단체, 서비스 공급단체 등이 포함될 수 있을 것이다(Salamon, 1992).

대적으로 얼마나 영향력을 발휘하고 있는가 하는 것이다.

주지하다시피 우리나라는 정치·경제·사회적으로 중앙집중이 극심하다. 시민단체의 경우도 이에서 예외는 아니다. 중앙차원에서만 활동 중인 시민단체는 물론이고, 경실련, YMCA, 홍사단, 환경운동연합, 기윤실 등과 같이 지방단위에 지부를 설치하고 있는 전국 규모의 시민단체의 경우에도 집권성은 예외가 아니다. 단체의 활동은 수도권을 중심으로 이루어지고 있는 형편이며 지방의 활동은 중앙에 비하여 현저히 뒤지고 있는 형편이다. 조직적으로 집권적일 뿐만 아니라 시민단체들이 노력을 경주하는 대상 이슈도 주로 중앙 또는 전국 차원의 이슈에 집중되고 있으며, 지방의 문제에 대하여는 상대적으로 관심이 소홀한 형편이다.

물론 지방에서도 적지 않은 시민단체가 활동하고 있으며 이들은 나름대로 지역의 문제에 대하여 공익적 차원에서 정책영향력을 발휘하고 있는 것으로 보고되고 있다. 예컨대, 김신일 등(1994)은 비교적 시민운동이 활발한 것으로 평가되고 있는 부천시의 경우 부천사랑청년회, 석왕사 청년회, 민주노동청년회, 한길노동연구소, 노동법률상담소, 부천노동사목, 한백누리, 한누리 노동청년회, 민주운동협의회, 새날노동자회, 노동문제연구소, 더큰소리, 문학회글마을, 복사골마당,그루터기, 흙손공방, 주거연합, 동부천 시민회의, 부천 YMCA, 여성노동자회, 대한노인회, 재향군인회, 바르게살기운동, 민주산악회, 청년회의소, 장애자협회, 새마을운동, 자유총연맹, 소비자보호상담소, 라이온스, 로타리클럽 등 많은 시민단체가 존재하고 있으며, 또한 이들은 상당한 정책영향력을 발휘하고 있는 것으로 보고하고 있다. 그러나 부천시는 상대적으로 시민단체의 활동이 활발한 지역으로 알려져 있으며 따라서 대부분 지방에서의 시민단체의 활동은 부천시 수준에 못 미칠 것으로 추정된다.

대체적으로, 중앙차원에서 활동하고 있는 시민단체와 비교할 때, 지방차원에서 활동 중인 시민단체는 조직자원이 취약함에 따라 활동수준이 상대적으로 취약한 형편이며, 이에 따라 지방정책과정에서 시민단체가 수행하는 매개기능 역시 상대적으로 미흡할 것으로 판단된다. 이러한 현상은 중앙의 지부형식의 단체나 지방의 자생적인 시민단체의 경우를 막론하고 공히 적용된다. 이는 지방시민단체가 안고 있는 조직차원의 취약성은 기본적으로 우리 경제사회의 중앙집중에서 비롯되는 구조적인 것이기 때문이다.

그러나 중앙차원에 비하여 상대적으로 미흡하다고 해서 지방정책과정에서 시민단체가 수행하는 매개기능을 무시할 수는 없다. 그 이유로는 ① 위에서 언급한 바와 같이 중앙에 비하여 상대적으로 취약하기는 하지만 지방차원에서도 나름대로 다양한 시민단체의 활동이 이루어지고 있으며, 그에 따라 지방정책이 영향을 받게 된다는 점, ② 같은 활동 수준이라 하더라도 지방정치 자체의 크기가 중앙차원의 그것에 비하여 작기 때문에 상당한 영향력을 발휘할 수도 있을 것이라는 점, ③ 지방에서는 중앙에 비하여 정책결정자와 시민사회와의 거리가 상대적으로 가깝기 때문에 적은 자원으로 정책과정에 접근할 가능성이 있다는 점 등을 들 수 있다.

한편, 넓게 볼 때, 시민단체는 주민회, 부인회, 노인정, 향우회, 조기축구회, 학부모회 등과 같은 주민조직을 포함한다. 이들 주민조직 역시 시민단체의 특징인 비정부성, 비영리성 등의 측면을 공유하기 때문이다. 다만, 이들 주민조직은 균질화된 지역사회(community, neighborhood)를 기반으로 하는 단체이며, 일반적으로 공익보다는 조직원의 이익(共益)을 추구하며, 조직 및 활동의 안정성, 전문성 측면에서 시민단체에 비하여 상대적으로 취약한 경향을 보여 차별된다. 이를 고려하여 여기에서는 시민단체를 주민조직과 구별하여 파악한다.

Ⅲ 지방정책과정에서의 시민단체의 참여실태

1. 자료 및 분석방법

시민단체의 지방정책과정에 대한 활동 및 영향력 측정을 위한 자료는 기초자치단체의 정책결정자 —단체장, 지방의회의장, 부단체장— 에 대한 설문조사결과를 활용하였다.[6] 설문조사는 우편조사에 의하였으며 1996년 7월~9월 중에 시행되었다. 회수율은 단체장의 경우 46.5%(대상자 230명 중 107명 응답), 부단체장의 경우 38.7%(230명 중 89명 응답), 지방의회의장의 경우 36.1%(대상자 230명 중 83명 응답)였는데 전체적으로는 40.4%(대상자 690명 중 279명 응답)가 된다. 아울러 설문조사로 파악되기 어려운 내용파악을 위하여 2000년 6월~12월

---

6) 지방의회의장에 대한 설문이 불가능한 경우, 부득이 지방의원으로 대치하였다. 설문은 개인 차원의 문항이 아니라 지방의회 차원의 문항으로 구성되어 있으므로 설문대상의 대치에 따른 문제는 크지 않을 것으로 판단된다.

의 기간 동안 지방의 정책결정자를 대상으로 한 개별면접을 시행하였다.

이와 같이 지방의 정책결정자를 조사대상으로 정한 이유는 이들이 정책의 공식적 결정자로서 지방정책과정의 참여자들의 활동상황 및 정책에 대한 영향력을 전반적으로 잘 파악할 수 있는 위치에 있다는 점을 고려한 것이다(Hajnal & Clark, 1998). 이에 대하여 시민단체에 대한 정보획득을 위하여는 시민단체를 일차적인 조사대상으로 해야 할 것이라는 지적이 있을 수 있다. 그러나 시민단체는 자신의 활동수준에 대하여는 어느 정도 정확한 정보를 갖고 있다 하겠으나, 정책영향력에 대하여는 시민단체 자신도 정확히 판단할 입장에 있지 않은 경우가 많을 것이다. 시민단체의 요구에 의하여 명시적으로 정책의 변화가 초래된 경우를 제외하고는, 정책결정과정에서 자신의 요구나 선호가 얼마나 어떠한 방법으로 반영 또는 반영되지 않았는지를 파악하기 곤란할 것이기 때문이다. 더욱이 공식적 정책결정자가 아닌 시민단체가 다른 참여자의 상대적 활동상황 및 영향력에 대하여 정확한 평가를 제공할 입장에 있지 않다는 점도 고려되어야 한다. 요컨대, 정책결정과정에서의 참여자의 활동상황이나 영향력에 관한 한, 정책결정자 자신을 제외하곤 누구도 정확한 정보를 제공할 입장에 있지 않다고 보는 것이 타당할 것이다. 이러한 판단은 정책결정자와 시민단체의 활동가들과의 면접을 통하여도 지지되었다. 그럼에도 불구하고 시민단체를 대상으로 한 조사가 무용한 것은 아니며 최소한 보완적인 의미에서 유용할 것이다. 다만, 대상 시민단체의 선정문제 및 시간·인력의 문제로 시민단체에 대한 설문조사는 시행하지 않았다.

아울러 조사시점 후의 상당한 기간 경과 및 조사시점과 공무원 면접시기 간의 시차 등에 따라 조사결과의 적용에 일정한 제약이 있을 것이라는 지적이 있을 수 있다. 이러한 지적은 해당 기간 동안 상황변화 및 공직자의 인식변화 등이 있을 수 있기 때문에 일응 타당하다. 다만, 해당 기간 동안 지방정책과정을 근본적으로 변화시킬 만한 근본적 환경변화는 없었다고 생각되며 따라서 기본적 조사결과의 적용은 여전히 타당할 것으로 사료된다.

단체장, 지방의회의장, 부단체장의 응답결과는 단순통합하여 단일의견으로서 분석되었다. 이에 대하여 정책결정자 집단별 유효표본의 규모가 다소 상이하므로 이에 따른 분석결과의 왜곡이 우려될 수 있다. 이상적으로는 유효표본의 수를 동일하게 하도록 조사를 시행하여야 하겠으나 우편조사의 특성상 그와 같은 결과는 얻지 못하였다. 한 가지 사후적 대안은 표본규모를 고려하여 비중을 달리하여(case weighting) 분석에 적용하는 것이다. 그러나 사례별로 가중치를 달리하여 분석한 결과와 그렇지 않은 결과와는 거의 차이가 없게 나타났다. 이는 실제로 정책결정자집단간 표본규모의 격차가 현저하지 않기 때문인 것으로 생각되는바,[7] 따라서 본 장에서는 표본규모에 인위적인 가중치를 적용하지 않고 표집결과를 그대로 분석에 적용한다.

2. 활   동

[표 14−1]은 지방정책과정의 참여집단(또는 매개집단)의 활동수준에 대한 정책결정자의 응답을 요약하여 제시한 것이다. 이와 같이 참여집단을 망라하여 비교함으로써 시민집단의 상대적 활동을 보다 유의미하게 파악할 수 있을 것이다. 먼저 [표 14−1] 하단 주 1)에 제시한 Friedman 분석결과는 참여집단의 종류에 따라 활동수준에 통계적으로 유의미한 차이가 있음을 가르쳐 준다(p<.000). 한편, [표 14−1]은 시민단체의 정책과정에서의 활동수준이 절대적인 기준에서 볼 때 적극적인 편임을 보여준다(평균점수=3.82). 또한 [표 14−1]은 시민단체가 지방정책과정의 참여집단 중에서 가장 적극적으로 활동하고 있음도 보여준다(1위).[8] 지방정책과정에서 시민단체에 대한 역할기대가 시민사회의 대변자 역할이라고 했을 때, 이러한 결과는 시민단체가 역할기대에 부응하는 활동을 수행하고 있음을 가르쳐주는 증거가 된다 하겠는바, 이는 일반주민의 정책과정 참여도(평균 점수=3.37)가 시민단체의 그것(평균점수=3.82)에 훨씬 미치지 못한다는 점에서 확인된다. 즉, 시민단체는 시민의 낮은 정책참여도를 보완하고 시민의사의 대변자 역할을 수행하고 있는 것으로 평가되는 것이며, 이러한 결과는 중앙에 비하여 지방차원의 시민운동기반이 취약하다는 현실을 감안할 때, 매우 고무적인 결과라 할 것이다.

한편, 조직자원, 정치적 연계통로 등에서 불리한 열위집단(nonprivileged group: 주민조직, 시민단체, 노동조합, 영세상인 등)에 비하여 우위집단(privileged group: 지구당, 기업, 언론, 종교집단 등)의 정책과정 참여도가 높을 것이라는 일

---

7) 중간수준의 회수율을 보인 부단체장의 경우를 기준으로 할 때, 표본규모의 격차는 20% 범위 이내에 있다.

8) 이러한 시민단체의 활동수준은 2위로 평가받고 있는 주민조직의 활동수준에 비하여 통계적으로 유의미한 수준에서 우위를 보이는 것이다(P<.001).

표 14-1 | 참여집단별 활동수준에 대한 평가 　　　　　　　　　　　　　(단위: N(%))

	매우 소극적	약간 소극적	보 통	약간 적극적	매우 적극적	계	평 균	순 위
주민조직	3(1.1)	39(13.8)	83(29.4)	84(29.8)	73(25.9)	282	3.66	2
시민단체	3(1.1)	31(11.1)	68(24.6)	85(30.8)	89(32.2)	276	3.82	1
노동조합	2(0.9)	37(16.4)	72(32.0)	67(26.8)	47(20.9)	225	3.53	4
지 구 당	4(1.6)	23(9.5)	83(34.1)	77(31.7)	56(23.0)	243	3.65	3
기 업	3(1.1)	33(12.5)	108(40.9)	84(31.8)	36(13.6)	264	3.44	6
영세상인	12(4.6)	64(24.4)	106(40.5)	50(19.1)	30(11.5)	262	3.08	8
언 론	2(0.8)	21(8.0)	122(46.6)	76(29.0)	41(15.6)	262	3.51	5
종교집단	6(2.5)	49(20.2)	110(45.3)	53(21.8)	25(8.8)	243	3.17	7
일반주민	8(2.9)	54(19.3)	92(32.9)	78(27.9)	48(17.1)	280	3.37	–

주 1) Friedman test 결과: N=188, chi square=165.309, df=8, p<0.000
주 2) 구체적인 질문은 "다음의 집단은 귀 자치단체의 정책결정과정에서 자신들의 정책선호를 실현시키기 위하여 얼마나 적극적이라고 생각합니까?"였으며, 평균점수는 매우 소극적 =1, 소극적=2, 보통=3, 적극적=4, 매우 적극적=5로 간주하여 합산평균한 결과이다.
주 3) 활동수준의 평가기준은 4.5 이상=매우 적극적, 3.5~4.5 미만=적극적, 2.5~3.5 미만= 보통, 1.5~2.5 미만=소극적, 1.5 미만=매우 소극적으로 적용함.
주 4) 일반주민은 매개집단은 아니지만 비교를 위하여 항목에 삽입하였음.

반적 예측과는 달리 이들의 참여수준은 객관적 수준에서나 상대적 수준에서나 높지 않게 나타나서 주목된다. 즉, 지구당(3위)을 제외한 기업(6위), 언론(5위), 종교단체(7위)의 활동수준이 다른 집단에 비하여 오히려 낮게 나타난 것이다. 그 중에서도 기업의 활동수준이 낮게 나타난 것은 특기할 만하다. 이 같은 결과에 대하여는 시민사회의 성장에 따른 시민사회단체들의 활성화 추세에 따른 반사적 결과라는 설명, 우위집단은 다른 단체에 비하여 수적으로 많지 않기 때문에 정책결정자에 대한 현시성이 상대적으로 낮을 것이라는 설명, 우위집단은 이른바 잠재적 권력(Lukes, 1974)이나 체계적 권력(Stone, 1980)에 관한 논의가 시사해주듯이 가시적 활동이 아니더라도 정책결정자로부터의 자발적·우호적인 대응이 있기 때문에 스스로 적극적 활동을 전개할 필요가 적은 때문이라는 설명, 또는 특히 우리의 경우 우위집단과 정책결정자 간의 관계가 현시적인 집단관계에서가 아니라 비가시적인 개별적 차원에서 전개되는 경향이 있기 때문이라는 설명(박종민, 2000) 등이 제시될 수 있을 것이다. 그러나 보다 정확한 설명을 위하여는 이상의 설명을 포함하여 보다 본격적인 연구가 요구된다 하겠다. 그럼에도 불구하고, 영세상인(8위)에 비하여 기업집단이 상대적 우위를

보였다는 점에서 집단의 자원, 정치적 연계통로가 활동의 적극성에 영향요인
으로 작용할 가능성을 전적으로 부정하기는 어렵다 할 것이다.

3. 영 향 력

앞에서 시민단체의 정책과정에서의 활동에 대하여 살펴보았으나, 참여집
단(시민단체 포함)의 활동수준이 곧 지방정책에 대한 참여집단의 영향력을 담보
하는 것은 아니다. 참여집단의 지방정책에 대한 영향력은 집단의 활동수준 외
에 정책문제의 성격, 사회경제적 환경, 정책결정자의 선호, 정책결정자 내부적
역학관계 등 다양한 요인에 의하여 결정되기 때문이다. 따라서 참여집단의 정
책영향력을 알아보기 위하여는 참여집단의 활동과는 별도로 영향력에 대한 직
접적 평가가 필요하다. 이를 위하여 참여집단의 정책과정에 대한 영향력에 대
한 정책결정자의 평가를 [표 14-2]에 요약하여 제시하였다.

우선 [표 14-2] 하단 주 1)에 제시한 Friedman 분석결과는 참여집단의
종류에 따라 영향력 수준에 통계적으로 유의미한 차이가 있음을 가르쳐 준다
(p<.000). 한편, [표 14-2]에서 보듯이 시민단체의 정책과정에서의 영향력은

표 14-2 | 정책에 대한 참여집단별 영향력   (단위: N(%))

	매우 약함	약 함	보 통	강 함	매우 강함	계	평균	순 위
주민조직	6(2.1)	56(19.9)	107(38.1)	97(34.5)	15(5.4)	281	3.21	3
시민단체	8(2.9)	39(14.3)	115(42.3)	88(37.4)	22(8.1)	272	3.28	2
노동조합	13(5.8)	49(21.9)	109(48.7)	44(19.6)	9(4.0)	224	2.94	5
지 구 당	13(5.2)	31(11.3)	115(45.6)	81(32.1)	12(4.8)	252	3.19	4
기 업	10(3.7)	61(22.8)	141(52.8)	51(19.1)	4(1.5)	267	2.92	6
영세상인	33(12.5)	90(34.2)	112(42.6)	26(9.9)	2(0.8)	263	2.52	8
언론	5(1.9)	17(6.3)	116(43.0)	109(40.4)	23(8.5)	270	3.47	1
종교집단	16(6.4)	62(24.8)	124(49.6)	40(16.0)	8(3.2)	250	2.85	7
일반주민	15(5.3)	73(26.0)	114(40.6)	65(23.1)	14(5.0)	281	2.96	-

주 1) Friedman test 결과: N=197, chi square=284.612, df=8, p<0.000
주 2) 구체적인 질문은 "다음의 집단은 귀 자치단체의 정책결정과정에서 얼마나 영향력이 크다
고 생각합니까?"였으며, 평균점수는 매우 약함=1, 약함=2, 보통=3, 강함=4, 매우 강함
=5로 간주하여 합산평균한 결과이다.
주 3) 활동수준의 평가기준은 4.5 이상=매우 강함, 3.5~4.5 미만=강함, 2.5~3.5 미만=보통,
1.5~ 2.5 미만=약함, 1.5 미만=매우 약함으로 적용함.
주 4) 일반주민은 매개집단은 아니지만 비교를 위하여 항목에 삽입하였음.

보통수준에 머물고 있다(평균점수=3.28). 그러나 절대적 수준에서는 시민단체만이 아니라 모든 참여집단이 보통수준 이하에 머물고 있으므로 보다 중요한 관심은 상대적 영향력 수준에 맞추어져야 할 것이다. [표 14-2]에서 보듯이 시민단체의 지방정책과정에 대한 상대적 영향력은 언론에 이어 두 번째로 강한 것으로 나타나고 있는 것이다. 이러한 결과 역시 시민운동기반이 취약한 지방의 현실에서는 의외이기는 하지만, 여하튼 시민단체가 다른 참여집단에 비하여 활발한 활동을 통하여 시민의 대변자 역할을 수행할 뿐 아니라 정책과정에서 시민의 이익을 담보하는 실질적 기능을 하고 있음을 가르쳐주는 결과가 아닐 수 없다. 만일 시민단체의 영향력이 평가와 같이 높은 것이 사실이라면, 이는 시민단체의 적극적인 활동뿐만이 아니라, 운동경험의 축적에 따라 운동내용의 현실 적합도가 높아지고 있고, 민주화의 진전에 따라 정책결정자의 시민단체에 대한 감수성이 높아지고 있는 데서 비롯된 것으로 추측된다.

언론의 영향력이 가장 강한 것으로 평가되고 있다는 점은 특기할 만하다. 중앙정치에서 언론이 갖는 영향력이 지방에서도 동일하게 나타나고 있는 것이다. 이러한 사실은 한편으로는 언론의 정책감시 기능을 통한 행정책임성 담보가 가능할 것이라는 기대를 가능하게 하는 것이지만, 다른 한편으로는 ① 많은 시민단체가 운동효과의 고양을 위하여 언론에 의지하는 경향을 보이는 현실에서 자칫 시민단체의 운동이 언론의 선호에 종속될 우려, ② 지방의 정책결정자가 언론으로부터 부당한 영향을 받게 될 우려를 동시에 제기하는 것이기도 하다. 이러한 결과는 지방정책과정에 있어서 언론의 책임성 강화가 중요하다는 점을 제시해주는 것이다. 언론의 역기능 완화를 위하여는 물론, 행정감시에 대한 언론의 순기능이 발휘되기 위하여는 언론의 책임성이 전제되어야만 하기 때문이다.

아울러 활동수준의 경우와 마찬가지로 기업집단의 상대적 영향력이 하위(6위)에 머물고 있는 점도 주목된다. 이러한 결과는 우위집단에 대한 정책결정자의 우호적 대응을 보고하고 있는 기존의 논의와 연구들(Hajnal & Clark, 1988; Abney & Lauth, 1985; Stone, 1980)을 고려할 때 상당히 이례적인 것이다. 이는 정책결정자의 반응성은 참여집단의 특성과는 무관하며 참여집단의 활동수준과 비례한다고 하면서 이른바 "공정한 교섭가설(fair-lobbying hypothesis)"을 주장하여 주목받고 있는 Hajnal & Clark(1988)에서조차 영향력 차원에서는 기업집단이 우대받고 있는 것으로 나타난 것과도 차이가 있다. 이러한 결과에

대하여는 ① 이유야 어떻든 기업단체의 낮은 활동 때문에 영향력도 낮게 나타
난 것이라는 해석, ② 우위집단의 요구사항은 내용상 지방정책결정자가 수용
하기 힘든 문제인 경우가 적지 않을 것이기 때문이라는 해석, ③ 기존의 논의
가 제시하는 바와 같은 정책결정자와 우위집단 간에 가시적 또는 비가시적 우
호관계가 존재하지 않기 때문이라는 해석, ④ 기업집단의 영향력을 인정할 경
우, 편파적인 정책대응의 불공정성에 대한 비난우려를 모면하려는 응답자의
자기보호성향 때문이라는 해석, ⑤ 기업의 활동이 집단적이기보다는 개별적,
음성적으로 이루어지기 때문에 정책과정에 대한 일반적 영향으로 현시되기 어
려울 것이라는 해석 등 여러 가지 해석이 가능할 것이다. 그러나, 분석자료만
으로는 이들 중 어느 해석이 보다 타당한지는 확실치 않으며 추후 확인을 위
한 연구가 필요할 것이다. 다만, 활동수준의 경우와 마찬가지로 영세상인(8위)
에 비하여 기업집단(6위)의 영향력이 상대적 우위를 보인다는 것은 정책결정자
와 우위조직과의 관련성을 부분적으로나마 지지하는 것으로 해석될 수 있을
것이다.

4. 참여활동의 효율성: 정책 반응성

참여집단의 활동이 영향력을 결정하는 유일한 요인은 아니지만 대개의 경
우 참여집단(특히 정책결정자와의 자발적 우호관계에 있지 않은 시민단체)은 기본적
으로 활동을 통하여 정책과정에 영향력을 행사하려 한다는 점에서 참여집단의
활동에 대한 지방정부의 반응성(responsiveness)은 중요한 관심대상이 된다. 문제
는 지방정부가 참여집단의 사회경제적 지위와 무관하게 참여집단의 활동에 대
하여 공정한 반응을 보이느냐 아니면 편파적인 반응을 보이느냐 하는 것이다.
[표 14−3]은 이를 분석하기 위하여 참여집단의 활동수준순위와 영향력순
위와의 차이를 나타낸 것이다. 우리는 양 영역별 순위의 비교를 통하여 참여
집단이 활동에 비하여 얼마나 영향력(또는 반응성)을 획득하고 있는가를 가늠
할 수 있다. 즉, 활동순위에 비하여 영향력순위가 높으면 활동의 효율성이 높
은 것이며, 활동순위에 비하여 영향력순위가 낮으면 활동의 효율성이 낮은 것
으로 평가할 수 있을 것이다. (C)란은 이를 보다 쉽게 나타낸 것인데, 양수인
경우 숫자가 클수록 상대적으로 활동효율성이 크며, 음수인 경우 숫자가 클수
록 상대적으로 비효율적인 것으로 해석된다. 0은 중간적인 효율성을 갖는 것

표 14-3 | 참여집단 활동의 효율성: 정책반응도

참여집단	활동수준(A)		영 향 력(B)		활동의 효율성 (C=A - B)
	평 균	순 위	평 균	순 위	
주민조직	3.66	2	3.21	3	-1
시민단체	3.82	1	3.28	2	-1
노동조합	3.53	4	2.94	5	-1
지 구 당	3.65	3	3.19	4	-1
기업인/단체	3.44	6	2.92	6	0
영세상인	3.08	8	2.52	8	0
언 론	3.51	5	3.47	1	+4
종교집단	3.17	7	2.85	7	0

으로 판단된다.[9]

[표 14-3]에서 보는 바와 같이 언론의 경우를 제외하고는 활동순위와 영향력순위 간의 차이가 크지 않다. 즉, 절대적인 기준에서 볼 때, 대부분의 참여집단은 활동순위에 접근하는 영향력순위에 있는 것으로 평가받고 있다. 이는 참여집단의 활동에 대한 지방정부의 반응이 기본적으로 공정하게 이루어지는 경향이 있음을 시사해준다. 이는 지방정부의 핵심적 행위자는 관료이며 관료는 객관적·합리적 기준에 의하여 중립적으로 정책을 수행한다고 보는 관료제적 의사결정모형을 간접적으로 지지하는 결과라 할 수 있다(Lineberry, 1977; Mladenka, 1980).

그러나 자세히 보면 크기는 작지만 일정한 왜곡반응의 존재를 발견하게 된다. 즉, 시민단체를 포함하여 주민조직, 노동조합, 지구당은 활동순위에 비하여 상대적으로 낮은 영향력을 갖는 것으로 평가받고 있는 데 반해(각각 변화값 = -1), 기업, 영세상인, 종교집단은 활동순위에 상응하는 영향력순위를 갖는

---

9) 유사한 문제의 분석을 위하여 Hajnal과 Clark(1998)은 "이익집단효율성(interest-group efficiency)"이라는 지표를 만들어 참여집단의 활동에 대한 정부의 반응성을 측정하려 하였다. 구체적으로 이 효율성 지표는 "영향력/활동"으로 표현되는 것인데 수치가 클수록 활동의 효율성이 큰 것으로 평가받는다. 이러한 지표는 척도값(scale)이 다른 상이한 영역 — 활동과 영향력 — 을 비교함에 있어 서열척도를 동간척도로 의제하면서 상이한 척도값을 동일한 척도값으로 처리하는 한계를 안고 있음에도 불구하고 정책반응도를 수치로 파악하게 하는 장점을 갖는다. 그러나 본 장의 관심은 이들이 시도한 바와 같이 집단활동에 대한 정부의 절대적 반응도의 측정에 있지 않고 집단의 활동과 영향력의 상대적 순위의 변화여부에 있으므로 단순히 영역별 서열비교를 통하여 집단활동에 대한 정부의 반응도를 측정하는 것이다.

것으로 나타나고 있는 것이다(각각 변화값=0). 이러한 결과는 적으나마 지방정부가 시민단체를 포함한 열위집단의 활동에 대하여 상대적으로 차별경향을 갖고 있으며, 반대로 우위집단의 활동에 대하여는 상대적으로 우대경향을 갖고 있음을 시사하여 주는 것이다. 물론 열위집단의 하나인 영세상인은 다른 열위집단에 비하여 상대적으로 우대를 받는 것으로 나타나고 있어 이러한 경향을 확정할 수는 없다. 그러나 이러한 예외에도 불구하고 열위집단에 대한 대체적인 차별경향이 관찰되는 것이다. 물론, 앞에서 지적한 바와 같이 순위 차의 절대값이 크지 않으며(변화값=1), 따라서 그 같은 차별의 정도는 중립적 정책모형을 부정할 정도로 현저한 수준은 아니라 하겠다. 다만, 크기와 무관히, 열위집단에 대하여 우대정책(affirmative action)이 아닌 불공정한 대응의 경향이 발견되었다는 점에는 여전히 유의할 필요가 있다 하겠다. 이러한 결과는 지방정부의 중립적 정책대응경향을 전적으로 부정하는 데는 못 미치는 것이라 하겠으나, 그럼에도 불구하고 우위집단에 대한 정책결정자의 우호적 대응을 주장하는 엘리트론을 부분적으로 지지하는 결과라 하겠다. 이러한 결과는 참여집단의 영향력이 집단의 활동수준 외에 조직의 지위, 정책결정자의 정책성향, 지방의 권력구조 등 다른 요인에 의하여도 어느 정도 영향을 받게 된다는 점을 가르쳐주는 것이다.

주목할 것은 언론의 경우이다. 즉, 언론은 낮은 활동순위에도 불구하고(5위), 영향력은 최고의 순위로 평가받고 있는 것이다(변화값=+4). 이와 같이 언론활동의 효율성이 크게 나타난 것은 정보화사회의 진전에 따라 언론이 차지하는 사회적 위상이 증대한 때문이기도 하지만, 언론이 적극적 제언기능보다는 소극적 통제기능을 위주로 운용된다는 점을 고려할 때, 그보다는 오히려 정책과정의 합리성 미흡, 언론의 취약한 책임성, 정책결정자의 언론에 대한 지나친 감수성 등의 요인이 복합적으로 작용한 때문으로 추정된다. 이 중에서도 언론에 대한 지방정부의 감수성은 지방공직자와의 면담을 통하여도 쉽게 확인되는 것이다.

Ⅳ 결 론

지금까지 민주화의 진전에 따라 그 중요성이 점고하고 있는 시민단체의 지방정책과정에서의 활동 및 영향력을 기초자치단체장, 지방의회의장, 부단체장에 대한 설문조사 및 면접결과를 기초로 하여 실증적으로 분석하였다. 분석결과에 기초하여 다음 몇 가지 사항을 결론으로 제시한다.

첫째, 분석결과 시민단체는 지방정책과정의 참여집단 중에서 가장 적극적인 참여자인 동시에 지방정책에 대하여 언론 다음으로 실질적인 영향력을 행사하는 것으로 평가되었다. 이러한 결과는 시민단체가 지방정책과정에서 공익의 대변자 역할을 하는 데 그치지 않고 실질적으로 공익을 담보하는 기능을 수행하고 있음을 확인시켜 주는 것이라 하겠다. 민주주의의 관점에서 볼 때, 이와 같은 시민단체의 기능은 중요한 의의를 갖는다. 현대 민주주의는 불가피하게 대의제에 의하고 있으며 이에 따라 정부의 책임성 문제가 지속적으로 제기되고 있다. 이때 정부의 책임성 확보를 위하여는 시민의 주체적 참여가 필요함에도 열악한 참여환경 또는 참여의식의 부재로 시민참여가 저조하다. 이러한 상황에서 시민단체는 시민사회의 주체이면서도 저조한 참여 때문에 정책의 객체로 소외되고 있는 시민의 입장에서 시민의 이익을 대변하고 주창함으로써 민주주의의 실질화에 기여하게 되는 것이다. 이러한 관점에서 볼 때, 상대적으로 열악한 환경에도 불구하고 시민단체가 활동이나 영향력 면에 있어서 상당한 수준에 있는 것으로 평가받고 있는 것은 고무적인 일이라 하겠다.

둘째, 참여집단의 활동순위와 영향력 순위의 비교를 통하여 집단의 활동에 대한 지방정부의 대응성을 분석한 결과, 시민단체를 포함한 참여집단에 대한 지방정부의 반응이 기본적으로 차별적이지는 않은 것으로 평가되었다. 그러나 동시에, 정도는 약하지만 시민단체를 포함한 열위집단에 대한 차별적인 경향도 확인되었다. 이러한 결과는 기본적으로 관료의 정책행태에 기초하여 지방정책의 중립성을 제시한 소위 관료제적 의사결정모형을 지지하면서도, 부분적으로는 정책결정자의 우위집단에 대한 우호적 반응을 지적하여 온 엘리트론 내지는 계층이론에 부합하는 복합적 결과라 하겠다. 이와 같은 복합적 결과에 대한 해석의 방향은 논자에 따라 차이를 보일 것이다. 즉, 중립성을 강조하는 입장에서는 전자를, 계층성을 강조하는 입장에서는 후자를 강조할 가능성이 있다. 어떻게 이와 같은 상충을 해소할 수 있겠는가? 한 가지 가능성은 정책유형에 대한 추가적인 관심이다. 즉, 정책유형에 따라 참여집단의 활동에 대한 정책결정자의 반응성이 차이를 보이는 경우, 이와 같이 복합적인 결과를 해소할 결과의 도출이 가능할 것인바(이승종, 1990), 이는 참여집단의 활동에 대한 정책반응에 대한 향후 연구과제를 제시해주는 것이다.

셋째, 분석결과는 시민단체의 활동지향과 관련하여 중요한 실천적 시사를 제공하여 준다. 우선, 정책과정에서의 시민단체의 활동 및 영향력에 대한 긍정적 평가는 공익신장을 위하여 향후 시민단체의 활동을 보다 강화할 필요가 있음을 가르쳐준다. 이와 관련하여 Hajnal & Clark(1998)은 매개집단에 대한 정부의 정책대응이 평등하다는 전제하에 참여집단 일반의 활동강화가 필요하다고 처방하고 있다. 그러나 이와 같은 획일적 처방을 전적으로 수용하기는 어렵다. 분석에서 확인한 바와 같이 단체의 활동 및 영향력은 조직의 자원 등 조직의 사회경제적 위상과 무관하게 이루어지지 않으며, 따라서 조직의 위상과 무관히 활동의 확장을 주문하는 것은 온당한 처방이 될 수 없다. 우리는 [표 14-3]으로부터 정도는 크지 않지만 시민단체가 활동의 효율성에 있어서 열위집단에 포함되는 것을 확인하였다. 이러한 결과는 한편으로는 지방정부의 시민단체에 대한 반응성 증대를 촉구하는 것인 동시에, 다른 한편으로는 시민단체의 정책과정에서의 영향력 강화를 위하여는 활동의 단순증가보다는 활동전략의 내실화가 필요함을 제시하여 주는 것이다. 시민단체가 보유하고 있는 열악한 자원을 고려할 때, 시민단체의 활동의 효율성 확보는 결코 작은 문제가 아니다. 이와 관련하여 정책결정자와의 연계 확보를 위한 전략, 정책과정에의 접근기조(갈등전략 또는 협조전략)의 선택, 시민운동 구성원의 자질 향상을 위한 교육, 시민단체간의 협조체제 구축 등에 대한 고려가 필요할 것이다.

▌Ⅰ 문제의 제기

폐쇄적 국경에 의하여 규정되는 국가를 단위로 한 국민국가체제는 오늘날 두 가지 상반된 변화를 겪고 있는바, 그 하나는 구심적 방향의 변화로서 지방화이며 다른 하나는 원심적 변화로서 세계화이다.[1] 지방화란 종래 국가가 독점하여 온 권력을 지방의 정치단체에게 분산하는 것 즉, 지방자치화를 말하는바, 우리나라에서는 지난 1995년 6·27 지방선거를 통하여 지방자치의 외형적 기구를 마련함으로써 본격적인 지방화시대가 개막되었다.[2] 세계화란 동서이념분쟁의 종식과 기술·교통·통신의 발달에 힘입어 국가간의 상호관계가 긴밀하게 되는 현상 즉, 국제사회에서 국경, 국적, 또는 국명으로 인한 교류의 장벽의 중요성이 과거에 비하여 현저하게 낮아지고 국가간의 경쟁과 상호의존이 심화되면서 전체적으로 지구촌화의 정도가 높아지고 있는 현상을 말한다.[3]

이러한 변화에 능동적으로 대응하기 위하여는 기본적으로 정부가 안으로는 종래와 같이 지방을 아래로 보는 권위적 태도를 버리고 지방을 상호동반자 관계로 파악하는 새로운 인식을, 밖으로는 폐쇄적 태도를 버리고 보다 전향적으로 경쟁과 협력을 추구하는 자세를 소유할 것이 요청된다. 그러나 이러한 요

---

1) 지방화(localization)와 세계화(globalization)을 합하여 세방화(glocalization)라 부르기도 한다.

2) 지방화에 따라 국가와 지방은 더 이상 독단적이거나 피동적인 결정을 할 수 없게 되었으며 이에 따라 전체적으로 공공의사의 결정은 보다 민주적으로 변화하게 될 것이다.

3) 세계화는 국제화와 유사한 개념이다. 굳이 양자를 구분한다면 전자는 지구촌을 범주로 삼아 지구촌의 일원으로서 어떻게 살아갈 것인가에 초점을 둔 이상주의적 입장이며, 후자는 보다 현실적인 입장에서 국가를 인식의 범주로 삼아 국가간의 관계를 어떻게 조율하여 나갈 것인가에 초점을 둔 개념이라고 구분할 수 있다(이홍구, 1994).

청이 정부에만 해당하는 것은 아니다. 나아가서 국가와 지방, 그리고 나아가서 초국가적 실체를 구성하는 시민 역시 새로운 시대적 조류에 부합하는 새로운 시민의식을 소유할 것이 요청된다.[4] 지방화나 세계화와 같은 대국적 추세 (mega-trends)는 사회의 어느 일부분에 국한하여 일어나는 것이 아니라 사회전 반에 걸쳐 영향을 미치는 것으로서, 정부 또는 일부 소수집단의 인식전환만으로 충분한 대응이 이루어질 문제가 아니기 때문이다.

그러나 최근 우리사회에서 표출되고 있는 일련의 부정적인 현상은 시민의 식에 대하여 적지 않은 우려와 함께 시민의식 개선에 대한 관심을 불러일으키 고 있다. 지방화와 관련하여는 지난 지방선거과정에서 나타난 연고주의, 금품 수수, 투표불참, 혐오시설의 입지 등을 둘러싸고 나타나는 지역이기주의, 지방 자치에 대한 무관심을; 세계화와 관련하여는 외국인 노동자 박해, 중국교포 사 기, 해외에서의 우리 시민의 불건전한 행태 등을 그 예로 들 수 있다. 물론 이 러한 현상이 전적으로 시민의식 탓이라고 단정할 수는 없다. 정부의 무책임성 또는 제도의 불합리에 기인한 측면이 많기 때문이다. 그러나 그렇다고 해서 시 민의식에 면죄부를 줄 수는 없다. 아무리 정부가 노력하고 제도가 합리화되더 라도 시민의식이 미흡하면 그와 같은 부정적인 현상은 계속될 수밖에 없고 이 는 세계화에 대한 능동적 대응이나 지방화의 정착에 심대한 장애요인으로 작용 할 것이기 때문이다. 더욱이 작금 나타나고 있는 부정적 현상이 상당부분 미흡 한 시민의식에 기인하고 있다는 인식이 확산되어 있다는 점을 고려할 때, 시민 의식의 개선은 당연히 관심의 대상으로 부각될 수밖에 없다. 강조할 것은 시민 의식고양에 대한 관심이 국내에만 한정된 것은 아니라는 점이다. 최근 각국의 정부는 중앙과 지방을 막론하고 고객지향적인 정부혁신(reinventing government) 을 위하여 진력하여 있는바(Clinton & Gore, 1995; Osborne & Gabler, 1993), 이 와 동시에 정부혁신만으로는 부족하다는 인식이 커가면서 시민의식의 혁신 (reinventing citizen)이 아울러 강조되기 시작하고 있다는 점은 참고가 된다(see Schachter, 1995; Etzioni, 1993).

이러한 인식에 입각하여 본 장은 지방화·세계화시대의 바람직한 시민의 식의 정향에 대하여 논의하고자 한다. 한편, 이에 대하여 지방화는 지역성을

---

4) 시민의식에 대하여는 일치된 정의는 없으니 바람직한 시민이 되기 위한 자질로 이해되어도 무 방할 것이다(차경수, 1996).

강조하는 한 국가 내에서의 구심적 변화이며 세계화는 국가의 영역을 초월하여 세계적 책임성을 강조하는 원심적 변화로서 상반된 변화의 성격을 띠고 있으므로 양자를 연관시키는 것은 모순이라는 지적이 있을 수 있다. 그러나 세계화에 따라 국경이 갖는 의미가 퇴색하게 됨으로써 국가뿐 아니라 지방이 국제사회에 직접적으로 노출되게 되었다는 점에서 지방화와 세계화는 상호연관된 현상이 아닐 수 없다.5) 그러므로 지방화와 세계화를 동시에 연관시켜 시민의식을 논의하는 것은 양자를 분리하여 시민의식을 논하는 것보다 오히려 적실한 시도라 하겠다.

Ⅱ 지방화·세계화시대의 바람직한 시민의식

1. 지방화·세계화와 다중시민성(multiple citizenship)

지방화시대는 시민성을 복수화시킨다. 즉, 종래 자치제 실시 이전에는 국민으로서의 시민성 즉, 국민성(national citizenship)만이 강조되었으나 자치제 실시 이후에는 국민성에 부가하여 자신이 속한 지방의 주민으로서의 시민성 즉, 주민성(local citizenship)이 추가됨으로써 각 시민은 이중적 시민성을 보유하게 되었다. 그리고 이러한 변화에 따라 시민의식도 종래 국민성에 기초한 의식으로부터 국가발전과 지방발전에 동시에 기여할 수 있는 복합적인 것으로 변화되도록 요구받게 되었다.

나아가서 작금 진행되고 있는 세계화추세는 시민으로 하여금 또 하나의 시민자격에 대한 인식을 요구하고 있다. 그것은 다름 아닌 세계민(global citizen)으로서의 인식(세계민의식)이다. 물론 아직 국가와 같은 세계정부의 실체가 등장한 것은 아니므로 세계민으로서의 인식이 다른 것과 같을 수는 없겠지만 그럼에도 불구하고 세계화추세는 인류공동체로서의 세계의 구성원이라는 의식을 촉구한다. 결국, 세계화추세는 시민에게 3중적인 시민자격 —국민성, 주민성, 세계민성— 에 대한 정체의식(identity)을 요구하게 되는 것이다.

---

5) 과거에 지방은 국가에 대한 관계만을 유지하면 되었으나 이제는 외적으로는 국경을 넘어 세계와의 교류를 진행하는 한편, 내적으로는 지역 내의 통합을 유지해야 하는 이중적 도전에 직면하게 되었다는 점도 감안하여야 한다(권태준, 1995).

그리고 이에 따라 시민의식 역시 국가발전, 지방발전에 더하여 세계민으로서 인류의 공존과 번영에 이바지할 수 있는 것으로 변화하도록 요청받게 되었다.

이상의 논의는 지방화·세계화시대의 바람직한 시민의식은 국가에 국한하는 의식이 아니라 지방과 세계를 고려하는 구심적이면서도 확산적인 시민의식이 되어야 함을 가르쳐 준다.

2. 시민의식의 요소

위에서 제시한 바와 같이 지방화·세계화 시대는 시민이 지방이나 국가발전뿐 아니라 세계의 공존번영까지도 관심의 영역으로 포함할 것을 요구한다. 이에 관하여 세 가지 점을 지적하고자 한다.

첫째, 앞서 지적한 바와 같이 종래에는 국민의식만이 강조되어 왔으나, 지방화시대를 맞이하여 주민의식이 새롭게 강조될 필요가 있다는 점이다. 현재 국가적 병폐로 치부되고 있는 지역할거주의는 국민의식이 미흡한 때문이기보다는 오히려 건전한 주민의식이 형성되지 않은 때문이기도 한 점을 고려하더라도 주민의식은 강조되어야 한다. 나아가서 세계화추세를 고려하더라도 주민의식의 중요성은 부각된다. 세계화의 진전에 따라 지방이 국제사회의 중요한 행위자로 등장하고 있기 때문이다. 이러한 상황에서 지방을 제외하고 국가만이 국제경쟁에 진입하려는 것은 기관총을 든 외국에 단총을 들고 대드는 것과 마찬가지이다. 요컨대, 지방화와 세계화는 동시에 주민의식의 강화를 요청하는 환경변화라는 데 대한 인식이 요구된다 하겠다.

둘째, 주민의식은 국민의식을 전제로 하는 것이라는 점이다. 지방은 국가의 구성요소로서 국가와 불가분의 관계에 있으며 국가를 떠나서 존재하는 것은 아니기 때문이다. 그러나 아직도 일각에서는 주민의식을 국민의식에 대립하는 것으로 간주하여 소홀히 취급하려는 경향이 강하다. 최근 사회간접자본시설특별법을 추진하고 있는 중앙의 시도는 다분히 그러한 관점에 기초한 것이라 하겠다. 그러나 지방은 국가 속에 존재하는 것으로서 지방의 발전은 총체적으로 국가발전에 이바지하게 되므로 주민의식과 국민의식을 배타적인 것으로 보는 관점은 타당하지 않다. 오히려 국민의식을 전제로 한 주민의식은 지방의 발전과 국가발전에 공히 긍정적인 기능을 하게 될 것이라는 데 대한 확고한 믿음이 필요하다. 그러나, 국가에 대한 의식이 전제되지 않은 지방의식은 주민의식이 아니라 지역분리주의라 할 수 있으며 국가와 지방의 발전을 저해하게 될 것이므로 지양되어야 한다. 한편, 국민의식을 전제로 하면서도 주민의식에 대한 특별한 관심을 촉구하는 것은 지금까지 중앙집권하에서 주민의식이 무시되어 왔으므로 양자간의 균형을 위하여는 주민의식에 대한 강조가 필요함을 감안한 것이다.

셋째, 지방화·세계화시대가 요구하는 시민의식을 주민의식, 국민의식, 세계민의식을 동시에 포함하는 것으로 규정하더라도 세계민의식을 다른 요소와 같은 비중으로 인정하여 '지나치게' 강조하는 것은 시기상조라는 점이다(차경수, 1994). 그 이유는 ① 아직 세계민이라는 실체를 전적으로 수용할 정도로 세계화가 진행된 상태가 아니기 때문이다. 세계민의식은 현재의 국민국가와 같은 형태의 세계정부가 존재하는 상황하에서 설득력 있게 제시될 수 있다. 그러나 아직 그와 같이 유효한 세계정부는 존재하지 않으며 국제사회는 여전히 국가를 중심단위로 하여 협력보다는 경쟁이 치열한 분산체제의 단계에 있을 뿐만 아니라 이와 같은 상황이 가까운 장래에 획기적으로 변화될 것으로 기대하기도 어려운 실정이다(이승종, 1994). 특히 우리의 경우, 지역간 통합도 제대로 안 되고 있는 상황을 고려한다면 세계민성을 지나치게 강조하기는 어렵다. ② 한국이 세계를 주도하는 중심국가의 위치에 있지 않기 때문이다. 이러한 상황에서 세계화의 강조는 자칫 강대국의 논리를 대변하는 것일 수도 있다. 그러므로 세계민의식을 무비판적으로 강조하는 것은 작금의 세계화의 진전정도나 우리가 세계사회에서 점하고 있는 비중을 고려하지 않은 소치라 할 것이다. 이러한 점을 고려할 때, 세계민의식은 세계정부라는 가상적 정체에 대하여 구성원으로서 갖는 의식으로서보다는 오히려 그러한 공동운명체로서의 세계사회를 적극적으로 성취하고자 하는 의식정향 또는 편협한 지방주의나 국가의식을 초월하여 점차 심화되고 있는 인류의 삶의 상관성을 중시하여 공존번영을 구가하려는 의식정향 정도로 파악하여 충분할 것이다(cf. 라종일, 1995).

그렇다고 해서 세계화추세를 외면하고 국가와 지방만을 강조하는 것은 더욱 곤란하다. 세계화추세는 그 완성도의 문제와는 별도로 이미 거역할 수 없는 추세로서 크게는 인류의 공존번영, 좁게는 국제사회에서의 생존을 위하여서라도 세계화에 대한 "적절한" 대응은 필요한 것이기 때문이다. 그러므로, 시민의식도 세계화에 맞추어 편협성을 탈기하여 그 외연이 확산될 것이 요청된다(Mouffe, 1992: 58). 단, 그것은 어디까지나 주민의식과 국민의식을 근간으로 한 것이어야 한다.

3. 시민의식의 내용

지방화·세계화시대가 요구하는 바람직한 시민의식은 주민의식, 국민의식, 세계민의식을 포괄하는 것이어야 한다고 하였는바, 그러한 시민의식은 구체적으로 어떻게 정향되어야 하는가? 이에 관하여는 논자에 따라서 다양한 항목이 제시될 수 있겠으나 여기에서는 참여의식, 공동체의식, 개방의식 및 민주적 의사결정태도로 나누어 제시하고자 한다. 이들 항목은 공히 주민, 국민, 그리고 세계민으로서 지녀야 할 의식요소로 제시되고 있지만 이 중에서 개방의식은 특히 세계민의식에 관련된 것으로 제시되었다.[6]

1) 참여의식

참여의식이란 정치공동체의 의사결정에 능동적으로 참여하는 의식을 말한다. 참여의식은 정치공동체의 구성원으로서의 시민의 권리이자 의무라 하겠는바(Greenberg, 1983), 이는 개인의 이익을 보호하는 동시에 정치공동체의 이익(공익)을 보호하는 순기능을 갖는다는 점에서 중시되어야 한다(이승종, 1993: 38). 특히 지방화시대를 맞이하여 시민은 주민으로서 지방의 공공의사결정과정에 적극적으로 참여하려는 의식을 가질 것이 요청된다. 지방자치란 주민의 참여를 전제로 한 것이며 따라서 주민참여 없는 지방의 발전은 불가능하기 때문이다(정선영, 1995). 또한 시민은 국민으로서 국정에도 적극적으로 참여하여야 한다. 나아가서 시민은 세계민으로서 세계의 관심사에도 적극적인 관심을 보여야 한다. 예컨대, 빈곤과 기아, 인권, 환경보전, 남북문제 등 세계의 관심사에 대하여 편협한 국가의식에서 탈피하여 인류애를 가지고 적극 관심을 보여야 한다. 이와 관련하여 "세계차원에서 생각하고, 지방차원에서 행동하라"는 명제는 세계공동체에 대한 책임을 수행하기 위한 국내차원의 참여 필요성을 역설하는 것이라는 점에서 주목할 만하다(Mulgan, 1994). 물론 모든 시민이 모든 사안에 대하여 언제나 참여하기는 어려울 것이다. 그러나 최소한 참여할

---

6) 저자는 다른 논문에서 정치교육이 지향하여야 할 의식요소로서 참여의식, 공익의식, 민주적 의사결정태도 세 가지를 제시한 바 있다(이승종, 1996). 여기에서는 특히 세계화와 관련하여 개방의식을 추가한다. 또한 공익의식은 공동체의식으로 달리 표현하였다.

잠재의식만큼은 소유할 것이 요청된다.

2) 공동체의식

시민이 지방, 국가 및 세계에 대하여 갖는 정체의식은 각 대상에 대한 공동체의식으로 승화되는 것이 바람직하다. 공동체의식이란 구성원간 느끼는 귀속의식 또는 유대감을 말한다.[7] 공동체의식은 구성원간의 갈등과 무분별한 경쟁을 완화하고 생산적인 협조와 공정한 경쟁을 증가시킬 수 있다. 물론 공동체의식이 긍정적인 기능만 있는 것은 아니다. 내적으로는 친밀감을 기초로 한 협조와 공정한 경쟁이 이루어지지만 외적으로는 배타주의나 이기주의가 표출되기 쉽기 때문이다. 그러므로 공동체의식이 지방, 국가, 세계에 대하여 순기능을 발휘하기 위하여는 공동체의 외연이 확대될 뿐 아니라 각 단위에 대한 공동체의식이 중첩적으로 형성되어야 한다.

공동체의식의 외연확산 및 중첩성을 지향하는 중에서도 지방단위의 공동체의식은 특히 중시되어야 한다. 왜냐하면 하위단위의 공동체의식이 전제되지 않은 상태에서 상위단위의 공동체의식이 견고히 형성되기는 어렵기 때문이다(김동일, 1995). 그럼에도 불구하고 지금까지의 획일적인 중앙집권통치는 국가와 상호협력하는 지방차원의 공동체의식의 형성을 방해하였고 오히려 국가에 대립적인 지역분리의식만을 강화시켜 왔다. 그러나 이제 지방화시대를 맞이하여 지방공동체의식의 형성이 적극 장려되어야 한다. 지방공동체의식이 전제되어야만 국가공동체의식도 확립될 수 있을 것이나, 지역분리의식이 팽배한 상황하에서는 국가공동체의식이 형성되기 어려울 것이기 때문이다. 같은 논리로, 궁극적으로 지향해야 하는 세계공동체의식도 일차적으로는 지방공동체의식과 국가공동체의식을 전제로 한다는 점도 인식되어야 한다. 요컨대, 지방화와 세계화추세는 공히 지방공동체의식을 요구한다는 것이다. 다행히 지방공동체의식은 다른 공동체의식에 비하여 개인으로부터 심리적 거리감이 가까우므로 상

---

7) 공동체의식은 공동체 전체의 이익에 대한 집합적 관심을 의미하는 "공익의식"과 사실상 같은 말이다. 공동체의식은 집단이나 지역간의 유대감에 초점을 둔 용어이며, 공익의식은 이익이나 복지에 초점을 둔 용어인 차이가 있으나, 공익의식의 범위는 공동체의 범위와 같으며, 공통적으로 사익주의나 이기주의에 반대되는 개념이라는 점에서 같다. 한편, 공동체의식은 시민에게 "적극적 시민의식(active citizenship)"을 요구한다. 적극적 시민의식은 공익에 관하여 실질적인 지혜를 가지고 통치과정에 결정적인 판단을 제시하는 데 참여하는 시민의식을 의미하는바, 이는 공동체론자들의 일관적인 주장이다(Arendt, 1963; Barber, 1984; Stivers, 1990, etc.).

대적으로 쉽게 형성될 수 있을 것이다. 다만, 그러한 지방공동체의식은 국가 및 세계공동체의식과 병존하는 것이어야 하며 폐쇄적인 분리의식이 되지 않아야 함은 물론이다.

나아가서, 최근 심각한 사회문제로 대두되고 있는 이른바 지역 및 집단이기주의 현상은 공동체의식의 중요성을 더욱 부각시켜준다. 만일 사회 내에 공동체의식의 결핍으로 이러한 현상이 계속될 경우, 지방화에 대한 저항 움직임이 힘을 얻게 되고 이에 따라 난산한 지방자치가 다시 후퇴할 가능성이 있기 때문에 공동체의식의 중요성은 재삼 강조되어야 한다.

3) 개방의식[8]

일반적으로 우리 국민은 타 지역, 집단 및 외국에 대하여 폐쇄적이고 자기중심적인 의식을 견지하여 온 것으로 평가되고 있다(김동일, 1995). 그러나 세계화추세는 폐쇄적인 시민의식이 국내사회뿐 아니라 세계사회에 대하여 보다 개방적·진취적으로 변화할 것을 요구한다. 물론 앞에서 지적한 바와 같이 현재의 세계화단계와 우리 국력의 현실을 감안할 때 현 시점에서의 지나친 개방의식의 강조는 문제시된다. 그러나 간과해서는 안 될 것은 세계화가 진행되는 시대상황하에서 이기적인 폐쇄성은 국제사회에서의 고립을 초래할 우려가 있다는 점이다. 더욱이 세계화추세를 고려하지 않더라도 지방화추세에 대응하기 위하여서라도 국내사회에서의 개방의식은 필요하다. 그러므로 시민은 편협한 지역 및 집단이기주의, 맹목적 애국심, 우월감이나 열등감 등을 버리고 타 지역 및 외국에 대하여 자신감을 가지고 관용으로 교호하려는 개방의식을 지니도록 하여야 한다.

개방의식에 대하여 두 가지 점을 지적하고자 한다. 첫째, 외국에 대한 개방의식에 앞서 우선 국내사회에 대한 개방의식이 제고되어야 한다. 내적으로 폐쇄적인 나라가 세계에 대하여 개방적일 수는 없을 것이기 때문이다(라종일, 1995). 그러므로, 국내사회에서 지역간, 계층간, 집단간, 중앙과 지방 간, 남녀간, 노사간 폐쇄성이 완화되고 대화가 이루어질 수 있어야 한다. 특히 현재 망

---

8) 엄격히 본다면 개방의식은 공동체의식과 크게 다르지 않다. 공동체의 범위를 넓게 생각하는 것이 바로 개방의식이기 때문이다. 그럼에도 불구하고 양자를 구분하는 것은 세계화시대를 맞이하여 공동체의 범위를 확대하여 의식하는 것이 필요하다는 점을 강조하는 한편, 세계공동체가 확립되지 않음을 고려한 것이다.

국병으로까지 치부되고 있는 지역할거주의를 고려할 때, 지역간의 개방의식 형성은 절실하다. 이를 위하여는 각 지방이 배타적으로 존재하지 않으며 하나의 국가를 구성하는 공동운명체라는 인식을 바탕으로 상호배척하기보다는 공정한 경쟁과 호혜적인 협력을 추구하는 정신을 소유하여야 한다. 이러한 바탕 위에서 외국과의 진취적·개방적인 경쟁·협력관계가 비로소 가능하여질 것이다.

둘째, 개방의식은 지방과 국가에 대한 확고한 정체의식을 전제로 하는 것이어야 한다. 확고한 정체 의식에 기초한 개방은 세계사회를 향한 경쟁이며 협력의 노력이지만, 그렇지 않은 개방은 종속 또는 동화일 뿐이며 궁극적으로는 지방과 국가의 부정으로까지 이어질 우려가 있다. 자칫 이상주의적인 입장에서 자주적인 정체의식의 상대적 중요성을 무시하고 개방성만을 강조하는 입장도 있을 수 있다. 그러나 세계화는 지역과 국가를 부인하는 것이 아니라 병존을 인정하는 것이며, 이들간의 공존협력과 함께 경쟁을 심화시키는 측면을 동시에 포함하고 있기 때문에 이상주의는 경계되어야 한다.

4) 민주적 의사결정 태도

한정된 사회가치를 놓고 경쟁하여야 하는 인간생활에는 필연적으로 이해관계를 둘러싼 갈등이 발생하기 마련이다. 개인과 개인, 집단과 집단, 지방과 지방, 국가와 국가 간에 걸쳐 갈등은 인류사회의 보편적 현상으로서 이러한 문제의 해결은 공동체의 가장 기본적인 과제가 된다. 문제는 갈등을 여하한 방법으로 해소하여 나가느냐 하는 것이다. 갈등의 원만한 해소를 위하여는 기본적으로 갈등에 포함되는 참여자들이 민주적 의사결정태도를 소유할 것이 요청된다. 민주적 의사결정태도란 무엇인가? 민주적 의사결정태도는 자신만을 긍정하는 이기주의도, 자신을 부정하는 이타주의도 동시에 배격하는 대신, 먼저 상대방의 존재를 인정하는 토대 위에서 타협과 협상을 통하여 평화적으로 문제를 해결하려는 태도를 중시한다. 아울러 민주적 의사결정태도는 문제해결과정에서 다수의견을 존중하되 소수의견을 무시하지 않는다. 이는 민주주의의 사상적 토대가 상대주의에 있는 데서 비롯되는 것인바, 상대주의에 의하면 나의 이익이나 권리는 남의 이익이나 권리와 똑같이 존중되어야 하며 따라서 참여자간의 타협과 협상이 의사결정의 규준이 된다.

이러한 민주적인 의사결정태도는 참여자 모두가 어느 정도의 만족을 얻을 수 있게 하는 장점이 있다. 반면, 비민주적인 방식으로 폭력과 억지에 의하여 자기만의 이익을 추구하는 태도는 상대방의 반발을 일으켜 대립과 반목을 일으키고 결국은 공동체의 발전을 저해하게 되므로 바람직하지 않다.

이러한 민주적 의사결정태도는 사실상 별개의 시민의식요소라기보다는 위에서 제시한 세 가지 시민의식이 원만히 발현되기 위한 조건으로서의 성격을 갖는다. 즉, 참여행위에 있어서, 공동체 내부의 문제를 다룸에 있어서, 외부와의 교호작용을 함에 있어서 시민의 민주적 의사결정태도 소유여부는 그러한 행위의 효과를 가늠하는 중요한 조건으로 기능하는 것이다.

III 시민의식의 실태

앞에서 지방화·세계화시대의 바람직한 시민의식의 정향으로 네 가지를 제시하였는바, 이를 분석의 기준으로 삼아 우리 시민의식의 현주소를 간단히 평가하여 보자. 자료의 출처는 조영달 외의 조사(1995)이다.9)

1. 참여의식

우리나라 시민의 참여의식 수준에 관하여는 의견이 갈린다. 한편에서는 우리나라의 경우 정치과정에 직접적으로 영향을 미치는 압력활동, 단체활동, 또는 선거운동 참여와 같은 활동에 비해 투표참여가 압도적으로 높은 소위 "참여구조의 이중성"에 근거하여 우리나라 시민의 참여의식에 대하여 회의적인 시각이 있다(배성동 외, 1975). 다른 한편으로는 정치참여의 수준이 낮은 이유가 반드시 참여의식이 낮기 때문이라고는 할 수 없으며 그 밖의 다른 환경적 요인 때문이라는 시각이 있다. 예컨대, 박동서, 김광웅(1987: 107) 교수는 한국인의 정치참여가 낮은 수준이기는 하지만 정치참여가 사회경제적 배경과는 유의미한 상관관계를 보이면서도 의식수준과는 유의미한 상관관계를 보이지 않는다는 조사결과를 보고한 바 있다.

이와 관련하여 [표 15-1]은 참여의식은 다수의 지혜가 소수엘리트의 지혜보다 낮다는 인식에서 출발하는 것이라는 전제하에서, "일부 전문가의 의견

_____

9) 본 연구는 서울과 춘천의 15세 이상 시민 약 2,700명(유효응답자 기준)을 대상으로 한 의식 조사로서 1995. 5~8간에 시행되었다.

표 15-1 | 참여의식의 수준 (단위: 명(%))

매우 그렇다	그 렇 다	보 통	아 니 다	전혀 아니다	계
164(6.0)	1,010(36.8)	882(32.1)	630(23.0)	58(2.1)	2,744(100.0)

주 1) 평균=2.784, 표준편차=0.935
주 2) 각 수치는 매우 그렇다=1점, 그렇다=2점, 보통=3점, 그렇지 않다=4점, 전혀 그렇지 않다
= 5점으로 부여한 결과임.

보다는 다수 주민의 판단이 더 타당하다"라는 진술에 대한 시민의 평가를 물은 결과를 나타낸 것으로서 우리 시민의 참여의식 수준을 엿볼 수 있게 하여준다. 표에서 보는 바와 같이 응답자의 참여의식은 부정적인 수준은 아니라 하더라도 확고한 수준에는 미치지 못하고 있는 것으로 나타났다. 응답의 평균점수가 2.784에 그치고 있는 것이다. 이는 응답의 분포를 보아도 알 수 있다. 긍정적인 응답비율 48.8%는 부정적인 응답비율 25.1%보다는 높은 것이나 50%를 넘지는 못하고 있기 때문이다.

2. 공동체의식

공동체는 그 범위의 크기에 따라 가족공동체, 이웃공동체, 지방(역)공동체, 국가공동체, 그리고 세계공동체로까지 확대될 수 있다. [표 15-2]는 우리 시민이 어느 수준의 공동체에 대하여 귀속의식을 갖는지를 보여준다. 표에서 보는 바와 같이 응답자의 공동체의식은 국가, 이웃, 지역(지방), 세계의 순으로 나타난다. 여기에서 국가가 가장 높게 나타난 것과 지역이 낮게 나타난 것은 앞에서 지적한 바와 같이 장기간의 중앙집권화의 영향인 것으로 생각된다. 한편 공동체의식의 실질적 한계는 국가단위인 것으로 판단된다. 물론, 각 문항별로 볼 때, 응답자의 응답은 최대 평균값 3.010, 최소 평균값 2.460으로서 "보통" 즉, 유보적 수준에 머무르고 있다. 그러나 보다 면밀히 검토하여 보면 다른 문항은 중간값인 3점 이하인 데 반하여 유독 세계에 대한 귀속의식을 물은 마지막 문항에 있어서만 최대값인 3.010을 기록하고 있는 것이다. 이는 우리 시민의식이 아직 세계를 공동체로 인식하는 정도에 이르지는 않았음을 나타내준다.

표 15-2 | 공동체의식의 범위

	N	평균값	순 위	표준편차
① 이웃공동체의식	2,754	2.501	2	0.841
② 지역공동체의식	2,753	2.564	3	0.834
③ 국가공동체의식	2,751	2.461	1	0.865
④ 세계공동체의식	2,748	3.011	4	0.988

주 1) 각 수치는 매우 그렇다=1점, 그렇다=2점, 보통=3점, 그렇지 않다=4점, 전혀 그렇지
않다=5점으로 부여한 결과의 평균치임. 순위가 높을수록 보다 상위차원의 공동체에 대
한 귀속의식을 갖는 것으로 평가된다.
주 2) 구체적인 문항은 ① 이웃공동체의식: "내가 사는 마을 전체에 이익이 된다면 우리가정의
개별적 이익은 양보할 수 있다." ② 지역공동체의식: "우리 지역 전체의 이익이 된다면
동네의 개별적 이익은 양보할 수 있다." ③ 국가공동체의식: "우리나라 전체에 이익이
된다면 우리 지역의 개별적 이익은 양보할 수 있다." ④ 세계공동체의식: "세계평화와
인류복지증진을 위하여라면 우리나라의 개별적 이익은 양보할 수 있다"이다. 여기에서
이익의 양보여부를 질문한 것은 보다 강한 귀속의식을 갖고 있는 공동체의 이익을 위하
여 상대적으로 귀속의식이 약한 공동체의 이익을 양보할 것으로 전제하였기 때문이다.
아울러 ①에서 ④로 갈수록 공동체의식의 범위가 넓어지는 것으로 해석된다.

3. 개방의식

[표 15-3]은 우리 시민의 개방의식 정도를 보여주는바, 대체적으로 볼
때, 응답자들의 개방의식수준은 중간정도에 머무르고 있어 개방의식의 제고여
지가 있음을 알 수 있다(평균값이 중간값 3.00에 근접함). 문항별로는 자녀의 국
제결혼, 외국연예물 시청, 외국물건 구매의 순으로 폐쇄성이 강한 것으로 나타
났다. 특히 자녀의 국제결혼은 이러한 유형의 질문으로 상용되는 설문항목인

표 15-3 | 개방의식의 수준

	N	평균값	순 위	표준편차
① 외국물건 구매	2,754	2.900	1	1.111
② 외국연예물 시청	2,757	2.970	2	1.026
③ 자녀의 국제결혼	2,757	3.566	3	1.170

주 1) 각 수치는 매우 찬성=1점, 찬성=2점, 보통=3점, 반대=4점, 매우 반대=5점으로 부여
한 결과의 평균치임.
주 2) 구체적인 문항은 ① "품질이 좋다면 외국물건이라도 사겠다." ② "외국 TV 프로그램이
나 영화는 내게 매우 흥미롭다." ③ "나의 아들이나 딸이 외국인과 결혼한다 하여도 반
대하지 않겠다."이다.

바, 응답자는 이에 대하여 강한 폐쇄성을 보이고 있다. 다른 두 항목에 대한 폐쇄성이 상대적으로 낮게 나타난 것은 최근의 우리사회의 대외개방화의 영향이 큰 것으로 보인다.

4. 민주적 의사결정태도

민주적 의사결정태도는 일방적 주장이 아닌 대화와 타협을 중시하는 의사태도를 말한다. 이와 관련하여 "분쟁을 야기하고 사회를 시끄럽게 하더라도 주장할 것은 주장해야 한다."라는 진술에 대한 응답자의 평가결과를 나타낸 [표 15-4]는 우리 시민의 민주적 의사결정의식의 한 단면을 보여준다. 즉, 표에서 보는 바와 같이 응답자의 평균점수는 중간값 3.00에 못 미치는 2.714에 그치고 있는바, 이는 민주적 의사결정태도가 긍정적인 수준에 이르지 못하고 있음을 시사하여 준다. 응답의 분포를 보더라도 긍정적 응답비율은 50.9%로서 부정적인 응답비율 27.1%를 훨씬 상회하고 있어 이 같은 분석을 뒷받침한다.

표 15-4 | 민주적 의사결정태도　　　　　　　　　　　　　　　　(단위: 명(%))

매우 그렇다	그 렇 다	보　　통	아 니 다	전혀 아니다	계
237(8.6)	1,164(42.3)	601(21.8)	651(23.6)	101(3.7)	2,754(100.0)

주 1) 평균=2.714, 표준편차=1.033
주 2) 각 수치는 매우 그렇다=1점, 그렇다=2점, 보통=3점, 그렇지 않다=4점, 전혀 그렇지 않다
　　 = 5점으로 부여한 결과임.

Ⅳ 결론: 바람직한 시민의식 함양을 위한 시민교육

앞 장에서의 분석결과는 제한적이기는 하지만 우리의 시민의식 정도를 가늠하게 하여 준다. 즉, 분석결과는 참여의식, 공동체의식, 개방의식, 민주적 의사의식 등 모든 분야에 있어 적절한 의식개선이 필요함을 보여주고 있는 것이다. 문제는 어떻게 시민의식을 바람직한 방향으로 형성하여 나갈 수 있겠는가 하는 것이다.

이러한 과제의 달성을 위하여는 당연히 시민교육의 활성화가 요청된다.

이에 대하여는 종래 권위주의 정부하에서 시민교육이 정치적 교화의 도구로 사용되었던 경험에 대한 반동으로 소극적인 태도가 있을 수 있다. 그러나 시민교육이란 공동체의 유지·발전을 위하여 바람직한 가치관, 태도, 능력의 학습을 목표로 하는 것으로서 정권의 유지를 위한 정치적 교화와는 다르며 우리 사회의 발전을 위하여 오히려 적극 추진되어야 한다. 의도적 교육 없이 자연적으로 바람직한 시민의식이 형성되기를 기다릴 수는 없기 때문이다.

시민교육의 추진과 관련하여 세 가지 점을 제시하고자 한다. 첫째, 시민교육을 추진함에 있어서 지방화·세계화시대에 그 중요성이 커지고 있는 지역사회에서의 시민교육의 잠재적 가능성에 대하여 주목할 필요가 있다는 점이다.[10] 지역사회는 시민에게 상호접촉을 통하여 집단적 담론 및 의사결정의 체험을 할 수 있는 기회를 부여하는 효과적인 공공학습의 영역이며, 각 시민이 정치공동체 안에서의 생활에 관한 이슈들을 민주적으로 공동해결하는 대표적인 "공공영역"이라 하겠는바(Arendt, 1963), 이와 같은 시민교육의 장으로서의 지역사회의 중요성은 일찍이 J. S. Mill이 강조한 이래 많은 논자들에 의하여도 지지되고 있다. 또한 지역사회는 중앙단위에서 공식적 참여의 기회가 적은 소외계층이 보다 효과적으로 참여할 수 있는 정의실현의 장이기도 한 데서 중시되어야 한다.[11] 지역사회에서의 시민교육을 위한 구체적인 방법으로는 ① 시민참여의 활성화, ② 주민조직의 구축이 제시될 수 있다. 시민참여는 시민들로 하여금 지역사회에서의 참여활동을 통하여 참여의식을 익히고, 공동의 문제를 같이 의논하는 과정에서 공동체의식을 느끼며, 타인과의 교호작용을 통하여 개방의식과 대화와 타협의 원리를 배우게 하는 효과를 가지기 때문에, 지방화·세계화라는 환경변화에 부응하기 위한 시민교육의 도구로서 훌륭히 기능할 수 있을 것이다. 아울러 주민조직의 활성화는 시민들의 상호작용을 보다 보편화하고 일상화시킴으로써 시민교육의 도구로서 기능하게 될 것이다.

둘째, 시민교육의 대상이 시민만은 아니며 정치인과 공무원 등 공직자도 포함된다는 점이다. 공직자가 사회에 대하여 갖는 영향력의 상대적 크기를 고려한다면 오히려 의식개선의 일차적 대상은 시민이 아니라 공직자라 할 것이

---

10) 지역사회는 지방화가 이루어지는 장소로서 중요할 뿐만 아니라, 세계화에 따라 국가의 의미가 감소하면서 반사적으로 그 중요성이 커지고 있다.
11) 이와 관련하여 Hill(1991)은 지역사회가 소외층의 정치행위와 공식적 정치기구와의 상호작용이 발생할 수 있는 장소인 점을 강조한다.

다. 더욱이 공직자가 저지르고 있는 부정직·부정·부패, 보신주의, 권위주의, 행정편의주의 등 일련의 행태는 예거하기도 어려울 정도로 양적으로나 질적으로 상식을 초월하고 있는 실정을 감안할 때, 시민의식개선만을 강조하는 것은 아무래도 어색하다. 그러므로 시민과 함께 공직자의 의식함양을 위한 국가차원의 노력이 이루어져야 할 것이다.

셋째, 지방화·세계화라는 환경변화에 성공적으로 대응하기 위하여는 시민의식의 함양을 위한 시민교육과 함께 필요한 제도(구조)개혁이 이루어져야 한다는 점이다. 제도의 뒷받침 없이 의식의 개혁만으로 환경변화에 충분히 대응할 수는 없기 때문이다. 그럼에도 불구하고 많은 사람들은 종종 부정적인 사회현상이 생길 때 너무도 쉽게 의식의 부재를 탓하는 경향이 있다. 제도의 형성자인 권력자일수록 더욱 그러한 경향을 보인다. 그러나 의식부재를 탓하기에 앞서 제도의 불합리를 발견하여 개선해 나가려는 노력이 있어야 한다. 이는 제도가 의식수준에 심대한 영향을 미치기 때문이다.[12] 실제로, 합리적인 제도하에서는 의식의 개선이 이루어지지만, 불합리한 제도하에서는 의식의 퇴행이 일어나게 된다. 토지공개념제도의 도입이 토지에 대한 시민의식을 바람직한 방향으로 변화시키는 것은 전자의 예이며, 불합리한 사회제도(구조)하에서 부정직한 행동을 한 개인이 자신의 행위에 대하여 책임지려 하기보다는 잘못된 사회제도 탓으로 돌리는 것은 후자의 예가 된다. 그러므로 제도개혁과 유리된 의식개혁노력은 한계가 있다는 데 대한 인식이 있어야 한다.

의식개혁과 제도개혁은 어떤 것이 더 중시되어야 하는가? 대체적으로 볼 때, 오랜 기간에 걸쳐 많은 제도개선노력이 이루어져 사회구조가 어느 정도 합리화되어 있는 선진사회에서는 최근 들어 의식을 강조하는 현상이 두드러지게 나타나고 있다. 이는 제도의 개선만으로는 바람직한 사회변화에 한계가 있음을 자각하기 시작한 때문일 것이다. 그러나 우리와 같이 사회제도 또는 구조의 왜곡이 심하여 그 안에서 개인의 자유로운 의지의 발현이 매우 제약받고 있는 사회에서는 선진사회에서와는 달리 사회구성원 개인의 의식변화도 중요하지만 불합리한 제도의 개선이 보다 강조될 필요가 있을 것이다. 나아가서 제도개선 없는 의식개선노력은 성공하기도 어렵겠지만 성공한다고 하여도 개선효과가

---

12) 물론 그 반대의 경우도 성립한다. 많은 제도와 관행이 의식을 반영한 것이라는 점에서 이를 알 수 있다(예, 유교의식과 장묘제도).

지속될 것을 기대할 수 없다는 점을 고려하더라도 제도개혁은 의식개혁에 선행되거나 최소한 병행되어야 할 것이다. 이와 관련, 개인의 책임성이 사회발전을 위하여 중요하기는 하지만 개인이 사회에 대하여 책임성을 갖기 위하여는 최소한 공공재가 공평하게 배분될 것이 요청된다고 한 Jordan(1989: 67)의 지적은 우리에게 중요한 참고가 된다 하겠다.

I 서 론

군사정권의 등장과 함께 중단되었다가 1995년 지방의회 및 단체장의 민선을 통하여 재개된 지방자치는 우리사회 전반에 걸친 민주화 추세와 맞물려 돌이키기 어려운 시대적 조류의 하나가 되었다. 이 같은 지방자치 실시에 따른 중요한 변화 중의 하나는 과거 중앙에서 배타적으로 이루어졌던 정책결정권한이 지방으로 분산됨에 따라 지방의 참여자에 의한 지방정치가 태동하기 시작하였다는 점이다. 물론 아직도 미흡한 분권화 및 참여제도의 미비로 인하여 그 같은 변화의 폭은 기대에 못 미치는 것이 현실이다. 그럼에도 불구하고 이미 지방자치는 자체적으로 관성을 얻은 상태이며 따라서 향후 중앙과 지방과의 역학관계의 변화에 따라 현재와 같은 극심한 중앙과 지방 간의 권력 불균형은 점차 완화될 것으로 전망되는바, 이에 따라 지방정치 역시 보다 활성화될 수 있을 것으로 전망된다.

지방정치란 지방의 자원배분에 대한 정책결정을 둘러싼 지방의 행위자간의 교호작용이라고 한다면(cf. Lasswell, 1953), 지방정치의 활성화란 이들 행위자간의 교호작용의 증대라 하겠는바, 이에는 당연히 시민의 지방정치과정에의 참여가 포함된다.[1] 기대하기는 민주사회의 이념에 따라, 지방정치과정에서 시

---

1) 지방정치에서의 행위자는 단체장, 지방의원, 행정관료 등 공식적 참여자와 주민, 엘리트(기업인, 지역유지), 이익단체, 정당, 언론 등 비공식적 참여자를 포괄한다. 이와 유사하게 참여자의 분류와 관련하여 Schumaker(1993)는 권력구조에 관한 기존의 이론을 참고하여 단체장, 의원, 행정관료, 시민, 사회경제적 엘리트, 집단지도자, 개인활동가 등으로 구분하고 있다. 이러한 구분은 중앙정부와 다른 지방정부를 행위자의 목록에서 배제하는 것으로서 일응 한계가 있다. 그러나 지방정치란 일차적으로 지방에 거점을 둔 참여자간의 상호작용으로서 지방정치에서의 행

민의 참여가 확대되고 이에 따라 지방의 정책에 대하여 시민들이 상당한 영향력을 행사할 수 있게 되는 것이다. 다행스러운 것은 지방자치제하에서 이러한 기대의 가능성이 없지 않다는 점이다. 즉, 지방자치 실시에 따라 지방의 자원배분에 대하여 지방정부가 갖는 결정권의 크기가 커지면서 지방정치에 대한 시민의 관심이 커지게 되고, 지방자치제 시행에 따라 지방선거 등 시민참여를 위한 제도적 장치가 새로이 마련되고 있으며, 선거기제에 의하여 시민의사에 대한 지방정부의 감수성이 증대되고 있는바, 이에 따라 과거 집권적 통치제제하에서 지방의 정책결정과정에서 소외되어 객체로서만 존재하였던 시민이 이제는 보다 많은 직·간접의 참여기회를 통하여 지방정치과정에서 상당한 영향력을 행사할 수 있게 되었다는 것이다.

물론 지방정치과정에서의 행위자가 시민만을 포함하는 것은 아니며, 따라서 지방자치 시행 이후의 지방정치과정이 반드시 시민에게 유리한 방향으로 전개된다고 단정할 수는 없다. 시민을 제외한 지방정치의 활성화도 얼마든지 가능한 것이며 이에 따라 지방정치과정에서의 지속적인 시민의 소외 가능성도 있는 것이다. 이러한 가능성은 이른바, 엘리트론(Bachrach & Baratz, 1962), 도시성장연합론(Logan & Molotch, 1987), 도시한계론(Peterson, 1981) 등에서도 설득력 있게 지적되어 온 것이다.

그럼에도 불구하고 지방정치가 시민참여에 대하여 갖는 효과에 특별히 주목하는 것은 참여기회의 증대효과의 상대적 크기에 있어 다른 행위자에 대한 효과가 시민의 그것에 미치지 못할 것이라는 판단 때문이다. 생각건대, 다른 행위자 특히 지배집단의 경우 지방자치제 실시 이전에도 공식적 지위 또는 보유자원에 기초하여 지방의 정책과정에 어느 정도 참여가 가능하였을 것이다. 그러나 이와는 달리 지방정책과정에서의 시민의 소외는 매우 심하였을 것인바, 소외가 심했던 만큼 지방정치 활성화에 따른 참여기회의 증대 효과가 상대적으로 더 클 것이라고 판단되는 것이다.

한편, 참여란 곧 정부의 정책결정에 대한 영향력 행사라 하겠는바, 시민은 참여기회의 증대에 따라 지방정치과정에서 보다 많은 영향력을 행사할 수 있

위자와 중앙정치에서의 행위자를 구분할 필요성 및 중앙정부는 지방정치에 있어서 일차적 행위자가 아니라는 점 등을 고려할 때 이러한 구분의 적용의 타당성이 인정된다. 그러나 기본적으로 지방외부의 행위자를 지방정치의 행위자 목록에 포함시킬 것인가의 여부는 관점의 문제라 하겠다.

게 된다. 이때 시민의 지방정치참여는 단순히 영향력 행사에 그치지 않고 선거기제를 통한 지방정부의 감수성 증대에 따라 실제 영향력의 제고로 이어질 수 있을 것이므로 중요하다. 물론 선거기제를 통한 정책결정자에 대한 시민의 간접참여에 대하여는 "유권자는 선거일에만 자유롭다"는 금언이 나타내듯이 그 효과성에 대한 비판이, 직접참여를 통한 영향력 행사에 대하여는 시민적 자질에 대한 회의 또는 참여통로의 부재 등을 이유로 하여 그 실효성에 대한 비판이 제기되고 있다. 이러한 지적은 일응 타당하다. 그럼에도 불구하고 최소한 지방자치제 시행 이전의 상황과 비교하였을 때, 지방자치제 시행 이후 시민참여기회가 확대되면서 지방정치과정에서 차지하는 시민의 영향력 증대 가능성 역시 상대적으로 확대될 것임은 부인하기 어렵다 하겠다.[2]

강조할 것은 이와 같이 지방정치에 대한 시민의 참여기회가 확대되고 이에 따라 지방정치에서 차지하는 시민의 잠재적 영향력 비중이 증대된 상황하에서는 그에 상응하는 시민의식이 요구된다는 점이다. 즉, 참여를 함에 있어서 시민이 보다 성숙한 의식수준을 가지는 것이 바람직하다는 것이다.[3] 이는 시민의식수준이 참여를 통하여 책임 있게 영향력을 행사하기에 미흡할 경우, 이로 인하여 지방정치의 성과가 왜곡될 것이라는 점을 고려할 때 당연한 일이다. 이러한 점에서 본다면 지방자치 시행을 전후하여 일부에서 시민의식을 볼모로 하여 지방자치 시행을 저지하려 하기까지 하였던 사실은 일응 타당한 측면마저 없지 않다. 이러한 논의는 결국, 지방정치에 대한 시민참여와 관련하여 "여하히 시민의 시민적 자질을 함양할 것이냐"라는 문제 즉, 시민교육이 중요한 과제라는 점을 제시하여 준다.

이와 관련하여 본 장은 다음 두 가지 질문에 답하는 것을 목적으로 한다. 첫째, 지방정치과정에서의 시민참여가 고양된 시민의식을 요구하는 것과 관련

---

2) 이와 같이 지방정치에서 차지하는 시민의 영향력 비중의 증대는 지방의 정책결정이 일부 계층에 편파적으로 이루어지는 것을 방지하는 안전핀으로 작용할 수 있다는 점에서 중시되어야 한다.

3) 간접민주제하에서 이와 같은 시민의식에 대한 요구는 직접민주제가 반드시 최선은 아니라는 판단에서도 비롯된다. 즉, 간접민주제를 지양한 시민참여의 확장은 소수보호를 무시한 다수의 횡포, 장기적 이익에 우선하는 단기적 이익의 요구, 전체이익에 대한 지역이익의 우선시, 엘리트조작 위험을 대치하는 직접참여에 따른 비용 등의 우려가 있는바, 이러한 상황에서 시민은 직접참여에 대한 요구와 함께 그로 인한 폐해를 아울러 걱정하는 성숙된 시민의식을 보유해야 할 것이기 때문이다(Cronin, 1989: x). 이와 관련하여 Lowndes(1995: 165)는 민주주의는 시민적 자질에 대한 믿음과 엘리트 및 대중에 대한 회의 간의 건강한 혼합에 기초하여 간접민주제와 시민참여가 결합될 때 가능해진다고 지적함으로써 시민성의 중요성을 강조하고 있다.

하여 과연 시민의 지방정치참여가 시민성을 계발하는 효과 즉, 시민교육효과를 갖는가 하는 것이다. 이러한 질문은 Rousseau나 Mill 이래 지방정치에서의 참여가 시민적 자질을 훈련시키는 훌륭한 도구로 기능할 것이라고 지속적으로 제기되어온 점에서 중요하다.

둘째, 만일 시민의 지방정치참여가 시민교육을 위한 도구로 작용한다면 그 효과의 담보를 위하여는 참여의 장으로서의 지방정치는 어떠한 방향으로 구조화되어야 하겠는가 하는 것이다. 이러한 질문은 지방정치(또는 지방정치의 장으로서의 지방)가 시민참여의 기본적 토대로서 인식되어 왔기 때문에 중요한 문제가 된다. 다만, 이러한 문제는 지방정치에서의 시민참여가 시민교육을 위한 기능을 한다는 점을 전제로 함은 물론이다.

이러한 문제는 지방자치에 관한 논의에 있어서도 중요한 의의를 갖는다. 그것은 지방정치과정에서의 참여를 통한 시민교육효과가 많은 논자들에 의하여 지방자치를 정당화하는 중요 가치의 하나로서 지적되어 왔기 때문이다. 그럼에도 불구하고 이에 대한 연구는 국내외를 막론하고 활성화되어 있지 않다.[4] 특히, 우리의 경우 이 분야에 대한 연구는 거의 전무한 실정이라 해도 과언이 아니다. 이는 아마도 지방정치에 대한 시민참여는 정치학의 분야이고, 시민교육은 교육학의 분야라는 암묵적 전제하에 교육학도는 지방정치참여에 대하여, 정치학도는 시민교육에 대하여 각각 무관심하였던 데서 비롯된 것으로 생각된다.

본 장은 이러한 연구관심의 사각지대를 메우는 노력의 일환이다. 그렇게 함에 있어서, 일차적으로는 시민의 지방정치참여가 갖는 잠재적 교육효과를 부각시키는 한편, 나아가서 지방정치참여의 잠재적 교육효과에 대한 선언에서 그치고 교육효과의 발현 또는 확산을 위한 구체적 실현방안의 제시에는 미치지 못하고 있는 관련 논의의 진전을 기하고자 한다. 논의의 전개에 있어서 첫째 질문에 대한 논의는 제 2 절에서 둘째 질문에 대한 논의는 제 3 절에서 다룬다.

---

4) 대부분의 연구는 참여자체의 결정요인 또는 시민교육이 참여에 미치는 영향을 다루어 왔으며, 참여에 따른 태도변화에 관한 연구는 부분적으로 이루어졌는데 그나마도 대개는 전국 수준의 참여를 대상으로 하는 경향을 보여왔다(예: Finkel, 1985; Parry et al., 1995).

Ⅱ 지방정치, 시민참여, 시민교육

1. 시민참여와 시민교육

시민참여란 정부의 정책결정에 영향을 미치기 위한 시민의 행위라 하겠는바(이승종, 1995), 일찍부터 여러 논자들은 시민의 정치참여가 시민성(시민의식, 시민적 자질)을 고양시키는 효과 즉, 시민교육효과를 갖는다는 점을 제시하여 왔다.5) 이와 같이 참여가 시민교육의 도구라는 착상의 연원은 멀리는 Aristotle에서 찾을 수 있으나, 이에 대한 본격적인 논의는 근대에 이르러 Rousseau나 Mill 등에 의하여 제시된 것으로 인식되고 있다(Parry et al., 1992: 286). 먼저, Rousseau(1968)는 시민들은 오직 참여를 통하여서만 공동체에 속해 있다는 의식을 갖게 되고 이에 따라 공적 영역과 사적 영역 간의 갈등을 느끼지 않게 된다고 하였다. Mill(1910)은 시민적 자질이 대중적이고 참여적인 제도 및 기구를 통하여 이루어진다고 함으로써 참여를 통하여서만 시민적 자질이 고양될 수 있다고 강조하였다. 이러한 초기 민주론자의 입장은 현대의 직접민주론자들에게로 이어지고 있는바, 예컨대, Barber(1984)는 시민은 저절로 태어나는 것이 아니며 자유로운 정치체에서의 정치적 참여를 통하여 태어나는 것이라고 함으로써 시민교육도구로서의 참여의 중요성을 제시하였으며, 시민참여의 외연을 산업분야에서의 참여로 넓히려 한 Cole(1920) 역시 시민의식은 결사체에서의 참여를 통하여서만 가능하다고 강조한 바 있다. 이들 외에도 Tocqueville(1969), Pateman(1970), Marquand(1988) 등 여러 논자들이 참여가 시민의 민주적 자질을 배양하는 기본적 도구가 됨을 지속적으로 제시하여 왔다.

이와 같이 참여에 따른 시민교육효과를 강조하는 직접민주론자들과는 달리 Schumpeter(1943), Dahl(1961), Sartori(1962), Berelson 외(1954) 등 간접민주론자들은 선거를 제외한 직접참여 자체에 대하여 찬성하지 않는 입장을 취한

---

5) 시민교육에 대하여 일치하는 정의는 없으나 일반적으로 정치체제의 유지·발전을 위하여 바람직한 시민성의 배양을 위한 의도적 활동으로 이해되어도 무방할 것이다(차경수, 1996). 이와 같이 시민교육을 통하여 전수하는 교육내용요소는 일반적으로 지식, 기술 및 가치관이라는 세 가지 요소를 포함하는 것으로 인식되고 있다(Heater, 1990: 336). 만일 시민교육의 목적이 지식만의 교육이라면 시민참여가 불필요할 수도 있을 것이다. 그러나 지식 이상의 요소에 대한 교육을 위하여는 참여가 필수적일 것이다.

다. 즉, 이들은 선거 외의 직접참여는 특수이익을 옹호하기 때문에 바람직하지도 않으며, 또한 가능하지도 않다는 입장을 취하고 있는 것이다. 그러나 강조할 것은 참여에 대한 기본적인 회의적 시각에도 불구하고 간접민주론자들이 참여의 시민교육효과에 대하여도 명시적인 반대입장에 선 것은 아니라는 점이다. 첫째, 이들은 기본적으로 참여에 따른 부작용 내지는 참여의 비현실성을 부각시키고 있을 뿐, 참여에 따른 시민교육효과라는 순기능에 대하여는 대체로 함구하고 있다. 둘째, 이들은 직접참여에는 반대하면서도 선거라는 간접참여방식을 필수불가결한 참여방식으로 인정하고 있을 뿐 아니라, 선거참여에 따른 시민교육효과를 부정하지는 않는다(Hill, 1974: 37). 요컨대, 간접민주론자들은 직접참여에 반대하고 있을 뿐, 기본적으로 참여에 의하여 시민성 고양이 이루어질 수 있음을 부인하는 것은 아닌 것이다. 더욱이 그 당위성에 대한 논란과는 별도로 제한적이나마 직접참여가 이루어지고 있으며 따라서 이에 따른 시민교육효과 역시 실재한다고 보는 것이 타당할 것이다.

2. 직접참여와 간접참여의 상대적 교육효과

시민참여는 직접참여(청원, 반상회, 항의 등)와 간접참여(선거)를 포괄하는 것이므로 시민참여가 시민교육효과를 갖는다는 말은 직접참여나 간접참여를 막론하고 시민교육효과를 갖는다는 것을 의미하는 것이다. 한 가지 의문은 시민교육효과에 있어서 어느 참여방식의 효과가 상대적으로 중요한가 하는 것이다. 이러한 질문은 상대적 효과에 대한 지식이 있을 경우, 시민교육효과의 제고를 위한 보다 효과적인 대책수립이 가능하여질 것이기 때문에 의의가 있다.

아직까지 합치된 결론은 없지만 대체로 보건대, 직접참여의 효과가 크다는 주장이 우월한 것으로 보인다. 이러한 주장은 물론 직접민주자론들에 의한 것이다. 일반적으로 이들은 간접참여의 한계를 지적하는 한편, 직접참여를 통한 시민성 제고효과에 주목한다. 예컨대, Hill(1974: 37)은 대의제유지를 위한 선거의 교육적 효과는 개인의 의식개선보다는 정치체제의 운영과 절차에 관한 것으로서 한계가 있다고 비판하면서 직접참여야말로 개인의 성격, 행복, 잠재성을 계발하는 효과를 갖는다고 함으로써 직접참여효과의 상대적 중요성을 강조한 바 있다. 직접참여의 상대적 효과를 가장 강력하게 주장하는 자는 Barber(1984)이다. 즉, 그는 선거를 통한 간접민주주의는 약한 민주주의이며,

시민성은 강한 민주주의로서의 직접참여를 통하여만 향상될 수 있는 것임을 주장하였다.

이와는 달리 간접참여에 의한 시민교육효과가 직접참여에 의한 교육효과를 능가할 것이라는 주장은 찾기 힘들다. 그러나 최근 Parry 등(1992)의 조사는 그 같은 가능성을 엿보게 하여 준다. 이들은 서베이를 통하여 시민참여가 응답자의 정치지식 및 정치에 대한 태도에 미치는 영향을 조사하였는바, 조사결과에 의하면 선거참여에 따른 시민의 정치지식 증대효과는 직접참여에 따른 정치지식 증대효과와 큰 차이가 없었으나, 선거참여에 따른 시민의 정치적 태도변화는 직접참여에 따른 시민의 정치적 태도변화보다 높게 나타났던 것이다. 즉, 일부이긴 하지만 선거참여의 시민교육효과가 직접참여의 시민교육효과보다 높을 수 있음을 보여주고 있는 것이다.

물론 이들의 연구는 양 효과를 직접적으로 비교할 목적으로 수행되지 않았고 따라서 일대일의 비교가 그리 명확한 것은 아니지만 그럼에도 불구하고 이들의 연구결과는 직접참여의 시민교육효과에 대한 기존의 믿음이 수정받아야 하거나 수정받을 수 있음을 제시하여 주는 동시에, 선거참여를 통하여 시민이 정치체제 유지에 필요한 시민성을 획득할 수 있다고 생각하는 간접민주론자의 입장을 일부 지지하여 주는 것으로서 주목된다.

생각건대, 아직까지 참여방식에 따른 상대적 교육효과에 대하여는 이론 및 실증적 연구가 충분히 이루어지지 않고 있고 따라서 보다 확실한 결론의 도출을 위하여는 향후 추가적인 조사연구가 필요한 실정이라 하겠다. 다만, 현재의 시점에서 제시할 수 있는 것은 양 참여방식의 상대적 교육효과는 위에서의 Parry 등(1982)의 연구가 시사하여 주듯이 시민성의 내용요소에 따라 차별적으로 나타날 수 있다는 것이다. 아울러 양 참여방식의 기본성격의 차이 —간접참여가 일회적이고 참여에 소요되는 비용이 적은 데 비하여, 직접참여는 상대적으로 오랜 기간에 걸쳐 이루어지며 참여에 소요되는 비용이 큼— 에 따라 시민교육효과의 지속성이나 강도에 있어서도 차이가 있을 것이라는 점도 제시할 수 있을 것이다.[6]

양 참여방식에 따른 시민교육효과의 상대적 중요성과는 별도로 지방정치

---

6) 직접참여와 간접참여의 시민교육효과의 상대적 중요성에 더하여 직접참여방식에는 공직자접촉, 시민집단참여, 항의활동, 선거운동 등 다양한 활동유형이 포함되는바, 이들간의 상대적 교육효과도 연구주제가 될 수 있을 것이다. 단, 이에 대한 논의는 별도의 연구로 미룬다.

차원의 시민참여에 따른 시민교육효과를 다루는 본 장은 특히 직접참여의 시민교육효과에 주목하고자 한다. 이는 일반적으로 지방에서의 선거참여는 중앙차원의 선거참여에 비하여 저조한 형편이고, 직접참여는 현실적으로 지방수준에서만 가능하다는 특이성이 있으며, 지방에서의 간접참여의 상대적 저조에 따른 교육효과의 격차는 직접참여의 상대적 우위를 통하여 완화될 수 있을 것이라는 점을 고려한 것이다. 즉, 중앙과 지방을 막론하고 보편화된 선거는 기본적 장치로 전제하고 직접참여에 의한 추가적인 시민교육효과에 논의의 초점을 두고자 하는 것이다.

3. 지방정치참여와 시민교육

위에서 참여의 시민교육효과에 대하여 제시하였거니와 지방정치는 참여의 장으로서 중요한 의미를 갖는다. 그 이유는 시민의 정치참여가 중앙보다는 시민과 근접하여 있는 지방차원에서 보다 용이하고 따라서 지방에서 보다 확실한 시민교육효과가 기대되기 때문이다.[7] 이와 같이 시민참여는 지방차원에서라야 효과적으로 이루어질 것이라는 인식에 기초하여 많은 논자들은 지방정치가 시민교육에 대하여 갖는 의미를 강조하여 왔다. 예컨대, Rousseau(1968)는 참여를 통한 시민교육효과는 사실상 지방에서 가능한 것이며 지방정치는 시민교육을 위한 교실이라고 하였다. 지방은 시민에게 상호접촉을 통하여 집단적 담론 및 의사결정의 체험을 할 수 있는 기회를 부여하는 효과적인 공공학습의 영역이며, 각 시민이 정치공동체 안에서의 생활에 관한 이슈들을 민주적으로 공동해결하는 대표적인 "공공영역"이라고 한 Arendt(1963) 역시 같은 입장에 선다. 지역보다는 결사체에의 참여를 중시한 Cole(1920) 역시 시민의식은 지방수준에서의 결사체 참여를 통하여서만 가능하다고 함으로써 지방의 의미를 인정하고 있다. 또한 지방이 의미하는 바와 관련하여, Lowndes(1995)는 지방은 시민교육의 장으로서 실천적 측면에서는 참여와 토론의 기술습득을 용이하게 하고, 도덕적 측면에서는 시민적 자유의 습득과 시민성의 습득을 가능하게 하는 중요한

---

7) 물론 이러한 기대는 기본적으로 직접참여에 관한 것이다. 선거참여에 관한 한 중앙과 지방간에 근본적인 차이는 없으며, 오히려 선거참여율은 지방보다 중앙에서 더 크게 나타나는 것이 일반적이기 때문이다. 그러나 참여를 직접참여뿐 아니라 간접참여까지 포괄하여 보더라도 중앙에서의 직접참여가 매우 제한적으로 이루어진다는 점을 고려한다면 기본적으로 지방에서의 참여가 중앙에서의 참여보다 용이한 것으로 규정하여도 무리가 없다 하겠다.

기능을 한다고 설명하고 있다. 요컨대, 이들의 주장의 요체는 지방정치가 시민에게 직접 경험을 통하여 다양한 시민적 자질을 계발할 수 있는 중요한 기회를 제공한다는 데 있음을 알 수 있다.

그러나 일각에서는 지방정치가 시민에게 유효한 참여기회를 제공한다는 주장에 대하여 반론을 제기하기도 한다. 이들은 지방은 전통적으로 시민성 성장을 위한 좋은 장으로 인식되어 왔음에도 불구하고, 현대에 있어서는 지방이 더 이상 그러한 기능을 수행할 수 없게 변화되었음을 강조한다. 예컨대, Peterson(1981)은 현대의 지방정부는 조직화되지 아니한 시민이 직접 참여하여 정책과정에서 영향력을 행사하기에는 일반적으로 지나치게 규모가 크고, 정책문제 역시 간단하지 않다고 지적하고 있다. 생각건대, 이 같은 회의적인 입장은 일응 타당하다. 직접참여의 가능성은 지방의 규모, 인구, 면적과 같은 환경조건에 크게 제약되기 때문이다. 이 같은 환경요인의 중요성은 직접참여를 주창하는 Mill이나 Tocquville과 같은 논자들조차 참여를 제약하는 환경요인 때문에 직접참여의 가능성이 밝지 않다고 전망하였다는 사실에서도 확인할 수 있다(Lowndes, 1995). 그러나 역설적으로 이러한 논의는 최소한 중앙에 비하여 그 같은 환경적 여건의 제약이 적은 지방에서의 참여가 상대적으로 용이할 것이라는 점을 가르쳐주는 것이며, 그러한 이유에서 시민교육과 관련하여 지방정치가 갖는 의미에 대하여 주목하게 되는 것이다.

강조할 것은 지방 또는 지방정치가 시민교육에 대한 잠재성을 갖는 것은 분명하지만, 그 자체로서 시민성 교육효과를 갖는 것은 아니라는 점이다. 즉, 지방정치가 시민적 자질에 대하여 갖는 효과는 지방정치 자체에서 비롯되는 것이 아니라 앞에서 언급한 바와 같이 지방정치에 대한 시민의 참여를 통하여만 획득되는 것이다. 그러므로 만일 참여기회가 주어지지 않으면 지방의 시민교육에 대한 잠재력은 발현되지 않게 될 것이다. 즉, 지방정치가 과두화되어 있어 참여기회가 제한되는 상황하에서는 시민교육효과를 기대하기 힘들게 된다는 것이다. 지방정치가 일부에 의하여 과점되고 있는 상황하에서 다수 시민은 지방정치의 장에서 소외될 수밖에 없을 것이기 때문이다.

이상의 논의는 시민성의 앙양을 위하여는 지방정치에 대한 시민참여의 활성화가 필요함을 가르쳐 준다. 문제는 시민교육과 관련하여 지방정치과정에서의 시민참여를 여하히 활성화시킬 수 있겠는가 하는 것이다.

Ⅲ 시민교육을 위한 지방정치의 민주화

위에서 지방정치차원에서의 시민참여는 유효한 시민교육효과를 갖는다 하였는바, 이러한 효과는 지방정치과정에 있어서의 시민의 영향력을 강화하는 동시에, 시민으로 하여금 강화된 영향력을 보다 책임 있게 행사하도록 함으로써 지방정치의 편향을 제어하는 기능을 할 것이므로 중시되어야 한다. 문제는 이와 같은 효과를 갖는 시민의 지방정치참여를 증진시키기 위하여는 지방정치가 어떻게 구조화되어야 하겠는가 하는 것인바, 결론부터 제시한다면 지방정치가 민주화되어야 한다. 지방정치가 비민주적일 경우, 시민의 참여는 이루어질 수 없고 따라서 참여를 통한 시민교육은 이루어지기 어려울 것이므로 이같은 결론은 자명한 것이다. 이와 관련하여 Pateman(1970: 105)이 남의 지시만을 묵종하여 온 사람은 공공의사결정에 효과적으로 참여하도록 배양될 수 없으며 오직 민주화된 사회를 경험한 자만이 정치에 효과적으로 참여하는 법을 배우게 된다고 지적한 것은 참고가 된다.

그렇다면 지방정치의 민주화란 무엇인가? 이에 대하여는 민주화의 의미가 다양한 만큼 입장에 따라 다양한 해석이 가능할 것이다. 좁게는 다원론자와 같이 참여만을 지방정치의 민주화 요소로 보는 경우가 있을 것이며, 넓게는 시민참여 외에, 참여에 대한 지방정부의 대응, 지배이익에 대한 지방정부의 중립, 중앙정부에 대한 지방정부의 자율성 등을 포함하여 지방정치의 민주화를 파악하는 경우도 있을 것이다.[8] 그러나 지방정치의 민주화를 참여에 한정하여 이해하는 것은 지나치게 좁은 것으로 생각된다. 정부의 대응 없는 참여는 무의미할 것이기 때문이다. 반면, 중앙정부에 대한 지방의 자율성까지 포괄하여 지방정치의 민주화를 이해하는 것 역시 일응 타당한 측면이 있음에도 불구하고, 지방과 중앙관계는 기본적으로 정부간 관계차원의 문제이며 시민 - 정부관계 차원의 문제가 아니므로 다른 차원의 문제로 구분되는 것이 보다 타당한 것으로 생각된다. 따라서 여기에서는 중간적 입장에서 시민의 참여기회와 참여에 대한 지방정부의 대응성이라는 두 가지 요소로서 지방정치의 민주화를 규정하고자 한다(단, 지배이익에 대한 지방정부의 중립문제는 지방정부의 대응성에 포함시

---

8) 이와 관련하여 Gurr와 King(1987)은 지배이익에 대한 지방정부의 중립을 제1유형의 자율성, 지방정부의 중앙정부에 대한 자율성은 제2유형의 자율성으로 구분하고 있다.

킬 것이다). 이러한 규정은 기본적으로 민주화를 정치과정에서 힘없는 다수 시민의 실제적 영향력 확보라는 관점에서 출발하는 것인바(Rueschemeyer et al., 1992: 41), 이를 위하여 시민참여와 정부의 대응성 두 가지는 필수불가결의 최소요건으로서 인식되어야 한다.9)

이러한 논의에 입각하여 이하에서는 시민교육효과 증대를 위한 지방정치 민주화의 두 가지 요소 즉, 시민참여기회의 확대 및 참여에 대한 정부의 대응성 증대에 대하여 각각 논의한다.

1. 시민참여기회의 확대

시민참여를 통한 시민교육효과를 확보하기 위하여는 일차적으로 지방정치의 장에서의 시민참여기회가 확대되어야 한다. 물론 참여기회의 확대가 실제 참여로 이루어지는 것은 아니며 따라서 시민의 실제적인 참여증대를 위하여는 참여기회의 확대 이외의 추가적인 조치가 수반되어야 한다.10) 그러나 시민참여기회의 확대는 참여활성화를 위한 필요조건으로서 우선적으로 강조되어야 한다. 참여기회가 확충되지 않은 상황하에서는 참여에 따른 기회비용 때문에 참여가 원활하게 이루어질 수 없을 것이기 때문이다. 그러나 불행히도 현재의 지방정치구조는 시민참여기회를 조장하기보다는 억제하는 방향으로 구조화되어 있다. 물론 서두에서 언급한 바와 같이 지방자치 시행 이후 지방정치에 대한 시민참여기회는 과거에 비하여 확대된 것으로 판단된다. 특히 최근에는 반상회, 여론모니터, 간담회, 공청회 등의 기존의 참여제도에 더불어 주민발안, 주민소환, 주민투표 등 직접민주제도가 도입되어 활용되고 있다. 아울러 참여기회의 확대가 단순히 시민의 정치과정 진입(civic involvement) 기회의 확대만을 의미하는 것은 아니며, 시민통제(civic control) 기회의 확대까지 아울러 포함하는 것임을 지적해 둔다.

---

9) 이와 관련하여 예컨대, Hill(1974: 18)은 민주주의의 두 가지 측면은 참여와 열린 정부라고 함으로써, Schmitter와 Karl(1993)은 시민에 대한 정부의 책임성으로 규정되는 현대민주정치체제에는 시민의 직접참여를 보완적으로 결합되어야 한다고 함으로써 유사한 견해를 피력하고 있다. 아울러 시민의 참여와 정부의 대응성을 통하여 지방정부의 책임성이 확보될 수 있을 것이다 (Jones & Stewart, 1974).

10) 추가적인 조치에는 후술하는 바와 같이, 참여에 대한 정부의 대응성 증대 외에 지방의 자율권 증대, 학교 및 사회에서의 시민교육의 강화 등이 필요할 것이다.

참여기회의 확대를 위하여는 참여제도화가 필수적이다. 참여의 제도화는 일반적으로 참여에 수반되는 비용을 줄임으로써 참여를 제고시키는 효과를 가질 것으로 기대되는 동시에 특히, 기득권층에 비하여 참여에 필요한 비용부담 능력이 상대적으로 작은 소외층의 참여를 진작시키는 잠재성을 가지고 있기 때문이다. 물론 실제에 있어 모든 참여제도가 이와 같이 계층간 형평화 효과를 갖는 것은 아니다. 자칫하면 오히려 참여제도 밖에서 비공식적 통로를 통하여 의견투입의 기회를 가졌던 기득권층이 참여제도를 통하여 추가적인 참여기회를 누리게 할 가능성도 있는바, 이러한 가능성은 예컨대, 영국 Tower Hamlet의 Stepney지역주민포럼에서 소외층의 소외 즉, 지배층의 추가적 참여기회 확보를 보고하고 있는 Burns et al.(1994: 193)의 연구에서 확인된 바 있다.[11] 이러한 지적은 참여의 제도화는 소외층의 참여를 염두에 두고 이루어지거나 또는 불특정 다수의 실질적 참여가 이루어지도록 수행되어야 함을 가르쳐준다.[12]

그렇다면, 구체적으로 지방정치과정에서 어떠한 참여제도가 적용되어야 하겠는가? 참여제도에는 선거 외에, 주민투표 등의 직접민주제 방식, 위원회, 간담회, 공청회, 각종 모니터 제도, 시민회합, 설문조사, 공청회, 청원, 전자매체를 통한 참여제도 등 다양한 참여방식이 포함될 수 있을 것인바, 문제는 시민교육효과 제고라는 관점에서 볼 때, 어느 방식을 우선적으로 채용할 것이냐 하는 것이다. 이에 대한 대답을 위하여는 두 가지 기준이 적용될 수 있을 것이다. 하나는 각 제도가 갖는 시민교육효과의 상대적 크기이다. 그러나 불행히도 앞에서 살펴본 바와 같이 직접참여와 간접참여방식 간의 상대적 효과성 여부는 물론, 다양한 직접참여방식간의 상대적 효과성에 대하여도 명확한 정보가 없는 실정이다.[13] 다른 하나는 각 제도가 계층과 무관하게 다수 시민이 보편적으로 참여할 수 있는 제도인가 하는 것이다. 이러한 기준이 추가적으로 필요한 이유는 시민교육의 대상이 모든 시민이라고 할 때, 아무리 시민교육효과가

---

11) 지역시민포럼에서의 발언은 지역의 지배층인 백인이 과점하였고, 아시안, 흑인대표, 방글라데시인 등 소수민족은 대부분 결장하였거나 발언을 하지 못한 것으로 보고되었다.

12) 영국 Sheffield시의회가 자문위원회에 소외층을 포함시킨 것이나 1960년대 미국의 경제기획처가 빈곤계층의 "가능한 최대의 참여"를 표방하면서 추진한 근린활동사업(Community Action Program) 등은 전자의 예이며(Gyford, 1991: 75), 근린주민회합, 설문조사 등은 후자의 예라 하겠다.

13) 예외적으로 Parry 등(1992: 289)이 직접참여방식간의 상대적 효과를 조사하였으나 뚜렷한 차이점을 발견하지 못하고 있어 보다 명확한 결론의 도출을 위하여 후속연구가 요구되는 실정이다.

큰 방법이라 하더라도 일부 집단에만 적용되는 참여제도는 곤란하다는 점에서 당연하다 할 것이다. 이러한 방법의 하나로서 특히 주목할 것은 지방수준에서도 가장 기초적인 지방단위라 할 수 있는 근린지역사회(community) 차원에서의 주민회합이다.

근린지역사회에서의 주민회합은 다수 시민의 참여를 유도하기 쉬울 뿐만 아니라, 공동의 문제에 대한 이웃과의 논의와 실제적 행동의 과정을 통하여 보다 확고한 시민의식의 제고효과를 기할 수 있을 것이라는 점에서 그 중요성이 인식되어야 한다. 그럼에도 불구하고, 우리의 경우, 아래로부터의 민주주의를 매개할 만한 주민회합이 활성화되지 못하고 있다. 물론 반상회가 그러한 잠재성을 지닌 것이기는 하나 아직 권위주의적 정부의 파행적 운영에 따른 부정적 인식이 남아 있어 본연의 역할을 담당하기에는 한계가 있다 하겠으며, 따라서 향후 아래로부터의 민주주의를 위한 새로운 주민회합체제의 구축이 필요한 실정이다. 구체적으로, 현재 자치계층별로는 지방의회가 설치되어 있으나 행정계층인 읍면동 단위에는 주민의사를 대표할 수 있는 매개체가 없는 실정임을 감안하여 읍면동 단위로 주민여론을 수렴하고 이를 행정과정에 반영하는 통로로서 읍면동별 주민대표의 모임인 '주민자치회'와 주민전체의 모임인 '주민총회'를 활성화할 필요가 있다. 이렇게 하는 경우에도, 주민자치회의 위원선출방식은 상향적·축차적으로 함으로써 상위계층이 주민대표직을 독점하는 폐단을 방지하는 것이 바람직할 것이다.

2. 지방정부의 대응성 증대

시민의 지방자치참여를 증대시키기 위하여는 지방정치에서의 참여기회를 확대시키는 것과 아울러 시민참여에 대한 지방정부의 대응성(responsiveness)이 증대되도록 해야 한다. 만일 참여기회의 확대에 따라 시민참여의 가능성이 증대된다 하더라도 공식적 정책결정권을 보유하고 있는 지방정부가 시민의 참여에 냉담할 경우, 시민은 참여의 의의를 잃게 될 것이며 따라서 시민참여기회의 확대는 실제 참여의 증대로 이어지지 못하게 될 것이다. 생각건대, 시민참여기회의 확대가 시민참여를 위한 필요조건이라면 참여에 대한 지방정부의 대응성은 시민참여를 위한 충분조건으로서 상보적인 관계에 있다 하겠는바, 문제는 어떻게 지방정부의 참여에 대한 대응성을 확보하겠는가 하는 것이다.

다행스러운 것은 이미 지방자치하에서 선거기제의 작동에 따른 지방정부의 대응성 확보의 가능성이 증대되었다는 것이다. 그러나 서두에서 언급한 바와 같이 선거기제의 작동에는 일정한 한계가 있다. 특히 우리의 경우, 연고주의, 지역주의가 지배하는 등 투표행태의 후진성에 따라 선거기제의 효율성은 외국에 비하여 저조할 것으로 판단되는 만큼 지방정부의 대응성 확보를 위하여는 선거 이외의 추가적인 통제장치가 필요할 것이다. 이러한 조치에는 공직윤리, 감사, 단체장과 지방의회 상호간 견제강화 등의 내부통제장치와 함께 주민감사청구, 주민소송, 정보공개, 각종 참여제도, 언론 등의 외부통제장치의 강화가 동시에 필요할 것이다. 참여의 제도화는 참여기회의 확대수단인 동시에 정부의 대응성 확보를 위한 수단이기도 한 점을 알 수 있다.[14]

첨언할 것은 지방정부의 대응성은 계층중립적이어야 한다는 점이다. 즉, 지방정부가 참여자의 계층수준에 따라 편파적인 반응성을 가져서는 아니 되며 시민일반에 대하여 대응적이어야 한다는 점이다. 만일 그렇지 않은 경우에는 참여수준이 계층에 따라 차별화됨으로써 참여에 따른 시민교육의 효과 역시 계층별로 차별화될 것이기 때문이다. 지방정부의 계층차별은 특히 소외층에 대하여 집중될 우려가 클 것인바, 그렇게 되면 기왕에 정치적 효능감이 낮은 소외층의 정치에 대한 부정적 시각이 더욱 악화되는 한편, 지방정치 참여자간의 대립의식이 조장됨으로써 결국 참여를 통한 시민교육효과가 저상될 것이므로 지양되어야 한다. 그러나 많은 연구들은 지방정부가 계층중립성에 대하여 회의적인 시각을 피력하여 왔다. 예컨대, Cockburn(1977)의 지방국가론, Stone(1980)의 체계적 권력, Logan과 Molotch(1987)의 성장연합론 등은 그 예이다.

이에 대하여는 두 가지 점에서 긍정적인 반론이 있을 수 있다. 첫째, 지방정부의 계층차별성이 중앙정부에 비하여 상대적으로 낮다는 지적이다. 예컨대, Phillips(1996), Sharpe(1970) 등은 지방정부가 중앙정부에 비하여 노인, 여성, 청소년 등 소외층에 비하여 우호적 경향에 있다는 점을 제시하였다. 그러나 이는 중앙정부의 경우와 비교하여 볼 때 그렇다는 것일 뿐 근본적으로 지방정부의 계층차별경향 자체를 부인하는 것은 아니라는 점에서 한계가 있다 하겠다. 어떠한 정치형태에서든 상위층에 대한 편애는 보편화되어 있다는 점이 지적되

---

14) 외부통제장치의 목록에 참여제도화가 포함되어 있는바, 참여제도화는 참여기회의 확대수단인 동시에 정부의 대응성 확보를 위한 수단이기도 한 점을 지적해 둔다.

어야 할 것이다. 둘째, 시민사회의 성장과 중산계층의 대두에 따라 이른바 반성장연합의 활동이 강화되고 이에 따라 지방정부의 계층편향이 완화될 것이라는 지적이다(Abbott, 1987; Christensen, 1995). 그러나 일반적으로 성장연합이 보편화된 데 비하여 반성장연합은 실질적이기보다는 상징적인 데 그치고 있다는 데서 일정한 한계를 보인다(Logan & Zhou, 1989). 요컨대, 결국 지방정부의 대응성은 계층차별적일 우려가 크다는 것이다. 그렇기 때문에 지방정부의 대응성이 계층중립적이 되어야 한다는 점이 더욱 강조될 필요가 있다. 그렇지 않은 경우, 시민참여의 증대와 지방정부의 대응성은 결국 기존의 차별적인 지방권력구조를 고착시키는 기제로 기능하게 된다는 점이 인식되어야 한다(Hill, 1994: 249).

이상에서 시민교육을 위한 지방정치의 민주화요소로서 시민참여기회의 확대와 참여에 대한 지방정부의 대응성에 대하여 각각 논의하였는바, 양자는 별개의 것이 아니라 상호 밀접한 관련하에 있다는 점은 이미 앞에서 지적한 바와 같다.

Ⅳ 결 론

지금까지 본 장은 시민의 지방정치참여가 유효한 시민교육효과를 가지므로 지방정치에서의 시민참여활성화가 필요하다는 점을 밝히는 한편, 시민의 지방정치참여를 통한 시민교육효과의 담보를 위하여는 지방정치의 민주화가 요구됨을 제시하였다. 생각건대, 전자의 논의는 아직 지방자치에 대한 회의적 시각이 상존하는 현실에서 지방자치의 정당성을 뒷받침하는 추가적인 논거를 제시하는 것일 뿐만 아니라, 지방정치에 있어서 미흡한 시민의식을 볼모로 시민참여 확대에 반대하는 간접민주론자의 주장에 한계가 있음을 드러내는 한편, 시민교육을 위한 수단이 학교와 같은 직접적인 교육기구에 한정하지 않는다는 점을 제시하는 것이라는 데서 그 의의를 찾을 수 있을 것이다. 아울러 후자의 논의는 지방정치의 민주적 발전을 위한 구조화방향을 제시함으로써 지금까지 시민적 소외의 문제를 소홀히 하면서 단체자치적 측면에 경도되어 추진되고 있는 지방자치의 균형적 발전을 위한 일정한 시사를 제공하는 것이라는 데서 그 의의를 찾아볼 수 있다 하겠다.

이하에서는 본론의 논의와 관련한 몇 가지 논점을 결론적으로 제시하고자한다. 첫째와 둘째는 전자의 논의와 관련한 것이며, 셋째와 넷째는 후자의 논의와 관련한 것이다. 첫째, 시민참여와 시민의식과의 관계는 일방적인 관계에있지 않고 상호순환적인 관계에 있다는 점이다. 지금까지 본 장은 시민의식의참여에 대한 관계에 대한 연구와는 달리 참여의 시민의식에 대한 관계에 대한연구가 상대적으로 소홀히 취급되고 있음을 감안하여 시민참여가 시민의식에미치는 효과에 대하여 논의를 집중함으로써 시민참여가 시민의식에 긍정적인교육효과를 갖는다는 점을 제시하고자 하였다. 그러나 실제로는 그 역의 관계역시 성립한다. 즉, 고양된 시민적 자질은 다시 시민참여를 증대시키는 효과를갖는바, 양자는 일방적인 관계에 있지 않고 상호작용관계에 있으며, 서로가 수단인 동시에 목적관계에 있는 것이다. 그리고 이러한 관계는 어느 한 요소를강화함으로써 다른 요소의 강화효과를 동시에 기할 수 있다는 점에서 바람직한 성격의 것이라 할 수 있다.

둘째, 지방차원의 정치참여가 시민교육효과를 갖는다는 지적이 지방정치참여만이 시민교육을 위한 유일한 도구임을 의미하는 것은 아니라는 점이다. 지방정치에의 참여가 아니더라도 중앙에서의 정치참여, 조직생활에서의 참여, 직접적인 시민교육활동과 같이 참여를 통하지 않는 활동 등을 통하여도 시민의식이 고양될 수 있음은 물론이다. 실제로 많은 교육활동이 지방이나 참여와연관 없이 시민성 고양을 목표로 이루어지고 있으며, 심지어는 지역사회보다는 직장에서의 시민교육이 더 효과적이라는 주장까지 있다(Hill, 1974: 22). 그러므로, 본 장이 제시하는 바는 참여가 시민교육효과를 가진다는 점, 그리고 그러한 효과는 중앙정치에서보다는 지방정치에서의 참여를 통하여 보다 쉽고 크게 나타날 것이라는 점에 한함을 지적하여 둔다.

셋째, 지방정치참여를 통한 시민교육효과를 도모하기 위하여는 참여기회의 확대가 필요하다 하였으나 문제는 아무리 참여기회가 마련되더라도 시민의식이 미흡하면 그러한 참여기회가 실제 참여의 통로로 사용되지 않고 따라서시민교육효과도 발생하지 않게 될 우려가 있다는 점이다. 물론 시각을 달리하여 보면 시민의식이 미흡한 경우에는 왜곡된 참여에 따른 지방정치의 편향을막기 위하여 참여기회가 사용되지 않는 것이 오히려 다행한 현상으로 해석될수도 있을 것이다(예, McClosky, 1969). 그러나 문제는 그러한 경우에 시민적 자질을 고양시킬 수 있는 중요한 기회를 놓치게 된다는 점이다. 이러한 문제를 해소하기 위하여는 참여기회의 제공과 함께 시민의 참여유인을 위한 조치가 수반되어야 할 것인데, 앞에서 제기한 지방정부의 참여에 대한 대응성 증대는 바로 이를 위한 중요한 조치 중의 하나가 된다. 다행인 것은 일단 시민의 참여가 이루어지게 되면 참여에 따른 교육효과에 따라 시민의식이 고양되고 따라서 참여유인을 위한 추가적인 조치의 필요성이 감소하게 된다는 점이다. 이는 앞에서 지적한 바와 같이 시민성과 시민참여 간에는 상승작용이 있기 때문에 그러하다. 아울러 이러한 논의는 시민의식이 미흡함을 이유로 참여기회제공에 대하여 회의적인 시각에 문제가 있음을 드러내 준다.

넷째, 지방정치참여를 통한 시민교육효과의 확대를 위하여는 지방정치의 민주화와 아울러 지방의 자율권 신장이 이루어져야 한다는 점이다(Hill, 1994: 238). 지방정부가 자율권을 갖고 있지 못할 경우, 시민의 지방정부에 대한 관심은 위축되고 따라서 시민의 정치참여 역시 위축되고 이에 따라 시민교육효과가 저감될 것임은 자명하다 하겠다. 실제로, 지방정부의 자율권이 약한 영국에서의 참여수준이 상대적으로 지방의 자율권이 강한 미국의 참여수준에 비해 저조하다는 관찰은 중요한 참고가 된다(Lowndes, 1995). 그러므로, 시민성 향상을 위하여서라도 지방의 자율권 신장이 이루어져야 한다. 그럼에도 불구하고 중앙정부는 여전히 지방에 대한 자율권부여에 소극적이다. 물론 자치제 재개 이후 일부 권한, 사무, 재원의 지방이양이 이루어지고 있으나, 그 속도와 폭에 있어서 한계가 있다는 것이 일반적인 평가이다. 다만, 향후 민주화 추세의 진전, 지방의 자생력 강화, 지방세력의 연합 등의 요인에 따라 그 같은 경향은 점차 완화되어 갈 것으로 기대된다.

끝으로, 본 장에서는 시민의 지방정치참여와 시민교육과의 개략적 관계에 한하여 논의하였으나 향후의 연구에서는 발전적으로 참여방법에 따른 차별적 교육효과의 문제, 참여에 따른 시민성 요소의 상대적 변화문제 등을 다룸으로써 양자간의 관계에 대하여 보다 상세한 지식을 제공할 수 있을 것이다. 아울러, 시민교육과 관련하여 본 장에서 제시한 지방정치의 민주화문제에 있어서도 향후의 연구는 지방정치의 민주화 실태에 대한 객관적인 조사에 기초하여 지방정치가 얼마만큼 어떠한 방향으로 변화되어야 하는가에 대하여 논의할 수 있을 것이다.

CHAPTER 17 정당의 지방자치참여

▮ 문제의 제기

지방자치의 실시와 관련하여 지방선거에의 정당참여의 인정여부에 대한 논란은 핵심적인 논쟁거리를 제공하여 왔다. 지금까지 특히 정치권에서의 정당참여논쟁은 일관된 논리에 의하기보다는 중앙의 정치적 이해관계와 맞물려 그때그때의 상황논리에 의하여 파행적으로 이루어져 왔다. 이는 그간 지방선거에서 정당참여가 어떻게 인정되어 왔는가를 살펴보면 쉽게 알 수 있다. 우선 1991년의 지방의회선거에서는 여야간의 의견대립 끝에 광역의회의원선거에서는 정당공천이 인정되었으나 기초의회의원선거에서는 정당공천이 배제되었다. 그러다가 1994년 3월 16일에 여야간 합의로 제정된 공직선거 및 선거부정방지법에서는 기초와 광역을 막론하고 정당의 공천을 인정하도록 바뀌었다. 그러나 개정된 이 제도는 시행도 되기 전에 1995년 6월 27일 통합선거를 앞두고 기초단위에서의 정당공천배제를 주장하는 여당과 이를 반대하는 야당 간의 이른바 반반론이라는 희한한 합의에 의하여 기초의원선거에서는 정당공천을 허용하지 않는 것으로 다시 바뀌었다. 이후 2005년 공직선거법 개정에 따라 2006년 5월 31일 시행된 지방선거부터는 기초지방의원 선거에서도 정당공천을 허용하여 오늘에 이르고 있다. 생각건대, 이러한 파행의 지속을 막기 위하여는 기본적으로 정치권의 각성이 필요함은 물론이거니와 이와 함께 정당참여의 필요성에 대한 보다 객관적인 논의가 필요할 것이다. 이러한 인식에 기초하여 본 장은 정당참여배제론의 논거를 적시하고 그 문제점을 살펴봄으로써 지방자치에서의 정당참여의 필요성을 강조하고자 한다.

▊ Ⅱ 정당참여배제론의 논거와 비판

정당참여배제론의 논거는 여러 가지가 제시되고 있으나 대체적으로 볼 때 지방자치의 비정치성, 지방자치의 중앙정치 예속, 정당불신, 기득권자의 과다대표, 지역할거주의의 조장 등 다섯 가지 정도로 파악될 수 있다. 각각의 내용과 한계는 다음과 같다.

1. 지방자치의 비정치성

정당배제론자들은 지방자치는 본질상 정치적인 성격보다는 행정적인 성격이 강하다는 것을 강조한다. 지방자치가 행정적인 성격이 강하다는 것은 지방정부의 주요기능이 주민의 일상생활에 필요한 공공서비스의 공급에 있다는 것을 전제로 한다(일부에서는 이를 가리켜 생활자치라는 이상한 표현을 쓰기도 한다.). 예컨대, 도로포장을 하거나 쓰레기를 치우는 데 있어서 공화당 방식과 민주당 방식이 따로 있을 수 없다던 20세기 초 미국의 지방정부개혁론자들의 주장은 이러한 입장을 단적으로 나타내는 것이다. 그러므로 주민생활과 관련된 비정치적인 문제를 다루는 지방자치에 정치집단으로서의 정당이 개입하면 지방자치를 정치적인 이해관계에 따라 왜곡하므로 바람직하지 않다는 것이다.

그러나 이와 같이 지방자치의 성격을 행정적인 것으로 단정하는 것은 무리가 있다. 물론 지방정부의 중요한 기능의 하나가 서비스공급을 위한 행정적 기능이기는 하다. 그러나 지방정부는 이에 더하여 지역의 자원배분과정에서 발생하는 갈등의 해소기능 즉, 정치적 기능을 수행한다(Judd, 1988: 408). 기실 정치란 정치인의 전유물이 아니며 지방에 있어서도 자원의 희소성이 있는 한 이를 둘러싼 갈등의 해소과정으로서의 정치란 불가피한 것이다. 더욱이 민선 단체장하의 지방정부는 과거 임명제단체장의 경우에 비하여 정치적 기능의 수행요청이 보다 커졌다는 점도 인식되어야 한다(이승종, 1995a). 나아가서 쓰레기 처리, 상수도 공급, 도로관리 등과 같은 생활과 직결된 문제도 완전히 행정적인 것으로 볼 수 없다. 서비스의 공급과정에 있어서 이해가 상충하는 집단의 갈등이 발생할 수 있을 것이기 때문이다(김병준, 1994: 194). 이 경우 정당이 참여하여 상충하는 이해관계를 정강에 따라 매개하고 조정하는 역할을 담당하는 것이 오히려 자연스럽다.

지방자치의 정치적 성격을 부인하더라도 결론은 마찬가지이다. 만일 지방의 문제가 주민생활과 관련된 비정치적인 행정적 사안으로서 정당의 참여여지가 없다면 정당의 참여를 인정하더라도 별 차이가 발생하지 않을 것이기 때문이다. 앞서 언급한 공화당 방식, 민주당 방식 운운하는 말은 행정적인 문제에 정당이 관여하더라도 큰 차이를 가져오지 않을 것임을 나타내주는 말로 해석될 수도 있음을 인식하여야 한다. 만일 정당의 참여에도 불구하고 별 영향을 받지 않는 사안을 처리하는 것이 지방자치라면 굳이 헌법에도 보장되어 있는 정당의 활동을 제한할 이유가 없는 것이다.[1]

2. 중앙정치에 지방자치 예속

정당배제론자들은 지방선거에 정당참여를 인정할 경우, 지방적 사안이 아닌 전국적인 문제 또는 중앙당에 대한 평가에 의하여 지방공직자를 선출하게 되므로 그만큼 지방자치가 위협받게 됨을 지적한다. 과거 지방선거에서 일반적으로 각 당이 제시한 지방선거 정책이 지방적인 것이기보다는 전국적인 문제에 관한 것이었음은 이러한 우려를 입증하여 준다.[2] 나아가서 이들은 중앙당과 지구당 간의 수직적 지배구조를 통하여 지방자치가 중앙정치의 영향을 여과 없이 받게 되고 중앙의 정쟁이 지방의 정쟁으로 연장되어 자칫 지방자치가 질식될 수 있음을 강조한다. 즉, 지방자치는 지방의 자율과 창의에 의한 의사결정을 통한 주민복지증진을 도모하기 위한 것인데, 정당을 통한 중앙정치의 영향은 지방의 의사결정을 획일적으로 고착시키거나 갈등구조로 몰고 감으로써 지방자치발전을 저해한다는 것이다. 이는 실제로 중앙당과 지구당과의 수직적 지배구조가 형성되어 있는 우리나라의 정당현실을 감안할 때 일응 설득력이 있는 주장이라 하겠다.

우선 지적할 것은 전국적인 문제 또는 중앙당의 평가에 기초하여 지방선거가 영향을 받는 것을 지나치게 우려할 필요는 없다는 점이다. 중앙의 평가가 지방선거에 연계될 경우, 주민의 표를 의식하여야만 하는 정당은 지방에 악영

---

1) 이와 관련, 정당참여문제를 논의함에 있어 정책적인 효과를 따지기 앞서 합헌성 또는 합법성의 문제를 먼저 고려하여야 한다는 지적도 있다(이기우, 1991: 347).
2) 의원내각제를 채택하고 있는 영국의 경우, 이러한 경향은 현저하다(Byrne, 1981).

향을 미치는 독단적인 결정을 삼가게 될 것이기 때문이다. 나아가서 지방의 평가에도 신경을 써야 하는 중앙정당은 지방의 문제와 중앙의 문제를 연관지어 정책을 추진함으로써 지방발전과 국가발전의 조화에 기여할 수도 있다.

이와는 달리 정당의 수직적 지배구조에 따른 폐해의 우려는 기본적으로 그 타당성이 인정된다. 이는 특히 지난 선거에서 광역단체장-광역의원-기초단체장을 동일 정당이 석권한 지역이 적지 않은 만큼 정당에 의한 지방자치의 지배우려는 더욱 설득력을 갖게 되었다. 그러나 다음과 같은 점을 고려할 때 이러한 우려가 과장되어서는 안 된다. 배제론자들은 정당에 의하여 공천된 지방공직자는 당선된 후에도 중앙정당의 지배에 일방적으로 묵종할 것으로 상정한다. 그러나 재선을 염두에 두어야 하는 지방의 공직자가 반드시 중앙정당에 대하여 복종적인 태도를 보이지는 않을 것이다. 지방의 문제를 지방의 시각에서 충실히 풀어나가지 않는 경우 재선이 어려워질 것이기 때문이다. 오히려 이들은 지역의 여론을 수렴하여 중앙에 전달하고 필요한 지원을 요구하는 상향적인 의사전달체로서 기능할 수 있을 것이며, 선거를 의식해야 하는 중앙당 역시 이 같은 아래로부터의 요구를 전적으로 무시하기는 어려울 것이다. 그렇지 않을 경우 중앙당은 지방에서의 지지기반을 상실할 우려가 있기 때문이다. 즉, 지방자치에의 정당참여는 상향적인 의사전달체계를 강화함으로써 결과적으로 고질적인 정치개혁 대상의 하나인 집권적 정당을 분권화시키는 데 이바지하게 되는 것이다. 이렇게 볼 때, 집권적 정당구조는 지방공직자의 의사결정을 좌우하는 요소라기보다는 하나의 영향요인으로 이해되는 것이 타당하며 그것만으로 정당참여의 배제논거가 되는 데는 한계가 있다 할 것이다.

3. 정당에 대한 불신

정당참여배제론자들은 정당의 책임성이 어느 정도 확보된 선진국과는 달리 정당의 책임성이 저조한 우리의 경우, 정당참여는 득보다 실이 많으므로 가급적 그 활동범위를 제한하여야 한다고 주장한다. 이들이 지적하는 바와 같이 우리나라 정당의 책임성이 낮다는 것은 누구도 부인하기 어려운 것이 현실이다. 독자적인 정책이나 정강의 개발의 미흡, 공천비리, 계파간 갈등, 집권적 당운영 등이 그 증거이다. 배제론자들은 이와 같은 상황하에서는 설혹 정당참여 허용의 필요성이 인정된다 하더라도 정당참여는 배제되거나 또는 여건이 성숙해질 때까지 허용이 연기되어야 함을 주장하는 것이다(최병대, 1995). 이와 함께 일부에서는 정당에 대한 국민의 불신을 이유로 들어 정당참여 배제를 주장하기도 한다. 불신받는 정당에게 지방선거 참여를 인정한다는 것은 현행 정당에게 주어지는 보조금, 선거운동과정에서의 프리미엄, 언론의 우호적인 자세 등을 고려할 때 지나친 배려일 뿐 아니라 불신받는 정당에 의한 주민지배는 모순이라는 것이다(이남영, 1995).

생각건대, 이들 배제론자들이 지적하듯이 정당의 무책임성 또는 불신상황은 엄연한 현실임에도 불구하고 이를 이유로 정당참여를 배제하자는 주장은 논리적이지 못하다. 첫째, 기본적으로 이러한 주장은 정당의 참여 필요성을 직접적으로 부인하는 것은 아니며 다만 고쳐야 할 정당현실에 대한 진단으로서만 의의가 있다. 진단 후에는 당연히 처방이 뒤따른다. 이들의 처방은 정당참여배제 내지는 참여연기이다. 그러나 이것은 올바른 처방이 아니다. 정당참여배제는 정당현실의 개선이 불가능하다는 판정이 있은 다음에나 가능한 것이다. 정당참여연기는 정당현실의 개선을 위한 가능한 방안과 함께 제시되어야 한다. 그러나 이들은 우리 정당의 개선가능성 또는 개선방안에 대하여는 침묵한다. 반면 참여허용론자들은 지방자치에의 정당참여는 정당현실의 개선을 위한 분명한 대안의 하나가 될 수 있다고 한다. 그렇다면 배제론자들은 우선적으로 정당참여가 정당의 개선에 부정적이거나 아무런 영향을 못 미칠 것임을 논증하여야 한다. 그러나 이들은 이 점에 대하여 말이 없다. 요컨대, 배제론자들의 이같은 주장은 정당참여여부에 대한 원칙론이 아닐 뿐 아니라 정당현실의 개선의 기회를 원천적으로 봉쇄하는 것으로서 과거 민도가 낮으니 지방자치를 실시하면 안 된다던 주장과 기본적으로 궤를 같이한다.

둘째, 이러한 주장은 중앙정치에서는 정당참여를 인정하면서도 지방자치에서는 정당참여를 인정하지 않아야 되는지에 대한 설득력 있는 논거가 되지 못한다. 불신의 대상에서 중앙당이 예외가 아닌 한, 지방에서 정당참여가 금지되어야 한다면 당연히 중앙정치에서도 정당참여가 배제되어야 한다. 그러나 이 점에 대하여도 배제론자들은 침묵하고 있다.

4. 기득권층의 과다진출

정당배제론자들은 지방선거에서 정당참여를 인정하는 경우에는 지방공직에 기득권층이 과다대표되고 참신한 신진인사의 진출이 곤란하여질 것임을 지적한다. 이는 실제로 우리의 정당들이 민주적인 경선을 통하여 후보자를 공천하기보다는 정당원의 의사와는 상관없이 유력자와 친분관계가 있거나 재력과 지식을 갖춘 기득권층을 일방적으로 공천하여 왔다는 데서 설득력이 있는 주장이라 하겠다. 그렇게 되면 유능한 인재의 지방공직 진출이 어려워지고 그만큼 지방자치 발전은 어려워지게 될 것이다. 실제로도 재력가들의 진출이 두드러진 지난 지방선거는 이와 같은 우려를 어느 정도 실증하여 주었다.

생각건대, 이들의 주장과 같이 현실적으로 정당공천이 어느 정도 계급편향성을 보이고 있는 것은 사실이다. 그러나 의문은 정당참여가 배제된다고 해서 상위계층편향성이 낮아지겠는가 하는 것이다. 대답은 아니오이다. 정당의 공천을 허용하지 않을 경우, 오히려 지명도가 높은 기득권층의 진출이 더욱 높아지고 신진인사의 진출은 더욱 어려워지게 될 것이기 때문이다. 이는 기존의 연구에서도 뒷받침되고 있다. 예컨대, Welch와 Bledsoe(1988)는 미국의 도시정부를 대상으로 한 연구에서 개혁의 일환으로서의 정당참여배제는 지방의 정치와 정책에 중상층(upper-middle class) 및 보수적 편향을 가져온 것을 입증하고 있는 것이다. 우리의 경우, 정당공천이 배제된 기초의원의 구성성분이 상위계층의 선호도가 상대적으로 낮을 것임에도 불구하고 상위계층편향성에 있어서 광역의원의 경우와 큰 차가 없다는 데서도 이를 알 수 있다.

5. 정당의 지역패권주의

정당배제론자들은 우리나라의 정당은 지역연고성향이 크므로 지방선거에의 정당참여를 인정하는 경우에는 지역분할구조를 고착시키게 되어, 고질적인 지역감정이 더욱 심화됨은 물론 국정의 통합성 저하에 따라 국가경쟁력이 저해될 것임을 우려한다. 즉, 정당에 의한 지역분할구도는 지역발전을 위하여 분출하여야 할 주민의 활력을 오히려 지역간 대립에 낭비하도록 만드는 한편, 지방의 발전뿐 아니라 국가발전에 도움이 되어야 할 지방자치를 왜곡시키게 될 것이므로 지방자치에서의 정당개입은 막아야 한다는 것이다. 주지하다시피 정당의 지역분할구도가 확연하게 나타난 과거의 통합지방선거 결과들은 이들의 주장에 더욱 무게를 실어주는 계기가 될 것으로 보인다.

그러나 이러한 지적은 논리상 흠결이 있다. 일반적으로 지역패권구도라 함은 광역분할구도를 말하는 것이지 기초자치단위의 분할구도를 말하는 것은 아니기 때문이다. 예를 들어 지역분할구도란 호남, 영남, 충청 등 광역간 분할구도를 말하는 것이지 수원, 안양, 시흥 등 기초단위간의 분할구도를 말하는 것은 아닌 것이다. 그렇다면 만일 정당의 지역패권이 문제가 되어 정당배제가 필요하다면 그 일차적 대상은 광역이며 기초는 아니다. 그러나 상당수 배제론자들은 광역이 아닌 기초단위에서의 정당참여배제를 주장한다. 이는 광역자치의 정치적 성격이 상대적으로 강하다는 것을 가정한 것이라 이해되지만 지역패권구도라는 것이 기본적으로 광역단위의 문제임을 간과하는 문제가 있는 것이다. 그러므로 광역단위에서 정당참여를 인정할 수 있다면, 기초단위에서도 정당참여를 인정하여야 할 것이다.

나아가서 극단적으로 말하자면 중앙의 시각에서 바라볼 때는 어느 지역(광역을 말함)을 일당이 석권하는 것이 문제가 될 수 있으나, 지방의 시각에서 볼 때는 지역 내에서 지방정부간 협조적 분위기의 조성이 가능하므로 반대의 결론도 가능하다. 지역 내에서 볼 때 정당배경이 다른 데 따른 지방정부간 갈등이나 차별이 적을 것이기 때문이다. 물론 이 경우에도 지역 내에서 지배정당에 의한 독주의 위험이 있으므로 기본적으로 지역할거주의가 바람직하지 않음은 물론이다. 그러나 배제론자들의 우려는 독주의 위험에 있지 않고 분열의 위험에 있으며 그러한 점에서 그들의 주장은 한계가 있다.

Ⅲ 정당참여배제에 따른 문제

지금까지 정당참여배제론의 논거에 대하여 항목별로 그 타당성을 평가하였다. 이에 부가하여 이하에서는 지방자치에서 정당참여를 배제하였을 경우 발생할 수 있는 문제점에 대하여 살펴봄으로써 정당참여의 필요성을 강조하고자 한다.

1. 정당참여배제의 곤란성

배제론자들의 주장을 십분 수용한다 하여도 지방자치에서의 정당배제가 현실적으로 불가능하다는 문제가 있다. 법이 금지한다고 해서 정당이 지방선거를 순순히 포기하지는 않을 것이기 때문이다. 이는 지난 두 번의 지방선거에서 이른바 내천이 공공연히 이루어진 데서도 입증된다. 정당의 참여배제는 정당으로 하여금 위법행위를 하게 함으로써 범법자를 양산할 뿐만 아니라 탈법정치를 구조화시키는 문제가 있다. 나아가서 선거 후에 정당들은 영향력 확보를 위하여 당선자에게 접근하려 할 것이며 이를 위하여는 밀실거래도 마다하지 않게 될 것인바, 이에 따른 지방자치의 부패는 큰 문제라 아니 할 수 없다.

2. 주민의 선택기회 제한

유능한 후보자를 추천하여 주민의 선택을 돕는 것은 정당의 주요한 기능의 하나이다. 이러한 기능은 현행 선거법이 여론조사결과의 공표금지, 선거운동기간의 단축, 시민단체의 활동제한 등으로 유권자가 후보자를 판단할 수 있는 정보를 매우 제한하고 있기 때문에 특히 중요하다. 만일 현 상황하에서 정당의 공천마저 금지한다면 유권자는 극도로 정보가 제한된 상태에서 아무렇게나 투표할 수밖에 없다. 물론 앞에서도 지적된 바와 같이 우리 정당의 공천양태에 대하여는 불신요인이 많다. 그럼에도 불구하고 후보자에 대한 책임을 져야 하는 정당이 모든 후보자를 무자격자로만 추천할 것으로 단정하는 것은 지나치다. 선거에서 승리하여야 하는 정당으로서는 최소한 상대정당의 후보자와 경쟁이 될 만한 후보를 추천하려 할 것이기 때문이다. 게다가 정당이 추천하는 후보자를 유권자가 무비판적으로 선택하는 것도 아니다.[3] 이에 더하여 지방선거에서 정당참여가 인정되지 않는 경우, 후보자에 대한 정보에 상대적으로 어두운 소외계층의 투표율이 저하되고 이에 따라 지방자치는 중산층의 몫이 되어 체제편향의 원인이 된다는 지적도 같이 인식되어야 한다(김병준, 1994: 203).

정당은 공직후보자를 추천하는 것 외에 복잡한 정책문제를 당의 입장으로 단순화하여 주민에게 제시함으로써 주민의 선택을 돕는 기능을 한다. 이러한 기능은 복잡한 공공문제에 대한 주민의 결정부담을 덜어주는 것으로서 중요하다. 이러한 점에서도 정당을 배제하는 것은 바람직하지 않다.

---

3) 이기우(1995a)는 정당공천이 바람직하지 않은 경우에도 주민이 선택할 여지를 두는 것이 민주원칙에 부합하는 것임을 지적한다.

3. 책임정치의 저해

정당은 독자적인 정책을 제시하고 그 결과에 대하여 책임을 지는 집단이다. 그런데 정당의 참여를 배제하게 되면 잘못된 정책들에 대하여 전반적으로 책임을 물을 집단이 없게 된다. 또한 정당의 활동이 금지되면 이익집단이 강해져서 정당의 기능을 상당부분 흡수하게 되어 문제시될 것이다. 정당참여가 금지될 경우, 후보자들은 당선을 위하여 이익단체로부터 인적·물적 지원을 받지 않을 수 없게 될 것인바 이는 당선 후 공직자의 결정에 영향을 미치지 않을 수 없게 된다(Jones, 1983: 148). 즉, 지방자치의 책임성이 저해될 우려가 있는 것이다. 생각건대, 아무리 정당의 책임성이 낮다 하여도 선거기제에 의하여 통제받는 정당이 아무런 통제장치 없이 사익을 추구하는 이익집단보다는 나을 것이다. 선거에 관심이 있는 정당으로서는 일부 집단의 이익을 옹호하는 모험을 하기보다는 보다 보편적인 이익을 추구하려 할 것이기 때문이다.

4. 지방의회의 위상저하문제

우리나라의 지방자치조직은 집행기관과 의결기관과의 대립형을 취하고 있다. 이와 같은 대립형자치기구가 효과적으로 기능하기 위하여는 기본적으로 양 기관간의 적절한 힘의 균형이 필요하다. 그러한 상태에서 적절한 견제와 협조가 가능할 것이기 때문이다.[4] 그러나 우리의 경우 전통적으로 행정권이 강한 데다가 현행 제도상으로도 집행기관이 의결기관에 비하여 과도하게 우위에 있는 것으로 평가되어 개선이 요청되고 있다. 정당참여의 허용은 열세에 있는 지방의회의 위상을 강화시킴으로써 양 기관간의 균형에 이바지할 것으로 기대된다. 지방의원들은 정당이라는 매개체를 통하여 집행기관에 대하여 조직적·집합적인 힘을 행사할 수 있을 것이기 때문이다. 그러나 만일 정당참여가 인정되지 않으면 의원들은 개별적으로 의사활동을 수행하여야 하는데, 개별적인 대응으로 집행기관을 상대하는 데는 한계가 있을 것이다. 이러한 상황하에서는 집행기관의 독주가 예상되며 이는 결코 지방자치발전을 위하여 바람직하지 않다.

---

[4] 불균형상태에서는 열세에 있는 기관이 힘의 균형을 찾는 데 많은 노력을 기울이게 될 것이므로 견제도 협조도 잘 이루어지지 않게 된다(cf. Blau, 1964).

5. 복지정책의 소홀문제

정당의 관여가 없는 상황하에서는 지방공직자와 지역호와의 유착 아래 이른바 성장연합(growth coalition)이 구축되어 지방정부의 정책이 유효한 견제 없이 개발위주로 흐르고 복지에 대하여 소홀할 위험이 있다(cf, Peterson, 1981; Logan & Molotch, 1988). 그러나 정당참여를 허용함으로써 자칫 소외받기 쉬운 복지분야에 대한 지방정부의 관심을 증폭시킬 수 있다. 상대적으로 분배에 관심을 갖는 정당이 소속 공직자를 통하여 또는 정책제시를 통하여 지방자치의 결정이 개발일변도로 경도되는 것을 견제할 것이기 때문이다. 이와 관련하여 지자제 실시 후 지방정부의 복지정책정향에 관한 한 연구는 정당참여의 허용이 복지정향에 긍정적인 영향을 주는 것으로 분석하고 있어 참고가 된다(이승종·김흥식, 1992).

Ⅳ 결론: 정당참여의 기능화 조건

지금까지 지방자치에의 정당참여배제론의 논거와 한계에 대하여 간단히 살펴보았는바, 배제론도 나름대로 일면적 타당성은 있는 것이다. 그럼에도 불구하고 전체적으로 볼 때 배제론은 정당배제에 따라 파생되는 많은 문제점을 소홀히 하는 한계가 있음은 위에서 논의한 바와 같다. 그러므로 기본적으로는 정당참여를 허용하는 한편 그로 인한 부작용을 줄이는 조치를 강구하는 것이 보다 합리적이라고 판단된다. 그리고 이러한 이유에서 외국의 경우에도 대부분 정당참여를 인정하고 있음을 인식하여야 한다.[5]

정당참여로 인한 부작용을 줄이고 순기능을 살리기 위한 가장 기본적인 조치는 정당의 분권화이다. 물론 집권적인 정당구조를 고려하더라도 앞에서 살펴본 바와 같이 정당참여 허용은 실보다 득이 많다. 그러나 문제는 현재와 같이 집권화된 정당구조하에서는 배제론자들의 주장하듯이 정당참여가 지방자치에 긍정적 영향만을 미칠 것으로 기대할 수는 없다. 그러므로 정당의 분권화

---

5) 엽관제의 폐해를 심각하게 겪은 미국의 경우에는 지방정부의 2/3 정도가 정당참여를 배제하고 있고, 인도네시아에서는 지방자치에서 정당참여를 포괄적으로 배제하고 있다. 그러나 영국, 프랑스, 독일 등 유럽제국, 일본 등 대부분의 국가는 지방자치에 정당참여를 인정하고 있다(국무총리실, 1987; 한국지방행정연구원, 1986).

를 통하여 중앙정치가 지방자치에 대한 제약요인으로 작용할 가능성을 원천적으로 봉쇄하는 것이 바람직하다. 그렇다면 정당의 분권화는 어떻게 이루어지는가? 우선 앞에서 지적한 바와 같이 지방자치에의 정당참여허용은 그 자체 정당의 분권화요인으로 작용할 것이다. 그러나 이와 아울러 조속한 분권화를 위하여는 중앙차원에서 보다 능동적으로 정당의 분권화를 추진할 것이 요청된다. 구체적으로 정당 내적으로는 분권적인 인식을 기초로 하여 경선제를 충실히 실시하고, 제도적으로는 지방선거에서의 정당임의표방제를 채택할 것이 요청된다.

정당임의표방제는 정당의 지방선거 참여를 원천적으로 봉쇄하지 않으면서도, 주민의 후보자 선택에 도움을 주고, 공천과정의 잡음을 없앨 수 있으며, 지방정치의 중앙정치 예속성을 완화하는 등 정당의 독점적 공천에 따른 여러 가지 폐해를 줄일 수 있는 유효한 제도이다. 자칫 독점적 공천제를 둘러싼 논의가 선거참여를 중요한 미션으로 하는 정당의 지방선거참여의 원천적 배제로 확산되지 않도록 경계할 필요가 있다.

정당참여로 인한 부작용을 줄이기 위하여는 정당분권화에 더하여 시민단체의 활성화가 이루어지는 것이 바람직하다. 이는 특히 정당에 대한 불신을 고려할 때 더욱 강조되어야 한다. 시민단체는 정당의 책임성 향상을 위한 하나의 자극제로서 기능할 수 있을 것이다.

끝으로, 만일 향후 지방자치에 대한 정당참여여부에 대한 합의가 어려울 경우, 현재와 같이 일률적으로 중앙에서 참여허용여부를 결정하지 않고 미국의 경우와 같이 정당참여의 허용여부를 자치단체가 자율적으로 결정하도록 하는 것도 하나의 대안이 될 수 있음을 부언해 둔다.

정부간 관계

┃ 서   론

  지방의원과 자치단체장을 동시에 민선한 지난 1995년 6월 27일 지방선거를 통하여 자치기구의 외형적인 완성이 된 것을 계기로 본격적인 지방자치시대가 개막된 지 수년이 지나갔다. 지난 기간을 돌이켜 보건대, 지방자치는 우리 사회에 긍정적인 영향과 부정적인 영향을 동시에 가져온 것으로 생각된다. 긍정적인 효과로는 무엇보다 과거 중앙집권적 통치하에 비하여 지방의 공공의사결정과정이 보다 민주적인 변화를 보이고 있다는 점이다. 민선 후에 확산되고 있는 탈권위주의, 고객지향행정, 여론행정 내지는 참여행정의 강조, 주민의 정치효능감 증대 등은 그 증거라 하겠다. 그러나 이와 함께 지방자치의 부정적인 영향도 적지 않게 관찰되고 있다. 예컨대, 선거로 인한 낭비와 분열, 지역간의 갈등, 중앙과 지방정부 간 갈등으로 인한 국정통합성의 저하, 지역부패구조의 형성, 참여요구확대에 따른 행정의 중립성 또는 효율성 저하, 지방의회와 단체장 간의 갈등으로 인한 부작용, 개발편향의 지방정책 등이 그것이다. 바라기는 긍정적 효과는 극대화되고 부정적 효과는 극소화됨으로써 어렵게 재개된 지방자치가 부정적인 관점을 극복하고 조기에 정착·발전되는 것이다.

  자치발전을 위한 과제로는 제도개선으로부터 의식개선까지, 거시적인 사회변화로부터 미시적인 차원의 개인행태의 변화에 이르기까지 여러 가지가 제시될 수 있을 것이다. 그러나 본 장에서는 그러한 과제 중에서 특히 중앙정부와 지방정부 간 관계의 발전방향에 한하여 논의하고자 한다. 지방자치에 있어서 중앙과 지방관계의 중요성은 중앙과 지방관계의 정립을 통한 적절한 지방의 자율권의 보장 없이 자치란 원천적으로 불가능한 것이라는 점에서 확인된다. 앞에서 언급한 지방자치에 따른 역기능들도 중앙과 지방 간의 관계가 제대로 정립되지 않은데 기인하는 경우가 적지 않다는 점이 인식되어야 한다.

중앙-지방관계에 대한 관심은 나라에 따라 약간 다른 양상을 보인다. 미국이나 영국과 같이 분권화가 많이 진행된 국가에서는 중앙정부에 대한 지방정부의 자율권을 당연시하여 왔으며 따라서 중앙과 지방관계보다는 지방내부에서의 권력구조에 상대적으로 관심을 보여 왔다.[1] 반면 프랑스, 일본과 같이 집권적인 국가에서는 오래전부터 중앙과 지방관계에 대한 관심이 상대적으로 높은 경향을 보여왔다. 지방의 자율권확보 가능성에 대한 확신이 상대적으로 약하기 때문이다(무라마쓰, 1991: 20). 우리나라는 일본 이상으로 집권화된 국가로서 지방의 자율성이 상당히 미약한 상태를 지속하여 왔을 뿐 아니라 이제야막 분권화가 진행되기 시작한 지방자치 초기단계이므로 중앙과 지방관계에 대한 관심의 중요성은 더욱 크다 하겠다.

▮▮ 분권에 대한 관점과 적정분권

1. 집권론과 분권론

중앙과 지방과의 관계에 있어서 핵심적인 관심사는 기본적으로 분권(자율)과 집권(통합)의 문제에 있다 하겠는바, 이에 대하여는 중앙과 지방 중에서 어느 쪽에 상대적 비중을 두느냐에 따라 두 가지 관점으로 대별하여 볼 수 있다. 하나는 중앙과 지방 간의 통합성을 강조하는 집권강조론이며 다른 하나는 지방정부의 자율성을 강조하는 분권강조론이다.[2]

---

1) 예컨대, 미국에서 지방의 권력구조와 관련하여 다원론자들과 엘리트론자들 간의 논쟁이 활성화되었던 것은 바로 그 같은 상황배경하에서 이루어진 것이었다. 다만 최근에 이르러 중앙- 지방 간 관계에 대한 논의가 부쩍 활성화되는 변화를 보이고 있다.

2) 여기에서의 통합강조론은 Wildavsky(1979)의 협조-강제모형(cooperative-coercive model)이나 Wright(1988)의 등위모형(coordinate authority model)에서의 주와 지방정부 간 관계, 또는 내포모형(inclusive authority model)에 상응하며; 자율강조론은 Wildavsky의 갈등-동의모형(conflict-consent model)이나 Wright의 상호의존모형(overlapping authority model)에 해당하는 것으로 볼 수 있다.

1) 집 권 론

집권론은 지방의 자율권보장이 민주성차원에서는 바람직하더라도 국정목표의 효율적 달성을 어렵게 한다는 가정에서 출발한다. 그리하여 지방의 자율권을 부정하지는 않으나 그에 따른 중앙과 지방의 갈등을 부정적으로 보며 국정의 통합성이 보다 중요하다고 강조한다. 또한 국가적 목표달성을 위한 지방정부의 능력결여와 비협조를 문제시하며 여하히 전국적 차원에서 통합을 이루어낼 수 있는가에 관심을 보인다. 그리하여, 집권론자들은 자치제를 실시하더라도 지방을 효과적으로 통제할 수 있는 수단의 개발을 위하여 노력하게 된다. 최근 지방의 반대에 의하여 사회간접자본시설의 건설이 지연되는 것을 이유로 지방의 권한을 제약하는 국가차원의 특별법을 제정하려는 중앙의 움직임은 그 단적인 예라 하겠다.

2) 분 권 론

분권론은 지방자치가 보장하는 지방의 자율성이 국가경영의 효율화에 저해되는 것이 아니라 지방의 잠재성을 발현시킴으로써 국가목표달성에 긍정적으로 기능하는 것으로 전제한다. 아울러 중앙과 지방 간에 발생하는 갈등을 부정적으로 보기보다는 자율성에 기초한 국정운영을 위한 불가결의 요소 내지는 협력실현과정으로 본다. 그렇기 때문에 중앙과 지방 간의 갈등을 획일적으로 "조정"하려는 시도는 잘못된 것이며 양자간의 관계는 지방의 자율성보장을 전제로 하여 어디까지나 당사자간 협상과 타협에 의하여 해결하는 것이 바람직하다고 본다. 분권론자들은 지방의 자율성이 취약한 상황하에서는 자율성을 신장하려는 지방정부와 이를 제어하려는 중앙정부 간의 시도에 따라 이들 관계가 대립 내지는 경쟁관계로 특징지어지게 될 것이며, 중앙과 지방 간에 통합이 이루어진다 하여도 강제에 의한 "형식적인 통합수준"에 머무르게 될 우려가 크다고 지적한다(이기우, 1995). 아울러 지방에로의 분권화가 충분히 이루어진 상황하에서라야 중앙과 지방관계가 대립·경쟁관계를 벗어나 보다 대등한 주체간의 상호협력관계로 변화하게 된다고 강조한다.

3) 평   가

위에서 본 바와 같이 중앙과 지방 간의 관계에 대한 입장의 차이는 분명하다. 물론 어느 한쪽도 극단적인 통합이나 자율을 주장하는 것은 아니라 하겠으나 기본적인 방향에서는 분명한 차이를 보이고 있는 것이다(Smith, 1985). 기본적으로 집권론은 국가중심의 관점으로서 지방의 자율이 국가발전에 부정적인 영향을 미친다는 전제하에 분권에 제약을 가하자는 입장인 반면, 분권론은 지방중심의 관점으로서 지방의 자율이 국가발전에 오히려 도움이 된다는 전제하에 분권을 옹호하는 입장을 천명하고 있는 것이다.

　　어느 관점이 보다 타당한가? 양자는 다 같이 한계를 안고 있다. 우선 분권론의 한계이다. 기본적으로 지방자치란 지방의 자율권에 초점을 맞춘 제도라 하겠는바, 지방자치의 실시에 따라 과거 중앙의 지시에 묵종하는 하수인에 불과한 지위에 있었던 지방정부는 자치권에 입각하여 독자적인 지방행정을 수행할 수 있어야 한다는 점을 강조한다. 그러나 지방자치가 실시된다고 해서 지방이 국가로부터 단절된 독립성을 유지하는 것은 아니다. 따라서 지방의 자율권만이 강조되어서는 아니 되며 통합성 확보를 위한 중앙의 통제권도 인정되어야 한다. 그렇기 때문에, 중앙지방관계에 있어서는 지방정부의 자율권을 충분히 보장하면서도 여하히 중앙정부가 지방정부에 대하여 통제권을 행사하여 국정의 통합성을 확보하느냐가 핵심과제가 되는 것이다.

　　집권론은 더욱 문제가 크다. 일각에서는 지방자치의 실시에 따른 국정통합성의 상실을 우려하여 가급적 중앙의 통제권을 유지하면서 지방의 자율권은 제한하려 한다. 특히 지난 선거로 인한 지역분할구도의 형성은 중앙과 지방의 갈등을 증폭시킬 것으로 우려되기도 하기 때문에 이러한 입장은 더욱 강화될 수도 있다. 그러나 이러한 입장을 취하는 데는 주의를 요한다. 선진국의 경우, 통합을 강조하는 입장은 분권화가 상당히 진전된 데 따라 현실적으로 통합을 강조할 필요성이 높아진 데서 비롯되는 것인바, 이와는 달리 우리의 경우에는 위에서 지적한 바와 같이 아직 통합을 우려할 정도로 분권화가 진행되지 않은 지방화의 초기단계에 있다는 점이 고려되어야 한다. 오히려, 우리의 현실은 아직까지 분권화의 정도가 매우 미흡하므로 중앙의 통제권과 지방의 자율권이 균형을 이루도록 하기 위하여는 최소한 당분간은 지방의 자율권신장에 초점이 맞추어져야 할 필요가 있다.

　　만일 지방자치의 실시에도 불구하고 지방에 대한 중앙의 통제권을 과도히 강조하게 되는 경우, 지방은 자율권 쟁취를 위하여 중앙과 대립관계에 서게 될 가능성이 높으며 그 결과로 지방자치의 장점을 살리기 어렵게 될 것이다. 강조할 것은 협력관계란 기본적으로 대등한 주체간에 형성되는 것이라는 점이다. 양자간의 권력관계가 지나치게 불균형적이면 일방은 불균형을 회복하기 위하여, 다른 일방은 기존의 권력관계를 유지하기 위하여 노력을 경주하게 되어 결과적으로 갈등·대립관계가 지속되는 경향이 있기 때문이다(Blau, 1964). 특히 향후 지방정부가 전국적 연합체를 결성하여 중앙에 영향력을 행사하려 하고 이에 대하여 중앙이 냉담하게 대응할 경우,3) 민생을 위한 지방자치는 자칫 정국의 불안정요소로 변질될 가능성도 있다. 이에 더하여 지난 선거에서 형성된 지역분할구도는 기본적으로 획일적인 중앙통제를 매우 어렵게 하는 요인으로 작용할 것이라는 점도 고려되어야 한다. 그러므로 중앙정부는 지방화라는 시대적 조류에 역류하기보다는 적극적으로 분권화를 추진함으로써 지방의 자율과 국가적 통합을 조화시키도록 노력할 것이 요청된다. 물론 이러한 노력이 중앙의 책임만은 아니며 지방도 중앙에 대하여 보다 협조적인 태도를 갖는 것이 필요할 것이다. 다만, 실제에 있어서는 상대적으로 권력우위에 있는 중앙의 책임이 더욱 크다 하겠다. 지적할 것은 이러한 노력은 중앙과 지방을 지배복종관계가 아닌 상호의존하는 동반자적 관계로 파악하는 데서만 가능하다는 점이다. 앞서 지적한 바와 같이 협력관계 또는 동반자관계는 기본적으로 대등한 주체간에만 형성되는 것이기 때문이다.

요컨대, 바람직한 중앙과 지방관계는 적절한 분권을 통하여 지방의 자율권과 중앙의 통제권이 균형을 이루도록 하는 것이라 하겠다.

2. 자치이념과 적정분권

위에서 중앙과 지방관계는 양자간의 권력균형을 이루는 것이 바람직하다고 하였으나, 그러한 주장이 설득력을 얻기 위하여는 분권화의 적정수준을 판단할 수 있는 일정한 기준이 제시되어야 한다. 단순히 대립되는 관점의 존재가

---

3) 미국의 경우, 주와 지방정부는 이른바 PIGs(Public Interest Groups), 즉 Council of State Governments, National Governor's Conference, National Legislative Conference, National Association of County Officials, National League of Cities, U.S. Conference of Mayors, International City Management of Association을 결성하여 연방정부에 대하여 자신들의 이익을 옹호하기 위한 영향력을 행사하고 있다(Wright, 1988: 83).

균형의 타당성을 입증해주는 것은 아니기 때문이다. 그러나 아직까지 그와 같은 기준은 제시되지 못하고 있으며, 이에 따라 중앙과 지방 간의 분권의 적정수준을 판단하는 데 어려움을 겪게 된다.[4]

그렇다면 분권의 적정수준을 판단하는 데 사용할 수 있는 기준은 무엇인가? 생각건대, 그러한 평가기준은 지방자치의 이념에서 찾아야 할 것이다. 즉, 적정분권의 평가는 지방자치의 이념을 달성함에 있어서 어느 정도의 분권이 가장 효과적인가 하는 것을 기준으로 이루어져야 한다는 것이다.

지방자치의 이념은 무엇인가? 이념이란 목적달성을 위한 수단 내지는 기준의 성격을 가지는 것인바, 지방자치의 목적을 주민복지의 증진이라고 할 때,[5] 지방자치이념으로는 민주성, 능률성, 형평성 세 가지를 제시할 수 있을 것이다.[6] 물론 이념이란 기본적으로 규범적인 문제로서 논자에 따라 견해가 다를 수 있다. 그러나 이 세 가지 이념은 그 중요성에 대하여 어느 정도 공감대가 이루어져 있는 것으로 판단된다. 예컨대, 저자가 행한 어느 광역시의 공무원 및 주민을 대상으로 한 설문조사는 민주성(43.6%), 능률성(21.1%), 형평성(13.2%)의 순서로 높은 응답비율을 보여 준 바 있다(이승종, 1990a). 지방자치법도 같은 취지를 보여준다. 즉, "이 법은 … 지방자치행정을 민주적이고 능률적으로 수행하고, 지방을 균형 있게 … 발전시키려는 것을 목적으로 한다"고 규정한 제1조 및 "주민은 … 지방자치단체로부터 균등하게 행정의 혜택을 받을 권리를 가진다"라고 규정한 제17조 제2항은 함께 지방자치가 민주, 능률, 형평을 기본이념으로 추구하고 있음을 천명하고 있는 것이다. 그러므로 이 세 가지 자치이념은 바로 중앙과 지방 간의 분권의 적정성을 평가하는 기준으로 적용될 수 있는 것이다.

한편, 분권이 지방자치의 이념에 미치는 효과를 판단함에 있어서 [표

---

4) 이러한 문제를 포함하여 지방분권에 관한 이론화는 대체적으로 볼 때 규범적 논의에 그치고 있는 실정이다. 이에 대하여는 김익식(1990)을 참조.

5) 사회의 주인이 시민인 민주사회에서 지방자치의 목적이 주민복지의 증진에 있다는 것은 당연한 일로서 이를 부인하기는 어렵다 하겠다. 이와 관련하여 지방자치법(제12조) 역시 "지방자치단체는 … 주민의 편의 및 복리증진을 위하여 노력하여야 한다"고 규정함으로써 지방자치가 주민의 복지증진을 목적으로 하고 있음을 천명하고 있다.

6) 지방자치는 이 세 가지 이념에 입각하여 수행될 경우 비로소 복지증진에 기여하게 될 것이지만, 일부 이념에만 치중하거나 또는 비민주적, 비능률적, 차별적으로 시행될 경우에는 주민복지가 저해받게 될 것이다. 지방자치이념이 구체적으로 주민복지증진에 어떻게 관련되어 있는가에 대한 설명은 이승종(1995b) 참조.

표 18-1 | 분권과 지방자치 이념과의 관계

이념＼관점	중앙의 시각	지방의 시각
민　주	(+) 지방의 국정참여 　　(지방의사의 반영) (−) 분리주의(지역할거주의)	(+) 민의에 대한 지방정부의 반응성 증대 　　(임명제 → 선거제) (+) 지방정부의 창의적 구성 (+) 지역기반 정치지도자 육성 (−) 지방권력구조의 과두화
능　률	(+) 지방간 경쟁(잠재력개발) (+) 지방의 활력화로 국제경쟁력 강화 (−) 기계적 능률 감소 　　(규모의 경제 감소) (−) 지역갈등 심화	(+) 자원의 창의적 운용 　　(구체적 수요파악 가능) (−) 요구증대로 인한 행정전문성 침해
형　평	(+) 지역간 격차 해소(균형개발) (−) 빈곤의 바다(자원의 분산) (−) 지역간 불균형 가속화 　　(중앙조정 취약시 빈익빈 부익부)	(+) 시민참여로 지나친 불공평 저지 (+) 선거기제의 작동으로 지나친 　　불공평 곤란 (−) 지역성장연합의 폐해

주) (+)는 긍정적 효과를 (−)는 부정적 효과를 나타냄.

18-1]에서 보는 바와 같이 중앙의 차원에서 보는 효과와 지방의 차원에서 보는 효과로 나누어 볼 필요가 있다. 같은 사항에 대하여도 중앙에서 보는 시각과 지방에서 보는 시각에 따라 차이가 있을 수 있기 때문이다. 예컨대, 분권과 민주성과의 관계에 관하여 프랑스 집권주의 전통의 랑로(Langrod)와 영국 자치주의 전통의 팬터-브릭(Panter-Brick) 간의 유명한 논쟁 역시 예컨대, 분권과 민주성과의 관계에 관하여 프랑스 집권주의 전통의 Langrod와 영국 자치주의 전통의 Panter-Brick 간의 유명한 논쟁 역시 여기에서 제시하는 바와 같이 분권의 효과를 다른 관점에서 본 데서 비롯되는 것이다.[7] 그럼에도 불구하고 기존의 분권에 관한 논의는 이러한 구분을 명확히 하지 않고 분권의 효과를 일률적으로 논함으로써 종종 이해의 혼란을 가져왔다.

　[표 18-1]이 보여주는 바와 같이 분권은 지방자치의 이념에 대하여 차별적인 효과를 가져온다. 즉, 분권은 민주성, 능률성, 형평성 측면에 있어서

────────────

7) 양자간의 논쟁에 대하여는 Hill(1974)이 잘 요약하여 제시하고 있다.

일률적으로 긍정적 또는 부정적이지 않고 복합적인 효과를 가져올 것으로 판단되는 것이다.8) 이는 중앙의 시각에서 보거나 지방의 시각에서 보거나 마찬가지이다. 여기에서 우리는 앞에서 제시한 바와 같이 중앙과 지방 간의 바람직한 관계는 양자간의 권한균형의 상태임을 확인하게 된다. 즉, 자치이념의 달성도를 기준으로 평가하건대 집권과 분권은 각각 장점과 단점이 있으므로 지나친 집권이나 지나친 분권은 지양되어야 하며, 지방자치이념의 충족도를 극대화하기 위하여는 중앙과 지방 간의 적절한 권한균형을 기하여야 한다는 것이다.9)

아울러 지적할 것은 어느 수준이 균형수준인가 하느냐는 선험적으로 결정되어 있는 것은 아니며 그 사회의 특성에 따라 변화될 수 있다는 것이다. 특히 자치이념간의 상대적 비중에 따라 적정분권의 수준은 달라질 수 있을 것이다. 예컨대, 민주화가 많이 진행된 사회에서는 상대적으로 다른 자치이념에 비중을 두고 분권문제를 다루게 될 것이다. 우리의 경우에는 중앙집권하에서 능률을 우선시하여 왔으므로 향후에는 상대적으로 민주와 형평에 초점을 두고 분권문제를 다루어야 할 것이다.

나아가서 [표 18-1]은 중앙과 지방 간의 권력균형의 필요성을 제시하여 주는 외에 중앙과 지방 간의 관계와 관련하여 두 가지 기본적인 정책시사를 제공하여 준다. 첫째, 분권(집권)의 효과에 관하여 중앙의 논리와 지방의 논리에는 분명한 차이가 있으므로 국정운영은 어느 일방의 주도하에 이루어지는 것은 곤란하다는 점이다. 기본적인 시각의 차이를 무시하고 일방적인 국정운영을 하는 경우에 지방의 반발로 인한 국정의 혼란은 피하기 어렵게 될 것이다. 둘째, 분권화의 효과는 대체로 순기능과 역기능을 포괄하는 것이므로, 분권을 추진하는 경우에도 그에 따른 순기능은 살리고 역기능은 최소화하는 정책노력이 동시에 필요하다는 점이다. 분권이 순기능만을 나타내리라는 안이한 생각은 금물일 것이다.

---

8) 단, 긍정적 효과와 부정적 효과의 상대적 중요도 및 부작용의 치유가능성까지를 종합적으로 고려할 때, 전체적으로는 분권의 긍정적 효과가 부정적 효과를 초과하는 것으로 판단된다. 한편, 부작용 측면에서 볼 때, 국가적 차원에서는 능률이, 지방적 차원에서는 형평이 특히 문제시될 수 있는 것으로 사료된다.

9) 단, 분권의 긍정적 효과가 부정적 효과를 초과하는 것으로 판단하건대, 권한균형은 집권보다는 분권 쪽으로 경도된 균형이 되어야 할 것이다.

Ⅲ 분권의 실태

앞에서 중앙과 지방 간의 바람직한 관계가 형성되기 위하여는 양자간의 권력균형이 이루어지는 것이 중요하며, 우리나라의 경우 이러한 균형을 이루기 위하여는 향후 지방의 자율권 신장이 절실하다고 하였다. 이는 물론 지방의 자율권이 취약한 상태라는 것을 전제로 하는 것인바, 이에 대한 확인작업이 필요하다. 아래에서는 기존의 연구와 지방자치법을 통하여 우리나라의 분권실태를 간단히 살펴본다.

표 18-2 | 각국의 분권화지수(김익식, 1990)

	기 능	재 정	구 조	인 력	종합점수
Denmark	4.98	7.37	0.06	1.30	1.15
Swiss	2.90	2.87	2.85	0.82	0.68
UK	2.18	1.63	−0.48	1.33	0.42
Iceland	1.52	3.00	2.02	−0.64	0.42
Zimbabwe	1.77	1.79	−0.28	−0.55	0.33
France	1.32	−0.34	4.31	0.17	0.30
West Germany	1.45	0.58	1.30	−0.18	0.28
USA	0.73	1.37	1.63	0.85	0.24
Korea	0.80	−1.18	−0.96	−0.27	0.02
Uganda	−1.59	1.18	−1.58	−0.18	−0.22
Kenya	−1.28	−1.80	−2.31	−0.78	−0.36
Australia	−1.95	−1.94	−0.73	−0.84	−0.43
Zambia	−3.26	−1.74	−1.35	−1.03	−0.63
Panama	−3.88	−2.57	−0.25	−0.93	−0.74
Swaziland	−4.21	−2.96	−2.00	−1.13	−0.86

주) 점수는 요인화된 점수임.

1. 기존의 연구에 의한 실태

김익식(1990)은 구조, 기능, 재정, 인력을 지표로 하여 지방분권의 정도에 대한 국제간 비교측정을 시도한 바 있는데 그 결과는 [표 18-2]와 같다. 표에서 보는 바와 같이 한국은 1980년도를 기준으로 조사대상 15개국 중에서 중간 수준 정도에 머물고 있었다. 그러나 김익식의 연구는 지방자치실시 이전의 연구로서 현재로서는 우리의 분권수준을 가늠하는 데 있어서 효용이 떨어진다.

보다 최근의 연구로는 안성호(1992)의 연구가 있다. 안성호는 김익식에 의한 분권측정이 타당도에 있어서 문제가 있다고 지적하면서 국가형태를 기준으로 하여 각 국가의 분권화수준 측정을 시도하였는바, 그 결과는 [그림 18-1]과 같다.10) 이에 따르면 우리나라는 분권의 초보적인 단계인 일선행정형에 속

그림 18-1 │ 지방분권화의 수준(안성호, 1992)

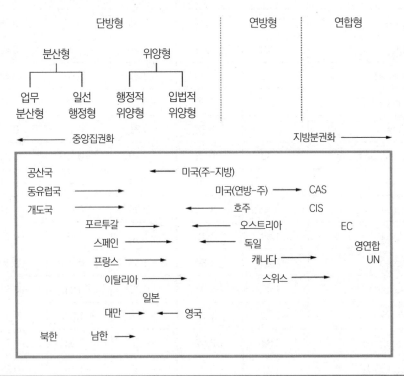

---

10) 이러한 분권수준의 척도는 그 유용성에도 불구하고 국가형태의 유형화와 통제방식의 유형이

\한다. 단, 현재는 지방의회뿐 아니라 단체장도 직선되는 단계에 있으므로 일선행정형에서 행정적 위양형으로 진입하고 있는 상태에 있다 하겠으나, 전반적으로 볼 때, 아직도 선진국형인 입법적 위양형에는 이르지 못한 것으로 판단되는 것이다.

2. 지방자치법상의 실태

지방자치법을 통하여 보더라도 우리의 분권화 실태는 아직 매우 미흡하며 중앙통제가 상당히 강한 상태에 있음을 알 수 있다. 지방자치법에 의한 분권실태를 조례제정권, 조직·인사권, 사무, 재정 및 중앙의 통제권으로 나누어 간단히 살펴보면 아래와 같다.

첫째, 조례제정권이다. 현재 지방정부의 조례제정권은 지방자치법 제3장에 규정되어 있는바, 조례는 법령의 범위에서만 제정할 수 있도록 되어 있고, 주민의 권리제한 또는 의무부과에 관한 사항이나 벌칙을 정할 때에는 법률의 위임을 받게 하는 등 제한요소가 많은 실정이다.

둘째, 조직·인사권이다. 지방정부의 조직 및 인력구성은 대통령령이 정한 기준에 의하여 조례로 정하도록 되어 있어 지방의 자주조직권이 보장되지 못하고 있다(제125조). 이는 조례제정권을 규정하고 있는 법 제28조에도 지방정부의 조직이나 인사에 관한 사항은 제시되어 있지 아니한 데서도 알 수 있다. 더욱이 법률이 정하는 바에 의하여 국가공무원을 지방정부에 둘 수 있게 되어 있으며(제125조 제5항), 5, 6급 공무원의 임명제청권은 자치단체장이 소유하지만 임명권은 중앙정부가 갖고 있는 실정이다.

셋째, 지방의 사무이다. 법은 제13조에서 지방자치단체의 사무로서 7종 61항목을 예시하고 있다. 그러나 동조 제2항의 단서를 통하여 법률에 다른 규정이 있을 때에는 예외를 인정함으로써 사실상 지방사무의 범위를 광범하게 제한하고 있다.

넷째, 지방의 재정이다. 법은 지방재정의 자주성을 천명하는 한편(제137조 제2항), 지방의회의 예산심의권을 규정하고는 있으나(제47조 제1항) 실제로 지방의 재정권은 매우 취약한 실정이다. 즉, 재정의 기본이 되는 지방세는 법률사

동일한 방식으로 연계되지 않는 데 따른 문제점을 지적할 수 있다. 예컨대, 연방국가 내에서 주와 지방 간의 관계에 대하여는 이러한 척도가 제대로 적용되지 못하는 것이다.

항으로 되어 있고(제152조), 사용료, 수수료, 분담금만이 조례로 정할 수 있도록 되어 있는 것이다.

다섯째, 중앙의 지방에 대한 통제권이다. 법은 지방정부에 대한 광범한 통제권을 중앙정부에게 부여하고 있다. 즉, 중앙정부는 지방에 대하여 조언, 권고, 지도권, 기관위임사무에 대한 지도·감독권(제185조 제1항), 지방정부의 위법·부당한 처분에 대한 최소·정지권, 직무이행명령권 및 대집행권, 재의 및 제소 지시권 등 실로 광범한 통제권을 행사할 수 있는 것이다.[11]

Ⅳ 중앙과 지방정부간 관계 정립을 위한 과제

앞 장에서 간단히 살펴본 바와 같이, 우리의 분권실태는 매우 미흡하므로 적정분권에 이르게 하기 위한 조치가 필요하다 하겠다. 이를 위하여 기본적으로는 지방의 자율권 신장을 위한 조치[12]가, 보완적으로는 중앙의 지방에 대한 통제의 적정화가 요청된다. 이하에서는 중앙과 지방 간의 관계정립을 위한 과제를 자율권 신장을 위한 과제와 최소한의 통합성을 유지하기 위한 통제의 과제로 나누어 제시한다.

1. 지방의 자율권 신장

중앙과 지방관계의 정립을 위하여는 우선 지방의 자율권 신장을 위한 조치가 필요하다 하겠는바, 중요한 것 몇 가지를 제시한다.

---

11) 이와 더불어 개정된 지방자치법에서는 기초지방정부의 위법행위 및 직무불이행에 대한 국가의 개입근거도 마련되었다. 위법·부당한 명령·처분의 시정(제188조), 지방자치단체의 장에 대한 직무이행명령(제189조), 지방의회 의결의 재의와 제소(제192조)가 그것이다. 이는 기초지방정부의 위법행위 및 직무불이행에 대하여 광역지방정부가 조치하지 않을 경우 중앙정부가 직접 대응할 수 있는 통제의 근거를 마련한 것이라 할 수 있다.
12) 개정된 지방자치법은 제184조 제3항에 지방자치단체의 장이 중앙행정기관장이나 시·도지사의 조언·권고와 관련하여 의견을 제출할 수 있다는 규정을 신설하였다. 이는 법안제출권에는 이르지 못하고 있지만, 상위 정부에 대한 기초지방정부의 의견제출의 권한을 인정한 것으로 약간의 개선이 있는 것으로 판단된다.

1) 지방정부의 법안제출권 인정

현재 지방정부는 법률제안권이 없으므로 국회의 입법과정에 유효한 영향력을 행사하지 못하고 있어 단순히 법률의 집행기능만을 담당하고 있는 실정이다. 현 상황하에서는 지방의 현실에 맞는 법률의 제정이 곤란하고, 법률집행과정에서의 중앙과 지방 간의 갈등이 수반되며, 지방의 자발적인 입법노력과정에서 기대되는 지방의 창의성을 질식시키는 문제가 있으므로 일정한 범위 내에서 지방의 입법권을 인정하여야 한다. 대안으로는 ① 지방을 대표하는 제2원을 설치하여 지방적 사무에 관한 법률제안권 및 동의권을 주는 방안(이기우, 1994), ② 지방정부간 협의회에 법률제안권을 주는 방안(박동서, 1995)이 제시되고 있으나 지방적 사무의 범위에 획정 곤란 및 기구의 추가설치에 따른 비용 등을 고려할 때 후자가 보다 일차적인 대안이 되리라 본다.

2) 조례제정권 강화

지방정부의 법률제안권 인정과 함께 조례권을 보다 폭넓게 인정하여 창의적인 지방자치가 이루어질 수 있도록 지방의 자율성을 신장시켜야 한다. 1995년 8월 대전시 유성구에서 학교급식비 지원을 둘러싸고 발생한 민선단체장과 행정공무원과의 대립사건도 근본적으로는 해당 업무에 대한 지방의 자율권이 제약되어 있는 데서 비롯된 것이라는 점이 인식되어야 한다. 그러므로 지방의 중요정책에 관한 사항에 대하여는 지방의회가 위법이 아닌 한 자유롭게 의결할 수 있도록 하여야 하며 기타 조직, 인사, 재정, 계획 등에 대한 지방의 자치입법권을 확대시켜주어야 한다.[13] 특히 지방행정조직의 자율적 개편을 인정하고 지방에 두는 공무원은 전원 지방공무원으로 지정함으로써 국가직과 지방직의 차별에 따른 사기저하와 불평등요인을 제거하여야 한다. 나아가서 궁극적으로는 지방정부의 기관구성 형태도 지방의 자율에 따라 선택할 수 있도록 허용되는 것이 타당하다고 본다. 이와 관련하여 최근 개정된 지방자치법에서는 지방자치단체의 의회 및 집행기관의 구성을 따로 법률로 정하는 바에 따라 달리 할 수 있도록 규정함으로써 기관구성 다양화의 근거가 마련되었다(제4조).

---

13) 이와 관련하여 광역과 기초의 입법권의 범위를 달리하는 것이 좋다는 제안이 있다(이기우, 1995). 그러나, 입법권의 범위는 자치단체별 사무의 성질에 따라 자동적으로 차별화되는 것으로 이해된다.

3) 지방사무의 확대

우선, 지방사무의 범위를 넓히는 조치가 필요하다. 이를 위하여는 우선 지방사무를 광범하게 제약하고 있는 법 제13조 제2항을 "동 조항은 다른 법률의 규정에 우선한다"로 개정하는 것이 필요하다.

아울러 지방에 대한 사무이양을 강화하여야 한다. 물론 지방자치실시 이후 적지 않은 국가사무가 지방사무로 이양되었다. 지방자치실시가 결정된 1989년 이후 매년 700여 건의 중앙사무가 지방으로 이양되어 온 것이다(지방자치실무연구소, 1994: 87). 그러나 전체사무규모에 비하여 볼 때 그 수준은 매우 미흡하다. 이는 한국지방행정연구원의 2차에 걸친 조사결과(1985, 1992)에서 확인된다. 즉, 기관위임사무비율에 있어서 1985년의 조사에서는 직할시 41.4%, 도 49.0%, 시 44.4%, 군 45.6%로 나타났고, 1992년의 조사에서는 직할시 40.0%, 도 42.0%, 시 49.1%, 군 44.8%, 자치구 55.6%로 나타났는바, 이는 자치실시에도 불구하고 지방에 대한 사무이양이 본격적으로 진행되지 않았음을 보여주는 것이다. 이보다 더 비관적인 보고도 있다. 즉, 총무처의 중앙·지방사무총람(1994)은 국가의 총 단위업무 15,774종 중에 국가사무는 75%인 데 반하여, 지방의 사무는 위임사무(기관위임사무) 12%와 자치사무 13%를 합하여 25%에 그치고 있는 것으로 보고한 바 있는 것이다. 이와 함께 동 보고서는 현재 지방이 담당하고 있는 사무의 대부분(약 80%)이 단순집행사무로서 지방의 자주적 정책기능이 원천적으로 제약받고 있음도 아울러 제시한 바 있다. 그러므로 사무이양을 확대하여 자치사무의 비중을 높이고 위임사무의 비율을 줄이는 한편, 사무이양을 추진함에 있어서 지방사무에서의 정책결정사무비율을 높이도록 추가적인 배려가 있어야 한다. 특히 사무의 종류에 있어서 외부효과의 파급범위가 크지 않고 지역실정에 밝은 지방정부가 비교우위를 가질 수 있는 복지, 보건, 교육 등의 기능은 과감히 지방정부로 이양되어야 한다.

또한, 사무배분기준 및 절차를 개선하여야 한다. 현재 사무배분방식은 열거주의와 포괄주의를 절충한 예시적 포괄주의를 채택하고 있으나 여전히 사무배분을 위한 명확한 기준이 되지 못하기 때문에 지방의 자율성 확보에 한계가 있다. 또한 지방사무에 대한 개별법률에 의한 제한을 인정하고 있는 법 제13조 제2항도 문제시된다. 이의 개선을 위하여는 지방자치법의 관련조항을 개정하거나, 사무배분에 관한 특별법을 만들어 중앙-시도-시군구 간 사무배분의 기준을 재정비하고 지방자치법과 개별법에 분산규정되어 있는 사무분담규정을 통합할 것이 요청된다. 또한 중앙과 지방이 함께 참여하는 "중앙지방간협의회"를 만들어 전반적인 업무협의와 함께 중앙과 지방 간의 사무배분기준을 정립하고 해석하며 협의하는 기능을 수행하게 함으로써 보다 공정한 사무배분이 이루어지도록 도모하여야 할 것인바, 이러한 협의회는 명확한 사무배분기준의 정립이 곤란하고 공관사무가 증대하고 있다는 점에서도 그 필요성이 크다 하겠다. 최근 개정된 지방자치법은 중앙지방협력회의의 설치를 규정하고 있어(제186조) 이에 대한 일정한 개선이 이루어질 것으로 기대된다.

4) 지방재정력 강화

현재 지방정부의 재정상태는 수직적 불균형과 수평적 불균형으로 특징지어진다. 전자는 중앙정부에 비하여 지방의 재정상태가 열악함을 말하는 것이며, 후자는 지방정부간에 재정력격차가 심함을 말하는 것이다. 이의 개선을 위한 방안으로 세원이양, 법정세율한도 내에서 지방세율의 소폭조정 허용, 지방채발행요건 완화 등 지방재정권강화에 대한 적극적 조치와 함께 교부세의 형평화기능의 강화 등을 제시할 수 있겠는바, 지방의 자율성을 고려할 때 일차적으로는 이전재원의 확대보다는 세원분할이 우선시되어야 할 것이다. 물론 중앙정부 역시 사회간접자본시설을 위한 소요 등으로 재정압박을 받고 있는 상황에서 지방으로의 흡족한 재원이양이 이루어지기는 한계가 있을 것이다. 특히 지방에 대한 일정한 통제권 확보의 필요성을 고려할 때 기능분담수준에 정확히 대응하여 재원배분을 할 수는 없을 것이다. 그러나 지방재정의 확충 없이 지방자치가 실질적으로 이루어지기 어렵다는 점에 대한 고려하에 가능한 범위 내에서 최대한 지방재정력 확충을 위한 조치는 필요하다 하겠다. 아울러 한정된 재원으로 급증하는 지방행정수요를 모두 충족시키기는 어려울 것이므로 서비스에 대한 수요관리를 적절히 지도·조언함으로써 지방재정수요의 급증을 예방하는 노력도 필요할 것이다(이승종, 1995). 이와 함께 지방정부로서도 재정의 중앙의존만을 탓할 것이 아니라 창의적인 재정운용을 통하여 중앙에의 종속완화를 기할 수 있을 것이다. 실제로 미국의 일부 대도시가 기본서비스의 소요재원은 자체재원으로, 부차적 서비스의 소요재원은 이전재원으로 충당함으로써 중앙에의 종속을 완화하려는 노력을 하고 있음은 우리에게 참고가 된다(Fossett, 1983).

표 18-3 | 특별지방행정기관 현황

구 분	1985	1995	2003	2008	2012
계	3,058	7,247	6,574	4,579	5,145
노동행정기관	41	59	46	46	47
세무행정기관	167	202	175	182	183
공안행정기관	377	3,804	3,466	1,952	2,572
현업행정기관	2,247	2,575	2,495	1,987	1,995
기타행정기관	221	607	392	412	348

자료: 행정안전부 내부자료.

5) 특별행정기관 통폐합

현재 중앙의 각 부처는 지방정부를 거치지 않고 개별적으로 특별지방행정기관을 설치하여 담당업무를 직접 수행함으로써 그만큼 지방의 자율권을 침식하고 있다. 2012년 현재 특별지방행정기관은 노동, 조세, 공안, 교통, 건설, 환경, 조달, 병무 등 광범위한 분야에 걸쳐 무려 5,000기관 이상에 이르고 있다(표 18-3 참조). 생각건대, 업무의 효율성이나 주민의 접근성 측면에서 보더라도 일정한 지역에서 이루어지는 지방사무는 해당 지역의 지방정부가 일괄하여 담당하는 것이 바람직하다 하겠으므로(이기우, 1995), 특별지방행정기관은 폐지되거나 최소화되어야 할 것이다.

2. 통제의 적정화

지방의 자율권확보를 위한 조치와 함께 국정의 통합성 확보를 위하여는 지방에 대한 중앙의 통제권이 적절히 확보되어야 한다. 특히 지방자치제하에서 지역토호와 공직자와의 유착에 의한 소위 성장연합(growth coalition)에 의한 폐해가 크게 나타날 경우(Logan & Molotch, 1987), 민중통제와 함께 중앙에 의한 통제의 필요성은 커진다. 그러나 중앙의 통제권은 그 내용이나 행사방법에 있어서 지방의 자율권을 과도히 침해하지 않는 범위 내에서 적정화되는 것이 바람직하다.

1) 통제수단의 변화

지방에 대한 통제를 위하여는 기존에 인정되어 있는 감사, 조사, 승인, 시정명령, 취소, 정지, 이행명령, 대집행 등 다양한 권력적 통제수단이 우선적으로 활용되기 십상이다. 그러나 지방자치제하에서는 그와 같은 권력적 통제에 대한 지방의 저항이 클 것이며 따라서 권력적 통제수단에만 의지할 경우 중앙통제의 효율성은 크게 저하될 것이다. 그러므로 향후 중앙정부는 과거의 권력적 통제위주의 관행을 탈피하여 조언, 지원, 이전재원의 운용을 통한 재정통제 등의 비권력적 통제수단을 적극 활용하는 방향으로 방향을 전환하여야 할 것이다. 즉, 지방에 대한 중앙의 통제는 분명 필요한 것이지만 통제수단의 변화가 필요하다는 것이다. 이와 같은 통제수단의 기조변화는 지방의 자율성을 보장하면서도 지방의 자발적 참여를 유도함으로써 보다 실질적인 통합효과를 가져올 수 있을 것이다. 이와 관련하여 지방정부의 행정관리실태를 평가하여 차등지원의 자료로 삼으려는 중앙부처의 방침은 지방의 통제수단이라는 일부의 반대에도 불구하고 지방의 자율경쟁을 전제로 한 비권력적 통제수단을 통하여 국정의 통합성을 살린다는 긍정적 측면이 있는 것으로 평가되어야 할 것이다.[14]

지적할 것은 이상의 논의가 권력적 통제수단의 행사가 포기되어야 함을 의미하는 것은 아니라는 점이다. 권력적 통제수단은 지방에 대한 중앙의 최종적 통제수단으로 행사되지 않는 경우에도 지방에 대한 심리적 강제의 확보에 그 존재의의가 있기 때문이다(이기우, 1995). 다만, 지방자치제하에서 권력적 통제수단의 남용은 지방자치의 근본취지에 위배될 뿐 아니라 중앙과 지방 간의 갈등을 심화시킬 우려가 있으므로, 권력적 통제수단은 일차적으로 가능한 비권력적 수단의 발동을 전제로 부득이한 경우에 한하여 행사되는 것이 바람직하다 할 것이다.

2) 행정안전부의 위상변화

지금까지 행정안전부는 지방정부 위에 군림하여 왔다. 그러나 지방화시대에 있어서 과거와 같은 행태는 더 이상 수용되기 어려울 것이며 따라서 지방

---

14) 유사한 외국의 예로서는 미국에서 각 주의 교통정책 및 인구분포에 실질적인 영향을 준 것으로 평가받고 있는 고속도로에 대한 연방 보조금을 들 수 있다.

화시대에 걸맞게 행정안전부의 위상변화가 이루어져야 한다. 문제는 행정안전부의 위상을 어떻게 재정립하느냐는 것이다. 생각건대, 우선 내적으로는 지방정부에 대한 감독기관·통제기관으로서의 지위를 포기하고 조언, 지원, 조정기능을 담당하는 후원자로서의 역할을 담당하여야 한다. 외적으로는 지방정부에 대한 각 중앙부서의 감독권 남용에 대하여 지방정부의 입장에서 보호자 역할을 담당하여야 한다. 물론 행정안전부가 이 같은 보호자 역할을 수행하기 위하여는 각 주무부처가 시정명령, 취소, 정지, 이행명령, 대집행 등과 같이 지방정부의 자치권을 제한하는 감독권을 행사하는 경우, 행정안전부를 경유하도록 제도화하는 것이 필요할 것이다(김안제, 1990; 이기우, 1995). 아울러 행정안전부의 위상변화를 내외적으로 천명하기 위하여 명칭도 "지방부" 또는 "지방자치부"로 개칭하는 것도 검토할 필요가 있다. 물론 이를 위하여는 과거의 내무부와 총무처의 통합으로 이루어진 행정안전부의 성격에 대한 근본적인 재검토가 필요할 것이다.

3) 중앙과 지방 간 분쟁조정기제의 마련

중앙과 지방 간 분쟁의 장기화로 인한 폐단을 막기 위하여 적절한 제도적 장치의 마련이 필요할 것이다. 이와 관련하여 현재 총리실 소속의 분쟁조정기구가 설치되어 있다. 그러나 이러한 기구는 성격상 다분히 중앙정부에 경도된 분쟁처리를 할 우려가 있어 향후, 지방의 자율성을 살리면서도 국가차원의 통합성을 살리는 보다 중립적인 절차의 마련이 요청된다. 대안으로는 분쟁조정위원회가 분쟁발생 후 일정 기간이 경과한 사안을 어느 일방의 신청에 의하여 조정하도록 하는 것이다.15) 이때 일정기간이 경과한 분쟁만을 조정위원회에 회부하도록 하는 것은 일차적으로 당사자간 자율적 협의를 통하여 분쟁이 해결되도록 조장하기 위한 것이다. 나아가서 조정위원회의 결정에 불복하는 일방은 법원에 제소할 수 있도록 하면 될 것이다.

4) 정당의 분권화

지방에 대한 통제는 행정계통을 통하여만 이루어지지 않으며 정당의 수직적 조직을 통하여도 이루어지므로 정당의 분권화가 필요하다. 현재 기초지방

---

15) 이때 위원회의 구성은 중앙과 지방이 지정하는 동수의 인사로 구성할 수 있을 것이다.

의회를 제외하고는 광역과 기초를 막론하고 정당참여가 인정됨으로써 지방자치가 정당을 통하여 중앙의 지배를 받을 우려가 있다. 이러한 우려는 기초지방의원 선거도 사실상의 공천 즉, "내천"을 통한 정당의 개입이 현실화되고 있고, 지역주의에 따라 광역단체장－광역의원－기초단체장을 동일 정당이 석권한 지역이 적지 않은 만큼 현실로 나타나고 있다. 요컨대, 현재의 집권적인 정당체제하에서 정당을 매개로 하여 중앙이 지방을 지배하게 되는 것은 필연적이며, 따라서 정당의 분권화를 통하여 지방자치가 중앙정치의 희생양이 되지 않도록 할 필요가 있다.

물론 중앙과 지방은 국정의 통합성 유지를 위하여 일정한 연계경로가 필요하며 외국의 경우를 보더라도 행정조직 이외에 정당조직이 그러한 역할을 담당하는 경우가 있음을 알 수 있다. 예컨대, 전통적으로 행정권이 강한 프랑스에서는 행정조직이 중앙과 지방과의 주 연계경로로 작용하고 있으나, 내각책임제를 채택하고 있는 영국에서는 정당조직이 중앙과 지방 간의 주 연계경로로 기능하고 있는 것이다. 우리나라의 경우, 전통적으로 집권성이 강한 행정조직을 통하여 중앙과 지방이 연계되어 왔음은 물론이려니와, 내각책임제를 택하지 않고 있으면서도 정당의 집권성이 강하여 정당조직을 통한 중앙과 지방의 연계가 강력하게 이루어져 오고 있다. 즉, 중앙과 지방 사이에 정당과 행정조직이라는 이원적 연결고리를 갖고 있는 것이다(강명구, 1995). 문제는 이와 같은 이원적 경로가 중앙과 지방 간의 협조·조정을 위한 연계 경로라기보다는 중앙의 지방에 대한 강력한 수직적 지배경로로 기능하고 있다는 점이다. 이러한 현상은 지방의 자율권 확보를 위하여는 행정적 차원의 분권화만으로는 미흡하며 정당조직의 분권화를 아울러 추진하여야만 함을 가르쳐 준다. 이를 위하여는 정당의 책임성 향상을 전제로 하여, 지방선거에서의 경선제를 확대하며, 기초의원 선거를 포함한 지방선거에서의 정당임의표방제를 채택하는 것이 바람직하다(박동서, 1995).

Ⅴ 결 론

지금까지 본 장은 적정한 분권수준에 대하여 논의한 다음 이를 기초로 하여 우리의 분권실태의 평가와 함께 적정한 중앙과 지방 간의 관계정립을 위한 정책과제에 대하여 논의하였다. 또한 이러한 논의를 통하여 과도한 집권화의 주장이나 분권화의 주장은 다 같이 바람직하지 않으며 양자간의 적정한 권한 균형이 필요하다는 점을 강조하면서도 현재 우리의 경우는 분권화가 매우 미흡한 상태이므로 적정한 분권수준에 도달하기 위하여는 최소한 당분간 분권의 신장에 주력하여야 할 것임을 제시하였다. 아울러 중앙의 적정한 통제권이 확립되어야 함을 전제하면서도 그 행사방법은 비권력적인 방향으로 변화되어야 함을 지적하였다.

이에 부가하여 중앙과 지방 간의 관계정립과 관련하여 두 가지 논점을 제시하고자 한다. 첫째, 지방의 자율권 신장에 있어 특히 기초정부의 자율권 신장이 우선되어야 한다. 중앙과 지방 간의 관계정립을 위하여는 기본적으로 미흡한 지방의 자율권신장을 위한 조치가 있어야 한다고 하였는바, 지방정부는 광역정부와 기초정부를 포함하는 것이므로 어느 자치정부의 자율권 신장에 상대적 비중을 두어야 하느냐는 문제가 제기될 수 있다. 생각건대, 경유·연락기관의 성격을 갖는 광역정부보다는 기초정부의 자율권 신장에 초점이 맞추어져야 할 것이다. 이에 대하여는 세 가지 이유가 제시될 수 있다. ① 현재 우리의 지방자치계층은 중층제 형태인바, 중층제의 장점을 살리기 위하여는 광역정부는 조정·통제권 정도를 보유하도록 하고 기초정부가 충분한 권한을 갖는 것이 바람직하기 때문이다(Rich, 1982; Zimmerman, 1986: 135). ② 양자간의 권력불균형이 큰 경우에는 권력균형을 달성하려는 일방과 권력불균형을 수호하려는 다른 일방간의 갈등이 증폭되어 지방자치에 부정적인 요소로 작용할 것이기 때문이다. ③ 중간정부의 권한을 축소하여야 그만큼 기초정부의 권한이 증대되어 기초자치가 활성화될 수 있기 때문이다.[16] 실제로 영국은 중앙의 권한을 강화하는 한편, 일선의 집행기관 또는 사부문의 자율권을 강화하고 있는바, 이러한 시도는 중앙의 권위에 기초한 명료한 규칙을 설정함으로써 중간자치단체의 과도한 간섭에 의한 비효율을 제거하는 한편, 기초지방정부나 사적 기관의 창의적인 집행을 가능하게 하는 장점이 있는 것으로 평가받고 있다(King, 1990). 물론 분권화수준이 높은 영국의 경험이 집권적인 우리의 현실에 여과 없이 적용될 수는 없다 하겠으나, 그럼에도 불구하고 우리는 그로부터 기초정

---

16) 이는 이른바 기초자치우선의 원칙에도 부합하는 일이다. 더욱이 기초자치의 활성화는 현재 지역주의를 극복할 수 있는 대안이 될 수 있다는 점도 인식되어야 한다.

부의 자율성 신장 필요성에 대한 일정한 정책적 시사를 받게 된다.[17)]

둘째, 서두에서도 언급한 바와 같이 지방자치가 소기의 성과를 거두기 위한 과제가 중앙-지방관계의 정립에 한하는 것은 물론 아니라는 점이다. 지방자치의 정착·발전을 위하여는 중앙-지방관계의 정립 외에도 지방정부 내에서 단체장과 지방의회 간 협조관계의 구축, 단체장과 행정관료의 일체감 형성, 지방행정기구 및 기능의 정비 등이 수반되어야 한다. 아울러 지방자치의 또 다른 요소로서 정부-주민관계가 정립되어야 한다. 정부와 주민 간의 긴밀한 관계를 위하여는 주민여론이 정책과정에 전달될 수 있도록 참여 및 여론수렴장치의 확충이 이루어져야 한다. 이와 아울러 주민의 자치의식이 제고되어야 한다. 중앙과 지방을 막론하고 정부는 주민의 대리인이라는 원칙에서 볼 때, 중앙-지방관계에 있어서의 갈등의 근원 역시 국민으로서의 주민성과 주민으로서의 주민성 간의 갈등으로 환원되는 것이기 때문에 그만큼 자치의식은 중요한 의미를 갖게 된다.

---

17) 이러한 점에서 볼 때, 광역단위로 이루어지고 있는 교육자치는 일반지방자치와 함께 기초단위에서 이루어지는 것이 타당하다.

서 론

정부간 관계는 중앙정부(또는 상위정부)와 지방정부(또는 하위정부) 간의 관계와 지방정부 상호간의 관계를 포괄한다.[1] 이때 중앙과 지방정부 간 관계에서는 분권과 통합의 문제가 중심과제인 데 비하여, 지방정부간 관계에서는 여하히 갈등을 극복하고 지방정부간 협력을 확보하느냐 하는 것이 중심과제가 된다. 이러한 과제의 해결을 위한 방안은 기본적으로 두 가지로 나누어 볼 수 있을 것이다. 하나는 지방정부간 협력을 도모하기 위한 제도적 장치의 마련이며, 또 다른 하나는 협력장치의 마련에도 불구하고 발생하는 지방정부간 분쟁을 효과적으로 해결할 수 있는 구체적 절차의 마련이다.

협력수단의 확충

집권체제하에서의 자치단체간의 협력은 상위기관에 의하여 용이하게 조정이 가능하였으나, 자치제하에서 독립된 지방정부간에 과거와 같은 조정이 확보하기는 어렵게 될 것이며 따라서 지방정부간 협력을 확보하기 위한 수단이 마련되어야 한다. 현재 우리나라 지방자치법은 자치단체간 상호협력을 의무화하는 한편 이를 실행하기 위한 방안으로 사무위탁, 행정협의회, 지방자치단체조합 등을 제시하고 있다. 그러나 이들 방안들이 지방정부간 협력확보 수단으로 제기능을 하고 있는 것 같지는 않다. 먼저 사무위탁에 의한 지방정부간 협

---

1) 전자를 수직적 정부간 관계, 후자를 수평적 정부간 관계라 부른다.

력은 주로 광역과 기초 간에 이루어지고 있으나 전체적으로 볼 때 그 활용도는 저조한 형편이다(이기우, 1994). 협의회로는 수도권행정협의회, 도시권행정협의회,[2] 광역행정조정협의회 등이 있고, 조합으로는 1991년에 결성된 서울시, 경기도, 인천시 간에 결성된 수도권쓰레기매립지운영관리조합이 있었으나 제도상의 불비로 효과적인 협력수단으로 정착되지 못하였다.[3] 최근 지방자치법 개정안(제199조부터 제211조)은 특별지방자치단체의 설치 근거를 마련함으로써, 향후 자치단체간 협력을 활성화하고 광역행정수요에 효과적으로 대응할 수 있는 계기가 마련되었다.

이와 같은 협력방식의 미비점을 개선하기 위하여는 기본적으로 다음과 같은 조치가 필요하다.

1. 기존 협력방식의 활성화

첫째, 사무위탁의 활성화가 필요하다. 사무위탁은 저렴한 비용으로 융통성 있는 광역협력방식으로 활용될 잠재력이 높은 협력방식이다. 특히 규모의 경제상 독자적으로 특정의 공공서비스를 공급하기에 역부족인 지방정부와 공급의 여력이 있는 지방정부 간에 효과적인 협력방식으로 정착될 잠재력이 크다. 1972년 현재 이미 관내 77개의 자치단체 모두에 대하여 1,600건 이상의 협정을 통하여 약 60개 유형의 서비스를 제공하도록 확장된 미국 LA County에서의 Lakewood Plan은 대표적 본보기가 된다(Harrigan, 1989: 262). 생각건대, 사무위탁은 특히 재정자립도가 취약한 지방정부의 경우 이의 적극 활용을 고려할 만하다.

이때 기본적으로 어떤 사무를 위탁할 것인가는 해당 지방정부의 자주적인 의사결정에 의하여야 할 것이나 우리의 경우 교육훈련, 행형시설, 통신, 전산망, 조달, 폐기물 수거 및 처리, 상하수도, 학교, 도서관, 소방, 박물관, 예술문화공간, 방재, 구급분야에서 행정위탁의 가능성이 있는 것으로 판단된다. 위탁이 활발히 이루어지고 있는 서구의 경우, 지방정부간 협정은 경찰기능 중에서

---

2) 1993년 1월 현재 전국에 58개의 행정협의회가 구성되어 있으며 172개의 지방자치단체가 관련되어 있다. 수도권 내에는 6개의 행정협의회가 구성되어 있다(이기우, 1994; 김재훈, 1995).

3) 수도권 쓰레기 매립지 운영조합은 운영상의 갈등과 비효율을 노정하다가 2000년 7월 환경부 산하의 수도권매립지관리공사로 바뀌었다.

기술적인 분야(훈련, 실험, 통신), 계획, 공학적 기술, 하수 및 폐기물 처리, 행형 시설, 도서관, 가로등, 쓰레기 수집, 동물보호 등에 집중되고 있는 반면, 문서 관리, 지역규제(zoning), 도시재개발, 기본적 경찰행정, 건물검사 등의 기능에 대하여는 사례가 많이 발견되지 않고 있음은 참고가 된다.

둘째, 행정협의회에 대하여는 집행기관만 참여하고 지방의회가 불참하고 있다는 점, 일반적인 자치단체간 협의회가 아닌 도시권 중심으로 이루어지고 있는 점, 광역적이고 대규모의 문제보다는 지엽적이고 실무적 차원의 문제를 다루는 데 그치고 있다는 점, 계획단계에서 사전적으로 이루어지지 않고 발생 한 문제의 사후처리를 위하여 활용된다는 점, 대등한 협의가 이루어지기 어려 운 점 등이 문제점으로 제시되고 있는바, 이러한 미비점을 보완하여 활성화를 도모하여야 한다(최상철, 1991; 이기우, 1994). 한편, 현행 지방자치법이 협의사항 에 대한 기속력을 인정하고 있는 데 대하여 협의사항에 대한 기속력 인정은 오히려 협의기피사유로 작용하여 협의회의 활성화를 방해하게 된다는 지적이 제기되고 있다(이기우, 1994). 그러나 이와 마찬가지로 합의에도 불구하고 준수 가 보장되지 않는다면 협의자체에 대한 불신으로 협의회 활성화가 저해받게 될 수 있는 점도 고려되어야 할 것이다. 즉, 원칙적으로 협의사항의 준수는 필 요한 것이지만, 협의의 활성화를 위하여는 기속력을 법률로 규정하기보다는 당사자간의 신의성실에 의하여 관행으로 확립되도록 하는 것이 바람직하다는 것이다. 특정 사안의 협의에 있어 기속력 있는 합의를 기피하는 단체는 협의에 임하되 협의과정에서 기피의사를 표시하면 될 것이다.

셋째, 조합은 새로운 공법인체를 창설한다는 점에서 별도의 법인체를 창 설하지 않는 사무위탁이나 협의회에 비하여 상대적으로 비용이 많이 드는 방 식이지만 지방정부의 자율성을 보장하면서도 다양한 광역사무를 효과적으로 처리할 수 있는 협력방식으로 유용한 것으로 인식되고 있다. 일본의 경우, 지 방정부간 협력방식으로서 사무위탁 다음으로 조합이 많이 활용되고 있음은 참 고가 된다.4)그러므로 향후 조합방식이 보다 적극적으로 활용될 수 있도록 조 합의 설치에 필요한 정보의 제공 및 상세한 절차의 제정이 필요하다.

전반적으로 볼 때, 지금까지의 지방자치단체간 협력은 주로 중앙 또는 상

---

4) 1990년 조사에 의하면 일본의 경우, 공동처리사무 8,596건 중 사무위탁 59.1%, 일부사무조합 33.3%, 협의회 5.0%, 공동기관 또는 위원회설치 2.5%, 지방개발사업단 0.1%의 순으로 활용되 고 있는 것으로 나타났다(김재훈, 1995).

급자치단체의 조정 외에는 거의가 행정협의회를 통하여 이루어져 왔으며 그나마도 적극적으로 활용되지 못하였다. 그러므로 향후에는 각각의 제도의 장점을 살려 고루 활용되도록 하는 것이 필요하다 하겠다.

2. 추가적인 협력방식의 도입문제

지방정부간 협력은 지역의 실정과 사무의 성질을 고려하여 획일적인 방식에 의하기보다는 다양한 협력방식이 활용될 수 있도록 하여야 한다. 그렇다면 기존의 방식 외에 어떠한 추가적인 방식이 도입될 수 있겠는가? 일반적으로 지방정부간 협력방식으로는 협의회를 비롯하여 위탁이나 협정 (interjurisdictional arrangement), 조합 또는 특별구(special districts), 정부간 의회 (council of governments), 자치단체연합(federation), 통합(consolidation) 또는 합병 (annexation)등 여러 가지 방안이 제시되고 있다(Jones, 1983: 208).[5] 이와 관련하여 일부에서는 가급적 다양한 방식의 도입이 바람직하다는 전제하에 무비판적으로 거의 모든 방식의 도입이 검토되어야 한다고 주장하기도 한다. 그러나 주의할 것은 대안간에는 명백한 우선순위가 있어야 한다는 점이다. 생각건대, 가급적 기존 지방정부의 자치권을 보장하면서도 협력수단 마련에 필요한 비용이 저렴한 방식이 우선되어야 할 것이다.

앞에서 제시한 협력방식을 평가한다면 뒤의 것일수록 협력수단이 보다 공식화되어 지방정부간 협력 또는 조정의 용이성이 큰 반면, 지방정부의 자율성이 침해받는 정도 및 소요비용이 커진다. 생각건대, 지방의 자율적 협력의 장려 및 비용의 절감이라는 측면에서 일차적으로는 앞의 방식부터 도입을 검토하는 것이 순서일 것이다. 물론 협력실현의 용이성만을 고려한다면 그 반대의 순서가 되겠으나 협력의 용이성이 반드시 실질적인 협력을 보장하는 것이 아닐 뿐 아니라, 대등관계가 강조되어야 하는 수평적 정부간 관계에 있어서 협력의 용이성 확보는 지방의 자율성 보장에 대하여 2차적인 판단기준이 되어야 할 것이기 때문이다.

---

5) Jones는 이 외에도 ① 불간여(market coordination), ② 지역사회로의 분권화(community control) 을 추가적으로 제시하고 있으나, ①은 협력방식의 마련이기보다는 현상을 말하는 것이며, ②는 자치단체간 협력방식이 아니라 지방정부관할 구역 내에서의 지역사회에 대한 분권에 초점을 맞추고 있는 것이므로 논의에서 제외한다.

이러한 논의를 전제로 할 때, 현행 협의회, 위탁, 조합 외에 일차적으로 도입이 검토될 수 있는 대안은 특별구이다. 특별구는 미국에서 활발하게 이용되고 있는 방식으로서 일부사무의 처리를 위한 법인의 설치라는 점에서 조합과 유사하다. 다만, 조합은 현행법상 관련 지방정부를 창설자로 규정하고 있는데 비하여, 특별구는 반드시 그렇지는 않으며 상급단체 또는 중앙정부가 창설자인 경우가 많다는 점에서 지방정부의 자율성보장 측면에서 조합보다 열위에있다고 본다. 그러므로 자치단체간 합의에 의한 조합설립이 불가능한 경우 등특별한 이유가 없는 한, 기존의 조합제도로서 특별구의 기능을 담당하게 하는것이 좋다고 본다.

이 외에 정부간 의회, 연합과 같이 지방정부의 구역을 초과하는 광역적행정기구를 창설하는 방식은 지방자치행정체계의 복잡성을 가져올 뿐 아니라지방행정의 책임소재를 불분명하게 하는 부작용이 있어 우선적이 대안이 되기어렵다 하겠다. 이에 대하여는 외국의 경우에도 그 실효성에 대하여 평가가 모호한 실정이다. 지방정부간 협력을 위한 방식으로서 광역기구의 설치에 신중을 기하여야 할 또 다른 이유는 기능분야에 따라 통합의 효과가 다르게 나타날 수 있을 것이기 때문이다(Stein, 1980). 예컨대, 상수도 같은 서비스는 통합의효과가 있을 수 있으나, 복지서비스는 오히려 부정적 효과가 나타날 수도 있을것이기 때문이다.

끝으로, 지방정부간의 통폐합을 통하여 지방정부간 협력의 문제를 내부화시키는 방식이 있을 수 있다. 중심도시가 인접지역을 통합한 도농통합형 구역개편이나 두 개 이상의 지방정부를 통합하는 방식이다. 그러나 이 방식은 본격적인 지방자치시대에 있어서 적용하기가 용이하지 않다는 문제점이 있다. 아울러 이 방식은 지방정부간 협력문제에만 관련된 것은 아니며 전반적인 구역및 계층의 개편문제와 연계되어 있는 문제로서 이해된다.

Ⅲ 지방정부간 분쟁의 조정

다양한 협력방안이 마련되어 있는 경우라도 지방정부간 갈등은 불가피하다. 물론 사전적 협력방식이 완비되어 있는 경우, 분쟁이 표면화되는 비율은적어질 것이지만 그럼에도 불구하고 자원이 희소하고 자치단체간 이해가 상충하는 경우에 분쟁은 언제나 발생할 수 있는 것이다. 따라서 분쟁이 발생했을 경우에 이를 효과적으로 조정할 수 있는 절차의 마련이 필요하다.

현행 지방자치법 제165조에 의하면 지방자치단체간(또는 지방자치단체의 장 상호간) 분쟁은 당사자의 신청이 있는 경우에 관계 중앙행정기관의 장과의 협의를 거쳐 지방자치단체중앙분쟁조정위원회 또는 지방자치단체지방분쟁조정위원회의 의결에 따라 조정하도록 되어 있다. 단, 그 분쟁이 공익을 현저히 저해하여 조속한 조정이 필요하다고 인정되는 경우에는 당사자의 신청이 없는 때에도 직권으로 이를 조정할 수 있도록 되어 있다. 단서 조항은 법 개정을 통하여 삽입된 것이며, 개정 전에는 분쟁조정은 어디까지나 당사자의 이의신청을 필수요건으로 하였기 때문에 분쟁이 장기화되어도 이를 조정할 유효할 수단이 없었다. 이러한 점을 고려할 때, 이 조항은 보다 효과적으로 자치단체간 분쟁을 해결할 수 있는 길을 열어놓음으로써 진일보한 것으로 평가할 수 있다. 즉, 지방자치법의 분쟁조정관련 조항은 지방정부간 자율적 해결을 원칙으로 하되, 발생한 분쟁을 그대로 방치하게 되면 문제가 장기화되고 이에 따라 주민복지가 저해될 우려가 있으므로 불가피하게 중앙정부(또는 상급자치단체)에 의한 강제조정의 여지를 마련해 놓은 것으로 보아야 한다는 것이다. 다만, 이러한 강제절차의 마련은 강제조정의 필요성보다는 강제조정의 존재가 자율조정을 촉진하는 효과를 갖는다는 것을 전제로 한 것으로서 인식되는 것이 마땅하다.

그러나 여전히 문제는 남아 있다. 첫째, 당사자가 분쟁관련자 전부를 의미하는가 아니면 어느 일방의 신청만을 의미하는가가 여전히 불명확하다. 둘째, 직권조정의 발동요건이 자의적으로 적용될 소지가 있다는 점이다. 현행 법조항에 의하면 사실상 상위정부는 아무 때나 직권조정권을 발동할 수 있도록 되어 있는 것이다.

이의 개선을 위하여는 첫째, 당사자 어느 일방의 신청에 의하여 분쟁조정 절차가 개시될 여지를 만들어야 한다. 둘째, 직권개입의 요건을 보다 명확히 규정할 필요가 있다. 이를 구체화하기 위한 방안으로는: ① 지방정부간 분쟁은 일차적으로 앞에서 제시한 다양한 협력방식에 의거 당사자간 자율처리를 원칙으로 하되 분쟁의 지속기간에 따라 처리방식을 달리 하도록 한다. ② 발생한 분쟁에 대하여 개입의 필요성을 인지할 때, 중앙정부(또는 상급자치단체)는 일정한 기간(예, 6개월)을 정하여 분쟁당사자간 자율적 해결을 촉구할 수 있도록 한다. ③ 자율적 해결기간을 넘겨 분쟁이 일정 기간 이상 장기화될 경우에는 어느 일방의 신청만으로 중앙정부(또는 상급자치단체)에 조정회부가 가능하도록 명문화함으로써, 제3자에 의한 조정을 원하지 않는 지방정부로 하여금 자율적 해결기간의 만료 이전에 자율적인 협의조정에 성의를 갖게 한다. ④ 분쟁이 1년 이상 장기화되어 당사자간 협의조정 가능성이 희박할 경우에는 사안에 따라 중앙정부(또는 상급자치단체)가 직권으로 중재할 수 있도록 한다. 이 경우에도 중재방안으로는 지방의 자율성침해를 최소화하기 위하여 조합의 설립, 행정협정, 사무위탁의 강제, 또는 주민투표에의 회부를 우선하도록 한다. ⑤ 이 외에 분쟁기간과 관련 없이 분쟁당사자가 합의할 경우 주민투표제로 사안을 결정하도록 할 수도 있을 것이다. 단, 이 경우에는 자치단체별 인구규모를 감안하여 투표에 대한 가중치를 부여하여야 할 것이다.

끝으로 강조할 것은 발생한 분쟁의 사후적 조정보다는 분쟁의 발생을 사전에 방지하는 것이 바람직하다는 점이다. 이를 위하여는 앞에서 제시한 협력방식의 마련에 더하여 기본적으로 새로운 자치시대를 맞이하여 관련 지방정부가 광역적 조정의 문제를 대결이 아닌 협상과 조정을 통하여 해결하려는 인식을 가질 것이 요청된다.

Ⅳ 결 론

지금까지 지방정부간 관계에 있어서 협력을 증진하고, 갈등을 조정하기 위한 제도적 장치에 대하여 논의하였다. 여기에서 정부간 갈등과 관련하여 부연하여 강조할 것은 주민의 자치의식이다. 중앙과 지방을 막론하고 정부가 주민의 대리인이라는 관점에서 보면 정부간 관계에 있어서의 갈등의 근원은 역시 주민간의 갈등으로 환원되는 것이므로 주민의 자치의식은 중요한 의미를 갖는다(이달곤, 1991). 그러므로 아무리 제도적 장치가 완비되더라도 주민의 자치의식이 저조한 경우, 앞에서 제시한 정부간 관계의 정립을 위한 다양한 조치도 그 실효를 거두기 어렵게 된다.

문제는 주민의식을 여하히 고양시키느냐 하는 것이다. 이에 대하여는 지방자치가 바로 주민의식의 교육의 장이며 수단이므로 별도의 노력이 필요 없는 것으로 생각할 수도 있겠지만, 이와 함께 주민의식고양을 위한 방안의 마련이 도움이 될 수 있을 것으로 생각된다. 이를 위한 대안으로는 근린단위에서의 주민의 자치모임을 활성화하여 주민들이 그러한 만남의 장을 통하여 자치의식을 상호학습할 수 있도록 하는 것이다. 이러한 학습과정을 통하여 주민간에 협력의식과 공동체의식이 형성될 것이며 이의 확산은 궁극적으로 정부간 관계에 있어서의 협력관행 확립을 위한 기본적 토양으로 작용할 수 있을 것이다. 이러한 구상은 과거 하향식의 관변운동과는 근본적으로 다른 것이며 그야말로 풀뿌리 민주주의의 원형을 살리자는 것이다. 정부는 이를 위하여 지원법제를 마련하여 시설, 정보, 지식, 기술, 프로그램, 재원 등을 지원할 수 있을 것이다. 정부가 주민의 자치활동 활성화를 위하여 여러 가지 지원을 아끼지 말아야 하는 것은 지방자치란 제도의 문제이기에 앞서 의식의 문제이기도 하기 때문이다.

▌ 문제의 제기

공간적으로 우리나라에는 두 가지의 중대한 불균형이 존재한다. 이러한 불균형은 과도한 중앙집권에 따른 중앙과 지방간의 수직적 권력불균형, 집중개발에 따른 지역간 수평적 불균형을 포함하는데 전자는 정치적 불균형, 후자는 경제적 불균형으로 특징지을 수 있다.[1] 문제는 두 가지 불균형이 지방자치의 정착발전에 중대한 장애요인으로 작용한다는 것이며 따라서 이의 해소를 위한 노력 —분권과 균형발전— 이 필요하다. 일반적으로 분권은 하위지역에 대한 권한이양행위로서(Fesler, 1965; Conyers, 1981; 김익식, 1990), 균형발전은 지역전체가 고르게 발전하는 것으로서(김안제, 1991) 규정되는바,[2] 전자는 자율권 없이 지방자치의 존립이 가능하지 않기 때문에, 후자는 지방자치의 실질적 수행을 위한 경제적 기반 없이 자치가 가능하지 않을 것이기 때문에 중요하다. 환언하면, 전자는 지방자치 존립을 위한 근간으로서, 후자는 지방자치의 원활한 시행을 위한 여건으로서 중요하다는 것이다.

이러한 배경에서 지금까지 분권과 균형발전의 요구가 점고하여 왔다. 특

---

1) 윤대식 등(1992)은 이에 더하여 호남–영남간 불균형을 추가하여 우리나라의 지역격차를 3가지로 유형화하면서 이들이 각각 정치적, 경제적, 이념적인 격차유형을 나타내는 것이라 제시하고 있다. 물론 영호남간 불균형은 지역개발격차만이 아니라 정치사회적인 원인에 의한 이념적 갈등을 포함하는 것이지만 그러한 갈등이 지역으로 환원되어 나타나고 있다는 점을 고려하여 여기에서는 편의상 이를 지역간 불균형에 포함하여 다루기로 한다.

2) 각 개념은 과정만이 아니라 결과를 포함하여 이해되기도 한다. 즉, 분권은 권한이양의 결과로 나타나는 지방정부의 자율성 또는 자율적 지방정부로, 균형발전은 균형개발의 결과로 나타나는 지역의 상대적 발전정도로 해석되기도 하는 것이다. 특히 분권과 균형발전을 연계하여 논의할 때, 양 개념은 때로는 과정을, 때로는 그 결과를 의미하여 혼란이 일기도 한다.

히 노무현 정부가 분권과 균형발전을 중요한 정책과제로 천명하면서 이에 대한 관심이 현저하게 증대하였다. 지방자치법도 제1조에서 지방자치법이 지방자치행정의 민주적, 능률적 수행과 함께 지방의 균형적 발전에 있다고 천명함으로써 양자를 중요한 지방자치의 목적으로 규정하고 있다. 문제는 이들 두 가지 정책요구를 여하히 균형, 조화롭게 추진하느냐 하는 것이다(균형발전을 위한 정책노력을 '분권'과 대비하여 '분산'이라 할 수 있으며 이하에서는 양자를 혼용한다).

이와 관련, 노무현 정부는 두 마리 토끼를 동시에 잡으려는 시도를 한다. 이러한 정책의지는 대통령자문기구로서 정부혁신분권위원회와 균형발전특별위원회를 병립설치한 데 더하여, 2003년 10월 15일에는 국무회의에서 지방분권특별법과 함께 국가균형발전특별법 및 신행정수도의 건설을 위한 특별조치법을 동시에 통과시킨 데서도 쉽게 확인된다. 그러나 불행히도 양 정책요구의 조화는 그리 쉽지 않다. 후술하는 바와 같이 양자간에는 여러 가지 차이가 있지만 분권은 지방정부의 역할강화를, 균형발전은 중앙정부의 역할강화를 포함한다는 근본적인 성격차이가 내재하고 있기 때문이다. 특히 전자와는 달리 후자의 경우, 발전지역과 낙후지역간의 차별화가 불가피하게 되고 이에 따라 상대적으로 피해를 받는 지방정부와 상대적으로 이익을 보게 되는 지역간의 충돌과 갈등은 필연적이다.

실제로 2003년 10월 5일 국무회의가 있던 당일 경기도지사는 정부의 균형발전정책에 반발하여 "노무현 정부 출범 이래 한 일이라고는 균형발전의 미명하에 수도권 규제정책을 강화하였을 따름"이라고 비난하면서 독자행보선언을 하기에 이른다. 반대진영 역시 침묵하지 않았다. 같은 해 10월 13일 비수도권 13개 시도의 단체장들은 공동선언문을 통하여 "지방분권특별법, 국가균형발전특별법, 신행정수도의 건설을 위한 특별조치법 등 3대개혁입법안은 수도권 집중과 지방의 공동화라는 폐해를 해소하고 궁극적으로 국가의 경쟁력을 제고시키는 데 목적이 있으며, 지역간 불균형 해소와 자립형 지방화를 통한 국가균형발전이 시급하다"고 주장하면서 동 법안들의 정기국회 통과를 촉구하였다(중앙일보, 2003. 10. 13). 그러나 이에 대하여 수도권 지자체들은 이들 법안이 수도권 역차별을 가져올 것이라고 반대하면서 균형발전에 우선하여 분권이 필요하다고 주장하였다. 분권과 분산정책의 동시추진과정에서 분권진영과 균형발전(분산)진영간의 균열이 생긴 것이다. 물론 양 진영 모두 균형발전과 분권의 필요성을 전면 부인하지는 않고 있으나 그 우선순위에 있어서 명백한 차이를 보이면서 지방정부간 정책균열이 표면화되었다. 이에 더하여 정부혁신분권위원회와 국가균형발전위원회로 이원화된 중앙정부의 경우에도 이들 기구간의 경쟁구도가 형성되고 이에 따라 양 정책요구의 유기적인 조화, 균형이 이루어지기보다는 경쟁과 갈등이 증폭되어 분권과 균형발전 어느 것 하나 제대로 달성하기 어렵게 되었다.

바람직하기는 분권과 균형발전 진영간의 균열을 최소화하면서 양자에 대한 정책요구를 조화롭게 충족시켜나감으로써 지방자치의 정착발전을 기하는 것이다. 이와 관련하여 지적할 것은 분권이나 균형발전이 지방자치 정착발전을 위한 요소의 전부는 아니라는 점이다. 그것은 지방자치는 후술하는 바와 같이 분권을 포함하여 참여 및 정부의 계층중립성을 포함하는 보다 넓은 의미의 것이며, 균형발전은 지방자치의 개념에 포함되는 핵심요소가 아니기 때문이다. 물론 분권이나 균형발전이 지방자치의 성패를 좌우하는 중요요소이고 따라서 이들 과제를 여하히 달성하는가 하는 것은 지방자치의 정착발전을 위하여 매우 긴요한 사항이기는 하지만, 그럼에도 불구하고 이것이 지방자치를 구성하는 요소의 전부는 아니기 때문에 이들에 대한 논의가 지방자치에 대한 논의의 전부로서 오해되어서는 곤란하다는 것이다. 실제로 분권과 균형발전에 대한 논의들이 예외없이 지방자치와 관련하여 논의가 진행되고 있는 상황이므로 이러한 지적은 매우 중요하다.

이상의 논의와 관련, 이하에서는 먼저 지방자치와 분권, 균형발전의 연관에 대하여 논의하고, 분권과 균형발전의 관계에 대하여 논의한 다음, 양자간의 조화를 위한 정책방향을 제시한다.

Ⅱ 지방자치, 분권, 균형발전

일반적으로 지방자치는 단체자치와 주민자치라는 두 가지 차원에서 파악된다(한원택, 140; 최창호, 45). 여기에서 단체자치란 상위정부에 대한 지방정부의 자율성 측면에 관한 것으로서 상위정부와 지방정부간의 분권/집권이 핵심문제가 되며, 주민자치는 지방정부에 대한 시민사회의 투입측면에 관계되는 것으로서 참여/통제가 핵심문제가 된다. 그리고 이러한 이해에 기초하여 지방자치는 상위정부로부터의 "분권"과 지방정책과정에 대한 시민의 "참여"로 요약된다.

　그러나 이 같은 전통적 견해는 지방의 자율성과 관련된 요소로서 상위정부로부터의 분권측면만을 강조함으로써 지방자치에 대한 적실한 이해를 방해하고 있다. 구체적으로, 전통적 견해는 지방에 대한 제약은 대부분 상위정부로부터 오며, 따라서 상위정부로부터의 분권만 이루어지면 지방정부의 자율성이 확보될 것임을 암묵적으로 전제하고 있다. 그러나 지방정부의 자율성에 대한 제약은 상위정부 이외에도 지배집단, 타 지방정부, 심지어는 외국으로부터도 온다. 따라서 지방의 자율성 개념은 상위정부와 지방간의 관계에서만이 아니라 지방정부의 권능에 영향을 미치는 제 요인과의 총체적 관계에서 파악되어야 한다.

　이와 같이 지방자치의 기반이 되는 지방의 자율성이 상위정부와의 관계뿐 아니라 다른 외부요인과의 관계의 제약하에 있다면, 당연히 상위정부로부터의 분권 이외에 다른 외부요인과의 관계측면이 지방자치의 이해에 포함되어야 할 것이다. 어떠한 외부요인이 지방자치의 개념에 포함되어야 하는가? 이질화된 현대자본주의사회의 구성상의 특징을 고려할 때, 특히 관심을 가져야 할 외부요인은 기업, 지역토호 등의 지배집단이다. 물론, 지배집단에는 이들 외에도 정치, 사회, 군, 종교분야의 다양한 엘리트집단이 포함될 것이지만 이들 집단의 현저성이 가장 클 것이기 때문이다(Wolman & Goldsmith, 1992: 42).

　이상의 논의는 지방자치의 적실한 이해에는 지방과 상위정부와의 관계(분권/집권), 지방과 시민사회와의 관계(참여/통제)에 추가하여 지방과 지배집단과의 관계에 대한 고려가 추가되어야 한다는 점을 가르쳐준다. 그리고 이 추가적 관계에 있어서는 지방정부의 지배집단에 대한 '중립/종속' 여부가 핵심문제가 되며, 지방자치는 지방정부의 지배집단에 대한 '중립'을 요소로 포함하게 된다. 이러한 논의를 바탕으로 지방자치는 상위정부로부터의 '분권', 지방정책과정에 대한 시민의 '참여', 및 지방정부의 지배집단에 대한 '중립(또는 계층중립성)'으로 새롭게 정의된다.[3]

　이상의 논의가 제시하는 바는 명확하다. 그것은 기본적으로 분권과 균형발전에 대한 논의가 지방자치에 대한 정책논의의 전부는 아니며, 따라서 양자에 대한 논의에 있어 지방자치에 대한 적실한 고려가 이루어져야 한다는 것이

---

3) 이상의 내용은 제1장 2절 내용의 일부를 축약한 것임.

다. 첫째, 지방자치를 분권과 참여로 정의하든, 중립을 포함하여 정의하든 분권은 지방자치의 핵심적 요소이기는 하지만 그 자체가 지방자치는 아니므로 분권만을 배타적으로 강조하는 것은 바람직하지 않다는 점이다. 물론 분권 없이는 지방자치의 존립 자체가 불가하므로 분권은 지방자치 논의에서 우선적 관심의 대상이며, 심지어는 지방자치와 동의어로 혼용되기도 한다. 그렇다고 해서 분권만을 강조하는 것은 곤란하며, 참여의 확장, 지방정부의 계층중립성, 나아가서 균형발전이 아울러 강조되어야 한다.

둘째, 분산은 지방자치의 직접적 구성요소가 아니라는 점이다. 물론 분산은 지방자치의 정착발전을 위한 기반여건으로서 중요한 요인이기는 하지만 그럼에도 불구하고 엄격한 의미에서 지방자치의 직접적 구성요소는 아니다. 따라서 지방자치에 대한 논의에 있어 균형발전은 분권에 비교하여 상대적으로 부차적인 문제로 취급될 수 있다.

셋째, 분권과 균형발전을 보완적 관계로 보아야 한다는 점이다. 행정이념과의 관계에서 볼 때, 일반적으로 분권은 능률성과 민주성, 참여는 민주성, 중립은 형평성에 관련된다. 그러므로 분권은 형평성에 대하여 소홀할 수 있고, 분산은 능률이나 민주성에 소홀할 수 있다. 그렇기 때문에 양자는 보완적 관계에 있게된다. 실제로 분권은 집중된 자원을 고루 분산시켜 지방의 균형발전을 기하는 것을 중요한 목표로 포함하는 것인 데서도 양자의 관계성은 확인된다.

III 분권과 균형발전

1. 분권과 균형발전의 의의

위에서 지방자치의 구성요소에 대하여 논의하였거니와 이러한 논의는 분권과 균형발전을 지방자치와 별개의 것으로 상정하여 논의하는 것은 타당하지 않음을 드러내기 위한 것이었다. 이러한 전제하에서 분권과 균형발전의 관계에 대하여 논의한다. 분권과 균형발전에 대한 논의는 현 상태가 집권과 불균형의 상태일 것을 전제하는 것이다. 만일 현 상태가 적정 수준의 분권 및 균형발전상태라면 굳이 분권과 균형발전에 대한 논의는 불필요할 것이다. 왜냐하면 적정분권과 적정균형 사이에 상호 선순환관계가 예측되기 때문이다. 그러나

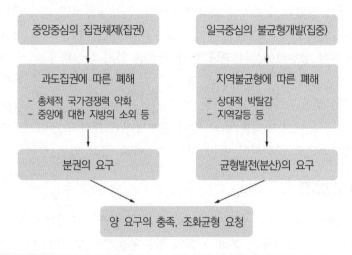

그림 20-1 | 분권과 분산요구의 대두

```
┌─────────────────────────┐      ┌─────────────────────────┐
│  중앙중심의 집권체제(집권)  │      │ 일극중심의 불균형개발(집중) │
└─────────────────────────┘      └─────────────────────────┘
            ↓                                ↓
┌─────────────────────────┐      ┌─────────────────────────┐
│   과도집권에 따른 폐해      │      │   지역불균형에 따른 폐해     │
│  - 총체적 국가경쟁력 약화   │      │  - 상대적 박탈감           │
│  - 중앙에 대한 지방의 소외 등 │      │  - 지역갈등 등            │
└─────────────────────────┘      └─────────────────────────┘
            ↓                                ↓
┌─────────────────────────┐      ┌─────────────────────────┐
│       분권의 요구         │      │   균형발전(분산)의 요구     │
└─────────────────────────┘      └─────────────────────────┘
              ↘                        ↙
          ┌─────────────────────────────────┐
          │   양 요구의 충족, 조화균형 요청   │
          └─────────────────────────────────┘
```

우리의 현실은 과소분권과 과대격차의 상황이며 이러한 상황에서 양자간의 관계에 대한 규명이 필요하게 되는 것이다.

이와 관련하여 [그림 20-1]은 두 가지 불균형 —집권과 불균형발전— 의 원인, 결과, 그리고 이에 따른 정책요구간의 연관성을 요약하여 나타낸 것이다. 요약하건대, 집권과 불균형발전에 따른 폐해에 대한 반작용으로 분권의 요구와 균형발전의 요구가 대두됨에 따라 양 요구를 여하히 균형, 조화시키느냐 하는 것이 중요 정책과제로 대두되고 있다는 것이다.

2. 분권과 균형발전의 실태

1) 분　권

5·16혁명으로 군사정부가 들어서고 지방의회가 기능정지된 이후, 자치단체장과 지방의원이 공선되는 1990년대 중반에 이르기까지 우리나라는 철저한 집권체제하에 있었다. 과집권상태에서 중앙정부는 규모의 불경제를 노정하면서 다원화를 특징으로 하는 세계화시대에서 경쟁력을 상실하게 되었고, 지방은 국가의사결정과정에서 철저히 소외되어왔다. 이에 분권화 요구가 점고하였고 결국에는 1995년에 단체장과 지방의원을 민선하여 지방자치를 본격적으로

재개하기에 이르게 된다. 그러나 요구와 압력에 밀려 마지못해 시작된 지방자치제하에서 전향적 수준의 분권이 이루어질 수는 없었으며 그런 만큼 분권화요구는 지속되어왔다. 이러한 상황에서 분권과 자율을 정책기조로 천명하면서 출범한 노무현 정부하에서 분권에 대한 담론은 획기적인 확장의 기회를 맞았다.

문제는 분권에 대한 관심과 함께 균형발전에 대한 관심이 동시에 대두되고 있다는 점이다. 물론 균형발전 역시 관심이 필요한 중요 정책과제임에는 틀림없으나 서두에서 지적한 바와 같이 균형발전에 대한 요청이 분권에 대한 요청과 자동적으로 조화되지 않는 데서 어려움을 겪고 있는 형국이다.

2) 균형발전

권위적 정부하에서 이루어진 수도권과 동남권을 중심으로 한 불균형개발전략 및 성장거점전략의 결과 국토의 불균형발전이 고착되었다. 수도권과 비수도권의 차이는 말할 것도 없고, 비수도권에서도 동남권은 호남권과 중부권에 비하여 인구규모, 1인당 소득수준, 각종 경제지표, 재정력 등에서 뚜렷한 격차를 보인다. 이는 하향식 개발전략 기조하에서 거점지역에 대한 집중투자가 낙후지역으로의 파급효과를 가져오지 않았고, 거점지역에 대한 투자조차도 중앙으로 유출되어 해당지역에 정상적으로 재투자되지 않은 데서 크게 기인한 것으로 평가되고 있다(이재열, 1997). 지역간 불균형은 특히 수도권-비수도권 간에 크게 나타나고 있는바, 이 같은 수도권 집중화는 1960년대부터 지속된 불균형 개발전략과 기능적 측면에서의 중앙집권화가 맞물려 상승작용을 하기 때문으로 해석되고 있다(김영정, 1997).

이러한 불균형은 당연히 시정되어야 한다. 그렇다고 해서 완전한 지역균등이 이루어져야 하는 것은 아니다. 오히려 어느 정도의 불균형은 투자의 효율성이나 창의적 경쟁을 위하여 필요한 것이기까지 하다. 다만, 지나친 불균형은 국가전체의 자원활용의 비효율을 노정할 뿐 아니라, 지역간 위화감으로 인하여 국가발전을 저해한다는 점에서 시정이 필요하다 하겠다(한표환, 1994). 문제는 분권의 경우와 마찬가지로, 균형발전에 대한 요구가 분권에 대한 요구와 상충하는 부분이 없지 않고 따라서 양자간의 균형, 조화를 위한 세심한 정책배려가 요구된다는 점이다.

3. 분권과 균형발전의 효과

위에서 분권과 균형발전 실태에 대하여 간단히 살펴보았거니와 이하에서는 분권과 균형발전의 효과에 대하여 각각 살펴본다. 논의의 편의상 균형발전에 대한 논의로 시작한다.

1) 균형발전의 효과

균형발전은 그 자체가 중요한 정책목표인 동시에 분권효과의 담보를 위한 조건으로서 중시되고 있다(박종화 외, 1995: 21). 그러나 다른 한편 균형발전 자체에 대한 회의적 시각도 없지 않은 데다가 균형발전이 지방자치에 미치는 부정적 효과에 대한 비판이 없지 않다는 점이 고려되어야 한다.

첫째, 균형발전은 집권화 요인이 되어 지방자치를 저해할 우려가 있다. 분산을 위하여는 중앙정부의 적극적 역할이 필요하며 이에 따라 집권이 촉진되는 문제가 발생하는 것이다(소진광, 2003). 지방정부는 지금까지 중앙에 대하여 자율권을 지속적으로 요구하여 왔다. 그러나 분권과 함께 균형발전을 요구함으로써 중앙의 역할축소와 확대를 동시에 요구하는 모순에 빠지게 되었다. 만일 균형발전이 지방간의 양보와 타협으로 이루어질 수 있는 성질의 것이라면 균형발전이 집권화의 요인이 된다는 비난은 성립하기 어렵다. 그러나 지방자치하에서 독자적인 지방정부간에 양보와 타협에 의한 균형발전이 이루어지기를 기대하기는 어려우며 결국 균형발전을 위하여는 중앙의 개입이 불가피하게 된다. 문제는 집권적 정부는 이미 인구와 경제가 집중되어 있고 재원이 크게 소요되는 수도권의 문제부터 해결하려 하거나, 각 지방의 독특한 필요를 무시하고 국가전체의 관점에서 특정 지역을 편중개발함으로써 오히려 지역간 격차를 조장할 가능성이 높다. 즉, 균형발전을 위한 집권화가 부메랑이 되어 균형발전을 저해하는 문제가 발생할 우려가 있는 것이다. 이러한 이유로 진정으로 균형발전을 원한다면 먼저 지방분권화를 추진해야 한다는 주장은 설득력이 있다(World Bank, 1975: 홍준현, 2001; 안성호, 1993: 838).

둘째, 외생적 균형발전효과에는 한계가 있다. 그것은 중앙정부가 보유하고 있는 재원에 한계가 있으며 따라서 지역간 불균형을 해소할 만한 여력이 원천적으로 없기 때문이다. 그렇지 않은 경우라도 중앙정부는 자신의 사무를 수행하기 위하여 필요한 재원의 충족 후 여유재원에 한정하여 균형재원화하려 할 것이므로 결국 균형재원은 억제될 것이다.[4] 이러한 상황하에서 중앙정부는 기껏해야 국가최소수준을 달성할 수 있을 뿐이며, 지방적 최소나 시민적 최소를 보장할 수는 없게 된다.[5] 즉, 균형발전을 추진하더라도 적정한 균형발전을 달성하기는 어렵게 된다는 것이다(문병기, 1999). 이는 바로 외생적 발전전략의 한계를 말하는 것이다.

셋째, 지방의 균열요인이 된다. 균형발전을 과도하게 강조할 경우, 지방의 중앙에 대한 종속성 강화는 물론, 한정된 재원에 대한 지방과 지방의 투쟁으로 지방의 균열을 가져오게 된다. 이미 균형발전 문제를 둘러싼 수도권과 비수도권 자치단체간의 갈등과 대립양상은 표면화되고 있다. 단기적으로는 수도권과 비수도권과의 대립이 문제가 되겠지만 장기적으로는 영호남간의 균열이 표출될 가능성이 크다. 지방자치는 지방간의 호혜와 협력여건 속에서 정착발전될 수 있다는 점을 고려할 때, 균형발전욕구와 관련한 지방간의 대립은 결코 바람직하지 않다.

2) 분권의 효과

첫째, 분권은 분산정책이 갖는 부작용에 대한 우려가 적다. 즉, 집권화 유인이 아니고, 지방의 균열유발요인이 적으며,[6] 균형발전을 고려한 분권화가 가능한 것이다. 물론 지역균형을 분권에 비하여 부차적 문제로 다루는 한계는 있다. 그럼에도 불구하고 분권의 추진과정에서 보완장치를 통하여 상당한 균형발전효과를 기할 수 있을 것으로 생각된다. 특히 위에서 살핀 것처럼 분산의 균형발전 효과가 확실하지 않다는 점에서 보완장치의 의의는 결코 작지 않다 하겠다.

둘째, 분권은 지방자치 존립의 근간으로서 중요하다. 분권 없이는 지방자치의 다른 요소(참여, 중립)가 사실상 불가능하고 따라서 온전한 의미에서의 지방자치의 시행이 어려워진다. 즉, 분권은 지방자치의 존립에 직결되는 요소이

---

4) 이는 국가균형발전특별회계재원의 상당부분이 지방재정에서 차용된 것임에서 역설적으로 확인된다.
5) 국가적 최소는 전국에 획일적으로 적용되는 최소수준을 말하는 데 비하여, 시민적 최소나 지방적 최소는 시민의 생존권과 지역의 다양성과 자주성을 보장하는 차원의 최소수준을 말하는 데서 차별이 된다. 자세한 논의는 이창균(1995)을 참조할 것.
6) 지방간 균열요인으로 작용하는 분산과는 대조적으로 분권은 중앙정부로부터의 권한쟁취과정에서 지방정부의 협력을 강화하게 된다.

므로 이를 소홀히 하는 것은 정당화되기 어렵다.

셋째, 분권은 지방자치이념의 달성측면에서 유리하다. 지방자치의 목적달성을 위하여는 지방자치가 자치이념을 균형, 조화롭게 추구해야 한다. 논자에 따라 다르겠지만 지방자치의 목적은 궁극적으로 주민복지증진에 있으며 이를 달성하기 위한 이념은 능률성, 민주성, 형평성으로 귀결된다고 하겠다(이승종, 2003: 438). 그런데 균형발전은 형평성에는 충실하지만 다른 이념에는 기여하기 어렵다. 분권은 지방자치의 핵심적 구성요소로서 지방의 자율행정을 가능하게 하여 민주성과 능률성을 보장하게 된다. 또한 분권에 기초한 참여와 중립을 통하여 민주성뿐 아니라 지방정책의 형평성 강화도 도모할 수 있다. 즉, 이념의 균형조화측면에서 분권이 우월하다.

넷째, 분권은 내생적 발전(endogenous development)의 토대가 된다. 앞에서 균형발전을 위한 중앙의 역할강화는 지방의 자율과 창의에 의한 내생적 발전을 저해하는 것과 대비된다. 내생적 발전은 각 지역내부의 자발성과 자율성에 기초하여 지역발전을 기하는 것이며, 따라서 발전의 단위가 국가가 아닌 각각의 지역이라는 점에서 국가주도의 외생적 또는 타율적 발전과 대비된다(이창균, 1997). 이때 내생적 발전이 가능하기 위하여는 당연히 지방의 자율성이 요구되며 이는 분권요구에 다름 아니다.

3) 평   가

위에서 분산은 그 필요성에도 불구하고 추진과정에서 적지 않은 부작용이 우려되는 반면, 분권의 효과는 상대적으로 긍정적임을 검토하였다. 따라서 전반적으로 분산보다는 분권에 집중하는 것이 바람직할 것이라는 결론에 도달하게 된다. 그렇다고 해서 불균형이 중요한 정책문제로 부각되는 상황에서 불균형문제를 도외시하고 분권만을 강조하는 것은 바람직하지 않다. 앞에서 언급한 바와 같이 불균형상태에서의 분권화는 불균형을 심화시킬 우려가 있을 뿐 아니라 적정한 경제력의 지지 없이 지방자치의 원활한 시행은 어려울 것이기 때문이다. 따라서 분권을 우선하여 추진하되 보완적으로 불균형을 시정하기 위한 정책노력이 요구된다 할 것이다.

참고로 지금까지의 논의에 기초하여 분권과 균형발전을 항목별로 비교하여 [표 20-1]에 제시하였다.

표 20-1 | 분권과 균형발전의 비교

	분 권	균형발전
수 단	기능, 재원의 수직적 배분	재원의 수평적 배분
이 념	민주, 능률	형평
대 상	중앙-지방관계	지방-지방간 관계
범 위	포괄적(지방 전체에 해당)	부분적(수도권-비수도권)
지지세력	선진 및 중간지역	낙후지역
상호관계	균형 포함	분권 불포함
발전기제	자생적 발전	외생적 발전
효 과	지방간 일체감 형성	지방간 대립
	분권화 요인	집권화 요인
	자율성 증대	불평등 완화
	빈익빈 부익부 우려	빈곤의 바다 우려

4. 분권과 균형발전의 상호관계

1) 분권의 균형발전에 대한 관계

분권이 균형발전에 미치는 효과에 대하여는 긍정론과 부정론이 교차한다. 먼저 순기능론이다. 김안제(1991)는 분권이 균형개발에 순기능을 미치는 이유로서 분권에 의하여 확보된 자율성에 기초하여 자주적이고 자발적이며 동시에 지역특성에 맞는 지역개발이 가능해질 것이라는 점, 분권적 지방정부에 의하여 개발효과의 내부화가 가능하다는 점 등을 제시하고 있다. 박용치(1994)는 연결기제에 대한 특별한 설명 없이 분권에 기반한 지방자치가 지역개발을 촉진함으로써 지방자치단체의 건전한 발전을 유도하고 지역간의 균형발전을 가능하게 할 것이라고 예측하였다. 선진지역의 성장효과가 낙후지역으로 확산되어 가는 적하효과에 기반하여 순기능론을 지지하는 견해도 있다(Hirshman, 1959: 187). 이러한 견해는 결국 중앙의 계획에 의한 통제가 약화되고 지방정부의 자율적 행위에 따라 지역차원에서의 보이지 않는 손에 의한 조절기제를 중시하는 것이다.

다음은 부정론이다. 김안제(1991)는 지방자치단체간의 대립과 마찰로 상호조정이 어렵게 되고, 국토전체의 균형개발을 지향하는 국가시책과 국지적 이익을 추구하는 지방시책이 충돌하게 될 경우, 분권은 균형개발에 부정적인 영향을 미치게 될 것이라고 지적한다. 종속이론(Frank, 1969)에서는 분권상황하에서 중심부는 자본의 힘에 의해 발전하지만 주변부는 중심부의 시장으로 전락하여 낙후상태를 면하지 못하게 된다고 본다. 또한 Myrdal(1957)은 공간경제상에는 균형과 불균형의 두 가지 힘이 작용하는데 시장의 방임에 맡기면 지역간 균형의 방향으로 가기보다는 불균형의 방향으로 간다고 지적함으로써 분권이 균형발전을 저해할 것임을 시사하고 있다.

한편, 분권의 균형발전에 대한 효과를 일반화해서 규정하는 것이 옳지 않을 수 있다. 박성복(1997: 166)이 지적하듯이 지역격차가 심한 상황하에서의 지방분권은 오히려 지역격차를 악화시킬 우려가 있다 하겠는바, 이러한 지적은 분권의 균형발전에 대한 효과가 상황에 따라 다를 가능성을 제시하는 것이라 하겠다.

이러한 논의와 관련, 분권화와 지역격차와의 상관관계를 실증적으로 검증한 홍준현(2001)의 연구는 참고할 만하다. 이 연구는 지역격차를 종속변수로, 기능, 인사, 재정상의 분권화를 독립변수로 설정하여 회귀분석을 실시하였는데, 기능과 인사측면의 분권화는 대체로 지역격차를 완화하는 요인으로 나타난 반면, 재정분권화의 균형화 효과는 확실하지 않은 것으로 나타났다. 또한 분권이 지역경제와 지방재정 측면의 지역격차 해소에는 도움이 되지만, 사회간접자본, 인적자본, 생활환경 측면에서의 지역격차 해소에는 큰 도움이 되지 않는다는 점도 보여주었다. 요컨대, 균형발전에 대한 분권의 효과는 부정적이지는 않지만 그 효과는 제한적인 것으로 확인된 것이다. 이와 같이 분권의 균형화 효과가 제한적인 것은 기본적으로 지역격차해소에는 막대한 재원이 소요되는 데 기인하는 것으로 해석된다. 이는 균형발전을 위하여는 분권과 함께 보완적으로 중앙의 재정개입이 필요함을 제시하여 주는 것이라 하겠다.

그렇다고 해서 지역격차를 과도하게 강조하는 것은 옳지 않다. 미국 대도시의 연방정부에 대한 권력종속관계를 분석한 Fossett(1983)에 의하면, 주요 대도시의 중앙정부에 대한 자율성은 유사한 지역경제수준에도 불구하고 지방의 창의적 대응양태에 따라 상이하게 나타났다. 즉, 지역격차가 지방정부를 지배하는 요인은 아니며 오히려 지방정부의 자율성이 지역경제력에 우선하는 요인이라는 것이다. 만일 그렇다면 지방정부는 지역격차에 지배받기보다는 자율권에 기초한 자생적 발전을 도모할 수 있으며 이에 따라 지역격차에도 차별적 효과를 미치게 될 것이다.

요약하건대, 이론적으로나 실증적으로나 분권이 균형발전에 미치는 효과에 대하여 일정한 결론을 내리기는 어려운 상황이다. 다만, 전체적으로 볼 때, 적절한 보완장치와 함께 추구되는 분권이 균형발전에 긍정적 효과를 가져올 것으로 기대하는 데 큰 무리가 없다 하겠다.

2) 균형발전의 분권에 대한 관계

적정한 경제적 기반 없이 사실상 지방자치는 불가능할 것이라는 데 기초하여 일반적으로 균형발전은 분권(더 정확히 표현하면, 지방자치)에 순기능적이라고 주장된다. 김안제(1991)에 의하면 균형발전은 첫째, 지방자치단체간의 재정력 격차를 완화하여 선진지역과 낙후지역간의 발전격차를 축소하고 이에 따라 모든 자치단체가 안정된 성장을 하게 하며, 둘째, 모든 자치단체의 자치여건과 능력을 균등화하여 국가 전체적으로 자치기반을 안정화시키고 자치단체간의 대등한 호혜협력을 증진시키게 된다. 물론 이러한 논의는 과정으로서의 분권에 대한 논의이기보다는 결과로서의 분권 즉, 자율적 지방정부에 대한 논의이기는 하지만 전반적으로 균형발전의 분권에 대한 순기능을 기대한 것이라 볼 수 있다.

회의적인 시각도 있다. 가장 강력한 논거는 균형발전은 중앙의 조정력 강화를 필요로 하며 이에 따라 분권이 저해받게 된다는 것이다. 특히 지방자치와 관련하여 균형발전을 논의하는 상황에서 균형발전을 위한 노력이 지방자치의 핵심요소인 분권을 침해할 우려가 있다는 점은 쉽게 수용되기 어려운 것이다 (임승빈, 2003). 이러한 지적은 지역불균형이 해소되지 않은 상황에서 추진되는 분권은 지역불균형을 악화시키며 따라서 분권의 추진과 함께 균형발전을 도모해야 한다는 주장을 배척하는 것이기도 하다(Ter-Minassian, 1997). 만일 그렇다면 우리는 분권과 균형발전 중에서 택일을 강요당하는 어려운 처지에 놓이게 된다. 그러나 중앙의 조정개입이 과다하지 않을 경우에 그와 같은 우려는 그만큼 축소될 수 있음은 물론이다.

균형발전 자체에 대한 회의적 시각도 있다. Voith(1992)는 중심지역의 쇠퇴는 교외지역의 발전으로 대체된다는 상호대체가설에 대하여 대도시권 전체의 발전을 위하여는 두 대응부분이 서로에 대하여 의존적이라는 상호의존가설 (inter- dependence hypothesis)을 제시하고 있다. 즉, 중심도시가 취약한 가운데 교외지역이 발전한다 하더라도 그 발전의 정도는 강력한 중심도시를 갖는 경우보다 상대적으로 작게 된다는 것이다. 이러한 가설은 기본적으로 균형발전 자체에 대하여 회의적인 것이다. 이 같은 입장에 따르면 예컨대, 수도권의 위축을 전제로 하는 비수도권의 발전가능성을 배척하게 될 것이다(문병기, 1999).

3) 평가 및 정책방향

분권과 균형발전간의 상호관계를 일방향으로 획정하여 말하기는 어렵다. 순기능과 역기능의 가능성이 공존하기 때문이다. 그러나 양자간 부정적 관계는 교정이 가능할 것으로 보인다. 관련 논의들은 일반적으로 분권의 균형발전에 대한 역기능은 분권이 과도하거나 지역격차가 심한 상황하에서만 문제시되며, 균형발전의 분권에 대한 역기능 역시 과다한 중앙의 개입이 이루어질 경우에 국한될 것으로 제시하고 있기 때문이다. 오히려 홍준현(2001)이 실증하였듯이 분권의 균형발전에 대한 효과는 최소한 부정적은 아닐 것이라는 점과, 최소한의 균형발전은 지방자치의 활성화를 위한 기반여건으로 중요하다는 일반적 논의를 고려한다면 분권과 균형발전간 상호 선순환관계를 도출하는 것은 불가능하지 않을 것으로 보인다.

문제는 여하히 양자간의 긍정적 순환관계를 도출해낼 수 있느냐 하는 것이다. 생각건대, 양자간의 상관관계는 항상적이기보다는 양자간 관계의 매개요소 즉, 주민, 지방정부, 중앙정부 등 지방자치 참여자의 의지와 역량에 따라 달

그림 20-2 | 분권과 균형발전간의 선순환관계

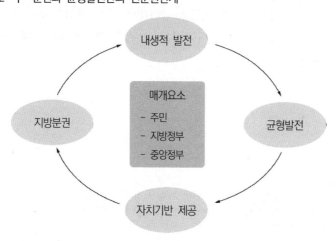

라질 수 있을 것이다. 이러한 지적은 매개요소를 강화하는 노력을 통하여 [그림 20-2]에서 보는 바와 같이 양자간의 선순환관계를 도출할 수 있음을 말하는 것이다(한표환, 1994; 홍준현, 2001).[7] 물론 이는 앞에서 제기한 분권위주의 정책 방향을 전제로 하는 것이다.

지금까지 분권과 균형발전의 효과와 상호관계에 대하여 논의하였다. 문제 는 양자를 조화시키는 정책방향이 무엇이냐 하는 것이다. 지금까지의 논의는 두 가지 방향으로 귀결된다. 첫째, 분권을 위주로 하여 분산을 보완적으로 고 려하는 '균형분권'정책이 바람직하다. 우선 병렬적인 정책은 양자간의 충돌만 일으키게 되어 바람직하지 않다. 최근 분권진영과 분산진영간의 충돌이 이를 단적으로 입증해준다. 그러므로 불가피하게 한쪽을 강화하면서 보완책을 강구 하는 것이 바람직하다고 본다. 다만, 분산위주의 정책(또는 분권적 균형발전)은 여러 가지 부작용을 노정한다는 점에서 채택하기 어렵다. 더욱이 집권화의 촉 진요인이 된다는 점은 분권이 지방자치의 핵심적 요소라는 점을 고려할 때 그 대로 수용하기 어렵다. 그 대신 분권의 기조하에서 균형을 위한 보완장치를 포 함한 분권정책을 추진하자는 것이며,[8] 이때 보완장치를 위한 중앙정부의 최소 한의 조정자 역할은 수용된다(Ter-Minanssian, 1997).

둘째, 매개요소의 강화가 필요하다. 매개요소는 참여자의 행위와 역량을 포함한다 하였는바, 의지는 주민의 경우 지역문제에 대한 관심과 참여로서 나 타나며, 정부의 경우에는 정책으로서 나타난다. 역량 역시 주민과 정부에게 공 히 요구된다. 즉, 중앙, 지방의 민관의 협력체제가 얼마나 공고한가에 따라서 분권과 균형발전의 상호관계가 어떻게 귀결되느냐가 결정된다는 것이다.

이상의 논의에 입각하여 이하에서는 노무현 정부의 분권 및 분산정책에 대하여 평가한다.

---

7) 한표환(1994)은 매개수단의 예로서 주민의 자발적 참여의지, 중앙과 지방정부의 지원과 협조, 지방재정력 등을 제시하면서 이들이 어떤 방향 또는 어떤 방식으로 작용하는가에 따라 분권과 균형발전의 관계가 달라진다고 하였다.

8) 예컨대, 교부금, 보조금, 낙후지역개발기금 등의 배분에 균형발전에 대한 고려를 분권과정에 내 재화(built-in)시키는 것을 말한다.

분권 및 균형정책의 평가와 과제

1. 평 가

노무현 정부는 정부혁신지방분권위원회로 하여금 지방분권을 추진하게 하는 한편, 국가균형발전위원회로 하여금 지역균형발전(즉, 분산)정책을 추진하게 하고 있다. 물론 두 가지 문제는 지방분권의 취약성 및 지역불균형 심화의 현실을 고려할 때, 각각 간과하기 어려운 국가적 정책과제임에 틀림없으며 따라서 대통령 직속으로 이들 문제를 전담하는 정책기구를 각각 설치하는 것은 일응 타당한 측면이 있다. 그러나 우선순위에 대한 고려 없이 두 가지 과제가 병렬적으로 추진됨에 따라 양자간의 상충이 발생하고 있다.

지방자치의 시행과정에서 분권과 분산은 자칫 모순관계에 있기 쉽다. 앞에서도 살펴본 바와 같이 분권은 수직적 분산행위로서 중앙으로부터 지방으로의 권한과 재원의 이양을 주요 내용으로 하며 지방의 자율권을 확대하는 요인으로 작용한다. 반면 분산은 수평적 분산행위로서 주로 중앙정부에 의한 재원의 권위적 지방배분을 내용으로 하며 따라서 지방정부의 자율권을 제어하는 요인으로 작용한다.9) 뿐만 아니라 분권이 중앙과 지방간의 관계에 연관되는 반면, 분산은 수도권과 비수도권의 대립관계에 연관되고 있다.10) 따라서 분권은 중앙에 대응한 지방의 협력을 촉진하는 반면, 분산은 지방의 거시적 분열을 초래하고 있다. 물론 후자의 경우에 있어서도 단기적으로는 비수도권 지역의 협력이 강화되는 측면이 있다. 그러나 비수도권 지역도 지역 내 격차가 크기 때문에 궁극적으로는 한정된 균형발전재원을 둘러싼 비수도권 지역 내의 균열이 예상된다. 이와 같이 대립되는 요인으로서 분권요구와 분산요구의 병행 추진으로 인하여 정책장애가 생기고 있는 것이다.

모순은 정부부문에서만 일어나고 있지 않다. 시민사회에서도 분권과 분산에 대한 관심여부에 따라 균열현상이 일어나고 있다. 즉, 지역균형발전을 강조

---

9) 물론 지역균형이 지방정부간에 자발적으로 일어난다면 지역균형요구는 지방의 자율권을 침해하는 요인으로 작용하지 않을 것이다. 그러나 그러한 가능성은 높지 않다.

10) 국가균형발전특별법안 제 2 조는 지방을 수도권 이외의 지역으로 정의함으로써 수도권과 비수도권의 균열을 조장한다는 비판을 받는다.

하는 지방분권운동본부와 지방분권과 참여를 강조하는 지방분권참여네트워크 간의 균열이 대표적이다. 물론 양 집단은 모두 분권과 분산의 중요성을 인지하고 있기 때문에 전면 대립으로 가지는 않고 있지만 분권과 분산의 본래적 차이에 기인하여 사실상 대립관계에 있다.

이와 같은 모순은 한편으로는 분권과 균형발전간의 우선순위에 대한 이념이 정립되어 있지 않은 때문이며, 다른 한편으로는 지방자치 참여자의 의지와 역량이 미흡하기 때문이라 사료된다. 예컨대, 전자는 양대 추진기구가 이원화되어 있는 상황에서 상호연계를 위한 공식적 조정체계가 없는 데서, 후자는 수도권과 비수도권 정책결정자간의 비타협적 대립양상에서 확인된다. 이러한 진단은 앞에서 제시한 정책대응방향 —균형분권, 매개요소의 강화— 에 부합하는 것이다.

2. 정책과제

앞에서 분권과 균형발전의 조화로운 추진을 위하여는 기본적으로 분권을 기조로 하여 균형발전을 보완적으로 고려하는 균형발전정책이 바람직하며, 지방자치참여자의 의지와 역량강화가 필요하다고 하였는바, 이를 정책기조로 하여 이하에서는 보다 구체적인 정책과제에 대하여 논의한다.

1) 분권의 강화 및 차등분권의 고려

우선 기본적으로 지방자치의 핵심요소인 분권의 강화가 필요하다. 분권이 확립되어야만 참여와 지방정부의 계층중립성도 확보될 수 있을 것이기 때문이다. 노무현 정부의 분권의지는 역대 어느 정부보다 전향적인 것으로 보인다. 그것은 정부가 지방분권의 추진원칙으로 제시한 선분권 후보완의 원칙, 보충성의 원칙, 포괄이양의 원칙 등에서 쉽게 확인된다. 이러한 원칙은 지방분권로드맵이나 지방분권특별법에 잘 반영되어 있다. 참여에 대하여도 상당한 고려가 이루어지고 있다. 주민투표, 주민발안제와 함께 주민소환제, 주민소송제 등이 분권특별법에 항목으로 포함된 것이 이를 말해준다. 다만, 여전히 근린사회 차원의 대표체계에 대한 고려라든가 시민사회 활성화에 대한 대책 등이 미흡한 것을 지적할 수 있다. 문제는 계층중립성에 대한 고려가 취약하다는 점이다. 물론 이 분야는 분권과 참여와 별개로 논의될 사안이기보다는 행·재정제도의 개선, 또는 지방정부의 책임성 강화기반에 대한 정책과정에서 병행하여 고려될 수도 있는 사안이다. 그럼에도 불구하고 지방자치에 대한 정책논의에서 지방정부의 계층중립성에 대하여 침묵하는 것은 문제가 있다. 이에 대한 관심은 외환위기 이후 사회 내 계층격차가 커지고 있는 상황을 고려할 때 특히 강조될 필요가 있다. 요컨대, 분권을 강조하더라도 지방자치 전체의 조화로운 시행을 위하여 참여와 계층중립성에도 적절한 관심이 이루어져야 한다.

한편, 분권을 추진함에 있어 지역격차를 감안하여 미국의 부분선점제 (partial preemption), 영국의 모범자치단체제(Beacon Council) 및 최고가치제(best value), 일본의 특례시제도, 북유럽 국가에서의 자유자치단체실험(free commune experi- ment) 등과 같이 차등분권을 시행하는 것이 바람직하다는 의견이 제시되고 있다(하혜수·최영출, 2002). 지금까지 우리나라는 인구기준에 의한 차등분권제를 시행하여 왔지만 인구 기준 외에 지방의 수권능력과 의지를 고려한 차등분권제의 도입이 필요하다는 것이다. 실제로 지방분권로드맵은 우리나라의 지방제도의 획일성을 문제점으로 지적하면서 자치제도의 다양화를 예정하고 있기도 하다. 차등분권제를 적용함에 있어서는 차등의 근거가 될 평가의 공정성과 합리성을 제고하는 한편, 하향식 차등화보다는 지방정부의 신청주의에 입각하는 것이 바람직할 것이다. 첨언할 것은 차등분권의 필요성에 대한 논의가 자칫 분권의 지연논거로 왜곡될 우려가 있다는 것이다. 그러므로 차등분권을 하더라도 자치능력과 의지에 무관하게 지방정부에 공통적으로 이관할 수 있는 사항에 대하여는 신속한 이양을 추진하는 것이 바람직할 것이다.[11]

2) 자동균형장치의 구축

분권위주의 정책을 시행하더라도 균형발전을 고려한 보완장치가 필요함은 앞에서 제시한 바와 같다. 이에는 교부금이나 보조금과 같은 지방재정조정제도가 포함된다. 현재 우리나라의 지방재정조정제도에 대하여는 오히려 불균형을 심화시키고 있다는 주장까지 제기되고 있는 실정이다(조기현, 1997). 이와 관련, 일각에서는 지방화시대에 지방의 자율성을 제약하는 보조금을 대폭 축소 내지는 폐지하여야 한다거나, 교부금 역시 중앙의 재원이므로 교부금 확대보

---

11) 최근 개정된 지방자치법에서는 100만 이상 대도시에 대해 '특례시'의 명칭을 부여하며 공식적으로 더 많은 권한을 부여하기로 하였다(제198조). 이는 차등분권의 요소를 반영한 것으로 역량이 있는 지방정부에 더 많은 자치권을 부여하는 분권적 요소로 볼 수 있다.

다는 지방의 자주재원을 확대하는 것이 시급하다는 주장을 제기하고 있다(김대영, 1996; 라휘문, 1998). 물론 보조금의 확대가 지방자율성을 침해하고 있으며, 실제로 지방의 자주재원이 취약하다는 점 등을 고려할 때 이 같은 주장은 기본적으로 타당한 측면이 있다. 그러나 중앙의 개입 없이 과연 지방간 불균형의 개선이 잘 이루어질 수 있겠느냐는 데 대하여는 의문이 있다. 오히려 지방의 균형발전을 위한 일정한 정도의 중앙의 개입은 불가피한 것으로 인정되고 있다는 점을 인식해야 한다(Ter-Minanssian, 1997). 다만, 중앙의 자의적 개입의 여지를 축소하기 위하여 중앙의 개입을 등식으로 자동화하는 노력이 필요할 것이다. 이는 교부금이나 보조금의 배분기준을 지역균형을 고려하여 적정히 등식화하는 노력을 말한다(cf, Weaver, 1988).

아울러 가능하다면 지방정부간 수평적 자동균형장치의 마련도 적극 모색될 필요가 있다. 예컨대, 일본 동경도의 자치구간 재원조정은 잉여구와 부족구간의 수평적 균형화장치가 포함되어 있어 수평적 재정형평화에 기여하고 있다. 그러나 우리나라에서는 지방정부간 수평적 균형장치는 없는 실정이다. 그러나 중앙이 적절한 리더십을 발휘함으로써 지방간 자동조정기제의 마련이 전혀 불가능하지는 않다 하겠으므로 이에 대한 정책노력이 요구된다 하겠다.

3) 내생적 개발전략의 강화

지역별로 특성화된 발전전략을 수립해야 한다. 중앙정부의 획일적인 지역발전전략이 지역격차를 심화시켜 왔다는 점을 상기하여야 한다(이재열, 1997). 물론 이에 대하여는 중앙정부가 지역불균형을 시정하는 방향으로 균형발전정책을 시행함으로써 그 같은 우려를 불식시킬 수 있으리라는 기대를 할 수 있다. 그러나 이는 지나치게 순진한 발상이다. 결국 불균형을 시정하기 위하여는 불균형적인 배분정책을 시행해야 하는데 거점이 아닌 투자효과가 적은 지역에 중앙이 적극적으로 투자를 확대하리라고 생각할 수 없고, 그 같은 역진적인 배분정책의 시행에 대하여는 상대적으로 불이익을 당할 지역의 반발이 있을 것이기 때문이다. 그러므로 중앙에 의한 불균형시정에 대하여 지나친 기대는 금물이다.

지역실정에 맞도록 특성화된 발전전략이란 앞에서 제시한 내생적 발전전략에 다름 아니다. 생각건대, 재원의 한계를 고려할 때 국가의 개입을 통하여 지역간 상대적 궁핍을 해소할 수는 있어도 지역 내의 절대적 궁핍을 해소할 수는 없다. 더욱이 지방은 다른 지방을 위하여 희생하려 하지 않는다. 이러한 상황에서 각 지방이 절대적 궁핍을 해소하기 위하여는 기본적으로 내생적 발전에 의존하는 수밖에 없다(임승빈, 2003). 지방정부간 협력을 실질화되기 어려운 상황에서 내생적 발전이 어렵게 되면 결국 후진지역은 저발전의 영속화를 감수해야만 한다. 내생적 발전이 가능하기 위하여는 당연히 분권이 전제되어야 한다. 나아가서 내생적 발전이 성공하기 위해서는 발전의 주체인 지방정부와 주민의 발전의지와 역량축적이 동시에 요구된다. 아울러 이러한 의지와 역량을 뒷받침할 제도화가 요구되며, 또한 지방의 자율권을 보장하는 적정수준에서의 중앙정부의 뒷받침도 필요하다.

4) 매개요소의 강화

첫째, 분권과 균형발전추진의 핵심기구간의 정책조율을 위한 통로가 마련되어야 한다. 앞에서 지적한 바와 같이 분권과 균형발전은 유기적으로 연계되어 있는 정책과제임에도 불구하고 이들을 담당하는 중앙의 정책기구는 병렬적으로 이원화되어 있는 데다 공식적인 연계통로마저 확립되어 있지 않아 원만한 정책조율이 어려운 실정이다. 물론 비공식적인 협의 또는 고위정책결정자간의 협의로 양 기관간 일정 정도의 조율이 불가능한 것은 아니지만 그러한 조정은 기본적으로 산발적이고 불안정적이라는 문제가 있어 시정이 요구된다. 바람직하기는 양대기구를 통합하여 분권과 균형발전정책추진의 혼선가능성을 사전에 예방 또는 축소하는 것이다. 그것이 어렵다면 최소한 양 기구의 정책조율을 위한 공식협의통로를 만들 필요가 있다. 국무회의나 대통령의 조정을 기대하기 이전에 사전적 협의통로의 마련이 필요하다.

둘째, 지방정부의 역량 강화가 필요하다.[12] 분권에 의하여 부여된 자율권에 기초하여 지방자치와 지역발전을 성공적으로 수행하기 위하여는 주어진 권한을 적절히 활용할 수 있는 지방정부의 수권능력이 요구된다. 수권능력이란 분권화된 권한을 민주적, 능률적으로, 공평하게 사용할 수 있는 자율적, 창의적 역량을 말한다.

이러한 능력은 지방공직자 —선출직 및 임명직 공무원— 모두에게 요구된

---

[12] 지방정부의 역량(capacity)은 지방정부가 효과적이면서 효율적으로 기능할 수 있는 능력을 말한다(최영출, 2003).

다. 하지만 수권능력의 일차적 강화대상은 지방행정의 핵심적 주체를 이루고 있는 지방공무원에게 있으며, 따라서 이들 지방공무원의 역량강화를 위한 정책적 노력을 강화해야 한다. 이러한 노력에는 전통적인 교육, 훈련 외에 선진적 교육기회의 증진, 해외선진 자치사례의 견학, 견습기회의 확대, 학원, 대학 등에서의 자기개발노력 지원 강화, 주민과 지방정치인과의 의사소통기술의 배양 등 다양한 시책이 강구될 필요가 있다 하겠다. 아울러 높은 사기가 업무성과에 연관되는 만큼 사기진작을 위한 시책도 수권능력의 강화라는 차원에서 보다 적극적으로 강구할 필요가 있다.

셋째, 주민의 역량강화가 필요하다. 공무원의 역량강화가 수권능력의 전부는 아니다. 주민의 자치능력 강화도 지방자치와 균형발전을 위하여 간과할 수 없는 요소이다. 주민의 자치능력에는 적극적 참여의식과 함께 공공문제에 대한 건전한 식견이 포함된다. 즉, 적극적이고 교양 있는 시민성(active and informed citizens)이 요구되는 것이다. 이러한 시민성을 기르기 위한 노력은 시민교육에 다름 아니며 교육기관뿐 아니라 지방정부도 이를 위한 노력을 할 필요가 있다. 이와 관련하여 최대의 시민교육은 참여를 통하여 이루어진다는 민주주의 이론 및 실천가들의 지적에 주목하여야만 한다. 다소 행정에 장애가 되더라도 보다 장기적 안목에서 지방자치의 정착을 위하여 참여통로를 확대하고 주민참여에 대한 공직자의 수용성을 높여야 한다.

Ⅴ 결　론

지금까지 분권과 균형발전의 필요성, 실태 및 효과, 상호관계 등에 대하여 논의한 다음, 양자간의 선순환관계를 도출하기 위한 정책방향과 과제를 제시하였다. 얼핏 보면 분권과 균형발전은 상호배타적인 것 같으나, 양자간에는 밀접한 관련이 있다. 따라서 양자를 위한 정책 역시 선택의 문제이기보다는 어떻게 조화롭게 추진하느냐가 관건임을 제시하였다. 본 장은 분권을 위주로 하되 균형발전을 보완적으로 고려하는 '균형분권'이 바람직한 정책기조임을 천명하였다. 이에 대하여 두 가지 추가적 논의가 가능하다.

첫째, 균형발전의 문제를 분권의 문제와 연계하지 않고 분산의 문제로 독립적으로 처리할 수 있다는 점이다. 이는 실제로 중앙정부가 분권과 상관없이 각종 정책에서 지역균형을 염두에 두고 추진하면 될 일이다. 그러나 노무현 정부는 균형발전을 별도로 추진하기보다는 분권과 명시적으로 연계하여 추진하였다(전영평, 2003). 이는 2003년 9월 8일 부산에서 개최된 시도지사회의의 발표자료 「참여정부의 21세기 국가발전전략: 분권과 자율의 균형발전국가」에서도 쉽게 확인된다. 문제는 균형발전을 분권논의와 연계하여 제시함으로써 분권논의를 저해 내지는 왜곡시키는 부작용이 있다는 점이다. 사실 균형발전에 대한 논의는 새삼스러운 것이 아니며 권위주의 정부의 불균형성장정책에 따라 지역불균형이 심화하면서 지속적으로 제기되어온 정책과제이다. 이러한 상황에서 현 정부는 균형정책을 분권정책과 새롭게 연계하여 부각시킴으로써 의도적이든 비의도적이든 분권논의를 지체시키고 있는 것이다. 분권과 균형발전을 병렬적으로 연계하여 논의하기 시작하면 어느 것 하나도 제대로 달성하지 못할 가능성이 커진다. 이러한 상황에서 일본의 중앙세력이 지방분권논의가 제기될 때마다 지방불신론과 국가최소의 달성을 앞세워 분권열기를 식혀왔다는 김순은(2001)의 지적을 상기하게 되는 것은 자연스러운 일이다. 물론 현 정부는 분권에 대하여 명시적으로 적극적이므로 이러한 현상이 분권을 지체시키기 위한 의도에서 비롯된 것으로 볼 수는 없다. 그렇다 하더라도 소위 "발목잡기"의 비난을 면하기 위해서라도 분권과 균형발전간의 우선순위 정립을 위한 노력이 필요하다고 본다.

둘째, 분권과 균형발전을 연계하여 추진하려면 분권의 문제에 분산의 문제를 내재화시켜서 추진하는 것이 방안이 된다. 이는 [표 20−1]에 제시한 바와 같이 분권에는 기능의 배분과 재원의 배분이 구성요소로 포함되어 있기 때문이다. 즉, 재원의 배분에 관련되는 분산을 분권에 포함하는 것은 실천적으로나 이론적으로 타당한 것이다. 물론 이에 대하여는 분권에 분산의 문제를 포함하게 될 경우, 분산의 문제가 소홀히 취급될 것이라는 지적이 있을 것이다. 그러나 이에 대하여는 양자를 병렬적으로 추진할 경우, 양자의 달성이 어려워질 것이라는 점, 분산을 독립적으로 강조하더라도 재원의 한계 등으로 인하여 균형분권의 추진의 경우와 별다른 차별효과를 얻기 어려울 것이라는 점을 반론으로 제시할 수 있을 것이다.

PART

04

정   책

▮ㅣ 서 론

1995년과 1998년의 통합지방선거를 통하여 단체장과 지방의회가 민선으로 구성됨으로써 지방자치가 본격화되고 있다. 이러한 지방자치제 시행의 궁극적 목적은 주민의 복지를 증진시키는 데 있다 하겠는바, 지방정부는 정책결정을 통하여 주민복지의 증진을 위하여 노력하여야 한다. 물론 그러한 노력에는 일정한 한계가 있다. 그것은 지방정부가 주민복지와 관련된 모든 정책결정을 하는 것은 아니며 지방정부가 하는 정책결정의 범위는 중앙정부차원의 정책결정의 범위에 비하여 상대적으로 제한되어 있기 때문이다. 특히 우리나라는 아직까지 중앙집권의 정도가 심하여 국민생활과 관련된 많은 정책분야가 지방정부보다는 중앙정부의 결정에 의하여 좌우되고 있다. 이는 우리나라 전체사무 중 70% 이상의 사무를 중앙정부가 직접 처리하고 있다는 조사보고에서도 입증된다.[1]

그럼에도 불구하고 지방정부는 주민과 가까운 거리에서 자신의 결정권한 범위 내에서의 정책결정을 통하여 주민의 복지 수준에 상당한 정도로 영향을 미친다. 예컨대, 지방정부는 주택, 의료, 보건, 상하수도, 쓰레기 처리, 교육, 방재문제 등 주민의 일상생활과 밀접하게 관련되어 있는 많은 공공문제에 대하여 결정을 내림으로써 주민복지에 적지 않은 영향을 미치는 것이다. 더욱이 중앙정부가 내리는 정책결정도 많은 경우 정책수행과정에서 지방정부의 정책결

---

[1] 예컨대, 1994년 총무처에서 실시한 국가사무 전수조사에 따르면 국가사무 75%, 지방사무 25%로 나타났으며, 2001년 한국지방행정연구원의 전수조사에 의하면 41,603개의 사무중에서 국가사무가 72.7%(30,240), 지방사무가 27.3%(11,363)개로 나타났다.

정을 필요로 하게 되므로 지방정부의 정책결정은 그만큼 중요하다. 예컨대, 생활보호자에 대하여 정부가 지급하는 급부수준은 중앙정부가 결정하지만 실제로 생활보호대상자를 선정하고 급부를 시행하는 결정은 지방정부가 담당하게 되는 것이다. 뿐만 아니라 앞으로 지방자치가 보다 활성화되면서 지방정부의 결정권의 범위는 점차 확대되어 나갈 것으로 예상된다는 점도 아울러 고려한다면, 중앙으로부터의 제약에도 불구하고 지방정부는 정책결정을 통하여 주민복지수준에 상당한 영향을 미친다고 하겠다(이승종, 1995c).

이러한 정책결정은 기본적으로 지방의 정책결정자에 의하여 이루어지도록 되어 있다. 그러나 지방의 정책결정자는 진공상태에서 독자적인 정책결정을 하는 것은 아니며 주민, 이익집단, 정당, 언론 등 다양한 외부 참여자로부터의 끊임없는 영향력하에서 정책결정을 하게 된다. 더욱이 지방의 정책결정자 역시 단일의 균질적인 집단은 아니며 최소한 선출직인 공무원(단체장, 지방의원)과 임명직 공무원으로 이원화되어 있다. 결국, 지방의 정책결정과정은 이들 지방정부 내부의 공식적 정책결정자집단과 외부의 이해관련 집단과의 역동적인 교호작용 속에서 이루어지게 되는 것이다(이종수, 2002: 129). 그리고 이러한 참여자간의 교호작용의 결과에 따라 정책의 내용이 결정되고 이에 따라 결국 누가 무엇을 차지하는가(who gets what)라는 사회적 가치의 배분문제에 관한 공공의사결정이 내려지게 되는 것이다.

우리의 관심은 이 같은 지방의 정책이 어느 집단의 이해에 보다 유리한 방향으로 결정되는가 하는 것인바, 이에 대한 해답을 찾기 위하여는 무엇보다도 지방의 정책과정 참여자간의 권력구조에 대하여 알아야만 한다. 이는 지방의 정책이 기본적으로 참여자간의 상대적 권력관계에 의하여 결정될 것이기 때문이다. 예컨대, 상대적으로 영향력 있는 자가 지방의 사회적 가치의 배분에 관한 정책결정과정에서 상대적으로 많은 것을 차지하게 되는 것은 자명한 일인 것이다(Lasswell, 1951: 13).

이러한 문제와 관련하여 외국에서는 특히 1950년대 미국에서 시발된 지역사회의 권력구조(community power structure)에 관한 논쟁을 시발점으로 지금까지 많은 논자들에 의하여 지방의 권력구조에 관한 다양한 입장들이 개진되어 왔다. 정책결정자에 대한 경제엘리트의 권력우위를 주장하는 엘리트론, 이익집단간의 경쟁과 정치인의 조정자역할을 강조하는 다원론, 관료집단의 중립적 권력을 강조하는 관리자론 등은 그 대표적인 예라 할 수 있다.

이 같은 지방의 참여자간의 상대적 권력의 문제는 우리에게 있어서도 중요한 연구과제가 아닐 수 없다. 이는 특히 지방자치의 실시에 따라 종래 중앙집권적 통치체제하에서 질식되어 왔던 지방정치의 장이 열림으로써 참여자간의 상호작용이 지방의 정책결정에 미치는 영향이 확대되었기 때문에 그러하다. 그러나 1991년 지방자치 재개 이후에도 이 분야의 연구는 한동안 미답의 상태로 있었다. 이는 기본적으로 자치제 시행초기에 중앙과 지방 간의 수직적 관계에 대한 과도한 관심 집중 때문인 것으로 판단된다. 즉, 중앙으로부터의 분권의 문제에 치중한 나머지 불가피하게 지방내부의 문제에 대하여는 상대적으로 관심이 소홀할 수밖에 없었을 것으로 이해되는 것이다.[2] 그러나 주어진 지방의 자율권에 기초한 지방의 정책결정이 어떠한 권력관계에 의하여 수행되느냐 하는 것 역시 분권에 못지않게 중요한 문제라는 점에서 볼 때 이러한 경향은 시정될 필요가 있다.

다행히 최근에 이르러 지방의 권력구조에 관한 연구관심이 나타나기 시작하였다. 즉, 안청시(1995), 민경회 외(1996), 강희경(1997), 강명구(1998), 박종민 외(2000) 등이 그 예이다. 이들 연구는 지금까지 활성화되지 못하고 있는 이 중요한 연구분야에 대한 개척자적인 연구로서의 의의가 있을 뿐 아니라, 지방자치재개로 인하여 활성화되고 있는 지방정치의 결과가 어느 집단 또는 계층에 유리 또는 불리하게 작용할 것인가를 확인시켜 줌으로써 향후 지방자치의 발전을 위한 정책시사의 도출에도 적지 않은 기여를 할 것이라는 점에서 의의가 인정된다. 그럼에도 불구하고 현재까지의 국내의 연구결과에 대하여 몇 가지 지적이 필요하다.

우선, 지적할 것은 최근의 연구관심의 대두에도 불구하고 아직 관련 연구의 양이 절대적으로 부족하다는 것이다. 물론 연구의 양이 연구수준에 정비례

---

2) 이와는 달리 미국이나 영국과 같이 분권화가 많이 진행된 국가에서는 중앙정부에 대한 지방 정부의 자율권을 당연시하여 왔으며 따라서 중앙과 지방관계보다는 지방내부에서의 권력구조에 상대적으로 관심을 보여 왔다. 미국에서 지방의 권력구조에 관하여 다원론자들과 엘리트론자들 간의 논쟁이 활성화되었던 것은 바로 그 같은 상황배경하에서 이루어진 것이라 하겠다(그러다가 최근에 이르러 중앙－지방 간 관계에 대한 논의가 부쩍 활성화되는 변화를 보이고 있다.). 반면 프랑스, 일본과 같이 집권적인 국가에서는 중앙과 지방관계에 대한 관심이 상대적으로 높은 경향을 보여왔다. 지방의 자율권확보 가능성에 대한 확신이 상대적으로 약하기 때문이다. 우리나라는 일본 이상으로 집권화된 국가로서 지방의 자율성이 상당히 미약한 상태를 지속하여 왔을 뿐 아니라 이제야 막 분권화가 진행되기 시작한 지방자치 초기단계이므로 중앙과 지방관계에 대한 관심이 큰 것은 불가피한 측면이 인정된다.

하는 것은 아니라 하겠으나 외국의 예에서 보듯이 일반적으로 이론의 발전은 다양한 관점의 연구간의 상호비판과 수정을 통하여 이루어진다고 할 때, 향후 이 분야에 대한 보다 활발한 연구가 요청된다 하겠다.

아울러 지적할 것은 외국의 경우에도 마찬가지이지만, 기존의 연구들은 국내외를 막론하고 대개의 경우 사례연구로서의 생래적인 한계를 보인다는 점이다. 물론, 지방의 권력구조에 대한 연구가 사례연구를 택함으로써 추구하는 장점은 인정되어야 한다. 참여자간의 역동적 상호작용을 심도 있게 관찰·분석하기 위하여는 구체적인 사례에 대한 미시적 분석이 유용하기 때문이다. 그러나 심도 있는 관찰·이해라는 장점에도 불구하고 사례연구는 연구결과의 일반화 측면에서 치명적인 약점을 갖기 마련이다. 이와 관련하여 Lineberry와 Sharkansky(1978)는 지역사회 권력의 삼차원적 모형(triangular model)의 구축을 시도하는 과정에서, 사례연구에 기초하여 제시된 여러 관점들에 대하여 언급하면서 다원론을 주창한 Dahl(1961)의 New Haven에서는 선출직공무원이, 엘리트론을 주장한 Hunter(1953)의 Atlanta에서는 경제엘리트가, Sayre와 Kaufman(1960)의 New York에서는 관료가 상대적 권력의 소유자였다고 지적하였는바, 이들의 지적은 사례연구를 통하여는 일반화된 결론의 도출이 근본적으로 가능하지 않음을 제시한 것으로서 유의할 필요가 있다 하겠다.

이상의 논의에 입각하여 본 장은 지방정부의 정책결정자들(단체장, 지방의회의장, 최고위 관료)에 대한 서베이에 기초한 횡단비교연구를 통하여 지방의 권력구조에 대한 실증적 분석을 시도한다.[3] 이를 통하여 한편으로는 낙후된 분야의 연구를 보완하고, 다른 한편으로는 우리 상황에 적실하면서도 보다 일반화된 결론을 도출하고자 한다.

Ⅱ 이 론

앞에서 제시한 바와 같이 공식적 권한의 보유에도 불구하고 지방의 정책과정은 공식적 정책결정자의 전유물이 아니며 다양한 참여자와의 교호작용하에 이루어진다. 이때 이러한 지방의 정책과정에 참여하는 주요 참여자는 자치

---

3) 물론 이와 같은 횡단연구와 심층적 사례연구의 적절한 조합은 보다 적실한 결론의 도출을 위하여 유익할 것이다. 다만, 여기에서는 연구자원과 시간의 제약으로 횡단연구에 한정한다.

단체장, 지방의원, 행정관료와 같은 공식적 정책결정자와 시민, 언론, 정당, 기업 등의 비공식적 참여자를 포함한다.[4] 지방의 정책과정에 영향을 미치는 다양한 참여자간의 상대적 권력관계에 대하여는 여러 가지 관점이 상충하고 있는바, 여기에서는 정책과정의 중요 행위자를 중심으로 한 이론적 분류에 기초하여 엘리트론, 다원론 및 관리자론의 세 가지로 나누어 제시한다.

이러한 접근은 지방의 권력구조를 설명함에 있어 구조주의적 설명에 우선하여 행위자적 관점을 채용한다는 것이다(강명구, 1998). 이와 같이 행위자에 초점을 맞추는 접근은 본 장에서 정책과정에서의 참여자간의 권력관계를 규명하기 위하여 불가피한 것으로서 무엇보다 참여자간의 역동적인 관계를 설명하기 쉬운 이점이 있다. 이에 따른 한계는 계급의 구조적 영향력을 강조하는 신좌파(Neo-Marxist)의 구조주의적 관점(Poulanzas, 1973; Castells, 1977)을 적절히 수용하지 못한다는 것이다.[5] 그럼에도 불구하고 다음과 같은 이유에서 행위자적 관점을 기간으로 하는 이론의 분류를 적용하는 것이 바람직하다고 본다. 첫째, 다원론, 엘리트론 등과 같은 행위자 중심적 관점과 신좌파의 구조주의적 관점은 기본적으로 분석차원이 상이하여 연계가 곤란하기 때문이다. 물론, 권력작용의 결과 측면에서 보거나 행위자와 구조를 연계하는 입장을 원용하여(Giddens, 1979) 일정한 관계의 확인이 불가능하지는 않지만 기본적으로 분석차원의 상이성으로 인한 이론의 수평적 연계의 곤란을 불식하기는 어렵다(cf, Alford and Friedland, 1985). 둘째, 구조주의적 관점 자체의 한계를 고려해야 하기 때문이다. 계급이란 개념은 추상적이며 따라서 실증적으로 규명하기 어렵다. 계급의 실체를 인정하는 경우에도 계급은 집단으로 구성되어 있으며 따라서 계급현상을 집단현상으로 환원하여 해석할 수 있으며(Pickvance, 1995), 계급에 의한 구조적 영향력 역시 행위자의 의도적 행동이 있어야만 구체화될 수 있다는 점이 고려되어야 한다는 것이다(Saunders, 1979: 186). 요컨대, 행위자적 관점과 구조주의관점의 병렬적 비교가 곤란하다는 점과 행위자적 관점에 의하더라도 구조주의적 관점을 어느 정도 수용할 수 있다는 점을 고려하여 행위자

---

4) 지방외부의 행위자로는 중앙정부(또는 상위정부)와 타 지방정부가 존재하는데 이는 지방정책 과정의 외연을 제약하는 이차적 행위자 또는 환경요인으로 작용하게 된다.

5) 구조론자들은 자본주의 생산관계와 관련하여 계급의 구조적 영향력을 강조함으로써 계급과 유리된 채로 개인을 유의미한 행위자로 간주하는 것을 배격한다. 이들에 의하면 개인의 행위는 정치와 경제, 국가와 자본 간의 구조적 관계에 의하여 설명될 수 있을 뿐이며 따라서 개인보다는 개인에 대한 구조적 제약이 강조된다(Saunders, 1979: 180).

적 관점을 수용하는 것이다.

1. 엘리트론

주지하다시피 외국의 경우, 특히 미국을 중심으로 1950년대 이래 지역사회의 권력구조에 관한 논쟁을 시발점으로 대립되는 이론적 관점이 제시되고 검증되어 왔다. 논쟁은 Atlanta에 대한 연구를 통하여 지역사회의 권력이 소수의 경제적 엘리트에 집중되어 있다고 주장한 사회학자 Hunter(1956)에 의하여 시발되었다. 이러한 연구는 일찍이 Mosca, Mitchells 등에 의하여 주창되어 왔던 엘리트론이 지방차원에서도 동일하게 확인된 것이었다.

이와 같은 지방권력에 관한 엘리트론은 지역사회가 사회경제적인 지위에 따라 계층화되어 있음을 전제로 하여 상위계층이 공식적 정책결정자에 대하여 갖는 영향력이 하위계층의 그것보다 크다는 것을 강조한다. 보다 구체적으로 지역사회의 권력은 공식적인 정책결정자가 아니라 사회경제적 상위계층(즉, 경제엘리트)이 소유하고 있으며 따라서 지방정부의 정책결정은 지역유지, 권세가, 부유층 등 사회경제적 상위계층의 이익에 부합하는 방향으로 이루어진다는 것이다. 극단적으로 전통적 좌파이론가들에 의하면 정책결정자는 자신의 판단에 의하여 독자적인 결정을 내리기보다는 사회경제적 계층구조라는 절대적인 영향 아래 자본가계급의 대리인으로서 자본가계급의 이익을 위하여 정책결정을 내리는 것으로 보기도 한다. 이때 정책결정자는 상위계층의 명시적인 요구에 의하거나 또는 명시적인 요구가 없어도 정책결정자 스스로의 이익을 위하여 상위계층에게 유리한 방향으로 정책결정을 하게 된다고 본다. 이러한 경우 상위계층이 아닌 대다수 주민들은 상대적으로 지방정부의 정책결정을 통하여 손해를 보게 된다. 실제로도 지방자치가 활성화됨에 따라 지역단위로 정책결정자와 지역유지와의 유착관계가 형성되어 일반 주민의 이익이 침해받게 될 우려가 크다 하겠다.[6] 이러한 엘리트론은 결과적으로 지방정책과정이 경제엘리트에 유리하게 전개되는 것으로 이해한다는 점에서 좌파이론과도 상응하는 것이다. 다만, 이론적 설명에 있어서는 엘리트론이 반드시 계급과 연관지어

---

6) 이와 같은 지역사회에서의 정책결정자와 지역유지와의 지역개발을 중심으로 한 유착관계를 가리켜 지역성장기구(local growth machine) 또는 지역성장연합(local growth coalition)이라고 부른다(Elkin, 1987; Logan & Molotoch, 1987).

논의되는 것은 아니라는 점에서 구분된다.[7)]

2. 다 원 론

이와 같이 정치의 종언을 고하는 엘리트론적 입장에 대해, 정치학자를 중심으로 한 다원론자의 반격이 시작된다. 예컨대, Dahl(1961)은 Hunter 등 사회학자들의 연구가 권력의 실제적 행사(exercise of power)를 대상으로 한 것이 아니라, 사용되지 않을 수도 있는 권력의 평판(power reputation)만을 조사한 것으로 방법론상의 근본적인 한계가 있음을 지적하면서, New Haven에서의 정책결정에 대한 연구를 통하여 권력은 소수 엘리트집단에 누적적으로 집중되어 있지 않고 유동적이며 다양한 집단에 분산되어 있다고 주장하였다. 기본적으로 다원론에 있어서 정책결정의 장은 개인과 집단에 열려 있으며 정치인은 이들 간의 교호작용을 중재하는 유의미한 행위자로 이해되었다. 아울러, 다원론자들은 권력이 불균등하게 배분되는 것은 사실이지만, 엘리트론이 주장하는 바와 같이 특정집단에 누적적으로 집중되어 있지는 않다고 지적하였는바, 이러한 입장은 Polsby(1980), Wolfinger(1972) 등에 의하여 이어져 왔다.

기본적으로 다원론은 지역사회의 권력이 일부 계층에 의하여 독점되어 있지 않고 다양한 집단에 분산되어 있음을 강조한다. 이와 동시에 다원론은 정치인의 독립변수적 역할에도 주목한다. 즉, 선거를 통하여 공직에 취임한 정책결정자(정치인)는 대개의 정책결정에 관여하여 유권자의 이익을 대변하고 조정하는 기능을 한다는 것이다.[8)] 다만, 정치인의 중심적 역할을 강조하면서도 정치인의 의사결정이 선거기제를 매개로 하여 지역사회의 다양한 집단의 이익에 수동적이라는 점을 제시하기 때문에 결과적으로 누가 통치하는가의 문제에 명백하게 대답하지 못하는 모호성을 보이기도 한다. 요컨대, 다원론은 한편으로는 시민집단의 주도적 권력을, 다른 한편으로는 선출직 공무원의 독립적 권력을 강조하는 이중성을 보인다.

---

7) 이러한 점을 고려하여 일각에서는 엘리트론과 좌파이론을 통합하여 계층화이론으로 부르기도 한다.

8) 그리하여 예컨대, Lineberry와 Sharkansky(1978)는 다원론을 선출직 공무원(특히 시장)의 권력을 강조하는 모형으로 이해하고 있다.

3. 관리자론

엘리트론과 다원론에 대하여 정면으로 배치되는 관점으로는 이른바 Weber 적 전통의 관리주의(managerialism) 내지는 관리자론을 들 수 있다(Pahl, 1977). 이 견해에 따르면 현대 행정국가에서는 중앙과 지방을 막론하고 복잡하고 다양한 공공문제를 해결하기 위하여는 전문적 지식과 능력이 요구되며 이에 따라 전문적 지식과 능력을 보유한 관료집단이 정책결정과정에서 독자적인 권력을 행사하게 된다. 요컨대, 이들의 권력은 기본적으로 전문성에서 비롯되는 것인 바(Rourke, 1984), 행정관료는 전문적 판단에 의하여 수립된 소위 관료제적 의사 결정기준(bureaucratic decision rules)에 따라 중립적이고 객관적인 입장에서 정책을 결정하게 된다. 이러한 관료의 권력은 정치인의 권력이나 사적 권력으로부터 자율적인 것으로 이해되며, 이에 따라 행정관료가 독자적인 입장에서 공적 부문과 사적 집단 간의 매개권력으로서 기능하는 것으로 제시된다.

실제로 Lineberry(1977), Mladenka(1980), Jones et al.(1977) 등은 여러 지방에 대한 사례연구를 통하여 지방정부의 공공서비스 배분이 정치인이나 사회경제적 엘리트의 선호보다는 중립적인 관료의 전문성에 기초하여 이루어지는 것을 실증적으로 입증함으로써 엘리트론과 다원론을 동시에 반박한 바 있다. 이러한 관리자론은 엘리트론과 다원론 간의 논쟁이 기본적으로 지방정부의 정책 과정에 있어서 공식적 정책결정자와 사회경제적 엘리트 간의 상대적 영향력에 초점을 맞추고 있는 것에서 한걸음 나아가서 지방내부의 정책결정자간의 상대적 영향력에까지 관심범위를 확장한 제3의 이론적 관점으로 설득력 있게 수용되고 있다.

4. 종 합

지방정책과정의 참여자와 관련하여 종합하건대, 엘리트론과 다원론은 공식적 정책결정자에 대한 비공식적 참여자의 영향력을 강조하는 견해라는 공통점을 갖지만 전자는 경제엘리트의 권력을, 후자는 시민사회집단과 정치인의 권력을 강조한다는 점에서 차이가 난다. 이와는 달리 관리자론은 관료집단의 독자적 영향력을 강조한다는 점에서 구별된다.

물론 위의 세 가지 관점만이 지방의 정책참여자의 권력관계에 대한 이론

모형의 전부는 아니다. 이 외에도 이익집단의 분산적 요구가 극심화되어 감에 따라 정부의 통치불능이 초래되고 있다는 점을 제시하고 있는 초다원론(hyperpluralism: Yates. 1977), 집단간의 권력불평등을 강조하면서 특히 기업집단의 권력우위에 따른 구조적 권력를 강조하는 신다원론(neo-pluralism: Lindblom, 1977; Stone, 1980), 엘리트집단에 의한 비가시적 권력행사로서의 무의사결정의 존재를 강조한 신엘리트론(neo-elitism: Bachrach & Baratz, 1962; Crenson, 1971), 지방정부의 경제적 동기에 따른 구조결정론을 제시한 도시한계론(city limit: Peterson, 1981), 지주와 자본가를 중심으로 한 성장연합이 주민집단을 압도하여 도시성장을 추구하게 된다는 성장기구론(growth machine theory: Logan & Molotch, 1987), 공식정부와 사적 부문과의 통치연합에 주목하는 레짐이론(regime theory: Elkin, 1987; Stone, 1989), 신좌파이론(O'Conner, 1973; Friedland, 1977) 등 다양한 관점이 제시되고 있다. 그러나 이들은 기본적으로 위 세 가지 관점의 수정 또는 확장의 성격을 갖거나 관점의 차원이 다르다. 구체적으로, 초다원론, 신다원론, 레짐이론은 다원론 계열로; 신엘리트론, 도시한계론, 성장기구론 등은 엘리트론 계열로 분류될 수 있을 것이다.9) 아울러 이들과 비교하여 볼 때 엘리트론, 다원론, 관리자론은 이론적 원형의 성격을 갖고 있으며 특정 행위자를 보다 명시적으로 부각시키고 있다는 점을 고려하여 이 세 가지 관점을 기본적 이론모형으로 채용한다.

Ⅲ 분 석

상충하는 이론적 관점의 평가를 위하여 지방의 정책결정자를 대상으로 설문조사를 시행하였다. 구체적으로, 기초지방자치단체의 자치단체장, 지방의회의장 및 부단체장을 대상으로 설문조사를 시행하였으며,10) 이들로 하여금 지방의 정책과정에서의 다양한 참여자의 권력을 평가하도록 하였다. 설문조사는 우편조사에 의하였으며 1996년 7월~9월 중에 시행되었다. 회수율은 단체장의

---

9) 권력구조 이론에 대한 논의는 Judge et al.(1995)이 좋은 참고가 된다.
10) 지방의회의장에 대한 설문이 불가능한 경우, 부득이 지방의원으로 대치하였다. 그렇지만 설문 문항이 개인차원의 문항이 아니라 지방의회 차원의 문항으로 구성되어 있으므로 설문대상의 대치에 따른 문제는 크지 않을 것으로 판단된다.

경우 46.5%(대상자 230명 중 107명 응답), 부단체장의 경우 38.7%(230명 중 89명 응답), 지방의회의장의 경우 36.1%(대상자 230명 중 83명 응답)였는데 전체적으로는 40.4%(대상자 690명 중 279명 응답)가 된다. 이와 같이 지방의 고위 정책결정자를 설문대상으로 정한 이유는 이들이 정책의 공식적 결정자로서 지방정책과정에서의 참여자들의 활동상황 및 상대적 영향력을 잘 파악할 수 있는 위치에 있다는 점을 고려한 것이다(Hajnal & Clark, 1998). 아울러 한 종류의 정책결정자만이 아니라 집행부의 최고위 정치인, 의결기관의 최고위 정치인, 그리고 최고위 관료의 의견을 종합비교함으로써 보다 일반화된 결론의 도출이 가능할 것이라는 점도 고려하였다.

이러한 접근방법은 지방정책과정의 참여자의 권력에 대한 평판을 물은 것으로서 구체적인 정책결정 사례에 근거하여 권력구조를 파악하는 이른바 의사결정론적 접근방법에 비교된다. 이러한 평판적 접근방법은 권력의 평판과 실제 권력의 행사와는 차이가 있을 수 있기 때문에 일정한 한계가 있을 수 있다. 그러나 의사결정론적 접근방법 역시 사례선별에 따른 왜곡(selection bias)이나 가시적 권력의 파악에만 유효한 점 등의 한계가 있을 뿐만 아니라, 앞에서 제시한 바와 같이 결론의 일반화의 가능성을 고려할 때 한정된 정책사례에 대한 분석보다는 횡단적 비교에 따른 장점을 취하고자 하였다. 더욱이 위에서 제시한 바와 같이 본 설문의 응답자들은 공식적 정책결정자의 지위에 있기 때문에 피상적 평판이 아니라 실질적 평판을 제시할 수 있다는 점에서 일반적 평판자와는 다르다는 점이 평가되어야 한다. 생각건대, 공식적 정책결정자의 평판은 사례연구를 통하여 획득되는 권력구조의 진단보다 오히려 더 포괄적이고, 현실에 가까운 평가를 얻어낼 수 있을 것이다.

단체장, 지방의회의장, 부단체장의 응답결과는 단순통합하여 단일의견으로서 분석하였다. 이에 대하여 정책결정자 집단별 유효표본의 규모가 다소 상이하므로 이에 따른 분석결과의 왜곡이 우려될 수 있다. 이상적으로는 유효표본의 수를 동일하게 하도록 조사를 시행하는 것이겠으나 이는 우편조사의 특성상 그와 같은 결과는 얻지 못하였다. 한 가지 사후적 대안은 표본규모를 고려하여 비중을 달리하여(case weighting) 분석에 적용하는 것이다. 그러나, 사례별로 가중치를 달리하여 분석한 결과와 그렇지 않은 결과와는 거의 차이가 없게 나타났다. 이는 실제로 정책결정자 집단간 표본규모의 격차가 현저하지 않기 때문인 것으로 생각되는바,[11] 따라서 본 장에서는 표본규모에 인위적인 가중치를 적용하지 않고 표집결과를 그대로 분석에 적용한다.

지방정책과정의 참여자는 자치단체장, 지방의회(의원), 행정관료(과장급 이상), 주민, 시민운동단체, 정당, 기업, 영세상인, 언론, 종교집단, 상위정부(중앙정부와 광역정부)로 구분하였으며, 응답자(단체장, 지방의회의장, 부단체장)로 하여금 이들의 권력 또는 영향력(이하 혼용함)에 대하여 5점 척도에 의하여 평가하도록 하였다. 구체적인 평가문항은 "다음의 각 개인이나 집단은 귀 자치단체의 정책결정과정에 있어서 얼마나 영향력이 크다고 생각하십니까?"였으며 이에 대한 응답결과를 [표 21-1]에 요약하여 제시하였다.

[표 21-1]에서 보는 바와 같이, 단체장이 지방정책과정의 참여자 중에서 가장 강력한 권력(영향력)의 소유자인 것으로 평가되었다(평균점수=4.05). 이러한 결과는 기존의 여러 연구결과와도 일치하는 것으로서(예, 박종민 외, 2000; 민경회 외, 1976), 일반적으로 수용되고 있는 바와 같이 우리 지방정부가 강시장형의 기관구성 형태를 가지고 있다는 점,[12] 지역시민사회의 성장이 아직 미흡한 점, 지방의 자율적 경제활동기반이 취약한 점 등을 고려할 때 충분히 수긍되는 결과라 하겠다. 단체장 다음으로는 지방의원(의회), 상위정부, 행정관료의 순으로 권력이 큰 것으로 평가되었다. 주목할 것은 단체장을 포함하여 이들 모두가 공식적 정책결정자라는 점이다. 즉, 공식적 정책결정자가 사적 참여자에 대하여 권력우위를 점하고 있는 것으로 나타난 것이다. 공식적 정책결정자의 권력은 상대적 순위에서뿐만 아니라 절대적인 수준에서도 강한 것으로 평가되고 있다. 즉, 이들에 대한 평균점수는 공히 3.5 이상으로 강한 권력을 소유하고 있는 것으로 평가되고 있는 것이다. 반면, 일반주민(7위)이나 시민운동단체(6위)는 이보다 낮은 순위의 권력을 보유하는 것으로 평가되고 있다. 또한 이들은 절대적인 기준에서도 평균점수 3.5 미만 즉, 보통수준의 권력을 소유하고 있는 것으로 평가되고 있다. 이론적 관점에서 볼 때, 이러한 결과는 공적 분야에 대한 시민사회의 권력우위를 강조하는 다원론에 배치되는 것이다. 다만, 단체장과 지방의원 즉, 정치인의 권력우위를 확인해준다는 점에서 다원론에 대한 부

---

11) 중간수준의 회수율을 보인 부단체장의 경우를 기준으로 할 때, 표본규모의 격차는 20%범위 이내에 있다.

12) 이는 단체장의 권력순위(1위)와 평균점수(4.60)가 지방의회의 그것(2위, 4.05)을 능가하고 있는 데서 확인된다.

표 21-1 | 지방정책과정 참여자의 영향력에 대한 평가

	단 체 장		지방의회의장		부단체장		전　체	
	평균 (표준오차)	순 위	평균 (표준오차)	순 위	평균 (표준오차)	순 위	평균 (표준오차)	순 위
지방의회	4.06(.08)	2	3.91(.11)	2	4.17(.09)	2	4.05(.05)	2
단 체 장	4.70(.07)	1	4.27(.12)	1	4.77(.06)	1	4.60(.05)	1
행정관료	3.74(.06)	4	3.32(.08)	5	3.80(.08)	3	3.63(.05)	4
주　민	3.30(.09)	7	2.94(.12)	8	2.95(.11)	8	3.07(.06)	8
시민운동 단체	3.48(.10)	6	3.18(.13)	6	3.14(.11)	7	3.27(.06)	6
정　당	3.20(.11)	8	3.13(.11)	7	3.21(.12)	6	3.18(.06)	7
기　업	3.16(.10)	9	2.84(.10)	10	2.75(.10)	9	2.92(.06)	9
영세상인	2.73(.11)	11	2.42(.12)	11	2.33(.11)	11	2.50(.06)	11
언　론	3.55(.09)	5	3.35(.09)	4	3.53(.11)	5	3.48(.06)	5
종교집단	3.05(.11)	10	2.87(.09)	9	2.64(.11)	10	2.85(.06)	10
상위정부	3.76(.10)	3	3.49(.13)	3	3.73(.10)	4	3.67(.06)	3
N	64		55		64		183	

주) 척도는 1=매우 약함, 2=약함, 3=보통, 4=강함, 5=매우 강함으로 하였음. 각 구간의 중
　 간값을 기준으로 할 때, 권력의 절대적 크기는 4.5 이상=매우 강함, 3.5~4.5 미만=강함,
　 2.5~ 3.5 미만=보통, 1.5~2.5 미만=약함, 1.5 미만=매우 약함으로 해석함.

분적인 지지요소를 갖는 것이기도 하다.[13] 아울러 관료집단이 강한 권력을 갖
고 있는 것으로 평가되고 있다는 점에서 설문결과는 관리자론에 대한 일부 지
지의 증거가 되기도 한다.

　　엘리트론에서 제시하는 권력중심인 기업의 권력도 매우 낮게 평가되고 있

---

13) 분석결과의 다원론에 대한 관련성은 기본적으로 다원론에 대한 이해에 따라 달라질 수 있다.
즉, 다원론을 정치인의 권력을 강조하는 모형으로 파악할 경우와 시민사회의 자율성을 강조하
는 모형으로 파악할 경우에 달라질 수 있다는 것이다. 그러나 다원론을 어느 한쪽으로 치우치
게 이해하는 것은 다원론에 대한 적실한 이해가 아니라고 생각되며 따라서 여기에서는 다원론
이 양자를 포괄하는 것으로 이해하고자 한다.

다. 즉, [표 21-1]에서 보는 바와 같이 기업의 상대적 권력이 일반주민(8위)이나 시민운동단체(6위)의 그것에도 미치지 못하는 9위로 평가되고 있는 것이다(평균점수=2.92). 이러한 결과는 박종민(2000)이 지적하는 바와 같이 우리의 지역사회에서는 기업이익의 조직화정도가 낮기 때문에 지방정부에 대한 기업의 영향력은 집합적 차원에서가 아니라 개별적 차원에서 형성되는 음성적 교환관계에 한정되고 있는 데서 기인하는 것으로 설명될 수 있다. 그러나 이러한 설명에도 한계는 있다. 개별적 교환관계에 의하든지 조직화된 통제력에 의하든지 정책과정에 일정한 영향력이 행사되는 상황이라면, 당연히 기업분야의 권력이 어느 정도는 유의미한 수준으로 평가되었어야 하겠기 때문이다. 그러나 불행히도 [표 21-1]에 나타난 결과는 이를 확정하지 못한다. 그것은 개별기업과 기업집단을 구분하지 않고 묶어서 질문하였기 때문이다. 따라서 기업부문의 권력이 약한 것으로 평가되는 이유가 어느 일방 때문인지 또는 양자에 공히 기인하는 것인지 확정하기 어렵다. 여하튼 여기에서 보는 바와 같이 기업부문의 권력이 낮게 평가되고 있다는 점은 앞에서 논의한 바와 같이 사적 분야에 대하여 공식정부의 권력우위성과 함께 엘리트론에 정면으로 배치되는 것이다.

한편, 상위권력을 점하는 네 참여자 집단 —단체장, 지방의원, 행정관료, 상위정부— 중에 상위정부가 포함되어 있다는 점에 주목할 필요가 있다. 이는 지방자치의 시행에도 불구하고 상위정부의 권력이 여전히 지방의 정책과정에 대하여 유의미한 영향력을 행사하고 있다는 증거이기 때문이다. 물론 이러한 평가가 상위정부가 지방정부에 부과하는 환경적 제약요인을 의미하는지, 아니면 직접 지방의 정책과정에 개입하는 행위자로서의 권력을 의미하는지는 단정하기 어렵다. 다만, 상위권력은 지방정책과정에서 다른 참여자와 동일한 차원에서 경쟁하는 일차적 행위자이기보다는 지방의 정책과정에 대한 제약요인 내지는 이차적 행위자로서 기능하는 것이라는 점을 고려한다면 이와 같은 평가는 곧 지방정부의 자율권에 대한 상위정부의 제약이 크다는 것을 가르쳐주는 것이라 판단된다.[14)]

비공식적 참여자 중에서 지방정책에 대한 영향력이 가장 큰 것으로 평가

---

14) 공식적 정책결정자의 권력이 기업의 권력을 능가하고, 지방정부에 대한 상위권력의 제약이 크다는 평가는 지방정부의 자율성에 대한 Gurr와 King(1987)의 표현을 빌리자면 지방정부의 기업에 대한 자율성(제1유형)은 강하고, 상위정부에 대한 자율성(제2유형)은 약한 것으로 요약할 수 있다.

받은 참여자는 언론이다. 중앙정치에서 언론이 갖는 영향력이 지방에서도 동일하게 적용되고 있는 것이다. 이러한 언론의 영향력은 기본적으로 정책결정자의 언론에 대한 감수성에서 기인하는 것이라 하겠는바, 이는 기본적으로 언론을 통한 민의의 정책투입의 실효성 확보라는 차원에서 바람직한 것이기는 하나 현실적으로 우리의 언론 특히 지방언론의 취약성과 상업성을 고려할 때 우려되는 바도 결코 적지 않다 하겠다.

시민운동단체는 언론 다음에 영향력이 강한 참여자로 평가되었다. 이 같은 결과는 과거 중앙일변도의 시민운동이 지방자치 이후 지역의식의 확장과 함께 점차 지방화되고 있고, 그간의 운동경험의 축적에 따라 운동내용의 현실적합성도 고양되고 있을 뿐 아니라, 사회전반에 걸친 민주화의 진전에 따라 정책결정자의 시민단체에 대한 감수성이 높아지고 있는 데서 비롯된 것이라 추측된다. 그러나 아직까지 지방차원의 시민운동기반이 취약한 현실을 고려할 때 절대적인 수준에서는 시민운동단체의 영향력이 한계가 있을 것이라 생각된다. 그럼에도 불구하고 시민운동단체의 영향력(6위)이 일반 주민의 영향력(8위)보다 높게 평가되고 있다는 점은 분산된 주민 개인의 참여보다는 조직화된 시민운동단체가 시민사회의 이익을 정책과정에 매개하는 데 일정한 역할을 할 가능성을 보여주는 것이라 하겠다.

정당의 권력은 언론과 시민운동단체의 다음 순위로 평가되었다. 이러한 결과는 기초지방선거에서 정당공천이 이루어지고 있는 현실을 감안하면 다소 의외의 결과로 해석될 수 있다. 그러나 우리의 경우, 지방공직에 대한 공천(또는 내천)이 일반적으로 지구당의 실력자로 한정되고 있는 점, 공직에 취임한 정당인은 보유하고 있는 자원에 기초하여 정당에 대하여 일정한 자율성을 확보할 수 있는 점, 경쟁정당간의 역학관계에 따라 지방정부에 대한 정당의 영향력 행사가 제약받는 점 등을 종합적으로 고려할 때 지방정책과정에서 정당의 영향력이 강하지 않은 것으로 평가되는 것은 오히려 당연한 것일 수 있다. 더욱이 정당이 집권화되어 있는 현실에서 광역자치단체에 비하여 중앙당과의 직접적 접촉이 상대적으로 적은 기초자치단체의 경우에는 정당의 영향력이 보다 약할 것으로 사료된다.

이 외에 종교집단과 영세상인이 가장 영향력이 낮은 집단으로 평가되었는바, 전자의 경우에는 우리나라의 전통적인 정교분리의 전통 내지는 종교집단의 지역사회에 대한 책임의식이 희박하기 때문으로; 후자의 경우에는 영세상인이 영향력 발휘를 위한 경제적, 조직적 자원을 소유하지 못하고 있기 때문으로 설명될 수 있을 것이다.

　　지금까지의 논의는 편의상 단체장, 부단체장, 지방의원의 응답을 구분하지 않고 종합한 결과에 기초하여 전개하였다. 이에 대하여는 세 유형의 응답 집단의 평가가 다를 수 있을 것이라는 지적이 제기될 수 있다. 그러나 응답자 집단별로 구분하여 비교하더라도 결론은 기본적으로 동일하다. 즉, [표 21−1]에서 보는 바와 같이 2단계의 순위차이를 보이고 있는 행정관료의 경우를 제외하고는 모든 참여자의 권력에 대한 응답자 집단별 평가순위가 동일하거나 1단계의 순위차이를 보일 뿐이기 때문이다. 생각건대, 이러한 결과는 기본적으로 각 응답자 집단들이 직위에 따른 입장 차이에도 불구하고 앞에서 제시한 바와 같이 지방의 핵심 정책결정자로서 실제의 정책과정의 참여관찰자로서 참여자의 상대적 권력에 대하여 보다 실제적인 평가를 할 수 있었기 때문인 데서 비롯된 것으로 사료된다.

Ⅳ 결　론

　　지금까지 지방정책과정에서의 참여자간의 상대적 권력관계를 파악하기 위하여 지방의 권력구조에 관한 제 관점을 행위자적 관점에 기초하여 엘리트론, 다원론, 관리자론을 제시한 후, 지방의 고위공직자 —단체장, 부단체장, 지방의원— 를 대상으로 설문조사를 시행하고 이를 분석하였다. 설문조사 결과에 의하면 단체장, 지방의원, 상위정부, 행정관료 등(1~4위)이 상대적 권력우위를; 언론, 시민운동단체, 정당 등(5~7위)이 중간적 권력을; 주민, 기업, 종교집단, 영세상인 등(8~11위)이 상대적 권력열위를 점하고 있는 것으로 평가되었다.

　　이러한 세 가지 이론적 관점의 적실성에 대하여 분석결과가 제시하는 바는 명백하다. ① 분석결과는 경제엘리트의 권력을 취약한 것으로 평가하고 있다는 점에서 엘리트론에 대하여 부정적이다. ② 분석결과는 시민사회의 독립변수적 성격을 낮게 평가하고 있다는 점에서는 다원론에 대하여 부정적이지만, 정치인의 중심적 역할을 높게 평가하고 있다는 점에서는 다원론에 대하여 긍정적이다. ③ 분석결과는 행정관료의 독자적 영향력을 긍정한다는 측면에서는 관리자론에 대하여 긍정적이지만, 그 긍정의 강도는 분석결과가 관료의 권력을 정치인의 그것에 못 미치는 것으로 평가하고 있다는 점에서 제약된다. 요컨 대, 세 가지 이론적 관점 중 어느 하나도 분석결과에 충분히 부합되지 않으며 따라서 보다 포괄적인 이론적 설명틀의 도입이 필요하다 하겠다.

포괄적인 이론틀의 모색 필요성과 관련하여 분석결과가 신좌파이론이나 조합주의적 관점에 부합하는 것이 아닌가 하는 검토가 필요할 것이다. 그것은 정부와 사적 부문과의 관계 측면에서 파악할 때, 분석결과는 한마디로 공식정 부 또는 정책결정자의 자율성으로 요약되기 때문이다. 즉, 전체적인 윤곽에서 볼 때, 공식정부의 행위자의 자율성을 강조하는 분석결과가 전체적으로 자본 과 노동에 대하여 국가의 자율성을 강조하는 신좌파이론 또는 조합주의적 관 점에 부합하는 것으로 이해될 수 있다는 것이다. 그러나 지적할 것은 국가를 구성요소에 따라 세분화하지 않고 전체를 분석단위로 하여 사회와의 관계를 규명하는 이론적 관점으로서의 이들 "국가이론"은 지방정책과정에서의 참여자 간의 권력관계를 논하는 데 있어서는 그다지 유용하지 않다는 점이다.15) 그것 은 이들 국가이론이 국가(정부)를 구성하는 하위 행위자(여기에서는 단체장, 지방 의원, 관료, 상위정부)간의 구분을 소홀히 하여 국가를 동질적인 것으로 간주하 고, 결과적으로 이들간의 유의미한 권력의 교호작용을 정당하게 조망하지 못 하게 하기 때문이다(이러한 이유로 본 장에서는 일정한 한계에도 불구하고 지방의 참여자 ―특히 정부부문의 참여자― 를 세분화하여 연구할 수 있는 이론적 틀로서 다원 론, 엘리트론, 관리자론을 기본적 관점으로 적용한 것이다).

생각건대, 이들 이론적 관점을 지방의 권력구조 연구에 적용하는 데 있 어서의 이론적 한계의 극복의 가능성은 국가이론의 정치화에서 찾을 수 있 을 것이다. 구체적으로, 국가와 사회 간의 관계를 분석함에 있어 이자적 (dyadic) 관계에서 파악하기보다는 국가의 구성원으로서의 행위자 ―정치인, 관료, 상위정부― 의 역할에 대하여 보다 세심한 관심을 기울여야 한다는 것 이다. 이러한 노력에는 국가란 무엇인가, 국가는 동질체인가, 국가와 사회의 관계를 이자적 관계로 단순화하여 설명하는 것이 가능한가 등의 문제에 대한 깊은 토론도 포함되어야 할 것이다.

---

15) 실제로는 엘리트론, 다원론, 관리자론 등도 국가기관과 참여자 간의 권력관계를 규명하기 위한 것이라는 점에서 국가이론으로 논의될 수 있는 성질의 것이다(Ham and Hill, 1984). 그러므로 여기에서 말하는 국가이론이란 주로 좌파적 시각에서 국가와 자본과의 관계를 조망하는 이론 적 틀을 한정하여 말하는 것이다.

분석결과에 비추어 볼 때, 최소한 한국의 지방권력구조에 대한 이론적 발전의 방향은 명확하다. 그것은 지방공직자(단체장, 지방의원, 행정관료)와 상위정부와의 관계를 중심으로 하여 이들과 비공식적 참여자 간의 관계를 분석하는 것이다. 이는 구체적으로, 다원론에서의 정치인의 중심적 지위에 대한 설명과 관리자론에서의 행정관료 및 정부계층을 관통하는 관료간의 기능적 연계에 대한 설명의 조합을 추구하는 데서 가능할 것이다.[16] 반면 신좌파적 국가이론에 기초한 이론발전은 상대적으로 희망적이지 않다. 이는 앞에서 논의한 바와 같이 구조주의적 설명의 한계가 있을 뿐 아니라, 신좌파가 강조하는 국가의 자율성은 일차적으로 자본으로부터의 상대적 자율성을 강조하는 것으로서 본 장의 분석결과에서 나타난 취약한 자본(기업)과는 성질을 달리하는 것이기 때문이다. 즉, 분석결과에 의하면 기업은 정부의 상대적 자율성을 논할 정도의 권력조차 보유하지 못한 것으로 평가되고 있다는 것이다. 이러한 이유에서 좌파적 시각보다는 다원론과 관리자적 관점의 기조 위에서의 이론발전의 가능성이 크다고 판단하는 것이다.

　　추가적으로 본 장의 분석결과에서 찾을 수 있는 이론 및 실천적 함의를 몇 가지로 정리하면 다음과 같다. 첫째, 지방자치의 기본요소를 참여, 분권 및 중립이라고 할 때(이승종, 1999a), 분석결과는 분권과 참여측면에서 문제가 있음을 제시하여 준다. 분권의 경우는 상위정부의 영향력이 단체장, 지방의회의 영향력에 버금가는 것으로 평가된다는 점에서, 참여의 경우는 주민과 시민단체의 권력이 공식 정책결정자의 권력에 못 미치는 것으로 평가된다는 점에서 그렇게 판단할 수 있다. 다만, 분권의 경우, 상위정부의 권력이 지방의 주요 정책결정자(단체장과 지방의원)의 권력에 비하여 하위인 것으로 평가된 것은 과도한 중앙집권상태는 벗어난 것으로 판단할 수도 있다는 점에서 반드시 비관적이지만은 않다고 하겠다. 보다 희망적인 것은 중립측면에서 발견된다. 즉, 지배집단인 기업의 권력이 주민이나 시민운동집단의 영향력에 비하여 낮은 것으로 평가되고 있는 것이다. 이러한 결과는 지방자치에 따른 우려 중의 하나가 지방정부의 지배집단에 대한 종속에 따른 사회적 형평성의 저해라는 점을 고려할 때 고무적인 결과가 아닐 수 없다. 다만, 앞에서 제시한 박종민(2000)이 주장하듯이 기업이 정책결정자와의 개별적 차원의 교환관계를 통하여 차별적 이익을

---

16) 이를 Harrigan(1985: 215)은 기능적 봉건제(functional fiefdom)라 불렀다.

향수하고 있다면 이러한 판단은 제한받을 수밖에 없다. 이에 대하여 보다 정확한 평가를 위하여는 향후 추가적인 연구가 요구된다 하겠다.

둘째, 비관적이지는 않더라도 상위정부에 의한 지방정책과정에 대한 제약이 크다는 평가는 우리에게 두 가지 점을 제시하여 준다. 즉, 이론적 측면에서 지방의 권력구조를 논함에 있어 지방내부의 참여자에 한정한 논의는 중요한 권력원천으로서의 상위권력을 간과하는 것으로서 한계가 있다는 점을,[17] 실천적 측면에서 그간의 분권화 노력에도 불구하고 일각에서 제기하는 바와 같이 추가적 분권화 노력의 필요하다는 점을 제시하여 주는 것이라 하겠다.

셋째, 시민운동단체의 권력이 시민사회의 다른 참여자에 비하여 상대적으로 높게 평가되고 있음에도 불구하고 정책과정에서 시민이익의 매개기능을 실질적으로 행사하기에는 여전히 한계가 있는 것으로 평가되었다. 이러한 시민단체의 권력은 향후 지역사회에서의 시민운동이 활성화되고 체계화되면서 보다 강화될 것으로 전망되지만, 이와 아울러 보다 영향력이 큰 것으로 평가되고 있는 언론과의 연계강화를 통하여 보다 강화될 가능성이 있을 것이다. 다만, 앞에서 지적한 바와 같이 지방언론의 영세성이나 상업성을 고려할 때, 양자간의 연계가 긍정적인 면만 있지는 않을 것이다. 특히, 시민단체가 운동의 효과 고양을 위하여 언론에 과도히 의지하는 경향을 보일 때 우려는 더욱 커진다 하겠다. 이러한 우려의 완화를 위하여는 한편으로는 언론의 책임성 강화노력과 함께 시민운동단체, 인터넷 등을 통한 자체적 홍보기능의 강화가 동시에 요구된다 하겠다.

끝으로 언급할 것은 최근에 이르러 지역사회의 권력구조에 관한 연구경향에 중요한 변화가 일어나고 있다는 점이다. 즉, 최근 일부 연구자들이 종래의 지역사회의 권력구조에 관한 연구들이 초점을 맞추어 왔던 "누가(who) 통치하는가"의 문제에서 "어떻게(how) 통치하는가"의 문제로 연구관심을 이행하고 있는 것이다. 이러한 추세는 성장연합론(Logan & Molotch, 1989), 레짐이론(Stone, 1989; Elkin, 1987) 또는 가버넌스 이론 등의 활발한 논의에서 확인할 수 있다. 문제는 연구초점의 차이로 인하여 이러한 이론들이 지방의 정책참여자 간의 상대적 권력관계의 규명에 적용하기에는 다소의 어려움이 있다는 점이다.

---

17) 단, 후자의 경우에도 지방권력은 일차적 행위자로 상위권력은 이차적 행위자 내지는 제약요인으로서 기능상 구별에 대한 고려는 필요할 것이다.

예컨대, 레짐이론을 지방정부를 중심으로 한 사적 부문과의 연계강화와 경제 엘리트의 지배적 지위에 대한 부정으로 해석하였을 때, 본 장의 분석결과는 일응 레짐이론에 부합되는 것으로 해석될 수도 있을 것이다. [표 21-1]에 나타난 결과는 공식적 정책결정자의 권력우위와 경제엘리트의 권력열위를 동시에 보여주고 있기 때문이다. 그러나 이러한 해석에는 주의를 요한다. 그것은 레짐이론은 기본적으로 양 부문의 연계를 강조하는 이론이지만, [표 21-1]에 나타난 결과는 지방정치 참여자의 상대적 권력의 크기만을 제시하여줄 뿐 이들간의 연계에 대하여는 어떠한 자료도 제공하지 않기 때문이다. 즉, 상대적 권력에 대한 정보가 참여자간의 연계여부에 대하여는 충분한 정보를 제공하지 못하는 것이다. 이를 획정하기 위하여는 참여자간의 연계에 대한 추가적인 정보가 필요하게 된다. 이러한 예를 통하여 참여자간의 연계를 통한 목표의 설정과 성취에 초점을 두는 이론과 권력의 소재 자체에 관한 이론적 관점간의 평면적인 대응이 쉽지 않다는 점을 알 수 있다. 그럼에도 불구하고 이러한 난점의 존재가 어떻게 통치하는가의 문제와 누가 통치하는가의 문제가 별개의 연구과제임을 말해주는 것은 아니다. 오히려 양자는 연구초점의 차이에도 불구하고 기본적으로 같은 연장선상에서 보완적으로 논의되어야 마땅할 것이다. 어떻게 통치하느냐에 대한 문제에 대한 해답을 위하여는 관련 참여자의 권력관계에 대한 정보가 필요할 것이며, 반대로 참여자간의 교호관계에 대한 정보는 관련 참여자의 상대적 권력관계의 규명에 도움이 될 것이기 때문이다. 그러므로, 새로운 연구경향의 대두에도 불구하고 아직 종결되지 않은 권력구조에 관한 연구에 대한 관심은 여전히 요구된다 하겠다.

CHAPTER 22 지방정부 공공서비스 배분의 형평성

▮ Ⅰ 서 론

지방정부는 도로, 교육, 문화위락시설(공원, 놀이터 등), 청소, 상하수도, 아동·청소년보호 또는 노인복지, 화재예방 및 진압, 택지공급 등 다양한 공공서비스를 지역주민에게 제공한다. 이와 같이 지방정부가 다양한 공공서비스를 주민에게 공급하는 궁극적인 목적은 그와 같은 공공서비스의 공급을 통하여 주민의 복지를 증진시키는 데 있다 할 것이다. 그런데 주민의 복지는 단선적이 아니라 복선적인 것으로서 절대적 복지와 상대적 복지로 구성되어 있다. 이와 같이 보는 이유를 들자면, 인간의 행복 또는 만족은 자신이 가진 복지의 절대적 크기(예, 소유재산의 절대액)뿐만 아니라 복지의 상대적 크기(예, 소유재산의 타인과의 비교)에 의하여도 좌우되기 때문이다.[1]

물론 인간의 행복을 위하여는 기본적으로 절대적 복지수준의 향상이 중요하다. 예컨대, 경제성장에 따라 절대적 복지의 양이 증가하게 되면 그만큼 인간의 행복도 증가될 것이기 때문이다(예, 의료혜택의 확대는 건강증진이라는 복지 향상효과를 통하여 행복감을 증진시킬 것임). 그러나 절대적 복지수준의 보장이 인간의 행복을 위한 충분조건이 되지는 못한다. 이는 예컨대, 문화시설이 결핍된 원시인의 행복감의 정도와 그렇지 아니한 현대인의 행복의 수준을 비교할 경우 반드시 현대인이 더 행복하리라고 단정하기 어렵다는 점을 고려해 보면 쉽게 이해된다. 즉, 주민의 행복한 생활의 보장을 위하여는 절대적 복지의 증진

---

1) 상대적 복지 또는 상대적 박탈감에 관한 이론에서는 인간의 행복은 절대적 복지의 수준보다는 오히려 상대적 복지의 수준에 의하여 더욱 영향을 받는 것으로 본다. 이는 Stouffer(1949)의 군대집단에 대한 사기연구를 통하여 입증된 바 있다.

뿐만 아니라 상대적 복지의 증진도 아울러 강조되어야만 하는 것이다.

이상의 논의는 지방정부가 공공서비스의 공급을 통하여 주민복지에 실질적으로 이바지할 수 있기 위하여는 지방정부의 서비스가 절대적 복지수준의 제고를 위하여 효율적으로 생산되어야 될 뿐만 아니라 상대적 복지수준의 제고를 위하여 주민에게 공평하게 배분되어야 됨을 가르쳐 준다.[2] 이와 같이 지방정부의 공공서비스 배분에 있어서의 형평성(equity)의 고려가 중요함은 일찍이 Lasswell (1958)이 정치를 "누가 무엇을 차지하는가"의 문제로 정의하여 배분의 문제와 동일시한 사실에서도 파악이 가능하다. 지방정부의 서비스 배분에 있어서 형평성을 특히 강조해야 할 이유는 지방행정·정치에 관한 많은 문헌들이 시사하듯이(예, Peterson, 1981; Mollenkopf, 1981), 지방정부는 본래적으로 성장을 추구하기 때문에 공공서비스를 공급함에 있어서 형평성에 우선하여 효율성을 추구할 개연성이 크기 때문이다.

지방정부의 공공서비스 배분에 있어서의 형평성 또는 공평성(본 장에서는 공평과 형평을 같은 개념으로 쓴다) 문제는 특히 1960년대 미국에서 본격적으로 제기되었다. 그 배경을 살펴보면:

첫째, 1960년대 미국의 주요도시의 빈민가(주로 흑인 거주지역)에서 많은 폭동이 발생하였는바, 이의 조사를 위하여 설치된 Kerner Commission은 그와 같은 폭동이 교육, 위락시설, 경찰 등 공공서비스의 배분에 대한 불만이 주 원인이 되어 발생하게 되었음을 보고하였고 이를 계기로 그 같은 결론의 검증을 위한 많은 연구가 촉발되었다.

둘째, 소위 '평등보호조항(equal protection clause)'을 포함하고 있는 제14차 미 헌법개정이 계급간, 인종간의 각종 차별 내지는 평등의 문제에 대한 감수성을 제고시켰으며 이는 지방정부의 공공서비스 배분의 문제로까지 확장되었다. 유명한 The Town of Shaw vs Hawkins(1971) 사례는 위의 평등보호조항에 의거 지방정부의 공공서비스가 인종간의 차별 없이 공평하게 배분되어야 함을 사법부가 선언한 최초의 판례가 되었으며 향후 유사한 사례의 전례가 된 바 있다.[3]

---

[2] 일반적으로 서비스 배분상의 형평성(또는 공평성)은 묵시적·명시적으로 배분적 정의와 동의어로 이해되어 왔으며(장동진, 1992; Walzer, 1983; Mushno, 1981), 따라서 지방정부는 공공서비스를 주민에게 "공평하게 배분"함으로써 배분상의 정의(distributive justice) 실현을 추구하게 된다.

셋째, 미국의 경우, 공공서비스 배분상의 형평성에 대한 관심은 1970년대에 들어서 동부 대도시를 중심으로 한 재정적 곤경(fiscal decline)이 표면화되면서 더욱 확대되는 경향을 보이게 되었다. 이는 공공서비스 배분에 있어서 형평성의 강조가 기본적으로는 자원의 희소성이 그의 배분을 둘러싼 갈등을 치열하게 하는 데 그 원인이 있음을 생각하면 쉽게 이해가 된다. 즉, 배분될 수 있는 자원이 한정되면 한정될수록 그의 배분에 대한 갈등은 보다 첨예하여질 수밖에 없는 것이며, 이에 따라 자연히 서비스 배분상의 형평성 확보가 중요한 정책방향으로 표출되게 되는 것이다.

우리나라의 경우, 영미국가와는 달리 인종간, 계급간의 갈등이 상대적으로 덜하므로 이들 국가에서와 같은 배분상의 형평성 문제는 덜 심각한 것으로 생각되며, 실제로도 학계나 실무계의 관심 역시 높지 않은 실정이다.[4] 그럼에도 불구하고, 다음 몇 가지 사항을 고려할 때 우리나라에서도 지방정부의 공공서비스 배분상의 형평성에 대한 관심은 중요하고 또 필요하다. 첫째, 배분상의 형평성 문제는 사회 내의 가용자원이 희소하고 그에 따른 불평등이 존재하는 한 항상 문제시되는 성질의 것이라 하겠으며, 따라서 우리나라에서도 공공서비스 배분상의 형평성 문제는 언제나 존재할 수 있으며 또 존재하여 온 것이다. 예컨대, 달동네의 열악한 급수사정, 부유한 동네의 방범활동수준 등에 대하여 일반이 가지고 있는 통념이 형평과는 다소 괴리가 있다는 점을 상기해 볼 때 쉽게 이해가 되는 사안이라 하겠다.

둘째, 더욱이 지방자치의 실시는 이러한 배분상의 평등문제에 대한 관심을 증폭시킬 것으로 예측되며, 이에 따라서 지방행정가는 환경변화에 미리 대비하는 것이 필요할 것이다. 왜냐하면 ① 지방자치는 주민의 거주지역에 대한 정체의식을 증폭시키게 될 것인바, 만일 소속지역에 대하여 공공서비스가 불공평하게 배분되었다고 판단되었을 경우 주민들은 당해 지방정부에 대하여 항

---

3) The Town of Shaw(Mississipi)의 공공서비스의 배분에 있어서 흑인지역은 백인지역에 비하여 차별을 받았다. 구체적으로, 대부분의 흑인거주지역에는 백인거주지역과는 달리 수해예방시설, 포장된 도로, 위생시설 등이 거의 없어서 백인지역과 비교하여 볼 때 서비스 수혜의 차별을 받았다. 이러한 인종차별에 근거한 서비스 배분에 대하여 흑인소수집단의 불만이 증폭되어 급기야는 폭동 및 법적 대응활동을 전개하기에 이르렀다(Pinch, 1985: 124). 이에 대하여 사법부는 Mississipi주의 Shaw지역사회가 도시 서비스를 배분함에 있어서 인종차별을 하고 있다고 간주하고, 도시정부가 백인들에게 수혜하는 서비스 배분이 흑인들에게도 동등하게 수혜될 수 있도록 하는 서비스 개선에 대한 결정을 내렸다(Sharp, 1990: 123).

4) 김인(1986)의 연구가 거의 유일한 예외라 할 수 있다.

의하게 될 것이기 때문이다(이승종, 1990). ② 앞에서 취약한 재정력은 서비스 배분상의 형평성 확보에 대한 관심을 증폭시킬 것으로 지적하였는바, 지방자치 실시 초기인 현재 우리나라 지방정부의 취약한 재정력은 서비스 배분의 형평성에 대한 관심을 증폭시키는 요인으로 작용할 것이 예상되기 때문이다. ③ 향후 지방의회의원뿐만 아니라 자치단체장이 주민직선으로 선출될 경우 이들이 서비스 배분상의 형평성 확보에 대한 주민의 요구를 무시하기는 어려울 것이기 때문이다.

셋째, 사회전반에 걸친 민주화 추세에 따라 배분문제에 대한 사회의 관심이 증대되고 있으며 이는 당연히 지방정부의 공공서비스 배분에 대하여도 해당될 것이다.

이상의 논의에 입각하여 본 장에서는 먼저 지방정부가 제공하는 공공서비스 배분에 있어서의 평등개념 및 기준에 대하여 논의한 다음, 과연 우리나라 지방정부의 공공서비스 배분의 형평성실태는 어떠한가에 대하여 통계자료 및 설문조사 결과에 기초하여 분석해 보고자 한다. 분석사례지역으로는 연구의 편의성을 고려하여 경기도 수원시를 채택하였다.

❙❙ 공공서비스 배분과 평등

공공서비스 배분문제의 핵심은 배분상의 정의 즉, 평등의 구현에 있다 하겠다. 왜냐하면 공평한 서비스 배분은 정당한 것으로 인정되는 반면 불공평한 서비스 배분은 정당치 않은 것으로 간주되기 때문이다. 그러므로 공공서비스 배분실태에 대한 분석에 앞서 우선 서비스 배분에서의 평등의 개념을 밝히는 일이 중요하다.

1. 평등: 균등 및 형평

서비스 배분에서의 평등은 무엇을 의미하는가? 평등은 매우 다양한 개념으로 사용되어 왔으며 이에 대한 일치된 개념정의는 존재하지 않는다. 그리하여 Lakoff(1964)는 "평등개념은 다양하고 모호한 의미로 사용되어 왔기 때문에 그 자체로는 거의 무의미한 개념이다"라고 지적하기도 하였는바, 이는 평등에 대한 의미 있는 논의를 위하여는 평등개념에 대한 조작화 노력이 필요함을 가르쳐 준다.

이와 관련하여 결론부터 제시한다면 서비스 배분에서의 평등은 "형평 (equity)"을 의미하는 것으로 이해되어야 한다. 이때 형평은 균등(equality)과 구별되는 개념이다. 단적으로 말하자면, 형평은 오히려 불균등(inequality)을 의미한다(ACIR, 1987: 43).5) 우선 균등은 배분대상의 서비스 수요차이를 무시하고 공공서비스를 배분할 경우를 말한다. 예컨대, 범죄율과 무관한 경찰인력 배치, 화재발생률과 무관한 소방인력 및 장비의 배치는 균등을 서비스 배분기준으로 채택하였을 경우이다. 반면, 형평은 서비스에 대한 수요의 차이를 고려하여 서비스를 차등적으로 배분할 경우를 말한다(예, 범죄다발지역에 대한 경찰력의 집중 배치, 화재다발지역에 대한 소방인력 및 장비의 추가배치). 요컨대, 균등은 "동일한 분배(equal shares)" 또는 "절대적 평등"을, 형평은 "정당한 분배(fair or just shares)" 또는 "비례적 평등"을 지향하는 것이다(Jones et al., 1978: 8). 문제는 정당한 배분의 기준으로서 균등이 옳으냐 아니면 형평이 옳으냐 하는 것이다. 이에 대한 판단과 관련하여 강조할 것은 서비스에 대한 주민의 수요(service needs)가 동일하지 않은 한, 공공서비스를 배분함에 있어서 이 두 가지 기준을 동시에 만족시킬 수는 없다는 점이다. 물론 서비스 수요가 동일한 경우 양자간의 상충문제는 발생하지 않는다. 이러한 경우에는 동일한 수준의 서비스를 제공해야 한다는 점에서 형평과 균등은 사실상 같은 개념이 될 것이기 때문이다. 그러나 지역별 또는 계층별로 서비스 수요가 동일하지 않을 경우에 균등은 형평에 위배되어 문제시된다. 따라서 어떠한 기준을 평등의 개념기준으로 채택하느냐 하는 문제가 발생하는 것이다. 생각건대, 공공서비스 배분상의 평등이라 함은 형평 즉, 수요를 고려한 평등 또는 수요대응적 평등(equity based on need)의 구현을 의미하는 것으로 보는 것이 타당하다 할 것이며, 대부분의 문헌들도 이와 같은 견해를 보인다(예, Jones et al., 1978; Rich, 1977; Viteritti, 1982; Lineberry, 1974). 다시 말하면, 서비스 수요가 동일한 수준의 지역 또는 계층에 대하여는 동일한 수준의 서비스를 배분(equal distribution)하고, 서비스 수요가

---

5) 현재 일반적으로 equality는 평등으로, equity는 형평(공평, 공정)으로 해석되어 양자간의 구분이 행해지고 있다(예, 황일청 편, 1992). 그러나 자유, 능률 등과 같은 개념과 대응하는 포괄적 개념의 필요성을 감안하여 본 서에서는 평등을 equity와 equality를 포괄하는 개념으로 하고, equality는 균등(또는 협의의 평등)으로, equity는 형평 또는 공평으로 해석한다.

상이한 지역 또는 계층에 대하여는 상이한 수요에 부응하도록 서비스를 배분(responsive distribution)하는 것이 공평하며 또 정당하다는 것이다.

이와 같이 평등의 핵심개념으로서 수요대응적 평등(즉, 형평) 개념을 적용하는 것에 대한 타당한 이유를 열거하면 다음과 같다: ① 수요가 다른 지역·계층에 대하여 균등한 서비스를 제공할 경우 그 결과에 있어 더욱 심각한 불평등을 초래할 것이기 때문에 서비스 수요가 지역·계층간에 동일하지 않은 한 서비스 배분에 있어서 수요대응적 평등이 균등에 우선되어야 한다. ② 균등한 서비스를 투입하더라도 그에 따른 산출(output)은 지역·계층에 따라 다를 수 있기 때문에 수요대응적 평등개념을 수용하는 것이 타당하다. 예컨대, 동일한 예산 또는 인력을 투입하더라도 지역실정에 따라 그 산출결과는 달라질 수 있는 것이다(Rich, 1977: 385). ③ 서비스 배분상의 형평은 그 자체가 목적이 아니라 "공평한" 또는 "수용할 만한 삶의 질"의 실현을 목적으로 하는 수단적 성격의 개념(second-order concept)이라 하겠는바(Jones et al., 1978),[6] 수요대응적 평등개념 그 자체는 균등한 서비스를 지향하지 않는 것이라 하겠으나 지향하는 목적상태는 보다 균등한 상태를 지향하는 것인 점에서 정당화된다. ④ 일반적으로 공공서비스에 대한 수요가 상대적으로 높은 계층은 하층계급이라는 점을 고려하더라도 수요대응적 평등개념은 균등개념에 우선되어야 한다. 예컨대, 범죄율, 문맹률, 빈곤, 열악한 생활환경, 질병 등 서비스 수요는 하층계급에게 있어 상대적으로 높은 것이 일반적이라 하겠는바, 이들은 구매력이 취약하기 때문에 필요한 서비스를 시장의 수요공급 기제만을 통하여 확보하지 못할 것이며 따라서 이들에 대한 공공부문의 차등적 지원은 그 정당성이 인정되는 것이다.

2. 서비스 수요[7]

지금까지 공공서비스 배분에 있어서 평등개념의 핵심은 형평성의 보장 즉, 서비스 수요(또는 수요)에 대한 적절한 대응에 있으며, 획일적인 평등(즉, 균

---

6) 공평한 서비스 배분은 그러한 상태를 실현하기 위한 공공의 노력이다.

7) 서비스 수요는 협의의 서비스 수요와 서비스 조건으로 나눌 수 있다. 전자는 특정한 서비스와 관련된 수요를 말하며(예, 범죄율-경찰; 문맹률-교육), 후자는 대부분의 서비스에 공통적으로 관련되는 수요를 말한다(예, 인구밀도, 인구증가율). 이에 대한 구체적 논의는 이승종(1989) 참조.

등)의 강조는 평등의 본질에서 벗어나는 것임을 강조하였다. 여기에서 형평개념의 충분한 이해를 위하여는 무엇보다 서비스 수요가 무엇을 의미하는지에 대한 추가적 논의가 필요하다. 그러나 불행히도 평등의 개념정의의 경우와 마찬가지로 서비스 수요가 정확히 무엇을 의미하는지에 대하여도 일치된 견해를 찾기 어렵다. 예컨대, Aqua(1982: 174)는 "특정지역에 이미 제공된 서비스 양과 주민과 공무원이 그 지역에 필요하다고 인정하는 서비스 양과의 차"라고 서비스 수요를 정의한다. Viteritti(1982: 58)는 "어떤 지역이 다른 지역과 비슷하거나 양호한 삶의 질을 유지하기 위하여 다른 지역보다 더 많은 서비스를 획득하는 것이 요구되는 불평등한 사회적 조건"으로서 서비스 수요를 이해한다. Pinch는 "사회적으로 수용할 만한 서비스 수준에 비추어 본 사회적 조건의 적합성"으로 서비스 수요를 이해한다. 이러한 정의는 Viteritti와 유사하다. 또는 Lucy와 Mladenka(1980)와 같이 수요를 "단순히 주민의 특성 또는 사회적 조건"으로 정의하기도 한다.

이들의 정의를 살펴보면 먼저, Aqua의 정의는 그 간명한 등식화에도 불구하고 이중적 측정을 필요로 하므로 측정의 곤란성을 심화시키는 문제가 있고, Viteritti와 Pinch의 정의는 양호한 삶의 질 또는 수용할 만한 수준이 구체적으로 어느 정도를 의미하는지에 대한 명확한 언급이 결여되어 있어 실제 적용상의 제약이 있으며, Lucy와 Mladenka의 정의는 가장 융통성 있는 개념화이기는 하나 모든 주민의 특성이나 사회적 조건을 수요로 보기에는 무리가 있다는 점 등이 지적될 수가 있다.

이와 같은 논의를 고려하여 본 장에서는 서비스 수요를 "차등적인 서비스 배분을 정당화시킬 수 있는 사회적 조건(또는 간략히 형평화 조건)"으로 간단히 정의한다. 이 같은 정의는 보다 다양한 요인을 수요의 요인 또는 구성요인(construct)으로 포괄할 수 있도록 융통성을 기한 것이다.

3. 서비스 수요의 구성요인

서비스 수요의 개념을 보다 명확히 하는 한편 그 측정을 보다 용이하게 하기 위하여는 구체적으로 수요의 구성요인을 밝히는 개념의 조작화 노력이 필요하다. 어떠한 요인을 서비스 수요의 구성요인으로 보느냐는 관점에 따라 다르겠으나,[8] 본 장에서는 서비스 수요가 다음과 같은 세 가지 구성요인을 포함하는 것으로 본다.

1) 결핍 또는 협의의 서비스 수요

결핍(want) 또는 협의의 서비스 수요는 서비스의 보전이 필요한 결핍상태를 의미한다. 예컨대, 범죄율, 노후주택비율, 질병발생률, 빈곤가구비율, 화재발생률 등을 가리키며 이는 주로 빈곤계층의 사회적 조건으로 특징지어진다. 따라서 일반적으로 결핍은 '경제적 빈곤의 증후군'으로 볼 수 있다(Viteritti, 1982). 결핍을 수요요인으로 보는 경우에는 이른바 보상원칙을 서비스 배분결정에 적용되게 된다. 이러한 보상원칙의 서비스 배분에 대한 적용은 ① 사회에 내재하는 기존의 불평등을 완화함으로써 보다 공평한 삶의 질을 도모한다는 점, ② 결핍보상적인 서비스 배분은 공평할 뿐만 아니라 재원의 효율적 투입을 통한 효율성의 제고도 기대된다는 점에서 서비스의 배분결정과정에서 고려해야 할 수요요인으로서의 중요성이 매우 크다고 할 것이다. 이와 관련하여 Rawls(1971)는 사회의 모든 재화와 용역은 가장 혜택을 받지 못한 계층을 위하여 배분되는 것이 정당하다고 주장함으로써 이러한 보상적 노력의 필요성을 강조한 바 있다. 또한 Lineberry(1977: 14)가 공공서비스에 대한 결정은 기본적인 재분배 기제로 인식되어야 한다고 전제하면서 서비스의 결핍은 단순히 낮은 수준의 서비스 공급을 의미하는 데 그치지 않고 차별의 증거로 간주되어야 한다고 주장하고 있음은 주목할 만하다.

2) 요   구

요구(demands)란 서비스에 대한 주민의 요구정도를 의미한다. 예컨대, 서비스 배분에 대한 명시적 요구, 사용빈도 등이 이에 포함된다. 이러한 요구는 결핍상태와 무관하게 제기될 수 있다는 점에서 결핍과 구분된다. 이와 같이 요구와 결핍은 구분되는 개념이지만 요구가 결핍의 표출인 경우도 있겠으므로

---

8) 예컨대, Lucy & Mladenka(1980)는 균등, 결핍, 요구, 선호, 기여; Pinch(1979)는 규범적수요, 표출된 수요, 요구, 객관적 수요; Wicks & Crompton(1989)은 결핍, 균등, 요구, 기여 등의 복수요인을 서비스 수요요인으로 보고 있다. 이와는 달리 Viteritti(1982)는 결핍을 수요와 동일시하고 있어 대비된다. 단일요인 중간적 입장으로는 요구와 결핍을 구분하지 않고 서비스 수요를 이해하는 Rich(1977) 등이 있다.

그 경우에는 양자가 중복된다 할 것이다(예, 범죄율과 신고율). 한편, 요구를 수요 요인으로 보는 경우에는 다분히 사회경제적 조건이 서비스 배분결정에 영향을 미치게 된다. 구체적으로는, 요구를 기준으로 하여 서비스가 배분될 경우 주로 사회의 빈곤계층이 차별적 대우를 받게 될 것이다. 이는 명시적인 서비스 배분 요구 및 사용빈도는 정치·경제·사회적 요인에 크게 영향을 받는다는 점을 고려 하면 쉽게 이해된다(Mellors & Copperthwaite, 1987: 105; Wicks & Crompton, 1989).

이와 같이 요구는 기존의 사회적 불평등에서 기인하는 정치적 영향력의 차이가 배분결정에 투영되는 도구로 작용할 우려가 있다는 점에서 결핍에 비 하여 그 정당성이 상대적으로 약하다. 그럼에도 불구하고 요구에 대한 적절한 대응은 민주사회의 이념 및 정치적 현실에 부합한다는 점, 그리고 요구가 결핍 또는 선호의 표출이기도 한 점을 고려하건대 요구를 최소한 보충적인 수요요 인으로는 인정할 필요가 있다고 본다. 다만, Rich(1977: 387)가 주장하듯이 정치 적 요구에 대한 지방정부의 중립적 대응의 중요성은 아무리 강조해도 지나침 이 없다 할 것이며, 특히 결핍과 관련이 적은 요구는 원칙적으로 사적 시장에 서 충족되도록 하는 것이 바람직할 것이다.

3) 기여 또는 시장요인

결핍이나 요구 외에 주민의 담세능력, 사용료의 지급 등의 기여를 공공서 비스의 차등배분요인으로 인정하는 것이다. 이와 같은 기여는 대가를 지급하 는 자에게 재화와 용역을 공급하는 것이 당연시되는 시장경제의 기본원리에 부합하는 것으로서 특히 1970년대 이래 재정적 곤경을 겪고 있는 구미의 대도 시 지방정부의 경우에 세수증대를 위한 새로운 수요요인으로 부각되어 온 것 이다. 다만 이러한 기여를 수요요인으로 수용할 경우 기존의 사회적 불평등구 조를 고착·심화시킬 우려가 있으므로 다른 수요요인과 비교하여 볼 때 그 정 당성이 가장 미흡하다는 문제가 있다. 따라서 기여는 원칙적으로 사적 시장에 서 적용될 수요요인으로 이의 적용은 예외적인 경우에 한정하는 것이 타당하 다고 본다.

4) 서비스 수요요인 간의 상대적 중요성

요구 또는 기여를 수요요인으로 인정하는 경우에도 이를 고려한 서비스 배분에 의하여 기존의 불평등이 심화되지 않도록 주의해야 할 것이다. 따라서 원칙적으로 결핍의 고려 없이 요구 또는 기여만을 서비스 수요요인으로 고려하는 것은 형평에 위배되는 결과를 초래하기 십상이므로 지양되어야 한다. 즉, 요구 및 기여를 보충적인 요인으로서 수요요인의 범위에 포함시키되 결핍과 무관한 요구 및 기여는 앞서 지적한 바와 같이 원칙적으로 사적 시장에서 적용될 수요요인으로 인식하고 공공서비스 배분에 있어서는 이를 제한적으로 수용하는 것이 바람직하다는 것이다.[9]

　　한편 이와 같은 개념의 조작화 노력에도 불구하고 서비스 수요의 객관적 개념화는 쉽지 않다. 그 이유는 Jones 등(1978: 28)이 지적하듯이 기본적으로 서비스 수요개념은 가치판단적 개념인 동시에 시간·장소에 따라 변화하는 상대적 개념이기 때문이다. 그러므로 구체적인 수요내용(또는 형평기준)의 결정—구체적으로 어떤 요인을 서비스 수요요인으로 인정할 것인지, 하나의 수요요인만을 인정할 것인지 또는 복수의 수요요인을 인정할 것인지, 복수의 수요요인을 인정하는 경우에도 수요요인 간의 상대적 비중을 구체적으로 어떻게 두어야 하는지와 같은 문제의 결정—은 실제의 서비스 배분결정과정에서 최종적으로 확정되는 것이 불가피하다. 이러한 지적은 수요의 개념화(또는 조작화)에 부가하여 실제의 배분결정과정에서 수요가 여하히 결정되는가에 대한 논의가 중요함을 가르쳐 준다. 즉, "수요가 무엇인가"라는 질문, 또는 "어떻게 수요를 정의해야 하는가"라는 질문보다는 "누가 수요를 (어떻게) 정의하는가"라는 문제가 더욱 중요하다는 것이다(Jones et al., 1978: 28). 왜냐하면 누가 수요를 정의하느냐에 따라 수요의 내용 즉, 형평의 기준이 달라질 것이며 이에 따라 서비스 배분양태가 달라질 것이기 때문이다.

4. 서비스 배분상의 형평성 기준

　　개념정의에 따라 형평은 수요에 대한 적정한 대응을 의미하므로 이들 수요요인은 곧 서비스의 배분에 있어서 적용해야 할 형평성의 판단기준 즉, "형평성 기준"을 결정하여 준다. 지금까지의 논의에 입각하여 서비스 배분과정의

---

9) 이와 같이 복수의 수요요인을 포괄하는 형평개념을 Rich(1977: 387)는 "역동적 형평(dynamic equity)"으로 정의하면서 서비스 배분에 있어서의 형평에 대한 고정적 관념은 바람직하지 않다고 주장하는 한편, 역동적 형평의 구현을 위하여는 형평기준의 적정화를 기할 수 있는 교정장치의 제도화가 필요함을 강조하고 있다.

참여자가 지향해야 할 "형평기준"을 제시하면 다음과 같다.

① 기준 1(균등배분): 차등적 서비스 배분을 정당화할 수 있는 사회적 조건 (서비스 수요)이 "없을" 경우에는, 공공서비스는 균등하게(equally) 배분되어야 한다.

② 기준 2(차등배분): 차등적 서비스 배분을 정당화할 수 있는 사회적 조건 (서비스 수요)이 "있을" 경우에, 공공서비스는 그 사회적 조건의 차이를 고려하여 차등적으로(equitably or inequally) 배분되어야 한다.

③ 기준 3(차등요건의 적용순위): 차등조건의 적용우선순위는 결핍을 기본으로 하되 요구와 기여는 보충적인 요건으로 적용한다.

강조할 것은 서비스 수요의 구성요인의 논의에서는 균등이 제외되었으나 형평성 기준에는 균등도 기준의 하나로 포함되어 있다는 사실이다(기준 1). 그러나 <기준 1>에서의 균등개념은 앞서 평등의 개념에 대한 논의에서 형평의 개념에 대비하여 제시한 균등개념과는 상치가 있다는 점에 주의할 필요가 있다. 후자는 서비스 수요에 무관하게 서비스는 균등하게 배분되어야 한다는 의미이며, 전자는 서비스 수요가 같으면 서비스는 균등하게 배분되어야 하지만 서비스 수요가 다를 경우에는 서비스가 불균등하게 배분되어야 함을 의미하는 점에서 양자간에는 차이가 있는 것이다. 즉, <기준 1>은 평등의 핵심개념이 형평에 있다고 한 앞에서의 논의에 위배되지 않는 것이다. 따라서 사실상 <기준 1>의 내용은 <기준 2>의 내용과 같다. 다만, 이와 같이 서비스 배분상의 형평성 기준을 정한다 하더라도 실제로는 앞에서 제시한 바와 같이 수요요인에 대한 객관적 합의가 어렵고 구체적인 수요의 내용은 배분결정과정에서 정해질 수밖에 없는 노릇이므로 형평성기준의 구체적인 내용 역시 배분결정과정에서 정해질 수밖에 없음을 부언해 둔다.

5. 효율성, 효과성, 대응성 및 형평성

서비스 배분상 형평성을 확보하더라도 이에 따라 효율성이 지나치게 침해되어서는 곤란하다. 왜냐하면 형평뿐만 아니라 효율(efficiency)의 확보도 지방정부의 중요한 존립근거 중의 하나일 뿐 아니라 효율 없는 공평의 확보는 수요를 무시한 균등을 탈피했다는 점 외에는 정당성을 찾기 어려울 것이기 때문이다(Rich, 1977: 387). 그러나 다행히 수요대응적인 평등개념은 효율성과 크게 위배되지 않는다. 즉, 서비스에 대한 수요는 기본적으로 서비스의 공급을 통하여 해결해야 할 문제(problem)의 성격을 갖는다 하겠으므로 문제해결을 위한 대응성의 제고라는 측면에서 본다면 수요를 기준으로 하는 형평개념은 효율성(efficiency)과도 양립하는 것이다(Elkin, 1987: 5).[10] 예컨대, 소방인력의 배치를 소방서비스 수요를 무시하고 일률적으로 배치하는 것은 공평하지도 않거니와 동시에 소방서비스 수요가 적은 지역에서는 유휴인력의 발생에 따른 비효율이 발생하고 이에 따른 효과성의 저하마저 수반될 것이다(Viteritti, 1977: 58). 요컨대, 수요를 고려하여 공공재원을 투입하는 것은 공평할 뿐만 아니라 효율적인 것이다.

아울러 공평한 서비스 배분은 서비스 수요에 대한 대응성의 제고 즉, 수요를 감안한 자원의 신축적 투입을 의미하는바, 이는 효율적일 뿐만 아니라 효과적(effective)이라 하겠다(Cingranelli, 1981). 즉, 어떠한 사회문제를 보다 효과적으로 해결하기 위하여는 자원의 산발적인 투입보다는 집중적인 자원의 투입이 필요하다 하겠는바, 수요대응적 형평개념에 의하여 서비스의 배분결정자는 문제와 관련한 서비스 수요가 낮은 지역에서 절약되는 자원을 서비스 수요가 높은 지역에 투입함으로써 당해 문제의 보다 효과적인 해결을 도모할 수 있겠기 때문이다. 끝으로 서비스 배분상의 형평성은 대응성(responsiveness)과도 조화된다. 이는 앞서 논의한 바와 같이 형평개념의 서비스 수요에 대한 적정한 대응을 의미하며 서비스 수요는 주민의 요구에 대한 대응성을 하나의 구성요인으로 포함하는 것이기 때문이다. 즉, 서비스 배분의 형평성은 행정의 주요이념인 효율성, 효과성, 대응성과 상당부분 조화되는 것으로서 배분결정자들이 추구해야 할 바람직한 행정목표라 할 것이다.

---

10) Elkin은 효율성을 사회문제해결을 위한 대응노력이 왜곡되지 않고 동작화되는 경우라고 주장하면서 평등과 효율을 상충되는 것으로 전제하여 온 전통적인 견해를 비판하고 있음을 참조할 것.

▥ 공공서비스 배분실태 분석: 형평성 분석

지금까지 서비스 배분에 있어서의 평등(형평)개념에 대하여 논의하였거니와 본 장에서는 이 같은 논의에 기초하여 지방정부가 공급하는 공공서비스 배분실태를 형평성에 초점을 두고 분석한다.

1. 기본연구설계

본 장에서는 서비스 배분의 형평성분석을 위하여 ① 통계자료의 분석, ② 설문조사를 병행하였다. 전자는 객관적 자료에 의한 평가방법이며, 후자는 주관적 자료에 의한 평가방법인 데서 양자는 구분된다. 이와 같이 주관적 및 객관적 평가방법의 병행실시를 통하여 지방정부의 서비스 배분상 형평성에 대한 보다 정확한 이해가 가능할 것이다.[11] 본 장은 이와 같이 접근방식의 확대를 통하여 공공서비스 배분상 형평성에 대한 종합적 평가를 시도한다는 데서 그 의의를 찾을 수 있다 하겠다.

2. 통계자료의 분석

1) 분석대상

분석대상은 수원시 주민에 제공되는 공공서비스로 하되, 자료확보의 제약에 따라 자료확보가 가능한 서비스 분야에 한정하여 공무원(인력), 상수도, 청소원, 복지, 교육, 우편 등 6개 서비스를 분석대상으로 하였다. 교육, 우편은 수원시가 공급하는 서비스는 아니지만 부분적으로 구역별 통계자료의 확보가 가능하고 수혜지역이 수원시인 점을 고려하여 참고로 분석대상에 포함하였다.

---

11) 여기에서 주관적 평가방법이라 함은 주관적 자료에 의한 평가를, 객관적 평가방법이라 함은 객관적 자료에 의한 평가를 의미할 뿐이며 평가의 객관성 또는 주관성을 직접적으로 나타내는 것은 아니다.

2) 분석단위

본 장은 수원시의 최소 행정구역으로서의 동(31개 동)을 분석단위로 하였다. 생각건대, 서비스의 궁극적 수혜자는 개인 또는 집단이라 하겠으므로 분석의 단위를 동과 같은 지역보다는 개인 또는 집단으로 할 수도 있을 것이다. 특히 재원의 배분 또는 할당은 지리적 배분에 대한 분석과 함께 계층별 또는 기능별 할당에 대한 분석이 중요할 것이다. 그러나 다음과 같은 요인을 고려하건대, 서비스 배분연구의 초점은 일차적으로 지리적 배분에 두는 것이 바람직할 경우가 많다. 즉, ① 공공서비스는 일반적으로 지역(행정구역, 서비스 구역 등)을 단위로 하여 배분되는 점, ② 지역은 지역 내 거주하는 주민의 사회경제적 상황을 총체적으로 잘 드러내주는 점(Logan, 1978), ③ 지리적 배분이 지방정치과정의 핵심적 쟁점인 점(Williams, 1971) 등을 감안하여야 하는 것이다. 그럼에도 불구하고 이미 지적한 바와 같이 주민의 사회경제적 계층문제는 거주지역과 밀접한 관련이 있기 때문에 지리적 배분에 대한 분석이 서비스의 계층별 배분문제와 무관한 것은 아니라 하겠다.

3) 분석방법

공공서비스 배분의 형평성을 측정하기 위하여는 Coulter(1980, 1983)가 제시한 비형평지수(index of inequity)를 사용하였다. 구체적으로는, 분석대상 서비스별로 비형평지수를 구함으로써 수원시 공공서비스 배분의 형평성 정도를 측정하였다. Coulter지수는 서비스 수요를 고려하여 비형평정도를 측정하도록 고안된 것으로서 관할구역 내에서 서비스가 비형평하게 배분되고 있는 정도를 나타내준다. 형평성을 서비스 수요에 대한 대응으로 정의하는 본 장의 Coulter지수는 공공서비스 배분의 형평성 측정에 매우 유용하다. Coulter의 비형평지수를 계산하기 위한 식은 구체적으로 아래와 같다.

$$I = \frac{\sum_{i=1}^{k} |P_i - Q_i|}{2|1 - min\,Q_i|}$$

단, I: 비형평지수

i : 관할구역의 하위구역($i=1,\ 2,\ \cdots,\ k$)

k : 하위구역의 수

P_i : 하위구역 에 실제로 배분된 서비스의 몫(비율)

Q_i : 하위구역 에 배분되어야 하는 형평성의 몫(비율)

이론상 Coulter지수(I)는 '0'과 '1' 사이의 값을 가지는바, Coulter는 비형평 값을 읽는 대강의 기준을 아래와 같이 제시한다.[12]

$I= 0.01 \sim 0.10$: 사실상의 형평(virtual equity)

$I= 0.11 \sim 0.20$: 약간의 비형평(minor inequity)

$I = 0.21 \sim 0.30$: 상당한 비형평(severe inequity)

$I= 0.31 \sim 0.50$: 극심한 비형평(extreme inequity)

$I= 0.50 \sim 0.99$: 이론적으로 가능하지만 실제로는 매우 드묾

4) 변수 및 측정지표

분석대상 서비스의 구역별 배분상태에 관한 측정지표는 [표 22-1]과 같 다. 일반적으로 공공서비스 배분상의 형평성을 측정하기 위한 지표로는 서비 스 공급단계에 따라 ① 투입(input) 또는 재원(resources)지표, ② 활동(activity)

---

12) 왜 이와 같이 구간을 나누는가에 대하여 Coulter는 구체적 설명을 제시하지는 않았다. 생각건대 이러한 기준은 실제적으로 나타나는 수치인 0.5 이내의 범위에서의 인위적인 구분에 기초한 것 으로 보이나 보다 나은 기준을 발견할 수 없으므로 여기에서는 이를 수용하고자 한다.

13) [표 22-1]에서 교육서비스에 관한 사항은 국민학교에 관한 것이라는 점, 생활보호대상자수는 생보자당 일정금액이 지출되기 때문에 바로 투입지표로 간주될 수 있는 점 등을 첨언한다. 아 울러 [표 22-1]의 형평성기준란은 각 서비스별로 비형평지수를 산정함에 있어서 형평성의 몫 (Q) 산정을 위한 형평성기준을 의미한다. 단, 복지서비스 배분의 형평성기준의 경우, 구역별 주 민소득수준을 나타내는 통계치가 존재하지 않으므로 이의 대용변수(proxy variable)로서 1인 당 지방세부담액지표를 산출하여 사용하였다(1인당 지방세부담액지표는 1인당 지방세부담액을 역 순으로 배열하여 산출하였음). 아울러 우편서비스 배분의 형평성기준으로는 복수기준(인구수 및 면적)을 사용하였는바, 이때 양자간의 가중치는 1:1로 하였음을 밝혀 둔다.

표 22-1 | 서비스 배분상태의 측정지표 및 형평성 기준(수원시)[13]

서 비 스	측 정 지 표	형평성 기준
서비스 인력	공무원 수	인구수
상 수 도	급수인구	인구수
청 소	미화원 수	인구수
복 지	생활보호대상자 수	소득수준
교 육	교사수	학생수
우 편	우체통 수	인구수, 면적

자료: 공무원, 상수도, 청소, 복지(수원시), 교육(수원시 교육청), 우편(수원시 우체국); 인구수는 1991년도 기준이며 그 외의 자료는 1992년 기준임.

또는 과정(process)지표, ③ 결과(output 또는 result)지표, ④ 영향(outcome 또는 impact)지표 등 4가지 유형이 제시되고 있다. 이 중에서 정부의 공공노력을 상대적으로 잘 반영하는 지표는 투입 또는 활동지표이다. 결과 또는 영향지표는 정부의 노력과 정부노력 이외의 요인을 구분하지 않고 측정하게 될 것이기 때문이다. 이러한 이유로 본 장에서는 투입 또는 활동지표를 측정지표로 사용한다.

5) 측정결과

분석대상 서비스별로 산출한 Coulter지수의 값은 [표 22-2]와 같다.

[표 22-2]가 보여 주듯이 서비스 배분의 비형평성지수는 각 서비스에 따라 차이가 있다. 즉, 공무원, 상수도 및 교육 서비스의 배분은 대체로 형평한 것으로 나타났으나($I < 0.10$), 그 외의 서비스 즉, 청소, 복지, 우편서비스의 배분은 비형평성의 정도가 상당한 것으로 나타났다($0.2 < I < 0.3$). 단, 분석대상 서비스의 배분상 비형평도는 모두 0.3보다는 낮은 수치로 나타나서 극심한 비형평은 관찰되지 아니하였다.

여기에서 분석대상 서비스 중 배분상 비형평도가 극심하게 나타난 서비스

표 22-2 | 공공서비스 배분의 비형평지수

서 비 스	공 무 원	상 수 도	청 소	복 지	교 육	우 편
지 수	0.09	0.02	0.21	0.26	0.02	0.24

는 없었으며 오히려 분석대상 서비스의 과반수(공무원, 상수도, 교육)의 배분이 공평한 것으로 나타난 것은 고무적인 관찰결과라 하겠다. 그럼에도 불구하고 나머지 과반수 서비스의 배분이 상당한 비형평 상태에 있다는 관찰은 문제시 된다 하겠으며, 이 같은 관찰은 그만큼 공공서비스 배분에 있어서의 형평성 제 고를 위한 노력이 필요함을 가르쳐 준다 하겠다.14)

3. 설문조사 분석

1) 조사대상

설문조사를 위한 사례지역으로는 수원시를 택하였다. 설문조사는 수원시 의 공무원 및 주민을 대상으로 실시되었다. 구체적으로 공무원은 수원시의 시 ·구청 공무원 및 동장을 조사대상으로 하였으며, 주민은 수원시 31개 동의 통 장들을 조사대상으로 하였다(전수조사임).

2) 조사절차 및 방법

공무원에 대한 설문조사는 수원시청의 협조를 얻어 시청(318명), 구청(382 명), 동장(31명)에 대하여 실시하였다. 주민에 대한 설문은 수원시 31개 동 1,030통의 통장을 대상으로 우편으로 실시하였다.15) 조사는 1992년 11월 10 일~12월 12일 중에 시행되었으며 설문지 배포 및 회수현황은 [표 22-3]과 같 다. 단, 1993년 2월 1일자로 수원시의 행정구역의 변동이 있었으나, 그 시기는

---

14) 이상에서 제시한 분석결과에 대한 해석은 다음과 같은 분석상의 한계를 고려할 때 지나치게 단 정적으로 적용되지 않을 것이 요청된다. 중요한 분석상의 한계는 다음과 같다: ① 변수선정 의 제약 ─측정상의 오차를 최소화하기 위하여는 측정지표를 가급적 복수로 구성해야 함에도 불 구하고 자료획득의 한계로 인하여 본 연구는 대부분 단일지표를 사용하였다; ② 변수의 타 당 도상의 제약 ─자료획득의 제약으로 일부 서비스의 경우 부득이 대용변수를 사용하였는바, 그만큼 측정상 타당도가 저해받는다; ③ 분석대상 서비스의 제약 ─분석대상 서비스 6개 중 우편, 교육서비스는 일반 지방행정기관에 의한 서비스가 아닌 제약이 있다. 이 같은 제약을 고 려 하여 앞으로의 연구는 보다 정확한 결론의 도출을 위하여 보다 많은 변수의 채택, 보다 타 당도가 높은 변수의 채용, 보다 많은 대상 서비스의 선정을 추구하는 것이 바람직하다 하겠다. 다만 이의 최대의 장애요인은 기초행정단위의 통계자료의 미흡 및 비공개임은 재론의 여지가 없다.
15) 설문지 배포시 반송용 봉투를 설문지와 함께 동봉하였으며, 회수율을 높이기 위해 10일 후에 협조문을 발송하였음.

표 22-3 | 설문지 배포 및 회수결과(수원시)

구 분	공 무 원					주 민
	시 청	권선구청	장안구청	동 장	소 계	31개 동 통장
배 포	318	189	193	31	731	1,030
회 수	286	168	180	31	665	376
회 수 율	90.0%	88.9%	93.3%	100.0%	90.0%	36.5%

본 조사의 시행 후이므로 설문지 배포 및 회수현황은 개편 이전의 구제에 의하여 제시하였다.[16]

분석방법으로는 공무원과 주민 간의 의견차이를 알아보기 위하여 두 설문대상집단간 교차분석을 실시하였다. 아울러 보다 심도 있는 분석을 위하여 공무원의 경우는 근무처, 재직기간, 직급 등이, 주민의 경우는 거주지역, 소득수준 등이 설문문항에 포함되었으나 이에 대한 논의는 지면관계상 생략한다.

3) 분석결과

(1) 배분의 균등성

설문조사를 통하여 공공서비스가 지역별로 "균등"하게 배분되고 있는가를 알아보기 위하여 공무원 및 주민에 대하여 "각종 공공서비스의 공급이 지역(동)에 따라 격차가 크다고 생각하느냐"는 질문을 하였는바, 이에 대한 응답결과는 [표 22-4]와 같다. 표에서 보는 바와 같이 응답자들은 공공서비스의 지역격차가 상당한 것으로 평가하고 있다. 즉, 공무원의 경우는 과반수에 가까운 41.9%가, 주민의 경우는 과반수가 넘는 52.3%가 서비스의 지역간 격차가 "매우 크다" 또는 "크다"라고 응답한 것이다.

주민과 공무원을 비교한다면, 주민이 공무원에 비하여 공공서비스 배분상의 지역격차가 더 크다고 생각하고 있다. 즉, 주민의 경우 격차가 작다는 응답은 21.5%에 지나지 않고 격차가 크다는 응답은 52.3%에 이르는 반면, 공무원의 경우는 격차가 작다는 응답은 43.6%, 격차가 크다는 응답은 41.9%로 나타나고 있는 것이다. 생각건대, 이러한 차이는 상당 부분 주민들의 공무원에 대

---

16) 구체적으로는 장안구에서 13개 동을 권선구에서 3개 동을 각각 분리시켜 팔달구(총 16개 동)를 신설하였다.

표 22-4 | 공공서비스 배분의 지역간 격차　　　　　　　　　　　　　　(단위: 명(%))

구　　분	매우 크다	크　　다	모르겠다	작　　다	매우 작다	계
공 무 원	32(4.8)	245(37.1)	95(14.4)	223(33.8)	65(9.8)	660(100)
주　　민	32(8.6)	163(43.7)	98(26.3)	67(18.0)	13(3.5)	373(100)
계	64(6.2)	408(39.5)	193(18.7)	290(28.1)	78(7.6)	1,033(100)

주) $x^2=60.0$, df=4, p<0.01

한 부정적 평가경향과 공무원의 자신의 행위에 대한 긍정적 평가경향에서 기인한 것으로 보인다.

　　지적할 것은 이 문항은 기본적으로 서비스의 지역간 배분의 균등성여부에 대한 질문이라는 점이다. 따라서 [표 22-4]에 나타난 결과가 부정적이라고 해서 수원시의 서비스 배분이 불공평하다고 단정할 수는 없다. 환언하면 [표 22-4]에 나타난 결과는 다만 수원시의 서비스 배분이 불균등하게 이루어지고 있을 가능성을 보여줄 따름인 것이다. 따라서 서비스 배분의 형평성 정도의 판단을 위하여는 서비스 배분의 서비스 수요에 대한 대응성 여부에 대한 지식이 필요하다.

　　(2) 배분의 형평성: 서비스 수요 반영도

　　위에서 서비스 배분의 형평성 판단을 위하여는 서비스 배분의 서비스 수요에 대한 대응성 정도의 파악이 필요하다고 하였는바, 이와 관련하여 [표 22-5]는 공무원과 주민에게 "시청이 제공하는 공공서비스가 각 지역(동)의 서비스 수요를 얼마나 반영하고 있는가"라고 질문함으로써 서비스 배분의 형평성에 대한 응답자의 평가를 요약하여 나타낸 것이다. 표에서 보는 바와 같이 이에 대한 공무원의 평가는 매우 긍정적이다. 즉, 과반수가 넘는 공무원(59.8%)이 서비스 배분이 서비스 수요를 "잘 반영하고 있다"고 응답한 데 비하여 "잘 반영하지 않는다"는 응답은 16.2%에 지나지 않는 것이다. 반면 주민의 응답은 다소 부정적이다. 비록 긍정적인 응답비율(20.1%)이 부정적 응답비율(8.8%)보다 높기는 하지만, 긍정적 응답의 수치는 과반수에 훨씬 못 미치고 있으며 "모르겠다"고 응답한 비율은 71.0%에 이르고 있는 것이다. 주목할 것은 서비스 배분에 있어서 수요가 잘 반영된다고 생각하는 주민은 20.1%로서 공무원의 59.8%와는 현저한 차이를 보인다는 점이다. 즉, 서비스 배분의 수요반영도(즉, 형평

표 22-5 | 서비스 수요 반영도 (단위: 명(%))

구 분	매우 잘 반영	잘 반영	모르겠다	반영치 않음	전혀 반영치 않음	계
공 무 원	19(2.9)	375(56.9)	158(24.0)	97(14.7)	10(1.5)	659(100)
주 민	10(2.7)	65(17.4)	265(71.0)	28(7.5)	5(1.3)	373(100)
계	29(2.8)	440(42.6)	423(41.0)	125(12.1)	15(1.5)	1,032(100)

성)에 대한 평가는 주민과 공무원 간에 현저한 차이를 보이고 있는 것이다.

이와 같은 서비스 배분의 형평성에 대한 주민과 공무원 간의 의견차이와는 별도로 ① 서비스 배분의 형평성에 대한 주민의 평가가 긍정적이지 못한 점, ② 공무원의 자신의 업무에 대한 긍정적 평가경향에도 불구하고 부정적인 응답을 한 공무원 비율(16.2%) 및 "모르겠다"고 한 비율(24.0%)이 도합 40%를 넘고 있다는 점 등은 현재의 서비스 배분상의 형평성이 만족할 만한 수준에 있지 않음을 시사해 준다 하겠다. 이와 같은 결과는 앞에서 제시한 통계분석 결과와 크게 상치되지 않는 것이라 하겠으며, 이에서 우리는 배분상의 형평성 제고를 위한 정책적 노력이 필요하다는 점을 다시 한번 알게 된다 하겠다.

IV 결 론

지금까지 지방정부의 서비스 배분의 형평성과 관련하여 형평의 개념 및 기준에 대하여 간단히 논의한 다음, 수원시를 사례로 하여 지방정부의 공공서비스 배분의 형평성을 통계분석 및 설문분석을 통하여 평가하였는바, 이러한 논의를 통하여 본 장이 제시하는 바는 다음과 같다.

첫째, 지방정부의 서비스 배분이 극심한 비형평상태에 있지는 않은 것으로 판단된다. 이는 서비스 배분과 관련한 정책결정자의 형평성 확보부담이 그만큼 경감될 수 있음을 시사해 주는 것으로 긍정적인 현상이라 하겠다.

둘째, 그럼에도 불구하고 일부 서비스의 배분이 상당한 비형평상태에 있거나 또는 불공평하게 배분되는 것으로 평가되고 있는 것으로 나타났는바, 이는 지방정부의 공공서비스 배분상의 형평성 제고를 위한 정책적 노력이 필요하다는 점을 가르쳐 준다.[17] 그 이유에 대하여는 이미 앞에서 제시한 바와 같다. 문제는 공평배분을 위한 정책적 노력이 여하히 전개되어야 하느냐는 것이다. 생각건대, 본문에서 지적한 바와 같이 배분결정과정에서 누가 어떻게 서비스 수요를 결정하는가에 따라 형평성 기준이 달라지고 또 그에 따라 서비스 배분의 양태가 달라질 것이므로, 배분결정자의 개인적 가치판단 또는 행동양식상의 특성에 따라 배분결정내용상의 편차가 지나치게 크지 않도록 배분결정과정을 정형화하는 노력이 필요하다 할 것이다.

셋째, 본 장에서는 서비스 배분실태에 관한 보다 종합적인 평가를 위하여 객관적 평가와 주관적 평가를 병행하여 시행하였는바, 분석결과에서 보았듯이 두 결과가 일치하지는 않는다. 이러한 결과는 양 방법에 의한 평가결과가 일치하기는 매우 어렵다고 보는 일반적 인식에 부합하는 것이라 하겠다(예: Carley, 1981: 35). 대개의 경우, 그 원인은 응답자들의 주관적 평가가 ① 구체적 사실을 반영하기보다는 일반적인 태도의 표현인 경우가 많은 점, ② 사실에 대한 정확한 지식에 기초하는 것이 아니라는 점, ③ 응답상의 일관된 왜곡경향(긍정적 또는 부정적 평가경향)을 포함하고 있는 점에 기인하여 객관적 사실로부터 괴리를 보이기 쉽다는 데서 구해지고 있다. 그러나 강조할 것은 주관적 평가결과가 사실에 근접한다고 가정하더라도 양 평가결과간의 차이는 필연적으로 존재할 수밖에 없다는 점이다. 그것은 객관적 평가방법에 의하는 경우에도 측정변수 및 지표의 선정, 측정방법의 변화 등에 따라 필연적으로 측정오차가 발생할 것이기 때문이다. 따라서 양 방법을 병행하는 경우에도 단순히 평가결과간의 일치여부보다는 보다 타당한 평가를 위한 양자간의 상호보완관계에 논의의 초점이 맞춰지는 것이 바람직하다 하겠다.[18] 이와 같이 객관적 및 주관적 방법의 혼용의 목적이 양자간의 단순한 비교보다는 분석대상에 대한 보다 타당한 이해에 있다고 할 때, 필연적으로 분석대상에 대한 부분적 이해를 제공하는 데 그칠 뿐인 어느 한 방법에 의한 분석보다는 혼합방법에 의한 분석방법의 상대적 효용성이 부각되게 된다.[19]

---

17) 서비스 배분의 형평성 증진을 위한 정책적 노력에 대한 구체적 논의는 이승종(1993)을 참조할 것.

18) 이와 관련하여 Brudney & England(1982)는 객관적 측정과 주관적 평가가 공생산(copro-duction)을 매개로 하여 상호보완적으로 연계되어야 함을 주장하고 있어 주목된다. 아울러 Lovrich & Taylor(1976)의 논의도 참조할 것.

19) 혼합방법의 사용 또는 소위 분석방법의 삼각화(between-method triangulation)의 필요성에 대하

끝으로, 본 장에서 통계분석은 서비스별로 각각 수행된 반면, 설문분석은 전체 서비스에 대한 응답자의 평가를 분석한 것이기 때문에 두 결과를 일대일로 비교하기는 어려울 것이라는 점이다. 같은 서비스 내용에 대한 객관적 자료와 주관적 자료를 분석, 비교하는 것이 보다 바람직할 수도 있을 것이다. 다만, 이번 연구의 주 목적은 개별서비스의 배분상태에 대한 측정보다는 서비스 배분의 전체적 윤곽을 가늠하는 데 있으며 따라서 설문조사의 문항도 이에 준하여 구성되었음을 밝혀 둔다. 추후 별도의 연구에서는 보다 많은 자료에 입각하여 개별 서비스의 배분실태까지 비교해 볼 수 있을 것이다.

여는 Greene & McClintock(1985) 또는 이승종(1991) 참조.

CHAPTER 23 정책유형과 지방정부의 공공서비스 배분

Ⅰ 서 론

Harold Lasswell(1958)이 정치를 "누가 무엇을 차지하는가(Who gets what)"의 문제와 동일시하여 종래의 권력중심의 정치학 연구에 경종을 울린 이래 정부산출물의 배분문제는 정치학도들의 가장 중요한 관심사 중의 하나가 되었음은 주지의 사실인바, 특히 최근 십수 년 동안 일단의 구미학자들은 지방내부에서의 배분문제, 즉 지방정부의 공공서비스가 관할구역 내에서 과연 어떻게 배분되는가에 대한 해답을 찾는 노력을 통하여 상당한 수준의 이론적·경험적 연구를 축적해 왔다.

이들 연구의 초점은 지방정부의 공공서비스가 객관적이고 합리적인 기준에 의하여 배분되는지에 있어 왔는데, 대체로 보아 지금까지 제시된 지방의 공공서비스 배분(이하 서비스 배분이라 한다)에 관한 이론적 설명은 ① 서비스 배분이 선거직 공무원(elected officials)[1]의 선거에 대한 고려에 따라 영향을 받는다는 정치적 모형(political model), ② 하층계급 주민이 상층계급주민에 비하여 상대적으로 불리하게 서비스가 배분된다는 계급차별 모형(class bias model), ③ 서비스는 정치적인 고려나 주민의 사회·경제적 지위에 영향을 받지 아니하고 중립적인 행정관료에 의하여 객관적·합리적인 결정기준에 따라 배분된다고 보는 관료제적 모형(bureaucratic model) 등 세 가지 견해간의 논쟁으로 요약될 수 있고 아울러 이에 관한 경험적인 연구결과도 서로 일치하지 않고 있다.

따라서 논쟁중인 제 이론모형의 통합을 위한 연구노력이 요망된다 하겠으

---

1) 여기서 선거직 공무원이라 함은 선거를 통하여 충원되는 지방자치단체의 상급직원을 의미하는바, 자치단체장과 지방의회의원을 포함하는 것으로 본다.

나, 불행히도 연구자들은 자신들이 지지하는 각 이론모형의 타 이론모형에 대한 상대적 우위성을 입증하기 위한 경험적 증거수집에 치중한 나머지 아직까지 그 누구도 이론모형간의 갈등을 통합·조화시키고자 하는 노력을 기울이지 않고 있는 실정이다.

본 장에서는 기존의 서비스 배분에 관한 제 이론모형이 사실상 상충되는 것은 아니며 기존의 이론모형간의 논쟁이 현재와 같이 이론상의 진전이 답보된 상태에서 추가적인 경험적 증거의 축적에 따라 해소될 성질의 것이 아니라는 인식하에, 기존 이론모형의 설명들을 포괄할 수 있는 통합이론 모형을 최초로 제시하고자 한다. 또한 통합이론 모형을 개발함에 있어서 아직껏 서비스 배분에 대한 연구에서 잊혀져 왔던 정책 또는 서비스 유형의 서비스 배분에 대한 효과에 주목한다.[2] 즉 새로운 서비스의 분류체계를 개발·도입하여 서비스 유형의 변화에 따라 서비스 배분형태가 달라짐을 보여줌으로써 서비스 유형이 서비스 배분형태를 결정짓는 중요한 요인임을 보여줄 것이다. 또한 그렇게 함으로써 기존 이론모형간의 상대적 우월성에 대한 논쟁이 부적절할 뿐만 아니라 인위적인 것이며, 일견 모순되는 것처럼 보이는 제 이론모형의 설명들이 서비스의 유형의 서비스 배분에 대한 효과를 고려할 때 사실상 모순된 것이 아니라는 사실을 보여주게 될 것이다.

아울러 이러한 "서비스 유형 효과 모형(a service-type-matters model)"을 전개함에 있어서, 본 장은 특히 서비스 배분과정에 있어서의 중심적인 행위자인 관료의 행태에 주목한다. 그 이유는 서비스 배분이 예산의 결정권을 가진 선거직 공무원보다도 할당된 예산을 직접 집행하는 행정관료에 의하여 사실상 좌우되기 때문이다(Lineberry, 1977, 1980; Clark et al., 1981). 끝으로 여기서 제시하는 이론모형은 미국 New York시의 사례분석을 통하여 입증될 것이다.

---

2) 정책유형에 대한 관심이 전혀 새로운 것은 아니며 Therdore Lowi(1964)의 논문 "American business public policy, case studies and political theory" 이후 정책유형이 정책과정 및 결과에 미치는 영향에 대한 학문적 관심이 증대되어 왔다(예, Lowi, 1972; Salisbury, 1968; Salisbury and Heinz, 1970; Hayes, 1981; Spitzer, 1987; Ripley and Franklin, 1987). 그러나 유독 지방 정부의 공공서비스 배분에 관한 연구는 이에 대한 구체적인 관심을 표명하지 않고 있는 실정이다.

서비스 배분에 관한 기존 이론모형

1. 정치적 모형

선거직 공무원은 득표극대화를 추구하는 합리적 행위자이며3) 관료는 선거직 공무원의 이익·요구에 민감하다는 가정하에 서비스 배분은 선거직 공무원의 선거전략에 따라 좌우된다고 보는 것이 정치적 모형의 주장이다. 즉 선거직 공무원은 계속 집권에의 관건인 선거에서 승리하기 위하여 서비스를 전략적으로 배분하기 원하며, 선거직 공무원에 의해 통제받는 관료들은 선거직 공무원이 원하는 바에 따라 서비스를 배분하게 된다는 것이다. 요컨대 정치적 모형은 선거과정을 매개로 행정관료에 대한 간접적 영향력을 강조하는 이론모형이다(Rich, 1982; Aqua, 1982; Vedlitz and Dyer, 1984; Koehler and Wrighton, 1987).

2. 계급차별 모형

Floyd Hunter(1953)가 지방정부의 정책에 대한 정치의 영향에 대해 의문을 제기하는 한편 선거직 공무원 및 관료에 대한 엘리트의 영향력을 강조한 이래, 서비스는 상층계급에 비하여 하층계급에게 상대적으로 불리하게 배분된다는 전통적 견해를 수용한 소위 '하층계급가설(underclass hypothesis)'이 계급차별 모형의 핵심적 설명이다.

이 모형에 의하면 상층계급은 선거직 공무원이나 관료에 대한 요구·압력과 같은 현시적인 영향력(visible influence) 행사뿐만 아니라 사회계층구조에서 비롯되는 보이지 않는 구조적인 영향력(invisible structural influence)을 통하여서도 서비스 배분상의 이익을 향유하는데, 특히 이러한 상층계급의 정책과정에 대한 잠재적 또는 구조적인 영향력은 "무의사결정"(nondecision, Bachrach and Baratz, 1962), "편견의 동원"(mobilization of bias, Schattschneider, 1960), 또는 "체계적 권력"(systemic power, Stone, 1980) 등으로 표현되어 왔다. 요컨대 하층계급

---

3) 물론 선거직 공무원들의 목표로는 경제성장(Peterson, 1981: 29; Elkin, 1987: 36), 건전재정 운영 또는 주민간의 분쟁조정(Shefter, 1985: 4) 등의 다른 목표도 있겠으나 계속집권의 관건인 선거에서의 승리를 제일차적 목표로 간주함은 타당한 견해라 생각된다.

은 그들의 이익을 유효하게 정책과정에 투입시킬 수 있는 수단이 열악할 뿐만 아니라[4] 상층계급의 일원이 아님으로 해서 서비스 배분상의 불이익을 받게 된 다고 보는 것이 계급차별 모형의 핵심적인 설명이다(Cingranelli, 1981).

3. 관료제적 모형

정치적 모형이나 계급차별 모형이 정치적 고려 또는 사회경제적 지위와 같은 관료제 외부의 비합리적인 요소에 의해 차별적인 서비스 배분이 그와 같 은 비합리적 요인에 의해 영향을 받지 않는다고 보는 "중립적 이론모형"이다.

우선 관료제적 모형은 정치적 모형이나 계급차별 모형과는 달리 관료들이 상층계급의 영향력으로부터 자주성(autonomy)을 견지한다는 가정에 기초하고 있다(Jones, 1977). 이 모형에 따르면 서비스 배분에 대한 관료의 의사결정은 아 무렇게나 이뤄지는 것이 아니라 서비스 수요(need)와 같은 객관적이고 합리적 인 기준에 근거하여 설정된 관료조직 내의 의사결정규칙에 따라 이루어지는 것이며 조직 외적인 정치·경제·사회적 요인에 의해 영향을 받지 아니하는 것 으로 본다(Linebery, 1977, 1985; Levy et al., 1974; Jones et al., 1977; Mladenka, 1980).[5]

한 가지 부언할 것은 아무리 관료들이 서비스를 배분한다고 하여도 그 배 분의 결과는 필연적으로 차별적일 수밖에 없어서 특정집단 또는 지역이 상대 적으로 유리하거나 불리해진다는 것이다. 그러나 이러한 서비스 배분결과의 차별성을 비의도적인 것으로서 정치적 모형이나 계급차별 모형이 상정하고 있 는 의도적인 차별성과는 다른 것이다(Rich, 1982).[6]

---

4) 물론 하층계급도 집단행동을 통해 그들의 이익을 어느 정도 정책과정에 투입시킬 수는 있겠지 만(Hirshman, 1970; Skogan, 1975; Alinsky, 1969), 그 빈도나 유효성에 있어 상층계급의 그것과 비할 바 못 된다 하겠다.

5) 여기서 서비스 수요의 개념은 서비스의 공급을 통하여 해소되어야 하는 문제의 정도를 의미하 는 것으로서 특정 서비스의 공급에만 영향을 주는 "서비스 조건(예, 제 서비스의 공급에 대한 인구밀도)"을 포함하는바, 여기에서 서비스의 조건은 어떤 지역의 생태적인 조건과 같다 (Lineberry, 1977: 62).

6) Lineberry(1977)는 이를 가리켜 "무정형의 불평등(unpatterned inequality)"이라 한 바 있다.

4. 경험적 연구

지금까지 이러한 상충하는 제 이론모형들에 대하여 많은 검증이 이루어져 왔는바, 연구자들은 지방정부 관할구역 내에서의 서비스 배분형태를 분석함으로써 서비스 배분이 자주적인 관료들의 중립적인 결정에 의하여 이루어지는지 (관료제적 모형) 아니면 정치적인 고려 또는 사회·경제적 요인과 같은 관료조직 외부로부터의 영향(external influence)에 의해 왜곡되는지를(정치적 모형, 계급차별 모형) 알아보고자 하였다.

그러나 연구결과는 상충되어 왔으며 서비스 배분에 대한 일관성 있는 설명은 아직까지 결여된 상태이다. 우선 상당수의 연구가 관료제적 모형에 부합하는 결론을 얻을 수 있었다. 예컨대 Weicher(1971), Levy et al.(1974), Lineberry(1975, 1977), Antunes and Plumlee(1977), Mladenka and Hill(1977, 1978), Jones(1977, 1980), Jones et al.(1978), Nivola(1978), Mladenka(1980, 1981), Sanger(1976), Vedlitz and Dyer(1984) 등이 그것이다. 특히 이 같은 많은 수의 경험적 연구에 고무되어 Lineberry(1985)는 관료제적 모형이 서비스 배분을 설명하는 데 있어서 설득력 있는 유일한 이론적 모형이라고 단언하기도 하였다.

그러나 반대되는 증거도 많아 그와 같은 단언이 성급한 것임을 알려준다. 즉 Benson and Lund(1969), Jacob(1972), Nardulli and Stonecash(1981), Cingranelli(1981), Boyle and Jacob(1982), Abney and Lauth(1980), Bolotin and Cingranelli(1983), Browning et al.(1984), Feiock(1986), Pecorella(1986), Koehler and Wrighton (1987) 등의 연구가 그 예로서 서비스 배분형태는 정치 또는 사회·경제적 요인과 밀접한 관련이 있음이 보고되었던 것이다.

요컨대 서비스 배분에 대한 논쟁은 아직도 진행중인 것으로서 이러한 제 이론모형 및 그 검증결과 간의 불일치를 해소하기 위하여는 이들을 포괄할 수 있는 통합이론 모형의 개발 및 검증이 절실하다 하겠는바, 이하에서는 서비스 유형에 따라 행정관료의 외부압력에 대응하는 행태가 변화하게 되고 그 결과 서비스 배분형태도 달라지는 것을 보여줌으로써 기존 이론모형간의 괴리를 좁히고자 한다.

Ⅲ 통합이론 모형: 서비스 유형의 서비스 배분에 대한 효과

서비스 유형의 서비스 배분에 대한 효과를 논하기 위하여는 먼저 서비스 배분의 실질적 주체인 행정관료의 행태에 영향을 미치는 두 가지 상충요인 즉, 관료의 동기(bureaucratic motivation) 및 관료에 대한 외부의 압력(external influence)에 대한 검토가 선행되어야 한다.

1. 관료의 동기

관료의 동기요인은 관료제적 의사결정 기준이나 외부환경만큼이나 서비스 배분결정에 중요한 영향을 미친다. 그럼에도 불구하고 기존의 연구들은 관료의 동기측면에 적절한 관심을 두지 아니하였다. 즉 정치적 모형이나 계급차별 모형은 관료제 외부의 요인에 지나치게 주목함으로써, 그리고 관료제적 모형은 서비스 배분결정에 있어서의 관료의 역할을 중시하였음에도 불구하고 관료의 동기측면을 소홀히 취급하였던 것이다.

결론부터 말하자면 관료의 동기는 관료들로 하여금 객관적·합리적인 기준에 의하여 서비스를 배분하고자 하는 기본적 경향을 갖도록 한다. 즉, 관료의 동기구조는 강력한 외부압력의 유입이 있지 않은 한, 관료로 하여금 이미 확립된 객관적 결정기준을 일탈하여 서비스 배분에 대한 자의적 또는 재량적인 결정(discretion)을 내리지 않도록 한다는 것이다.

관료들이 정책을 결정 또는 집행하는 데 작용하는 동기는 크게 나누어 탁월한 업적을 통하여 좋은 평가를 얻고자 하는 호평추구동기(credit-claiming motivation)와 환영받지 못하는 업무수행에 대한 외부로부터의 비난을 회피하고자 하는 비난회피동기(blame-avoiding motivation)로 나누어 볼 수 있다.[7] 여기서 호평추구동기는 정책결정자로 하여금 재량권 행사를 촉발하는 반면, 비난회피동기는 이미 확립된 정책 결정기준을 일탈하는 재량권 행사를 제약하는 요인으로 작용한다.

문제는 어떤 동기나 관료의 행태에 더 큰 영향을 미치느냐 하는 것인바,

---

[7] Weaver(1988)는 이에 좋은 '정책에 대한 동기(good-policy motivation)'를 추가하고 있으나 생략한다.

만족스러운 측면보다는 불만족스러운 측면을 보다 쉽게 감지하고 보다 적극적으로 불만을 표명하는 외부의 "부정적 평가 정향(negativity bias)"에 기인하며[8] 비난회피동기가 호평추구동기보다 더 지배적인 영향력을 미친다(Weaver, 1988). 그리하여 관료들은 의사결정에 앞서 어떤 결정이 그들에게 "이로울 것인가"를 묻기에 앞서 "해로울 것인가"부터 묻게 되는 것이다. 물론 호평추구동기도 관료의 정책결정에 영향을 미치기는 하겠으나 관료의 비난에 대한 감수성이 상대적으로 훨씬 크기 때문에, 일반적으로 관료의 행동은 비난회피동기에 따라 지배받게 되는 것이다(여기에서는 논의를 관료에 대하여 한정시켰으나 사실상 선거직 공무원도 정책결정자의 일원으로서 관료와 마찬가지로 비난회피동기에 의해 지배받는다는 것을 지적해둔다). 관료들은 이와 같이 외부의 비난에 대하여 매우 예민하며 또 예민하여야만 한다. 그것은 비난이 축적되는 경우, 관료 개인의 신상은 물론이고 조직의 목표달성 나아가서는 조직의 존립자체가 위협받게 될 것이기 때문이다(Rourke, 1984). 따라서 관료들은 서비스를 배분함에 있어서 외부의 비난을 감수해도 좋을 만큼의 유인이 주어지지 않는 한 비난의 소지가 있는 결정 즉, 객관적·합리적인 기준에 의거하지 않은 자의적인 재량권 행사는 삼가려 할 것이다.

이상에서는 비난회피동기가 관료의 행태를 좌우하는 지배적 동기인 데 기인하여 관료들은 서비스를 배분함에 있어 기본적으로 객관적·합리적인 결정기준에 따르려는 경향을 갖게 될 것이라는 것을 설명하였다. 그러나 관료의 동기구조를 살피는 것만으로는 서비스 배분이 여하히 이루어지는가를 설명하기는 부족하다. 그것은 관료들의 서비스 배분에 관한 결정은 또 다른 하나의 요인 즉, 관료에 대한 외부압력의 영향을 받기 때문이다.

2. 관료와 환경

앞에서 관료들은 기본적으로 합리적·객관적 기준에 따라 서비스를 배분하려 한다고 하였으나, 관료가 처해 있는 환경은 관료들의 서비스 배분에 대한 결정에 대하여 중립적이지 못하다. 오히려 관료들은 주민, 이익단체, 정당, 선거직 공무원과 같은 외부행위자들부터 서비스 배분에 관한 끊임없는 요구와

---

8) 부정적 평가 경향에 대한 경험적 연구로는 Kernell(1977)을 참조.

압력을 받는다. 이에 관하여 정치적 모형은 '선거직 공무원으로부터의 압력'을, 계급차별 모형은 '상층계급으로부터의 압력'을 중요시하고 있으나 생각건대 이들 중 가장 영향력 있는 행위자는 선거직 공무원(특히 시장)이다. 그 이유는 다른 행위자들은 선거직 공무원이 관료에 대하여 갖는 공식적인 권위를 갖고 있지 못할 뿐만 아니라, 이익표출에 있어서도 선거직 공무원의 중개(meditation)에 의존하는 경우가 대부분이기 때문이다(Eisinger, 1972).9)

물론 관료들은 그들의 기본성향에 따라 이와 같은 외부압력에 저항하려 하겠으나 문제는 관료들이 외부압력에 대하여 얼마만큼 자주적인가 하는 것이다. 이에 관하여 기존 이론모형들의 견해는 근본적인 괴리를 보인다. 관료제적 모형은 관료들이 자주성을 견지하므로 외부의 압력에 대하여 반응하지 아니한다고 본다(Lowi, 1967). 반면 정치적 모형이나 계급차별 모형은 관료들의 자주성이 낮아 외부압력에 대단히 민감하다고 본다. 즉, 정치·경제·사회적 환경에서 비롯되는 외부영향력은 관료들이 도외시할 수 없을 정도로 강력한 경우가 보통이라는 것이다(Boyle and Jacob, 1982).

생각건대 이와 같은 기존 이론모형들(특히 관료제적 모형)의 견해는 다소 과장된 것이라 하겠는바, 관료들이 외부압력에 대하여 갖는 자주성은 상대적인 것(relative autonomy)으로 봄이 보다 타당한 견해라 하겠다.10) 여기서 상대적 자주성이라 함은 관료들이 기본적으로는 외부에 대하여 자주성을 갖지만 그 자주성은 외부압력으로부터 완전히 차단된 것이 아니고 외부압력에 의해 제약받는 것임을 의미하는 것이다.

지금까지의 관료의 동기 및 외부압력에 관한 논의는 관료들이 서비스 배분에 대한 결정을 함에 있어서 처해야 하는 곤경을 가르쳐 주는바, 그와 같은

---

9) 계급차별 모형에 의하면 관료들은 이와 같은 현시적인 외부압력뿐만 아니라 사회계층화에 따른 구조적인 압력도 받는다. 그러나 관료의 행태에 미치는 영향력의 크기에 있어서 외부행위자로부터의 명시적인 압력이 잠재적·구조적 압력보다 훨씬 중요하다. 실제로 외부의 압력이 명시적으로 와 닿지 않은 상태에서 관료들이 비난의 소지를 감수하면서까지 구체화되지 아니한 상태의 상층계급 주민의 이익을 자발적으로 보호하려 한다는 가정은 무리가 있는 것이다.

10) 특히 외부의 압력 중 가장 중요한 것은 관료의 상위에 있는 정치가로부터의 압력인바, 이에 대한 관료의 자주성 정도에 대하여도 학설은 이견을 보인다. 즉, 관료의 자주성을 강조하는 견해(Banfield and Wilson, 1963; Sayre and Kaufman, 1965; Lowi, 1967; Heclo, 1977; Niskanen, 1971; Neustadt, 1980; Kaufman, 1981 등), 선거직 공무원의 영향력을 강조하는 견해(Moe, 1984; Beck, 1982; Weingast and Moran, 1983), 그리고 양자간의 균형을 강조하는 견해(Rourke, 1984; Lindblom, 1965; Dornan, 1977; Wood, 1988; Viteritti, 1982) 등이 그것인데 여기서는 마지막 견해에 따르는 것이다.

곤경은 비난을 회피하기 위하여 재량권 행사를 자제해야 할 필요성과 외부압력을 수용하기 위하여 객관적 결정기준을 일탈하여 재량권을 행사해야 할 필요성 사이의 갈등에 기인하는 것이다. 만일 외부압력이 없다면 관료들은 비난을 회피하기 위하여 재량권 행사를 삼가게 될 것이다. 모든 서비스 배분에 대한 결정에는 필연적으로 다소간의 비난가능성이 잠재되어 있을 것이기 때문이다. 그럼에도 불구하고 관료들은 완전한 자주성을 갖고 있지 못하기 때문에 종종 외부압력에 반응하지 않을 수 없을 것이다. 그렇다면 관료들은 언제, 어떻게 외부압력에 대응하는가? 이에 대한 대답을 위하여는 서비스 유형에 대한 논의가 필요하다.

3. 서비스의 유형

결론부터 말하자면 서비스 배분에 있어서의 관료들의 외부압력에 대한 반응(또는 저항)의 정도는 서비스 종류에 따라 다를 것이다. 그 이유는 ① 관료들의 외부압력에 대한 반응의 정도는 배분하고자 하는 서비스에 잠재되어 있는 비난의 소지 즉, 잠재적 비난의 크기와 밀접한 함수관계에 있고(관료의 의사결정이 비난회피동기에 의해 지배받음은 이미 앞에서 논하였음), ② 잠재적 비난의 크기는 서비스 종류마다 다르기 때문이다. 그럼에도 불구하고 기존의 이론모형은 이러한 사실을 인식하지 못하고 관료의 외부압력에 대한 반응패턴이 서비스 유형에 상관없이 "일정하다"는 틀린 결론을 내리고 있다. 근본적으로 이와 같은 결론은 관료의 의사결정이 관료의 동기요인과 외부압력이라는 두 가지 상충요인에 의해 결정된다는 사실을 충분히 인식하지 못한 데 기인하는 것인 바, 관료제적 모형은 객관적 기준에 따르려는 관료의 기본적 성향은 고려했으나 관료가 외부압력에 반응해야 할 필요성을 무시함으로써 관료가 외부압력에 "항상 무감각하다"는 결론을 내리게 되었고, 정치적 모형 및 계급차별 모형은 외부압력은 고려했으나 관료의 기본적 성향을 무시함으로써 관료가 외부압력에 "항상 반응한다"는 결론에 도달하였던 것이다.

관료들의 외부압력에 대한 반응이 서비스 종류에 따라 구체적으로 어떻게 다른가를 설명하기 위하여는 서비스의 유형에 대한 논의가 필요하겠는바, 이하에서는 새로운 서비스 분류체계를 제시한 뒤 그 분류체계를 통해서 서비스 유형이 여하히 관료의 외부압력에 대한 반응에 영향을 미치게 되는가를 설명하겠다.

우선 서비스를 분류함에 있어 본 장의 주 관심사는 잠재적 비난의 크기가 서비스 유형에 따라 어떻게 변화하는가에 있다. 그 이유는 이미 앞에서 지적한 바와 같이 관료의 의사결정이 비난회피동기에 의해 지배받기 때문에 관료의 외부압력에 대한 대응패턴이 잠재적 비난의 크기에 따라 변화하고 또 그 결과로 서비스 배분형태가 달라질 것이기 때문이다. 여기서 (잠재적) 비난의 크기라는 개념은 비난의 강도(intensity)와 비난의 범위(extent)를 포함하는 개념인바, 비난의 강도는 주민들이 얼마나 "심하게" 비난할 것이냐를, 비난의 범위는 얼마나 "많은" 주민들이 비난할 것이냐를 가리킨다. 그런데 비난의 강도와 범위는 반드시 일치하지는 않는다. 예컨대 복지서비스의 경우 비난의 범위는 서비스의 수혜자가 한정되어 있기 때문에 넓지 않은 반면, 당 서비스가 수혜자에게 주는 의미가 큰 때문에 부당한 서비스 배분에 대한 비난의 강도는 클 것이다. 그렇기 때문에 우리는 서비스의 유형화에 있어 비난의 크기의 양 측면 모두에 관심을 가져야 하는 것이다.

본 장은 다음 4가지 분류기준에 의하여 서비스를 유형화한다(처음 두 가지 기준은 비난의 강도와, 다음 두 가지 기준은 비난의 범위와 관련되어 있다).

(1) 서비스의 우선순위

서비스의 중요도 또는 우선순위에 따라 서비스는 고순위 서비스(core service)와 저순위 서비스(secondary service)로 나누어 볼 수 있다. 대체로 고순위 서비스의 특징은 당해 서비스의 공급이 안정적이고, 인간의 기본적 생활에 필수적이며, 지방정부의 기본적이고 정당한 의무로 간주되는 데 있으며, 저순위 서비스의 특징은 그 반대의 경우이다(Rich, 1982; Fossett, 1983).

여기서 우리의 관심은 잠재적 비난의 크기에 있는바, 생각건대 주민들은 고순위 서비스 배분에 대하여 저순위 서비스의 배분보다 더 민감할 것이므로, 고순위 서비스에서의 잠재적 비난의 강도가 저순위 서비스에서의 그것보다 클 것으로 사료된다.

(2) 공공부문의 역할범위

이 기준은 공공서비스가 어느 정도까지 특정서비스에 대한 민간의 수요를 충족시키느냐 하는 것을 나타낸다. 만일 특정서비스에 대한 수요가 공공부문에 의해서 충족되어야 할 것으로 간주되고 또 실제로 그러한 경우, 그러한 서비스는 포괄적 서비스(comprehensive service)이고, 그렇지 아니한 서비스는 보완적 서비스(complementary service)이다.

생각건대 포괄적 서비스에 있어서의 관료에 대한 잠재적 비난의 강도는 클 것이다. 왜냐하면 일반적으로 포괄적 서비스에 대한 수요충족은 도시정부의 책임이라고 간주되기 때문이다. 반면 보완적 서비스에 있어서의 잠재적 비난의 강도는 상대적으로 작을 것이다. 보완적 서비스에 대한 수요충족은 도시정부의 책임이라고 간주되기 때문이다. 반면 보완적 서비스에 있어서의 잠재적 비난의 강도는 상대적으로 작을 것이다. 보완적 서비스에 대한 수요충족이 도시정부의 필수적 의무라고 간주되지는 않기 때문이다.

(3) 수혜자의 범위

이 기준에 따르면 서비스 수혜자가 주민일반인 경우의 서비스를 보편적 서비스(universal service), 특정집단에 한하는 경우의 서비스를 한정적 서비스(particularistic service)로 나누어 볼 수 있다.

한편 보편적 서비스의 수혜자의 범위는 한정적 서비스의 수혜자의 범위보다 넓기 때문에 그것은 서비스 수혜자의 범위가 잠재적 비난의 범위와 정비례한다는 데서 쉽게 이해된다.

보편적 서비스에 있어서의 비난의 범위는 한정적 서비스의 경우보다 넓을 것이다.

(4) 서비스의 영향

이 기준에 따르면 그 경계적 효과가 중립적인 분배적 서비스(distributive service)와 차별적인 재분배적 또는 발전적 서비스(redistributive or developmental service)로 서비스를 구분할 수 있다(Peterson, 1981; Lowi, 1964). 여기서 서비스 수혜자의 범위에 초점을 맞추는 경우, 앞에서 논의한 바와 같은 논리에 의하여 분배적 서비스에 있어서의 비난의 범위가 재분배적 또는 발전적 서비스에 있어서의 비난의 범위보다 상대적으로 넓을 것임을 알 수 있다.

이상의 4가지 기준을 종합함으로써 도시공공서비스를 유형화하여 [그림 23-1]에 나타냈는바, 서비스는 다음 4가지 유형으로 분류됨을 알 수 있다.[11]

---

11) [그림 23-1]에서 서비스의 우선순위와 공공부문의 역할범위기준, 그리고 수혜자의 범위 및 서비스의 영향기준은 그 구체적인 분류결과에 있어 각각 같음을 알 수 있다.

그림 23-1 │ 지방의 공공서비스 유형

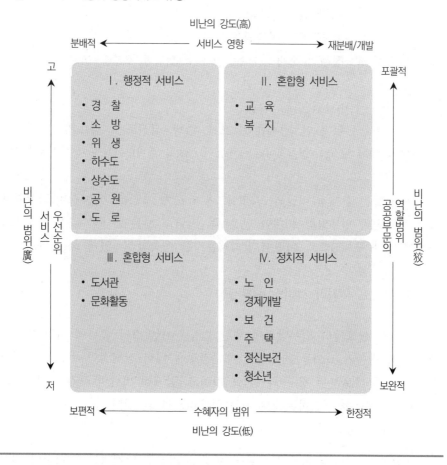

① 유형 Ⅰ: 행정적 서비스(고순위·포괄적·보편적·분배적)

　　　 ·비난의 강도: 큼

　　　 ·비난의 범위: 넓음

　　　 ·예: 경찰, 소방, 위생, 상·하수도, 공원, 도로

② 유형 Ⅱ: 혼합형 서비스(고순위·포괄적·한정적·재분배－발전적)

　　　 ·비난의 강도: 큼

　　　 ·비난의 범위: 좁음

　　　 ·예: 복지, 교육

③ 유형 Ⅲ: 혼합형 서비스(저순위·보완적·보편적·분배적)

· 비난의 강도: 작음

· 비난의 범위: 넓음

· 예: 도서관, 문화활동

④ 유형 Ⅳ: 정치적 서비스(저순위·보완적·한정적·재분배—발전적)

· 비난의 강도: 작음

· 비난의 범위: 좁음

· 예: 노인, 경제개발, 보건, 주택, 정신보건, 청소년

(단, 여기서 행정적, 정치적이라는 이름이 무엇을 의미하는가에 대하여 후술함)

이와 같은 잠재적 비난의 크기(강도와 범위)에 초점을 맞춘 서비스 분류체계는 관료들의 외부압력에 대한 반응 즉, 서비스 배분에 대한 결정이 서비스 종류에 따라 구체적으로 어떻게 달라지는지를 예측할 수 있게 해 준다.

4. 서비스 유형과 서비스 배분결정

앞에서 관료들의 외부압력에 대한 반응은 서비스의 종류에 따라 다르다 하였는바, 반응의 크기는 자의적인 배분결정에 대한 잠재적인 비난의 크기가 큰 서비스를 배분하는 경우에는 작을 것이고, 잠재적 비난의 크기가 상대적으로 작은 서비스를 배분하는 경우에는 상대적으로 클 것이다.

(1) 기본적 경향

서비스 유형에 관계없이 비난에 민감한 관료들은 객관적·합리적인 의사 결정기준에 따라 서비스를 배분하려 할 것이다. 그러나 그들은 외부압력으로부터 완전히 차단되어 있지 않기 때문에 서비스를 배분함에 있어 어느 정도까지 외부압력의 영향을 막아낼 수 있을 것인가가 문제가 된다.

(2) 행정적 서비스(유형 Ⅰ)의 배분

이 유형의 서비스에서는 잠재적 비난의 크기가 크므로(비난의 강도와 범위가 모두 크다) 관료들은 비난가능성에 대해 매우 예민하게 되고 따라서 서비스 배분상의 재량권 행사의 여지가 별로 없다. 즉, 이 유형의 서비스를 배분함에 있어 객관적·합리적인 기준을 무시하는 데 따르는 대가가 너무 크므로 관료들은 최대한 외부압력으로부터의 영향을 배제하고 객관적 기준에 의거 서비스를

배분함으로써 비난의 소지를 극소화하려 할 것이다.

문제는 관료들이 외부행위자의 영향력으로부터 완전히 자주적이지 못하다는 것이다. 외부행위자 중 특히 선거직 공무원의 영향력이 중요하다(그 이유로서, 선거직 공무원이 관료에 대하여 갖는 공식적인 권위 외에도 주민, 이익집단과 같은 다른 행위자의 요구가 사실상 대부분 선거직 공무원을 통하여 정책결정과정에 전달되기 때문임은 이미 언급한 바와 같다).

그런데 관료들에게 있어 다행스러운 것은 이 유형의 서비스 배분에 대하여는 선거직 공무원들이 관료에 대한 압력행사를 자제하리라는 것이다. 왜냐하면 객관적 기준에서 일탈한 재량적 서비스 배분에 대한 비난에 대하여는 배분의 당사자인 관료들뿐만 아니라 관료에 대한 공식적 통제권을 갖고 있는 선거직 공무원도 관료의 상급자로서 책임을 지게 될 것이기 때문이다. 즉, 행정적 서비스의 배분에 있어서는 선거직 공무원도 관료와 마찬가지로 자의적인 서비스 배분에 대하여 주저할 입장에 있게 되는 것이며, 나아가서 선거직 공무원들은 자신의 요구뿐만 아니라 그들의 중개를 요하는 다른 외부행위자의 요구를 위해서도 관료에 대한 영향력 행사를 자제할 것이다. 그리고 그 결과로 행정적 서비스의 배분과정은 소위 선거직 공무원으로부터의 "무관심권"(zone of indifference, Wilson, 1968) 또는 "관료 고유의 결정영역"(Antunes and Mladenka, 1976) 안에 남게 될 것이다.

물론 선거직 공무원에 의해 중개되지 아니한 일반주민, 이익집단과 같은 외부행위자로부터의 직접적인 요구투입도 생각해 보아야 한다. 그러나 이미 지적했던 바와 같이 이와 같은 요구의 관료에 대한 영향력은 선거직 공무원의 또는 선거직 공무원에 의해 중개된 요구투입에 비하여 그 영향력이 훨씬 못미치는바(Yates, 1977), 이에 대한 관료의 대응성은 특히 잠재적 비난의 크기가 큰 행정적 서비스의 경우에는 기대난망이라 하겠다. 한편 이에 관하여 관료들이 그들이 속한 조직의 존속·발전을 위하여 관계주민 또는 단체로부터의 지지를 획득할 필요가 있음을 지적할 수도 있겠다(Wildavsky, 1974; Rourke, 1984). 물론 관련단체의 지지획득을 위하여 관료들이 관련단체의 요구를 배분결정에 반영할 수도 있을 것이다. 그러나 행정적 서비스는 일반적으로 도시정부의 의무적 기능으로 간주되는 서비스이기 때문에(고순위 서비스), 이 유형의 서비스를 제공하는 관료조직의 존속·발전은 관련단체의 지지에 크게 의존하지 않으므로 이 같은 지적은 타당성이 적다고 본다. 더구나 행정적 서비스는 그 수혜자의 범위가 넓어(보편적 서비스), 특수이익의 형성을 통한 외부압력의 가능성도 상대적으로 작다고 하겠다.

요컨대, ① 관료의 외부압력에 대한 강한 저항, ② 상대적으로 위축된 외부압력이라는 두 가지 요인에 의하여 행정적 서비스의 배분은 외부압력에 영향을 받지 않고 객관적·합리적인 의사결정기준에 의해 이루어질 것이다. 즉, 행정적 서비스는 상층계급지역이거나 선거전략상 중요한 지역이라고 해서 유리하게 배분되지는 않을 것이다(가설 1). 여기서 "행정적 서비스"라 함은 이 유형의 서비스의 배분이 "정치·사회·경제적인 외부요인에 대하여 비탄력적으로" 또는 "관료조직의 객관적·합리적인 의사결정기준에 의해" 결정된다는 것을 의미한다. 한 가지 첨언할 것은 행정적 서비스의 배분이 외부압력에 의해 왜곡되지 않는 것은 외부압력이 결여되어서가 아니라 외부압력이 관료의 저항을 압도하기에 불충분한 데 기인하기 때문이라는 것이다.

(3) 정치적 서비스(유형 IV)의 배분

행정적 서비스의 경우와 비교해 볼 때, 이 유형의 서비스에서는 잠재적 비난의 크기가 상대적으로 작으므로(상대적으로 비난의 강도와 범위가 모두 작다), 관료들은 비난가능성에 대하여 덜 예민하게 되고 따라서 서비스 배분상의 재량권 행사여지가 상대적으로 많다. 즉, 이 유형의 서비스를 배분함에 있어 객관적·합리적인 기준을 무시하는 데 따르는 부(負)의 대가는 행정적 서비스의 경우와 비교해서 상대적으로 작으므로, 관료들의 외부압력에 대한 저항은 상대적으로 작을 것이다.

외부압력은 어떠한가? 먼저 선거직 공무원의 경우를 보자. 우리는 앞에서 잠재적 비난의 소지가 큰 행정적 서비스의 배분의 경우에는 선거직 공무원도 관료와 마찬가지로 비난에 대하여 예민하게 되고 따라서 관료의 서비스 배분결정에 영향력 행사를 하려 할 것이다.

아울러 관료들은 이 유형의 서비스 배분에 대한 선거직 공무원 이외의 다른 행위자로부터의 압력에도 상대적으로 더 반응할 것이다. 정치적 서비스는 비난의 소지가 상대적으로 작기 때문이다. 더구나 행정조직의 존속·발전을 위하여 관련단체로부터의 지지를 획득할 필요성이 상대적으로 크다. 즉 관련단체의 지지획득을 위하여 관련단체의 요구를 배분결정에 반영할 필요성이 있는 것이다. 왜냐하면 정치적 서비스는 행정적 서비스와는 달리 도시정부의 의무적 기능으로서의 당위성에 대하여 논란이 없지 않기 때문이다(저순위 서비스).

또한 정치적 서비스는 그 수혜자의 범위가 한정되어(한정적 서비스) 특수이익의 형성이 보다 쉽고, 그 결과 외부압력의 크기도 상대적으로 크다고 하겠다.

요컨대, ① 관료의 외부압력에 대한 저항의 상대적 약화, ② 상대적으로 강화된 외부압력이라는 두 가지 요인에 의하여 정치적 서비스의 배분은 객관적·합리적인 의사결정기준 외에 외부압력을 반영하게 될 것이다. 즉, 정치적 서비스는 상층계급지역 또는 선거전략상 중요한 지역에 유리하게 배분된다는 것이다(가설 2). 또한 이 유형의 서비스를 "정치적 서비스"라 함은 이 유형의 서비스 배분이 "정치·경제·사회적인 외부압력에 대하여 탄력적으로" 또는 "관료조직의 객관적·합리적인 기준에서 일탈하여" 결정된다는 것을 의미한다. 또한 이와 같이 정치적 서비스의 배분이 외부압력에 의하여 왜곡되는 것은 비난의 소지가 결여된 때문이 아니라 외부압력이 관료의 저항보다 크기 때문이라는 것을 부언해 둔다.[12]

(4) 혼합형 서비스(유형 II, III)의 배분

이 두 유형의 서비스에서는 비난의 강도와 범위가 일치하지 않기 때문에, 각 유형에 따라 서비스 배분이 어떻게 달라지는가를 비교하기 위하여는 비난의 강도와 범위가 각각 관료의 의사결정에 미치는 영향력의 상대적 크기를 알 수 있음이 바람직하다. 이에 대하여 폭동이나 데모가 정부로부터 유리한 서비스 혜택을 도출하는 데 유효하다는 근거를 들어 비난의 강도의 비난의 범위에 대한 상대적 중요성을 주장할 수도 있겠고, 그러한 폭동이나 데모가 개인이 아닌 집단에 의해 수행될 때에만 효과가 있을 것이라는 근거를 들어 비난의 범위의 비난의 강도에 대한 상대적 중요성을 주장할 수도 있겠다. 그러나 불행히도 어떤 주장이 옳은지는 증명할 방법이 없다. 그럼에도 불구하고 확실한 것은 서비스 유형 II 또는 III에서의 총체적인 잠재적 비난의 크기는 행정적 서비스의 경우보다는 크고 정치적 서비스의 배분형태의 중간형태가 될 것이다. 즉, 혼합형 서비스의 배분은 객관적·합리적인 의사결정기준 외에 외부압력을 반

---

12) 한편 이에 대하여 정치적 서비스의 경우도 비난의 소지가 전적으로 결여되어 있지 않은 한 선거직 공무원은 영향력 행사를 삼가리라는 가정도 해 봄직 하겠다. 그러나 선거직 공무원은 자신의 이익(집권 또는 집권을 위한 다른 목적)을 위하여 어떠한 형태로든 서비스 배분에 대한 영향력 행사가 필요하겠는바, 그 영향력은 관료의 저항 및 비난의 가능성이 상대적으로 작은 정치적 서비스의 배분에 집중될 것이다. 그리고 관료들은 선거직 공무원의 영향력 행사에 반응함으로써 그들에게 귀속되는 부(負)의 대가가 크지 않음으로 해서 선거직 공무원의 압력에 반응하게 되는 것이다.

영하겠지만 그 반영의 정도는 정치적 서비스의 경우보다는 작을 것이다. 환언하자면, 정치적 서비스의 경우와 같이 혼합형 서비스도 상층계급지역 또는 선거전략상 중요한 지역에 유리하게 배분되지만 그 왜곡의 정도는 정치적 서비스의 경우와 비교해 볼 때 상대적으로 작을 것이라는 것이다(가설 3).

지금까지의 논의는 아래와 같이 정식화하여 요약할 수 있다. 먼저 기존 이론모형을 정식화하면 다음과 같다.

> 정치적 모형: 서비스 배분=f(정치적 변수)
> 계급차별 모형: 서비스 배분=f(계급변수)
> 관료제적 모형: 서비스 배분=f(객관적 기준)
> (단, 객관적 기준은 서비스 조건 및 수요를 말함)

본 장에서 제시한 서비스 유형을 고려하면, 기존 이론모형들은 다음과 같이 통합적으로 표현될 수 있는바, 이것이 본 장이 제시하는 가설이다.

> 가설 1: 행정적 서비스의 배분=f(객관적 기준)
> 가설 2: 정치적 서비스의 배분=f(객관적 기준, 정치적 변수, 계급변수)
> (단, 정치적, 계급변수·혼합형 서비스의 배분 < 정치적, 계급변수·정치적 서
> 비스의 배분)

Ⅳ 분 석

1. 분석대상

본 장에서는 미국 뉴욕시가 관할 59개의 동(community district)에 제공하는 11개 공공서비스의 지리적 배분에 대하여 분석한다. 첫째, 분석의 단위는 동으로서, 동별 서비스 배분을 연구하는 이유는 New York시의 서비스가 일반적으로 동을 단위로 하여 이뤄지고 있기 때문이다.[13] 둘째, 지리적 배분에 대하여

---

13) 그러나 유동인구 비율이 지나치게 높아 다른 동(洞)과 비교하기 어려운 중심 상업지구의 2개의 동은 분석에서 제외하였다. 그 이유에 대해서는 Cingranelli(1982) 또는 Bolotin and Cingranelli

분석하는 이유는 일반적으로 지리적 구획이 사회·경제적 지위가 유사한 주민 집단간의 경계를 적절하게 반영한다는 사실을 고려하기 때문이다(Logan, 1978). 셋째, 데이터의 제약으로 분석대상을 11개의 서비스 분야로 한정하였다. 그럼에도 불구하고 이것은 지금까지의 연구 중 가장 넓은 범위의 서비스를 대상으로 한 것이며, 따라서 본 연구결과의 일반화에도 기여하리라 본다.

2. 변수 및 데이터

(1) 종속변수

종속변수 즉, 서비스의 배분상태를 나타내는 지표는 [표 23-1]과 같다.

표 23-1 | 종속변수 측정지표[14]

서 비 스	지 표
노인복지	- 노인을 위한 무료급식, 방문지원, 교통편의 제공을 위한 계약, 서비스 비용/1,000
경제개발	- 상업지구 재개발기금 및 도시개발기금의 배분/1,000
소 방	- 소방공무원 수/1,000
보 건	- 보건소 및 진료소 운영비용/1,000
주 택	- 노후주택 철거, 재산관리, 대리관리, 재배치, 감정평가, 법률집행, 렌트통제, 지역개발, 재개발을 위한 계약서비스 비용/1,000
복 지	- 복지지출비용/1,000
정신보건	- 지진아, 장애자를 위한 계약서비스 비용/1,000
경 찰	- 경찰운영비용/1,000
공 원	- 공원 유지·관리비용/1,000
위 생	- 청소 및 쓰레기 수거비용/1,000
청 소 년	- 청소년 사업비/1,000

주 1) FY1983과 FY1984의 데이타를 사용하였다.
주 2) 모든 경비와 인력은 거주인구수(1,000명 단위)로 나눈 뒤, 이러한 수치의 2개 연도분을 더한 후에 단일지표를 얻기 위하여 2로 나누었다.
주 3) 그리고 나서 위의 지표를 표준점수화하였다.
자료: New York City, The District Resource Statement(FY1983 & FY1984, FY1984 & 1985).

(1983) 참조.

14) 성과지표 대신 [표 23-1]에서 보는 바와 같이 경비나 인력과 같은 투입지표를 사용하여 서비스 수준을 측정하는 데 대하여 투입지표가 가격 또는 임금의 지역격차, 인위적 파손행위, 서비

(2) 독립변수

기존 이론모형의 타당성을 검증하기 위하여 각 모형의 가설을 나타내는 변수들을 독립변수로 채용하였는바, 그 목록은 [표 23-2]에 나타나 있다.

정치적 변수 및 사회경제적 지위(SES) 변수에 대하여는 추가설명이 필요하다. 먼저 투표율은 서비스 배분에 대한 잠재적 영향력을 나타낸다고 하겠는바(Cingranelli, 1981), 본 장은 주민의 정치참여도(political mobilization)를 직접적으로 나타내주는 투표율의 변화를 정치적 변수로서 사용하였다. 한 선거에서의 투표율 대신 두 선거 사이의 투표율의 변화에 주목하는 이유는 한 시점에서의 투표율이 선거직 공무원에게 주는 의미가 사소할 것으로 우려되기 때문이다. 생각건대 과거 한 시점의 투표율은 선거직 공무원의 관심을 끌기에 불충분할 것이다. 왜냐하면 한 시점에서의 투표율은 현직 선거직 공무원의 관심사인 미래 선거에서의 투표율을 잘 가르쳐줄 수 없기 때문이다. 반면 두 시점간의 투표율의 변화는 미래 선거에서의 투표율 변화를 보다 잘 예측할 수 있게 해준다. 예컨대 투표율이 증가추세에 있는 지역은 미래의 선거에서 보다 높은 투표율(즉 참여율)을 보일 것으로 예상되는 것이며, 선거직 공무원은 미래의 선거에서 높은 투표율을 보일 것으로 생각되는 지역에 보다 많은 관심을 갖게 되는 것이다. 그렇다면 선거직 공무원은 왜 투표율이 높은 지역에 대하여 예민해야만 하는가? 그것은 어떤 지역의 투표율의 증가는 일반적으로 그 지역의 현직 선거직 공무원에 대한 부정적 평가 즉, 비난의 증가를 의미하기 때문이다(Levin, 1960). 이것은 앞에서 설명한 주민의 부정적 평가경향을 상기하면 쉽게 이해될 것이다.15)

또한 각 동의 사회경제적 지위를 나타내는 지표는 고소득 가구비율, 평균 가계수입, 고학력자 비율, 평균주택가격, 평균임차비, 전문직업인 구성비율 등

스 수요 등과 같은 요인들을 잘 반영하지 못한다는 지적이 있을 수 있다(Lineberry, 1974). 그러나 그러한 지적은 Boyle과 Jacob(1982)이 지적하듯 반드시 타당한 것은 아니다. 더구나 투입의 수준은 정부목표의 달성을 위한 필수적인 전제조건인바(Skogan, 1988), 경비나 인력과 같은 투입지표는 정부의 노력 또는 정책의 우선순위를 명백히 드러내 주는 장점이 있는 것이다(Welch, 1975; Viteritti, 1979).

15) 투표율에 더하여 현직 선거직 공무원에 대한 지지율을 정치적 변수의 하나로 택할 수도 있겠다. 그러나 두 가지 이유에서 지지율은 제외하였다. 첫째, 정책결정자의 비난회피동기를 고려하건대 투표율의 증가(비난의 증가)가 지지율(긍정적 평가)보다 선거직 공무원에게 중요한 의미를 갖는다는 고려 때문이다. 둘째, New York시의 경우 1981년 선거에서 Koch시장은 59개 동 중 4개만을 제외한 모든 지역에서 50% 이상의 압도적인 지지를 획득했다. 그와 같은 보편적 지지현상은 선거직 공무원으로 하여금 지지율에 따른 지역차별을 어렵게 만들 것이라는 고려 때문이다.

표 23-2 │ 독립변수

개 념			변 수
정치적 변수	정치적 참여도		투표율 증가(1977~1981)
계급변수	사회경제적 엘리트 소수인종		사회경제적 지위(SES)지수 흑인인구(%)
객관적 기준	서비스 조건		상공업지역 면적(%) 인구증가율(1970~1980)(%) 인구밀도
	서비스 수요	노인복지	65세 이상 인구(%)
		보 건	영아사망률
		주 택	1950년 이전에 지은 건물(%) 방화율
		정신보건	범죄 건수/1000
		청 소 년	18세 이하 인구(%)
		복 지	15세 미만 및 65세 이상 인구(%)
		소 방	1950년 이전에 지은 건물(%) 화재발생 건수/1000 방화율
		공 원	공원수/1000 공원이용자 수/1000 공원면적/1000
		경 찰	서비스 요청건수/1000 범죄 건수/1000
		위 생	일일 쓰레기 수거량(톤)/1000 청소장비 소요대수/1000 거리청결지수(%)
통제변수	공무원 수		지방공무원 수(%)

자료: 독립변수를 위한 통계치는 대부분 1980년 미국 센서스에 의존하였다. 단, 투표율은 New York시 선거위원회의 미발간 자료, 비거주지역 면적은 Community District Needs(New York City, 1985); 영아사망률은 Summary of Vital Statistics(1981); 범죄 건수 및 서비스 건수는 Police Department Statistical Report(1980); 화재발생 건수, 공원 수, 공원이용자 수, 쓰레기 수거량, 거리청결지수, 방화율 등은 District Resource Statement(1981, 1982)에서 발췌하였음.

6개 지표를 요인분석(factor analysis)을 통하여 단일지표화하여 만들었다.

3. 결과의 분석

앞에서 제시한 가설을 다중회귀분석을 사용하여 검증하였는바, 분석에 사용된 회귀방정식은 다음과 같다.

서비스 배분 $= b_1$(정치적 변수) $+ b_2$(계급변수) $+ b_3$(객관적 기준) $+ e$
(단, b_1, b_2, $b_3 =$ 회귀계수, $e =$ 오차항목)

11개 서비스 분야에 대한 회귀분석의 결과는 [표 23-3]에 요약하였다. [표 23-3]에서 볼 때 비교적 높은 수치의 결정계수(R^2)는 여기서 제시하는 회귀모형의 설명력이 높음을 알려준다. 그러나 모든 결정계수의 수치가 높은 것은 아니다. 특히 노인복지서비스에 대한 회귀모형의 설명력은 예외적으로 낮다(R^2수정치 $= 0.17$). 그럼에도 불구하고 일부 서비스에 대한 회귀모형의 설명력이 높지 않다는 사실은 본 연구에 있어서 크게 문제가 되지 않는다. 그것은 본 연구의 주목적이 실제로 배분된 서비스의 수준을 추정하는 데 있지 않고 서비스의 배분형태를 식별하는 데 있기 때문이다.

(1) 행정적 서비스의 배분

[표 23-3]의 회귀분석 결과는 행정적 서비스가 객관적 기준에 의해 배분되며 상층계급지역 또는 선거전략상 중요한 지역이라고 해서 유리하게 배분되지는 않는다는 가설 1을 입증해 준다. 즉 New York시의 소방·공원·경찰 및 위생서비스의 배분은 각 동의 계급적 요인(사회경제적 특성, 흑인인구비율)이나 정치적 요인(투표율증가)과 유의한 상관관계가 없는 것으로 나타났다.

대신 행정적 서비스의 배분은 서비스 조건이나 서비스 수요와 같은 객관적 기준에 의해 잘 설명된다. 즉 소방서비스에서는 인구밀도 및 화재발생률; 공원서비스에서는 인구밀도, 공원수 및 공원이용자 수; 경찰서비스에서는 인구증가율 및 서비스 청구건수; 위생서비스에서는 비거주지 면적비율, 일일 쓰레기 수거량, 청소장비 소요대수 등의 변수가 각각 통계적으로 유의한 설명변수인 것으로 나타난 것이다.

또한 표준회귀계수의 크기를 비교해 보면 이들 객관적 결정기준을 나타내는 변수들은 통계적으로 유의미할 뿐 아니라, 그 예측력의 크기에 있어서도 대체로 다른 변수들보다 크다는 것을 알 수 있는바, 이 사실은 이 유형의 서비스의 배분

23-3 | 유형별 서비스 배분에 대한 회귀분석 결과

	행정적 서비스				정치적 서비스						혼합형 서비스
	소방	공원	경찰	위생	노인복지	경제개발	보건	주택	정신보건	청소년	서비스
〈정치적 변수〉											
-투표율 증가(1977~1981)	0.08	0.17	-0.04	-0.09	0.40***	0.16	0.31**	0.12**	0.23**	0.34***	0.17**
〈계급변수〉											
-SES지수	-0.01	0.19	0.04	0.09	-0.13	0.17	0.01	-0.21**	0.01	-0.06	-0.21**
-흑인인구(%)	-0.03	-0.05	0.23	0.31	-0.02	0.20	0.26	0.16**	0.02	0.14	0.04**
〈서비스 조건〉											
-비거주자면적	0.12	–	0.14	0.30*	–	0.38**	–	-0.03	–	–	–
-인구증가율(%)	-0.11	-0.19	-0.31**	-0.08	-0.22	-0.43**	-0.47**	-0.08	-0.09	-0.30***	-0.38***
-인구밀도	-0.39**	0.29	-0.07	-0.32	0.06	-0.48***	-0.29	0.04	0.16	0.16	0.06
〈서비스 수요〉											
-노후주택(%)	-0.01	–	–	–				-0.02	–	–	–
화재발생 건수/1000	-0.82***	–	–	–					–	–	–
-방화율	0.06	–	–	–				0.06***	–	–	–
-공원수/1000		0.44***	–	–					–	–	–
-공원면적/1000		0.37**	–	–					–	–	–
-공원이용자 수/1000		0.17	–	–					–	–	–
-서비스요청 건수/1000			0.28**	–					–	–	–
-범죄 건수/1000			-0.03	–					–	–	–
-일일 쓰레기 수거량/1000				0.26**				0.37**	–	–	–
-청소장비 소모대수/1000				0.55***					–	–	–
-거리청결지수(%)				-0.19					–	–	–
-노령인구(%)					0.42***				–	–	–
-영아사망률							0.17		–	–	–
-청소년인구(%)									–	-0.25	–
-노소(老)시연령인구(%)									–	–	0.24**
〈통제변수〉											
-공무원 수(%)	-0.11	0.23	0.18	-0.18	0.06	-0.20	-0.36	-0.10	0.15	0.36*	0.04
R²	0.86	0.58	0.57	0.59	0.27	0.44	0.42	0.93	0.49	0.56	0.86
R² 수정치	0.83	0.48	0.50	0.50	0.17	0.32	0.33	0.92	0.42	0.14	0.84
N	56	51	49	56	57	41	55	56	54	54	57

주 1) * p < 0.1   ** p < 0.05   *** p < 0.01

이 기본적으로 객관적 기준에 의해 결정된다는 사실을 단적으로 입증해주는 것이다.

(2) 정치적 서비스의 배분

정치적 서비스에 대한 회귀분석결과는 이 유형의 서비스가 상층계급지역 또는 선거전략상 중요한 지역에 유리하게 배분될 것이라는 가설 2를 입증해준다. 즉 [표 23-3]은 투표율의 증가가 노인복지, 보건, 주택, 정신보건 및 청소년서비스와 유의한 상관관계가 있음을 보여주고 있다. 이것은 New York시의 현직 선거직 공무원들이 선거상의 이익을 확보하기 위하여 이 유형의 서비스 배분에 대한 관료의 결정에 영향력을 행사하였음을 암시해 주는 것이다.

예외적인 것은 투표율의 증가가 경제개발기금의 배분과는 유의한 상관관계가 없는 것으로 나타난 것이다. 그러나 이러한 사실이 New York시의 선거직 공무원이 경제개발서비스의 배분에 대하여 영향력을 행사할 능력을 결여했다는 것을 의미하지는 않는다. 그 이유는 경제개발기금의 목적, 즉 재개발사업은 민간부문(특히 기업인)의 주도에 의하여 이루어지게 되어 있기 때문에 사실상 공공부문이 개입할 여지가 크지 않은 데 있다. 환언하자면 경제개발기금의 배분에 있어서는 선거직 공무원들이 영향력을 행사할 만한 대상범위 자체가 극히 제한적이기 때문에 선거직 공무원 자신의 이익을 고려할 여지가 별로 없을 것이라는 것이다.

한편 정치적 변수(투표율증가)가 대부분의 정치적 서비스의 유의한 설명변수로 나타난 것과는 달리 계급변수는 그렇지 아니한 것으로 나타났다. 즉 [표 23-3]에서 노인복지, 보건, 주택, 또는 정신보건서비스의 배분이 상층계급지역에 유리하게 배분되었다는 증거를 찾을 수 없는 것이다. 오히려 주택서비스는 하층계급지역 또는 흑인거주지역에 상대적으로 유리하게 배분된 것으로 나타났다.[16] 한편 상층계급지역이 유리한 서비스 배분을 받았다는 증거는 경제개발기금의 배분의 경우에서 찾을 수 있다. 즉 상층계급주민, 특히 기업인들의 이익은 비거주지(상공업지역)에 집중되어 있다 하겠는바, 경제개발기금은 비거주지 면적비율과 밀접한 관련이 있는 것으로 나타난 것이다.

---

16) 그렇지만 이러한 사실이 하층계급지역이 유리한 주택서비스의 배분을 받았다는 것을 반드시 의미하는 것은 아니다. 그것은 저소득층을 위한 밀집주택건설은 일반적으로 지역주민으로부터 저항을 받는다는 사실에서 알 수 있다(Baer, 1985).

(3) 혼합형 서비스의 배분

혼합형 서비스에 대한 회귀분석결과는 이 유형의 서비스가 상층계급지역 또는 선거전략상 중요한 지역에 유리하게 배분되나, 그 유리한 정도가 정치적 서비스의 경우와 비교해 볼 때 상대적으로 작다는 가설 3을 입증해 준다.

먼저 가설 3의 전반부는 정치적 변수(투표율의 증가)가 복지서비스 배분에 대한 통계적으로 유의한 결정요인이라는 사실에 의하여 입증된다. 그러나 이 사실만으로는 정치적 서비스의 배분형태와 혼합형 서비스의 배분형태 간의 차이를 구별하기는 어렵다. 양자간의 구별을 위하여는 가설 3의 후반부를 입증할 증거가 필요하다. 이를 위하여 양 서비스 유형에 있어서의 정치적 변수의 회귀계수의 크기를 상호비교해 보자([표 23-4] 참조).[17] 명심할 것은 여기에서처럼 횡단비교를 하는 경우에는 표준회귀계수가 아닌 비표준화된 회귀계수를 사용해야 한다는 것이다. 그 이유는 표준회귀계수의 수치가 독립변수의 변량(variance)의 크기에 따라 변화하기 때문이다(Lewis-Beck, 1980).

[표 23-4]는 혼합형 서비스인 복지서비스가 투표율증가의 회귀계수의 크기에 있어 대부분의 정치적 서비스보다 작다는 사실을 가르쳐 준다 (b=4.83). 즉 이 사실은 외부압력이 서비스 배분에 미치는 영향력의 크기에 있어서 혼합형 서비스가 정치적 서비스보다 상대적으로 작다는 가설 3의 후

표 23-4 │ 정치적 및 혼합형 서비스 배분형태 비교: 정치적 변수의 회귀변수
(비표준회귀계수)

	서 비 스	회 귀 계 수
정치적 서비스	노 인	11.24*
	경제개발	18.86
	보 건	7.20**
	주 택	3.13**
	정신보건	6.39*
	청 소 년	7.98**
혼합형 서비스	복 지	4.83**

주) * p<0.1** p<0.05

17) 정치적 변수를 비교의 도구로 사용하는 것은 이 변수가 정치적 및 혼합형 서비스에 걸쳐 일관되게 유의한 변수였음을 고려하기 때문이다.

반부를 입증해 주는 것이다.

(4) 기타 논점

분석결과에 의하면 객관적인 결정기준(서비스 조건 또는 서비스 수요)은 서비스 유형에 상관없이 서비스 배분을 결정하는 중요한 요인인 것으로 나타났는데, 이는 서비스 배분에 대한 관료의 기본적 경향이 객관적 결정기준을 준수하는 것이라는 사실을 뒷받침해 준다. 즉, 청소년서비스를 제외한 모든 서비스 분야에서 서비스 배분에 대한 가장 강력한 결정요인은 정치적 변수나 계급적 변수가 아닌 서비스 조건이나 서비스 수요변수 중의 하나였던 것인바, 이는 각 회귀방정식 내에서 표준회귀계수의 크기를 비교해 보면 알 수 있다([표 23-3] 참조).[18]

또한 [표 23-3]을 자세히 보면 정치적 또는 혼합형 서비스의 배분은 외부압력을 반영할 것이라고 가정했음에도 불구하고 회귀분석결과는 이들 서비스가 상층계급지역에 유리하게 배분되지 "않았음"을 알 수 있다. 이 같은 결과는 특히 서비스가 상층계급에 유리하게 배분된다고 보는 계급차별 모형에 직접적으로는 위배되는 것이라 하겠는바, 우리는 여기서 왜 계급요소가 서비스 배분에 반영되지 않았는가에 대해 의문을 제기해본다.

그 대답은 모든 주민이 동일한 서비스를 원하는 것은 아니라는 데서 찾을 수 있다. 대부분의 정치적 및 혼합형 서비스는 사실상 하층계급을 위한 서비스로서, 상층계급 주민의 이러한 서비스에 대한 요구는 상대적으로 작다. 그 이유는 그들이 이러한 서비스를 필요로 하지 않거나(예, 복지서비스) 또는 민간부문에서 보다 양질의 서비스를 자신의 부담으로라도 획득하는 것을 선호하기 때문이다(Viteritti, 1982; Baer, 1985). 만일 상층계급지역 주민이 이들 서비스 배분에 대해 적극적인 요구를 투입했다면 결과는 달라졌을 것이나 그들은 그렇게 할 충분한 동기를 갖고 있지 않았다고 보는 것이다.

---

18) 구체적으로 그 변수들을 보면 화재발생 건수(소방), 공원수(공원), 인구증가율(경찰, 보건, 복지), 청소장비 소요대수(위생), 노령인구(노인복지), 인구밀도(경제개발), 방화율(주택), 범죄 건수(정신보건) 등이다.

Ⅴ 결 론

본 장은 기존 이론모형간의 갈등을 조화·통합시킬 수 있는 통합이론 모형의 개발을 목표로 하였는바, 그를 위하여 서비스 유형의 서비스 배분에 미치는 차별적 효과에 대한 몇 개의 가설을 세우고 이를 경험적으로 분석하였다.

분석결과가 보여주듯이 기존 이론모형의 설명력에는 명백한 한계가 있다. 그것은 서비스 유형이 서비스 배분에 미치는 차별적 효과를 고려하지 않기 때문인바, 관료제적 모형은 행정적 서비스의 배분을 설명하는 데는 효과적이었으나 그 외의 서비스의 배분은 잘 설명할 수 없었다. 마찬가지로 정치적 또는 계급차별 모형은 정치적 또는 혼합형 서비스의 배분은 효과적으로 설명하고 있으나 다른 서비스의 배분은 잘 설명할 수 없었던 것이다. 이와 같은 사실은 서비스 배분에 관한 연구는 반드시 서비스 유형의 서비스 배분에 미치는 효과를 감안해야만 한다는 것을 가르쳐주는 것이며, 또한 그렇기 때문에 하나 또는 몇 개의 특정 서비스의 배분에 대한 연구결과를 서비스 유형에 대한 신중한 고려 없이 범위를 확대하여 일반화해서는 안 될 것이다.

한편 우리나라의 현실과 관련하여 여기에서 제시한 서비스 유형화에 대한 반론이 있을 수 있다. 예컨대, 본 장에서는 공원서비스가 고순위 서비스로 간주되어 행정적 서비스의 하나로 분류되었으나 우리의 경우는 공원이 저순위 서비스이므로 혼합형 서비스(유형 Ⅲ)의 하나로 분류되어야 한다는 주장도 있을 수 있는 것이다. 생각건대 서비스의 유형화기준, 특히 서비스의 우선순위 기준은 그 나라의 경제·사회·문화적 여건에 따라 다를 수 있는 것이므로 앞으로 이를 감안한 서비스 유형화의 노력이 필요하다고 본다.

첨언할 것은 우리나라도 지방자치시대에 돌입한 만큼 이제는 지방정부(local government)의 서비스 배분에 대한 본격적인 연구가 필요하다는 것이다. 그 이유는 지방자치제가 활성화됨에 따라 각 지역주민의 소속지역에 대한 정체의식(identity)이 점차 강화될 것이기 때문이다. 정체의식의 증대는 소속지역과 다른 지역과의 공공서비스의 상대적 수혜량을 비교하는 욕구를 촉발시키게 된다. 예컨대 주민들은 우리 동네가 이웃 동네에 비하여 소방서비스를 얼마만큼 공평하게 또는 불공평하게 받고 있는가에 대한 관심을 보다 많이 가지게 될 것이라는 것이다. 지방자치 실시 전에는 이와 같은 지역간의 비교욕구가 상대적으로 작았다고 하겠다. 왜냐하면 이러한 비교욕구는 소속지역에 대한 정체의식을 필요로 하는바, 정체의식은 지방자치의 실시를 통하여 증대되는 것이기 때문이다. 실제로 지난날 우리나라는 지방자치가 결여된 상태에서 산업화를 추진하였기 때문에 중앙단위의 외연적 성장에만 지나치게 관심을 두게 되었고 지방정부 내에서의 부의 배분문제는 진지한 논의의 대상에서 제외시켜 왔다. 그러나 이제 지방자치제 실시로 지방화가 진전이 되면서 각 지역주민들은 성장의 총화뿐만 아니라 서로의 몫을 상호비교하는 노력을 배가하게 될 것인바, 이와 같은 '비교의 시대'의 도래는 서비스 배분에 대한 본격적인 연구가 필요함을 가르쳐 주는 것이다.

▌ 서 론

본 장에서는 지방자치 실시가 지방정부의 복지정책정향에 대하여 어떠한 변화를 어떻게 가져왔는가에 대하여 논의하고자 한다.[1] 지방자치라는 정치제도의 변화가 정책의 변화에 대하여 미치는 효과에 대하여 관심을 갖는 것은 정치·행정학도로서 당연한 것이기는 하나 그 중에서도 본 장에서 특별히 복지정책정향의 변화여부에 대하여 관심을 갖는 이유는: ① 지방자치는 일부 계층이 아니라 모든 주민의 복리증진을 목표로 하고 있음에도 불구하고 실제로 대부분의 정책은 계층간 차별효과를 보이게 될 것인바, 그러한 차별효과는 특히 재배분적 성격을 갖는 사회복지정책에 있어서 더욱 뚜렷이 나타나게 될 것이라는 점; ② 삶의 질에 대한 관심 증대, 과거 집권적 정부의 복지수요에 대한 무관심에 따른 반작용적 요구의 증대, 그리고 주민요구에 대한 지방정부의 반응성 증대 등으로 복지정책의 중요성이 증대되고 있는 점; ③ 1997년 말 외환위기로 촉발된 경제위기하에서 중앙과 지방을 막론하고 특히 소외층의 문제가 심각해지면서 이들을 위한 복지정책이 지방정부의 중요한 정책과제로 부각된 점; ④ 지방정부의 복지정책정향이 정책결정자의 정책의지보다는 지방의 사회경제적 조건에 지배받는다거나(예, Peterson, 1981), 지방수준에서는 이른바 성장연합의 구축으로 인하여 개발이 복지에 우선할 것이라는 주장(예: Logan & Molotch, 1987) 등이 제시하는 바와 같이 만일 지방자치가 지방정부의 복지정책

---

1) 정책정향은 어떤 지방정부가 어떠한 기능에 상대적 비중을 두고 있는지를 의미하는 개념이라 하겠는바, 본 장에서 복지정책정향이란 저소득층, 노인, 부녀자, 장애자 등 하층계 급을 위하여 수행되는 복지기능에 대한 지방정부의 정책적 노력정도를 의미하는 개념으로서 사용한다.

을 축소하여 소외층의 소외를 심화시킬 경우, 이에 대처하기 위한 적절한 정책적 대응방안의 모색이 필요하게 될 것이라는 점; ⑤ 지역사회의 사회경제적 구성이 점차 이질화되어 가고 있는 현실에서 만일 지방자치가 지방정부의 정책정향에 실질적인 변화를 가져오는 것이라면 그것이 과연 어느 계층에 유리 또는 불리하게 전개될 것인가를 확인하는 작업은 관련 이론의 확인을 위하여나 실천적 처방을 위한 진단목적으로서나 중요한 과제가 된다는 점 등을 고려한 것이다.

그렇다면 실제로 우리나라에서의 지방자치의 시행은 지방정부의 복지정책정향에 어떠한 영향을 미쳤겠는가? 이와 관련한 최초의 실증적 분석은 이승종·김흥식(1992)에 의하여 시도되었다. 이들은 1991년에 구성된 지방의회가 지방정부의 복지정책정향에 부정적인 영향을 미친 것으로 보고함으로써 지방자치가 복지정향을 포함하여 사회전반에 긍정적 효과를 미칠 것이란 장밋빛 전망을 제시하였던 일부 논자들에게 다소간의 충격을 주었다. 그러나 지방의회의 출범만으로 지방자치가 본격화되었다고 할 수는 없으며 따라서 보다 본격적인 의미에서 지방자치가 지방의 복지정책정향에 미친 효과에 대한 평가는 단체장 선거 시행 이후로 미루어질 수밖에 없었다.

수차례의 연기 끝에 단체장 선거는 결국 1995년에 시행되었고 이에 따라 일부 학자에 의하여 지방자치의 복지정책정향에 대한 효과에 대한 실증적 분석이 이루어지게 되었다. 김인철(1994), 김태일(1998), 유재원(1999), 강윤호(2000a, 2000b) 등이 그것인바, 단체장 선거 시행 이후에 진행된 이들 연구는 보다 본격적인 의미에서의 지방자치제의 복지정향에 대한 효과에 대하여 유용한 정보를 제공하여 주었는데 그 중에서도 지방자치의 효과가 지방정부의 유형에 따라 다르게 나타날 수 있다는 사실을 확인하여 준 것은 중요한 연구성과로 평가되어야 할 것이다.

그럼에도 불구하고 기존의 연구는 다음과 같은 한계를 지니고 있다. 첫째, 같은 현상에 대하여 일치된 분석결과를 도출하지 못하고 있다. 예컨대, 시의 경우 기초자치단체를 대상으로 한 분석(강윤호, 2000a)에서는 유의미한 변화가 없는 것으로 나타났으나 기초와 광역자치단체를 대상으로 한 다른 연구(유재원, 1999; 강윤호, 2000b)는 유의미한 감소현상이 발견되는 등 분석결과의 불일치가 나타나고 있는 것이다. 그러나 그 불일치의 정도는 대개의 논자들이 지적하는 바와 같이 심각한 것은 아니다. 후술하는 바와 같이 시의 경우를 제외하면 오히려 분석결과가 일치하고 있기 때문이다. 그러므로 연구성과의 불일치를 지나치게 부각시키는 것은 온당하지 않다. 다만, 불일치의 크기와 무관하게 보다 객관적인 평가를 위하여 연구설계에 있어서 보다 주의 깊은 노력이 필요함은 물론이다.

둘째, 사실확인상의 불일치보다 더 큰 한계는 지방자치에 따른 복지정책 변화에 대한 적절한 이론적 설명이 부재 또는 미흡하다는 점이다. 지방자치가 지방정부의 복지정책정향에 여하한 영향을 미칠 것인가 하는 문제와 관련지을 수 있는 이론적 관점은 크게 세 가지로 정리할 수 있다. 즉, ① 지방정부는 경제성장을 최우선 과제로 추구하기 때문에 복지보다는 개발정책정향을 보인다는 관점(Peterson, 1981; King, 1984; Schneider, 1989); ② 경제적 요인의 중요성에도 불구하고 선거기제의 작동에 따른 정책결정자의 정치적 고려, 주민과 이익집단의 요구 등 정치적 요인에 의하여 지방정부의 복지정향이 강화될 수 있을 것이라는 관점(Boyle & Jacob, 1982; Fry and Winters, 1970; Wong, 1988); ③ 현대 행정국가에서 복지정책을 포함하여 제반 정책의 정향은 관료제의 중립적 의사결정기준(bureaucratic decision rules)에 의하여 좌우될 것이라는 관점(Mladenka, 1980; Lineberry, 1985; Jones, 1977) 등이 그것이다. 개발정향론에 따르면 지방자치의 실시라는 정치적 변화에도 불구하고 사회경제적 여건이 변화하지 않는 한 증대된 지방정부의 자율성은 복지보다는 개발을 추구하는 데 사용될 것이므로 지방정부의 복지정향이 약화될 것이다. 복지정향론에 의하면 지방자치의 실시는 지방정부의 주민에 대한 감수성을 증대시키게 될 것인바, 이에 따라 주민의 지지획득을 위한 복지정향이 강화될 것이다. 관료제적 관점에 의하면 지방자치의 실시에도 불구하고 관료제의 구성에는 큰 변화가 없으므로 관료제적 의사결정의 기준이 되는 외부요인의 유의미한 변화가 없는 한, 지방자치의 시행에 따른 복지정향의 실질적인 변화는 없을 것으로 예측하게 된다.

지적할 것은 이 세 가지 설명모형 중 어느 하나의 모형이 지배적인 설명력을 갖는 것은 아니라는 점이다. 그것은 뒤에서 제시하는 바와 같이 지방의 복지정향에 대한 지방자치의 영향이 지방정부의 유형에 따라 다르게 나타날 것이기 때문이다. 이에 대하여는 이미 지방자치의 복지정향에 대한 효과가 지방정부유형에 따라 차이가 나고 있음을 보고하고 있는 기존의 연구에서 드러난 것이다. 그럼에도 불구하고 기존의 연구들은 왜 그러한 차이가 나는지에 대하여 충분한 이론적 설명을 제공하는 데 실패하고 있다. 예외적으로, 강윤호

(2000b)가 중위유권자모형을 동원하여 설명을 시도한 바 있으나 단체장과 지방의원의 정책성향을 차별화하지 않음으로써 설명력에 한계를 보인다. 이와 아울러, 기존의 연구는 지방자치의 복지정향에 대한 효과를 논함에 있어 관료제적 의사결정론에 대하여 마땅한 주의를 기울이는 대신 복지정향론과 개발정향론에만 관심을 둠으로써 분석결과 지방자치에 따른 유의미한 복지정향변화가 관찰되지 않는 경우에 대하여 침묵하는 문제점도 드러내고 있다.

이상의 논의에 입각하여 본 장은 단순히 지방자치가 지방정부의 복지정책정향에 여하한 영향을 미쳤는가에 대한 사실확인에 그치지 않고, 그러한 확인과정을 통하여 상충하는 이론적 관점의 해소에 초점을 맞추고자 한다. 우선, 이론적 설명을 위하여는 지방자치에 따른 복지정향에 대한 설명모형을 증가, 감소, 불변 등 세 가지 경우로 나누어 제시한 뒤, 지방정부유형을 새로운 변수로 채용한 통합적인 설명모형을 구축할 것이다. 이러한 설명모형에 입각하여 실증적 분석을 시행한다. 이를 위하여 광역 및 기초지방자치단체를 분석대상에 포함하고, 지방의회구성 전, 지방의회구성 후 및 자치단체장 선출 후를 분석시기에 포함하며, 일부 연구와는 달리 평균차이 검증이 아닌 다변인 분석방법을 채용할 것이다.

Ⅱ 이론적 배경

1. 이 론

1) 개발정향론[2)]

개발정향론은 지방정부(또는 정책결정자)는 경제성장을 제일의 목표로 추구하며 따라서 복지정책에 우선하여 개발정책을 추구하는 것으로 본다. 이러한 관점에서는 경제성장을 촉진시키는 개발정책에 비하여 복지정책은 지역경제성장에 가용될 수 있는 자원을 고갈시킬 뿐만 아니라 조세부담을 가중시킴으로써 새로운 자본이나 생산적 노동력의 유입을 저해하는 한편, 기존의 자본 및

---

2) 개발정향론과 복지정향론에 관한 자세한 논의는 이승종·김흥식(1992)을 참조할 것. 여기에서는 지면관계상 추가로 제시하는 관료제론과 지방정부유형론에 중점을 두고 서술한다.

노동력의 지역 밖으로의 유출을 조장하는 동시에 다른 지역의 빈민들마저 관할지역으로 유인함으로써 지역경제성장을 저해하는 것으로 본다(Pauly, 1973; Blank, 1985; Gramlich and Laren, 1984). 뿐만 아니라 개발정책의 수혜자는 기업가, 소상인, 노동자 등 거의 모든 지역주민을 포함하는 데 반하여 복지정책의 수혜자는 일부 주민들에 국한되기 때문에, 지방정부가 복지정책을 통하여는 필요한 정치적 지지마저 확보하기 어렵게 된다는 것이 이 관점의 내용이다. Peterson(1981)에 의하면 지방정부가 개발정책을 추구하게 되는 이유는 기본적으로 개방체제로서의 지방정부가 노동과 자본의 이동을 효과적으로 통제하기 어려운 데 기인하는 것이다. 즉, 노동과 자본을 관할 구역 내에 유지 또는 유치하기 위하여 지방정부는 노동과 자본의 유인효과가 큰 개발정책을 최우선 과제로 추구하는 대신 추방효과가 큰 복지정책에는 소극적 태도를 보이게 된다는 것이다. 이 외에도 지방정부가 지역토호와의 연합관계에 기초하여 개발정책을 추구하게 된다는 성장연합론(Logan & Molotch, 1987), 지방의 공직자가 지역의 상층계급의 이해에 자발적으로 협조한다는 체계적 권력론(Stone, 1980) 등도 같은 계열의 이론으로 포함될 수 있을 것이다. 이와 같은 개발정향론에 따르면 지방자치의 실시는 복지보다는 개발을 추구하는 데 사용될 것이므로 지방정부의 복지정향을 약화시킬 것으로 예측된다.

2) 복지정향론

경제성장이 지방정부가 추구하는 제일의 목표라고 보는 개발정향론과는 달리 복지정향론에 의하면 지방의 정책결정자의 일차적 목표는 재선에 있으며 따라서 조직의 존속발전 또는 그 구성원의 현직유지승진 등을 위한 정치적 지지의 확보를 보다 중요시한다(Fry and Winters, 1970; Wildavsky, 1974; Rouke, 1984; Wong, 1988). 그리고 이에 따라 지방정부는 정치적 지지의 확대를 위하여 복지정책의 강화를 추구할 수 있다고 본다. 물론 지방정부의 목표로는 경제성장(Peterson, 1981; Elkin, 1987), 건전재정의 운영 또는 주민간의 분쟁조정(Shefter, 1985) 등의 다른 목표도 있겠으나, 계속적인 집권을 위하여는 정치적 지지의 확보가 무엇보다도 중요하기 때문에 복지정책의 강화가 가능하다는 것이다. 즉, 지방정부는 경제적 합리자이기 이전에 정치적 합리자이며, 그렇기 때문에 경제성장에 대한 부정적인 영향의 우려에도 불구하고 정치적 지지의 극대화를 위하여 복지정책을 적극적으로 추구하게 된다고 본다. 이 같은 복지정향론에 의하면 지방자치의 실시는 선거기제에 따라 지방정부의 주민에 대한 감수성을 강화시킬 것인바, 이에 따라 주민의 지지획득을 위한 복지정향이 강화될 것으로 예측하게 된다.

한편, 정치적 지지에 도움이 된다면 정책결정자가 복지정책에 우선하여 개발정책을 추구할 수도 있을 것이기 때문에 복지정향론과 개발정향론과의 중복이 생긴다는 지적이 있을 수 있다. 이러한 지적은 논리상 일응 타당하다. 다만, 두 가지 점에서 양자는 구별이 가능하다. 첫째, 복지정향론은 복지정책의 대상자 범위가 개발정책의 대상자의 범위보다 크기 때문에 복지정책의 정치적 효과가 개발정책의 그것에 비하여 상대적으로 크다고 보는 데 비하여 개발정향론은 그 반대로 보는 경향이 있다. 둘째, 복지정향론은 경제성장에 대한 부정적 영향에도 불구하고 복지정책이 추진될 수 있다고 보는 것인 반면, 개발정향론은 경제성장에 부정적 영향이 전제되는 복지정책의 추구가 구조적으로 가능하지 않다고 보는 것이다. 즉, 논리상 복지정향론은 정책결정자의 자율성을, 개발정향론은 정책결정자에 대한 구조적 제약요인을 강조한다는 점에서 차이가 있는 것이다.

3) 관료제적 의사결정론

현대에 이르러 이른바 행정국가화 현상이 심화됨에 따라 중앙과 지방을 막론하고 정책과정에서의 관료의 역할이 강화되고 있다. 이러한 현상은 복지정책(또는 개발정책)의 결정에 있어서도 마찬가지일 것인바, 관료들은 정치인의 지시를 수동적으로 집행할 뿐만 아니라 정책과정에 적극적으로 참여하여 독자적 영향력을 행사한다. 물론 최종결정권자는 아니지만 관료들은 행정전문성에 기초하여 최소한 정치인의 결정을 견제하는 정도의 영향력은 발휘할 수 있을 것이다. 그럼에도 불구하고 위에서 제시한 개발정향론이나 복지정향론은 공히 증가된 관료의 역할을 경시하고 있다는 점에서 한계가 있다고 비판된다.

정책과정에 있어서 관료들은 일반적으로 경제성장이나 정치적 지지를 고려하기보다는 객관적·전문적 기준 즉, 이른바 관료제적 의사결정기준에 의하여 정책의 결정과 집행을 정당화하는 경향이 있다. 이러한 관료의 정책행태는 종래의 도시공공서비스에 관한 일련의 연구에서 강하게 제기되어 온 것이다 (Lineberry, 1977; Mladenka, 1981; Jones, 1981). 이 같은 관점에 따르면 지방자치의 실시에도 불구하고 관료제의 구성에는 큰 변화가 없으므로 관료들은 복지정책의 증대 또는 감소를 정당화하는 유의미한 환경적 교란요인이 발생하지 않는 한, 지방자치라는 정치적 변화에도 불구하고 복지정책에 대한 관성을 지키려는 성향이 강할 것이며 이는 지방의 복지정향의 유의미한 변화를 억제하는 요인으로 작용하게 될 것이다. 지방자치 이후 발생한 대전시 유성구의 급식지원사건이나 성남시의 장학금 조성사건에서 보여준 관료의 저항적 행태는 이러한 가능성을 확인시켜 주는 사건이라 하겠다.

그렇다고 해서 관료제론이 지방의 복지정향의 불변만을 허용하는 것은 아니다. 관료제적 의사결정의 기준이 되는 객관적인 수요가 유의미하게 변화하는 경우에는 이에 대한 관료의 정책대응이 있을 것이다. 즉, 복지수요가 변화하는 경우에는 관료제론에 의하더라도 복지정향의 변화가 가능한 것이다. 이 경우, 복지정향의 변화에 대한 설명에 있어서 관료제론과 다른 설명모형 —복지정향론이나 개발정향론— 이 경합하게 되는 문제가 발생한다. 이 문제는 정책의 실제변화가 수요변화에 따른 관료제의 대응에서 기인한 것인지 또는 정치인의 결정에 따른 것인지 사후적으로 판별해야 하는 과제로서 남게 된다. 다만, 관료의 낮은 반응성, 보수적 결정경향, 복지확대에 대한 타 분야 관료의 견제 등을 고려할 때, 관료제의 존재는 아무래도 정책의 급격한 변화를 억제하는 것으로 파악하는 것이 타당하다 하겠으며 그렇기 때문에 관료제론은 일차적으로 복지정향의 불변론과 연관짓게 되는 것이다.

4) 지방정부유형론

위에서 세 가지 설명모형을 제시하였으나 어느 하나의 모형이 일률적으로 적용될 수 있는 것은 아니며 부분적인 설명력을 가질 뿐이다. 그것은 기본적으로 자치단체의 여건이 다르고 이에 따라 정책결정자의 행동패턴 역시 달라질 수 있을 것이기 때문이다. 이러한 이유에서 우리는 지방정부의 유형에 따라 지방자치의 복지정향에 대한 효과가 달라질 가능성에 대하여 주목하여야 한다.

지방정부유형화의 기준은 여러 가지로 제시될 수 있을 것이나 이론적으로 유의미한 기준으로는 자치계층 및 도시화정도를 들 수 있을 것이다. 우선, 자치계층은 광역정부와 기초정부가 담당하는 기능이 상이할 것임을 전제로 한 것이다. 만일 기능의 차이가 크다면 자치계층은 복지정책정향에 대하여 유의미한 영향요인으로 나타나게 될 것이다. 그러나 실제로 광역과 기초 간의 담당업무의 중복이 큰 우리의 경우, 자치계층에 따른 효과의 차이가 유의미할 것으로 기대하기는 어렵다고 판단된다.[3] 자치계층보다 더 유의미한 기준은 도시화 수준일 수 있다(강윤호, 2000b). 즉, 도시빈곤의 문제를 해결하기 위한 복지수요가 큰 대도시의 경우와, 상대적 낙후를 회복하기 위한 개발수요가 큰 비대도시의 경우에는 정책결정자의 정책선호가 차별적으로 나타날 것이며 이에 따라 지방자치의 복지정책에 대한 효과 역시 차별적으로 나타날 것이다. 그렇다면 구체적으로 정책결정자의 정책선호는 어떻게 나타날 것인가?

첫째, 단체장의 경우이다. 복지수요가 큰 대도시의 단체장은 복지에 대한 감수성이 클 수밖에 없으며 이에 따라 복지정책을 강화하고자 할 것이다. 반면, 복지보다는 개발수요가 큰 비대도시의 단체장은 복지보다는 개발정책에 대한 감수성이 클 수밖에 없고 이에 따라 복지정책 대신 개발정책을 강화하고자 할 것이다.

둘째, 지방의원의 경우이다. 지방의원도 단체장과 같이 민선되므로 단체장과 같은 정책정향을 보일 것으로 생각하기 쉽다. 그러나 지방의원은 단체장과는 달리 지방정부의 유형과 무관하게 복지정책보다는 개발정책에 우선하게 될 것이다.

왜 단체장과 지방의원의 정책선호가 차이를 보이게 되는가? 그러한 차이는 기본적으로 단체장은 지방정부의 관할 구역 전체에서 1인이 선출되고 지방의원은 여러 개의 하부구역을 선거구로 하여 다수가 선출되는 데서 비롯된다. 우선 다수인 지방의원은 상호간 대립보다는 개발예산에 대한 돼지구유(pork-barrel) 갈라먹기식 타협을 하려 할 가능성이 크다. 주지하는 바와 같이 pork-barrel 정치에는 복지예산보다는 하부지역별로 분할이 가능한 개발예산이 우선적으로 적용된다. 복지예산은 하부지역별로 구분되기 곤란하며 일정한 기준에 의하여 자치단체의 관할 구역 전체를 단위로 하여 배분되기 때문이다. 이러한 상황에서는 복지예산의 증감이 의원의 정치적 이해에 미치는 효과는 단체장에 대한 효과에 비하여 직접적이지도 크지도 않다. 그리고 이러한 이유에서 지방의원은 복지정책보다는 개발정책의 확대를 통하여 정치적 이익을 확보하려 하게 된다. 이와는 달리 pork-barrel 정치의 요구가 없는 단체장은 자치단체의 전체 상황에 대한 고려에 보다 충실하게 될 것이다. 즉, 복지예산의 변화는 직접적으로 단체장의 결정으로 이해될 것이기 때문에 단체장의 복지정책에 대한 감수성은 의원의 그것에 비하여 높게 된다. 물론 개발정책에 대한

---

3) 지금까지 광역과 기초정부 간의 기능중복을 줄여야 한다는 주장이 지속적으로 제기되어 오고 있다는 사실은 자치계층간의 기능중복이 크다는 점을 반증해준다.

감수성 역시 복지예산에 대한 그것 못지않을 것이다. 그러나 어느 정책에 대한 감수성이 작용하느냐의 여부는 당해 지방정부의 여건에 따라 다를 것이며 그렇기 때문에 의원의 경우와는 달리, 지방자치단체의 여건에 따라 단체장의 정책정향이 달라지게 된다.4)

한편, 단체장의 영향력이 의회의 영향력을 능가하는 강시장제하에서 외부로 나타나는 지방정부의 정책정향은 지방의원이 아니라 단체장의 정책정향의 정책선호에 준하여 나타나는 경향을 보일 것이며 이에 따라 지방정부의 유형에 따라 지방자치의 정책효과가 차별적으로나타나게 될 것이다.

셋째, 앞에서 제시한 바와 같이 관료는 지방정부의 유형과 무관하게 객관적 정책수요의 변화가 감지되지 않는 한 기본적으로 정책변화를 억제하는 요인으로 작용하게 될 것이다. 기실 관료는 지방자치의 시행 자체를 환영하지 않고 있음도 고려되어야 한다.

요약하건대, 지방정부의 정책정향은 이들 세 행위자간의 상호작용에 의하여 결정되게 된다. 단, 단체장의 정책주도권을 전제하였을 때(박종민 편, 2000), 지방자치에 따른 지방의 복지정책은 기본적으로 단체장의 정책정향을 반영하게 될 것이며 이에 따라 지방정부의 유형에 따라 일정한 차이를 보이게 될 것이다. 이때 지방의원의 정책정향은 개발정책의 강화요인 내지는 복지정책의 약화요인으로, 관료의 정책정향은 외부의 교란요인이 없는 한 급격한 정책변화를 억제하는 요인으로 작용하게 될 것이다. 그리고 이에 따라 복지수요가 큰 대도시에는 복지정향이 증가 또는 불변하게 될 것이며, 복지수요가 낮은 비(非)대도시에서는 복지정향이 감소 또는 불변하게 될 것이다라는 가설을 제시하게 된다.

---

4) 물론 지방정치인의 정치적 입지가 지역의 복지 또는 개발수요에 대한 대응여부에 의하여만 결정되는 것은 아니며 정당 등과의 관계에 의하여도 영향을 받기 때문에 지역수요에 대한 감수성만으로 지방정치인의 행동패턴을 예측하는 데는 한계가 있다. 특히 우리의 정치현실을 고려하건대, 정당참여가 금지되어 있는 기초지방의원의 경우에까지 집권화된 정당의 영향력은 상당한 수준에 있다고 보아야 할 것이다. 그럼에도 불구하고 지방정치인과 정당과의 관계에 따른 지방정부의 복지비중변화에 대한 의미 있는 설명을 찾기란 쉽지 않다. 그것은 정당이 지방정부의 복지비중에 영향을 미치기 위하여는 정당의 이념적 배경에 따라 복지정향에 유의미 한 차이가 있어야 할 것이기 때문이다. 그러나 붕당적 성격이 강한 우리의 경우, 정당의 이념적 차이는 뚜렷하지 않으며 따라서 정당과의 관계에 의하여 복지정향의 지역별 차이가 나타날 것으로 예상하기 어렵다. 요컨대, 지방정치인과 정당과의 관계에 따른 복지정책비중에 대한 효과는 지역별로 대동소이할 것이라는 것이다. 이러한 점을 반영하여 여기에서는 지역간 유의미한 차이가 있을 것으로 예상되는 수요측면을 집중적으로 조명하는 것이다.

2. 기존의 연구

지방자치가 지방정부의 복지정향에 미친 효과에 대한 실증연구를 종합하여 [표 24-1]에 요약하였다. 우선 지적할 것은 분석결과가 일견 다양하게 나타나고 있다는 점이다. 그러나 앞에서 지적한 바와 같이 불일치의 폭이 우려할 수준은 아니다. 시의 경우를 제외하고는 대체로 일치된 결과를 나타내고 있기 때문이다.[5]

구체적인 분석결과에 있어서 지방의회기에 있어서는 일반적으로 지방자치에 따른 복지정향이 감소되는 경향이 보고되고 있으며, 예외적으로 광역시의 경우 불변인 것으로 제시되고 있다.[6] 한편, 단체장기에 있어서 광역시는 불변(유재원, 1999; 강윤호, 2000b), 도 및 군은 감소(유재원, 1999; 강윤호, 2000a, 2000b), 자치구는 일관되게 증가경향을 보인 것으로 나타난다(김태일, 1998; 유재원, 1999; 강윤호, 2000a, 2000b). 불일치되는 것은 시의 경우이다. 즉, 유재원(1999)은 증가를, 강윤호(2000a)는 불변을, 강윤호(2000b)는 감소를 보고하고 있는 것이다. 다만, 분석방법을 고려하건대 아무래도 매개변수에 대한 통제를 포함한 연구에 상대적 무게를 두는 것이 타당하다 하겠으므로 시의 경우 감소 또는 불변의 경향을 보이는 것으로 판단하는 것이 타당할 듯하다.

이러한 분석결과는 일차적으로 지방정부유형에 따라 지방자치의 복지정향에 대한 효과가 차별적으로 나타난다는 사실을 지지한다. 즉, 이론적 설명에서 제시한 바와 같이 대도시(특별·광역시, 자치구)의 경우는 증가 또는 불변현상이, 비대도시(도, 시, 군)의 경우는 감소 또는 불변현상이 관찰되고 있는 것이다. 나아가서 분석결과는 지방의회구성의 효과와 단체장 민선의 복지정향에 대한 효과가 차별적임을 보여주고 있다. 즉, 지방의회기의 복지정향은 일반적으로 감소(또는 불변)경향을 보였으나, 단체장기의 복지정향은 지방정부유형에 따라 차별화될 뿐만 아니라 증가경향도 보이고 있기 때문이다.

문제는 앞에서 지적하였거니와 기존의 연구가 이 같은 현상에 대하여 적

---

5) 분석결과의 신뢰성 측면에서 매개요인의 통제를 수반하지 않은 연구(김태일, 유재원)보다는 아무래도 통제를 시도한 다변인 연구(이승종·김홍식, 김인철, 강윤호)에 상대적 무게를 둘 수밖에 없다. 특히, 강윤호(2000b)의 연구는 분석자료의 포괄성 측면에서 평가할 만하다. 다만, 분석결과의 해석에 있어서 상응하는 주의를 기울이지 못하는 한계를 보인다.

6) 단, 관련변인의 통제를 수반한 이승종·김홍식(1992) 또는 강윤호(2000a)의 연구결과에 무게를 둔다면 지방의회는 전반적으로 지방복지의 감소를 가져온 것으로 평가될 수 있다.

표 24-1 | 기존연구의 종합

	분석대상	분석시기	분석방법	분석결과	비 고
이승종· 김흥식 (1992)	기초 및 광역	지방의회기	통합회귀분석	감소	
김인철 (1994)	광역	지방의회기	회귀분석	특별·광역시: 불변 도: 감소	
김태일 (1998)	자치구 (서울시)	단체장기	t-test	증가	
유재원 (1999)	기초 및 광역	단체장기	t-test	광역시: 불변 도, 군: 감소 시, 구: 증가	복지정향, 개발정향 동시분석
강윤호 (2000a)	기초	지방의회기, 단체장기	통합회귀분석	지방의회기: 감소 단체장기: - 구: 증가 - 군: 감소 - 시: 불변	
강윤호 (2000b)	기초 및 광역	지방의회기, 단체장기	통합회귀분석	지방의회기: 감소 (단, 광역시: 불변) 단체장기: - 광역시: 불변 - 도, 시, 군: 감소 - 구: 증가	

실한 논리적 설명을 제공하지 못하고 있다는 점이다. 이러한 문제와 관련하여
이하에서는 지방자치에 따른 지방정부의 복지정향에 미친 효과를 평가한 다음,
그러한 효과가 어떻게 발생하는가에 대한 논리적 설명의 타당성을 검토할 것
이다.

III 연구설계[7)]

1. 분석사례

본 장은 광역자치단체로서 15개 시·도를, 기초자치단체로서 경상북도, 전라남도, 충청북도, 강원도의 시군 및 자치구 전체를 분석사례로 하였다. 도의 선정은 지역별 특수성을 감안하여 이루어졌다. 즉, 우리나라는 영남, 호남, 영동 및 중부권에 따라 정치·사회·경제적 차이를 보이고 있는바, 이를 감안하여 영남지역에서 경상북도를, 호남지역에서 전라남도를, 영동지역에서 강원도를, 중부지역에서 충청북도를 각각 대표지역으로 선정한 것이다. 이같이 각각 성격이 다른 지역을 혼합하여 분석사례로 정함으로써 혹 존재할지 모르는 지역간 차이가 상쇄되도록 기하였다.[8)]

2. 종속변수

본 장에서의 종속변수 즉, 지방정부의 복지정책정향을 나타내기 위한 측정지표로는 지방정부의 총예산 중에서 사회보장비예산이 차지하는 비율(%)을 사용하였다. 사회보장비에는 사회복지비(생계, 교육, 의료, 보호사업 등), 장애인복지비(시설보강, 요양시설 등), 아동복지비(아동, 보육 등), 노인복지비(노인교통비, 노인회관, 기금조성 등), 여성복지비(여성회관, 모자보호 등), 청소년복지비(소년소녀가장, 시설확충 등) 등이 포함된다.[9)] 예산자료로는 당초예산을 사용하였다. 이는 예산과정에서의 참여자간의 다양한 상호작용은 매 회계연도 개시 훨씬 이전에 시작되어 당초예산의 확정시에 정점을 이루게 되는 반면, 추경예산 그리고 그에 따른 최종결산은 상황변화에 따라 당초예산에 대한 일부수정이 가해지는 것이 일반적이며 따라서 예산과정 참여자간의 상호작용도 당초예산의 수립시의 그것과 비교하여 상대적으로 덜 치열할 것이라는 판단에 기초한 것

---

7) 연구설계는 지방의회기의 상황과 민선단체장기의 상황비교를 위하여 지방의회기에 적용하였던 틀을 그대로 적용하였다(이승종·김흥식, 1992).
8) 단, 이러한 고려에도 불구하고 본 연구는 지방정부 전체를 분석대상으로 하지 않은 데 따라 분석결과의 일반화에 일정한 한계를 갖게 될 것이다.
9) 사회보장비는 1995년 이전에는 사회복지비였다.

이다.

분석대상연도는 1988, 1990, 1992, 1994, 1996 및 1998년 도합 6개 연도로 하였다. 여기에서 1998 및 1990년은 지방자치 미실시기이고, 1992 및 1994년은 지방의회만이 구성되어 있는 시기(지방의회기라 함)이며, 1996 및 1998년은 지방의회와 함께 단체장이 민선되어 있는 시기(단체장기라 함)로 구분된다. 이와 같이 3개 기간을 포괄함으로써 시기의 변화에 따른 지방자치의 복지정향에 대한 영향의 변화를 분석할 수 있게 될 것이다. 필요한 통계자료는 내무부 발행 「지방재정연감」에서 추출하였다.

3. 독립변수

본 장에서 사용되는 독립변수 및 그 측정지표는 [표 24−2]와 같다. [표 24−2]에서 보는 바와 같이 본 장은 지방자치제 실시가 지방정부의 정책정향에 대한 미치는 영향을 분석하기 위하여 지방자치제를 독립변수로 설정한다. 이때 지방자치제 시행을 나타내는 변수는 "지방의회구성"과 "단체장민선"으로 나누어 적용한다. 이는 우리나라의 지방자치제가 1991년의 지방의회 구성 및 1995년의 단체장 민선의 2단계로 시행된 것을 감안한 것인데, 이렇게 지방자치체 시행을 나타내는 변수를 2개로 분리하여 적용함으로써 우리는 지방자치의 수준이 복지정향에 미치는 차별적 효과를 가늠해 볼 수 있게 된다.

이 외에 지방정부의 정책정향에 영향을 줄 것으로 생각되는 몇 개의 변수를 통제변수로 분석모형에 포함하였다. 여기에서 '지방정부의 유형'은 대도시와 농촌·중소도시 간, '지방정부의 계층'은 광역지방정부와 기초지방정부 간의 복지정향변화의 차이존재를 판정하기 위하여; '과년도 복지정책정향'은 예산결정과 관련한 지배적인 이론으로서의 점증주의(Wildavsky, 1974; Lindblom, 1959)를 반영하기 위하여; '복지수요(빈민인구비율)' 및 '일반행정수요(인구밀도)'는 지방정부의 복지지출이 그 지역의 수요(need)의 크기에 비례한다는 이른바 수요대응설(Hochschild, 1981)을 반영하기 위하여; '재정력(1인당 지방세 징수액)'은 지방정부의 복지지출이 당해 지방정부의 재정력의 크기에 비례한다는 재정력 제약설(Peterson, 1981; Chamlin, 1987)을 반영하기 위하여; 지역변수(호남, 영남)는 지역별 특수성이 지방정부의 복지정향에 미치는 직접적 효과를 통제하기 위하여 각각 독립변수에 포함시킨 것이다.

표 24-2 │ 독립변수 및 측정지표

변　　수	측 정 지 표
지방의회 구성	지방의회만 구성된 기간(1992, 1994)=1, 그 외 기간(1988, 1990, 1996, 1998)=0인 가변수
자치단체장 민선	자치단체장 민선 이전(1988, 1990, 1992, 1994)=0, 자치단체장 민선 이후(1996, 1998)=1인 가변수
과년도 복지정향	과년도 사회보장예산비율(%) 시차종속변수(lagged dependent variable)
지방정부의 계층	광역지방정부=1, 기초지방정부=0인 가변수
복지수요	빈민인구비율(생활보호대상자 수/인구)
지방정부의 유형	대도시(특별시, 광역시, 자치구)=1, 중소도시 및 농촌(도, 시, 군)=0인 가변수
일반행정수요	인구밀도(인구/면적)
재 정 력	1인당 지방세 징수액
호남지역	호남=1, 기타 지역=0인 가변수
영남지역	영남=1, 기타 지역=0인 가변수

자료: 과년도 사회보장예산비율은 「지방자치단체예산개요」에서, 1인당 지방세 징수액은 「지방재정
연감」에서, 그 외의 통계치는 해당 자치단체의 통계연보에서 추출하였다.

독립변수와 종속변수 간의 시차(time lag)는 2년으로 설정하였다. 이는 예
산수립과정에 소요되는 기간이 1년 정도라는 점을 감안할 때, 예산수립에 영
향을 주는 사회경제적 요인은 1년 전보다는 2년 전의 시점에서 파악하는 것이
타당하리라는 판단에 기초한 것이다. 이와 함께 시차종속변수인 과년도 복지
정향과 종속변수 간의 시차 역시 2년으로 하였다. 끝으로, 통계분석기법으로는
일반통합회귀분석(OLS pooled regression)을 시행하였다.[10]

---

10) 통합회귀분석에 있어 연도별 회귀식간의 y 절편값이 변화함에 따라 추정치 교란이 생길 우려가
　 있는바, 이를 통제하기 위하여는 OLS 대신 LSDV, error coefficient model 등을 적용할 수 있다
　 (Dielman, 1989; Sayrs, 1989; Pyndick & Rubinfeld, 1998). 단, 본 장에서는 다음과 같은 이유에서
　 OLS를 적용하였다. ① 각 연도별 가변수를 포함시켜 LSDV모형을 적용할 경우, 연도별 가변수
　 들이 독립변수인 지방의회기(1992, 1994)와 단체장기(1996, 1998)의 구성요소일 뿐 아니라 각
　 독립변수별로 단지 2개 연도의 가변수만 포함되는 데 따라 통계적 추정과 정에서 이들 변수간
　 에 인위적 교란이 발생할 가능성이 크다. ② 본 장에서는 분석사례 전체에 대한 회귀분석에 더

Ⅳ 분 석

지방자치제가 지방정부의 정책정향에 대하여 미친 영향을 평가하기 위하여 통합회귀분석에 사용된 모형은 아래와 같으며,[11] 그 결과는 [표 24-3]에 요약되었다.

$$(\text{복지정책정향})_{it} = b_0 + b_1(\text{지방의회})_{it} + b_2(\text{단체장 민선})_{it}$$
$$+ b_3(\text{과년도 복지정책정향})_{it} + b_4(\text{지방정부계층})_{it}$$
$$+ b_5(\text{복지수요})_{it} + b_6(\text{지방정부유형})_{it} + b_7(\text{일반행정수요})_{it}$$
$$+ b_8(\text{재정력})_{it} + b_9(\text{호남지역})_{it} + b_{10}(\text{영남지역})_{it}$$

단, $b_0 = $ 상수

$b_1, b_2, \cdots, b_9, b_{10} = $ 회귀계수

$i = $ 지방자치단체 식별번호

$t = $ 연도(1988, 1990, 1992, 1994, 1996, 1998)

우선 [표 24-3]의 회귀분석결과는 비교적 높은 수치의 결정계수($R^2 = 0.606$)를 보여주고 있는바, 이는 본 장에서 제시하고 있는 회귀모형의 설명력이 높음을 나타내며 따라서 지방자치의 복지정책정향에 대한 영향을 평가하기 위한 모형의 선정이 비교적 타당함을 제시해준다.

우리의 주 관심은 지방자치가 지방의 복지정향에 여하한 영향을 미쳤는가 하는 것이다. [표 24-3]의 회귀분석결과에 의하면 우선 기존의 연구와 마찬가지로 지방의회의 구성은 지방의 복지정향에 부정적 효과를 미친 것으로 나타났

하여 자치단체 유형별로 별도의 회귀분석을 적용하는바, 연도별 통제변수를 추가하여 LSDV를 적용할 경우, 사례 수가 적은 경우(특히 특별시·광역시)의 자유도를 추가로 삭감하여 유의미한 관계의 발견을 어렵게 한다. ③ 실제로 분석사례 전체를 대상으로 LSDV모형을 적용하였으나, 이들 연도별 통제변수간에 일정한 추세가 발견되지 않았다. 또한 회귀계수 값의 미세한 차이 외에는 회귀계수의 방향, 유의도, 결정계수 등에 있어 실질적인 차이도 발견되지 않았다.

11) 본 회귀모형은 시차종속변수(a lagged dependent variable)를 포함하고 있으므로(과년도 복지정향) 시차종속변수의 개입에 따른 자기상관관계(autocorrelation)가 문제시될 수 있다. 그러나 Durbin-Watson통계치를 산정한 결과, 그 수치는 2.02로 나타나서 자기상관성은 문제시되지 않는 것으로 판명되었다.

표 24-3 | 통합회귀분석결과(전체)

독립변수	b	beta	유의수준
지방의회기(1992~1995)	− 2.581	− 0.296	p<0.001
민선단체장기(1996~1998)	− 0.038	− 0.004	n.s.
과년도 복지정책정향(과년도 복지예산비율)	0.581	0.545	p<0.001
지방정부계층(광역/기초)	− 0.109	− 0.008	n.s.
복지수요(빈민인구비율)	− 0.093	− 0.122	p<0.01
지방정부유형(대도시/중소도시·농촌)	3.343	0.366	p<0.001
일반행정수요(인구밀도)	− 0.083	− 0.137	p<0.001
재정력(1인당 지방세 징수액)	− 0.014	− 0.219	p<0.001
영남지역	0.332	0.038	n.s.
호남지역	0.933	0.092	p<0.01
상수(constant)	5.955		p<0.001

N=810, F=125.480, sig F<0.001, R^2=0.611, Adjusted R^2=0.606

주) b = unstandardized regression coefficient
   beta = standardized regression coefficient
   n.s. = not significant

다(P<0.001). 이와는 달리 지방의회와 함께 단체장이 민선된 지방자치의 시행은 전체적으로 볼 때 지방정부의 복지정향에 유의미한 영향을 미치지 않은 것으로 나타났다(n.s.). 이러한 결과는 일차적으로 지방자치의 시기(지방의회기와 단체장기)에 따라 복지정향에 미치는 효과가 차별적이라는 사실을 알게 해준다.

그러나 [표 24-3]의 결과는 앞에서 제기한 바와 같이 지방자치의 복지정향에 대한 효과가 지방정부의 유형에 따라 차이가 있을 것이라는 점에 대하여는 판단근거를 제공하지 못한다. 이를 검증하기 위하여는 지방정부를 전체로서 통합하여 보는 대신 지방정부의 유형별로 별도의 회귀분석을 적용할 것이 요청된다.12) 이와 관련하여 [표 24-4]는 특별·광역시, 도, 시, 군, 자치구별로 각

---

12) 단, 여기에서 적용하는 회귀모형은 자치단체별로 시행되기 때문에 앞의 모형과 다소 차이가 있다. 구체적 회귀방정식은 아래와 같다.
   (복지정책정향)it = b_0 + b_1(지방의회)it + b_2(단체장 민선)it + b_3(과년도 복지정책정향)it
      + b_4(복지수요)it + b_5(일반행정수요)it + b_6(재정력)it + b_7(호남지역)it
      + b_8(영남지역)it

표 24-4 | 자치단체별 회귀분석결과

독 립 변 수	특별· 광역시	자 치 구	도	시	군
지방의회기	-3.770* (-0.734)	-	-4.411** (-0.629)	-2.128*** (-0.314)	-4.144*** (-0.633)
민선단체장기	-3.386 (-0.659)	2.874*** (0.302)	-5.769** (-0.082)	-1.851* (-0.275)	-2.814*** (-0.430)
과년도 복지정책정향	0.535** (0.609)	0.705*** (0.573)	0.478** (0.494)	0.146** (0.217)	0.563*** (0.562)
복지수요	0.154 (0.080)	-0.061 (-0.018)	0.102 (0.125)	0.164 (0.144)	0.025 (0.037)
일반행정수요	-0.043 (-0.089)	-0.079* (-0.133)	-2.932 (-0.127)	0.564** (0.239)	10.107*** (0.188)
재 정 력	0.123 (0.528)	-0.091* (-0.125)	0.015 (0.264)	-0.012 (-0.219)	0.006 (0.084)
호남지역	0.654 (0.101)	0.117 (0.007)	1.202 (0.158)	0.386 (0.051)	-0.143 (-0.021)
영남지역	0.340 (0.066)	0.560 (0.056)	0.210 (0.028)	-0.379 (-0.058)	-0.183 (-0.028)
상수(constant)	4.003*	4.746***	7.955***	8.231***	4.016***
N	35	188	47	157	377
F	4.509***	30.587***	7.595***	89.898***	105.952***
R^2	0.572	0.542	0.609	0.505	0.697
Adjusted R^2	0.445	0.524	0.529	0.478	0.690

주 1) 괄호 안은 표준화회귀계수임.
주 2) * $P<0.05$ ** $P<0.01$ *** $P<0.001$
　　 n.s. = not significant

단, b_0 = 상수
　　b_1, b_2, …, b_7, b_8 = 회귀계수
　　i = 지방자치단체 식별번호
　　t = 연도(1988, 1990, 1992, 1994, 1996, 1998)

각 통합회귀분석을 적용한 결과를 요약하여 나타낸 것이다.[13]

　[표 24-4]에서 보듯이 비교적 높은 수치의 결정계수($R^2 > 0.5$)는 모형의 설명력이 비교적 크다는 것을 말해준다. 이는 부분적으로 중요한 매개변인이 모형에 통제변수로 포함된 데서 기인하는 것으로 생각되며 이는 지방자치제의 효과를 보다 정확하게 평가하는 데 기여요인으로 작용한다 하겠다. 다만, 우리의 관심은 지방의 복지정향을 설명하는 적합한 모형의 발견에 있지 않고 지방자치의 복지정향에 대한 효과가 지방정부유형별로 차별적으로 나타나는가의 검증에 있다.

　먼저 지방의회만을 구성한 지방자치의 효과를 보자. 지방정부 전체를 통합하여 시행한 분석([표 24-3] 참조)에서 지방의회가 복지정향에 대하여 부정적 영향을 가진 것으로 분석되었는바, 각 지방정부별로 별도 시행한 회귀분석에 있어서도 마찬가지로 지방의회의 구성은 지방정부의 유형과 무관하게 지방의 복지정향에 부정적인 효과를 가져온 것으로 나타났다.[14]

　민선단체장하의 지방자치의 효과는 어떠한가? 지방정부를 전체로서 파악하였을 경우, 지방자치는 복지정향에 대하여 유의미한 영향요인이 아닌 것으로 나타난 바 있다([표 24-3] 참조). 그러나 각 자치단체별로 별도 시행한 분석결과는 지방자치의 복지정향에 대한 효과가 자치단체에 따라 차별화됨을 보여주었다. 즉, 특별·광역시의 경우에는 무영향요인, 자치구에서는 증가요인, 도·시·군에서는 감소요인인 것으로 나타난 것이다. 구체적으로, 지방자치가 대도시에서는 복지정향의 증가(자치구) 또는 불변요인(특별·광역시)으로, 비대도시(도·시·군)에서는 감소요인으로 작용한 것이다. 이러한 결과는 이론적 모형에서 제시한 바와 같이 지방자치의 복지정향에 대한 효과가 지방정부의 유형에 따라 차별화된다는 가설을 지지하는 것이다.

　물론 이에 대하여는 지방의회기에는 지방정부의 유형과 무관하게 복지정향의 감소경향을 보였다는 점이 지적될 수 있다. 그러나 이러한 결과가 가설을 부정하는 증거가 되지는 않는다. 즉, 단체장이 민선되지 않고 지방의회만을

---

13) Durbin-Watson검증을 각 회귀모형에 적용한 결과, 광역시·특별시=2.220, 자치구=2.213, 도=2.254, 시=1.693, 군=2.272로 나타나서 자기상관성은 분석에 있어 크게 문제시되지 않는 것으로 판명되었다.

14) 단, 자치구는 지방의회 구성 전에 존재하지 않았기 때문에 자료의 입수가 불가하여 분석대상에서 제외되었다.

구성하여 시행한 경우에는 관료신분인 단체장의 정책정향변화가 없었을 것이기 때문에 지방의원의 개발정향이 정책과정에 반영될 수 있었던 것으로 해석되기 때문이다.

첨언할 것은 지방정부유형에 따른 차별화효과는 도시화수준에 따른 유형화—즉, 대도시인지의 여부— 만이 의미를 가진 것으로 나타났으며 지방자치계층에 따른 유형화는 예상한 바와 같이 유의미하지 않은 요인으로 판명되었다는 점이다. 이는 같은 광역단체인 특별·광역시와 도, 그리고 같은 기초단체인 시, 군, 자치구간의 분석결과가 유사하지 않은 데서 쉽게 알 수 있다.

이상의 분석결과는 기존의 강윤호(2000b)의 분석결과와 유사하다. 그러나 분석결과에 대한 이론적 설명에 있어서는 근본적인 차이가 있다. 기본적으로 강윤호는 지방정부의 유형에 따라 복지정향에 대한 지방자치의 영향이 차별화되는 현상에 대하여 지방자치단체의 여건에 따라 정치인(단체장, 지방의원)의 정책선호가 달라진다는 논리로서 설명하려 한다. 즉, 득표극대화를 제일의 목표로 하는 정치인은 유권자의 다수를 구성하는 중위투표자의 정책선호를 따르게 될 것인바, 복지수요가 큰 대도시의 정치인은 복지수요를 중시하는 중위투표자의 선호에 맞추어 복지정책을 우선적으로 추구하게 되고, 상대적으로 복지수요가 작고 개발수요가 큰 중소도시 또는 농촌지역의 정치인은 개발수요를 중시하는 중위투표자의 선호에 맞추어 복지정책보다 개발정책을 우선하게 된다고 한다. 생각건대, 이와 같이 지방정부의 여건에 따라 정치인의 정책선호가 다르고 이에 따라 복지정향이 영향을 받게 된다는 논리는 기본적으로 타당하다.[15] 그러나 정치인이 단체장과 의원을 막론하고 상황에 대하여 동일한 정책반응을 보이게 된다는 그의 논리는 한계가 있다. 만일 단체장과 의원 간에 정책선호 차이가 없다면 지방정부유형에 따른 지방자치의 복지정향에 대한 차별적 효과가 지방의회기에도 동일하게 나타났어야 할 것이다. 즉, 민선단체장기에 지방정부유형에 따라 지방자치의 복지정향에 대한 효과가 차별적으로 나타났다면 지방의회기에서도 역시 지방정부유형에 따라 지방자치의 효과가 차별적으로 나타났어야 하는 것이다. 그러나 실제의 분석결과에 따르면 지방의회기의 지방자치는 단체장기의 지방자치의 경우와는 달리 지방정부유형과 무관

---

15) 다만, 이러한 논리는 공공선택론에서만 제시되고 있는 것은 아니며 Peterson의 도시한계론(1981)이나 Stone의 체계적 권력론(1980)을 포함하여 지방정치이론에서 폭넓게 인정되고 있는 것이다.

하게 복지정향의 감소요인으로 작용한 것으로 나타난 것이다. 즉, 이러한 결과는 여기에서 제시한 바와 같이 단체장과 지방의원의 정책선호에 있어서 차이가 있다는 것을 전제하지 않고는 설명하기 어려운 것이라는 점이 강조되어야한다.

한편, 우리의 경우 지방자치가 처음에는 지방의회만을 민선한 형태로 시행되다가 1995년에 이르러 지방의회와 함께 단체장을 민선하는 형태로 진화되어왔기 때문에 어느 형태의 지방자치가 복지정향에 더 긍정적이었는가에 대한 의문이 있을 수 있다. 이에 대한 대답은 [표 24-4]에서 지방의회기와 단체장기의 복지정향에 대한 효과를 비교함으로써 가능하다. 먼저 대도시의 경우에는 단체장 민선 이후의 복지정향은 지방의회기의 그것에 비하여 불변(특별·광역시)이거나 증가(자치구)되는 것으로 나타나서 단체장형태가 우월한 것으로 나타난다. 그러나 비대도시에서는 일관된 결론의 도출이 어렵다. 표준화계수의 크기 비교에 의하여 복지감소효과의 상대적 크기를 판단하였을 때, 도에서는 지방의회형태가, 시·군에서는 단체장형태가 우월한 것으로 나타나기 때문이다. 그러나 전체적으로 판단하였을 때, 도의 경우를 예외로 한다면 단체장 형태가 최소한 복지정책의 측면에서는 우월한 자치형태로서 평가될 수 있을 것이다.

끝으로, [표 24-3]에서 특별·광역시의 경우, 단체장기 지방자치의 복지정향에 대한 효과가 "불변(무변화)"인 것으로 관찰되는바, 이러한 결과가 관료제의 억제효과에 의한 것인가에 대한 설명이 요구된다. 생각건대, 대도시의 경우, 단체장의 복지성향에 따라 복지정향의 증가가 예상됨에도 불구하고 이같이 불변현상이 관찰된 것은 일응 관료제의 보수적 정향 때문인 것으로 해석될 수 있을 것이다. 이에 대하여 단체장의 증가성향과 지방의원의 감소성향이 상쇄된 것으로 해석하는 것은 타당하지 않을 것이다. 강시장제하에서 지방의회의 영향력이 민선단체장의 그것에 못 미치고 따라서 외부로 드러나는 정책정향은 기본적으로 단체장의 몫으로 보아야 한다는 점에 대하여는 이미 지적한 바 있다. 다만, 이러한 설명에 대하여는 왜 같은 대도시인 자치구의 경우에는 복지정향이 증가했는가에 대한 의문이 남는다. 이 같은 차이는 특별·광역시의 경우 자치구에 비하여 관료기구의 규모가 크고 이에 따라 관료권 역시 상대적으로 큰 데서 기인하는 것으로 설명이 가능하다.

강조할 것은 관료제론이 제시하는 바와 같은 관료의 영향력이 복지정향이 불변하는 경우에만 인정될 수 있는 것은 아니라는 점이다. 이는 앞에서 제시한 바와 같이 관료제적 의사결정의 기준이 되는 객관적 수요의 유의미한 변화가 있을 경우, 이에 대한 관료의 적극적인 정책대응이 있을 수 있기 때문이다. 그러한 경우에는 복지정향이 증가 또는 감소되는 경우에도 정치인과 관료의 정책성향이 동시에 개입되는 경우가 발생하게 된다. 이와 같이 정치인과 관료의 정책개입의 중복여부에 대한 판별을 위하여는 관료의 정책결정의 기준이 되는 객관적 수요가 지방자치를 전후하여 유의미한 변화가 있었는가를 확인할 필요가 있다. 확인 결과, 객관적 수요의 유의미한 변화가 있는 경우에는 관료의 개입이 있는 것으로 간주하게 되지만, 그렇지 아니한 경우에는 관료의 유의미한 정책개입이 없는 것으로 간주될 것이다.

[표 24-5]는 이러한 목적으로 지방자치제 시행을 전후로 한 객관적 수요 —여기에서는 복지수요, 재정력, 과년도 복지정향— 의 각 항목의 평균값이 통계적으로 유의미한 차이를 보이는가에 대한 t-검증결과를 요약하여 제시한 것이다(단, 분석의 편의를 위하여 단체장 민선을 전후로 한 변화 즉, 1996년과 1998년간의 변화에 대하여만 적용하였다). 앞에서 본 바와 같이 단체장 민선후 복지정책변화가 특별·광역시에서는 불변, 자치구에서는 증가, 도·시·군에서는 감소하였는바, 외부로 드러난 복지정책의 변화가 정치인만이 아닌 관료

표 24-5 │ 단체장 민선을 전후로 한 객관적 수요의 변화

지방 정부 / 수요	특별·광역시 기대결과	특별·광역시 실제결과	자치구 기대결과	자치구 실제결과	도 기대결과	도 실제결과	시 기대결과	시 실제결과	군 기대결과	군 실제결과
복지수요	n.s.	(n.s.)	+	n.s.	−	n.s.	−	n.s.	−	+
재 정 력	n.s.	+	+, −	(+)	+, −	(+)	+, −	(+)	+, −	(+)
과년도 복지정향	n.s.	+	+	n.s.	−	(+)	−	+	−	+

주 1) n.s.=not significant
　　+ =significant increase
　　− =significant decrease
　　( )=기대결과에 일치하는 실제결과
주 2) 재정력 항목의 경우, 다른 항목과 달리 +, −를 동시에 포함시킨 것은 재정력이 클수록 복지정향이 증가한다는 설과, 그 반대라는 설이 경합하고 있음을 반영한 것임.

의 정책정향을 동시에 반영하는 것으로서 이해되기 위하여는 복지수요, 일반행정수요, 재정력 항목에 있어서 각각 '기대결과란'에 일치하는 '실제결과'가 얻어져야 한다. 예컨대, 자치구에서는 복지정향이 유의미한 증가현상을 보였는바, 이러한 결정에 관료의 유의미한 개입이 이루어진 것으로 이해되기 위하여는 객관적 수요 역시 유의미한 방향의 변화를 보여야 할 것이기 때문이다.

[표 24-5]에서 보는 바와 같이 기대결과에 일치하는 실제결과의 수는 총 15개 중 6개 정도이다. 이러한 결과는 복지정책의 변화가 대체로 관료의 영향력과 정치인의 영향력이 중복하여 나타난 것이기보다는 지방자치의 시행에 따라 위상이 바뀐 정치인(특히 단체장)의 정책정향에 기인한 것임을 가르쳐 주는 것이라 하겠다. 다만, 다른 두 항목과는 달리 재정력 항목에 있어서는 다수(5개 중 4개)가 관료의 영향력이 정치인의 영향력과 같은 방향으로 작용하였을 가능성에 대하여 제시하여 준다. 이는 관료의 정책정향이 환경변화에 대한 적극적 대응보다는 환경적 제약요인에 의하여 더 좌우된다는 점을 제시하여 주는 것으로 해석된다.

Ⅴ 결론 및 함의

지금까지 본 장은 광역 및 기초자치단체를 대상으로 지방자치가 지방정부의 복지정향에 미친 효과에 대하여 실증적 분석을 시도하였다. 분석결과, 지방정부의 복지정향에 대한 지방자치의 영향은 복지정향론, 개발정향론, 또는 관료제적 의사결정론 중 어느 하나의 설명모형에 의하여 일관되게 설명되기보다는 지방정부의 유형에 따라 차별적으로 나타난다는 지방정부유형론에 의하여 잘 설명되는 것으로 나타났다. 구체적인 분석결과는 대도시지역 지방정부에서는 복지정책의 상대적 강화가, 비대도시지역 지방정부에서는 복지정책의 상대적 약화가 관찰됨을 보여주었다. 이하에서는 이러한 분석결과가 주는 몇 가지 실천적·이론적 함의에 대하여 논의하고자 한다.

첫째, 대도시지역과 달리, 비대도시지역 지방정부에서 복지정책의 약화가 관찰되는바, 이의 개선을 위한 정책노력이 필요하다는 점이다. 문제는 비대도시 지역에 관한 한 지방정부 스스로의 복지정책강화를 기대하기 어렵다는 점이다. 비대도시의 단체장과 지방의원 모두가 복지정책에 소극적 경향을 보일 것이기 때문이다. 따라서 이러한 문제의 해소를 위한 추가적인 노력이 필요하게 된다. 이러한 노력에는 국가적 최소 확보를 위한 중앙정부의 노력, 주민으로부터의 요구투입의 창구 확대, 비대도시지역의 과도한 개발정향 억제, 시민운동단체를 중심으로 한 반성장연합의 지지시책 등이 포함될 수 있다고 본다.

둘째, 위의 논의와 관련되는 것이지만 나아가서 복지와 개발이 상충관계에 있다고 전제하였을 때, 이와 같이 대도시지역과 비대도시지역에서의 복지정향이 차등화되고 있다는 사실은 향후 대도시지역에서는 개발정책에 대하여, 비대도시지역에서는 복지정책에 대하여 상대적 관심의 경주가 필요함을 제시하여 주게 된다. 문제는 이렇게 할 경우, 이미 개발된 도시지역에서 개발정책을 강조하고, 낙후된 비대도시지역에서의 개발을 억제하여야 하는 모순을 낳게 될 우려가 있다. 이러한 문제점의 시정을 위하여는 개발이익의 분산, 일정수준의 복지보장을 위한 상위정부의 역할 증대 등의 시책이 고려될 필요가 있을 것이다.

셋째, 분석결과는 지방자치의 복지정향에 대한 영향에 대한 제 설명모형이 지방정부의 유형요인에 의하여 통합되고 지지된다는 점을 보여줌으로써 지방의 정책정향을 논함에 있어 지방정부의 유형에 대한 고려가 중요함을 제시해주었다. 그러나 단순히 자치계층보다는 지방정부의 사회경제적 여건에 대한 고려가 중요함을 제시해주었다. 다만, 지방정부의 유형에 따라 정책차이가 나타나는 과정이 정책결정자의 정치적 선택에 의하여 매개된다는 점에서 이러한 결과가 구조결정론을 지지하는 것은 아니라 하겠다. 그보다는 구조가 정치적 선택의 폭을 제약하지만 결국 구조적 제약이 정치적 선택에 의하여 매개된다는 Wong(1988)의 가설을 지지하는 것으로 보는 것이 타당할 것이다.

끝으로, 본 장에서는 복지정책에 한정하여 지방자치에 따른 지방정부의 정책변화에 관하여 고찰하였으나 복지정책과 개발정책을 상대적인 것으로 가정하여 복지/개발정향에 대한 비교연구를 진행하는 것도 유용할 것이다(예: 유재원, 1999). 다만, 지방의 정책이 복지와 개발만으로 구성되어 있지 않은 한, 무조건 양자간의 상충관계를 전제하는 데는 한계가 있을 수 있다. 예컨대, 일반행정비가 많은 비중을 차지하게 되는 경우, 이 같은 이분법적 도식이 그대로 적용될 수 있을지에 대하여는 의문이 제기될 수 있다는 것이다. 이는 복지와 개발정책에 대한 실제 정책우선순위를 정하는 것과도 밀접한 관련이 있다. 물론 일반적으로 복지와 개발은 상충관계에 있는 것으로 인식되고 있는 형편이지만 그럼에도 불구하고 보다 객관적인 평가를 위하여 향후의 연구는 복지, 개발 및 관리지출의 대비를 통하여 지방자치의 지방의 정책행태에 대한 효과를 보다 적실하게 평가할 수 있을 것이다.

PART
05

평가 및 혁신

CHAPTER 25 한국지방자치의 평가
: 제도의 집행측면을 중심으로

▌ 서 론

　최근 지방자치의 부정적 성과를 강조하면서 지방자치가 위기를 맞고 있다는 지적이 일고 있다. 이러한 현상은 지방자치에 대한 부정적 시각이 지방자치의 시행에 따른 일부 부작용에 집중되면서 나타나고 있는데 이러한 문제제기는 주로 중앙의 정치권, 중앙부처, 언론매체를 중심으로 이루어지고 있으며 여기에 일부 학자들이 동조하면서 적지 않게 힘을 받고 있는 것 같다. 이러한 평가는 장구한 세월을 거치면서 구축된 집권적 전통을 배경으로 자치제를 재시행한지 몇 년이 지나지 않은 우리의 상황에서 현재의 지방자치는 상당히 성공적으로 진행되고 있다는 학계와 실무계의 일반적인 인식과는 적지 않게 상치하는 것이다.

　그렇다면 과연 우리의 지방자치는 위기를 논할 정도로 위급한 상황에 처하여 있는가? 이에 대한 정당한 판단을 위하여는 무엇보다 지방자치의 성과에 대한 객관적이고 정당한 평가가 이루어져야만 한다. 지방자치의 성과에 대한 객관적 평가가 제대로 이루어지지지 않은 상황에서 일방적 선입견이나 일회적 또는 부분적 사례에 의한 평가를 그대로 수용할 수 없는 노릇이기 때문이다.

　지방자치의 성과평가에는 지방자치제의 시행에 대한 평가와 그 시행의 성과에 대한 평가가 포함될 수 있을 것이다. 전자는 제도의 집행 측면에 초점을 둔 것이며, 후자는 제도의 영향 측면에 초점을 둔 것이다. 지방자치에 대한 판단을 위하여는 양자에 대한 평가가 동시에 이루어져야 한다. 그럼에도 불구하고 본 장에서는 일차적으로 전자에 초점을 두고 지방자치에 대한 평가를 시도한다. 그렇게 하는 이유는 지면의 제약과 함께 무릇 제도의 성과에 대한 평가는 집행의 내용에 대한 정당한 평가가 선행되어야만 할 것이기 때문이다. 즉, 지방자치제 자체가 어떻게 전개되었는가에 대한 파악이 전제되어야만 자치제 시행에 따른 성과평가가 적절히 이루어질 수 있다는 것이다.

　　지방자치제 시행에 대한 평가를 위하여는 우선 지방자치란 무엇이며, 어떠한 목적을 지향하는가에 대한 적실한 이해가 선행되어야 한다. 이러한 노력 없이 지방자치를 평가하는 것은 방향키 없는 배가 표류하는 것이나 마찬가지라 할 것이다. 그럼에도 불구하고 지금까지의 평가연구는 연구사례조차도 많지 않거니와, 기본적으로 적실한 분석의 틀에 기하기보다는 단일 사례에 대한 기술연구였거나 또는 병렬적인 항목의 나열 위주로 이루어졌으며 따라서 지방자치에 대한 객관적 평가연구가 되기에는 미흡하였다. 지방자치의 성과에 대한 상충하는 의견도 실은 이와 같이 지방자치에 대한 적실한 평가가 이루어지지 못한 데서 기인하는 바 적지 않다 할 것이다. 이러한 논의에 입각하여 본 장에서는 먼저 지방자치의 목적과 이념, 그리고 지방자치의 구성요소에 대한 논의를 바탕으로 하여 지방자치평가를 위한 분석의 틀을 제시하고 이에 기초하여 지방자치제의 집행성과를 평가하고자 한다.

Ⅱ 분석의 틀

1. 지방자치의 목적과 이념

　　지방자치의 목적으로는 지역의 균형발전, 민주화, 국가경쟁력 강화, 주민복지의 증진 등 다양한 목적이 병렬적으로 제시되고 있지만(김학로, 1994; 한원택, 1995; 김종표, 1991), 그럼에도 불구하고 지방자치의 궁극적 목적이 주민의 복지증진에 있다는 데 대하여는 대체적인 합의가 있는 것 같다. 지방자치법(제 8 조) 역시 "지방자치단체는 … 주민의 편의 및 복리증진을 위하여 노력하여야 한다"고 규정함으로써 지방자치가 주민의 복지증진을 목적으로 하고 있음을 명시적으로 천명하고 있다. 이러한 인식은 민주사회의 주인이 주민(또는 시민)이라는 점에서 타당한 것 같다. 균형발전, 국가경쟁력, 민주화 등도 결국에는 사회구성원 개인의 복지를 전제하지 않고는 의미가 없을 것이기 때문이다.

　　자치의 목적을 제시함과 아울러 제시된 목적을 달성하기 위하여 지향하여야 할 실천적 목표 내지는 수단으로서의 지방자치이념이 규정되어야 한다. 자치이념에 대한 규정은 지방자치의 평가를 위한 핵심적 노력을 구성하기 때문이다(정세욱, 1995: 29). 지방자치의 이념은 무엇인가? 이념이란 목적달성을 위한 수단 내지는 기준이라 하겠는바, 주민복지증진이라는 지방자치의 목적달성을 위한 자치이념으로는 민주성, 능률성, 형평성 세 가지를 제시할 수 있을 것이다. 물론 이념이란 기본적으로 규범적인 문제로서 논자에 따라 견해가 다를 수 있다. 그러나 이 세 가지 이념은 그 중요성에 대하여 어느 정도 공감대가 이루어져 있는 것으로 판단된다. 지방자치는 이 세 가지 이념에 입각하여 수행될 경우 주민의 복지증진에 기여하게 될 것이지만, 이들 이념에 위배되거나 또는 일부 이념에만 경도되어 시행될 경우에는 주민복지를 저해하거나 가능한 최대한의 복지를 보장하는 데 실패하게 될 것이다.[1]

2. 지방자치의 구성요소[2)]

일반적으로 지방자치는 "일정한 지역과 주민을 기초로 하는 공공단체가 지역 내의 공공사무를 지역주민 스스로 또는 대표를 통하여 처리하는 과정"으로 이해된다(정세욱, 22; 김학노, 24; 한원택, 140; 최창호, 45). 이러한 전통적 견해는 기본적으로 지방자치를 단체자치와 주민자치라는 두 가지 차원에서 파악하는 것이다. 여기에서 단체자치란 상위정부에 대한 지방정부의 자율성 측면에 관한 것으로서 상위정부와 지방정부 간의 분권/집권이 핵심문제가 되며, 주민자치는 지방정부에 대한 시민사회의 투입 측면에 관계되는 것으로서 참여/통제가 핵심문제가 된다. 그리고 이러한 이해에 기초하여 지방자치는 상위정부로부터의 "분권"과 지방정책과정에 대한 시민의 "참여"로 요약된다.

그러나 이 같은 전통적 견해는 지방의 자율성과 관련된 요소로서 상위정부로부터의 분권 측면만을 강조함으로써 지방자치에 대한 적실한 이해를 방해하고 있다. 즉, 전통적 견해는 지방에 대한 제약이 대부분 상위정부로부터 오며, 따라서 상위정부로부터의 분권이 이루어지면 지방정부의 자율성 역시 자동적으로 확보될 것임을 암묵적으로 전제하고 있다. 그러나 지방정부의 자율

---

1) 지방자치이념이 구체적으로 주민복지증진에 어떻게 관련되어 있는가에 대한 설명은 이승종(1995) 참조.

2) 이 부분은 이승종(1999a)을 기간으로 하여 작성하였음.

성에 대한 제약은 상위정부 외에도 사회경제적 요인으로부터도 온다.3) 그리하여 Gurr와 King(1987: 57)은 지방정부의 자율성에 대한 제약요인으로서 상위정부에 의한 제약(제 2 유형)과 함께 사회경제적 요인에 의한 제약(제 1 유형)을 제시한 바 있다. 요컨대, 오늘날 지방의 자율성 개념은 지방정부가 외부의 영향력으로부터 독자적으로 행동할 수 있는 능력을 의미하는 것으로 확장되었으며(Gottdiener, 1987), 상위정부와 지방 간의 관계에서만이 아니라 지방정부의 권능에 영향을 미치는 제 요인과의 총체적 관계에서 파악되고 있다.

생각건대, 지방자치는 기본적으로 지방의 자율성을 전제로 하는 것인바, 그 자율성이 상위정부뿐 아니라 외부요인의 제약하에 있는 것이라면, 당연히 상위정부로부터의 분권 이외에 다른 외부요인과의 관계 측면이 지방자치의 이해에 포함되어야 할 것이다. 이때 이질화된 현대자본주의사회의 특성을 고려할 때, 특히 관심을 가져야 할 외부요인은 지배집단이다. 지배집단 중에서도 특히 중시할 것은 기업이다. 물론, 기업 외에도 정치, 사회, 군, 종교분야의 다양한 엘리트집단이 지배집단에 포함될 것이지만 기업집단의 현저성이 가장 크기 때문이다(Wolman & Goldsmith, 1992: 42).

이상의 논의에 비추어 보건대, 지방자치의 구성요소에는 지방과 상위정부와의 관계(분권/집권), 지방과 시민사회와의 관계(참여/통제)에 추가하여 지방과 지배집단과의 관계가 추가적으로 고려되어야 한다. 이 추가적 관계에 있어서는 지방정부의 지배집단에 대한 "중립/종속" 여부가 핵심문제가 되며, 지방자치는 지배집단에 대한 지방정부의 "중립"을 요소로 포함하게 된다. 또한 이 관계 측면에서의 자치는 단체자치, 주민자치 측면과 구별하여 '정부자치'로 명명할 수 있을 것이다. 여기에서 "중립"이란 용어는 지배집단과 일반시민 간의 중간자적 입장을 의미하는 소극적 의미가 아니라 지배집단의 영향력으로부터의 자율성(autonomy) 또는 일반시민을 위한 우대정책(affirmative policy)을 천명하는 의미로 이해되어야 한다. 즉, 여기에서의 중립이란 어디까지나 정부가 일반시민의 입장에서 지배집단의 과도한 영향력으로부터 자유로워야 함을 강조하는 것이다. 이러한 해석은 지배집단과 일반시민이 갖는 자원과 권력의 격차를 전제할 때 당연한 요청이라 하겠다. 왜냐하면 지방정부가 중간자적 입장을

---

3) 사회경제적 제약요인에는 지역의 경제적 여건, 지배집단(주로 기업), 정치문화, 지방의 정부 구성 등이 포함된다(Wolman and Goldsmith, 1992: 42).

표 25-1 | 지방자치의 구성요소

요 소	자치측면	관 계	이 슈	관련이념
분 권	단체자치	상위정부-지방	분권/집권	능률, 민주
참 여	주민자치	주민-정부	참여/통제	민주, 능률
중 립	정부자치	정부-지배집단	중립/종속	평등

취하는 상황에서 지배집단과 일반시민과의 관계는 필연적으로 강자의 논리가 지배하게 되고 이에 따라 심각한 사회적 불평등이 조장됨으로써 지방자치의 목적인 주민복지의 증진이 불가능하게 될 것이기 때문이다.

요컨대, 지방자치는 상위정부로부터의 "분권", 지방정책과정에 대한 시민의 "참여", 그리고 지방정부의 지배집단에 대한 "중립"으로 새롭게 정의되는 것이며, 이러한 견해는 상위정부에 대한 지방의 자율성과 시민의 참여만을 내포한 전통적 견해와 차별된다 하겠다.[4] 참고로 새로운 지방자치의 개념화에 대한 이해를 위하여 각 요소의 특징을 비교하여 정리하면 [표 25-1]과 같다.

3. 분석의 틀

이하에서는 위에서 제시한 지방자치의 세 가지 요소 — 분권, 참여, 중립 — 를 분석의 틀로 하여 우리나라 지방자치의 집행성과에 대하여 평가하고자 한다. 이러한 요소를 적용할 때, 지방자치는 분권, 참여 및 중립성이 확립될수록 강화되는 것으로 평가하게 된다. 지적할 것은 지방자치가 '강화'되는 것과 지방자치가 '바람직한 방향'으로 전개되느냐는 별개의 문제일 수 있다는 점이다. 후자는 앞에서 제시한 바와 같이 지방자치 또는 지방자치의 구성요소가 지방자치 이념 —민주, 능률, 형평— 에 여하히 기여하느냐에 의하여 판단될 것이기 때문이다. 문제는 이러한 판단이 쉽지 않다는 점이다. [표 25-2]에서 보는 바와 같이 지방자치의 효과는 어느 자치이념의 측면에서 보더라도 예외없이 긍정적 효과와 함께 부정적 효과를 동시에 발생시키기 때문이다.

그럼에도 불구하고 [표 25-2]는 지방자치의 평가와 관련하여 우리에게 중요한 시사를 제공하여 준다. 구체적으로, [표 25-2]는 지방자치는 극단적인

---

4) 세 가지 요소 중 분권은 지방자치가 성립하기 위한 필요조건의 성격이 강하며, 참여와 중립은 지방자치가 그 실시 목적에 부합하도록 하는 충분조건의 성격을 띤다는 점에서 구별할 수 있다.

25-2 | 지방자치의 효과(구성요소별, 자치이념별)

평가요소 구성요소	민주	능률	형평
분 권	(+) 지방의 국정참여 (중앙의 전횡 억제) (+) 지방정부의 참여적 구성 (+) 지역기반 정치지도자의 충원 양성 (-) 지역할거주의 (다수결에 위배, 지역감등) (-) 중앙통제의 공백하에서 지역권력 (정부의 과두화)	(+) 지역간 경쟁을 통한 효율증대 (+) 지역수요에 맞는 효율적 자원배분 및 운용 (+) 지방의 잠재력 개발 (총체적 국가발전 도모) (-) 규모의 불경제	(+) 지역간 균형발전 (단, 빈곤시 평준화 우려) (-) 지역불균형 심화 우려 (빈익빈 부익부)
참 여	(+) 선거 및 직접참여로 정부의 반응성 및 정적 책능동감 증대 (+) 시민참여증대 및 시민교육 (-) 지역내부 갈등 (-) 대중선동주의	(+) 주민의 행정협조 획보 (+) 소비자선택 (+) 부패방지 (-) 행정전문성 침해 (-) 사회안정 저해	(+) 편파적 정책에 저항으로 사회불평등 완호 (-) 성우층 이익 과대반영 우려
종 합	(+) 소수이익 보호 (+) 기관권력의 분산으로 기관권력 약화 (다원성 강화) (-) 지방 사권력의 과두화	(+) 독과점에 의한 능률저하 방지 (-) 지역개발 저해	(+) 복지증대 (+) 개발억제로 사회불평등 완호 (-) 성장연합의 형성에 따른 개발지향/복지지하

주 1) 종란은 지방자치의 구성요소를, 횡란은 지방자치의 평가요소(이념)를 나타낸 것이며 이들을 결합하면 지방자치의 효과를 9가지 차원으로 나누어 검토할 수 있게 된다. 나아가서 각 차원은 각각 중앙의 차원에서 볼 때의 효과와 지방의 시간에서 볼 때의 효과로 나누어 파악할 수도 있다.
주 2) (+)는 긍정적 효과를, (-)는 부정적 효과를 나타낸다.

자치화나 집권화가 아니라 긍정적 효과를 강화하고 부정적 효과를 축소할 수 있는 수준에서 적정화되는 것이 바람직하다는 것을 시사하여 준다.5) 이하에서는 [표 25-2]에 제시한 것을 지방자치제 집행평가를 위한 기본적 기준으로 적용한다. 한 가지 의문은 구체적으로 어느 수준의 자치화가 적정한 수준인가 하는 것이다. 이에 대한 대답을 위하여는 [표 25-2]에 나타난 지방자치의 구성요소와 제 효과간의 연계기제에 대한 규명, 그리고 이를 입증할 수 있는 자료의 확보에 기초한 별도의 논의가 요구된다. 그러나 적정 수준에 대한 구체적 획정 이전에라도 대체적으로 보건대, 최소한 우리의 자치화 수준이 적정수준에 미치지 못하고 있는 것으로 판단하는 데는 크게 무리가 없을 것이다. 왜냐하면 아직까지 우리의 지방자치 시행기간이 일천할 뿐 아니라, 1992년에 시행하도록 예정되어 있던 단체장 선거를 위법적으로 지연시키다가 1995년에 이르러서야 시행한 사실 등에서 알 수 있듯이 중앙정부의 지방자치에 대한 소극적 의사가 명백하기 때문이다. 다만, 이와 같은 대강의 평가를 전제로 하면서도, 이하에서는 보다 구체적인 수준에서 우리의 지방자치 실태를 평가해보고자 한다.

Ⅲ 지방자치제의 집행성과

지방자치의 구성요소를 분권, 참여, 중립의 세 가지 요소로 제시하였거니와 지방자치제의 집행성과에 대한 평가를 이 세 가지 요인별로 나누어 살펴본다. 재론하건대 대강의 평가기준은 지방자치의 구성요소가 지방자치의 목적에 기여하기 위하여는 민주, 능률, 형평이라는 세 가지 자치이념을 조화시키는 수준에서 적정화되는 것이 필요하다는 전제가 될 것이다.

1. 분 권 화

분권화가 얼마나 진척되었느냐에 대한 평가를 위하여는 분권화를 측정하는 항목의 규정이 필요하다. 분권화의 측정항목에 대한 규정은 논자에 따라 다

---

5) 아울러 [표 25-2]는 지방자치에 수반하는 부작용의 존재만을 이유로 지방자치의 시행에 대하여 근본적인 반론을 제기하거나, 순기능의 존재만을 들어 자치의 강화만을 주장하는 것은 균형 잡힌 태도가 아니라는 것을 가르쳐 주는 것이기도 하다.

양하게 제시될 수 있을 것이나,[6] 여기에서는 지방정부의 자치권에 대한 일반적 유형화를 참고하여 입법권, 조직권, 행정권, 재정권, 지도·감독, 계층제 측면으로 나누어 논의한다. 이러한 구분은 본 장에서와 같이 객관적 지표의 추출을 통한 평가를 시도하기보다는 일반적 정책노력을 평가하고자 하는 경우에 유용하다.

1) 입 법 권

현행 지방자치법(제28조)은 "법령의 범위에서" 조례를 제정하도록 하는 한편, 주민의 권리제한 또는 의무부과 및 벌칙제정에 관한 조례는 법률의 위임을 조건으로 함으로써 지방의 입법권을 제약하고 있다. 특히, 입법부를 통과하지 않은 명령에 의하여도 지방의 대부분의 입법권이 제약받게 규정한 것은 지나치게 지방의 자율권을 제약하는 것이다. 뿐만 아니라 지방자치법 제13조는 관할구역의 자치사무와 법령에 의하여 규정된 사무를 지방자치단체의 사무로 지정하면서도 제2항의 단서에서 "법률에 이와 다른 조항이 있는 경우"를 예외로 함으로써 지방의 입법권을 유명무실화할 수 있는 근거를 제공하고 있다. 이와 같은 지방입법권에 대한 중앙의 제약은 자치제 출범 이후 지금까지 큰 변화가 없었으며 따라서 우리의 지방입법권은 상당히 낮은 수준에서 인정되고 있는 것으로 평가할 수 있다.

물론, 이러한 상황은 표면상으로는 미국의 지방정부가 Dillon's rule에 의해서, 영국의 지방정부가 월권금지(ultra vires)의 원칙에 의해서 입법권을 규제받고 있는 것과 비교하여 크게 다르지 않다. 그러나 실제로는 일본을 제외한 대부분의 국가가 명령으로 지방입법권을 제한하고 있지 않을 뿐 아니라, 미국에서는 home rule에 의하여, 일본에서도 우리와는 달리 "법령의 범위 안"이 아니라 "법령에 위반하지 않는 한도 내"에서 지방의 입법권이 확대 보장되고 있다는 점이 인식되어야만 한다(하혜수·최영출, 2000).

한편, 지방에 영향을 미치는 중앙의 입법과정에 지방자치단체가 유효한 의사투입기제를 갖지 못하고 있다는 점도 문제점으로 지적되어야 한다. 특히 현재와 같이 법령에 의하여 지방의 입법권이 제약받는 상황에서 중앙정책과정

---

6) 예컨대, 김익식(1990)은 구조, 기능, 재정, 인력을 지표로 하여 15개국의 분권실태를 비교하였으며, 안성호(1992)는 정부의 유형을 중심으로 분권화를 측정하고 있다.

에 대한 지방의사의 투입기제 확보의 중요성은 강조하여 지나침이 없을 것이다. 이를 위한 조치로서 지방의회의장 또는 단체장 협의회와 같이 지방을 대표하는 기구에 공식적인 법률제안권 또는 관련법안에 대한 협의권 등을 부여하라는 요청이 수용되지 않고 있는 점도 지적되어야 한다.

2) 조 직 권

미흡하나마 지방자치제 출범 이후 지방의 자주조직권 강화를 위한 정책적 노력이 이루어졌다. 지방의 행정기구는 대통령령이 정하는 범위 안에서 조례로 결정하도록 되어 있는데, 중앙정부가 지방정부로 하여금 일부 필치기관을 제외하고는 자율적으로 기구재편을 하도록 허용한 것이나, 「지방자치단체에 두는 국가공무원의 정원에 관한 법률」을 통하여 광역자치단체에 두는 일반직 국가공무원의 정원을 한정함으로써 지방정부에 근무하는 공무원의 지방직화에 많은 진전을 가져온 것 등이 그것이다.

그러나 다른 한편, 중앙정부는 부단체장 이하의 기구설치에 대한 기준과 지침을 제시하는 한편, 이 지침을 벗어나는 조직행위에 대하여는 행정안전부의 승인을 얻도록 함으로써 자치조직권을 통제하고 있다(지방자치단체의 행정기구와 정원기준 등에 관한 규정). 구체적으로, 중앙정부는 부단체장의 수와 직급, 설치가능한 조직의 수와 범위, 공무원의 직군별·직급별 정원책정기준, 표준정원 등에 대하여 세부적 지침이나 기준을 지방정부에 하달하고 있는 것이다.

이 같은 지방조직권에 대한 세부기준이나 지침은 지방정부의 방만한 조직운영에 대한 견제라는 순기능에도 불구하고, 지방정부가 이러한 기준이나 지침을 어기기 힘든 현실에서 지방의 조직권에 대한 과다한 통제라는 부작용을 낳는다. 따라서 향후 지방조직권에 대한 중앙의 간여는 지방정부의 조직권 행사상의 일탈을 적절히 억제하면서도 지역실정에 맞는 창의적 조직의 지방적 실험을 방해하지 않고 주민의 자율적 결정권에 대한 과도한 간섭을 초래하지 않는 범위 내로 제한될 필요가 있다.

아울러 지적할 것은 우리나라의 지방자치기구는 획일적으로 강시장형의 기관대립형제를 채택하도록 되어 있으며 따라서 다른 형태의 기관구성이 존재할 수 없다는 점이다. 그러나, 지방자치가 집권에 의한 위험의 분산실험의 성격을 갖는 것이라는 점에서 볼 때 이와 같이 획일적인 자치기구의 채택이 반드시 소망스러운 것만은 아니라 하겠다. 물론 미국을 제외한 대다수 국가가 획일적인 형태의 기관구성을 갖고 있지만 원칙적으로 지방의 기관구성형태는 지방의 자율적 의사에 의하여 정해질 수 있도록 허용하는 것이 바람직할 것이다. 이러한 판단은 지방의 기관구성 형태는 분권화와 직접적인 상관관계가 없으며 따라서 국정통합성에도 크게 영향을 미치지 않을 것이기 때문에 가능하다. 다행히 최근 개정된 지방자치법 제4조에서는 지방자치단체 기관구성 다양화의 근거가 마련되었으므로 향후 지방자치단체의 여건에 맞는 자율적 기관구성이 가능할 것으로 기대된다.

3) 행·재정권

행정권은 지방정부가 필요한 사무를 자주적으로 처리하는 권한을 말하는 바, 일반적으로 지방정부의 행정권은 취약한 것으로 평가된다. 그 근거는 국가 사무에 비하여 지방사무의 비율이 지나치게 낮다는 점이다. 기존의 조사들은 대체로 중앙사무 비중이 국가 전체 사무의 70%를 상회하는 것으로 보고하고 있다(총무처, 1994; 한국지방행정연구원, 2001). 물론 이러한 조사결과들은 기본적으로 사무구분 기준의 모호성 내지는 유동성으로 인하여 전적으로 신뢰하기에는 일정한 한계가 있다. 그럼에도 불구하고 이러한 조사들은 대체적으로 지방사무의 비중이 상향될 필요가 있음을 가르쳐 주기에는 충분하다. 이러한 인식에 기초하여 지방자치제 시행 이후 사무의 지방이양을 위한 노력이 지속적으로 이루어져 왔다. 특히 1999년 1월에는 중앙행정권한의 지방이양촉진 등에 관한 법률을 제정된 데 이어, 동년 8월에는 대통령 직속의 지방이양추진위원회가 구성되어 사무의 지방이양을 추진하였다.[7] 동 기구는 이후 지방분권촉진위원회, 지방자치발전위원회, 자치분권위원회로 명칭과 기능이 일부 변경되면서 현재에 이어져 오고 있다.

그럼에도 불구하고 아직까지 사무이양을 위한 노력에 대하여는 비판적인 평가가 일반적이다. 사무이양의 절대량이 미흡하다는 지적, 이양합의가 된 사무의 이양실적이 저조하다는 지적, 사무이양을 위한 조정방식이 하향적이어서 지방사무의 획기적 확장이 어렵다는 지적, 사무이양에 필요한 재정이양이 수반되지 않고 있다는 지적, 권한은 없고 부담만 있는 사무위주로 이양이 이루어

---

7) 동 위원회는 출범 이후 2001년 5월 현재까지 12개 중앙부처 소관 321개 사무를 지방이양하였다 (지방이양추진위원회 공시).

지고 있다는 지적 등이 그것이다. 이러한 지적들은 지금까지도 여전히 제기되고 있는 것들이며 우리는 이로부터 취약한 지방사무를 확충하기 위한 정책적 노력이 필요함을 시사받는다.

이러한 노력을 함에 있어서 지금과 같이 모든 사무를 일차적으로 중앙의 사무로 의제하고 이 중에서 일부를 떼어 지방에 이양한다는 입장을 고수하는 한, 적정한 수준의 사무이양을 기대하기는 곤란하다. 이는 중앙과 지방의 불균등한 권력관계를 고려할 때 자명한 일이다. 의미 있는 수준에서의 사무이양이 이루어지기 위하여는 현재와 같은 중앙위주의 사고를 폐기하고 모든 사무는 원칙적으로 하위단위의 사무로 배정하여야 한다는 이른바 '보충성의 원칙'을 채용하거나(이기우, 1996: 203), 중앙과 지방 간에 다툼이 있는 사무에 대하여는 양자간의 대등한 협의에 의하여 귀속을 결정하는 방식을 도입할 것이 요구된다.[8]

재정측면에 있어서의 분권화 수준을 평가하기 위하여는 일차적으로 중앙과 지방간의 세입과 세출의 배분실태를 파악하는 것이 필요하다. 우리의 경우, 세원배분과 세출배분에 있어서 중앙과 지방간 불균등이 크며 이에 따라 지방의 중앙에 대한 종속성 요인이 원천적으로 배태되고 있다. 연도별로 편차가 있기는 하지만 대체적으로 볼 때, 세입측면에 있어서는 중앙 대 지방의 비율이 약 80 : 20인 반면, 지출측면에 있어서는 약 40 : 60으로 나타난다. 이와 같은 지방정부의 수입과 지출간 격차는 중앙의 이전재원으로 보충되어야만 하며 이에 따라 지방의 중앙에 대한 의존성이 크게 나타나고 있다. 이같은 구조적 중앙의 존성은 지방자치의 기반을 불안하게 만드는 요소가 아닐 수 없다.[9]

그러나 지방의 조세수입과 세출간 격차의 크기만으로 중앙정부에 대한 지방재정의 종속성을 단정하는 것은 한계가 있다. 이전재원의 종류 —교부세, 보조금— 에 따라 지방의 자율성을 제약하는 정도가 다르기 때문이다. 이전재원 중에서도 지방교부세는 지출에 있어서 지방의 자율성을 보장하면서도 지방

---

8) 이러한 원칙은 최근 무산된 바 있는 경찰업무의 지방화, 교육자치와 일반지방자치의 일원화 검토 등에도 동일하게 적용되었어야 한다.

9) 지방재정의 중앙의존도가 큰 상황에서 생기는 또 다른 문제는 한편으로는 지방정부가 재정운용상 책임성 강화나 재정자립을 위한 자구노력을 소홀하게 된다는 점이며, 다른 한편 재정배분을 둘러싼 중앙과 지방의 갈등이 지속된다는 점이다. 특히 후자는 국가경제상황이 취약한 상황에서 더 크게 문제시될 수 있다. 실제로 2000년대에 진입하면서 거듭된 경제위기와 성장동력 고갈에 따라 국가경제가 취약해지면서 재원이 충분하지 않은 중앙정부가 국가시책의 추진과정에서 지방비 부담을 늘리거나 재원과 적절히 연계되지 않는 사무를 지방에 이양함으로써 가뜩이나 재정적으로 어려운 지방의 반발을 사고 있다.

정부에게 안정적 수입을 제공하는 한편 수평적 재정불균형을 교정하는 기능을 갖는 재원이다. 주목할 것은 1997년말 외환위기를 겪으면서도 지방교부세 규모가 내국세의 13.27%에서 15%로 상향조정되었다는 점이다. 물론 이에 대하여는 그간 사무의 지방이양에 따른 적절한 재원이양 조치가 미흡했던 것을 감안한다면 오히려 증가폭이 과소했다고 평가할 수도 있겠으나(cf, 권형신, 이상용, 이재성, 1998: 343), 중앙재정 역시 어려웠던 상황을 고려한다면 이러한 조치는 전향적이었던 것으로 평가된다. 교부세율은 2006년 이후 현재까지 19.24%로 상향되어 적용되고 있으므로 그만큼 중앙의존도가 개선된 것으로 볼 수 있다. 문제는 의존재원에서 차지하는 지방교부세의 비중이 어느 정도냐 하는 것인데 대체로 이전재원 전체(지방교부세, 보조금)의 50%를 넘지 않고 있으므로 향후 개선의 여지가 있다.

문제는 재정격차를 반드시 이전재원으로 보전해야 하느냐는 것이다. 물론 분권차원에서 볼 때, 보조금보다는 교부세가 지방자율성에 유리한 것임은 분명하지만 그것이 지방자율성 차원에서 볼 때 근본적 대책은 아니라는 것이다. 근본적인 대안은 현재의 중앙과 지방이 기능배분을 주어진 것으로 보았을 때, 세입측면에서 지방의 자율성을 높이는 것이다. 즉, 지방세수에서 지방세가 차지하는 비중을 높이는 것이다. 그래야 지방이 스스로 자립할 의지를 갖고 그에 걸맞은 책임있는 노력을 경주할 유인이 생긴다. 현재 지방은 중앙 대 지방 20 : 80의 세입구조를 30 : 70으로 변화시켜 나갈 것을 요구하고 있으나, 중앙재정 부처의 입장은 재정중립성 즉, 현재 상황에서의 중앙과 지방간 세입, 세출구조를 유지하자는 입장을 지키면서 이견이 좁혀지지 않고 있는 상황이다. 세입구조의 변화가 어려울 경우, 생각할 수 있는 대안은 지방의 지출원인이 되는 지방기능을 줄이는 한편, 지방위임사무 비중을 줄이고 자치사무 비중을 높이는 것이다. 전자는 지방자치의 근본적 위축을 가져오는 것이며, 후자는 현재 지방에서 요구하고 있는 내용이다.

이외에도 중앙정부는 재정수입 측면에 있어서는 기채승인제도, 조세법률주의, 통제적 성격이 강한 보조금, 중복과세 금지, 중앙－지방간 과세분리 등을 통하여, 세출측면에 있어서는 예산편성지침 등을 통하여 지방의 재정자율권을 제약하고 있는 것으로 비판받고 있다. 이와 함께 각종 평가와 연계한 재정인센티브제나 패널티제 역시 지방의 재정자율권에 일정한 제약을 주는 제도적 장치로서 거론될 수 있다. 그러나 이와 함께 중앙정부가 재산과표 현실화율, 탄력세제, 임의세목제, 과세감면 등에 있어서 지방의 재정자율성을 인정하고 있다는 점도 같이 거론되어야 한다(하혜수, 최영출, 2000: 62).

전체적으로 볼 때, 탄력세제 등 지방의 재정자율성을 보장하는 일부 정책에도 불구하고 수직적 재원불균형, 이전재원의 구성, 예산편성지침,[10] 기채승인제, 지방과세권의 제한, 재정인센티브 및 페널티 제도, 보조금 기준의 모호성 등에서 확인되듯이 현재의 지방재정관련 정책은 대체로 통제적 요소가 강한 것으로 평가된다. 그러므로 향후 지방자치의 정신에 맞추어 지방의 재정자율성을 보다 신장시키기 위한 정책적 노력이 요청된다(김영기, 1997: 191). 그렇다고 해서 지방재정의 자율성 신장만을 고려하여 지방재정에 대한 중앙의 간여를 전혀 배제하는 것은 곤란하다. 지방자치 시행에도 불구하고 일정한 수준에서의 국정통합 및 재정력 균등화를 위한 중앙정부의 조정은 필요한 것이라 하겠으며(이원희, 1995), 이러한 요청은 원칙적으로 조직, 인사, 사무를 통한 직접적 통제보다는 재정간여를 통한 간접적 통제에 의하여 대응되는 것이 바람직하기 때문이다. 문제는 직접적 통제를 완화하지 않으면서 재정통제장치마저 지속적으로 보유하는 것이라 하겠다.

4) 지도·감독

지방자치의 시행에도 불구하고 국정의 통합성 확보를 위하여는 일정한 범위 내에서 중앙정부의 통제기능이 인정될 필요가 있다. 이를 위하여 현행 지방자치법은 권고·지도·감독권, 시정명령권, 직무이행명령권, 대집행권, 감사권, 지방의회의결에 대한 재의요구권 및 제소권 등을 규정함으로써 중앙정부가 지방정부의 운영과정에 광범하게 개입할 수 있도록 보장하고 있다. 그럼에도 불구하고 중앙정부는 이에 그치지 않고 지방권력의 핵인 자치단체장의 권한을 직접적으로 통제하기 위한 추가적 장치의 도입을 모색한 바 있어 문제시된다. 구체적으로, 2000년에는 일부 여야 국회의원들이 기초자치단체장의 임명제를 골자로 하는 지방자치법 개정안을 제출하는가 하면, 행정자치부에서는 부단체장의 국가직화, 서면경고제 등의 도입을 추진한 바 있다. 또한 2000년 5월 초 민주당이 수립한 지방자치법 개정안에는 단체장 징계제, 단체장 연임 제한, 부

---

10) 예산편성지침은 원칙적으로는 지침이므로 기속력을 갖지 않는 것임에도 불구하고 실제로는 법률과 마찬가지의 기속력을 발휘하고 있다(최병대, 2000).

단체장의 권한 강화, 대집행제 등 단체장의 권력을 과도히 제약하는 제안들이 포함되어 있다.[11)

중앙의 정치권과 행정부를 중심으로 하는 일각에서는 이러한 움직임이 분권화에 따른 폐해의 시정을 위한 자연적인 대응이라 합리화하려 한다. 그러나 실제에 있어서 이러한 제안들은 대부분 기득권의 상실을 우려하는 집단의 폐쇄적 움직임에 다름 아니다. 이러한 판단은 대부분의 제안들이 중앙의 기득권에 대한 강력한 도전세력인 단체장에 집중되어 제기되고 있다는 점에서도 타당성이 있다. 물론, 이러한 제안들은 대부분 지방자치의 근간을 근본적으로 위태롭게 하는 것으로서 지방자치제를 폐지하지 않는 한 수용하기 어려운 것이며, 이러한 제안들이 지속되는 한 중앙과 지방 간의 조화와 협력을 가능하게 하는 적정한 분권화는 요원한 과제가 될 것이다.

5) 계 층 제

지방자치제 출범 이후 자치 2계층제가 유지되고 있다. 2계층제는 기본적으로 광역정부로 하여금 광역적·통합적 기능을 담당하게 하고, 기초정부로 하여금 협역적, 구체적 기능을 담당하도록 하여 양 기능이 효과적으로 조율되도록 기하는 제도이다. 이와 관련하여 최근 대도시의 자치구제에 대하여 대도시 행정의 유기적 일체성 및 효율성 확보차원에서 자치구의 자치권을 축소해야 한다는 주장이 제기되어 왔다. 구체적 대안으로는 현 조직체계하에서 시와 구 간의 권한을 조정하는 안, 구의회를 유지하되 구청장을 임명제로 전환하는 안, 구청장은 직선하되 지방의회를 폐지하고 구정협의회로 대치하는 안, 일반 행정구로 전환하는 안 등이 논의되어 왔으나(김재훈, 2000), 2012년 지방행정체제개편위원회는 광역시의 경우 구자치제를 폐지하고, 서울특별시의 경우에는 구청장을 임명직화하고 구의회는 구정협의회로 대치하기로 결정한 바 있다. 이러한 제안은 결국 대도시 지역에 관한 한 분권보다는 통합을 강조한 것이다.

생각건대, 대도시의 유기적 일체성을 감안할 때 이러한 제안들이 전혀 타

---

11) 단체장 징계제는 해당지역 유권자 20% 이상 또는 감사원의 청구에 의해 대통령, 국회, 대법원장 등이 3인씩 추천하는 9인으로 구성되는 중앙징계위원회가 심의해 파면·해임·감봉·견책 등의 징계를 결정하도록 함으로써 자치단체장에 대한 중앙의 결정적인 통제권한을 보장하려 하고 있다. 아울러 동 개정안에는 기초의원 정당공천제 적용, 지방의원 축소, 지방의원 유급제 등이 포함되어 있다.

당성이 없는 것은 아니다. 그러나 이러한 필요성에 대하여는 이미 자치제 출범 시에 상당히 검토된 바 있으며 더욱이 구청장의 임명직화나 구의회의 폐지만 이 대도시행정의 효율성 증대를 위한 유일한 대안이 아니라는 점에서 이 같은 논의는 한계가 있다. 그러므로 보다 균형적인 시각에서 가능한 모든 대안을 검토하는 자세가 요구된다. 현 단계에서는 급격한 구조변경보다는 중층체 및 기관구성의 근간을 유지하면서 필요한 권한 및 구역의 경계를 조정하는 안이 보다 현실적이고 바람직한 것으로 생각된다.

2. 참여의 제도화

주민참여는 대표의 선출과 대표가 수행하는 정책에 대한 영향력 행사로 구분할 수 있으므로 참여제도화는 선거참여와 직접참여로 나누어 논의한다.[12]

1) 선거참여

정당의 후진성, 이념적 무차별성으로 인하여 정당만으로 후보자에 대한 현명한 판단이 이루어지기 어려운 상황에서 선거운동의 과도한 제약 및 시민단체의 참여 제약으로 주민의 선거참여에 필요한 정보가 차단되고 있어 문제시된다. 물론 모든 단체에 대한 참여허용은 자칫 파벌정치의 조장, 선거과열, 사회안정의 저해 우려 등이 없지 않다 할 것이나 그럼에도 불구하고 단체의 참여를 통한 후보자에 대한 정보제공, 유능한 후보자의 천거, 그리고 단체간의 견제와 경쟁을 통한 민주정치의 시현이라는 효과를 무시하는 것은 온당치 못하다 할 것이다. 과거 중앙선관위가 제한적이나마 시민단체의 참정권을 확대하는 입법을 추진하기로 한 바 있으나, 이에 대한 정치권의 반응은 부정적으로 나타난 바 있다. 이러한 점으로부터도 지방자치에 대한 중앙세력의 거부감이 재삼 확인되고 있다.

이와 함께 합리적 논거 없이 정당간의 정략적 타협의 결과로서 기초지방의원선거에서의 정당참여를 제약함으로써 주민의 후보자에 대한 판단을 방해하는 한편, 사실상의 정당공천에 의한 후보자로 하여금 위법을 저지르게 하는 무리를

---

12) 논자에 따라서는 참여의 대상영역을 기준으로 하여 전자를 정치참여, 후자를 행정참여로 구분하여 부르기도 하나 참여방식과 참여대상영역이 항상 일치하는 것은 아니라는 점이 지적되어야 한다.

낳고 있는 현상 등은 주민의 선거참여를 위하여 시정되어야 할 요소이다.

2) 직접참여

대체적으로 우리나라는 지방분권에 대한 관심에 비하여 주민의 직접참여를 위한 제도적 노력이 매우 소홀한 것으로 평가된다. 물론 우리의 경우는 지방자치의 경험이 축적되어 지방분권화가 진척된 외국과는 달리 지방자치의 시행 초기에 있으므로 우선적으로 지방분권화에 우선적인 관심을 갖는 것은 불가피한 측면마저 있다. 그럼에도 불구하고 참여 역시 지방자치의 불가결의 구성요소라는 점에서 소홀히 취급되어서는 곤란하다 할 것이다.

다행스러운 것은 대부분의 선진국가에서 대의제의 보완책으로 광범위하게 채택하고 있는 주민투표, 주민소환제 등 직접민주주의 제도가 우리나라에도 전면적으로 도입되었다는 점이다. 즉 주민투표법은 2004년 제정·발표되었고, 주민소환제는 2006년 도입되어 2007년부터 실시되었으며 주민발의제는 1998년 도입되어 조례제정청구에 한하여 제한적으로 운영되고 있다.

아울러 지적할 것은 주민참여의 기반이 되는 지역사회의 참여역량 강화 및 활용을 위한 제도적 노력이 부족하다는 점이다. 이와 관련하여 최근 영미국가가 지역사회의 중요성을 인식하면서 지방정부 관할구역 내 지역단위의 주민활력의 진작을 위한 전략으로서 지역수권(community empowerment)을 강화하고 있는 것은 중요한 참고가 된다. 특히 영국이 2000년 10월 발효된 지방자치법 (Local Government Act)에 지역사회전략(community strategy) 관련조항을 삽입하여 이를 뒷받침하고 있는 것은 주목할 만하다(한표환, 2001). 아쉽게도 우리는 이들 국가에 비하여 통·반 등 하부지역사회에서의 지역수권을 위한 잠재적 기반을 갖추고 있음에도 불구하고 그동안 지역수권을 위한 노력에 소홀하였다. 오히려 지역사회는 수권의 대상이 아니라 행정단말기 내지는 선거도구화 기능만을 담당하도록 강요되어 왔을 뿐이며 이에 대한 반동적 움직임으로 지방자치제 시행 초기에는 이에 대한 폐지 움직임마저 대두된 바 있다. 1999년 동 기능 전환에 따라 창설된 주민자치위원회가 지역수권의 핵심기제로서 기능할 수 있는 잠재성을 갖는 것이나 이 역시 위원구성을 위촉제로 함으로써 근본적 한계를 노정하고 있다.

다행한 것은 최근 근린자치에 대한 관심이 높아지면서 읍면동 단위 주민자치기능강화 노력이 보이고 있는 점이다. 2013년부터 주민자치회의 시범사업이 추진되고 있으며, 향후 보다 본격적인 근린자치 활성화 시책이 나타날 것으로 전망된다.

3. 중 립 화

지방정부의 중립화는 지배집단의 영향력으로부터의 지방정부의 자율성을 의미하는 것인바, 이러한 자율성에 기초하여 지방정부는 정책의 중립성을 유지하기 위하여 지배집단에 대한 견제와 소외집단에 대한 보호정책을 구사하여야 한다. 이와 관련하여 지방정부의 개발정책정향과 복지정책정향에 대하여 분석하는 것은 지방정부의 중립성을 평가하기 위한 유용한 대안이 될 수 있다. 일반적으로 전자는 지배이익에 상대적 이익을, 후자는 소외집단에 상대적 이익을 가져오는 것으로 파악되기 때문이다.

1) 개발정책

지방자치 출범 이래 지방정부는 성장연합이론이 제시하는 바와 같이 개발정책을 적극적으로 지향하여 온 것으로 판단된다. 이는 지방자치 시행 이후 많은 지방정부들이 지역발전계획을 수립하는 한편, 다양한 개발관련 사업(예, 택지조성사업, 휴양·관광 복합단지 개발, 지역특성화 사업, 중소기업지원 등)을 추진하여 온 데서 확인된다(육동일, 1999). 이론적으로도 개발정책은 재정력이 취약한 지방정부의 입장에서 외면하기 어려운 것일 뿐 아니라 지역활성화를 위하여 필수적이기까지 하다는 점에서 지방자치 시행 이후 지방정부의 개발정향이 강화되었으리라 판단하는 것은 무리가 없다. 문제는 울산, 포항, 광양, 수원, 부평, 군산 등과 같은 기업도시의 경우를 예외로 하더라도 개발정책기조가 강화되는 만큼 지배집단의 이익이 과보호되고 그에 따라 주민일반의 이익이 침해될 우려가 크다는 점이다.

그러나 이러한 판단을 확인시켜줄 수 있는 많지 않은 연구 중에 유재원(1999)의 분석은 이와는 반대되는 분석결과를 제시하고 있어 주목할 필요가 있다. 즉, 동 연구에 의하면 지방자치 시행 이후 지방정부의 개발정책은 유의미한 변화를 보이지 않고 있는 것이다. 보다 세부적으로 지방정부의 유형별로 나누어 개발정책정향의 변화를 분석한 결과 역시 강화경향을 보인 시 지역을 제외하고는 유의미한 변화를 보이지 않고 있다. 그리하여 유재원은 Gurr와

King(1987)의 표현을 빌려 우리의 지방정부가 사회경제적 제약으로부터의 자율성(제1유형의 자율성)을 확보하고 있는 것으로 평가하고 있다. 이러한 분석결과를 수용한다면 대체로 우리 지방정부는 지방자치의 시행과 무관하게 지배집단의 이익에 봉사하기보다는 중립적인 입장에서 정책을 수행하고 있다는 긍정적 평가를 내려야 한다.

그러나 이러한 분석결과를 액면 그대로 수용하는 데는 한계가 있을 것이다. 논의를 개발정책에 한정할 때, 아마도 이러한 현상은 박종민(2000)이 지적하는 바와 같이 지방차원의 경제적 이익집단의 형성이 미흡하고 따라서 경제적 이익집단의 영향력이 지방정부의 그것에 비하여 원천적으로 미흡한 때문에 비롯된 것일 수 있다. 또는 지방정부의 지배집단에 대한 정책배려가 집단으로서의 지배이익보다는 개별적이고 음성적인 방법으로 지배이익에 봉사하였을 가능성도 있다. 그러나 이러한 현상이 횡단적 분석에 의하여 포착되기는 어려운 것이며 따라서 기존의 분석결과를 수용하는 데는 주의가 요구된다. 더욱이 시 지역에서 개발정책의 강화현상이 관찰되었다는 점도 무시하기 어렵다. 요컨대, 일부 연구에 의하여 긍정적인 평가가 제시되고 있음에도 불구하고 여러 가지 상황을 종합적으로 고려하건대, 지방자치하에서 지방정부의 개발정향이 불변하였으리라 단정하기는 어려우며 따라서 지방정부의 중립성에 대하여 긍정적 결론을 내리는 데는 주의가 필요하다.

2) 복지정책

지방정부의 중립성에 대한 추가적 판단을 위하여 지방정부의 복지정책정향에 대한 평가가 요구된다. 결론부터 제시한다면 전반적으로 지방정부의 복지정책정향은 취약한 것으로 평가된다. 물론 단체장 민선 이후 지방정부의 복지지출 비중은 다소나마 증가하는 긍정적 모습을 보이고는 있다. 즉, 1996년과 1997년의 사회보장비 예산비중을 비교한 결과, 특별시·광역시는 7.6%에서 7.8%로, 자치구는 12.4%에서 13.9%로, 도는 8.4%에서 8.5%로, 시는 7.1%에서 7.8%로, 군은 5.4%에서 6.8%로 다소의 증가를 기록하고 있는 것이다(강윤호, 2000). 그럼에도 불구하고 이러한 통계가 지방자치 이후 지방정부의 복지정책정향이 증가하였음을 확실하게 보여주는 것은 아니다. 복지예산비율의 증가폭이 미미할 뿐 아니라, 이러한 증가가 지방정부의 복지정책 노력 때문인지 아니면 단순히 다른 지출항목의 증감에 따른 반사적 결과인지 확인되지 않기 때문이다. 이와 관련하여 이승종(2000)은 전체적으로 볼 때 지방자치의 시행이 지방정부의 복지정책정향과 유의미한 관계에 있지 않음을 보여줌으로써 지방자치에도 불구하고 지방의 복지정향이 여전히 취약함을 확인시켜 주었다.

한편, 지방정부의 복지정향은 지역의 실정이 같지 않기 때문에 지방정부마다 다르게 나타날 수 있다. 이와 관련하여 지방자치 시행에 따른 지방정부의 복지정책정향에 대한 일련의 연구들(이승종·김흥식, 1992; 김인철, 1994; 김태일, 1998; 유재원, 1999; 강윤호, 2000; 이승종, 2000 등)은 대체적으로 지방자치제의 시행에 따른 지방정부의 복지정향이 지방정부 유형별로 차이가 있음을 보여주었다. 구체적으로 지방자치에 따른 지방정부의 복지정향은 특별·광역시·자치구에서는 상대적으로 강화 또는 무변화, 도·시·군에서는 상대적으로 약화 또는 무변화인 것으로 나타났다.

이상의 논의를 요약하자면 지방자치는 전반적으로 볼 때 지방정부의 복지정향에 대하여 유의미한 영향을 미치지 못하는 가운데, 지방정부 유형별로 차별적인 효과를 가져왔다는 것이다. 그리고 이러한 평가로부터 우리는 취약한 지방정부의 복지정향을 강화하기 위한 정책적 노력이 필요하다는 점과 그러한 노력은 특히 복지정향이 상대적으로 약화되는 경향을 보인 시군구 지역에서 특히 강조되어야 한다는 정책적 시사를 제공받게 된다.

부언할 것은 지방정부의 복지정향을 논함에 있어 지방의 정책정향에 한정한 논의는 한계가 있다는 점이다. 지방정부가 집행하는 복지정책의 대부분은 중앙정부 차원에서 결정되는 데 따른 것이기 때문이다. 이는 1997년 말 외환위기 이후 중앙의 복지정책의 강화에 따라 지방정부의 복지지출이 이전 기간에 비하여 비교적 큰 폭으로 증가한 데서도 확인된다. 구체적으로 1998년의 복지지출예산 비중은 1997년의 예산비중에 비하여 특별·광역시에서는 1.4%, 자치구에서는 2.1%, 도에서는 0.7%, 시에서는 0.4%, 군에서는 0.5% 증가하였는데(강윤호, 2000) 이러한 증가폭은 이전 기간의 변동 폭이 미미했던 것과 대비된다. 이러한 논의는 지방정부의 복지정향 강화를 위한 정책노력에는 지방정부만이 아니라 중앙정부의 태도변화가 필요함을 가르쳐주는 것이다.

이상의 논의를 종합하건대 지방자치 출범 이후 지방정부의 계층중립성은 개발정책을 통하여는 다소 불투명한 부분이 있지만 복지정책을 통하여는 보다 확실하게 그 취약성이 확인된다 할 것이다.

Ⅳ 결 론

지금까지 우리나라의 지방자치제의 집행성과를 지방자치의 세 가지 구성요소—분권화, 참여화, 중립화—를 분석의 틀로 하여 평가하여 보았다. 논의결과를 요약한다면 대체적으로 우리의 지방자치는 일부 전향적인 정책노력에도 불구하고 아직까지 적정한 수준에는 미치지 못하는 것으로 판단된다. 세 가지 구성요소별로 나누어 보건대, 분권화에 대하여는 그간 다른 구성요소에 비하여 상대적으로 많은 관심과 정책적 노력이 있었음에도 불구하고 근본적인 변화를 가져올 만한 정책적 노력이 없었던 때문에 여전히 과소 분권상태에 있는 것으로 평가되었다. 더욱이 최근에는 분권화를 저해하는 제안들이 빈번하게 제기되고 있어 분권화의 전망을 불투명하게 하고 있음도 지적되었다. 분권화 측면에 대한 관심과 논의에 비하여 참여의 제도화를 위한 정책적 노력은 매우 미흡한 것으로 평가되었다. 물론 일부 지방정부에서 전향적인 참여노력이 이루어지고는 있으나 이것이 지방정부 일반에 보편화된 것은 아닌 것으로 파악되었다. 지방정부의 계층중립성에 대한 평가 역시 긍정적이지만은 않았다. 이러한 판단은 관련연구에서 지방자치에 따른 지방정부의 개발정책정향의 유의미한 증가패턴이 확인되지는 않았지만, 그 원인이 지방차원에서의 지배이익의 영향력이 취약하기 때문이었을 가능성과 함께, 일부 지방정부에서 유의미한 개발정향의 강화현상이 발견되었을 뿐 아니라 복지정책정향에서 부정적 결과가 확인된 데 기초한다.

이러한 평가결과가 우리나라 지방자치의 정착·발전을 위한 정책방향과 관련하여 주는 시사는 명백하다. 우선 전반적으로 지방자치의 강화를 위한 노력이 필요하다는 점이다. 물론 지방자치가 긍정적 효과만을 갖는 것은 아니기 때문에([표 25-2] 참조) 무조건 지방자치의 강화를 강조할 수는 없다. 그러나 앞에서 언급한 바와 같이 여러 가지 정황으로 미루어보건대 현재의 지방자치는 적정수준에 미치지 못하는 것으로 판단되며 따라서 적정수준의 자치화에 도달하기까지 최소한 당분간은 지방자치 강화를 위한 노력이 이루어져야 하는 것이다. 이러한 요구에 대응함에 있어서 지방자치의 집행실태를 감안한다면 분권강화를 위한 노력과 함께 그간 소홀히 취급되었던 참여의 제도화와 지방정책의 계층중립성 강화를 위한 노력이 균형 있게 이루어져야 할 것이다.

불행히도 이러한 요청과는 달리 최근의 지방자치를 둘러싼 움직임은 결코 호의적이지 않다. 지방자치에 대한 부정적 움직임은 일반적으로 중앙정치권에서 나온다. 본문에서 지적한 바와 같이 중앙의 정치인과 행정부는 지속적으로 기초자치단체장의 임명제 전환, 부단체장의 국가직화, 단체장에 대한 서면경고제, 단체장 징계제의 시행, 단체장 연임 제한, 부단체장의 권한 강화 등 자치의 기본원칙을 훼손할 수 있는 제안들을 제기해 왔다.[13] 뿐만 아니라 중앙언론기관도 지방정부의 선심행정, 난개발, 예산낭비, 지방부패, 지역이기주의 등을 들어 지방자치의 부정적 측면을 부각시키고 있다(이기우, 2001).

그러나 위에서 제기한 바와 같이 최소한 당분간은 지방자치의 적정화를 위한 정책노력이 필요하다는 것을 전제로 할 때, 이와 같이 지방자치의 근간을 흔드는 과도한 견제 움직임은 바람직하지 않다. 물론 중앙에서 지방에 대한 견제 움직임만 있었던 것은 아니다. 중앙행정권한의 지방이양촉진 등에 관한 법률의 제정 및 지방이양추진위원회의 설치 등은 지방자치의 강화를 위한 정책적 노력이라 할 수 있다. 그러나 지방자치의 강화를 위한 정책적 노력은 견제 노력에 비하여 비중이 작거나 좌절되기 일쑤였다(이기우, 2001).[14]

생각건대, 지방자치에 대한 견제 움직임도 일부 지방정부의 파행적 행정행태를 고려할 때 전혀 타당성이 없는 것은 아니다. 그럼에도 불구하고 지방자치의 시행 초기인 현 시점에서 지방자치제가 완벽한 제도는 아니며 여러 가지 문제점이 노정되는 것은 오히려 당연하다는 데 대한 인식이 요구된다. 서구에서 장구한 기간에 걸쳐 이루어진 지방자치제도가 장기간의 집권통치를 배경으로 한 우리나라에서 단기간 내에 비용 없이 정착될 것으로 기대하는 것은 무리가 아닐 수 없다. 그러므로 작금 지방자치에 수반되는 부작용은 중앙의 효율적 통제의 결여 때문이 아니라 아직도 지방자치가 적정한 수준에서 시행되지 못하고 있는 데 따른 것임을 직시하여 향후 지방자치의 강화를 위한 노력을 기울이도록 해야 한다.

끝으로 본 장에서 적절하게 취급되지 않은 부분에 대한 논의를 첨부하고자 한다. 첫째, 지방자치의 평가를 위하여는 당연히 지방정부 내의 기관간의

---

13) 2001년 민주당이 입안하였던 지방자치법 개정안에는 단체장 징계제, 부단체장 권한강화와 함께 의원유급제, 기초의원 정당공천 금지, 연합공천법제화 등이 포함되어 있었다.
14) 대표적인 예는 경찰사무의 지방이양, 교육자치와 일반지방자치의 일원화 검토가 좌절된 사례를 들 수 있다.

관계에 대한 분석도 포함되었어야 했다는 것이다. 집행기관, 지방의회, 양자간의 관계, 지방교육행정기관과 일반지방행정기관과의 관계에 대한 분석이 그것이다. 그러나 여기에서는 지방정부와 상위정부, 주민, 지배이익과의 관계에 초점을 두었던 관계로 이들 문제들에 대한 명시적 논의가 제외되었다. 다만, 분권화에 대한 논의는 이들 지방정부 내부기관에 대한 문제와 직간접으로 연결되어 있는 것이라는 점에서 이들 문제가 전혀 배제된 것은 아니라 할 수 있다. 둘째, 한국의 지방자치를 평가함에 있어 본 장은 제도의 시행평가에 논의의 초점을 맞춤으로써 제도의 시행성과에 대한 평가에 이르지 못했다는 점이다. 원칙적으로 지방자치에 대하여 보다 적실한 평가를 위하여는 서론에서 언급한 바와 같이 제도시행에 대한 평가만이 아니라 제도시행의 성과에 대한 평가가 아울러 이루어져야 할 것이다. 그렇게 될 때, 지방자치제도의 시행이 어떠한 성과를 가져왔는가에 대한 추가적 정보를 제공받을 수 있게 되며 이에 기초하여 지방자치제도에 대한 논란이 보다 균형화될 수 있을 것이기 때문이다. 다만, 본 장에서는 이러한 평가연구를 위한 분석의 틀로서 [표 25-2]를 제시하는 것으로 대신하였음을 밝혀 둔다. 본 장에서 제외된 두 부문에 관한 연구는 별도의 논문에서 다루어질 수 있을 것이다.

Ⅰ 행정통제론적 접근

지금까지 행정정보공개에 대한 주장을 뒷받침하는 핵심적인 논거는 대체로 보아 두 가지로 요약할 수 있다. 그 하나는 규범적인 것으로서 정보공개는 주민의 기본권으로서의 알권리를 충족시키기 위하여 필요하다는 것이며,[1] 다른 하나는 실천적인 것으로서 정보공개는 궁극적으로 행정책임성의 제고라는 행정통제효과를 갖게 될 것이므로 필요하다는 것이다. 이때 행정통제와 행정책임성은 수단과 목적이라는 불가분의 관계에 있는바, 행정통제는 행정책임성 확보를 위한 수단이라 하겠다(박동서, 1984; 안해균, 1987).

지적할 것은 정보공개에 대한 기존의 논의가 주로 법학자들이 중심이 되어 알권리의 충족을 위한 정보공개법제정을 강조하는 규범적 접근방법(normative approach)이 그 주조를 이루어 왔으며, 그 결과 정보공개를 통한 행정책임성제고라는 실천적 측면은 부차적인 문제로 간주되어 상대적으로 소홀히 취급되어 왔다는 것이다. 물론 어디까지나 정보공개가 본질적으로 국민의 알권리라는 기본권 위에 기초하는 것인 한 이와 같은 규범적 접근방법이 타당하고 또 필요한 것임에는 틀림없겠으나, 보다 효과적으로 정보공개의 필요성에 대한 인식을 확산시켜 그 제도화를 촉진시키기 위하여는 알권리의 충족이라는 추상적 당위성에 초점을 두는 규범적 접근방식보다는 보다 구체적이고 가시적인 행정통제효과에 초점을 두는 실천적 접근방법이 바람직할 것으로 판단된다. 이와 같은 판단의 근거는 다음과 같다.

---

1) 이 외에도 주민참여 및 감시의 확대효과를 구분지어 거론할 수도 있겠으나 이는 그에 따른 행정통제효과와 연계하여 논의될 수 있겠으므로 여기에서는 따로 구분하지 아니한다.

우선, 행정정보에 대한 주민의 기본권을 강조하는 규범적 접근방법은 ①
정보공개에 따른 구체적인 효과보다는 추상적인 권리를 내세움으로써 그 호소
력의 크기에 있어서 문제가 될 뿐 아니라, ② 기본적으로 주민을 권리의 피해
자로, 행정관료를 권리의 침해자로 규정함으로써 관료의 일방적 의무만을 강
조하게 되고, 그 결과 가뜩이나 사회전반에 걸친 민주화 요구의 수용과정에서
피해의식을 갖고 있는 관료집단의 거부감 내지는 저항을 증폭시킴으로써 정보
공개제도의 도입자체를 어렵게 하거나 도입이 된다 하여도 실시과정에서 제도
가 유명무실하게 할 우려가 있다.2) 반면, 실천적인 효과를 강조하는 접근방법
은 ① 행정책임성제고라는 보다 구체적인 효과를 부각함으로써 그 호소력이
상대적으로 클 뿐 아니라, ② 관료의 일방적 의무만을 강조하기보다는 행정관
료, 특히 상급정책결정자의 행정개혁의지에 부응할 수 있는 개혁을 위한 구체
적인 대안의 제시를 통하여 상대적으로 관료집단의 저항을 줄이는 한편 수용
성을 제고시킴으로써 정보공개제도의 도입을 촉진시키고 그 제도화에도 기여
할 수 있을 것이다.3) 요컨대, 정보공개제도의 성공적 추진의 관건이 기본적으
로 행정정보의 보유주체인 행정관료의 대응성 여하에 달려 있다는 데서 실천
적 접근방법의 규범적 접근방법에 대한 상대적 장점을 발견하게 되는 것이다.

이상의 논의는 정보공개를 논의함에 있어 정보공개에 따른 실천적 효과
즉, 행정책임성제고효과에 대한 본격적인 관심과 연구가 필요함을 가르쳐주는
것인바, 이미 지적한 바와 같이 대부분의 기존의 논의는 정보공개의 규범적 측
면을 강조한 나머지 그 실천적 효과에 대한 관심은 상대적으로 적어, 정보공개
를 통하여 행정책임성이 증대될 수 있다는 사실을 지적하는 데 그치고 있고
정보공개가 과연 어떻게 행정책임성을 제고시키게 되는가에 대한 체계적인 이
론적 설명을 제시하지 못하고 있는 실정이라 하겠다.4)

정보공개의 행정통제효과에 대한 인식의 필요성은 특히 우리나라의 지방

---

2) 그 예로서 1966년에 제정된 미국의 정보공개법(Freedom of Information Act: FOIA)이 행정관료
의 소극적 대응으로 사실상 실패로 끝났었던 사실을 들 수 있다(Wise, 1989; Guida, 1989).

3) 특히 중앙 및 각 지방정부의 장이 민선되는 경우 이와 같은 상급정책결정자의 행정책임성제 고
를 위한 개혁의지는 더욱 높아질 것으로 예상된다(cf, 박동서, 1984: 523).

4) 이러한 사실은 정보공개제도의 도입이라는 행정개혁을 추진함에 있어 그 효과에 대한 설득력
있는 설명을 제시하지 못함으로 인해서 그 추진력이 의문시될 뿐만 아니라 오히려 저항세력의
개혁반대의 논거가 될 수도 있기 때문에 문제시된다 하겠는바, 이에 관하여 박동서 교수 (1984:
564)는 개혁에 대한 저항을 약화시키기 위하여는 행정개혁을 통하여 기대되는 바람직 한 효과
에 대한 설득력 있는 근거를 제시하는 것이 중요하다고 지적하고 있다.

자치제의 성공적 실시와 관련하여 볼 때 더욱 절실하다. 주지하다시피 우리나라에서는 1991년의 지방의회선거, 그리고 1995년의 통합지방선거를 기점으로 지방자치제가 재개된 이래 제한적이나마 사무 및 재원의 지방이양을 중심으로 한 지방분권화가 진행되고 있는바, 그 자체는 지방정부의 자치권의 증대라는 측면에서 볼 때 바람직한 것임에는 틀림없다 하겠다. 문제는 지방행정을 담당하는 공무원의 행정책임성 향상 없이 자치권의 지방이양만으로는 지방자치제 실시의 궁극적 목적인 주민의 복지를 증진시키기 어렵다는 점이다. 즉 B. Smith(1980: 27)가 지적하듯이 자치권의 확립과 주민의 복지증진은 별개차원의 문제로서, 주민의 복지를 증진시키기 위하여는 각 지방정부의 행정이 자의성에 의하지 않고 책임성에 기초하여 수행되도록 적절한 통제장치를 갖추는 것이 필요하다 하겠다.

문제는 과연 어떻게 지방정부(또는 공무원)의 행정업무 수행상의 책임성을 제고시킬 수 있겠는가 하는 것이겠는바, 본 장은 특히 그 효과가 탁월하리라 믿어지는 행정정보공개의 행정통제효과에 주목하는 것이다. 추후 보다 상세히 논하겠으나 행정정보의 공개는 주민의 정보에 대한 기본권, 즉 알권리를 충족시키는 데 그치지 않고 나아가서 행정수행에 있어 공무원의 자의성을 방지하고 행정의 책임성을 효과적으로 제고할 수 있는 유효한 행정통제수단인 것으로 판단되기 때문이다.

이상의 논의에 입각하여 본 장에서는 지방정부의 행정정보공개를 연구함에 있어 첫째, 정보공개는 주민의 알권리의 충족이라는 규범적 이유에서 필요할 뿐만 아니라 행정책임성의 제고를 위한 중요하고도 신뢰할 만한 행정통제수단이라는 것을 논증함으로써 기존 논의의 취약점을 보완하는 한편 아울러 정보공개의 필요성에 대한 인식을 확산시키고자 한다. 둘째, 행정정보공개제도의 지방정부로의 도입 및 추진을 위한 몇 가지 논점에 대하여 언급한다.

1. 개 념

1) 행정정보공개

정보의 공개(information disclosure)는 행정관료의 입장에서 볼 때[5] 주민의 공개청구를 전제로 하는 소극적 의미의 정보공개 또는 "청구공개(access)"와 공개청구를 전제로 하지 않고 정보보유기관이 자발적 또는 의무적으로 보유 정보를 공개하는 "정보공표(dissemination)"를 포함하는 넓은 의미로 해석되어야 한다.[6]

이같이 정보공개의 개념을 공개청구의 여부를 기준으로 구분하는 실익은 ① 정보수혜대상이 청구공개의 경우는 청구자 개인 또는 집단, 정보공표의 경우는 불특정다수로 그 수혜대상의 범위에서 차이가 나고, ② 청구공개는 행정 관료에게 성가신 일로 간주되어 그들의 거부반응이 우려되는 반면, 정보공표는 행정관료 자신들이 자발적으로 하는 것이므로 그런 우려가 적으므로 이에 따라 행정의 책임성에 미치는 각각의 영향력의 크기에서 차이가 날 것이라는 데 있다(어떻게 그러한가에 대한 구체적인 설명은 추후에 한다).

한편 정보는 행정기관만이 전유하는 것은 아니기 때문에 정보공개를 최광의로 볼 때 행정기관뿐 아니라 입법, 사법부 나아가서는 민간기관의 보유정보를 외부인에게 제공하는 일체의 행위를 가리키는 것으로 볼 수도 있겠으나 여기서는 논의의 범위를 최대의 정보보유기관인 행정기관의 정보공개에 한한다.

---

[5] 정보공개의 개념을 주민의 입장에서 보는 경우, 청구공개는 주민의 알권리의 적극적 측면 즉, access권을, 정보공표는 알권리의 소극적 측면 즉 정보수령권을 보장하는 기능을 한다.

[6] 논자에 따라서는 공개청구여부를 기준으로 청구공개를 정보공개라 하고 청구를 전제로 하지 않는 정보공개를 정보제공 또는 정보공표라 구분하거나(이윤식, 1990; 김홍기, 1987), 정보공개의 의무화를 기준으로 하여 의무적 정보공개를 정보공개라 하고 재량적 정보공개를 정보제공이라 부르기도 한다(八木敏行, 1986). 그러나 이 같은 의견은 포괄적 의미의 정보공개 (disclosure)와 좁은 의미의 정보공개(access) 간의 혼동이 우려되므로 여기서는 이를 따르지 아니하고 구분하여 사용한다. 한편 Caponio와 Geffner(1988)는 정보공개(access)를 법적으로 공개가 의무화된 경우의 주민의 청구를 전제로 한 정보의 공개라고 하고 그 외의 경우를 정보 공표 (dssemination)라고 하고 있으나 주민의 정보보유기관에 대한 정보공개의 청구가 반드시 법적으로 의무화되어 있어야만 하는 것은 아니므로 여기서는 이를 수용하지 아니한다.

2) 행정책임성

본 장은 정보공개의 행정책임성제고효과에 초점을 두고 있으므로 행정책임성의 개념에 대한 약간의 언급이 필요하다. 행정책임에 대한 개념정의는 일치하지는 않으나 행정책임은 ① 행정인이 법령이나 규칙 등 객관적인 규범과 조직계층에 따른 상급자의 정당한 지시와 법령에 따라 행정을 수행해야 할 의무(행정책무: accountability), ② 행정인이 수임자 또는 공복으로서의 양심이나, 도덕적 기준을 바탕으로 수행해야 할 광범한 도의적 책임(responsibility), ③ 민의에의 반응성(responsiveness) 등의 일부 또는 전부를 나타내는 개념으로 쓰인다(박동서, 1984: 513; 이광종, 1989: 30).

본 장에서 행정책임은 법적 책임을 가리키는 accountability 및 행정행위의 정당성을 가리키는 responsibility를 포함하는 개념으로 사용되며 민의에의 반응성을 나타내는 responsiveness는 개념에서 제외하고자 한다. responsiveness를 제외하는 이유는 불법적이고 부당한 민의에 대한 반응성까지 행정책임으로 보기는 어려울 것이기 때문이다. 물론 적법하고 정당한 민의에 대한 반응성은 행정책임의 개념에 포함시켜도 무방하겠으나 이러한 의미의 행정책임성은 이미 accountability의 개념 속에 포함되어 있는 것으로 보아야 할 것이다. 요컨대 행정책임성의 요체는 "객관적으로 인정되는 적법성 및 정당성의 확보를 위한 불법·부당한 재량행위(discretion)의 억제"에 있다 하겠다.

2. 정보공개의 필요성

정보공개가 왜 필요한가에 대해서는 논자에 따라 일치하지 않는다. 예컨대, 알권리의 보장, 대의제 민주정치의 보완, 행정참여의 촉진, 행정신뢰의 확보, 부패방지, 봉사행정의 구현, 개방된 정부 등의 여러 가지 측면으로 나누어 지적되고 있으나 이러한 구분은 불필요하게 상호 중복되는 면이 많아 여기서는 다음과 같이 3가지로 대별하여 설명한다.

1) 정보공개의 당위성

어느 나라에서든 중앙이나 지방을 막론하고 정부는 주민의 정보에의 접근을 제한해왔다. 그것은 정보란 정부의 행정수행을 위해서 생산된 것일 뿐 주민의 사용을 위하여 생산된 것은 아니라는 그릇된 암묵적 가정에 기초한 것이었다(O'Neil, 1972). 그리하여 예외적으로 정부가 주민에게 정보를 공개하는 경우에도 그것은 주민의 권리의 보장을 위한 정부의 대응으로서가 아니라 정부가 국민에게 베푸는 은전(privilege)으로서 허락되었다. 뿐만 아니라 직접적인 이해당사자에 대하여 정보를 공개하는 경우에 있어서도 어떤 주민이 직접적인 이해당사자인지에 대한 판단을 주민 개개인이 아닌 정부가 행함으로써 주민은 사실상 필요한 정보로부터 차단되어 왔던 것이다.

그러나 분명한 것은 주권재민사상을 기본으로 하는 민주국가에서 주민은 하나의 기본권으로서의 '알'권리를 가지고 있으므로 행정정보는 당연히 공개되어야 한다는 것이다(이종익, 1989: 312; Gordon and Heinz, 1979: xiii). 이와 같은 주민의 알권리 또는 정부의 알릴 의무는 민주국가에서 행정정보는 본질적으로 주민의 재산에 속하는 것인 데서 비롯된 것이다. 정부는 정보의 주인이 아니라 관리인으로서 당연히 주민에게 행정정보를 공개해야 하는 것이며 주민에게 정보를 제공하지 않는 정부는 민주정부라 할 수 없는 것이다(Madison, 1982). 더욱이 정보는 오늘날 중요한 경제적, 사회적 가치를 지니는 재화의 성격을 가지고 있으므로 공평한 부의 배분이라는 차원에서 보더라도 정보의 공개는 당위성을 갖는다 하겠다.

한편 정보공개의 당위성은 비밀주의(secrecy)의 폐해를 직시함을 통하여서도 알 수 있다. 비밀주의의 폐해에 대하여 Woodrow Wilson은 "비밀은 부정을 의미한다. 그러나 공개는 정부를 정화시키는 요소이다"라고 단언한 바 있다.[7] 생각건대 정보의 폐쇄로 외부로부터 차단되어 있는 정부는 필연코 부패·비리의 온상이 되기 십상이며 우리는 제5공화국 시절을 지내면서 이와 같은 사실을 절실히 체험한 바도 있다.

뿐만 아니라 정보의 비밀주의는 사회계층간 거리(gap)를 확대 내지는 영속화시키는 폐해를 낳는다. 그것은 정보가 폐쇄 또는 독점화된 사회에서는 상위계층이 하위계층에 비하여 정보에의 접근이 훨씬 용이한 데서 기인한다. 지금껏 사회문제가 되고 있는 우리나라에서의 부동산 투기현상을 대기업을 포함한 일부 상위계층 집단의 특권적 정보독점이라는 요소를 배제하고는 설명하기 어렵다는 것이 좋은 예이다. 일반주민에게는 공개되지 아니하는 정보를 상위

---

7) Rourke(1975)에서 재인용.

계층집단이 독점하여 부와 권력의 축적에 이용함으로써 오늘날 사회적 불평등 도가 과거 20~30년 전에 비하여 현저히 악화된 데 기여하였던 것이다.[8]

정보공개는 이와 같은 당위적인 이유에서만 필요한 것은 아니다. 아래에 서 살펴보는 바와 같이 주민참여확대와 행정의 책임성제고와 같은 실천적 이 유에서도 필요하다.

2) 주민참여확대

행정정보의 공개는 주민참여를 확대시키므로 필요하다.[9] 주민이 행정과정 에 참여하는 데 있어 가장 큰 제약요인 중의 하나로 흔히 지적되는 것이 바로 주민이 행정에 대한 충분한 정보를 가지고 있지 못하다는 것이다(Dornan, 1977). 정보를 가지지 못한 주민은 행정에 대해 무감각하게 되고 결국은 행정과정에 적극적으로 참여하지 않거나 못하게 될 것이기 때문이다. 그러나, 만일 주민이 보다 많고 유용한 행정정보를 보유하게 된다면 주민은 그 정보를 통하여 행정 에 대한 보다 많은 이해와 관심을 갖게 되고, 아울러 보다 구체적인 목표의식 을 가지고 행정관료들과 접촉하여 그들의 요구를 행정과정에 투입시킬 수 있 을 것이다. 이와 같은 행정정보공개의 주민참여확대효과는 특히 지방자치제의 정착이라는 관점에서 볼 때 중요하다. 주민의 적극적 참여 없는 지방자치란 생 각할 수 없는 것이기 때문이다. 그러나 정보공개에 따른 주민참여확대효과는 정보전달체계의 비효율성으로 인하여 제한적인 것으로 사료된다.

3) 행정책임성제고

정보공개는 행정책임성을 제고시키는 효과 즉, 행정통제효과를 가지므로 필요하다. 행정책임성제고효과는 크게 보아 주민참여의 확대를 매개로 한 "간 접적 제고효과", 그리고 행정관료의 행태에 직접 작용하여 생기는 "직접적 제 고효과"로 나누어 설명할 수 있는데, 이에 대하여는 다음 절에서 자세히 설명 한다.

---

8) 한국의 Gini계수는 1970년에는 0.332였으나 1975년에는 0.391, 1980년에는 0.389로서 일로 증가 추세에 있다(Koo, 1984).
9) 여기서 참여의 확대라 함은 질적인 면에서의 참여의 실질화와 양적인 면에서의 참여빈도 증대 를 포괄하는 개념으로 사용함.

3. 정보공개의 행정책임성제고효과

[그림 26-1]은 행정정보공개가 여하히 행정책임성을 제고시키게 되는가에 대한 과정을 요약해서 보여주고 있는바, 정보공개의 행정책임성 제고효과는 크게 보아 ① 주민참여를 매개로 해서 얻어지는 간접적 제고효과, ② 공무원의 행태에 직접 작용해서 얻어지는 직접적 제고효과로 나누어 설명할 수 있다.

그림 26-1 │ 행정정보공개의 행정책임성제고효과

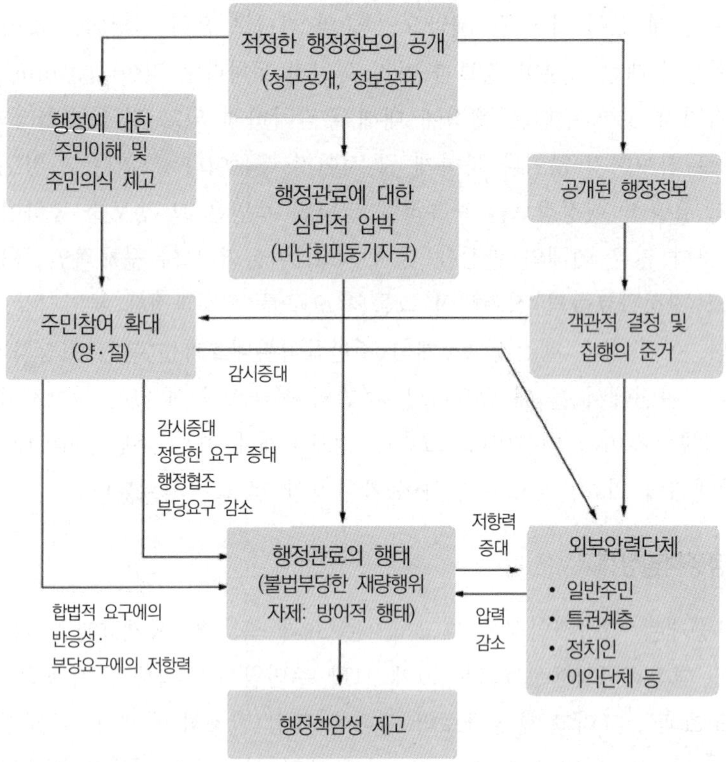

1) 간접적 효과

앞에서 지적한 바와 같이 적정한 정보공개는 제한적이나마 주민참여를 확대시키게 된다. 문제는 확대된 주민참여가 과연 행정의 책임성제고라는 효과를 반드시(always) 가져오겠느냐 하는 것이다. 이에 대한 기존의 주민참여에 관한 논의를 살펴보면 대부분 주민참여의 확대는 주민의 의사를 효과적으로 행정과정에 투입시킴으로써 당연히 행정책임성의 제고효과를 가져올 수 있는 것으로 믿고 있는 것 같다. 예컨대 김학로 교수는 "행정과정에의 주민참여는 행정체제의 정당성 확보는 물론 주민의 요구투입과 직접적인 의사교환의 길을 엶으로써 관료제의 역기능을 통제하고 행정과정을 민주화시킬 수 있을 것"이라고 주장한다(김학로, 1988).

그러나 이러한 주장들을 액면 그대로 수용하는 데는 문제가 있다. 왜냐하면 첫째, 이 같은 주장은 행정책임성에 대한 주민참여의 효과는 행정과정의 주체인 행정관료의 주민참여에 대한 대응태도패턴에 따라 결정적인 영향을 받는다는 사실을 간과하고 있기 때문이다. 사실 임명제로 충원되어 주민에 대하여 직접적인 책임을 지지 않는 행정관료들은 원하기만 하면 그들의 확립된 규칙이나 조직 내 의사결정절차 등을 이유로 능히 주민에의 요구에 대처할 수 있을 것이기 때문에(Jones, 1977), 설령 정보공개를 통하여 주민의 참여가 확대되고 제도화되는 경우라 하더라도 정작 행정을 담당하는 관료들이 이에 대응하여 소극적이거나 부정적인 태도를 취한다면 기대와는 달리 주민참여의 행정책임성제고효과는 제한적일 수밖에 없을 것이고 따라서 정보공개의 주민참여확대를 통한 행정통제효과도 제한적일 수밖에 없을 것이다. 더구나 우리나라와 같이 행정관료의 지나친 권위주의가 문제시되는 경우에는 더욱 그러할 것이 예상된다.

둘째, 주민의 참여가 항상 바람직한 것은 아니기 때문이다. 만일 주민의 불법·부당한 요구에 대하여 행정관료가 반응하는 경우 행정책임성은 저하될 것이며, 행정책임성은 주민의 요구가 적법하거나 정당한 경우에만 확보될 수 있을 것이다.

그럼에도 불구하고 그 효과의 크기가 제한적이기는 하겠지만 이와 같이 주민참여를 매개로 한 정보공개의 간접적인 행정통제효과가 대체로 정의 효과를 가질 것이라는 데는 의문의 여지가 없다 하겠다. 왜냐하면 ① 행정관료는 주민의 부당한 요구보다는 정당한 요구에 보다 수용적일 것이기 때문이며(다행인 것은 행정정보는 뒤에서 살펴보는 바와 같이 주민의 불법·부당한 요구에 대한 관료집단의 적응력을 증대시킨다. 즉, 관료들은 적법 또는 정당한 근거 없이 제기되는 주민의 요구에 대하여 공개된 객관적인 행정정보에 의거 대응할 수 있을 것이기 때문이다), ② 그 크기가 문제되기는 하겠지만 주민의 참여에 대한 관료의 반응이 전혀 없지는 않을 것이기 때문이다.

2) 직접적 효과

앞에서 정보공개가 간접적 행정통제효과를 가질 수 있음을 설명하였으나, 행정정보의 공개는 주민참여를 매개로 하지 않고서도 직접 행정의 주체인 행정관료의 행태를 바람직한 방향으로 유도하여 행정책임성을 제고시키는 직접적인 효과를 가진다.

우선 적정한 행정정보의 외부공개는 행정관료들의 외부(주민)로부터의 비난을 회피하고자 하는 동기요인을 자극·촉발시키고, 이와 같은 "심리적 압박"에 따라 행정관료들은 행정행위를 함에 있어서 불법 또는 부당한 행위에 대한 주민으로부터의 비난을 방지하는 데 우선순위를 두게 되어 자의적인 재량행위 행사를 자율적으로 삼가게 된다. 즉 행정관료의 행태가 외부의 비난에 대하여 "방어적"으로 변화되는 것이며 이에 따라 행정책임성이 제고되는 것이다.

그렇다면 여기서 비난회피동기란 무엇이며 정보의 공개는 어떻게 비난회피동기를 촉발(mobilize)하는가? 행정관료들은 그들의 행정수행에 대한 관계주민 또는 집단의 평가에 민감하다(Levy et al., 1974; Gordon et al., 1979). 외부의 평가에 민감한 것은 인간의 본성이기 때문이다. 아울러 행정관료들은 행정조직의 일원으로서도 외부의 평가에 민감하다. 왜냐하면 관계주민 또는 집단의 지지를 얻지 않고서는 그들이 가담하고 있는 행정부서의 존치목적을 달성하기 어려울 뿐만 아니라 극단적인 경우에는 부서조직 자체의 존립마저도 위태롭게 될 수 있기 때문이다(Rourke, 1984: 48).

그런데 이와 같이 외부의 평가에 민감한 행정관료들이 정책을 결정 및 집행하는 데 작용하는 동기는 크게 나누어 탁월한 업적을 통하여 좋은 평가를 받고자 하는 호평추구동기(credit-claiming motivation)와 환영받지 못하는 업무수행에 대한 비난을 회피하고자 하는 비난회피동기(blame-avoiding motivation)로 나누어 볼 수 있다.[10]

문제는 정보공개시 어떤 동기가 행정관료의 행정행태에 더 큰 영향을 미치는가 하는 것이다. 결론부터 얘기하면 비난회피동기가 호평추구동기보다 더

---

10) Weaver는 이에 좋은 정책에 대한 동기(good-policy motivation)를 추가하고 있으나 상대적으로 현저하지 아니한 동기요인이므로 생략한다.

큰 영향력을 미치게 된다(Weaver, 1988). 그것은 주민의 "부정적 평가경향 (negativity bias)"에 기인한다. 즉 주민은 일반적으로 만족스러운 측면을 감지하는 것보다는 불만족스러운 측면을 더욱 쉽게 감지하고, 만족스러운 측면에 대해 칭찬하기보다는 불만족스러운 측면에 대해 보다 적극적으로 불만을 표명하는 경향이 있는 것이다(Weaver, 1988: 21). 그러므로 정보가 공개되어 행정관료의 행정수행과정을 주민이 자세히 알 수 있게 되는 경우에 행정관료들은 당연히 주민이 보다 적극적으로 의사표명을 하게 될 불법·부당한 재량행위와 같은 불만족스러운 행정행위를 삼가고자 노력하게 되는 것이며 이는 바로 비난회피 동기의 동작화를 의미하는 것이다.11) 물론 좋은 평가에의 동기도 촉발되기는 하겠으나 그 동작화의 크기가 비난회피동기의 그것보다는 현저히 작을 것이다.

한편 관료들이 그들의 행정행위에 대한 주민으로부터의 비난을 회피하는 방법은 비난의 대상이 되는 불법 또는 부당한 행정행위를 은폐하여 비난을 회피하거나 또는 불법·부당한 행위자체를 하지 않도록 노력하는 경우 두 가지가 있다고 하겠다. 그런데 정보가 공개된 행정환경 아래에서는 행정관료가 주민으로부터의 비난을 모면하는 유일한 방법은 비난의 대상이 될 만한 불법·부당한 행위를 배제하고 합법·정당한 행정을 하는 길뿐이다. 정보가 폐쇄되지 않는 상황하에서는 정보공개의 개념자체가 의미하듯 은폐란 가능한 수단이 아니기 때문이다.

이와 같이 주민으로부터의 비난을 받지 않기 위하여 비난의 대상이 될 만한 자의적인 재량행위자체를 자제하려는 행정관료의 행태패턴을 "방어적 행태"라 부르기로 하자. 그런데 정보공개 아래에서 행정관료의 방어적인 행태는 앞에서 살펴본 바와 같이 주민참여의 확대에 따른 주민의 행정감시기능의 확대로 인하여 더욱 강화될 것인바, 이와 같이 외부로부터의 비난가능성에 대하여 방어적이 된 행정관료들은 불법·부당한 재량행위를 자제하는 한편 합법·정당성에 기초하여 책임행정을 수행하려 할 것이다.

그러나 아무리 행정관료가 정보공개에 기인한 심리적 압박(비난회피의 동작화)에 따라 책임행정을 수행하고자 하여도 일부주민, 특권계층, 정치인, 이익단체와 같은 외부로부터의 소수이익을 위한 부당한 압력이 행정관료의 저항의

---

11) 행정관료를 포함한 정책결정자의 정책결정시 영향을 미치는 동기요인에 대한 보다 자세한 논의는 Weaver(1989) 또는 이승종(1989)을 참조할 것.

수준을 넘어 책임행정을 저해하는 경우가 있을 수 있다. 오히려 우리나라와 같이 행정관료의 자주성이 저급하여 문제가 되는 경우에는 이와 같은 경우가 보다 일반적이라 하겠다. 그러나 적절한 정보공개하에서는 이 같은 우려가 해소된다. ① 적정한 행정정보의 공개는 행정관료들에게 행정수행에 있어 외부압력으로부터의 자주성을 견지할 수 있도록 도와주는 효과적인 무기를 공급해준다. 그것은 바로 공개된 행정정보 자체이다. 공개된 행정정보는 정책의 결정 및 집행에 대하여 객관적인 준거(rationale)를 제공하여 주므로 행정관료는 이를 근거로 부당한 외부압력에 효과적으로 대처함으로서 행정의 자주성을 지켜 책임행정을 수행할 수 있게 되는 것이다. ② 뿐만 아니라 객관적 절차 및 집행을 위한 준거(즉 공개된 행정정보)의 존재 및 주민참여확대에 따른 주민의 감시증대는 소수이익을 위한 외부로부터의 부당한 요구나 압력을 근원적으로 위축시키는 힘으로 작용하게 될 것이며, 또한 ③ 공개행정하에서는 주민의 참여도 행정에 대한 일방적인 요구투입에서 점차 행정관료에 대한 신뢰성회복을 바탕으로 한 행정협조로 변화되어 갈 것으로 기대되는바 결국 이들 복합적인 요인에 의하여 행정책임성은 제고될 것이다. 그럼에도 불구하고 이와 같은 행정책임성제고효과는 정보공개에 따른 심리적 압박에서 비롯되는 행정관료의 행태변화가 직접적인 원인으로 작용한 데 주로 기인하는 것이므로 정보공개의 직접적인 행정책임성제고효과라고 부르는 것이다.

3) 책임성제고효과간의 상대적 비중

결국 행정의 책임성은 이상에서 설명한 바와 같이 주민참여를 매개로 한 간접적인 행정통제효과와 행정관료의 행태에 직접 작용함으로써 생기는 직접적 행정통제효과의 총화로부터 얻어지는 것이다. 그런데 한 가지 강조할 것은 정보공개의 직접적인 행정통제효과가 간접적인 행정통제효과보다 상대적으로 더 크고 안정적이라는 점이다. 그 이유는 이미 지적한 바와 같이 간접적 효과가 행정관료의 주민참여에 대한 대응태도에 결정적인 영향을 받아 예측하기 어렵고 제한적인 반면에, 직접적인 효과는 그 같은 주민참여의 매개 없이 행정관료의 행태에 직접 작용하여 자발적인 통제를 유도하는 데서 생기는 것이기 때문이다. [그림 26-2]가 이를 나타내고 있다. 즉 ①, ②로 표시된 간접적 통제효과가 ②의 인과관계가 불확실한 데 기인하여 제한적인 반면, ③으로 표시된 직접적 효과는 보다 크고 안정적인 것이다.

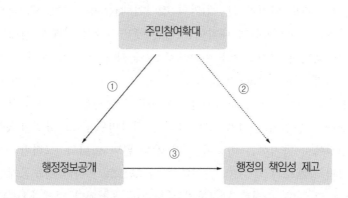

그림 26-2 │ 행정정보공개의 행정책임성에 대한 직·간접적 제고효과

주) 실선(→)으로 표시된 인과관계는 점선(┉)으로 표시된 관계보다 상대적으로 강한 관계를 나타낸다. 즉 ①, ③의 인과관계는 ②의 관계보다 강함.

이상의 논의는 정보공개의 직·간접의 행정통제효과를 들어 정보공개의 필요성을 주장함에 있어서 직접적인 행정통제효과에 보다 큰 비중을 두어야 할 것임을 가르쳐 준다. 다만 어느 한쪽의 효과만을 강조하는 주장은 총체적인 행정통제효과를 과소평가시켜 설득력이 반감되므로 지양되어야 함은 물론이다.

4) 책임성저해 우려

앞에서는 정보공개의 행정책임성에 대한 순기능적인 측면만을 부각시켜 설명함으로써 정보공개의 필요성을 강조하고자 하였다. 그러나 이에 대하여 정보공개가 행정책임성을 제고시키기보다는 오히려 저하시킬 수 있으리라는 비판이 제시될 수 있겠다.

우선 생각할 수 있는 것은 정보공개에 따른 주민의 행정과정에의 참여(특히 집단민원과 같은)의 확대가 행정의 객관성·중립성을 침해하여 결국 행정책임성이 저하될 것이라는 우려이다. 일응 타당한 지적이라 하겠으나 생각건대 이에 대한 지나친 우려는 불필요하다고 본다. 그 이유는 첫째, 이미 지적한 바와 같이 주민참여의 효과는 대체적으로 행정책임성을 높이는 방향으로 발현될 것이기 때문이다. 그렇지 않은 경우라도 문제는 크지 않을 것이다. 그 이유는 정보공개가 주민참여를 확대시키는 효과를 갖기는 하겠지만 그 크기에 있어서 심리적 압박이나 객관적 정책결정 및 집행을 위한 준거제공효과에 비하여 상대적으로 빈약할 것이며(김기옥, 1989: 51), 따라서 주민참여확대에 따른 책임성 저해효과의 크기도 마찬가지로 빈약할 것이기 때문이다.[12] 둘째, 객관적 기준을 일탈하는 부당한 민원에 대하여는 다른 주민집단의 견제가 기대되며 또한 행정관료도 객관적 결정준거를 바탕으로 이에 대한 효과적 설득 또는 방어가 가능할 것이기 때문이다(Jones, 1977).

특히 우려되는 것은 과격행위를 포함하는 집단민원의 발생에 따른 행정책임성의 침해 가능성이라 하겠다.[13] 그러나 집단민원은 그 발생이 산발적이어서 전체행정에서 차지하는 비중이 크지 않을 뿐만 아니라, 그러한 집단민원사태는 행정의 공개도가 낮은 데 기인하는 바 크므로 오히려 정보공개를 통하여 적극적으로 그 같은 사태를 방지하려는 노력이 요청된다 하겠다.[14] 더욱이 강조할 것은 집단민원의 발생은 그 자체로서 책임행정에의 압력으로 작용하는 측면이 있다는 점이다(Elliot and McCrone, 1982: 87). 집단민원의 발생은 많은 경우 행정의 책임성이 저급한 데서 비롯되기 때문이다.

생각건대 정보공개의 실시초기에는 주민참여확대에 따른 행정책임성 저해요인도 있을 수 있겠으나 장기적으로는 사회가 안정되어감에 따라 객관적 기준을 일탈하는 비합리적인 주민참여보다는 합리적인 주민참여가 정착될 것으로 기대되는바, 그 경우 이상의 우려는 불식될 것이다.

또 다른 우려는 공개된 정보에 기초하여 특권계층, 정치인, 이익단체로부터의 행정에 대한 부당한 압력의 증대가능성이다. 그러나 이들은 이미 정보공개가 제도화되기 이전부터 특권적 지위를 이용하여 필요한 대부분의 정보에 대한 접근이 가능했던 부류들이기 때문에 그 같은 우려는 크지 않다고 본다. 이보다는 오히려 정보공개에 따른 행정관료의 부당한 압력에 대한 저항력증대, 주민의 비판·감시 증대에 따른 부당한 압력의 감소효과가 상대적으로 클 것이다.

그럼에도 불구하고 본 장이 정보공개의 행정책임성에 대한 순기능을 강조함은 역기능적인 측면이 전혀 없음을 뜻하는 것은 아니며 최소한 정보공개에

---

12) 이것은 주민참여의 효과는 행정관료의 대응태도에 크게 좌우된다는 앞의 지적을 생각하면 이해된다.

13) 집단민원의 유효성에 대하여는 Alinsky(1971) 참조.

14) 우리는 최근 안면도에서 발생한 폭동사태가 근본적으로는 핵폐기처리시설을 당해지역에 설치하려는 정책결정에 대한 정보의 은폐 기도에서 비롯된 것임을 체험적으로 알고 있다.

따른 행정책임성제고효과가 그 저해효과보다는 상대적으로 크기 때문에 정보공개제도는 실시되는 것이 바람직하다는 사실을 부각시키기 위함이다.

4. 정보공개의 부작용

정보공개는 앞에서 본 바와 같이 주민참여확대 또는 행정책임성제고와 같은 긍정적 효과만 가지는 것은 아니다. 정보공개에는 여러 가지 부작용이 따를 수 있고 그 같은 부작용은 정보공개제도의 도입에 대한 반대 논거로 제시되기도 한다.

정보공개에 따르는 부작용으로는 ① 정보공개에 따른 국가안보 또는 국가이익의 침해(그러나 지방단위에서의 이 같은 우려는 상대적으로 적다), ② 사생활권(privacy) 침해, ③ 정보공개를 위한 문서목록 작성, 인력충원, 구제절차, 소송 등에 따르는 경비증가, ④ 부실한 정보의 유통(거짓 정보의 공개 또는 정보의 무산출), ⑤ 행정관료의 무사안일 초래(계속되는 주민의 행정과정에의 참여에 대한 소극적 태도, 법규만 준수하면 된다는 식의 소극적 행정자세, 사기저하 등을 말함), ⑥ 필요한 비밀유지를 위한 경비증가, ⑦ 행정효율성 저하 등이 제시되고 있다(Birkinshaw, 1988).

생각건대 이들은 대부분 타당한 지적이라 하겠으나 그럼에도 불구하고 이 같은 문제들은 완전히 불식시킬 수는 없다 하겠으나 적정한 공개제도의 도입을 통하여 상당부분 완화시킬 수 있을 것으로 사료된다. 특히 국가안보 또는 국가이익의 침해 우려는 지방단위에서는 상대적으로 덜 문제시될 것이며, 또한 행정효율의 저하 우려는 주민의 행정협조를 통한 행정효율의 향상효과를 도외시한 지적이 아닐 수 없다. 요컨대 정보공개의 긍정적 효과의 크기를 고려할 때 어느 정도의 부작용은 감수할 필요가 있는 것이며 부작용에 대한 우려를 확산시키기보다는 오히려 여하히 정보공개에 따른 부작용을 극소화시킬 수 있느냐 하는 데 관심이 모아져야 할 것이다.

5. 지방정부 행정정보공개의 특징

주민의 알권리의 충족 또는 행정책임성제고 등을 위하여 정부가 보유하고 있는 행정정보를 주민에게 제공한다는 측면에서 볼 때 지방정부차원에서의 행정정보공개는 중앙정부차원에서의 정보공개와 기본적으로 다를 바 없다.

다만 지방정부에서의 정보공개와 중앙정부의 정보공개를 구별할 수 있는 특징은 지방정부에서의 정보공개제도의 도입이 상대적으로 보다 용이할 것이라는 점이다.

첫째, 지방정부의 경우는 중앙정부와는 달리 외교, 국방 또는 국가안전보장에 대한 책임이 없고 주로 지역주민의 일상생활과 밀접한 업무를 취급하므로 비밀을 필요로 하는 대상정보가 상대적으로 적은 반면 공개대상정보의 영역은 넓기 때문이다. 둘째, 지방의 경우 정보공개에 따른 이해당사자의 이해관계를 둘러싼 갈등의 폭이나 정도가 중앙단위의 경우에 비하여 상대적으로 작아 정보공개제도의 도입에 대한 저항이 상대적으로 크지 않을 것이기 때문이다. 그리하여 외국의 경우, 중앙정부에서의 정보공개제도 도입에 앞서 지방정부차원에서의 정보공개노력이 선행될 수 있었던 것이다. 예컨대 미국의 경우 1966년 연방정부의 공개법인 FOIA가 제정되기 훨씬 이전인 1849년 Wisconsin주법, 1851년의 Massachusetts주법 등이 비록 체계적인 단일법체계에는 못 미쳤으나 공적기록에 관한 열람권을 인정하는 규정을 두고 있었으며 이러한 규정을 둔 주는 1940년 이전에 이미 12개주를 초과하였던 것이다(강경근, 1983: 35~37).

III 제   언

우리의 관심은 행정통제효과를 극대화하기 위하여 어떻게 정보공개를 시행하는 것이 바람직하냐는 것이다. 이를 위하여는 공개대상정보, 비공개대상정보(privacy 보호문제, 공무원의 수비의무와의 관계, 기관위임사무의 공개문제 등을 포함), 공개대상기관을 포함한 여러 측면에 대한 논의가 필요하겠으나[15] 여기서는 지면관계상 행정책임과 관련한 몇 가지 논점만을 중심으로 간단히 논의한다.

1. 정보공개조례의 중요성 인식

지방정부에서의 정보공개의 추진은 우선 정보공개조례(또는 법)의 제정에서 출발해야 할 것이다. 정보공개 관련법의 제정은 최근 민주국가들의 세계적

---

15) 이에 대한 자세한 논의는 이승종(1991a) 참조.

인 추세이며 불필요한 행정상의 비밀을 감소시키는 데 일익을 담당하고 있다. 예컨대, 미국은 1970년대에 Freedom of Information Act, Sunshine laws, Open meeting laws 등을 제정하였다. 영국, 캐나다도 지방에서부터 정보공개 관계조례를 제정하였다. 일본의 경우 법률화하지는 못했으나 지방단위에서의 조례화 노력이 계속되고 있다(방석현, 1988). 우리나라에서는 오랫동안 정보공개법규가 제정되지 않았으나, 1992년 청주시에서의 정보공개조례 제정을 계기로 많은 지방자치단체가 정보공개조례를 제정하였고 이어 1996년 중앙차원에서의 정보공개법이 제정되기에 이르렀다.[16)]

정보공개조례의 제정은 ① 정보공개의 방향 및 절차 등을 제시해 줄 뿐만 아니라, ② 지역사회의 정보공개에 대한 감수성(sensitivity)을 높이고, ③ 정보공개를 지금부터 적극적으로 추진한다는 선언적 의미를 지니게 되므로 정보공개 추진의 출발점으로 꼭 필요한 것이다. 물론 정보공개조례가 제정되지 않았다고 해서 정보가 전혀 공개되지 않는 것은 아니다. 정보의 보유·관리자인 행정관료가 제도적 장치가 미흡한 경우에도 상황에 따라 재량권을 발휘하여 정보를 공개할 수도 있을 것이기 때문이다. 그러나 이와 같은 상황하에서의 정보공개는 관료개인의 자의적인 판단에 좌우되어 예측하기 어렵고 불안정적이므로 실질적인 정보공개에는 미흡할 뿐만 아니라 정보공개가 정보요구자의 사회경제적 지위의 영향을 받기 때문에 주민간의 정보격차를 심화시키는 폐단을 막기 어렵게 된다.

생각건대 정보공개의 법제화를 통한 자극 없이 행정관료 스스로의 정보공개노력을 기대하기는 쉽지 않을 것이므로 정보공개조례의 도입은 지방정부의 정보공개활성화를 위하여 필수적이라 하겠다.

2. 행정관료의 정보공개의지 함양

앞에서 지방정부의 정보공개의 추진을 위하여는 정보공개조례의 제정이 필수적이라 하였으나 정책 전환의지를 천명하는 상징적 효과 외의 법제정의 실질적 효과는 사실상 극히 제한적이다. 즉 정보공개조례의 제정만으로 실질

---

16) 1992년에 20개 단체, 1993년에 32개 단체, 1994년에 51개 단체, 1995년에 38개 단체, 1996년에 4개 단체, 1997년에 9개 단체, 1998년에 8개 단체 등 161개 자치단체가 정보공개조례를 제정하였다.

적인 정보공개가 이루어진다고 보장할 수 없다는 것이다. 그것은 공개조례의 실시과정에서 행정관료의 재량(discretion)이 필연적으로 개입되어 조례제정만으로는 공개의 정도(publicity)와 비밀의 정도(secrecy) 사이의 바람직한 조화점을 찾기가 어렵기 때문이며(Galnoor, 1975), 여기서 정보공개조례의 제정이 실질적인 정보공개를 가져오리라는 암묵적 가정하에 정보공개조례 제정을 강조하는 규범적 접근방법의 한계점을 발견하게 되는 것이다. 요컨대 정보공개의 추진은 행정관료의 정보공개 의지에 따라 그 성패가 좌우된다 하여도 과언이 아니라 하겠으며, 정보공개조례 제정이 실질적인 효과를 갖게 하기 위해서는 정보공개의 주체가 되어야 할 행정관료의 적극적 공개의지 함양이 선행되어야 하는 것이다. 그런데 일반적으로 행정관료는 정보공개에 대해 회의적인 것으로 예측된다. 그것은 그들이 정보공개가 그들의 행정행위에 있어서의 오류 또는 부정을 은폐하기 어렵게 할 뿐만 아니라 비밀주의하에서의 독점적 정보소유에서 비롯되는 행정재량의 범위를 축소시키는 작용을 할 것으로 우려될 것이기 때문이다(Weber, 1978; Rourke, 1975). 만일 이와 같이 행정관료들이 정보공개에 대하여 회의적인 경우, 정보공개조례의 제정의 효과는 유명무실해질 우려가 크다. 그것은 행정관료들이 정보공개조례를 제정한 경우라도 행정정보의 공개에 대하여 이용가능한 여러 가지 저항수단, 예컨대 ① 정보자체를 축적하지 않거나, ② 정보비공개를 정당화하거나, ③ 정보공개를 지연시키거나, ④ 정보를 공개하는 경우라도 그 효과를 상쇄시키기 위한 다른 조치를 취하는 등의 방법을 사용하여 정보공개를 효과적으로 방해할 수 있을 것이기 때문이다(Gordon et al, 1979; Wise, 1989). 물론 이와 같은 행정관료들의 정보공개에 대한 저항동기 및 그에 따른 저항방법사용 등은 정당하지 못한 것으로 합리화되기 어렵고 오히려 이의 시정이 촉구되어야 마땅한 것이다.[17)]

　　문제는 여하히 행정관료의 정보공개에 대한 인식을 고양시켜 그들로 하여금 적극적으로 정보공개를 추진하게 하느냐는 것이다. 이를 위하여는 ① 정보공개 필요성의 설득, ② 유인(incentive) 및 불이익처분(disincentive)의 선별적 부과가 고려될 수 있다.

---

17) 물론 비합리적인 저항동기 외에도 합리적인 정보공개 반대이유로서 행정능률저하, 행정전문 성위협, 보안유지곤란 등이 제시되기도 한다. 그러나 이는 극단적인 정보공개를 가정한 데서 나오는 지나친 우려로 생각되며 적정한 행정정보 공개시에는 크게 문제가 되지 않겠다.

(1) 설　득

행정관료로 하여금 정보공개의무를 이행시키기 위하여는 우선적으로 행정관료가 정보공개에 기인한 부정적인 영향에만 민감치 않도록 하는 적극적 노력이 요청된다. 물론 정보공개가 행정관료의 기득권을 위축시키는 효과를 갖는 이상 정보공개에 대한 그들의 인식을 전환시킨다는 것은 쉬운 일이 아니다. 그렇지만 실제로 정보공개가 반드시 그들의 이익을 침해하는 것은 아니라는 사실을 인식시킴으로써 행정관료의 정보공개의지를 함양시키는 것이 불가능하지는 않다고 본다.

우선 정보를 공개하게 되면 행정관료가 그들의 행정상의 오류나 부정에 대한 책임을 회피하기 어렵게 된다는 사실은 부인하기 어렵다. 그러나 정보가 공개된다고 하여도 모든 관료의 행정재량권이 실질적으로 현저히 위축되는 것은 아니다. 그것은 대개의 경우 자의적인 재량권행사는 일반관료 자신들보다는 정치가나 일부 고위관료를 포함한 상위계층집단의 의도에 따라 이루어지는 것이 보통이기 때문이다.

뿐만 아니라 행정정보의 공개는 행정관료에게 여러 가지 직접적인 이익을 제공한다. 첫째, 행정의 자주성이 제고되어 외부로부터의 부당한 압력이나 간섭을 배제하고 독자적인 행정을 할 수 있게 된다(부당한 외부압력 자체가 감소된다). 둘째, 주민의 행정에 대한 신뢰가 깊어지고 따라서 행정협조가 용이해진다. 셋째, 책임행정을 통하여 자부심을 갖고 근무하게 된다. 단기적으로는 과거의 무사안일의 타성으로 인하여 사기저하도 있을 수 있겠으나 장기적으로는 자주적 행정을 통하여 사기가 진작되고 근무만족도도 높아질 것이다. 이 같은 논리 아래 행정관료의 인식을 전환시키기 위한 보다 구체적인 방법으로는 강연회 등을 포함한 교육훈련, 선진사례시찰 및 부서별 정보담당공무원(records access officer)의 임명 등의 방법이 강구될 수 있겠다.

(2) 유인 및 불이익처분의 선별적용

앞에서 제시한 설득만으로는 행정관료의 적극적인 공개의지를 도출해 내는 데는 한계가 있을 것이기 때문에 이와 동시에 정보공개의무 이행상황을 점검하여 인사, 보직, 보수 등에 있어서의 유인 또는 불이익처분을 해당자에게 적용함으로써 정보공개의무를 이행토록 촉구하는 조치가 필요하다고 본다 (Gordon et al., 1979: 304). 이와 같은 적극적 조치 없이는 정보공개에 대하여 회의적인 생각을 갖고 있는 행정관료로부터 적극적인 정보공개를 기대하기는 어려울 것이기 때문이다.

한 가지 의문은 어떠한 경우에 유인 또는 불이익처분이 보다 효과적인가하는 것이겠는바, 이는 해당관료의 정보공개에 대한 태도와 직결된 문제라 하겠다. 이에 대하여 주덕규(1990)의 조사가 시사하는 바는 크다. 이 조사결과에 의하면 상대적으로 볼 때 행정관료는 계급이 높을수록 정보공개에 대해 부정적이었으며 계급이 낮을수록 정보공개에 대해 긍정적이었다. 즉, 관료의 정보공개에 대한 태도는 관료의 직급과 밀접한 관련이 있는 것으로 나타났던 것이다. 만일 이러한 조사결과가 사실을 반영하는 것이라면 관료의 직급에 따라유인 또는 불이익처분을 차등 있게 적용하는 방안을 강구해 보아야 할 것이다. 다만, 구체적으로 어떠한 경우에 유인 또는 불이익처분에 상대적 비중을두어야 하겠는가에 대하여는 아직 기존 연구가 없으나 필자의 조사결과에 의하여 판단하건대 정보공개에 대하여 상대적으로 회의적인 태도를 가진 행정관료에게는 불이익처분보다는 유인이, 정보공개에 대하여 상대적으로 호의적인태도를 가진 관료에게는 유인보다는 불이익처분이 보다 효과적일 것으로 사료된다(이승종, 1993c).

3. 정보공개수단: 청구공개와 정보공표

(1) 정보공개수단으로서의 상대적 유효성

정보공개는 앞에서 제시한 바와 같이 청구공개와 정보공표를 포함하는 개념으로서 어느 일방만으로는 실질적인 정보공개가 이루어지기 어려우며 효과적인 행정정보의 공개 및 이를 통한 행정책임성의 제고를 위하여는 정보공개의 하위요소로서의 청구공개 및 정보공표가 동시에 추진될 것이 요청된다. 요컨대 정보공개가 정부의 주민에 대한 은전(privilege)으로서가 아닌 권리로서의보장을 의미하는 것이기 위하여는 주민의 공개청구에 대한 정부의 소극적인대응 즉, 청구공개뿐 아니라 정부 스스로의 적극적 공개 즉, 정보공표가 충실히 이루어져야 하는 것이다. 여기서 필요한 것은 청구공개와 정보공표의 정보공개수단으로서의 상대적 중요성을 비교함으로써 정보공개제도 추진을 위한전략에 반영시키는 일이다.

일반적으로 정보공개에 관한 기존의 논의는 "정보공개청구권"의 제도화에 중점을 두고 있으나 청구공개의 정보공개수단 및 행정통제수단으로서의 유효성에 대한 과신은 금물이다. 그 이유는 첫째, 주민의 정보청구에 대한 공무원의 거부반응 가능성 때문이다. 이 같은 거부반응은 정보공개가 비밀주의하에서의 독점적 정보소유에서 비롯되는 행정재량의 범위를 축소시킬 것이라는 우려에서 비롯된다(Rourke, 1975; Relyea, 1986). 이 경우 공무원은 주민의 청구에 대하여 여러 가지 저항수단, 예컨대 ① 정보자체를 축적하지 않거나, ② 정보비공개를 정당화하거나, ③ 정보공개를 지연시키거나, ④ 정보를 공개하는 경우라도 그 효과를 상쇄시키기 위한 다른 조치를 취하는 등의 방법을 사용하여 정보공개요구에 대처할 수 있을 것이다. 둘째, 주민들은 어떠한 행정정보가 존재하는지조차 잘 모르는 경우가 일반적이어서 정보공개의 인정만으로는 충분한 정보에의 접근이 사실상 어렵기 때문이다. 셋째, 주민이 요구하는 정보자체가 존재하지 않거나 있더라도 주민이 원하는 형태로 존재하지 않는 경우가 보통이기 때문이다. 요컨대 청구공개에 의한 정보공개는 주민들이 광범위한 분야(issue)에 대하여 정보청구를 요청할 수 있다는 장점에도 불구하고 ① 주민자신의 정보에 대한 상대적인 무지, ② 공무원의 소극적 대응 가능성 때문에 정보공개수단으로서의 실효성은 제한적이라 하겠다.

따라서 이와 같은 청구공개의 제약성을 보정하기 위하여는 공무원 스스로의 정보공개를 의미하는 정보공표의 중요성이 강조되어야 한다. 정보공표는 공표되는 정보의 내용을 주민들의 요청에 의해서가 아니라 관료조직 내부에서 독자적으로 결정하므로 공개된 정보가 반드시 주민개개인이 원하는 것이 아닐

표 26-1 | 일본 가나가와현의 정보공개실적: 청구공개와 정보공표

연 도	이용자수 (명)	이용 건수 (건)	청구공개		정보공개		비교(배수)	
			이용자수 (A)	이용건수 (B)	이용자수 (C)	이용건수 (D)	C/A	D/B
1983	6,349	8,502	159	268	6,190	8,234	38.9	30.7
1984	6,417	9,205	142	456	6,275	8,749	44.1	19.2
1985	6,833	11,111	140	484	6,693	10,627	47.8	22.0
1986	7,456	13,444	125	1,307	7,331	12,137	58.6	92.9
1987	7,672	12,706	104	483	7,568	12,223	72.8	25.3
계	34,727	54,968	670	2,998	34,057	51,970	50.8	17.3

수도 있다는 단점이 있는 반면에, ① 공표되는 정보의 수혜자가 불특정다수인으로 수혜의 범위가 넓을 뿐만 아니라, ② 청구공개에서와 같은 공무원의 거부 반응에 따른 문제점, ③ 주민의 상대적 무지에 따른 문제점이 없으므로 보다 유효한 정보공개수단이 될 것이기 때문이다.[18]

(2) 행정책임성제고수단으로서의 상대적 유효성

정보공개가 행정책임성제고효과를 가지는 한, 앞에서 논의한 바와 같이 정보공표가 청구공개보다 유효한 정보공개수단이라는 사실은 동시에 정보공표의 행정책임성제고효과가 청구공개의 그것보다 더 효과적이라는 사실을 가르쳐 준다.

행정책임성제고효과에 있어서의 정보공표의 청구공개에 대한 상대적 중요성은 정보공표의 공개수단으로서의 유효성이 청구공개의 그것과 같다고 가정하여도 마찬가지이다. 그 이유는 정보공표의 주민참여확대효과나 행정관료에 대한 직접적인 심리적 압박효과가 청구공개의 그것보다 상대적으로 크기 때문이다. 보다 구체적으로, 우선 청구공개의 경우는 정보수혜 대상자의 범위가 대개 청구자로 한정되나 정보공표의 경우는 불특정다수인으로 그 수혜 범위가 넓으므로 이에 따라 주민참여의 범위(scope)나 공무원에 대한 심리적 압박의 범위가 상대적으로 클 것이다. 또한 청구공개에 따를 행정비판은 청구자 자신만에 의한 것인 데 비하여 정보공표의 경우에는 공표된 정보가 언론, 학계, 일반 등 광범한 분야로부터의 심도 깊은 객관적 평가 및 비판을 촉발시킴에 따라 주민참여를 촉발시키는 강도(intensity)나 공무원에 대한 심리적 압박의 정도가 다 같이 클 것이다. 결국, 정보공표는 청구공개의 경우에 비하여 주민참여의 확대효과(범위, 강도) 및 공무원에 대한 심리적 압박효과(범위, 강도)가 큰 데 따라 상대적으로 행정책임성제고효과가 크게 되는 것이다. 이상의 설명을 도식화하면 [그림 26-3]과 같다.[19]

---

18) 이와 같은 정보공개수단으로서의 정보공표의 청구공개에 대한 상대적 중요성은 일본 가나가와현(神奈川縣)에서의 정보공개실적을 통하여서도 입증된다. 즉 [표 26-1]에서 보는 바와 같이 1983년부터 1987년까지 5년간의 실적을 보면 정보공표가 정보공개에 비하여 이용자 수에 있어서 평균 50.8배, 이용 건수에 있어서는 평균 17.3배나 많은 것으로 나타났던 것이다.

19) 정보수혜대상의 범위가 넓으면 행정에 대한 소수이익을 위한 행정에 대한 부당한 외부압력도 정보수혜대상의 범위가 좁은 경우에 비하여 상대적으로 더욱 위축될 것이다. 이 요인 역시 정보공표의 행정책임성제고효과의 청구공개의 그것에 대한 상대적 우월성을 뒷받침하는 요인이 될 것이다. 다만 그 효과의 크기는 상대적으로 작으리라고 판단되므로 [그림 26-3]에서는 생

그림 26-3 ｜ 청구공개와 정보공표의 행정통제효과 비교

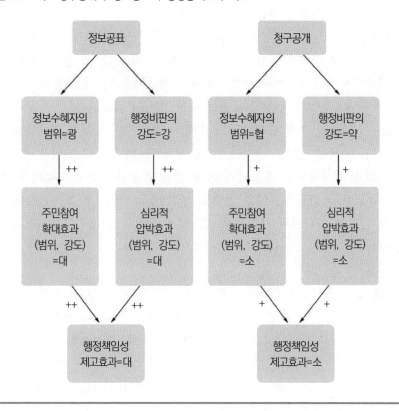

(3) 정책적 함의

　정보공표의 청구공개에 대한 정보공개수단 및 행정책임성제고수단으로서의 상대적 우월성에 대한 논의는 정책결정자로 하여금 정보공개를 추진함에 있어 정보공표측면에 보다 세심한 정책배려가 필요함을 가르쳐 준다. 그러나 정보공표의 청구공개에 대한 정보공개 및 행정책임성제고수단으로서의 상대적 우월성에 대한 논의가 청구공개의 무용성을 의미하는 것으로 해석되어서는 아니 된다. 그것은 이미 지적한 바와 같이 청구공개도 명백히 정보공개 및 행정책임성제고를 위한 유효한 수단이며 아울러 청구공개는 주민 자신이 원하는 정보를 광범한행정기능분야에 걸쳐 청구할 수 있다는 정보공표가 가지지 못한

　략되었다.

장점을 보유하고 있기 때문이다. 요컨대 효과적인 정보공개제도는 청구공개 및 정보공표의 적절한 균형을 전제로 하는 것이다.

그럼에도 불구하고 대부분의 나라에서는 청구공개 위주의 정보공개제도를 추진해 왔으며 우리나라의 경우도 이에서 예외가 아니다. 그러나 이러한 경향은 바람직하지 않으며, 정보공개를 통한 행정통제효과를 담보하기 위해서는 청구공개와 정보공표의 균형적 추진에 대한 인식이 필요하다.

양자의 균형적 추진이 필요한 또 다른 이유는 청구공개와 정보공표가 상호보완적인 관계에 있다는 것이다. 특히 정보공표의 성공적 운영은 청구공개의 필요성을 상대적으로 감소시켜 이에 따른 청구공개에 소요되는 주민 및 정부의 부담을 완화할 수 있을 것으로 생각된다. 이는 [표 26-1]에서 보는 바와 같이 일본 가나가와현의 경우 정보공개 이용도의 계속적인 증가추세에도 불구하고 청구공개 이용도는 연차적으로 감소하거나 정지상태에 있음을 보면 쉽게 알 수 있다.

한편 정보공표와 관련하여 강조할 것은 정보공표를 행정기관의 임의에만 의존해서는 아니 된다는 점이다. 그러한 경우 원활한 정보공표를 기대하기란 매우 어려운 노릇이다. 그것은 정보공표에 업무부담, 행정간섭 우려, 각 행정부서간의 정보공개에 대한 인식차이 등을 고려하면 쉽게 이해된다. 따라서 최소한 공표의무사항을 지정하는 한편 정보공표에 대한 심사분석 및 유인체제를 강화하는 노력이 수반되어야 할 것이다.

4. 정보매체의 선별적 이용

정보공개를 통하여 효과적으로 행정책임성을 제고시키기 위하여는 적절한 정보매체의 선택이 중요하다. 이는 특히 정보공표의 경우 중요하다. 청구공개의 경우 정보매체의 종류는 주로 청구의 내용에 따라 결정될 것이기 때문이다 (주로 문서). 정보공표를 위하여 사용할 수 있는 전달매체로는 신문, 방송 등의 매스미디어, 간행물(반상회보, 홍보자료 등 포함), 게시판, 공청회 등의 직접적 대민접촉(예, 공청회) 등이 있겠으나 여기서는 중요전달매체라고 생각되는 매스미디어와 일반간행물 중 어느 것을 주 전달매체로 하느냐를 간단히 언급한다.

[표 26-2]는 매스미디어와 간행물의 상대적 효과를 효과의 강도, 지속성, 전달범위 및 정보내용의 구체성을 기준으로 하여 비교한 것이다.

표 26-2 | 정보공표매체의 효과 비교

	매스미디어(신문, 방송)	간 행 물
효과의 강도	강 함	약 함
효과의 전달범위	넓 음	좁 음
효과의 지속성	단 기 적	장 기 적
정 보 내 용	일 반 적	구 체 적

이 같은 사실에 입각하여 정보의 종류별 전달매체의 선별적 이용전략을 제시하면 공익정보 및 기초통계자료는 발간물 형태로 공개하고 홍보의 경우에는 주로 매스미디어를 이용하는 것이 바람직하다고 생각된다. 이렇게 하는 이유는 홍보는 정보내용의 구체성이나 효과의 지속성보다는 효과의 강도나 전달범위가 우선되어야 하기 때문이며, 정보공표의 경우는 이보다는 효과의 지속성이나 정보내용의 구체성을 더 우선해야 할 필요성이 있기 때문이다(효과가 지속적이고 정보내용이 구체적이어야 지속적인 행정통제효과를 기대할 수 있다). 물론 양자를 겸용하면 바람직하겠으나 예산의 제약으로 선별적 매체이용이 불가피한 것이다.

발간문서를 통하여 공표할 행정정보는 의사록, 고시, 공고, 주요 공문서, 통계자료 등을 포함할 수 있을 것이지만 행정통제효과의 측면에서 볼 때 이 중 특히 중요한 것이 통계자료이다. 통계자료는 행정결과에 대하여 전문가집단을 포함한 외부인의 객관적, 종합적 평가를 가능하게 하여 행정관료로 하여금 부당한 행정결과에 대한 광범위한 비난을 예상케 함으로써 이에 민감할 수밖에 없는 그들을 효과적으로 통제하여 행정책임성을 제고시키는 중요한 역할을 할 것이다.

5. 정보의 종류와 공개전략

정보공개의 여부와 공개하는 경우에 있어서의 정보공개의 방법은 정보의 종류에 따라 달라질 필요가 있다. 우선, 공개·비공개의 결정은 정보의 종류에 따라 달라져야 한다. 예컨대, 개인적 정보, 국익에 관련된 정보 등은 원칙적으로 비공개로 하고 그 외의 정보는 원칙적으로 공개하도록 할 수 있을 것이다. 공개하는 경우에도 그 공개의 방법은 정보의 종류에 따라 다르게 하는 것이 바람직하다. 예컨대 많은 사람이 필요로 하는 정보는 일일이 개인의 청구를 기다릴 것 없이 행정기관 스스로 해당정보를 공표하는 것이 바람직할 것이며, 개인 또는 일부주민에게만 소용되는 정보에 대하여는 비공개하거나 해당인의 청구를 고려하여 공개하는 것이 보다 경제적일 것이다. 이 같은 점을 고려하여 여기에서는 정보의 종류에 따라 공개방식을 어떻게 달리 할 수 있는가에 대한 기준을 제시하고자 한다. 그러기 위하여는 우선 정보를 유형화하는 것이 필요하다. 정보의 종류를 구분하는 방법에는 여러 가지가 있겠으나 여기서는 두 가지 기준에 의하여 정보를 분류한다.

첫째 기준은, 정보관련자의 범위(scope)이다. 이때 정보관련자의 범위가 개인에 한정된 정보는 개인적 정보 또는 미시적 정보라 하고 다수 주민에 관련된 정보는 공공정보 또는 거시적 정보라 부른다(cf. 박병호, 1988). 앞서 지적한 이유로 개인적 정보는 비공개 또는 청구공개의 대상으로 하고 공공정보는 정보공표의 대상으로 함이 바람직할 것이다. 행정통제의 입장에서 볼 때 특히 중요한 것은 다수인에 관련된 공공정보의 공개이다. 공공정보는 개인적 정보에 비하여 공무원에 대한 심리적 압박의 크기가 큰 데 기인하여 행정책임성제고효과의 크기가 상대적으로 클 것이기 때문이다.

둘째 기준은, 정보에 관련된 이익(interest)의 성질이다. 이때 사익에 관련된 정보를 사익정보, 공익에 관련된 정보를 공익정보라 부르자. 앞의 경우와 마찬가지로 관련자의 범위가 좁은 사익정보는 청구공개, 관련자의 범위가 넓은 공익정보는 정보공표에 의해 공개하는 것이 바람직하다. 이때 공익정보의 공개가 사익정보의 공개의 경우보다 행정책임성제고효과가 클 것임은 물론이다.

이 두 가지 기준을 교차시킴으로써 [그림 26-4]에서 보는 바와 같이 정보를 4가지 유형으로 분류할 수 있다. 각 유형의 정보에 대한 공개·비공개여부 및 공개방법을 같이 제시하면 아래와 같다.

첫째, 사익성 개인정보(유형 Ⅰ)는 원칙적으로 비공개한다. 사익성 개인정보는 privacy의 핵심영역에 해당하기 때문이다.

둘째, 공익성 개인정보(유형 Ⅱ)는 청구공개를 원칙으로 하되 예외적으로 정보공표에 의한다. 이 유형의 정보는 개인적 정보이므로 비공개 또는 청구공개를 원칙으로 하되 공익관련성을 고려하여 예외적으로 정보공표에 의하는 것이다. 이때 청구시 공개는 청구시 비공개를 포함한다. 전화번호부에서 자신

그림 26-4 ┃ 정보의 유형

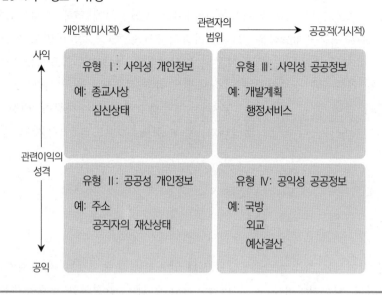

의 전화번호 삭제를 요청하는 경우 인정해야 하는 것이 그 예이다. 다만 고위 공직자의 재산상태와 같은 국민적 관심사에 대하여는 정보공표에 의거 공개할 수 있을 것이다.

셋째, 사익성 공공정보(유형 III)는 정보공표를 원칙으로 하되 청구공개를 보충적으로 적용한다. 즉, 이 유형의 정보는 공공정보이므로 정보공표에 의한 공개를 원칙으로 하되 사익관련성을 고려하여 청구공개를 보충적으로 적용하는 것이다. 예컨대 광범위한 주민들에게 이해관계가 있는 행정서비스 또는 개발계획과 같은 정보들은 청구를 기다리기보다는 행정기관 스스로 공표하는 것이 바람직할 것이다. 청구공개에 의하는 경우 사회계층에 따라 정보격차가 생길 우려가 크기 때문이다. 다만 이 유형에 속하는 정보라고 사소한 것까지 모두 공표하게 되는 경우에 있어서의 비용의 낭비, 정보의 홍수로 인한 또 다른 불편 등을 예방하기 위하여 핵심적인 사항은 정보공표에 의하되 덜 중요한 사항 및 정보공표에 의하기에는 지나치게 구체적인 정보 등에 대하여는 청구공개방식에 의하도록 한다.

넷째, 공익성 공공정보(유형 IV)는 비공개 또는 정보공표에 의하여 공개한다. 외교, 국방 등과 같이 사익과 밀접한 관련이 없는 동시에 공개하기 어려운 사항은 비공개로 하되, 예산, 결산 등과 같이 국민경제와 밀접한 관련이 있어 공개가 필요하고 또 가능한 사항에 대하여는 공표방식에 의해 공개하도록 한다. 이 경우 청구공개방식은 그다지 바람직하지 못하다. 즉, 비밀로 분류되지 않은 이 유형의 정보들은 주민 모두의 관심사항일 것이므로 공표하는 것이 비용절감을 위해서나 정보격차를 감소시키기 위해서는 필요한 것이다.

이와 같이 하는 경우에도 문제는 지방정부에서 개개사무에 대한 분류를 누가 담당하느냐 하는 것인데 이에 대하여는 별도의 연구가 요청된다 하겠다.

Ⅳ 결 론

본 장에서는 행정정보공개가 주민의 알권리를 충족시키는 데 그치지 않고 행정관료의 행정책임성을 제고시키는 직접·간접의 안정적인 행정통제효과를 갖는다는 사실을 논증함으로써 정보공개의 필요성에 대한 인식을 확산시키고자 하였다. 아울러 이와 같이 행정통제효과를 갖는 정보공개제도가 효과적으로 추진되기 위하여는 정보공개법의 제정 외에 행정관료의 정보공개에 대한 적극적 의지함양, 그리고 정보청구권의 인정뿐만 아니라 정보공표에 대한 보다 깊은 관심이 필요함을 강조하는 한편 정보전달매체의 선별적 이용 및 정보의 종류에 따른 정보공개전략도 아울러 제시하였다.

끝으로 학문적 논의와 관련하여 본 장에서 제시하는 바는 아래와 같이 두가지로 요약될 수 있다. 첫째, 정보공개론에 관하여: 이미 본문의 논의를 통하여 제시되었듯이 정보공개에 관한 논의가 정보공개의 규범적인 측면에 더하여 실천적인 측면에 보다 깊은 관심을 기울여야겠다는 것이다. 둘째, 행정통제론에 관하여: 행정통제에 관한 논의가 행정통제수단으로서의 행정정보공개에 대한 본격적인 관심을 가져야겠다는 것이다. 정보공개가 유효한 행정통제수단임은 앞에서 살펴본 바와 같다. 물론 행정정보공개가 행정책임성제고를 위한 유일한 수단이 아님은 명백하다. 주지하다시피 지금까지 여러 가지의 다른 수단들—입법통제, 사법통제, 행정수반에 의한 통제, 민중통제, 내부규율 또는 규범에 의한 통제 등—이 행정통제의 수단으로 흔히 제시되어 왔다. 그러나 이와 같은 행정통제를 위한 전통적 방법들은 각각 그 실효성에 있어 극복키 어려운 한계점들을 노정해 왔을 뿐만 아니라,[20] 행정정보공개가 비교적 쉽고, 빠르게, 그리고 적은 비용으로 적용할 수 있는 탁월한 행정통제수단이라는 사실을 감안할 때(Peters, 1989: 255) 정보공개에 대한 새로운 관심이 요청됨은 당연한 일이라 하겠다.[21]

---

20) 이들 전통적 행정통제수단들의 한계점에 대하여는 Peters(1989: 250~288) 또는 Rosenbloom (1986: 455~484) 등을 참조할 것.

21) 이와 관련하여 개정 지방자치법 제26조에서는 주민에 대한 정보공개에 관한 조항이 추가되어 지역자치에 관한 정보(지방의회의 의정활동, 집행기관의 조직, 재무)를 주민에게 공개해야 함을 명시하고 있다.

CHAPTER 27

지방의 정책혁신 확산과 시간

Ⅰ 서 론

정책혁신의 확산은 지방자치를 지지하는 주요 기반이론이다. 중앙에 의하여 결정된 정책을 획일적으로 전국에 적용시키는 중앙집권체제와는 달리, 지방자치는 분산된 정책결정권에 기초하여 이루어진 각 지방의 정책혁신이 자연적인 확산과정을 통하여 다른 지방에 전이될 수 있을 것을 전제로 하는 정치제도이기 때문이다.[1] 만일 이와 같은 확산기제가 차단되어 한 지방에서의 정책실험이 다른 지방으로 원활하게 전이되지 않는다면 지방자치는 중요한 논리적 기반의 하나를 상실하게 되는 것이며, 그만큼 지방자치의 정당화도 어려움을 겪게 될 것이다.

다행히 지방분권체제하에서도 정책혁신의 확산은 이루어진다. 물론 지방정부간에 일어나는 자연적 정책확산과정은 중앙에 의한 인위적 정책확산과 같은 신속성과 통합성은 제공하지 않는다. 그러나 중앙에 의한 정책확산이 지역의 실정과 자율성을 무시한 획일적 정책확산이 되기 쉬운 반면,[2] 지방간에 일어나는 자연적 확산은 지방의 자율적 의사에 따라 지역의 실정에 맞게 일어나는 자연적 확산이라는 점에서 중앙에 의한 확산이 갖지 못하는 바람직한 측면

---

1) 바람직한 혁신정책의 확산과 함께 바람직하지 않은 정책은 확산이 차단됨으로써 위험의 분산이 이루어진다는 점 역시 역설적으로 중앙집권제에 대하여 지방자치제가 갖는 장점으로 제시될 수 있다.

2) 물론 중앙이 주도한다고 해서 모든 정책이 자동적으로 지방에 전파되는 것은 아니다. 지방은 일정한 범위 내의 자율권에 기초하여 차별적인 반응을 보일 수 있을 것이기 때문이다. 그러나 그러한 반응격차는 지방정부간에 일어나는 자율적 확산의 경우에 비하여 현저히 낮을 것이며, 동시에 반응이 나타나는 시간의 격차 역시 지방간 일어나는 자율적 정책확산의 경우에 비하여 작게 나타날 것이다.

이 있다.

　더욱이 중앙이 주도하는 혁신의 확산기제는 실패한 정책의 획일적 확산에 따른 위험부담이 큰 반면, 지방간에 일어나는 자연적 확산기제는 바람직한 정책혁신의 확산은 잘 이루어지게 하면서도 바람직하지 않거나 실패한 정책혁신의 확산은 자동적으로 제어하는 차단기제로서 기능한다는 장점도 갖는다. 요컨대, 지방간에 일어나는 정책혁신의 확산은 지방의 자율권을 보장하면서도(민주성의 보장), 정책성공의 과실을 확대하고(능률의 담보), 실패의 위험을 극소화할 수 있는(비능률의 억제) 훌륭한 정책확산기제인 것이다. 만일 우리가 지향해야 할 바람직한 사회가 능률이나 민주 일변도가 아니라 민주와 능률이 적절히 조화되는 사회라고 할 때, 이와 같이 지방간에 발생하는 정책혁신의 확산기제의 의의는 크다 하겠다.

　그런데 지금까지 지방차원의 정책혁신의 확산을 설명함에 있어서 공간적 요인이나 결정주체의 상황적 요인이 강조되어 왔다. 즉, 혁신의 수용은 인접지역부터 이루어진다거나(eg. Walker, 1969), 또는 정치경제사회적 여건이 우수한 단체부터 이루어진다(eg. Gray, 1973)는 결론이 지배적이었다. 그러나 이러한 설명에는 한계가 있다. 무릇 정책의 확산은 일순간에 이루어지지 않으며 일정한 시간을 소요함에도 불구하고, 시간적 요인을 소홀히 취급하면서 정태적 요인만을 강조하였기 때문이다. 물론 기존의 연구들이 지방차원에서의 정책혁신의 확산을 설명함에 있어서 시간요인을 전적으로 무시한 것은 아니다. 예컨대, 남궁근(1994)은 정보공개조례를 사례로 한 혁신확산에 대한 연구에서 시기에 따라 정책확산이 어떻게 차별화되는가를 검토한 바 있다. 그러나 이를 포함하여 대개의 연구에 있어서 시간은 어디까지나 부차적인 관심의 대상이었을 뿐, 공간요소나 상황요인과 같은 핵심 변인으로 격상되어 연구되지는 않았다.

　물론, 정책확산에 일정한 시간이 소요된다고 해서 무조건 시간요소를 핵심변수로서 고려해야만 하는 것은 아니다. 실제로 정책확산만이 아니라 모든 사회현상에는 필연적으로 시간요소가 개입하는 것이기 때문이다. 만일 시간요소가 당해 현상에 유의미한 영향을 주지 않는다고 판단될 때 시간에 대한 관심 소홀은 비난받을 바 없다. 그러나 반대로 시간요소가 어떠한 사회현상에 중요한 요인으로서 체계적으로 개입될 때 우리는 마땅히 그에 상응하게 시간요소를 핵심적 요인으로 고려해야만 한다(Smith, 1988: 3; 정정길, 2002a). 그런데 정책의 확산과정은 다른 어떠한 현상보다도 시간의 흐름을 그 핵심요소로 포함하는 것이며 따라서 확산과정을 설명함에 있어 시간요인이 미치는 효과에 대하여 적절한 주의를 기울여야만 한다.

이러한 요구와 관련하여 지방차원에서의 행정정보공개조례는 좋은 분석사례가 된다. 우선 지방행정정보공개조례는 지방자치제의 재개 이후 중앙의 반대를 무릅쓰고 지방이 자생적으로 산출한 순수한 지방차원의 정책혁신이기 때문이다. 이 점은 매우 중요하다. 왜냐하면, 지방의 정책실험이라 하더라도 정책에 대한 중앙과 지방의 의견이 부합하는 경우, 해당 정책의 확산에는 중앙의 개입에 의한 인위적 간여 내지는 지원이 있을 가능성이 크고, 이에 따라 지방의 자율적 확산기제가 왜곡될 가능성이 있기 때문이다.

아울러 준거기준이 될 수 있는 기존의 연구가 존재한다는 점도 이유가 된다. 즉, 본 장의 연구 이전에 남궁근(1994)이 정보공개조례를 사례로 한 정책혁신의 확산에 대한 본격적인 연구를 시도한 것이다. 그는 조례의 확산양식과 영향요인에 대한 정치한 분석을 통하여 조례의 확산은 기본적으로 광역정부를 단위로 이루어지며, 대체로 인접지역부터 전파된다고 설명하고 있다. 물론 동 연구는 공간요인과 지방정부의 내부요인에 초점을 맞추는 대신 시간요인을 가볍게 다룸으로써 정책혁신의 확산추이에 관한 설명을 제시하는 데 있어 그만큼 제약점을 보인다. 그럼에도 불구하고 동 연구는 정책혁신의 확산에 대한 국내 최초의 연구로서 본 장의 연구를 위하여 중요한 준거연구로서 유용하다. 한편, 남궁근의 연구는 1994년 1월까지를 연구대상기간으로 한 반면, 본 장의 연구는 현재 시점에서 1998년말까지의 정책확산 자료의 획득이 가능한 이점을 활용하여 시간요인이 정책확산에 미치는 영향을 보다 적실하게 분석할 수 있을 것이다.

Ⅱ 지방차원의 정책혁신확산에 관한 이론모형

지방정부간에 일어나는 정책혁신의 확산에 관한 이론적 설명은 크게 보아 정태적 모형과 시간요인 모형으로 나누어볼 수 있다.

1. 정태적 모형

정태적 모형은 지역확산 모형과 내부요인모형으로 나눌 수 있는바, 남궁근(1994)에 의존하여 설명하면 아래와 같다.

1) 지역확산모형

이 모형에 따르면 정책확산은 지방정부들이 지리적으로 인접한 정부의 정책을 모방하여 수용하는 데서 이루어진다(eg. Walker, 1969, 1973; Berry, 1994; Sharkansky, 1970; Light, 1970). 즉, 혁신확산의 핵심기제는 인접한 정부의 영향력이며 따라서 지역확산모형으로 불린다.3) 이때 정책혁신의 확산은 지역적 장애가 있기 때문에 전국적 수준에서 이루어지지 않고, 지역적 수준에서의 확산에 그치게 된다. 물론 이슈에 따라 지역적 수준이 아니라 전국적 수준에서 혁신확산이 이루어지는 경우도 없지 않겠으나 일반적으로 지방차원의 혁신확산은 지역적 차원에서 이루어지는 것으로 인식되고 있다. 지역적 수준의 확산을 지지하거나, 전국적 수준의 확산을 지지하거나 간에 이 계열의 모형은 기본적으로 공간요인모형이라는 공통점을 갖는다. 또한 이들 연구는 어떤 지방정부가 혁신정책을 수용하느냐보다는 혁신정책의 공간적 확산패턴을 발견하는 데 초점을 두게 된다.

2) 내부요인 모형

이 모형은 인접정부의 영향력보다는 지방정부의 정치, 경제, 사회적 특징에서 정책확산의 동인을 찾으려 한다(Canon & Baum, 1981; Gray, 1973; 박용치, 1983; Rogers, 1983). 즉, 지방정부가 갖는 특징에 따라 혁신의 채택여부가 결정된다고 보는 것이다. 따라서 이러한 관점에서는 혁신 전파자와 수용자간의 지리적 인접성보다는 지방자치단체가 갖는 특징과 정책혁신의 수용간의 상관관계를 확인하는 데 일차적 관심을 갖는다. 예컨대, Gray(1973, 1973a)는 정치적 경쟁이 심하고, 재정력이 좋은 주일수록 혁신정책의 수용에 선도적이라고 제시하고 있다. 또한, 남궁근(1994)은 조례의 확산을 설명함에 있어 지역확산모형과 내부요인모형을 동시에 적용하고 있는데, 내부요인으로서 지방의회의 규모,

---

3) 남궁근(1994)은 이를 외부적 확산모형이라 부르고 있다.

지방의원 연령, 지방선거 투표율, 인구규모, 주민의 교육수준, 지방자치단체의 유형 등을 내부요인으로 채용하고 있는 것은 참고가 된다. 한편, 이와 같이 어떠한 설명변수를 찾아 혁신의 확산현상을 설명하려는 접근은 기본적으로 지방정부의 정책결정요인을 탐색하는 연구들이 취하는 접근방식과 같은 것이다.

2. 시간요인 모형

서두에서 지적한 바와 같이 지금까지 혁신의 확산에 관한 연구는 지역확산 모형이나 내부요인모형을 적용하여 나름대로 혁신의 확산에 대한 이해의 폭을 넓혀 왔다. 그러나 이러한 접근은 기본적으로 시간요인을 충분히 고려하지 않음으로써 혁신의 확산을 설명하는 데 일정한 한계를 노정하였다. 즉, 이들 정태적 모형은 확산의 총량적 수준을 설명하는 데는 유용하지만 확산이 시간의 경과에 따라 어떠한 모양으로 전개되는지에 대하여는 유용한 정보를 제공하지 못하였다.

그렇다면 시간요인은 혁신의 확산에 어떻게 작용할 것인가? 이에 대하여는 아직까지 본격적 모형의 구축이 이루어지지 않고 있는바, 이하에서 저자 나름의 모형을 제시하고자 한다. 대체로 혁신의 확산은 시간에 따라 [그림 27-1] 또는 [그림 27-2]에 나타난 바와 같은 변화의 모습을 보일 것으로 예

그림 27-1 | 시간에 따른 혁신의 확산시나리오: 점감형

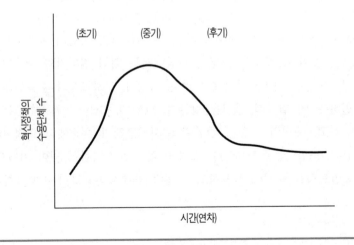

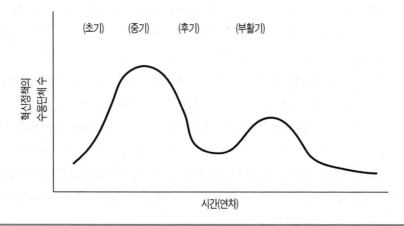

그림 27-2 | 시간에 따른 혁신의 확산시나리오: 부활형

(초기) (중기) (후기) (부활기)

혁신정책의
수용단체 수

시간(연차)

상된다. [그림 27-1]은 혁신정책의 확산추세가 증가하다가 일정시점을 넘으면 감소하는 '점감형' 시나리오를, [그림 27-2]는 일정시점을 넘으면 감소하던 확산추세가 전기에는 못 미치지만 다시 증가하는 '부활형' 시나리오를 보여 준다. 또한 [그림 27-1]은 확산과정이 3단계로 전개되는 것을 나타내며, [그림 27-2]는 3단계까지는 [그림 27-1]에 나타난 시나리오와 같지만 4단계가 추가되는 시나리오를 보여준다는 점에서 구별된다. 이러한 차이에도 불구하고 두 시나리오 모두 공통적으로 혁신의 확산이 기간의 경과에 따라 다른 속도 및 수준으로 이루어짐을 나타내는바, 이들 확산과정을 각 단계별로 나누어 설명하면 다음과 같다.[4)]

① 초기: 초기단계는 혁신에 대한 정보와 평가가 이루어지는 단계이다. 혁신정책에 대한 정보가 전파되고, 수용 여부에 대한 평가작업에 소요되는 시간은 자치단체마다 다르다. 평가작업이 신속하게 이루어지는 단체부터 혁신의 수용이 이루어지게 되며, 정책에 대한 정보가 회전되고 평가가 종료됨에 따라 채택단체의 수는 시간이 경과함에 따라 점차 증가

---

4) Sabatier & Mazmanian(1980)은 성공적 정책집행에 관한 이론적 분석틀을 제공함에 있어 집행의 성과가 법제화된 정책이 시간의 경과에 따라 나타날 수 있는 시나리오를 점감형(gradual erosion scenario)과 지속형(successful scenario)으로 나누어 제시하고 있어 참고가 된다. 여기에서 점감형은 본문의 [그림 27-1]에서 제시한 바와 유사하며, 지속형은 집행성과가 정점을 지나도 크게 저하되지 않는 시나리오를 말한다. 그러나 지방간 정책확산의 경우, 임기라는 구조적 제약이 있기 때문에 지속형이 적용되기는 어려울 것이다.

하게 될 것이다.

② 중기: 초기단계에서 여러 지방자치단체가 혁신정책을 수용함에 따라 후발단체의 평가작업이 단순화되고, 모방심리가 확산하게 되면서 혁신의 확산이 본격화된다.

③ 후기: 혁신정책에 대한 관심이 감소되면서 또한 선도적 단체의 혁신수용작업이 완료되면서 혁신의 확산이 감소추세에 들어간다. 특히 혁신의 주도적 수용자인 자치단체장이나 지방의회는 임기말이 다가오면서 차기선거에 대한 부담 때문에 혁신의 수용에 소극적이 될 것이며, 이에 따라 확산추세는 급격하게 감소추세로 돌아설 것으로 예상된다. 아울러 이러한 현상은 주의를 전환시킬 만한 새로운 정책이슈가 대두될 경우, 더욱 현저해질 것이다.

④ 부활기: 정책에 따라서는 [그림 27-1]에서와 같이 감소추세로 끝나지 않고, 공직자의 임기가 바뀌게 되면서 정책확산이 다시 증가추세로 전환될 가능성이 있다. 이는 전임자의 임기 중에 혁신을 수용하지 않은 단체들에서 새로 선출된 공직자들이 혁신정책의 수용을 다시 시도하는 경우에 발생하게 된다. 이러한 가능성은 임기라는 제한 속에서 혁신의 확산에너지가 기간 중 다 소진되지 않을 수 있다는 데서 비롯된다. 다만, 새로운 확산추세가 나타나기까지는 새로운 임기를 시작하는 공직자들이 업무에 적응하면서 혁신정책을 의제로 채택하기까지 다소의 시간이 경과되어야 할 것이다. 따라서, 임기가 시작되는 시점에서 즉각적인 부활추세가 나타나기는 어렵게 될 것이다. 뿐만 아니라 새로운 확산추세는 전기의 확산추세만큼 강하게 부활하지는 못할 것이며, 따라서 [그림 27-2]에서 보는 바와 같이 확산수준은 전기에 비하여 상대적으로 낮게 나타날 것이다. 이와 같이 어떠한 정책이 한 임기 내에 충분히 확산되지 않았다는 사실은 그만큼 당해 정책의 확산을 위한 에너지가 부족하다는 것을 반증하는 것이라는 점에서 쉽게 이해된다.

물론 어떤 정책은 확산에너지가 부족하기보다는 정책의 복잡성 또는 중요성이 커서 정보유통과 정책평가를 위하여 장기간이 소요되기 때문에 전임자의 재직기간 중에 수용되지 못하고 차기에 가서야 수용되는 경우도 없지 않을 것이다. 그러나 이와 같은 가능성은 높지 않다. 대개의 지방정책은 공직임기 4년의 기간 중에 수용여부에 대한 평가가 이루어지기 충분한 것들이 대부분일 뿐 아니라, 그렇지 않은 경우라도 정책의 평가 및 수용은 합리적 계산만이 아니라 정치적 판단이나 타협에 의존하는 부분이 크기 때문에 정책의 복잡성이나 중요성과 무관하게 당해 임기 중에 정치적 결정이 내려질 가능성이 있기 때문이다. 아울러 다소를 불문하고 임기 내에 혁신을 수용한 자치단체가 있다는 사실은 정책판단에 장기간이 소요되기 때문에 차기로 해당 정책의 결정이 지연될 것이라는 추론의 타당성을 더욱 희박하게 한다.

그렇다면 어떠한 정책은 [그림 27-1]의 시나리오에 부합하고, 어떠한 정책은 [그림 27-2]의 시나리오에 부합하게 되는가? 생각건대 정책을 둘러싼 정책결정자간의 갈등이 작을수록(또는 합의가 높을수록) [그림 27-1]의 시나리오에 근접하고, 반대의 경우는 [그림 27-2]의 시나리오에 근접할 것으로 예상된다. 이는 정책갈등이 클 경우, 정책합의가 조기에 이루어지지 않고 차기에까지 연장될 가능성이 있기 때문이다. 다만, 차기의 공직자들이 전 임기의 공직자들간에 해결되지 않은 정책이슈를 다시 재론할 가능성이 크지 않다는 점에서 부활추세의 최고수준은 전 임기 중의 최고수준에는 못 미치게 될 것이다. 그렇다고 해서 차기의 공직자들이 전 임기의 공직자들간에 해결되지 않은 정책이슈를 전혀 도외시하지는 않을 것이라는 점에서 상당한 수준의 부활의 가능성이 있을 것이다.

이하에서는 이상의 논의에 입각하여 지방정부간 정책확산이 어떤 시나리오에 부합하게 전개되는가를 분석하고, 또 이러한 분석에서 나타나는 결과가 기존의 정태적 분석에 대하여 어떠한 함의를 주는지 살펴본다.

III 사례분석: 행정정보공개조례의 확산

1. 확산실태: 불균형 확산

1992년 1월 4일 충북 청주시에서 우리나라 최초로 행정정보공개조례가 제정되었다(이승종, 1995).[5] 이후 정보공개조례의 확산현황은 [표 27-1]과 같다.

---

5) 동 조례의 시행은 시 집행부의 제소에 따라 대법원의 적법판결 이후인 동년 10월 1일로 연기되었다.

27-1 | 행정정보공개조례의 연도별 확산 현황

연도 자치단체	1992	1993	1994	1995	1996	1997	1998	채택단체(a)	전체자치 단체(b)	채택률 (a/b×100)	의원입안
서울	0	4	5	2	0	1	1	13	26	50.0	3
인천	0	1	0	1	0	0	0	2	11	18.2	0
경기	2*	8	10	3	1	0	1	25	32	78.1	0
부산	1	2*	3	4	1	1	0	13	17	76.5	0
경남	5*	2	3	9	0	1	0	20	23	87.0	1
울산	0	0	0	0	0	6*	0	6	6	100.0	0
대구	0	0	0	0	0	0	0	0	9	0	0
경북	0	0	0	0	0	0	1	0	26	0	0
강원	0	3	9*	6	1	0	0	19	19	100.0	0
충북	2	0	0	0	0	0	2*	4	14	28.6	1
충남	0	0	12*	4	0	0	0	16	16	100.0	0
대전	0	0	0	0	0	0	0	0	6	0	0
전북	4*	2	2	5	0	0	1	14	17	82.4	0
전남	4*	7	7	3	0	0	2	23	23	100.0	1
광주	2	1*	0	1	1	0	0	5	6	83.3	0
제주	0	1	0	0	0	0	0	1	5	20.0	1
계	20	31	51	38	4	9	8	161	256	62.9	7

주) * 표시는 광역자치단체가 포함되었음을 의미함.
자료: 행정자치부(1999), 『1998년도 정보공개 연차보고서』 pp.112-117.

[표 27-1]에서 보는 바와 같이 1998년 말 현재까지 256개 자치단체 중 161개 자치단체가 정보공개조례를 채택하여 62.9%의 채택률을 보였다. 광역자치단체(이하 광역단체, 광역정부와 혼용함)는 16개 단체 중 10개 단체가 채택하였고(62.5%), 기초자치단체(이하 기초단체, 기초정부와 혼용함)는 240개 단체 중 151개 단체가 채택하여(62.9%) 거의 동일한 수준의 채택률을 보였다.

한편, 조례의 확산은 이미 남궁근(1994)에 의하여 확인된 바와 같이 광역자치단체의 경계라는 제약을 넘지 못하여 전국적인 수준으로 확대되지 못하고 있음이 재확인되었다. 구체적으로, 조례의 채택에 있어 울산, 강원, 충남, 및 전남 지역은 100%의 채택률을; 경남, 광주, 전북, 경기, 부산, 및 서울은 50% 이상의 채택률을; 인천, 제주, 및 충북은 30%를 밑도는 채택률을; 대구, 경북, 및 대전 지역은 채택률 0%를 보이는 등 광역정부를 단위로 한 지역간 불균형 확산현상이 뚜렷하게 나타나고 있는 것이다. 이러한 사실로부터 우리는 조례의 확산이 광역자치단체의 경계 내에서 이루어지고 있음을 확인하는 동시에 조례의 확산현황에 대한 분석은 광역정부를 단위로 이루어지는 것이 효과적임을 시사받게 된다.

한 가지 의문은 왜 기초자치단위가 아닌 광역자치구역을 단위로 하여 정책확산이 일어나는가 하는 것이다. 이에 대하여 남궁근은 정보통신기술의 발달로 학습구역이 광역화됨으로써 광역자치단체의 경계 내에서 정책결정자간의 모방 내지는 학습이 활발히 이루어지는 때문으로 생각한다. 이는 기본적으로 타당한 해석으로 생각되지만, 이것이 이유의 전부는 아닐 것이다. 특히 후술하는 바와 같이 우리의 자치계층구조상 기초정부가 광역정부로부터 일정한 영향력하에 있기 때문이라는 점을 이유에서 뺄 수는 없을 것이다.

또 다른 의문은 왜 조례의 확산이 일부 지역에서만 집중적으로 이루어지는가 하는 것이다. 이에 대하여 남궁근은 일부 지역에 대한 집중현상이 초기채택자의 분포와 연관이 있다고 전제하면서 선거정치와의 연관성을 시사하기도 한다. 그러나 선거정치와 채택률 분포가 구체적으로 어떻게 연관될 수 있는지는 여전히 불투명하다. 그것은 우리의 지역주의 정치가 대체로 영남-호남-충청-중부권을 경계로 하여 이루어지고 있으나 [표 27-1]에 나타난 분포는 이와 일치하지 않는 측면이 크기 때문이다. 이러한 현상의 해석과 관련하여 지방의회의 속성으로 연관지으려는 시도 역시 생산적이지 못할 것이다. 그것은 채택된 정보공개조례의 의원입법 비율은 4.3%에 지나지 않으며(161개 중 7개)

대부분의 정보공개조례는 집행부의 입안으로 제정되었기 때문이다. 그러므로 이 같은 확산의 집중에 대한 원인을 설명하기 위하여는 한국정치의 거시적 구조 또는 지방의회의 속성 이외의 다른 요인들을 찾는 노력이 필요하게 된다.

한 가지 가능성은 집행부와 지방의회의 상대적 권력관계에 대한 논의이다. 청주시의회가 입안한 정보공개조례에 대하여 청주시청이 제소한 사건을 언급하지 않더라도 집행부는 원천적으로 정보공개조례에 소극적일 수밖에 없다. 집행부는 행정정보의 실질적 보유자이며, 따라서 정보공개조례의 최대 피해자일 수 있기 때문이다. 이와는 달리 선출직으로 구성된 지방의회는 정보의 실질적 보유자가 아니며 주민의 여론에 보다 민감하므로 집행부만큼 정보공개조례에 부정적이기는 어려울 것이다. 물론 자치단체장 역시 선출직이므로 정보공개조례에 부정적이기는 어렵기는 마찬가지겠지만, 자치단체장 개인의 입지가 집행부의 입장에 전적으로 반영되기는 어려울 뿐 아니라, 단체장 자신도 행정정보의 공개에 따른 최대 피해자이기 때문에 정보공개조례 채택에 대하여 상대적으로 소극적일 것이다. 이러한 상황에서 정보공개조례의 채택은 양자간의 역학관계에 의하여 크게 영향을 받을 수 있다. 즉, 다른 단체에 비하여 지방의회의 권력이 상대적으로 강한 단체는 조례채택이 상대적으로 용이할 것이고, 그렇지 않은 단체에서는 조례의 채택이 상대적으로 어렵게 될 것이다.[6] 그러나 위에서 지적한 바와 같이 대부분의 조례입안을 집행부에서 주도하였고, 의원의 제안은 극히 미미한 상황에서 집행부와 의회간의 상대적 권력관계로 조례채택의 지역간 불균형현상을 설명하는 데는 역시 한계가 있을 것이다.

유력한 가능성은 광역자치단체의 정보공개조례 채택 여부 및 시점이다. 후술하는 바와 같이 광역자치단체의 조례채택 여부 및 시점에 따라 기초자치단체의 정보공개조례 채택양상(채택률과 확산추세)이 달라지고 있는바, 이는 왜 정보공개조례의 확산이 지역에 따라 편차가 크게 나는지를 설명하는 중요한 변수가 될 것이다.

2. 확산추세: 준(準)부활형

[그림 27-3]은 [표 27-1]의 행정정보공개조례의 연도별 확산 추세(전체)

---

6) 이러한 관계의 확인을 위하여는 자치단체에 대한 사례연구 및 종단비교연구가 필요하게 될 것이다.

그림 27-3 | 정보공개조례의 연도별 확산추세

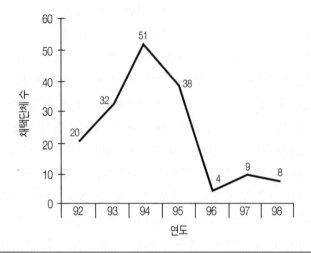

를 그래프로 나타낸 것이다. [그림 27-3]에서 보는 바와 같이 정보공개조례의 채택단체 수는 92년 이후 증가하다가 1994년에 최고치를 기록한 후 감소추세로 전환하였으나, 96년 이후 다시 소폭이나마 증가추세로 전환되었다. 앞에서 정책혁신의 확산시나리오를 점감형과 부활형 두 가지로 제시하였는바, [그림 27-3]에 나타난 정보공개조례의 확산추세는 대체로 부활형에 부합하는 것으로 보인다. 다만, 1996년 이후의 반전의 크기가 미흡하다는 점을 고려한다면 전형적인 부활형이기보다는 '준(準)부활형'으로 규정하는 것이 보다 타당할 것이다. 한편, 부활형 시나리오에 대한 설명에서 공직자의 임기가 바뀌는 시점을 전후로 하여 확산추세가 감소에서 다시 증가추세로 전환될 가능성이 있다 하였는바, 실제 추세 역시 이 같은 예상에 부합하게 나타났다. 즉, [그림 27-3]에서 감소추세의 증가추세로의 반전이 일어나고 있는 시기는 바로 통합지방선거가 시행된 시기인 1996년 6월의 전후시기인 것이다.

한편, 왜 추세의 반등이 미미한 수준에서 일어났는가에 대하여 설명이 필요하다. 위에서 어떤 정책혁신의 확산이 어떤 시나리오에 따라 진전되는가는 당해 정책에 대한 정책결정자간의 갈등 또는 합의 정도에 좌우될 것이라 예상하였는바, [그림 27-3]은 정보공개조례에 대한 정책결정자간의 갈등이 심각하지 않으며 따라서 반등이 미미한 수준에 그치게 되었음을 추론하게 하여 준다. 만일 정보공개조례에 대한 정책결정자간 갈등이 심각했다면 반등은 보다 더 높은 수준에서 성립되었어야 하며, 반대로 갈등이 미미하였다면 반등은 나타나지 않거나 극히 미미한 수준에서 나타났어야 할 것이다.

실제로도 정보공개채택에 대한 정책결정자간 갈등은 [그림 27-3]이 시사하는 바와 같이 온건한 수준에 그쳤던 것으로 판단된다. 물론 피상적으로 본다면, 양자간에는 정책갈등이 클 것으로 예상할 수 있다. 선출직으로 구성되어 있는 지방의회는 정보공개조례에 부정적이기 어렵고, 반면 행정정보의 실질적인 소유자이며, 정보공개조례의 실질적 피해자이며, 관권우위의 전통하에 있는 집행부는 반대입장에 서게 될 것이기 때문이다. 그러나 전술한 바와 같이 대부분의 채택된 공개조례가 집행부의 입안에 의하였다는 사실에서 행정부의 부정적 입장이 극단적인 수준은 아니라는 것을 확인할 수 있다. 그러면서도, 정보공개조례를 채택하지 않은 단체 역시 적지 않다는 점(44.7%)은 집행부가 공개조례에 대하여 적극적이지만은 않다는 점을 가르쳐 준다. 다만, 집행부가 입안하여 조례를 채택한 단체가 대부분이라는 점에서 집행부의 소극성이 심각한 수준은 아니라는 점을 추론할 수 있게 한다. 이러한 이유에서 결국 정보공개에 대한 정책갈등은 없지 않되 온건한 수준인 것으로 평가하게 되는 것이다. 이에 대하여 청주시의 경우, 집행부와 지방의회간의 정책갈등이 컸다는 점을 들어 조례제정에 관한 정책결정자간의 갈등이 일반적으로 심각했을 것이라는 의문을 제기할 수 있다. 그러나 1992년 청주시 의회의 결정에 대한 청주시의 재의결 요구 및 대법원제소는 자신의 의사이기 이전에 사실상 중앙의 입장을 대변한 성격이었다는 점을 고려할 때, 청주시 사례는 예외적인 것으로 보아야 한다.

3. 광역자치단체별 확산실태 분석

앞에서 광역자치단체의 채택여부와 시점에 따라 조례채택양상(채택률과 추이)이 달라질 것이라 하였는바, 여기에서는 이 가설을 검토해본다.

우선 [표 27-1]에 나타난 확산실태를 자세히 살펴보면, 광역정부의 채택여부만이 아니라 채택시점에 따라 지역 내 채택추세가 달라짐을 발견하게 된다. 구체적으로, 광역정부의 조례채택 여부와 시점에 따라 지방정부의 정보공개조례의 채택률과 추세가 어떻게 달라지는가를 알기 위하여 광역정부의 유형화를 시도하였다. 먼저 채택여부를 기준으로 채택자와 비채택자로 나눈 다음, 채택자를 다시 채택시점에 따라 선발채택자, 초기채택자, 및 후발채택자로 나누었다. 선발채택자는 해당 광역자치단체 지역에서 기초정부에 앞서 공개조례를 제정한 광역정부를 말하며 경기, 충남, 울산, 전남 등 4개 광역단체가 해당한다.[7] 초기채택자는 최초채택자는 아니지만 전국에서 최초로 정보공개조례를 제정한 청주시의 공개조례가 제정된 해인 1992년도에 공개조례를 채택한 광역자치단체를 말하며, 경남, 전북 등 2개 광역단체가 해당한다.[8] 후발채택자는 이외의 광역단체 중에서 공개조례를 채택한 단체를 지칭하며, 부산, 강원, 충북, 광주 등 4개 단체가 이에 해당한다.[9] 비채택자인 광역정부는 서울, 인천, 제주 등 3개 단체이다.

이하에서는 위에서 제시한 네 가지 광역정부의 유형 —선발채택자, 초기채택자, 후발채택자, 및 비채택자— 에 따라 정보공개조례의 채택률과 추이가 어떻게 나타나는가를 살펴봄으로써 조례채택의 여부와 시점의 영향을 분석한다.

1) 채택률

우선, [표 27-1]에서 보는 바와 같이 광역정부가 조례채택자인 지역 내 기초자치단체의 채택률이 그렇지 않은 광역정부관할 구역 내 기초자치단체의 채택률보다 월등하게 높게 나타난다. 즉, 광역단체가 채택자인 지역(경기, 부산,

---

7) 엄밀한 의미에서 경기, 전남은 선발채택자가 아니며 초기채택자이다. 도의 조례 제정 이전에 조례를 제정한 기초단체가 각각 존재하기 때문이다. 그러나 제정일을 자세히 살펴본 결과, 이들 단체는 선발채택자로 분류되었다. 먼저 경기도의 경우, 최초채택자는 안양시로서 채택일이 1992. 11. 30인데 경기도는 불과 일주일 후인 1992. 12. 7에 조례를 제정한다. 이 정도의 기간 차이는 의사일정의 지연 등의 이유로 흔히 발생할 수 있을 정도의 짧은 기간이며, 따라서 도의 조례제정은 안양시의 영향을 받은 것이 아니라 독자적인 입법추진의 결과로 보는 것이 타당하다. 이러한 판단은 안양시를 제외한 모든 채택단체가 경기도의 채택일 이후에 조례를 채택한데서도 확인된다. 전남의 경우도 이와 마찬가지이다. 전남지역에서 최초채택자는 영암군으로서 채택일이 1992. 10. 2이며 전남은 이에서 불과 보름 후인 1992. 10. 19에 조례를 제정하였다. 이 역시 영암군의 영향을 받은 것이라기보다는 전남의 독자적인 입법추진의 결과라 하겠다. 영광군(10. 13)을 제외한 모든 채택단체가 전남의 채택일 이후에 조례를 채택한 사실 역시 경기지역의 경우와 같다. 충남의 경우, 광역정부는 도내 최초로 조례를 제정한 태안군(1994. 4. 11)에 이어 1994. 5. 24에 조례를 제정하였으므로 엄밀한 의미에서 선발채택자가 아니다. 그럼에도 그 기간 차이가 한 달 남짓하다는 점, 다른 기초단체는 전부 광역정부의 제정 이후에 조례를 채택하였다는 점에서 충남 역시 선발채택자로 분류하였다. 한편, 울산은 관내 4개 기초정부와 동일한 날짜(97. 7. 15)에 제정하였으므로 공동선발채택자라 규정할 수 있다.

8) 초기채택 광역정부와 관내 최초채택단체의 채택일은 다음과 같다. 경남도청=1992. 11. 23, 의령군=1992. 7. 30; 전북도청=1992. 12. 7, 고창군=1992. 8. 10.

9) 후발채택 광역정부와 관내 최초채택단체의 채택일은 다음과 같다. 부산시청=1993. 6. 3, 남구=1992. 10. 10; 강원도청=1994. 6. 20, 철원군=1993. 1. 11; 충북도청=1998. 2. 6, 청주시=1992. 1. 4; 광주시청=1993. 1. 11, 서구=1992. 8. 7.

경남, 울산, 강원, 충북, 충남, 전북, 전남, 광주)의 채택률은 평균 88.4%로서 광역단체가 비채택자인 지역(서울, 인천, 대구, 경북, 대전, 제주)의 채택률 19.3%보다 4.6배에 이르고 있다. 비채택자지역에서도 대구, 경북, 대전의 채택률은 0%이며, 가장 높은 서울의 채택률(50%)도 채택자 지역의 평균 채택률을 훨씬 하회한다. 이러한 관찰로부터 우리는 광역자치단체의 혁신참여가 기초단체에서의 정책확산에 매우 중요한 기능을 하고 있음을 확인하게 된다.

이와 관련하여 남궁근(1994)은 정책확산에 있어서 초기채택자(최초 제정년도인 1992년도 채택자)를 중심으로 인접지역에의 확산효과가 광역정부에까지 미친다는 점에 주목하고 있다. 즉, 초기채택자가 광역정부인가의 여부는 중요한 문제로 부각되지 않았다. 그러나 여기에서 보는 바와 같이 초기채택자가 광역정부인가의 여부는 매우 중요한 변수이다. 즉, 단순히 지역 내에 초기채택자가 있느냐의 여부보다는 초기 채택자가 누구냐가 더 중요하다는 것이다. 이러한 관찰은 내부요인모형과 관련하여 정책혁신의 피전파자의 위상뿐 아니라, 전파자의 위상까지 아울러 고려되어야 함을 가르쳐 주는 것이기도 하다.

광역정부의 채택시점에 따라서도 지방정부의 채택률의 차이가 발생한다. 구체적으로, 선발채택자지역 기초단체의 채택률=90.9%, 초기채택자지역 기초단체의 채택률=85.0%, 후발채택자지역 기초단체의 채택률=73.2%의 순으로 나타난다. 이들 모두의 채택률은 비채택자지역 기초단체의 채택률=19.3%를 훨씬 상회하는 것이기도 하다. 결론적으로, 예측과 같이 광역정부의 채택 여부와 시점에 따라 상당한 차이가 관찰된 것이다.

2) 확산추세

조례의 채택률뿐 아니라 혁신의 확산양태 역시 광역정부의 조례 채택 시점 및 여부에 따라 다르게 나타난다.

(1) 광역자치단체가 선발채택자인 경우(경기, 울산, 충남, 전남)

[그림 27-4]에서 보듯이 광역정부가 선발채택자인 경우,[10] 기본적인 패턴은 전체의 경우([그림 27-3])와 마찬가지로 준부활형의 모습을 보인다. 주목할 점은 광역정부의 조례 채택 직후 조례를 채택하는 기초단체의 수가 급증하는 경향을 보인다는 점이다. 즉, 반응속도에 있어 선발채택자 지역은 '신속반

---

10) 채택일은 경기 92. 12. 7, 울산 97. 7. 15, 충남 94. 5. 24, 전남 92. 10. 19이다.

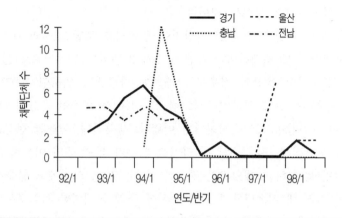

그림 27-4 │ 지역별 조례채택 추이(선발채택자, 반기별)

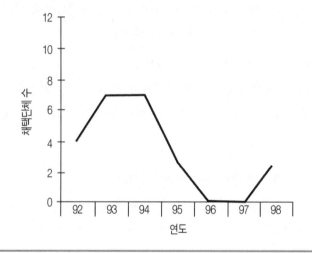

그림 27-5 │ 전남지역의 연도별 조례채택 추이

응(immediate response)'의 특징을 보이는 것이다. 신속반응형에서 다소 이탈의 모습을 보이는 단체는 전남이다. 그러나 그 이유를 전남이 엄밀한 의미의 선발 채택자가 아닌 데서 찾는 것은 타당하지 않는 것으로 보인다(각주 7 참조). 같은 위상을 갖는 경기는 전형적인 신속반응형의 모습을 보이고 있기 때문이다. [그림 27-5]는 [그림 27-4]에서 반기를 단위로 표시한 X축을 연도를 단위로 수정하여 전남지역 지방자치단체의 조례채택률 추이를 나타낸 것인바, 여기에서 전남의 조례 채택 직후, 지역 내 기초자치단체의 조례채택률이 급증하는 모

습을 확인할 수 있다. 즉, 전남 역시 다른 선발채택자 지역과 마찬가지로 신속
반응형의 확산추세를 보이는 것이다.

한편, 울산의 경우, 1997년 후반기에 광역시를 포함한 지역 내 전 자치단
체가 동시에 조례를 채택하였기 때문에 추세의 관찰이 원천적으로 불가능하다.
그럼에도 불구하고 울산의 경우를 그래프에 나타내기 위하여 1997년 전반기
채택단체 수를 0으로 표시하였다. [그림 27-4]에서 보듯이 울산의 확산추세는
준부활형이나 점감형으로 특징화되기 어렵다. 생각건대, 이러한 현상은 울산지
역의 지역적 균질성 또는 구역 내 자치단체 수가 적은 등의 이유로 설명될 수
있을 것이지만, 여하튼 예외적인 경우라 할 수 있다. 그럼에도 불구하고 광역
시와 함께 지역 내 기초단체가 거의 동시에 조례를 제정한 사실로부터 울산광
역시의 조례채택 추진이 다른 자치단체의 조례채택 추진에 일정한 영향을 미
친 것으로 추정할 수 있으며, 따라서 신속반응형의 패턴을 보이는 것으로 간주
할 수 있을 것이다. 이렇게 볼 때, 울산의 경우도 대체적으로 다른 선발채택자
와 유사한 확산패턴을 보이는 것으로 결론짓게 된다.

(2) 광역자치단체가 초기채택자인 경우(전북, 경남)

[그림 27-6]에서 보듯이 광역정부가 초기채택자인 지역의 확산패턴 역시
광역자치단체가 선발채택자인 경우와 마찬가지로 기본적으로는 준부활형의 모

그림 27-6 │ 지역별 조례채택 추이(초기채택자, 반기별)

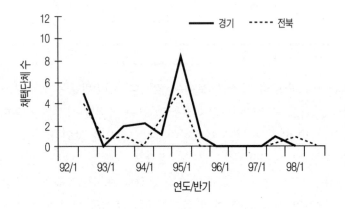

습을 보인다. 그러나 광역자치단체가 선발채택자인 지역의 경우, 광역정부의
조례 채택 직후 조례를 채택하는 기초단체의 수가 급증하는 것과는 달리, 광역
자치단체가 초기채택자인 지역의 경우, 지역 내 기초단체의 반응은 즉각적이
지 않고, 괄목할 만한 증가추세가 나타나기까지 일정한 시간간격(약 2년)이 생
긴다. 즉, 반응패턴에 있어서 '지연반응(lagged response)'이 관찰된다는 점에서
'신속반응'을 보인 초기채택자지역과 차별화되는 것이다.

이 같은 차이가 발생하는 이유는 확실하지는 않으나 기본적으로는 광역정
부의 영향력의 크기에 있어서 선발채택자의 영향력의 크기에 비하여 상대적
후발주자인 초기채택자의 영향력이 약한 데 기인하는 것으로 사료된다.

(3) 광역자치단체가 후발채택자인 경우(부산, 광주, 강원, 충북)

후발채택자인 광역단체는 부산(93. 6 제정), 충북(98. 2 제정), 광주(93. 1 제
정), 강원(94. 6 제정) 등 4개 단체이다. 이들 후발채택자의 역내 기초단체에 대
한 영향력은 선발채택자나 초기채택자의 영향력에 비하여 현저하게 못 미칠
것으로 예상된다. 그리고 이에 따라 광역단체의 조례채택 후 지역 내 기초단체
의 조례채택률의 변화에 있어서도 시간지연은 물론이며 유의미한 증가 추세
역시 기대하기 어려울 것이다. [그림 27-7]은 대체로 이 같은 예상이 타당함
을 확인시켜 준다. 즉, 광역정부가 조례를 채택한 시점인 94. 6 직후 괄목할 만
한 증가 추세가 관찰되는 강원을 예외로 한다면 나머지 지역에서는 광역정부
의 조례채택 이후에 괄목할 만한 추세변화가 발견되지 않는다.

그림 27-7 | 지역별 조례채택 추이(후발채택자, 반기별)

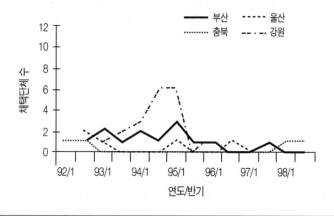

그럼에도 불구하고 [그림 27-7]에서 보듯이 전반적인 추세패턴은 1996년 지방선거 이후에도 미약하나마 채택단체가 나타나는 모습을 보인다는 점에서 기본적으로 준부활형의 패턴을 보인다 하겠다.

(4) 광역자치단체가 비채택단체인 경우의 연도별 조례확산추세

광역자치단체가 비채택자인 경우에는 지역 내 기초단체의 조례채택률이 저조할 뿐 아니라 시간의 경과에 따른 채택패턴도 광역정부가 채택자인 지역의 경우와 분명한 차이가 나타난다. 즉, 광역자치단체가 채택자인 지역의 경우에는 시간의 경과에 따라 일정한 패턴이 관찰되었으나 비채택자 지역의 경우에는 일정한 패턴이 발견되지 않는 것이다. 보다 정확히 말하자면 일정한 패턴을 발견하기에는 채택률 자체가 저조하다. 굳이 패턴을 말하자면 서울이 준부활형에 가까운 모습을 보인다. 그러나 여전히 부활형이라고 하기에는 채택빈도가 너무 저조하다.

그림 27-8 | 지역별 조례채택 추이(비채택자, 반기별)

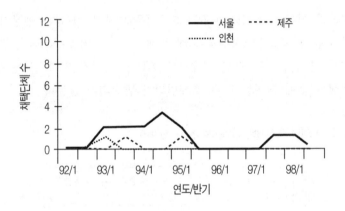

3) 종   합

지역 내에서의 조례채택률과 확산추세를 살펴보았거니와 광역정부의 지역 내 기초단체의 혁신수용에 대한 영향력은 선발채택자, 초기채택자, 후발채택자의 순으로 나타난다. 이러한 결과는 광역정부의 조례채택 여부와 시기가 기초정부의 조례채택에 영향을 준다고 한 가설과 일치하는 것이다. [표 27-2]는

표 27-2 | 광역정부의 조례채택에 대한 기초정부의 혁신수용반응 비교

광역정부의 위상	반응속도	반응크기
선발채택자	신속반응	대폭반응
초기채택자	지연반응	소폭반응
후발채택자	무 반 응	무 반 응
비채택자	해당없음	해당없음

광역정부의 조례채택 여부와 시기에 따라 다르게 나타나는 지역 내 기초정부의 반응을 요약한 것이다. [표 27－2]에서 보는 바와 같이 광역자치단체가 선발채택자인 경우, 반응이 신속하게 나타나며, 반응의 크기도 가장 크다. 그렇지 않은 경우에는 반응도 상대적으로 늦고, 반응의 크기 역시 낮게 나타난다. 후발채택자의 경우에는 지역 내 자치단체의 채택행동에 거의 영향을 미치지 못하는 것으로 나타났다. 이에 따라 후발채택자 지역과 비채택자 지역과는 채택률과 추세가 크게 다르지 않게 나타난다. 이러한 결과는 광역자치단체가 아닌 기초단체가 주축이 되는 혁신확산에는 일정한 한계가 있음을 제시하여 주는 것이기도 하다.

Ⅴ 결 론

본 장은 지방의 행정정보공개조례의 확산을 사례로 하여 시간요인이 정책혁신확산에 미치는 효과에 대한 모형을 제시하고 분석하였다. 분석결과는 정책혁신으로서의 정보공개조례의 확산은 불균형적 확산이며, 시간경과에 따른 확산추이는 대체로 준부활형으로 규정지을 수 있음을 확인해 주었다. 아울러 혁신의 확산과정에서 광역단체의 채택여부 및 시점이 지역 내 확산에 중요한 영향요인이 됨을 확인하였다. 본 장은 시간이 확산에 미치는 영향에 대하여 관심을 갖고 기존의 연구의 한계를 보완하는 접근을 시도하였는바, 시간의 경과에 따라 일정한 확산패턴이 나타난다는 것을 입증함으로써 이러한 접근의 타당성을 확인한 것이다. 그러나 시간적 요인이 지방정책확산을 전부 설명한다고 주장하는 것은 아니다. 이는 기본적으로 광역단체의 채택위상에 따라 정책확산추세가 달라진다는 점에서 쉽게 확인된다. 다만 지방정책확산에 관한 설

명에 있어서 지금까지 상대적으로 소홀히 취급하였던 시간요인을 추가로 고려함으로써 보다 적실한 설명을 기할 수 있음을 제시한 것이라 하겠다.

이하에서는 이와 같은 분석결과가 주는 이론적 및 실천적 함의에 대하여 몇 가지 언급한다. 첫째, 시간요인의 중요성을 드러내준 본 장의 분석결과는 공간요인의 중요성을 강조하는 기존의 지배적 설명모형인 지역확산모형의 한계를 드러내준다. 물론 채택률이 높은 지역과 낮은 지역이 있는 것으로 보아 지역확산이론의 기본적 타당성을 부인할 수는 없다. 특히 광역자치단체를 단위로 할 때 대체로 지리적으로 근접하여 있는 단체들간에 유사한 채택률을 보이고 있는 점은 지역확산이론의 타당성을 지지하는 것이기도 하다. 그러나 지역확산이론의 설명력에는 일정한 한계가 있다. 예컨대, 충남과 대전간, 경기와 인천간의 채택률 격차는 지역확산모형의 한계를 말해준다([표 27-1] 참조). 더욱이 광역자치단체의 지역 내에서의 조례채택확산 패턴 역시 지역확산 모형을 그대로 드러내주지 못한다. 이는 남궁근의 연구가 보여주는 지도분석에서 명확하게 나타난다. 특히 충북의 경우를 볼 때, 지역확산 모형의 설명력은 더욱 저하된다. 충북은 청주시가 전국 최초로 조례채택을 시행한 곳임에도 불구하고, 조례채택률도 저조하고 청주시 주변지역에서의 조례채택현상도 발견되지 않기 때문이다. 이러한 현상을 지역확산모형으로 설명할 수는 없으며 따라서 예외사례로 치부될 수밖에 없다. 그러나 시간모형을 적용할 때, 충북은 더 이상 예외사례가 아니다. 도청이 후발주자이기 때문에 그와 같은 현상이 나타나는 것으로 설명되는 것이다.

생각건대, 기본적으로 공간을 강조하는 지역확산이론이 지지되기 위하여는 인접한 단체는 혁신정책을 수용할 뿐만 아니라 일정한 기간 내에 채택하여야만 한다. 또한 일정한 기간 내에 채택하지 않는 단체는 내부요인 모형이 제시하는 바와 같이 내부요인에 큰 편차가 있어야만 한다. 그러나 광역지역 내에 있는 기초자치단체의 내부요인의 편차는 그리 크지 않을 것이다. 물론 이에 대하여는 구체적 자료에 의한 실증과정이 필요로 하겠지만, 실증 이전에라도 최소한 전국적인 편차에 비하여 광역 지역 내부의 편차는 크지 않을 것으로 보는 데는 무리가 없다 할 것이다. 그렇기 때문에 지역확산모형을 보완하는 추가적 설명모형이 요구되는 것이다.

둘째, 본 장의 분석결과는 정책수용자의 내부적 특성(정치, 경제, 사회적)을 강조하는 내부요인모형의 한계를 보여주는 것이기도 하다. 물론 앞의 분석이 각 지방정부의 내부적 특성의 차이가 정책수용에 미치는 효과를 직접적으로 검증한 것은 아니므로 내부적 요인모형을 직접적으로 제척할 수 있는 것은 아니다. 더욱이 조례 채택률과 채택추이가 광역자치단체를 단위로 유사하게 나타난다는 점은 내부요인모형의 설명력을 지지해주는 간접적 증거이기도 하다. 위에서 지적한 바와 같이 지역내부의 기초정부들은 외부의 기초정부에 비하여 상대적으로 유사한 내부요인을 갖고 있을 것으로 판단되기 때문이다.

그럼에도 불구하고 광역정부의 혁신채택의 여부와 시점에 따라 지역 내 기초단체의 조례 채택률과 확산추세가 유의미한 차이가 난다는 분석결과로부터 우리는 내부요인 외의 다른 영향요인이 중요하게 작용할 것이라는 점을 쉽게 짐작하게 된다. 이와 관련하여 우리는 분석결과를 통하여 혁신의 전파자(initiator)로서의 광역정부의 특성이 중요하다는 것을 확인하였다. 기본적으로 내부요인모형은 혁신의 수용자의 특성에 관심을 가질 뿐 혁신의 전파자의 특성에는 큰 관심을 갖지 않는다. 그러나 본 장의 연구는 혁신의 전파자로서의 광역정부의 위상이 중요하다는 것을 확인함으로써 수용자의 위상에 앞서 전파자의 위상이 중요하다는 점을 드러내 주었다. 이러한 논의는 내부요인모형이 수용자의 위상만이 아니라 전파자의 위상까지 아우르는 모형으로 확장 또는 수정되어야 함을 시사하여 준다. 즉, 최소한 내부요인과 외부요인을 동시에 강조할 필요가 있다는 것이다.

주목할 것은 전파자가 기초단체인 경우보다 광역정부인 경우의 혁신 전파력이 우월하게 나타났다는 점이다. 이와 같이 광역정부가 혁신확산에서 중요한 기능을 하게 되는 것은 기본적으로 광역정부가 기초정부의 상위단체 또는 지도적 위상을 점하고 있기 때문인 것으로 해석된다. 물론 이에 대하여는 광역정부나 기초정부는 공히 자치단체로서 상호대등하다는 입장이 없는 것은 아니지만 이는 어디까지나 규범적 선언이라 하겠으며, 실제에 있어서 양자간의 관계는 상하관계로 규정지어진다(최창호, 1995: 695). 기초단체의 조례에 대한 광역조례의 우위성, 광역정부와 기초정부의 업무중복, 기초단체에 대한 광역단체의 조정권 등은 그러한 판단의 근거가 된다. 이러한 상황에서 광역정부가 혁신정책을 수용하는가의 여부는 지역 내 기초정부의 혁신수용에 유의미한 영향을 미치는 것은 당연하다. 특히 대부분의 정보공개조례는 집행부의 입안으로 채택되었는바, 광역정부의 집행부가 채택하였을 경우, 기초정부의 집행부는 그것이 광역집행부의 시책이라고 보고 이를 적극적으로 수용하려 하였을 것으로 추측할 수 있을 것이다. 만일 광역정부의 집행부가 입안하지 않았을 경우, 기초정부의 집행부는 그와 같이 안심하고 조례를 수용하기 어려웠을 것이다. 지방의회 역시 일반적으로 정보공개조례가 주민의 입장에서 바람직한 정책으로 인식되고 있는 상황에서, 스스로의 입법화를 적극화하지 않을 수는 있으나 집행부의 입법안에 대하여 반대하기는 쉽지 않을 것이라는 점도 이러한 추론을 뒷받침한다. 요컨대, 본 장의 연구는 지역적 근접성이나 지방의 내부요인만으로는 정책혁신의 확산을 설명하는 데 한계가 있으며 시간요인이 중요한 요인으로 함께 고려되어야 한다는 점을 제시하여준다.

셋째, 본 장의 분석결과는 지방차원에서 일어나는 정책혁신의 원활한 확산을 위하여는 광역단체의 혁신매개 역할이 중요하다는 점을 제시하여 준다. 기초단체가 주축이 되어 대등한 기초단체간에 수평적으로 일어나는 혁신의 확산에는 광역자치단체가 매개되지 않는 한 일정한 한계가 있는 것으로 나타났기 때문이다.11) 그러나 광역자치단체의 매개역할이 중요하다는 것이 광역자치단체의 권력적 역할이 요구됨을 의미하는 것은 아니다. 광역자치단체의 권력적 통제강화 움직임은 오히려 기초정부로부터 반발을 증폭할 우려가 있다. 그 대신 광역자치단체의 권력적 통제가 없는 상황에서도 광역자치단체의 정책입장에 따라 지역 내 기초정부의 정책동조현상이 발생함을 보여준 분석결과가 시사해주듯이, 혁신정책의 확산을 위한 광역정부의 매개역할은 해당 정책에 대한 적극적이고 신속한 정책입장 표명을 통한 학습효과에 집중하는 것이 필요할 것이다. 이때 이러한 학습효과의 촉진을 위하여는 광역 및 기초단체간의 협의 및 교류채널의 활성화가 유용할 것이다.

한편, 광역정부의 역할에 대한 논의와 관련하여 지방의 조례확산양태가 중앙정부의 정보공개법 제정(1996. 12. 31)에 영향을 받았는가에 대한 의문이 제기될 수 있다. 물론 어느 정도 영향이 있을 수 있겠지만 그럼에도 불구하고 정보공개법 제정 이전에 공개조례를 채택한 지방자치단체의 수가 140개(86.9%)에 이르고 있을 뿐 아니라, 동 법 제정 이후 조례채택률의 변화가 크지 않다는 점에서([그림 27-3] 참조), 여기에서 제시한 설명의 타당성은 기본적으로 유지된다 하겠다.12)

---

11) 단, 본문에서 확인된 바와 같이 광역정부의 매개시점에 따라 정책의 확산패턴이 차별적으로 나타나고 있다는 사실은 정정길(2002a)이 강조하듯이 인과관계에 있어서 원인작동의 시점이 중요하다는 점을 지지해주는 것이라 하겠다.

끝으로, 여기에서는 혁신정책의 확산에 대하여만 논의하였으나 지방정부 간에 일어나는 자동적 정책확산기제는 넓은 의미에서 정책차단기제를 포함하는 것이므로 향후 정책의 차단기제에 대한 연구도 지방자치제의 논리적 기반의 구축과 관련하여 중요한 연구가 될 것이다. 이러한 요구와 관련하여 중앙차원의 정보공개법 제정 이후 정보공개조례의 확산 속도가 변화하고, 기왕에 제정한 조례를 폐지하는 지방정부가 속출하고 있는 현상은 적실한 분석거리라 생각된다. 다만, 그렇게 함에 있어서 바람직한 정책으로 분류되는 정보공개조례에 대하여 어떻게 확산기제와 차단기제가 공히 적용될 수 있는가 하는 의문이 대두되게 될 것으로 예상된다. 이에 대하여는 추후 심도 깊은 연구가 필요하겠지만 일차적으로 현 시점에서 제시할 수 있는 것은 어떤 정책의 소망성에 대한 평가는 시간에 따라 변화할 수 있다는 점으로부터 그 설명이 가능하리라는 점이다. 즉, 바람직한 것으로 인식되어 추진되었던 정책도 시간의 경과에 따라 부작용이 나타나거나, 또는 관련 집단의 이해상충에 따라 부정적인 정책으로 평가전환이 일어날 수 있는 것이며, 정보공개조례의 확산 및 폐지 움직임은 바로 그러한 평가전환의 결과 때문이 아닌가 하는 것이다.

---

12) 이에 대하여 1994년에 총리훈령으로 시행된 행정정보공개운영지침의 영향을 추가로 논할 수도 있을 것이다. 특히 [그림 27-3]에서 1994년도에 조례채택률이 급증하고 있는바, 이는 중앙정부의 시책에 따른 결과로 해석될 수도 있다. 그러나 자치단체의 조례채택이 해당 연도에 집중되지 않고 다년도에 걸쳐 나타나고 있는 점, [그림 27-4]~[그림 27-8]의 결과가 반드시 일치하지 않는 점 등을 고려할 때 시간요인에 대한 고려 필요성을 부정하기는 여전히 어렵다 할 것이다.

CHAPTER 28 지방정부의 책임성

I 서 론

민주사회에서 정부의 주인은 국민이며 따라서 정부는 국민 또는 주민의 이익에 성실하게 봉사하여야 한다. 이러한 봉사의무를 포괄적으로 책임성이라 하며, 따라서 지방정부의 책임성이라 함은 지방정부가 유권자인 지역주민의 이익을 위하여 봉사해야 할 의무라고 이해할 수 있다.

문제는 책임성에 대한 당위적 요청과는 달리 일반적으로 정부는 시민의 이익에 냉담하다는 것이다. "유권자는 투표일에만 자유롭다"라는 경구가 시사하듯이 유권자에 의하여 선출된 대의제 정부는 일단 구성된 이후에는 시민의 의사와는 괴리되어 스스로의 권력유지 차원에서 운영되기 일쑤이다. 더욱이 사회문제의 복잡성이 증대하면서 시민의 대표인 입법부가 갖는 정책결정권이 전문가 집단인 집행부에게 이양되는 이른바 대의민주제의 위기 현상이 심화됨에 따라 정부가 시민의 이익에 충실하게 대응할 가능성은 더욱 낮아졌다. 집행부를 구성하는 관료들의 지위가 시민의 지지여부가 아니라 임명권자의 신임여부에 의하여 좌우되기 때문이다. 이러한 현상에서 지방정부도 예외는 아니다. 지방정부가 시민의 요구나 선호에 냉담하다는 것은 "시민이 시청을 상대로 싸울 수 없다"고 하는 선언 아닌 선언에서도 단적으로 확인된다.

강조할 것은 민주사회에서 시민의 이익을 위하여 봉사하지 않는 지방정부는 존재의 정당성을 갖지 못한다는 것이다. 그것은 민주정치가 아니라 민객정치에 다름 아니다. 그러므로 지방정부는 시민의 이익에 봉사하는 책임 있는 정부가 되도록 제어되어야만 한다.[1) 지방정부가 시민의 이익에 봉사하는 책임

---

1) 시민의 이익에 봉사한다는 것이 시민의 요구를 정부과정에 그대로 반영하는 것을 의미하는 것은 아니다. 시민이익의 확보를 위하여는 시민의 요구를 단순히 반영하는 데 그치지 않고 전문가적

있는 정부가 되기 위하여는 민주성(대응성), 능률성, 형평성에 입각하여 행정을 수행하여야 한다. 이와는 달리 주민의 요구에 냉담하거나, 비능률적으로 운영되거나, 차별적인 정책을 자행하는 지방정부는 무책임한 정부로서 비난받게 된다.

지방정부의 책임성에 대한 요청은 분권화가 진행될수록 더욱 증대된다. 과거 집권시대에는 중앙정부가 대부분의 공공업무에 대한 책임을 독점함으로써 지방정부의 책임문제는 부수적일 수 있었다. 그러나 지방자치의 시행에 따라 지방정부의 자율적 권한으로 수행되는 업무가 증대됨에 따라 지방의 책임성은 중요한 문제로 대두되게 되는 것이다. 이러한 요청에 따라 지방정부는 보다 책임있는 정부가 되기 위하여 나름대로의 노력을 기울이고 있다. 많은 지방정부가 시행하고 있는 간담회, 공청회, 여론조사의 확대, 행정에 대한 주민평가제, 주민감사제 등은 민주성을 고양하기 위한 노력의 예이다. 또한 지방정부는 한정된 재원으로 증대된 주민욕구에 대응하기 위하여 능률행정을 구현하기 위하여 노력하고 있다. 지방경영을 표방하면서 기업형 행정을 강화하고, 민간위탁을 확대하는 것 등은 능률성 강화를 위한 지방정부의 노력을 가늠하게 해 준다. 뿐만 아니라 노인 및 소외층을 위한 다양한 복지시책을 마련하는 등 지방정부는 사회적 형평성 개선을 위한 시책에도 적지 않게 관심을 기울이고 있다.

그럼에도 불구하고 많은 사람들은 지방정부가 주민의 요구에 냉담하고, 부패, 무사안일하며, 차별적이라고 비판하고 있다. 물론 이러한 비판이 전적으로 옳은 것만은 아니며, 지방자치 이후 높아진 기대수준 때문이라는 반론도 있을 수 있다. 그러나 전반적으로 보건대, 지방정부의 노력은 아직 체감되는 수준에 이르지 못하고 있으며 따라서 보다 높은 수준의 책임성에 대한 요구는 무리하지 않다 하겠다. 문제는 여하히 지방정부의 책임성을 고양시키겠는가 하는 것이다.

크게 보아 지방정부의 책임성을 강화하기 위한 전략은 지방정부에 대한 통제강화와 지방정부의 역량강화로 나누어볼 수 있다. 전자는 지방정부의 일

판단에 기초하여 정책이 시민의 진정한 이익에 기여하도록 노력하여야 한다. 그럼에도 불구하고 시민의 요구에 대한 정부의 반응성을 강조하는 것은 시민의 요구를 도외시한 정책이 시민의 이익에 부합하는 것이 되기 어려운 것일 뿐 아니라, 일반적으로 정부의 시민요구에 대한 과대반응보다는 과소반응이 문제시되는 데 따른 것이다. 이는 곧 민주성과 전문성의 적절한 조화가 시민의 이익에 부합한다는 것인바, De Sario와 Langton(1987)은 이를 기술민주주의 (technodemocracy)로 표현하고 있다.

탈을 제어하기 위한 소극적 전략이며, 후자는 지방정부가 적극적으로 주민이익에 봉사하게 하기 위한 적극적 전략이라 할 수 있다.

⚓ 지방정부에 대한 통제전략

통제는 정부의 책임성을 담보하기 위한 중요한 수단이다. 정부의 책임성 향상을 위한 통제전략은 논자에 따라 다양하게 유형화되어 제시되고 있다. 예컨대, 박동서(1989)는 행정통제전략으로 입법, 사법, 내부통제, 민중통제, 옴부즈맨을 제시하고 있으며, 이광종(1997)은 이에 행정개혁에 의한 통제, 중앙통제를 부가하고 있다. 특히 지방정부의 책임성 증대와 관련하여 Burns et al.(1994)은 시장화(marketization), 경영화(managerialism), 및 시민참여(citizen participation)를 대안적 통제유형으로 제시하고 있다. 이는 사회를 시장, 정부, 및 시민사회로 삼분화하여 분석하려는 조류에 맞는 것으로서 주목할 만한 유형화이다. 그러나 이들의 유형론은 영국의 실제적 경험에 기초하여 추출한 유형론으로서 일반적 통제유형론으로서 그대로 수용하기는 그 포괄성에 있어서 한계가 있다. 특히, 경영화는 정부부문의 통제전략을 포괄하기에는 다소 개념이 협소하다. 즉, 경영화는 확대하여 이해하더라도 정부의 자율적 통제노력까지를 포괄할 수는 있어도 중앙정부에 의한 통제기제까지 포함하는 데는 문제가 있는 것이다. 여기에서는 지방정부의 책임성 확보를 위한 통제전략을 제시함에 있어서 통제원천의 소재를 기준으로 하되, 기존의 제 유형론을 감안하여 시장화, 내부통제, 시민통제, 중앙통제 등 네 가지로 대별하여 제시한다.

한편, 지방정부는 집행기관과 지방의회로 구성되어 있으므로 통제의 대상역시 두 기관을 포함한다. 이에 대하여 두 가지가 첨언될 필요가 있다. 첫째, 보유권한 및 자원의 크기로 볼 때 일차적 통제의 관심은 집행기관에 있어야한다는 것이며, 둘째, 양 기관은 통제의 대상인 동시에 상호간에 있어서 통제의 주체이기도 하다는 점이다. 이하에서는 이러한 점을 염두에 두고 각 항목별로 통제전략에 대하여 상술한다.

1. 시 장 화

시장화란 정부불신에 기초하여 정부가 담당하던 일을 시장의 자동조절 기제(market mechanism)에 맡기려는 통제전략이다. 즉, 정부의 무책임성을 회피하기 위하여 무책임한 정부에 의지하기보다는 차라리 사적 부문에 기대를 걸자는 소극적 통제전략으로서 민간이양, 민간위탁, 제3섹터의 확대 등은 대표적 수단이다. "(정부를) 팔 수 있으면 팔아라. 전부를 팔 수 없으면 일부라도 팔아라. 아무 것도 팔 수 없으면 버려라. 버릴 수 없으면 위탁해라"라는 말은 이러한 전략의 성격을 잘 드러내 주는 금언이다(Barnes, 1986). 만일 지방정부의 책임성이 문제가 된다면 그 무책임의 근원인 정부에게서 권한을 민간으로 이관하면 될 것이라는 발상이다. 아직까지도 많은 지방자치단체가 표방하고 있는 소위 지방경영도 시장기제 내지는 기업경영방식을 도입하려 한다는 점에서 이의 범주에 속하는 방식으로 볼 수 있다.

문제는 과연 민간 또는 시장에서 정부보다 높은 책임성이 확보될 수 있느냐는 것이다. 오히려 주민에 직접적인 책임을 지지 않는 민간이 더 무책임할 가능성이 높을 개연성이 더 크다(cf, 윤성식, 2002: 90). 특히 우려되는 것은 시장에서는 필연적으로 갖지 못한 자가 차별받게 될 것이라는 점이다. 그러므로 민간화 전략을 무비판적으로 수용하는 것은 곤란하며, 시장의 실패 역시 정부의 실패만큼이나 문제시될 것임을 직시해야 한다.

물론, 시장화 전략을 무조건 배척하자는 것은 아니다. 정부부문보다 시장의 우위가 현저한 분야에서는 시장기제의 도입을 배제할 이유가 없다. 그러나 정부를 경원시하여 무차별적으로 시장기제의 우위를 의제하는 것은 바람직하지 않다. 특히 민간의 역할을 강화하는 경우에도 공익과 관련한 기능수행에 대한 공공통제기능까지 시장에 완전히 맡기는 것은 삼가야 할 것이다(Goodsell, 1986).

2. 내부통제

위에서 본 바와 같이 일부 순기능에도 불구하고 시장화가 항상 바람직한 것만은 아니며 또한 공공부문에 항상 적용가능한 것도 아니기 때문에(Lunde, 1996), 시장화를 지방정부의 업무수행에 대한 전면적 대안으로 제시할 수는 없으며 따라서 추가적인 통제전략의 제시가 필요하다. 시장화에 직접적으로 대비되는 통제전략은 내부통제이다. 내부통제란 시장화와는 달리 지방정부에 대한 기본적 신뢰를 바탕으로 지방정부의 자율적인 책임성 강화노력을 장려하는 통제방식인바, 지방정부 내부에서의 통제가 이루어지기 위한 몇 가지 방안에 대하여 논의하면 아래와 같다.

첫째, 지방의회와 집행기관 상호간의 견제기능을 활성화하는 것이다. 지방정부의 책임성 강화를 위하여는 기관대립형의 기관구조의 취지를 살려 지방의회와 집행기관간의 상호견제장치가 제대로 기능하게 해야 한다. 그러나 현재는 과도한 강시장제하에서 행정권에 대한 지방의회의 견제가 미흡한 대신, 집행기관의 독주로 인한 행정책임성 저하가 우려되는 실정이다.

이러한 문제를 해소하기 위하여는 일차적으로 의회기능 강화를 위한 제도적 노력이 필요하다. 이에는 조례제정권 강화, 지방의원 유급제, 의정보좌기능의 활성화, 전문가의 지방의회 위원회 참여, 사무처 직원에 대한 지방의회의 고유 인사권 보장, 의회해산권과 단체장 불신임제의 동시채택 등의 시책이 포함될 수 있을 것이다.[2] 이 중에서도 조례제정권 강화를 위하여는 일차적으로 지방자치단체의 사무를 확장하여야 한다(지방자치법 제13조). 유급제는 유능한 지방의원의 충원을 위하여 중요한 조치이다. 이를 고려하여 2006년부터 유급제를 도입하여 운영하고 있다. 단, 그 운용에 있어서 한정된 재원과 의원활동에 있어서의 형평성을 고려하여 전업직 지방의원과 부업직 지방의원의 보수를 차등화할 필요가 있다. 단체장 불신임권 및 의회해산권은 양 기관간의 상호 극한대립을 방지하기 위한 장치로서 필요하다. 이러한 강력한 장치의 존재에 대하여 일각에서는 이 같은 제도가 기본적으로 의원내각제에서 채택하는 제도이며, 자칫 상호관계의 파국으로 이어질 우려가 있음을 지적한다. 그러나 이러한 제도가 반드시 의원내각제에서만 채택되어야 하는 것은 아니며, 오히려 양 기관으로 하여금 상호존재의 필요성을 인식하게 하여 필요한 견제와 균형을 유도함으로써 지방정부의 책임성 제고에 기여하게 될 것으로 기대된다. 더욱이 이기우(2003)가 제안하는 바와 같이 이러한 제도가 주민투표와 연계되어 시행

---

2) 최근 개정된 지방자치법에서는 지방의회에 정책지원 전문인력을 지방의원 정수의 1/2 범위 내에서 둘 수 있게 하고(제41조), 시·도의회 사무직원의 인사권한을 의장에게 부여하는 등(제103조)의 개선이 이루어졌다. 이와 함께 지방의원의 윤리성 강화를 위해 윤리특별위원회(제65조), 윤리심사자문위원회(제66조) 등의 설치를 규정하여 권한과 책임을 동시에 확보하기 위한 장치가 마련되었다.

될 경우, 이 제도는 지방행정의 안정성을 해치지 않으면서 순기능을 발휘할 수 있을 것으로 보인다.

둘째, 집행기관에 대한 견제장치로서 지방의회의 조사권을 강화할 필요가 있다. 현재 집행기관에 대한 지방의회의 통제는 감사를 위주로 이루어지고 있다. 그러나 행정전문성이 취약한 지방의회가 행정업무 전반에 걸쳐 시행하는 포괄적 감사가 얼마나 효과가 있을지 의문이다. 그러므로 형식화되기 쉬울 뿐 아니라 행정업무의 과중요인으로 작용하는 감사권 대신 조사권을 강화하는 것이 집행기관에 대한 보다 실질적인 견제장치가 될 것이다. 예컨대, 감사는 격년제로 시행하는 대신, 조사는 무작위로 선정된 업무와 기관에 대하여 집중적으로 시행하면 효과적일 것으로 사료된다.

셋째, 집행기관의 자정기능의 강화이다. 이는 감사부서의 활동을 말한다. 다만, 감사를 적발 및 처벌 위주로 하기보다는 적극적으로 일하는 분위기를 조성하도록 지향할 것이 요구된다. 책임추궁 위주로 이루어지는 감사를 통하여 공직사회의 적극적 책임을 유도할 수는 없기 때문이다.

아울러 내부자 고발(공익제보)을 장려해야 한다. 내부자 고발이 활성화되면 단기간에 상당한 행정통제 효과를 발휘할 수 있을 것으로 기대된다. 내부자가 공직 일탈행위를 가장 잘 판단할 수 있을 뿐만 아니라, 누가 언제 고발을 하게 될지 모르게 되기 때문에 내부자 고발은 일탈행위에 대하여 강력한 제동장치로 기능하게 될 것이다. 그럼에도 불구하고 내부자 고발은 아직까지 공식적으로 인정되지·않고 있다. 그 대신 공직자 윤리를 강조하는 규범적 접근이 추구되어 왔으며, 이마저도 구태의연한 정신교육을 시행하거나 실효성이 크지 않은 공직자 윤리법을 제정하는 데 그쳤다. 문제는 이러한 규범적 접근만으로 공직윤리를 제고하는 데는 한계가 있다는 점이다. 공무원의 일탈행위는 윤리의식의 결여 때문만이 아니라 환경적, 구조적 요인에 기인하는 바 크기 때문이다(백완기, 1996). 그러므로, 공직 윤리의 제고를 위하여는 윤리강령의 전파 외에 근무조건이나 인사관행의 개선, 불필요한 규제의 완화 등 환경요인의 개선, 그리고 무엇보다 공직자의 행태에 직접적 영향을 미치는 내부자 고발의 공식화가 필요하다 하겠다.

3. 시민통제

내부통제는 기본적으로 지방정부 자체의 책임성 개선을 위한 노력이다. 내부통제는 지방정부 스스로의 통제인 만큼 원활히 기능하기만 한다면 최소의 비용으로 지방정부의 책임성이 확보될 수 있을 것이므로 바람직한 대안이 될 수 있다. 문제는 외적 압력이 없는 상황하에서 지방정부 스스로의 개혁 움직임은 아무래도 한계가 있을 것이라는 점이다. 특히 지방행정의 주도세력인 관료제의 보수적 속성을 고려할 때 이 같은 우려는 더욱 커진다. 따라서 보다 의미 있는 개혁을 위한 외부로부터의 통제가 강조되게 된다. 외부로부터의 통제는 시민사회로부터의 통제(시민통제)와 상위정부로부터의 통제(중앙통제)를 포함한다. 전자에는 주민, 정당, 언론, 시민단체 등으로부터의 통제가 포함되지만 가장 중요한 것은 주민의 참여를 통한 통제이며 따라서 주민참여를 진작시키기 위한 각별한 노력이 요구된다.

첫째, 주민참여의 제도화가 이루어져야 한다. 주민참여는 외부통제장치로서의 효과성에 더하여 민주주의의 이상에 부합하는 속성을 갖는 전략이라는 점에서도 중시되어야 한다(Hill, 1994: 25). 물론 참여에 따른 부작용이 없는 것은 아니다. 예컨대, 참여에 대한 관료의 저항에 따른 행정효율의 저하, 과도한 주민참여에 따른 행정안정성 저하, 또는 무책임한 참여에 따른 정책파행의 우려 등이 그것이다. 그러나 전반적으로 볼 때 우리의 경우에는 참여과잉에 따른 부작용을 걱정하기에는 참여가 과소한 것이 현실이다. 이와 같이 주민으로부터의 투입이 과소한 상황에서 정부의 독자적 판단에만 의존하는 지방행정이 주민의 이익에 부합하는 것이 되기는 어렵다 할 것이며 따라서 지방정부의 책임성 제고를 위한 전략대안으로서 주민참여를 통한 통제가 강조되게 되는 것이다.

주민참여를 강화하기 위하여는 무엇보다 참여의 제도화 수준을 높여야 한다. 선거만으로 주민의 의사가 지방정부에 전달되는 데는 한계가 있으며 따라서 일상적으로 지방정책과정에 여론의 투입이 이루어지도록 참여의 제도화가 추구되어야 한다. 참여의 제도화는 특히 기득권층만이 아니라 사회저변층의 참여를 보장하기 때문에도 중요하다. 참여에는 비용이 수반되는바, 참여제도화는 참여에 드는 비용을 흡수하여 비용부담 능력이 적은 저변층의 참여를 확대시킬 수 있다는 점이 인식되어야 한다(이승종, 1995).

둘째, 지역사회차원의 주민참여를 위하여 지방정부의 하부구역에 대한 수권(community empowerment)이 강화되어야 한다. 지방정부 내부에서의 분권움직임으로서의 지역수권은 1970년대 및 1980년대에 이르러 새로이 부각되고 있는 분권 추세이다(Burns et al., 1994; Hill, 1994: 39; Langton, 1987). 이차적 분권(Smith, 1985: 1)으로 이해되기도 하는 지역수권은 지방내부에서 일어나는 수직적 권력분산행위로서 ① 지방정부가 하부 관할구역 내의 지역사회에 하위행정기관을 설치하거나(예, 출장소, 작은 시청, 읍면동 사무소, 미국의 근린개발사업), ② 지역의 주민에게 일정하게 권한을 부여하는 것을 포함한다(예, 지역주민위원회).3) 이러한 지역수권은 정부와 주민간의 간격을 좁힘으로써 하부구역 차원에서의 주민참여를 활성화하는 동시에, 이를 통하여 지방정부 관할구역 전체를 단위로 한 참여의 미흡함을 보완하는 효과를 기대하게 한다. 실제로 지역수권은 다른 참여제도에 비하여 보다 근본적이고 체계적인 민주화 노력으로서 평가받는다. 예컨대 Straub(1974)은 참여제도가 근거하는 철학적 기반을 호선(cooptation), 협의(conference), 교육/사회치료(education/social therapy), 및 지역수권으로 나누면서 이 중에서 지역수권이 권한의 재배분을 포함하는 가장 근본적인 참여철학에 근거한 것이라 강조하고 있다.

이 같은 인식을 근간으로 지역수권은 1970년대 후반 이래 영미국가를 중심으로 비교적 빠르게 확산되고 있다. 물론 이러한 제도에 대하여 비판이 없지 않다. 즉, 지역주민에게 부여된 권한의 범위가 적다거나 결정권보다는 심사권의 부여에 그치고 있어 현상유지적 편향에서 근본적으로 벗어나지 못하고 있다는 비판이 그것이다(Sharp, 1990: 89). 그러나 이러한 비판은 지역수권이 미흡하다는 데 대한 지적이 대부분이며 그에 따른 부작용을 지적하는 것은 아니다. 제한적이기는 하지만 지방정부 하부구역의 주민에게 일정한 범위에서라도 자율적 결정권을 부여한다는 것은 종래의 참여제도에 비하여 진일보한 것으로서 주민의사의 정책과정 투입을 위하여 유용한 제도로 평가되고 있다.

우리의 경우에는 지방정부 관할의 하부구역에 하부행정기관을 설치하고는 있으나 이와 같이 구역주민에게 자율권을 부여하는 제도를 시행하지는 않고 있다. 2000년 말에 동 단위로 시행하기 시작한 주민자치위원회가 일응 유사한

---

3) Boaden 등(1982: 36)은 이에 더하여 지역주민집단의 활동(예, 풀뿌리 주민조직, 납세자운동)을 지역수권에 포함시키기도 한다. 그러나 지역주민의 활동은 지방정부의 적극적 수권행위를 필수적으로 포함해야만 하는 것은 아니므로 성격을 달리하는 것으로 보아야 한다.

제도라 할 수도 있으나 위원회의 구성방식이나 수행권한 등에 있어서 외국에서 시행하고 있는 제도와는 거리가 있다. 따라서 현재 주민자치센터의 운영위원회로만 기능하고 있는 주민자치위원회를 명실상부한 근린단위의 주민대표기관화하는 노력이 경주되어야 한다.

셋째, 주민참여를 촉진하기 위하여 행정정보의 공개가 강화되어야 한다.[4] '정보 없이 참여 없다'는 여전히 진리이다. 물론 현재 정보공개청구제가 시행되고 있으나 제약사항이 많아 운용에 한계가 있어 개선이 요구된다. 생각건대, 원활한 정보공개를 위하여는 아무래도 한계가 있는 청구공개를 넘어 정부 스스로 필요한 정보를 능동적으로 공개하는 정보공표의 강화가 필요하다.

넷째, 주민참여를 강조하더라도 참여의 질 문제를 도외시할 수 없다. 참여가 활성화되더라도 사익적 참여가 공익적 참여를 압도한다면 이러한 참여는 오히려 지방정부의 책임성을 저하시키는 요인으로 작용할 것이기 때문이다. 더욱이 참여가 파행적으로 확장될 경우, 주민참여에 대한 공직자의 냉담성이 고착될 우려마저 있다. 그러므로 지방정부에 대한 효과적인 통제를 위하여는 참여제도의 마련과 함께 참여의 질을 제고하기 위한 시민의 성숙화 노력이 이루어져야 한다. 이는 시민의 재창조(Schachter, 1997) 내지는 시민교육이 필요함을 의미한다.

그러나 시민교육이 필요하다고 해서 과거와 같이 새마을교육 등과 같은 일방적 교화수단을 통하여 정부가 주민을 교육하려 해서는 곤란하다. 교육과 경제수준의 제고로 시민사회가 강화된 현 시점에서 과거와 같은 일방적 교육으로 시민성을 함양시킬 수 있을 것으로 기대할 수는 없기 때문이다. 다행히, 많은 논자들은 참여를 통하여 시민교육이 효과적으로 이루어진다고 제시하고 있다(Mill, 1910; 이승종, 1999). 참여과정에서 시민들은 공익에 노출되게 되고, 따라서 사익과 공익을 조화시키는 능력을 체득하게 된다는 것이다. 즉, 참여에 필요한 시민성이 바로 참여를 통하여 고양되는 것이며, 이로부터 참여의 질을 담보하기 위해서라도 참여활성화가 필요함을 알게 된다.

참여의 질 제고와 관련하여 주민에게 요구되는 시민성은 참여의지와 참여역량을 포함한다. 환언하면 지방정부에 대하여 상당한 이해를 갖고(informed),

---

4) 개정된 지방자치법은 제26조에 주민에 대한 정보공개 조항을 신설하여 정보공개에 대한 의무요건을 부가하였다. 이를 통한 주민참여의 추가적 확대가 기대된다.

적극적으로 참여할 것(active)이 동시에 요구된다는 것이다(Wade, 1997). 전자가 결여되면 무책임한 참여 또는 선동적 참여에 의하여 지방정부의 전문적 판단을 지나치게 저해하여 오히려 주민이익을 저하시킬 우려가 있다. 후자가 결여되면 주민참여의 공백 속에서 지방정부의 독주가 지속되고 주민의 잠재적 불만이 커져 결국 주민이익을 저하시킨다. 이와 같은 참여역량과 의지 강화 요구에 대한 일차적 책임은 물론 주민 자신에게 있다. 그러나 지방정부도 이러한 책임에서 예외일 수는 없다. 지방정부는 주민의 공복이기 때문이다. 그러므로 지방정부 역시 지방정책에 대한 정보제공을 통하여 주민의 이해를 제고시켜야 하며, 적절한 참여제도화를 통하여 주민의 참여를 활력화시켜야 한다.

한편, 주민의 참여역량 미흡을 빌미로 주민의 참여를 제한하는 것은 온당하지 못하다는 점이 지적되어야 한다. 왜냐하면 참여는 역량과 무관하게 주민의 원천적 권리일 뿐 아니라(Rhodes, 1992: 92), 역량의 수준을 객관적으로 판단하기도 어렵기 때문이다. 더욱이 일반적으로 개인의 참여역량과 사회경제적 지위간에는 정(+)의 상관관계가 있다는, 이른바 표준적 사회경제적 모형을 감안할 때, 역량을 기준으로 하여 참여를 제한하는 것은 자칫 사회적 불평등을 확산하는 조치가 될 것이므로 지양되어야 한다. 이와 마찬가지로 참여의지의 미흡을 빌미로 참여를 제한하는 것도 온당하지 않다. 기본적으로 이러한 파행적 관심은 참여의지와 역량이 참여의 실천과 밀접한 관련을 갖고 있다는 점에 대한 인식부족에서 비롯될 수 있는 것들이다. 즉, 재론하거니와 현재에 미흡한 참여의지와 참여역량은 참여의 실천을 통하여 고양될 수 있다는 데 대한 인식의 강화가 요구된다는 것이다. 그리고 이를 위한 실천적 노력은 일차적으로 참여확장을 위한 제도화에 있다 할 것이다.

다섯째, 시민단체의 통제기능이 강화되어야 한다. 시민단체는 공익적 입장에서 시민의사를 매개하는 중요한 기능을 하는 기구로서 이들의 활동은 일반주민의 참여가 활발하지 못한 상황에서 그 의의가 크다. 따라서 지방정부가 이들의 참여활동을 보장하고 적극 협력할 필요가 있다. 그러나 실제로는 대개의 지방정부가 이들을 성가신 것으로 생각하고 마지못해 소극적으로 대하고 있는 것이 현실이다. 이 같은 현상의 배후에는 생래적으로 이들의 활동이 업무에 대한 간섭으로 간주되는 데도 기인하지만, 다른 한편으로는 일부 시민단체의 무분별한 활동성향 때문이기도 하다. 후자에 대한 논의는 시민단체로 하여금 스스로의 활동에 보다 신중하고 도덕적 우위를 확보하기 위한 자기검증에 철저해야 함을 요구한다. 다만, 다소의 문제에도 불구하고 전체적으로 볼 때, 시민단체의 활동은 전체 시민사회의 역량강화를 위하여 필요하다는 데 대한 보다 전향적인 인식이 요구된다 하겠다.

불행히도 시민단체는 그 통제기능의 중요성에 비추어 활동기반역량이 약하다. 특히 취약한 재정적 기반은 시민단체의 활동을 위축시킬 뿐 아니라, 조직 생존을 위한 활동을 요구함으로써 시민단체 활동의 파행의 원인으로 작용하기도 한다. 그러므로 이들의 활동이 정상화되도록 하기 위하여 기부금에 대한 세금감면, 우편요금의 할인, 사업비의 제공, 공간의 제공 등의 지원책이 마련될 필요가 있다. 재정지원은 정부가 직접 하기보다는 정부가 출연하고 민간이 자율적으로 운영하는 시민운동지원재단을 통하여 지원하도록 하는 것이 바람직하다. 활동공간에 대하여는 자치단체별로 시민운동지원센터를 만들어 시민단체의 활동을 위한 공간을 마련하는 방안이 강구될 수 있을 것이다(박원순, 2003).

4. 중앙통제

중앙정부로부터의 통제가 적정화되어야 한다. 지방정부에 대한 중앙정부의 통제는 지방화시대에 있어서 중요하고 민감한 문제이다. 국정의 통합성 확보를 위하여는 중앙의 통제를 강화하여야 하지만, 자칫 중앙통제가 강화되면 지방의 자율성 및 창의성 보전이 어려워질 것이기 때문이다. 그럼에도 불구하고 아직은 지방자치의 시행 초기로서 지방자치가 안정적으로 정착되지 못하였다는 점과 오랜 집권의 관행 속에서 여전히 집권적 경향이 농후하다는 점을 고려할 때 최소한 당분간은 중앙통제를 축소시키려는 노력이 우선되어야 할 것이다.

이러한 고려에서 중앙정부는 원칙적으로 지방에 대하여 통제권을 자제하고 지방차원에서의 자율적 통제를 인정하는 자세가 필요하다. 더욱이 지방내부에서의 자율적 통제는 그 효과면에서나 지방의 자율권 보장면에서나 바람직한 측면이 많다는 점도 인식되어야 한다. 특히 전자와 관련하여 지방자치 시행 이후 지방의 중앙통제에 대한 저항이 심해지고, 지역주민의 자율결정에 대한 요구가 증대되었다는 점이 지적될 필요가 있다. 그러므로 중앙정부는 지방정부와 지역주민에 의한 지방의 내부통제가 활성화되도록 하기 위한 제도적 기반이 마련되도록 지원을 해야 한다. 그럼에도 불구하고 중앙은 지방에 대한 통제의사를 쉽게 버리지 못하고 있다.[5] 지방정부의 책임성 미흡을 빌미로 기초자치단체장의 임명직화, 부단체장의 국가직화 등을 시도한 것은 단적인 예이다. 지적할 것은 지방의 책임성이 약하므로 중앙이 개입해야 한다는 논리는 억지라는 점이다. 이러한 논리가 성립하기 위하여는 중앙정부가 지방정부보다 책임성이 더 크다는 것이 입증되어야 하는데 중앙정부가 이를 입증할 수 있을 것 같지는 않다.

지방정부의 자율성을 위하여 중앙통제를 자제할 필요가 있다 하더라도 중앙정부의 통제를 무조건 경원시하는 것은 옳지 않다. 아무리 지방자치를 시행한다고 하더라도 국정의 통합성 확보를 위한 최소한의 중앙정부의 통제 필요성은 인정되어야 하기 때문이다. 그러므로 국정통합성 확보를 위한 조치로서 최소한의 규제, 재정통제, 평가활동[6] 등의 필요성은 인정되어야 할 것이다. 물론 이 경우에도 지방의 자율권을 고려하여 행정통제보다는 입법통제를 우선하여야 하며, 행정통제의 경우에도 전면적인 감사보다는 사안별로 조사권을 발동하는 것이 효과성 면에서 바람직하다는 점이 지적되어야 한다. 물론 국정통합성 확보를 위하여 반드시 통제장치만이 사용되어야 하는 것은 아니다. 중앙정부는 오히려 지원과 지도를 통하여 지방의 자율권을 침해하지 않으면서도 필요한 국정의 통합성을 확보할 수 있을 것이다.

▥ 지방정부의 역량강화

아무리 통제장치가 강화되더라도 무능한 정부는 주민의 이익에 봉사할 수 없다. 따라서 지방정부에 대한 통제장치의 구축과 함께 지방정부의 역량을 강화하기 위한 노력이 병행되어야만 한다. 분권에 반대하는 집권세력의 중요 논

---

5) 개정된 지방자치법에 기초지방정부의 위업행위나 직무불이행에 대한 국가개입의 근거를 마련한 것도 국정통합성의 목적과 함께 통제의 의도가 일정부분 반영된 것으로 보인다(제188조, 제189조, 제192조).

6) 1998년에 국무총리실 산하에 정책평가위원회를 설치하여 중앙행정기관에 대한 평가를 시작하였고, 지방정부에 대한 평가는 1999년의 시범평가를 거쳐, 2000년에는 지방자치단체 종합평가로서, 2001년부터는 지방자치단체 합동평가로서 시행하고 있다. 이의 법적 근거는 2001년 제정된 정부업무 등의 평가에 관한 기본법이 있다.

리 중의 하나가 지방정부의 역량부족임은 중요한 참고가 된다. 지방정부의 역량은 곧 지방정부를 구성하는 지방공직자의 역량으로 환원된다. 따라서 여기에서는 편의상 지방정부의 역량을 지방공직자의 역량으로서 논의한다. 이때 지방공직자는 지방의원과 지방행정공무원을 포함하며, 역량은 업무능력과 태도를 포함한다.

첫째, 지방의원의 능력발전을 위하여는 앞에서 제시한 의정보좌기능의 강화와 더불어 의원본인의 능력발전을 위한 조치가 강구되어야 한다. 현재 지방의원의 능력발전을 위한 집합적 장치로는 지방자치단체별 또는 지역별로 간헐적으로 이루어지는 의원세미나, 간담회, 해외견학 등이 거의 전부인 실정이며 그 외는 전적으로 지방의원 개인의 노력에 맡겨지고 있다. 그러나 이와 같이 비체계적, 산발적으로 이루어지는 기회를 통하여 책임있는 지방의정에 필요한 능력발전이 이루어지기를 기대하기는 어렵다. 이의 개선을 위하여는 무엇보다 지방의원의 체계적 교육을 위한 전문기관의 설립이 필요하다고 본다(가칭 '지방의정연수원'). 이를 위하여는 독립적인 기관을 만드는 방법과 한국지방행정연구원과 같이 지방자치를 전문적으로 연구하는 기관에 설치하는 방법이 있을 수 있겠으나 지방자치에 대한 종합적 접근과 이해, 비용 등을 고려할 때 후자가 보다 바람직한 대안이라 하겠다. 어떠한 방식에 의하든지 이 같은 전문기관의 설립이 이루어지면 종합적 능력발전계획을 수립함으로써 현재 산발적, 비체계적으로 이루어지고 있는 학습, 세미나, 해외견습 등을 보다 효과적으로 수행할 수 있을 것이다. 특히 효과 없는 예산낭비요인으로서 비판되는 해외견습은 전문연수기관에 의하여 집중화함으로써 효과성도 제고하고 예산도 절감할 수 있을 것이다.

둘째, 지방행정 공무원의 능력발전을 위한 시책도 강화되어야 한다. 행정공무원에 대하여는 특히 전문성 강화가 요구된다. 객관적으로 인정될 수 있는 전문적 식견에 기초한 지방행정에 대하여는 외부통제의 필요성도 그만큼 감소될 수 있을 것이다(Aitken, 1996). 물론 주민이익의 확보가 행정전문성과 민주적 통제의 적절한 조화와 균형하에 달성될 수 있다는 관점에서 볼 때, 행정전문성의 고양 여부와 무관하게 일정한 수준의 민주적 통제는 불가결하다 할 것이다. 그러나 주민참여가 비용을 소모하는 행위라는 점을 고려할 때, 공직전문성 향상에 따른 참여의 축소효과를 과소평가할 수는 없다. 또한 참여에 대한 공직자의 소극적 성향을 고려할 때, 전문성 고양은 이에 대한 유용한 보완책이 될 수 있다는 점도 인식되어야 한다.

공무원의 전문적 업무능력 개발을 위하여 대학 또는 대학원 수강 지원은 물론 사설학원 수강에 대한 지원, 선진행정 견학기회, 연구년 부여 등의 조치가 이루어지는 것이 바람직하다. 특히 해외견습은 포상의 수단으로 하기보다는 교육적 차원에서 전 공무원에 대하여 적용되어야 한다. 또한 직무수행을 통한 전문성 강화를 위하여 보직경로제 내지는 직위분류제를 강화할 필요가 있다. 이렇게 함으로써 정치적 고려에 의하여 공무원 사회에 신분과 보직의 불안을 야기하는 요인을 축소해나가야 한다. 또한 전향적으로 연구년을 부여하여 행정에 대하여 전념하여 연구하는 기간을 부여하는 것도 바람직하다. 연구년은 과거 정부가 지방분권로드맵의 추진과제로 포함한 것이기도 하다.

셋째, 지방공직자의 업무태도를 변화시켜야 한다. 앞에서 제시한 바와 같이 지방공직자의 역량이란 업무능력만이 아니라 업무태도까지 포함하는 것인바, 유능할 뿐 아니라 바람직한 태도를 소유한 지방공직자가 되도록 유인하여야 한다. 바람직한 태도란 창의적이고 적극적인 업무자세, 민주적인 태도를 포함하는 것이어야 한다. 특히 외부통제장치로서 주민참여가 중요하다 하였는바, 이에 대응하여 지방공직자의 참여에 대한 민주적 태도가 강조되어야 한다. 이를 위한 방법으로는 공직자 교육과 같은 전통적인 방법 외에 주민과 시민단체와의 교호작용 확대, 공사협동의 확대 등 전향적인 방식이 도입되어야 한다. 첨언할 것은 일반적으로 시민참여를 논함에 있어 공직자는 참여의 객체로서만 논의되고 그들 자신이 일반시민의 구성원이라는 점을 도외시하는 경향이 있다는 점이다. 그러나 이러한 왜곡된 인식은 참여에 대한 공직자의 인식개선과 관련하여 중대한 장애요인으로 작용한다. 이러한 문제를 해소하기 위하여는 기본적으로 공직자가 참여의 객체인 동시에 주체라는 이중적 지위의 소유자라는 점에 대한 객관적 인식이 요구된다. 즉, 공직자는 주민의 참여에 대하여는 객체이지만 주민으로서의 생활과 관련하여는 적극적인 참여의 주체가 될 수 있다는 점이 인정되어야 한다는 것이다. 이러한 인식이 전제될 때, 참여에 대한 공직자의 소극적 인식의 개선이 이루어질 수 있을 것이다.

Ⅳ 결 론

지금까지 지방정부의 책임성 향상을 위한 전략으로서 통제전략과 지방정부 역량강화에 대하여 논의하였다. 전자에 대하여는 시장화, 내부통제, 시민통제, 중앙통제를, 후자에 대하여는 지방공직자의 능력과 태도변화에 대하여 논의하였다.

지방정부의 책임성에 대하여 논의함에 있어서 몇 가지 유의할 점이 있다. 첫째, 책임을 묻기 위하여는 자율권 부여가 선행되어야 한다. 자율권이 부여되지 않은 대상에 대하여 책임을 묻는 것은 그 자체가 무책임한 일이다. 그럼에도 불구하고 일반적으로 책임성을 확보하기 위한 통제와 역량만을 강조하며, 기능 수행을 위한 자율권의 필요성에 대하여는 소홀히 취급하는 경향이 있다. 이러한 지적은 지방정부의 자율권 확대를 위한 분권의 확대를, 지방정부를 구성하고 있는 공직자에 대하여는 업무재량권의 확대를 위한 권한부여가 필요함을 가르쳐주는 것이다. 이와는 달리 자율권을 보장하지 않은 상황에서 책임성 확보를 위한 통제와 역량만을 강조하는 것은 지방정부나 지방공직자로 하여금 자율권을 획득하기 위한 일탈행위 내지는 자원낭비를 유도하는 것이나 다름없다는 점이 인식되어야 한다.

둘째, 위에서 책임 있는 지방정부가 되도록 하기 위하여 분권이 필요하다고 하였으나, 분권만으로 지방정부의 책임성이 보장되는 것은 아니다. 분권과 동시에 지방정부의 수권능력이 요구된다. 수권능력은 분권화된 권한을 민주적, 능률적으로, 공평하게 사용할 수 있는 자율적, 창의적 능력을 말한다. 이러한 지적은 지방정부의 책임성 강화를 위하여는 중앙의 노력과 함께 지방정부의 자발적 노력이 동시에 요구됨을 가르쳐준다. 그렇지만 이러한 지적이 지방의 수권능력을 이유로 분권을 반대할 충분한 이유는 되지 못한다는 점이 아울러 지적되어야 한다. 만일 지방정부의 수권능력이 부족하다면 그것은 많은 부분 수권능력을 기를 수 있는 기회자체가 박탈되어왔던 데서 비롯된 것이기 때문이다. 그러므로 이제부터라도 중앙정부는 지방정부에게 수권능력을 함양하기에 필요한 적정한 분권을 기할 것이 요구된다. 이러한 요청이 중앙정부에게만 해당되는 것은 아니다. 즉, 중앙정부만 분권을 할 것이 아니라 지방정부 역시 지방차원에서 분권을 해야 한다. 특히 광역정부의 기초정부에 대한 분권화가 필요하다. 그러나 현재와 같이 광역과 기초의 업무중복이 심한 상황에서 분권화하는 데는 많은 장애가 있으므로 광역과 기초의 기능이 구분되도록 기능관할을 재조정할 것이 요구된다. 아울러 각 지방정부는 앞에서 제기한 바와 같이 지역 내의 하부구역에 대한 수권을 강화해나가야 한다.

셋째, 책임성 강화요구에 대한 대응은 종종 공직자에 대한 사정 및 감시 강화로 이어지고, 이는 공무원의 신분불안 내지는 사기저하로 나타나서 오히려 책임성을 저해하는 경우가 적지 않다. 책임성을 적극적 책임성과 소극적 책임성으로 나누어 볼 때, 이러한 통제강화는 소극적 책임성은 보장할지는 몰라도 적극적 책임성은 질식시키는 문제에 봉착하게 된다. 그러므로 책임성 향상을 위한 시책을 추진함에 있어서는 소극적 책임성뿐만 아니라 적극적 책임성을 확보하기 위한 조치가 병행되도록 유의하여야 한다. 후자를 위하여는 앞에서 제시한 바와 같은 감사방향의 전환과 아울러, 보수 및 인사제도 개선, 자긍심의 고취를 위한 노력이 요구된다. 아울러 개인의 책임성 추구 노력은 자칫 불합리한 구조에 매몰될 수밖에 없다는 점도 인식되어야 한다. 불합리한 구조하에서 개인의 책임성만을 요구하는 것은 그 자체가 무책임한 일일 수 있다. 이러한 상황하에서는 지방정부의 구성원 개인에게 책임을 묻기 전에 개인의 행동을 제약하는 구조—제도와 관행—를 먼저 개선하려는 노력이 요구된다.

▐ 서 론

　지방자치가 활성화되면 지방의 정책결정과정에 대한 주민의 참여가 활발하여지고 아울러 이에 대한 지방공직자의 반응성이 높아짐에 따라 대다수 주민의 복지가 보다 향상될 수 있으리라는 기대가 크다. 이러한 기대는 민선자치단체장이나 민선지방의원과 같은 민선공직자는 임명제단체장에 비하여 유권자인 주민의 의사에 상대적으로 민감할 수밖에 없으므로 기본적으로 타당한 기대라 하겠으며 그러한 암묵적인 전제하에서 지방자치가 환영받고 있는 것이다.

　그러나 지방자치가 그와 같이 긍정적인 측면만 있는 것은 아니다. 지방자치가 활성화되면서 파생될 것으로 우려되는 부작용의 하나로서 우리는 지방공직자 ―선출직, 임명직 포함― 와 지역토호 간의 유착관계가 형성되어 자칫 지방행정이 기득권자의 이익을 더욱 강화시키는 방향으로 나아갈 우려가 있다는 점을 인식하여야만 한다. 우리는 이를 토착비리의 핵심으로서 이해해야만 한다. 토착비리는 공직자와 토호의 이익을 보장하는 반면, 일반주민의 이익을 침해하는 것으로서 정당하지 못하며 당연히 배척의 대상이 되어야 한다. 불행히도 이 같은 토착비리는 단순한 우려가 아니라 지방자치의 경험이 오래된 외국의 경우에 실제로 관찰되고 있는 현상으로 이를 가리키는 용어로서 지방의 성장기구(growth machine) 또는 성장연합(growth coalition)이라는 말이 있을 정도이다.

　이와 같이 지방공직자와 지역토호 간의 연합은 지방자치단체의 성장에만 관심을 가짐으로써 상대적으로 기득권자의 이익을 증가시키고 소외계층의 이익을 침해할 우려가 크다는 점에서 문제가 된다. 예컨대, 중심가의 재건축과 같은 도시개발사업은 개발업자나 토지 또는 건물의 소유주에 대한 이익을 크게 증가시키게 되지만 소외계층에 대하여는 단기간의 노동에 대한 임금 이상의 혜택을 주기는 어렵게 되는 것이다. 물론 그러한 불균형은 지방자치단체가 토지나 건물의 소유주에게 개발이익환수조치와 같은 수단을 통하여 재원을 징수한 다음 그 재원으로 소외계층에 대한 급부사업을 확장함으로써 어느 정도 시정이 이루어질 수 있을 것이다. 그러나 그것은 어디까지나 지방의 공직자와 지역토호 간에 연합관계가 형성되어 있지 않았을 때에 한하여 가능한 것이다. 그렇지 않은 경우, 지방자치단체에 의한 재분배는 불가능하게 되고 지방자치는 주민 대다수를 위한 것이 아닌 일부계층의 이익을 위한 것으로 전락하고 말게 된다.

개발정책을 중심으로 토착연합이 형성되는 데 대한 관련이론으로는 성장연합론(Logan & Molotch, 1987), 체계적 권력론(Stone, 1980), Regime 이론(Stone, 1989; Elkin, 1987) 등을 들 수 있다. 이 중에서도 특히 Stone은 시카고 Dailey시장의 예를 통하여 지방정부와 기업과의 밀착관계, 그리고 이에 대비되는 정부와 일반주민 간의 소원한 관계를 간파해주어 도움이 된다.

▌▌ 실   태

지역토호는 소유기업의 자본력 외에도 혈연, 지연, 학연 등 각종 연고주의적 관계에 기초하여 지방공직자와의 유착관계를 형성한다. 나아가서 지방공직자와 토호 간의 관계는 지역사회에서의 각종 모임(기관장협의회, 자문위원회, 관변단체 주민자 등)에 대한 참석, 또는 참석자와의 유대관계 등을 통하여 유지되거나 강화된다. 그리고 이러한 관계에 기초하여 기업과 공직자 간에 부패가 발생하게 된다.

지적할 것은 지역토호의 공직자에 대한 교호관계는 의원보다는 집행부와보다 빈번하게 이루어진다는 점이다. 정책결정차원보다는 집행차원에서 보다실익이 확보될 수 있을 것으로 간주되기 때문이다. 이러한 이유에서 지역부패를 논할 때, 집행부에 초점을 맞추게 되는 것이다. 그렇다고 해서 지방의원의 부패가 문제시되지 않는 것은 아니다. 실제로 집행부 공무원들은 지방의원을 사적 이익을 추구하는 집단으로 간주하는 경향이 있다. 이는 지방의원의 활동에 대하여 부담을 느끼는 역반응일 수도 있지만 상당부분 의원의 부정적 행태에서 기인하는 것으로 판단된다.

한편, 지역토호의 핵심을 차지하고 있는 기업과 지방정부와의 유착관계에 대한 논의가 필요할 것이다. 서구의 이론에 의하면 일반적으로 지방정부는 기업이 가지는 자원(세원, 고용창출) 때문에 기업집단에 종속적 경향을 보이게 된다. 그러나 지방기업이 영세한 우리의 경우 지방정부가 구조적으로 기업집단에 종속될 가능성은 상대적으로 크지 않다. 오히려 기업이 지방정부로부터 시혜를 얻으려고 노력하는 과정에서 기업의 지방정부에 대한 종속성이 강화될 것이다. 물론, 우리의 경우 분권화의 미흡으로 인하여 지방정부가 기업에 대하여 제공할 수 있는 시혜(조세감면, 토지공여, 재정지원 등)의 폭이 크지 않은 상황에서 기업의 종속성에는 한계가 있을 것이다. 그러나 그러한 한계 내에서도 지방기업의 영세성은 지방정부와 기업 간의 관계를 정부중심의 편향적 구조로 만들었다. 요컨대, 기업들이 결집하여 지방정부에 구조적인 영향력을 행사하는 단계에 있지는 않은 것으로 보인다.

기업의 집단적 영향력(예, 상공회의소)이 크지 않다고 해서 기업의 영향력이 작용하지 않는다는 것은 아니다. 개별기업과 지방정부와의 연계는 여전히 작용한다. 이러한 관계는 비단 자본력에 의하여 지지될 뿐만 아니라 지방에 따라 정도의 차이는 있지만 학연(동창회), 지연(향우회), 혈연(종친회, 문중회) 등의 귀속적 연계망에 의하여 강화된다. 즉, 자본과 연고가 복합적으로 작용하여 유착관계를 공고히 하고 이에 따라 지역부패가 구조화되는 것이다. 구체적으로, 기업은 토지개발(특히 준농림지), 건축허가(러브호텔, 음식점 허가), 조세감면, 토지의 공여, 재정지원, 시설의 임대, 토지개발계획의 수립 및 집행, 각종 정부사업의 참입권을 둘러싸고 경쟁에서 승리하기 위하여 비리를 획책하게 될 것이다. 그 대신 사회적 분화가 미흡하여 이차적 단체를 통한 비리의 개입가능성은 상대적으로 작다.

지방의원 자신이 공직자이자 지역토호인 경우가 적지 않다. 이 경우 지방의원이 공적 의무를 망각하고 사적 이익을 추구하는 경우가 적지 않게 문제시된다. 단체장을 포함하여 집행부 공무원 자신이 지역토호인 경우도 적지 않다. 이 경우, 이들은 자신과 인척, 친지 소유의 토지에 유리한 개발사업을 통하여 부당한 이익을 추구하여 문제를 일으켜왔다.

지방정부와 토호 간의 결탁에 의한 토착비리의 발생범위가 개발시책분야에만 한하는 것은 아니다. 이 외에도 세무, 위생, 경찰, 소방, 환경, 사법 등 광범하게 발생하고 있다. 즉, 이러한 분야에서 허가, 승인, 규제완화 등의 과정에서 많은 비리가 자행되고 있는 것이다.

Ⅲ 유착관계형성의 원인

지방정부와 지역토호 간에 유착관계가 형성되는 원인은 몇 가지로 정리할 수 있다. 첫째, 중앙무대에서 영향력을 발휘하기에는 가진 자원과 힘이 미흡하였던 지방의 세력가가 지방자치행정과정에는 보다 적은 비용으로 유효하게 참여할 수 있을 것이기 때문이다. 예컨대, 중앙정치과정에 영향을 미칠 수 있는 행위자는 일정 규모 이상의 기업이나 단체이어야 하지만, 지방의 경우에는 지방자치단체의 규모에 따라 차이는 있겠으나 그보다 훨씬 작은 규모의 기업이나 단체도 유효하게 지방자치과정에 영향력을 행사할 수 있는 것이다.

둘째, 지역의 유지와의 친분관계유지가 지방공직자의 현직유지나 재선에 유리한 것도 유착관계형성의 원인으로 작용한다. 지방공직자가 주민으로부터 지지를 받아 현직을 유지하거나 재선하기 위하여는 자원의 공평한 배분과 함께 지역발전이 이루어져야 한다. 지역발전을 위하여는 투자재원이 필요한데 그러한 재원은 지방의 세력가가 보유하고 있으며 따라서 지방의 공직자가 재원의 보유자인 지역토호세력에 대하여 배려할 유인을 갖게 되는 것이다. 지방의 세력가는 물질적 자원만 보유하고 있는 것은 아니다. 그들은 지역주민에 대한 영향력 즉, 지지세력 동원력이 일반주민에 비하여 월등하다. 바로 지방세력가의 이러한 영향력을 얻기 위하여도 지방공직자는 지역세력가에 대하여 배려할 유인을 갖게 될 것인바 이에 따라 지방공직자와 지역세력가와의 유착관계가 형성될 가능성이 있는 것이다. 이에 더하여 혈연이나 지연이 강조되는 우리의 경우, 혈연이나 지연에 기반을 둔 유착관계의 형성가능성도 작지 않다.

셋째, 불필요한 행정규제가 유착의 원인이 되기도 한다. 토호들은 지방정부의 규제로부터 벗어나서 추가적 이익을 확보하기 위하여 지방정부에 불법, 부당한 방법으로 접근하게 되고, 지방공직자는 규제권한의 남용을 통하여 사적 이익을 확보하려 하게 된다.

넷째, 공직자의 윤리수준이 높지 못하기 때문이다.

다섯째, 외부로부터의 통제장치가 취약하기 때문이다. 내부통제장치 역시 활성화되어 있지 못하다. 내부감사 및 조사 역시 미온적이며, 내부고발자에 대한 제도적 보장이 이루어지고 있지 않기 때문에 내부통제의 효과가 약하다.

Ⅳ 유착관계에 대한 대책으로서의 지방정치 쇄신

원인을 고려하건대, 다양한 방안이 지방공직자와 지역세력가와의 유착관계에 대한 대책으로 제시될 수 있을 것이다. 예컨대, 정보공개의 활성화, 공직자윤리 강화, 직업공무원제 정착, 내부통제체제의 강화(감사 및 조사제 개선, 내부고발자 보호, 행정과정의 절차화, 투명화 등) 및 외부통제제도의 강화(주민감사청구제, 상위기관의 감사 등) 등이 그것이다. 그러나 토착비리의 근원이 지방정치 참여자간의 왜곡된 유착관계에서 비롯되는 것이라 할 때, 보다 근본적인 치유책은 기본적으로 지방정치의 쇄신에서 찾아야 할 것이다. 즉, 지방정치의 쇄신을 통하여 보다 다원적인 참여자의 교호작용 및 견제가 일어나게 함으로써 일부계층 내부에서의 독점적 정책관리행태를 파쇄해야만 한다.

지방정치 쇄신의 기본방향은 유착관계 당사자의 외부로부터의 통제를 강화시킴으로써 이에 대한 공직자의 반응을 확보하고 토호의 전횡을 억제하는 방향으로 이루어져야 하는데, 이는 지방정치의 민주화로 요약된다. 지방정치의 민주화란 무엇인가? 이에 대하여는 민주화의 의미가 다양한 만큼 입장에 따라 다양한 해석이 가능할 것이다. 좁게는 다원론자와 같이 참여만을 지방정치의 민주화 요소로 보는 경우가 있을 것이며, 넓게는 시민참여 외에, 참여에 대한 지방정부의 대응, 지배이익에 대한 지방정부의 중립, 중앙정부에 대한 지방정부의 자율성 등을 포함하여 지방정치의 민주화를 파악하는 경우도 있을 것이다.1) 그러나 지방정치의 민주화를 참여에 한정하여 이해하는 것은 지나치게 좁은 것으로 생각된다. 정부의 대응 없는 참여는 무의미할 것이기 때문이다. 반면, 중앙정부에 대한 지방의 자율성까지 포괄하여 지방정치의 민주화를 이해하는 것 역시 일응 타당한 측면이 있음에도 불구하고, 지방과 중앙의 관계는 기본적으로 정부간 관계차원의 문제이며 시민-정부관계 차원의 문제가 아니

---

1) 이와 관련하여 Gurr와 King(1987)은 지배이익에 대한 지방정부의 중립을 제1유형의 자율성, 지방정부의 중앙정부에 대한 자율성은 제2유형의 자율성으로 구분하고 있다.

므로 다른 차원의 문제로 구분되는 것이 보다 타당한 것으로 생각된다. 따라서 여기에서는 중간적 입장에서 시민의 참여기회와 참여에 대한 지방정부의 대응성이라는 두 가지 요소로서 지방정치의 민주화를 규정하고자 한다.[2] 이러한 접근에 대하여 예컨대, Hill (1974: 18)은 민주주의의 두 가지 측면은 참여와 열린 정부라고 함으로써, Schmitter와 Karl(1993)은 시민에 대한 정부의 책임성으로 규정되는 현대 민주정치체제에서는 시민의 직접참여를 보완적으로 결합되어야 한다고 함으로써 유사한 견해를 보이고 있는 것은 참고가 된다. 한편, 이와 같은 견해는 기본적으로 민주화를 정치과정에서 힘없는 다수 시민의 실제적 영향력 확보라는 관점에서 파악되는 것인바(Rueschemeyer et al., 1992: 41), 이와 같이 시민의 참여와 정부의 대응성이 전제될 때 지방정부의 책임성도 확보될 수 있을 것이다(Jones & Stewart 1974).

지방정치의 민주화를 위한 당면과제는 다음과 같이 요약된다. 첫째, 시민참여의 확대이다. 유착관계에 기초한 지역부패를 억제하기 위하여는 일차적으로 지방정치의 장에서의 시민참여기회가 확대되어야 한다. 물론 참여기회의 확대가 실제 참여로 이루어지는 것은 아니며 따라서 시민의 실제적인 참여증대를 위하여는 참여기회의 확대 이외의 추가적인 조치가 수반되어야 한다. 그러나 시민참여기회의 확대는 참여활성화를 위한 필요조건으로서 우선적으로 강조되어야 한다. 참여기회가 확충되지 않은 상황에서는 참여에 따른 기회비용 때문에 참여가 원활하게 이루어질 수 없을 것이기 때문이다. 그러나 불행히도 현재의 지방정치구조는 시민참여기회를 조장하기보다는 억제하는 방향으로 구조화되어 있다. 물론 지방자치 시행 이후 지방정치에 대한 시민참여기회는 과거에 비하여 확대된 것으로 판단된다. 그러나 그것은 지방자치제 시행 이전과 비교하여 그렇다는 것일 뿐, 절대적인 기준에서 볼 때 여전히 시민참여기회는 공직선거라는 간접참여 위주로 되어 있다. 주민투표제, 주민소환제를 비롯하여 다양한 참여제도가 갖추어졌음에도 불구하고 직접참여는 여전히 활성화되지 않고 있다. 오히려 직접참여는 공공이익보다는 국지적, 파당적 이익에 간헐적으로 동원되는 현상으로 나타나는 경우도 적지 않다.

참여기회의 확대를 위하여는 참여제도화가 필수적이다. 참여의 제도화는 일반적으로 참여에 수반되는 비용을 줄임으로써 참여를 제고시키는 효과를 가

---

2) 단, 지배이익에 대한 지방정부의 중립문제는 지방정부의 대응성에 포함시킬 것이다.

질 것으로 기대되는 동시에 특히, 기득권층에 비하여 참여에 필요한 비용부담 능력이 상대적으로 작은 소외층의 참여를 진작시키는 잠재성을 가지고 있기 때문이다. 물론 실제에 있어 모든 참여제도가 이와 같이 계층간 형평화 효과를 갖는 것은 아니다. 자칫하면 오히려 참여제도 밖에서 비공식적 통로를 통하여 의견투입의 기회를 가졌던 기득권층이 참여제도를 통하여 추가적인 참여기회를 누리게 할 가능성도 있는바, 이러한 가능성은 예컨대, 영국 Tower Hamlet의 Stepney지역주민포럼에서 소외층의 소외 즉, 지배층의 추가적 참여기회 확보를 보고하고 있는 Burns et al.(1994: 193)의 연구에서 확인된 바 있다. 이러한 지적은 참여의 제도화는 소외층의 참여를 염두에 두고 이루어지거나 또는 불특정 다수의 실질적 참여가 이루어지도록 수행되어야 함을 가르쳐준다.3) 한편, 참여확대를 통한 주민의 토착비리 통제방안에는 주민감사청구제, 주민소환제, 주민발안제, 주민투표제, 주민소송제 등이 포함될 수 있을 것이다.

둘째, 시민단체의 활성화이다. 시민참여의 확대와 관련하여 시민단체의 역할강화가 요구된다. 일반적으로 시민의 자발적인 참여를 기대하기는 말처럼 쉽지 않다. 그러므로 한편으로는 시민의 참여확대를 위한 제도적 장치의 마련, 참여의식 고취를 위한 다양한 시민교육방안의 시행과 함께 시민사회의 활력화 요소로서 시민단체의 역할이 강화되어야 한다. 시민단체는 조직화된 공익조직으로서 공익을 위하여 기능할 수 있을 것이기 때문이다. 시민단체의 기능은 정부와 기업에 대한 통제(control), 시민참여의 활력화(motivation) 및 바람직한 정책방향의 제시(guidance)가 되어야 한다.

셋째, 시민참여에 대한 지방정부의 대응성 증대이다. 만일 참여기회의 확대에 따라 시민참여의 가능성이 증대된다 하더라도 공식적 정책결정권을 보유하고 있는 지방정부가 시민의 참여에 냉담할 경우, 시민은 참여의 의의를 잃게 될 것이며 따라서 시민참여기회의 확대는 실제참여의 증대로 이어지지 못하게 될 것이다. 생각건대, 시민참여기회의 확대가 시민참여를 위한 필요조건이라면 참여에 대한 지방정부의 대응성은 시민참여를 위한 충분조건으로서 상보적인 관계에 있다 하겠는바, 문제는 어떻게 지방정부의 참여에 대한 대응성을 확보하겠는가 하는 것이다.

---

3) 영국 Sheffield시의회가 자문위원회에 소외층을 포함시킨 것이나 1960년대 미국의 경제기획처가 빈곤계층의 "가능한 최대의 참여"를 표방하면서 추진한 근린활동사업(Community Action Program) 등은 전자의 예이며(Gyford 1991: 75), 근린주민회합, 설문조사 등은 후자의 예라 하겠다.

다행스러운 것은 이미 지방자치하에서 선거기제의 작동에 따른 지방정부의 대응성 확보의 가능성이 증대되었다는 것이다. 그러나 서두에서 언급한 바와 같이 선거기제의 작동에는 일정한 한계가 있다. 특히, 우리의 경우 연고주의, 지역주의가 지배하는 등 투표행태의 후진성에 따라 선거기제의 효율성은 외국에 비하여 저조할 것으로 판단되는 만큼 지방정부의 대응성 확보를 위하여는 선거 이외의 추가적인 통제장치가 필요할 것이다. 이러한 조치에는 공직윤리, 감사, 단체장과 지방의회 상호간 견제강화 등의 내부통제장치와 함께 주민참여확대와 관련한 방안으로서 주민감사청구, 주민소송, 정보공개, 각종 참여제도, 언론매개 등의 외부통제장치의 강화가 동시에 필요할 것이다. 참여의 제도화는 참여기회의 확대수단인 동시에 정부의 대응성 확보를 위한 수단이기도 한 점을 알 수 있다.

넷째, 지방정부 내부의 균형과 견제장치 활성화가 필요하다. 우리 지방정부는 이른바 강시장 형태의 정부구조를 가지고 있어 집행부 중심의 지방행정이 이루어지고 있다. 약한 지방의회는 정책과정에서 중요한 역할을 하지 못하고 있으며 이는 부분적으로 지방의원으로 하여금 좋은 정책의 개발보다는 사적 이익을 추구하게 하는 원인이기도 하다. 그러므로 양 기관간의 적절한 견제와 균형이 이루어지도록 제도적 장치를 마련하여야 한다. 이를 위하여 각종 정책과 인사에 대한 지방의회의 동의, 협의의무의 강화, 지방의회 공무원의 독립성 강화, 단체장 불신임과 의회해산제도의 인정 등의 조치가 필요할 것이다. 이와 같이 상호견제가 강화되면 지역토호와 지방정부 간 유착에 의한 비리가 감소되게 될 것이다.

다섯째, 민주적 공직관을 가진 유능한 공직자의 선출이 필요하다. 이를 위하여는 공명선거운동의 확대가 요구된다. 특히 정보의 부재하에서 투표하고 있는 주민들에게 올바른 판단을 제공하기 위한 환경이 조성되어야 한다. 이를 위하여는 시민운동단체와 언론의 역할 강화가 요구된다. 올바른 의식을 가진 공직자는 사회정의에 대하여 보다 뚜렷한 공직관에 입각하여 토착비리에 저항하는 주체가 될 수 있을 것이다.

아울러 행정정보공개가 활성화되어야 한다. 외부통제가 효과적으로 이루어지기 위하여는 행정에 대한 정보가 충분히 공개되어야 한다. 이를 위하여는 정보공개제도의 마련만으로는 곤란하며 공직자 스스로의 공개노력 즉, 정보공표의 활성화가 요구된다.

Ⅴ 결 론

지방자치의 실시에는 긍정적인 측면과 함께 부정적인 측면이 있다. 후자에 있어서 공직자와 토호 간의 유착에 기초한 토착비리는 가장 경계되어야 할 부분이다. 이러한 토착비리는 ① 강자간의 연합으로서, ② 기득권층의 다수 주민에 대한 착취행위라는 점에서 비판받아야 한다. 이러한 비리를 근절하기 위하여는 외부로부터의 견제강화가 중요하며 이는 곧 지방정치의 민주화에 다름 아니다.

경계할 것은 지방정치의 민주화에 앞서 중앙정부의 개입강화를 도모하는 노력이 중앙차원에서 모색되고 있다는 것이다. 최근 부단체장의 국가직화, 대리집행인제의 임명안을 제시함으로써 물의가 일었던 것은 그 예이다. 그러나 지방의 부패가 있다는 것이 중앙집권에의 회귀를 수용할 만한 사유가 되지는 못한다. 동일하게 부패의 문제를 안고 있는 중앙의 개입을 통하여 지방의 부패가 근절될 것이라고 단정할 수 없기 때문이다. 그러므로 일차적으로 지방정치의 민주화를 위한 제반 노력이 기울여져야 한다는 데 인식을 같이해야 한다.

참고문헌

강경근 (1983). "정보공개제도에 관한 연구." 고려대학교 대학원 박사학위논문.

강명구 (1995). "민선자치단체장 시대의 도시정치." 「지방행정」, 4월호.

_____ (1998). "지방자치와 도시정치: 행위자 중심적 해석을 위한 시론적 연구." 한국정 치학회보, 31/3: 109-128.

강윤호 (2000). "지방자치실시가 지방정부 사회복지지출에 미친 영향: 사회복지정책 결정에 대한 공공선택론적 접근." 한국행정학회 하계학술대회 발표논문.

_____ (2000a). "지방자치와 기초자치단체의 사회복지정책정향: 시·군·자치구간 비교분석." 「한국행정학보」, 34/1.

강정인 (1997). "대안적 민주주의의 전망: 참여민주주의를 중심으로." 참여사회연구소 주최 세미나(대안적 민주주의의 모색: 정치와 참여민주주의) 발표논문.

강천석 외 (1994). 「지방경영시대」. 조선일보사.

강행남 (1992). "지방자치행정에의 시민참여태도분석." 명지대 박사학위논문.

강희경 (1997). "지역사회 권력자의 연줄망 구조와 특성." 「지방자치와 지역발전」. 성경륭 외 편(민음사), 251-282.

교육부 (1992). "지방교육자체제도 정착을 위한 종합대책연구." 지방교육자치발전연구위원회.

_____ (1999). "지방교육자치제도 개선방안연구." 지방교육자치제도개선 특별위원회.

국무총리실 행정조정실 (1987). 「지방자치제 실시 연구자료집」.

국회사무처 입법조사국 (1991). "주요국의 교육자치제도." 국회 입법참고자료, 279호.

권태준 (1995). "세계화에 대응하는 지방화: 지역공동체형성의 중요성을 중심으로." 「세계화·지방화 추진전략」. 공보처 편.

권형신·이상용·이재성 (1998). 「한국의 지방재정」. 해남.

김기옥 (1989). 「지방자치와 도시정책」. 박문각.

김은주·최정우·배수호. (2014). 재정압박이 지방자치단체 재정지출에 미치는 영향 분석. 정책분석평가학회보, 24(3), 135-161. Retrieved from http://snu-primo.hosted.exlibrisgroup.com/82SNU:TN_cdi_nrf_kci_oai_kci_go_kr_ARTI_274821

김대영 (1996). "지방소득세의 확충방안." 한국지방행정연구원보고서.

김동일 (1995). "지방의 세계화와 공동체의식의 회복." 「세계화·지방화 추진전략」. 공보처 편.

김민영 (1997). "주민참여활성화를 기대한다." 「지방자치」, 4월호.

김병국 (1989). 「지방자치시대의 주민참여확충방안 연구」. 한국지방행정연구원.

_____ (1991). 「지방의회와 지방자치단체장간의 위상에 관한 연구」. 한국지방행정연구원, 연구보고서 제104권.

_____ (1995). "지방자치단체장의 바람직한 역할." 한국지방행정연구원 주최 세미나 (자치단체장 직선 이후의 중앙 – 지방관계의 발전적 정립방안) 주제발표논문.

_____ (1996). "민선단체장 이후 자치단체장과 지방의회간의 관계변화." 「지방행정연구」, 11(1).

김병준 (1994). 「한국지방자치론」. 법문사.

_____ (1998). "자치교육제의 개선방안." 한국지방자치학회 주최(지방자치경찰제와 자치 교육제의 개선방안 세미나) 발표논문.

김상균 (1995). "21세기의 삶의 질." 「삶의 질 향상을 위한 생활개혁」. 공보처.

김순은 (2001). "한국과 일본의 지방분권 비교분석." 「한국지방자치학회보」, 13/2: 101– 121.

김신복 (1985). "지방자치와 교육자치." 「교육행정학연구」, 3/1.

김신일·조영달·고순철·이미나·이승종 (1994). "지역공동체 형성운동을 통한 국민의식 대전환방안에 관한 연구." 서울대학교 교육연구소 평생교육센터.

김안제 (1990). "내무부와 지방행정관련 중앙부처의 상호관계 적정화." 한국지방행정연구 원 주최 '지방자치단체의 기능과 내무부의 역할에 관한 세미나' 발표논문.

_____ (1991). "지방자치하의 효율적인 지역균형개발." 「지방행정」, 40/1: 65–72.

김영기 (1997). 「지방자치행정론」. 대영문화사.

김영래 (1999). "한국의 비정부조직(NGO) 활동." 「내나라」, 8권 1호: 33–76.

김영식·최희선 (1988). 「교육제도발전론」. 서울: 성원사.

김영정 (1997). "한국지역발전의 실태비교." 성경륭 외, 「지방자치와 지역발전」. 민음사, 367–405.

김익식 (1990). "중앙과 지방정부간의 권한배분의 측정." 「한국행정학보」, 24/3: 1373–1398.

_____ (1994). "세계화시대의 지방의 대응: 지방의 국제경쟁력 강화방안을 중심으로." 한국정치학회 세계학술대회 발표논문.

김 인 (1986). "공공서비스 배분의 결정요인과 형평성에 관한 연구." 서울대학교 박사학 위논문.

_____ (1989). "사회계층별 공공서비스 수요와 자원의 배분." 「지방과 행정연구」, 제1

권 제 2 호. 부산대 행정대학원, 33-53.

김인철 (1992). "기초자치에 대한 주민들의 정치정향과 참여형태." 한국지방행정연구원.

_____ (1994). "분권화와 지역주민복지의 상관성: 보호대상 주민집단에 대한 광역정부의 복지관여추이 분석." 「지방자치연구」, 6/1: 87-101.

김재웅 (1998). "교육자치의 의미와 전망: 지방교육자치제도를 중심으로." 「교육원리연구」, 3/1.

김재훈 (1995). "광역행정문제와 지방자치단체간 행정협력제도." 「한국형 지방자치의 청 사진」. 나라정책연구회 편, 515-536.

_____ (2000). "대도시 자치구제 개선." 지방자치제도개선을 위한 국민대토론회 발표논문집.

_____ (2007). 참여정부의 재정분권 평가. 한국지방자치학회보, 19(4), 5-26. Retrieved from
http://snu-primo.hosted.exlibrisgroup.com/82SNU:TN_cdi_nrf_kci_oai_kci_go_kr_ARTI_1053761

_____ (2020). 재정분권과 신화. 한국지방재정학회 하계학술대회 논문자료집, 2020, 263-304.

김정훈 (1994). "광역행정제도와 지방자치단체조합: 수도권매립지 운영관리조합의 사례를 중심으로." 한국행정학회 주최 세미나(지방정부의 경쟁력과 지방정부의 쇄신) 발표논문집: 95-118.

김정흠 (1987). "미래화사회의 도래." 통신정책연구소. 미래.

김종림 (1988). "입법·행정권력간의 갈등 및 대등한 공존조건에 관한 연구." 한국행정학회 제 1 차 국제 학술회의(민주사회의 성숙을 위한 공공행정).

김종철·김신복·이종재 (1985). "지방자치제 실시에 대비한 지방교육행·재정발전에 관한 연구." 교육부.

김종표 (1991). 「신지방행정론」. 법문사.

김철회. (2018). 지방재정 연구 내용 및 경향 분석. 한국지방자치학회보, 30(2), 1-29. Retrieved from http://snu-primo.hosted.exlibrisgroup.com/82SNU:TN_cdi_nur-imedia_primary_3530589

김태일 (1998). "지방자치의 실시가 기초자치단체의 사회복지지출에 미친 영향: 서울시 자치구를 중심으로." 「한국정책학회보」, 7/1: 317-338.

김학로 (1988). 「도시화시대의 지방행정론」. 박영사.

_____ (1994). 「지방행정의 이론과 실제」. 박영사.

김혁규 (1997). "자치단체장이 본 경험과 교훈." 한국지방행정연구원 지방자치발전을 위한 대토론회 발표논문.

김호기 (1997). "한국의 시민사회와 참여민주주의의 과제." 「참여민주주의와 한국사회」. 창작과 비평사.

김호정 (1994). "지방자치제 실시 후 지방공무원의 의식변화." 「한국행정학보」, 28(3).

김홍기 (1987). 「행정국가와 시민참여」. 대왕사.

김홍식 (1996). "삶의 질 향상과 시민교육." 「사회와 교육」. 제23집: 25-39.

남궁근 (1994). "정책혁신으로서의 행정정보공개조례 채택." 「한국정치학회보」, 28집 1호: 101-201.

내부부 (1966). 「지방자치단체 표본조사: 제2차 표본조사」. 지방행정연구위원회.

_____ (1967). 「지방자치단체 표본조사종합보고서: 광역자치단체」. 지방행정연구위원회.

_____ (1968). 「지방자치백서」.

_____ (1992). 「지방자치단체 예산개요」.

_____ (1995). "민선단체장체제 출범 6개월의 변화모습."

노화준 (1987). "행정결과에 대한 주민평가제도의 도입." 「지방행정」, 4월호.

라종일 (1995). "세계화시대의 세계시민교육." 「세계화·지방화 추진전략」. 공보처 편.

라휘문 (1998). "지방소득세의 도입방안." 한국지방행정연구원보고서.

류민정. (2015). 지방재정압박의 원인과 개선과제. 한국지방재정논집, 20(1), 113-145. Retrieved from http://snu-primo.hosted.exlibrisgroup.com/82SNU:TN_cdi_nur-imedia_primary_3446592

문재우 (1997). "중앙정부의 행정통제." 「지방자치연구」, 9(2).

문병기 (1999). "지방정부간 경쟁과 협력의 조화: 미국 재정분권화 정책의 교훈." 「한국지방자치학회보」, 11/4: 125-143.

문태현 (1999). 「글로벌화와 공공정책: 이론과 실제」. 대명출판사.

민경회 외 (1996). "청주지역사회의 권력구조에 관한 연구." 「한국사회학」, 30: 187-226.

박경효 (1996). "도시공공서비스의 공동생산: 한국적 적용가능성 모색." 「도시행정연구」, 제11집. 서울시립대학교, 149-172.

박동서 (1984). 「한국행정론」. 법문사.

_____ (1985). 「한국행정의 미래상」, 법문사.

_____ (1989). 「한국행정론」. 제3 전정판. 법문사.

_____ (1994). 「한국행정의 연구」. 법문사.

_____ (1995). "중앙과 지방관계의 발전적 정립방안." 한국지방행정연구원 주최 세미나 (자치단체장 직선 이후의 중앙-지방관계의 발전적 정립방안) 발표논문.

박동서·김광웅 (1988). 「한국인의 민주정치의식」. 서울대 출판부.

박문옥 (1982). "주민참여의 방안."「지방행정」, 제75호(11월호).

박병호 (1988). "정보화사회에서의 개인정보보호방안에 관한 연구." 서울대학교 행정대
학 원 석사학위논문.

박병희. (2018). 형평성 제고를 위한 지방재정조정제도 개선 방안. 한국지방재정논집,
23(2), 111−149. Retrieved from
http://snu−primo.hosted.exlibrisgroup.com/82SNU:TN_cdi_nur−
imedia_primary_3569021

박상필 (2002).「NGO와 정부 그리고 정책」. 아르케.

박성복 (1997). "지역발전 및 지역불평등도의 측정."「한국행정학보」, 31/3: 165−185.

박영희·김신복·오연천·이승종·정세욱 (1991).「지방자치와 교육자치의 연계강화방안
」. 한국행정학회.

박용치 (1983).「혁신의 확산과정」. 고려원.

박용치 (1994). "지방자치와 국가발전."「지방자치의 발전전략」. 김안제 외. 박문각,
61− 85.

박용치 (1994). "국제화를 위한 지방행정의 대응전략."「지방행정연구」, 9/1: 73−92.

박원순 (2003). "새로운 개혁, 새로운 시작: 노무현 차기 정부의 개혁시대를 갈망하며."
mimeo.

박윤흔 (1992). "지방자치제도의 개선·발전방향." 한국지방행정연구원 지방자치발전을
위한 전국순회공청회(1992. 5) 발표논문.

박재창 (1995). "지방화시대의 중앙정치와 지방자치의 역할."「세계화시대의 지방화」.
여의도연구소 1차 심포지엄 발표논문집.

박종민 (1998). "성남시 사례."「한국의 지방정치와 권력구조」. 박종민 편(나남출판),
341− 372.

박종민 외 (2000).「한국의 지방정치와 권력구조」. 나남출판.

박종화·윤대식·이종렬 (1995).「지역개발론」. 박영사.

방석현 (1988). "정보공개와 행정개혁의 열쇠."「월간조선」, 5월호.

_____ (1989).「행정정보체계론」, 법문사.

배성동·길영환·김종림 (1975). "한국인의 정치행태와 그 특성."「재북미 한국인 정치
학자회 합동학술회의 논문집 Ⅰ」. 한국정치학회.

배성문 (1986).「민주주의의 학설: 한국에서의 실험」. 극동문제연구소.

배찬복·안정수 (1992).「자유민주주의의 본질과 미래」. 을유문화사.

백상기 (1982).「PR론」. 서울: 형설출판사.

백완기 (1996).「한국행정학의 기본문제들」. 나남출판.

백종국 (1996). "국제화시대에 있어서 한국자본주의의 선택에 관한 문헌비평."「한국정

치 학회보」, 29/2: 27-68.

서상목·최일섭·김상균 (1988). 「사회복지전달체계의 개선과 전문인력 활성화 방안」. 한국개발연구원.

성경륭 (1996). "지방자치와 지역발전 비교연구: 청주편." 「한국사회학평론」, 3집. 한림 대사회조사연구회 편. 한울: 40-88.

성경륭 외. 「지방자치와 지역발전」. 민음사.

소순창 (1996). "지방정부의 정책결정요인에 관한 실증적 연구: 일본복지정책을 중심으로." 「한국행정학보」, 30(3).

소진광 (2003). "지방분권화에 따른 새로운 지역발전 패러다임모색." 한국정부학회 춘 계학술대회 발표논문집.

손봉숙 (1985). 「한국지방자치연구」. 삼영사.

손봉호 (1994). "교회와 시민운동." 「현대사회와 기독교」. 생명의 말씀사.

손재식 (1983). 「현대지방행정론」. 박영사.

_____ (1988). 「현대지방행정론」. 박영사.

손희준 (1994). "지방화와 지방발전." 「지방자치의 발전전략」. 김안제 외. 박문각, 87-117.

송광태 (1992). "지방의정활동 1년간의 평가와 발전방향." 「자치통신」, 제14호. 지방자 치 학회.

송창석 (1995). "지방자치는 지방정치이다." 「자치통신」, 7권 1호.

수원시 (1991). 「수원시 세입·세출 예산편성 현황」.

_____ (1992). 「수원시 통계연보」.

신각철 (1988) "정보관리와 현행법상 공개제도." 「법제」, 제235호, 제238호.

신도철 (1981). "한국인의 삶의 질 대연구." 「정경문화」, 5월호: 26-47.

신원득 (1989). "지방행정에 있어서의 주민참여에 관한 요인분석." 성균관대학교 박사 학 위논문.

심익섭 (1993). "지방자치와 옴부즈만제도." 「자치통신」, 제22호. 한국지방자치학회, 18-22.

안성호 (1992). "우리나라의 지방분권화수준." 「한국행정학보」, 26/4: 1303-1324.

안성호 (1993). "우리나라 지방분권화의 논거." 「한국행정학보」. 27/3: 825-845.

안용식 외 (1992). "지방자치실시 1년의 평가와 전망: 서울시의 시민·의원·공무원의 의식 분석을 중심으로." 연세대학교 지역사회개발연구소.

안청시 외 (1995). "지역사회의 민주화와 지방엘리트 연구." 「사회과학정책연구」, 17/2. 서울대 사회과학연구소, 1-273.

안해균 (1987). 「현대행정학」, 다산출판사.

연세대 지역사회개발연구소 (1992). 「지방자치실시 1년의 평가와 전망」.

오대영 (1998). "달라진 시도교육감, 교육위원 선출방식." 「지방자치」, 2월호.

오영민, · 신헌태. (2018). 다중 행정가치 측면에서 주민참여예산제도의 효과에 대한

옹정근 (1993). "한국교육자치제의 발전과정연구." 단국대 박사학위 청구논문.

유재원 (1996). "민선단체장 출범이후 지방행정의 변화와 전망." 「지방자치연구」, 8(4).

_____ (1999). "단체장 민선 이후 자치단체의 정책변화: Peterson의 도시한계론 검증." 「한국정책학회보」, 8/3: 79-98.

_____ (2000). "청주시 사례." 「한국의 지방정치와 권력구조」. 박종민 편. 나남출판, 39-106.

오영민 · 신헌태. (2018). 다중 행정가치 측면에서 주민참여예산제도의 효과에 대한

유희숙 (1994). "한국중소도시민의 자발적 행정접촉." 경희대 박사학위논문.

육동일 (1999). "지방자치 운영성과와 과제에 관한 연구." 「한국지방자치학회보」, 11/4: 75-101.

윤대식 · 김태명 · 조명래 (1992). "한국지역개발의 과제와 문제: 분권화 지역개발의 새로운 접근방법을 찾아서." 「한국지역개발학회지」, 4/2: 117-142.

윤성식 (2002). 「정부개혁의 비견과 전략」. 열린책들.

윤재풍 (1996). "Citizen Participation and Public Policy in Korea." 「도시행정연구」, 제11집. 서울시립대학교, 189-222.

윤주명 (1991). "일선관료제와 시민간의 공적상호작용에 관한 연구: 시민의 관료제 대응을 중심으로." 연세대학교 박사학위논문.

윤태섭 · 배정아. (2016). 주민참여예산제도의 지방재정 건전성과 효율성 측면에서의 재조명. 한국지방재정논집, 21(1), 73-100.

이계희 (1992). "지방의회운영의 평가와 과제." 「지방자치연구」, 제 4 권 제 1 호.

이광종 (1997). 「행정책임론: 책임과 통제」. 대영문화사.

이기우 (1991). 「지방자치행정법」. 법문사.

_____ (1992). "기관소송." 「고시계」, 11월호.

_____ (1992a). 「지방자치행정법」. 법문사.

_____ (1994). "지방자치단체간의 협력활성화방안." 일암 변재옥박사 화갑기념.

_____ (1995). "중앙정부와 지방정부의 관계 재정립." 「한국형지방자치의 청사진」. 나라정책연구회 편, 475-498.

_____ (1995a). "지방선거와 정당공천논쟁." mimeo.

_____ (1996). 「지방자치이론」. 학현사.

_____ (1997). "지방교육자치제도의 개선방향." 「사회와 교육」, 24집: 33-48.

_____ (1998). "교육자치와 학교자치 및 지방교육행정제도." 「한국지방자치학회보」, 10/3.

_____ (2001). "지방자치의 현주소와 진로." mimeo.

_____ (2003). "주민투표법 논평." mimeo.

이남영 (1995). "현행 지자제의 문제점과 개편방향." 21세기정책개발연구소 주최 세미나(4대 지방자치선거: 쟁점과 과제) 발표논문.

이달곤 (1989). "협상이론의 연구와 원칙에 준거한 협상전략,"「행정논총」, 27/1.

_____ (1990). "정보화시대의 중앙정부와 지방자치단체간의 관계."「한국행정학보」, 24/1: 143-165.

_____ (1991). "국가와 지방자치단체간 이해조정방안." 내무부 지방행정연수원 주최.

_____ (1992). "중앙정부와 지방자치단체간의 갈등관리에 관한 연구."「행정논총」, 30/1.

_____ (1994). "바람직한 민선단체장의 역할." 행정쇄신위원회 주최 토론회(지방자치제도 발전방향) 주제발표논문.

_____ (1996). "지방정부 자율성의 거시적 영향요인: 중앙과 지방간의 행·재정적 관계에 미치는 변수를 중심으로."「행정논총」, 34/1: 191-215.

이성복 (1993). "지방정부의 발전방향에 관한 연구."「한국행정학보」, 27/3.

이승종 (1990). "정책유형의 도시공공 서어비스 배분에 대한 효과: 통합이론모형의 제시."「한국행정학보」, 제24권 제 2 호(1990. 8): 1091-1115.

_____ (1990a). "구자치제의 효율적 운영방안에 관한 연구."「한국지방행정연구원」.

_____ (1991). "정책평가결과의 활용도 평가: 연구경향 및 방법."「정책분석평가학회보」, 1: 19-29.

_____ (1991a). 「지방자치단체의 행정정보공개에 관한 연구」. 한국지방행정연구원.

_____ (1992). 「지역주민여론의 효율적 수렴방안」. 한국지방행정연구원.

_____ (1993). 「민주정치와 시민참여」. 삼영사.

_____ (1993a). "지방정부의 공공서비스 배분." 한국지방행정연구원 연구보고서, 92-3.

_____ (1993b). "지방정부 공공서비스 배분의 균형성 분석."「한국정책학회보」, 제 2 호: 188-206.

_____ (1993c). "관료의 순응확보를 위한 관리전략."「지방행정연구」, 8/3: 83-108.

_____ (1994). "국제경쟁력 강화와 정치교육: 지역사회의 공동체운동을 중심으로."「사회와 교육」, 제19집: 63-74.

_____ (1994a). "의결기관과 집행기관간의 관계정립."「지방행정연구」, 8/4: 105-127.

_____ (1994b). "자치단체장선거와 지방정치."「지방자치의 발전전략」. 김안제 외 편. 박문각.

_____ (1994c). "서울시 행정수요변화와 기능분담." mimeo.

_____ (1995). "자치단체장의 역할과 자질." 한국행정학회 하계학술대회 발표논문.

_____ (1995a). "정부간관계의 발전방향." 한국지역정책연구원 주최 지방자치대토론회 발표논문.

_____ (1995b). "지방행정의 발전방향."「지방자치 이렇게 해야 한다」. 한겨레신문사.

_____ (1995c). "지방정부의 정책결정과 주민참여 제도화방안."「한국형지방자치의 청사진」. 나라정책연구회 편. 길벗, 369-386.

_____ (1995d).「민주정치와 시민참여」. 삼영.

_____ (1995e). "행정정보공개조례의 효과에 대한 공무원의 평가분석: 청주시 사례연구."「한국행정학보」, 29/4: 1275-1289.

_____ (1996). "정부의 민주화와 정치교육."「사회와 교육」, 23집: 83-100.

_____ (1996a). "중앙과 지방과의 관계."「지방자치연구」, 8/2: 37-54.

_____ (1996b). "한국의 지방행정론 교과서에 대한 평론: 새로운 내용체계의 모색."「한국행정학보」, 제30권 제3호: 199-210.

_____ (1997). "민주주의와 작은 정부."「한국의 도전과 선택」. 김호진 편. 나남출판, 157-179.

_____ (1997a). "지역주민참여의 활성화방안."「한국지방자치학회보」, 9/2: 1-20.

_____ (1999). "지방공직자에 대한 주민접촉연구."「한국정치학회보」, 33/4: 343-357.

_____ (1999a). "지방자치의 새로운 이해와 장기적 발전방향."「지방행정연구」, 13/2: 145-168.

_____ (1999d). "지방정치참여와 시민교육."「행정논총」, 37/2: 99-118.

_____ (2000). "지방자치와 지방정부의 복지정책정향."「한국행정학보」, 34/4: 197-215.

_____ (2002). "한국지방자치의 평가: 제도의 집행측면을 중심으로."「한국지방자치학회보」, 14/1: 5-22.

이승종 (2003).「지방자치론」, 박영사.

이승종·김흥식 (1992). "지방자치와 지방정부의 정책정향: 복지서비스 기능을 중심으로."「한국행정학보」, 26/2.

이승철. (2014). 한국의 지방재정 연구특성에 관한 분석: 한국지방재정논집을 중심으로. 한국지방재정논집, 19(3), 119-143. Retrieved from http://snu-primo.hosted.exlibrisgroup.com/82SNU:TN_cdi_nrf_kci_oai_kci_go_kr_ARTI_208133

이시재 (1995). "지방자치와 주민의 삶의 질."「세계화시대의 지방화」. 여의도연구소.

이원희 (1995). "지방자치를 보장하기 위한 지방재정의 정책과제."「지방화와 국가전략」. 제일경제연구소, 181-208.

이윤식 (1990). "정보공개제도의 한국적 모형정립을 위한 시론." 한국행정학회연계학술
　　대 회 발표논문.

_____ (1990a). 「행정정보체계론」. 법영사.

이재열 (1997). "지방자치와 지역개발." 「지방자치와 지역발전」. 성경륭 외. 민음사,
　　133- 160.

이재원. (2019). 지방재정론. 서울: 도서출판 윤성사.

이종수 (2002). 「지방정부이론: 이론화를 위한 비교론적 분석」. 박영사.

이종익 (1989). 「한국지방자치론」, 박영사.

이창균 (1995). "일본의 지방분권론의 좌절과 중앙집권적 지방재정조정제도의 성립." 「
　　재정논집」, 9: 207-227.

_____ (1995a). "지방분권과 로칼미니멈론: 새로운 지방분권사상의 모색." 「지방행정
　　연구」, 10/3: 121-137.

이치수 (1992). "지방의회와 집행기관의 역할정립." 「지방행정」, 6월호.

이홍구 (1994). "국제화의 도전과 과제." 외교안보연구원 주최 국제화와 한국의 과제
　　대토론회 발표논문.

이효. (2013). 지방재정운영의 투명성 강화방안. [Policy Measures to Enhance Fiscal
　　Transparency in Local Government]. 한국지방행정연구원 기본연구과제, 2013(0),
　　1-140. Retrieved from
　　http://kiss.kstudy.com/thesis/thesis-view.asp?g=kissmeta&m=exp&enc=0D16751
　　51B7971B7CFC7ED797D141B9E

임성일. (2003). 우리나라의 재정분권 상태에 대한 분석과 중앙·지방간 재원배분체계
　　의 재구축. 한국지방재정논집, 8(2), 1-31. Retrieved from
　　http://snu-primo.hosted.exlibrisgroup.com/82SNU:TN_cdi_nur-
　　imedia_primary_3446410

임승빈 (1996). 「민선자치단체장의 바람직한 역할정립을 위한 제도개선방안」. 한국지방
　　행 정연구원.

_____ (2003). "지방분권과 국토균형간의 조화." 「한국정책학회소식」.

임재현. (2017). 지방행정론. 서울: 대영문화사.

임혁백 (1990). "한국에서의 민주화과정 분석." 「한국정치학회보」, 제24집 제 1 호.

임희섭 (1995). "삶의 질의 개념적 정의." 「한국행정연구」, 5/1: 5-18.

장동진 (1992). "분배정의와 평등─한국정치에 있어서의 분배문제 해결을 위한 이론적
　　논의." 「한국정치학회보」, 25집 2호: 57-86.

장병구 (1989). "바람직한 지방의회활동과 지방자치단체장의 역할." 「지방행정」, 3월호.

장수영 (1993). "외국의 산학협동과 우리의 문제." 「공업기술교육」, 10월호. 서울산업대

학 산업교육연구소, 3-14.

재정개혁특별위원회. 2019.2. "재정개혁보고서".
　　https://www.neac.go.kr/file/FileDown.do?atchFileId=FID00000176&fileSn=1

전영평 (2003). "참여정부의 지방분권정책 평가와 시민사회의 과제."「지방행정연구」,
　　17/2: 3-26.

전주수 (1991). "지방의회의 주민대표기능에 관한 실증적 연구." 연세대 행정대학원 석
　　사 학위논문.

정선영 (1995). "지방화와 시민운동." 한국사회과교육학회 주최 세미나(지방의 세계화
　　와 시민교육) 발표논문.

정세욱 (1989). "지방의회의 구성 및 정당·집행기관과의 관계에 관한 연구."「사회과학
　　논총」, Vol. 1. 명지대.

_____ (1995).「지방행정학」. 법문사.

_____ (1996). "지방자치의 일환으로서의 교육자치." 한국지방자치학회 주최 공청회
　　(지 방교육자치제도 개선방안) 발표논문.

정수복 (1994). "한국시민운동의 역할과 과제."「공동체이념의 실천을 위한 시민단체의
　　역할」. 연세대학교 사회발전연구소 학술세미나 발표논문집.

정인용·박용치 (1991). "보건의료 및 사회보장행정조직의 개선에 관한 연구."「지역복
　　지 정책」, 1.

정정길 (1996). "세계화와 지방자치."「행정논총」, 34/1: 129-151.

_____ (2002). "행정과 정책연구를 위한 시차적 접근방법: 제도의 정합성 문제를 중심
　　으로."「한국행정학보」, 36/1: 59-76.

_____ (2002a). "정책과 제도의 변화과정과 인과법칙의 동태적 성격: 시차적 접근방법
　　을 위한 제언."「한국정책학회보」, 11/2: 255-237.

정창석 (1989). "행정환경의 변화와 대민행정홍보."「시정연찬: 공무원시정 연구논문집
　　」, 제 1 집. 대구직할시, 108-131.

정홍익·김호섭 (1991). "위원회제도를 중심으로 한 시민참여의 활성화."「한국행정학보
　　」, 25/2: 437-464.

조기현 (1997). "기준재정수요산정의 합리적 개선방안." 한국지방행정연구원보고서.

조성락 (1994). "우리나라의 산업기술현황과 지원정책." 한국산업기술진흥협회. mimeo.

조성일·안세근 (1996).「지방교육자치제도론: 이론과 실제」. 양서원.

조영달·최현섭·이승종·이창수 (1995). "세계화간접자본으로서의 공동체시민의식분석
　　및 확산경로에 대한 연구." 서울대학교 사회교육연구소.

조임곤. (2016). 지방재정 건전화를 위한 제도적 개선. 한국지방자치학회보, 28(1),
　　105-127.

조창현 (1992). 「지방자치론」. 박영사.

주만수·Man Soo, J. (2014). 지방정부의 재정력격차와 재정력역전 분석: 재정자립도와 재정자주도 활용. 경제학연구, 62(3), 119–145. Retrieved from http://snu–primo.hosted.exlibrisgroup.com/82SNU:TN_cdi_nrf_kci_oai_kci_go_kr_ARTI_1131147

중앙일보 (1995). 「전국 74개시 비교평가자료집: 삶의 질 입체분석」.

중앙일보 (2003. 10. 13).

지방자치실무연구소 (1994). 「한국의 지방자치: 이론과 실제」. 의암출판.

차경수 (1994). "세계화와 시민의식." 서울대학교 사회교육연구소 주최 '세계화, 시민의식, 시민교육 세미나' 발표논문.

_____ (1996). "세계화와 시민의식." 서울대학교 사회교육연구소 주최 '세계화, 시민의식, 시민교육 세미나' 발표논문.

_____ (1996). 「현대의 사회과교육」. 학문사.

천병태 (1997). "지방자치법상의 대표민주제와 직접민주제." 「지방자치」, 3월호, 5월호.

총무처 (1994). 「중앙·지방사무총람」.

_____ (1995). 「총무처연보」.

최병대 (1995). "지방의회의 정당참여문제에 대한 소고." 「자치통신」, 7권 1호.

_____ (2000). "지방정부 예산제도의 문제점과 개선방안." 「자치행정연구」. 창간호: 21– 42.

최봉기·박성복·이종열 (1992). "지방의회와 집행기관간의 관계에 관한 평가: 포항시의회의 사례연구. 「한국행정학보」, (3).

_____ (1992a). "우리나라 시의회의 활동분석과 의정운영의 효율성 증진방안에 관한 연 구: 포항시 사례, 1991–1992." 행정학회 하계학술대회 발표논문.

최상철 (1991). "지방자치단체간 광역행정협력체제 구축방안." 내무부 지방행정연수원 주최 세미나(지역이기주의의 효율적 극복방안) 발표논문.

최승범 (2000). "평택시 사례." 「한국의 지방정치와 권력구조」. 박종민 편. 나남출판, 235– 286.

최영국 (1983). "지방행정에 있어서의 민의유입에 관한 연구." 연세대 행정대학원 석사학위논문.

최영출 (1991). 「관, 학, 기 연계를 통한 지역개발 추진방안」. 한국지방행정연구원.

최영출 (2003). "지방분권화에 따른 지방정부의 역량강화." 「지방행정연구」, 17/2: 27–50.

최웅선·최서연. (2018). 재정압박에 대한 지방정부의 세입반응 분석: 시·군 지역을 대상으로. 한국지방자치학회보, 30(2), 95–122.

최창호 (1990). 「지방자치제도론」. 삼영사.

_____ (1991). "지방의회와 자치단체장간의 바람직한 관계." 「지방행정」, 4월호.

_____ (1995). 지방자치학. 삼영사.

최호준 (1987). 「시민행정학」. 거목.

최흥석 (2000). "부천시 사례." 「한국의 지방정치와 권력구조」. 박종민 편. 나남출판, 171-234.

하능식·구찬동. (2012). 사회복지예산 증가의 지방재정 영향분석. 한국지방재정논집, 17(3), 1-34. Retrieved from

  http://snu-primo.hosted.exlibrisgroup.com/82SNU:TN_cdi_nur-imedia_primary_3446551

하혜수·최영출 (2000). 「지방정부의 자치권 확대방안연구」. 경기개발연구원.

하혜수·최영출 (2002). "차등적 분권제도에 대한 비교연구: 영, 미, 일, 북유럽을 중심으로." 「한국행정학보」, 36/2: 109-127.

한국지방행정연구원 (1985). 「지방행정기능분석에 관한 연구」.

_____ (1986). 「2000년을 향한 지방행정좌표」.

_____ (1986a). 「외국의 지방자치제도비교연구」.

_____ (1988). 「한국지방행정사」.

_____ (1992). 「지방행정기능분석에 관한 연구 II」.

_____ (1996). 「지방자치 1년 평가 세미나 자료모음집」.

_____ (1996a). 「주요국의 지방재정」. 연구자료집 95-5.

_____ (1996b). 「외국의 지방분권제도」. 연구자료집 96-6.

_____ (1996c). 「동유럽의 지방자치」. 연구자료집 96-9.

_____ (2013) "지방재정 투명성 강화를 위한 재정공시 개선방안" 정책연구.

  http://www.prism.go.kr/homepage/researchCommon/downloadResearchAttachFile.do;jsessionid=BF94941C30AED50D3B9F0206E6954ADD.node02?work_key=001&file_type=CPR&seq_no=001&pdf_conv_yn=Y&research_id=1312000-201300001

_____ (2015) "주민참여예산제도 활성화 방안" 정책연구 2015-7.

  https://test.krila.re.kr/publication/report/policy/1204

한상진 (1994). "지역사회의 권력구조와 지방정치: 성남시 사례를 중심으로." 「산업사회의 재조명」. 한국산업사회연구회 편. 한울, 55-87.

한양대 지방자치연구소 (1992). 「지방자치의 발전을 위한 국민의식조사」.

한원택 (1995). 「지방행정론: 이론·제도·실제」. 법문사.

한재명·Jae Myung, H.·신우진·Woojin, S. (2017). 사회복지 국고보조사업 확대에 따른 지방재정 압박이 지방예산편성 방식에 미친 영향 분석 -기초자치단체의 사회기반시설 및 사회복지 분야 자체사업예산의 변화를 중심으로. 경제학연구, 65(4), 47－83. doi:10.22841/kjes.2017.65.4.002

한표환 (1994). "지방자치와 지역격차."「지방자치의 발전전략」. 김안제 외. 박문각, 149－175.

한표환 (2001). "영국지방정부의 지역사회전략." 한국지방행정연구원 뉴스레터 8호. 지방 포럼.

행정자치부 (1999).「1998년도 정보공개 연차보고서」.

허만형 (1994). "로짓회귀분석의 논리와 사용방법."「정책분석평가학회보」, 4/1.

허석렬 (1998). "비정부기구."「민주시민생활용어사전」. 한국민주시민교육학회 편. 유풍.

현대사회연구소 (1982).「2000년대를 향한 한국인상」.

홍두승 (1992).「사회조사방법」. 다산출판사.

홍준현 (2001). "지방분권화와 지역격차의 상관관계."「한국지방자치학회보」, 13/1: 161－178.

황병덕 (1995). "통일과 정치교육."「코리아포럼」, 제 7 호: 31－37.

황일청 편 (1992).「한국사회의 불평등과 형평」. 나남.

Abbott, Carl (1987). *The New Urban America. Chapel* Hill: University of North Carolina Press.

Abney, G. and T. P. Lauth (1982). "A Comparative Analysis of Distributional and En－forcement Decisions in Cities." *Journal of Politics* 44: 193－200.

_____ (1985). "Interest Group Influence in City Policy－Making: The Views of Administration." *Western Political Quarterly* 38: 148－161.

Abravanel, M. D. and R. J. Bush (1975). "Political Competence, Political Trust, and the Action Orientation of University Students." *The Journal of Politics*. Vol. 37, No. 1.

ACIR(Advisory Commission on Intergovernmental Relations) (1979). *Citizen Participation in the American Federal System*. Washington, D.C.: US Government Printing Office.

Aitken, Judith (1996). "Achieving Accountability for Service Quality: Mechanisms for External Review and Quality Assurance." In OECD, *Responsive Government: Service Quality Initiatives*. Paris: OECD.

Aldrich, John H. and Forrest D. Nelson (1984). *Linear Probability, Logit, and Probit Models*. Beverly Hills: Sage.

Alford, Robert and Harry Scoble (1968). "Sources of Local Political Involvement."

American Political Science Review 62.

Alford, Robert R. and Roger Friedland (1985). *Powers of Theory: Capitalism, the State, and Democracy*. Cambridge, UK: Cambridge University Press.

Alinsky, Saul (1969). *Reveille for Radicals*. New York: Vintage Books.

_____ (1971). *Rules for Radical*. New York Random House.

Alm, J., Buschman, R. D., and Sjoquist, D. L. (2011). Rethinking local government reliance on the property tax. *Regional Science and Urban Economics*, 41(4), 320–331.

Antunes, G. E. and J. P. Plumlee (1977). "The Distribution of Urban Public Service: Ethnicity, Socioeconomic Status, and Bureaucracy as Determinants of the Quality of Neighborhood Streets." *Urban Affairs Quarterly* 12: 313–332.

Antunes, G. E. and K. R. Mladenka (1976). "The Politics of Local Services and Service Distribution." In *The New Urban Politics*, pp. 37–60. Edited by L. H. Masotti and R. L. Lineberry. Cambridge: Ballinger Publishing Co.

Aqua, R. (1982). "Transforming Needs into Services: The Japanese Case." In *The Politics of Urban Public Services*, pp. 173–188. Edited by R. C. Rich. Lexington: Lexington Books,

Arendt, Hanna (1963). *On Revolution*. New York: Penguin.

Arrow, K. (1970). "The Organization of Economic Activity: Issues Pertinent to the Choice of Market Versus Non−Market Allocation." In Joint Economic Committee, *The Analysis and Evaluation of Public Expenditures: The PPB System*, Vol. I. Washington, D.C.: U.S. GPO.

Atkins, Robert (1992). "Making Use of Complaints: Braintree District Council." *Local Government Studies* 18/3: 164–171.

Bachrach, P. and M. Baratz (1962). "Two Faces of Power." *American Political Science Review* 56: 947–952.

Baer, W. C. (1985). "Just What Is an Urban Service, Anyway?" *Journal of Politics* 47: 881–898.

Banfield, E. and J. Q. Wilson (1963). *City Politics*. New York: Vintage.

Barbalet, J. M. *Citizenship*. Minneapolis, MN: University of Minnesota Press.

Barber, Benjamin (1984). *Strong Democracy: Participatory Politics for a New Age*. Berkeley: University of California Press.

Barnes, John A. (1986). "The Failure of Government." *National Review*.

Barnes, Samuel H. and Max Kaase et al. (1979). *Political Action: Mass Participation in*

Five Western Democracies. Beverly Hills: Sage Publications.

Barron, Jacqueline, Gerald Crawley, and Tony Wood (1991). *Councillors in Crisis*. MacMillan.

Bartle, J. R., Kriz, K. A., and Morozov, B. (2011). Local government revenue structure: trends and challenges. *Journal of Public Budgeting, Accounting, and Financial Management*, 23(2), 268-287.

Bellamy, Christine, Ivan Horrocks, and Jeff Webb (1995). "Exchanging Information with the Public: From One-Stop Shops to Community Information Systems." *Local Government Studies* 21/1: 11-30.

Berelson, Bernard, Paul Lazarsfeld, and William McPhee et al. (1954). *Voting*. Chicago: University of Chicago Press.

Berra, Mariella and Piero Gastaldo (1991). "Science Parks and Local Innovation Policies in Italy." In *Regional Innovation and Decentralization*. Edited by Unlich Hilpert. London & New York: Routledge, 1991.

Berry, Frances S. (1994). "Innovation in Public Management: The Adoption of Strategic Planning." *Public Administration Review*, 54/4: 322-330.

Birch, A. H. (1977). Representation. MacMillan.

Birkinshaw, Patrick (1988). *Freedom of Information: The Law, the Practice, and the Ideal*. London: Weidenfeld & Nicolson

Bish, Robert (1978). "Intergovernmental Relations in the U.S.: Some Concepts and Implications from a Public Choice Perspective." In *Interorganizational Policy Making: Limits to Coordination and Central Control*. Edited by Kenneth Hanf and Fritz W. Scharpf. Beverly Hills.

Blackley, P. R., & DeBoer, L. (1987). Tax base choice by local governments. *Land Economics*, 63(3), 227-236.

Blank, B. D. et al. (1969). "A Comparative Study of Urban Bureaucracy." *Urban Affairs Quarterly* 4: 343-354.

Blank, Rebecca (1985). "The Impact of State Economic Differentials on Household Welfare and Labor Force Behavior." *Journal of Public Economics* 28: 25-58.

Blau, Peter (1964). Exchange and Power in Social Life. New York: Wiley and Sons.

Boaden, Noel, Michael Goldsmith, William Hampton, and Peter Stringer (1982). *Public Participation in Local Services*. London: Longman.

Bollens, John C. and Henry J. Schmandt (1982). *The Metropolis: Its People, Politics, and Economic Life*. 4th ed. New York: Harper & Row.

Bolotin, F. N. and D. L. Cingranelli (1983). "Equity and Urban Policy: The Underclass Hypothesis Revisited." *Journal of Politics* 45: 209-219.

Boyle, J. and D. Jacob (1982). "The Intracity Distribution of Services: A Multivariate Analysis." *American Political Science Review* 76: 209-219.

Brennan, G., and Buchanan, J. M. (1980). *The Power to Tax: Analytical Foundations of a Fiscal Constitution.* Cambridge, UK: Cambridge University Press.

Brenner, N., and Theodore, N. (2002). Cities and the geographies of "actually existing neoliberalism". In N. Brenner & N. Theodore (Eds.), *Spaces of neoliberalism: ur-ban restructuring in North America and Western Europe.* MA: Blackwell Publishing Ltd.

Browning, R., D. Marshall, and D. Tabb (1984). *Protest Is Not Enough: The Struggle of Blacks and Hispanics for Equity in Urban Politics.* Berkeley: University of California.

Brudney J. L. and Robert E. England (1982). "Analyzing Citizen Evaluations of Municipal Services: A Dimensional Approach." *Urban Affairs Quarterly* 17/3.

Burks, Stephen W. and James F. Wolf (1981). *Building City Council Leadership Skills: A Casebook of Model and Methods.* National League of Cities, Washington, D.C.

Burns, Danny, Robin Hambleton, and Paul Hoggett (1994). *The Politics of Decentralisation: Revitalizing Local Democracy.* London: Macmillan.

Burns, J. (1978). Leadership. New York: Harper and Row.

Butler, David and Austin Ranney (1978). *Referendums: A Comparative Study of Practice and Theory.* Washington, D.C.: American Enterprise Institute for Public Policy Research.

Byrne, Tony (1981). *Local Government in Britain.* Penguin Books.

Canon, Bradley C. & Lawrence Baum (1981). "Patterns of Adoption of Tort Law Innovations." *American Political Science Review,* 75: 957-987.

Canover, P. Johnston (1991). "Political Socialization: Where's the Politics?" In *Political Science: Looking to the Future.* vol. 3. Edited by William Crotty. Evanston: Northwestern University.

Caponio, Joseph F. and Janet Geffner (1988). "Does Privatization Affect Access to Government Information?" *Government Information Quarterly,* vol. 5: 147-154.

Carley, Michael (1981). *Social Measurement and Social Indicators: Issues of Policy and Theory.* George Allen and Unwin.

Castells, Manuel (1977). *Urban Question.* Edward Arnold.

Chamlin, Mitchell B. (1987). "General Assistance among Cities: An Explanation of the

Need, Economic Threat, and Benign Neglect Hypothesis." *Social Science Quarterly* 68: 834-846.

Chorianopoulos, I., and Tselepi, N. (2019). Austerity urbanism: Rescaling and collab-orative governance policies in Athens. *European Urban and Regional Studies*, 26(1), 80-96.

Christensen, Terry (1995). *Local Politics: Governing at the Grassroots.* Belmont, California: Wadsworth Publishing Co.

Cingranelli, D. L. (1981). "Race, Politics and Elites: Testing Alternative Models of Municipal Service Distribution." *American Journal of Political Science* 25: 664-692.

Clark, T. N. et al. (1981). "Urban Policy Analysis: A New Research." In *Urban Policy Analysis: Directions for Future Research Urban Affairs Annual Reviews.* vol. 21, pp. 23-78. Edited by Clark, T. N. Beverly Hills, CA: Sage, 1981.

Clarke, Michael and John Stewart (1990). *General Management in Local Government: Getting the Balance Right.* London: Longman.

Clifton, J., Diaz-Fuentes, D., and Gómez, A. L. (2018). The crisis as opportunity? On the role of the Troika in constructing the European consolidation state. *Cambridge Journal of Regions, Economy and Society*, 11(3), 587-608.

Clinton, Bill and Al Gore (1995). *Putting Customers First '95.* US Government Printing Office.

Cockburn, C. (1979). *The Local State.* London: Pluto Press.

Cole, G. D. H. (1920). *Social Theory.* London: Methuen.

Conway, M. Margaret (1985). *Political Participation in the United States.* Congressional Quarterly Inc.

Conyers, Diana (1981). "Decentralization and Development: A Review of the Literature." *Public Administration and Development*, 4/2.

Coulter, Philp B. (1980). "Measuring the Inequity of Urban Public Services: A Methodological Discussion with Applications." *Policy Studies Journal* 8/5: 683-698.

_____ (1983). "Inferring the Distributional Effects of Bureaucratic Decision Rules." *Policy Studies Journal* 12/2: 347-355.

_____ (1984). "Particularized Contactors: Isolated Parochials or Complete Political Activists?" Paper presented at the annual meeting of the Southern Political Science Association. Savannah, Georgia.

_____ (1988). *Political Voice: Citizen Demand for Urban Public Services.* University of Alabama Press.

Crenson, M. A. (1971). *The Unpolitics of Air Pollution*. Baltimore: The Johns Hopkins University Press.

Cronin, T. (1989). *Direct Democracy*. Cambridge, MA: Harvard University Press.

Cyert, R. M., and March, J. G. (1963). *A behavioral theory of the firm*. Englewood Cliffs, NJ: Prentice Hall.

Dahl, Robert A. (1961). *Who Governs?* New Haven: Yale University Press.

_____ (1982). *Dilemmas of Pluralists Democracy*. New Haven: Yale University Press.

Dalton, Russell J. (1988). *Citizen Politics in Western Democracies*. Chatnam, N.J.: Chatham House.

Davies, J. S., and Blanco, I. (2017). Austerity urbanism: Patterns of neo−liberalisation and resistance in six cities of Spain and the UK. *Environment and planning A*, *49*(7), 1517−1536.

De Sario, J. and Stuart Langton, eds. (1987). *Citizen Participation in Public Decision Making*. N.Y.: Greenwood Press.

De Woot, Philippe (1990). *High Technology Europe: Strategic Issues for Global Competitiveness*. Worcestor, Britain: Basil Lackwell.

Di Feliciantonio, C. (2016). Subjectification in times of indebtedness and neo−liberal/austerity urbanism. *Antipode*, *48*(5), 1206−1227.

Dielman, Terry E. (1989). *Pooled Cross−Sectional and Time Series Data Analysis*. New York: Marcel Dekker, Inc.

Dijkgraaf, E., and Gradus, R. H. J. M. (2004). Cost savings in unit−based pricing of household waste: The case of The Netherlands. *Resource and energy economics*, 26(4), 353−371.

Donald, B., Glasmeier, A., Gray, M., and Lobao, L. (2014). Austerity in the city: economic crisis and urban service decline? *Cambridge Journal of Regions, Economy and Society*, 7(1), 3−15. doi:10.1093/cjres/rst040

Dornan, P. B. (1977). "Wither Urban Policy Analysis?: A Review Essay." *Polity* 9: 503−527.

Dowling, E., & Harvie, D. (2014). Harnessing the social: State, crisis and (big) society. *Sociology*, *48*(5), 869−886.

Duncan, S. and M. Goodwin (1988). *The Local State and Uneven Development*. Oxford: Polity.

Edwards, George C. and Ira Sharkansky (1978). *The Policy Predicament: Making and Implementing Public Policy*. San Francisco: Freeman and Co.

Eisinger, P. K. (1972). "The Pattern of Citizen Contacts with Urban Officials." In *People and Politics in Urban Society*. Edited by Harlan Hahn. Beverly Hills: Sage.

Elderveld, Samuel J., Lars Stromberg, and Wim Derksen (1995). *Local Elites in Western Democracies: A Comparative Analysis of Urban Political Leaders in the U.S., Sweden, and the Netherlands*. San Francisco: Westview Press.

Elkin, S. L. (1987). *City and Regime in the American Republic*. Chicago: University of Chicago Press.

Elliot, Brian and David McCrone (1982). *The City: Patterns of Domination and Conflict*. London: McMillan Press.

Erikson, Robert S., Norman R. Luttbeg, and Kent L. Tedin (1991). *American Public Opinion: It's Origins, Contact and Impact*. NY: McMillan Publishing Co.

Etzioni, Amitai (1993). *The Spirit of Community*. New York: Crown Publishers.

Fainstein, Susan S. and Norman I. Fainstein (1985). "Citizen Participation in Local Government." In *Public Policy across States and Communities*, pp. 223–238. Edited by Dennis R. Judd. JAI Press.

Farley and Glickman (1986). "R&D as an Economic Development Strategy." *Journal of the American Planning Association* 52/4: 407–418.

Feiock, R. C. (1986). "The Political Economy of Urban Service Distribution: A Test of the Underclass Hypothesis." *Journal of Urban Affairs* 8: 31–42.

Ferry, L., Ahrens, T., and Khalifa, R. (2019). Public value, institutional logics and practice variation during austerity localism at Newcastle City Council. *Public Management Review*, 21(1), 96–115.

Fesler, James W. (1965). "Approaches to the Understanding of Decentralization." *Journal of Politics*, 36/4.

Finkel, Steven E. (1985). "Reciprocal Effects of Participation and Political Efficacy: A Panel Analysis." *American Journal of Political Science* 29/4: 891–913.

Fiorina, M. P. (1977). *Congress: Keystone in Washington Establishment*. New Haven: Yale University Press.

Fitzgerald, A., and Lupton, R. (2015). The limits to resilience? The impact of local Government spending cuts in London. *Local Government Studies*, 41(4), 582–600.

Fossett, J. W. (1983). *Federal Aid to Big Cities: The Politics of Dependence*. Washington, D.C.: Brookings Institution.

Frank, A. G. (1969). *Capitalism and Underdevelopment in Latin America*. New York.

Friedland, R., F. F. Piven, and Roger A. Alford (1977). "Political Conflict, Urban

Structure and Fiscal Crisis." *International Journal of Urban and Regional Research* 1/3: 447-71.

Fry, Brian and Richard Winters (1970). "The Politics of Redistribution." *American Political Science Review*, 64: 508-522.

Gray, M., and Barford, A. (2018). The depths of the cuts: the uneven geography of local government austerity. *Cambridge Journal of Regions, Economy and Society*, 11(3), 541-563. doi:10.1093/cjres/rsy019

Gerson, E. (1976). "On Quality of Life." *American Sociological Review* 41: 793-806.

Giddens, Anthony (1979). *Central Problems in Social Theory: Action, Structure, and Contradiction in Social Analysis.* University of California Press.

Gneist, R. (1871). *Selfgovernment: Communalverfassung und Verfassungs-gerichte in England. Berlin.* 이기우(1996)에서 재인용.

Goldstein, Harvey A. and Michael I. Luger (1991). "Science/Technology Parks and Regional Development: Prospects for the United States." In *Regional Innovation and Decentralization.* Edited by Unlich Hilpert. London & New York: Routledge, 1991.

_____ (1992). "University-based Research Parks as a Rural Development Strategy." *Policy Studies Journal* 20/2: 249-263.

Goodsell, Charles T. (1986). "Perspective on 'Privatization,': In Defense of Bureaucracy." *State Government News*, 29/6: 20-21.

Gomley, William, John Hoadley, and Charles Williams (1983). "Potential Responsiveness in the Bureaucracy: Views of Public Utility Regulation." APSR 77: 704-717.

Gordon, Andrew C. et al. (1979). "Public Information and Public Access: A Sociological Interpretation," In *Public Access to Information*, pp. 280-308. Edited by A. C. Gordon and John P. Heinz et al. N.J.: Transaction.

Gottdiener, M. (1987). *The Decline of Urban Politics: Political Theory of the Crisis of the Local State.* Beberly Hills: Sage.

Gramlich, Edward and Deborah Laren (1984). "Migration and Income Distribution Responsibilities." *Journal of Human Resources* 9: 489-511.

Gray, Virginia (1973). "Innovation in the States: A Diffusion Study." *American Policial Science Review*, 67: 1174-84.

Gray, Virginia (1973a). "Rejoinder to "Comment" by Jack L. Walker." *American Policial Science Review*, 67: 1192-93.

Green, Andrew and Ann Mattias (1997). *Non-Governmental Organizations and Health in Developing Countries*. St. Martin's Press Inc.

Green, Gary and Arnold Fleischmann (1989). "Analyzing Local Strategies for Promoting Economic Development." *Policy Studies Journal* 17/3: 558.

Green, Jennifer and Charles McClintock (1985). "Triangulation in Evaluation." *Evaluation Review*, 9: 523-545.

Greenberg, Edward S. (1983). *The American Political System*. 3rd ed. Boston: Little, Brown & Co.

Grunig, James E. and Todd Hunt (1984). *Managing Public Relations*. New York: Holt.

Guida, Richard A. (1989). "The Cost of Free Information." *The Public Interest*, 97: 87-95.

Gurr, Ted and Desmond King (1987). *The State and the City*. Chicago: University of Chicago Press.

Guthrie, K. Kendall and William H. Dutton (1992). "The Politics of Citizen Access Technology: The Development of Public Information Utilities in Four Cities." *Policy Studies Journal* 20/4: 574-597.

Gyford, John (1991). *Citizens, Consumers and Councils: Local Government and the Public*. London: MacMillan Education Ltd.

Hacker, J. S. (2006). *The Great Risk Shift: The New Economic Insecurity and the Decline of the American Dream*. Oxford University Press.

Haeberle, Steven H. (1986). "Good Neighbors and Good Neighborhoods: Comparing Demographic and Environmental Influences on Neighborhood Activism." *State and Local Government Review* 18: 109-116

_____ (1997). "Exploring the Effects of Single-member Districts on an Urban Political System: A Case Study of Birmingham, Alabama." *Urban Affairs Review* 33/2:   287-297.

Hajnal, Zoltan L. and Terry Nichol Clark (1998). "The Local Interest-Group System: Who Governs and Why?" *Social Science Quarterly* 79/1: 27-241.

Hanf, Kenneth (1978). "Introduction." In *Interorganizational Policy Making: Limits to Coordination and Central Control*. Edited by Kenneth Hanf and Fritz W. Scharpf. Beverly Hills.

Hardin (1968). "The Tragedy of the Commons." *Science*. Vol. 62.

Harloff, Martin Eileen (1987). *The Structure of Local Government in Europe*. Hague: IULA.

Harrigan, John J. (1985). *Political Change in the Metropolis*. 3rd ed. Boston: Little, Brown, & Co.

_____ (1989). *Political Change in the Metropolis*. 4th ed. Glenview, IL: Scott, Foresman & Co.

Harvey, D. (1973). *Social Justice and the City*. Baltimore: Johns Hopkins University Press.

_____ (1977). "Government Policies, Financial Institutions and Neighborhood Change in the United States." In *Captive Cities*, pp. 123-129. Edited by M. Harloe. New York: Wiley.

Hastings, A., Bailey, N., Bramley, G., and Gannon, M. (2017). Austerity urbanism in England: The 'regressive redistribution'of local government services and the im-pact on the poor and marginalised. *Environment and planning A*, 49(9), 2007-2024.

Heady, Ferrel (1984). *Public Administration: A Comparative Perspective*. New York: Marcel Dekker. 이정복 역. 비교행정론. 법문사.

Heater, Derek (1990). *Citizenship: The Civic Ideal in World History, Politics and Education*. London and New York.

Henchman, J., & Sapia, J. (2011). *Local Income Taxes: City-and Count-Level Income and Wage Taxes Continue to Wane*. Retrieved from Online: http://taxfoundation.org/article/local-income-taxes-city-and-county-level-income-and-wage-taxes-continue-wane

Hennings, G. and K. R. Kunzmann (1990). "Priority to Local Economic Development: Industrial Restructuring and Local Development Responses in the Ruhr Area-The Case of Dortmund." In *Global Challenge and Local Response*. Edited by Walter B. Stohr. New York: The United Nations University.

Hero, R. E. (1986). "The Urban Service Delivery Literature: Some Questions and Considerations." *Polity* 18: 659-677.

Herson, Lawrence, Jr. and John M. Bolland (1990). *The Urban Web: Politics, Policy, and Theory*. The University of Alabama.

Hibbs, Douglas (1987). *The American Political Economy: Macroeconomics and Electoral Politics in the United States*. Cambridge: Harvard University Press.

Hill, Dilys M. (1974). *Democratic Theory and Local Government*. Unwin University Books.

_____ (1994). *Citizens and Cities: Urban Policy in the 1990s*. Hemel Hempstead:

Harvester Wheatsheaf.

Hill, Leslie I. (1991). "Power and Citizenship in a Democratic Society." *Political Science and Politics* 24/3: 495-498.

Hilpert, Unlich and Bernard Ruffieux (1991). "Innovation, Politics and Regional Development: Technology Parks and Regional Participation in High Tech in France and West Germany." In *Regional Innovation and Decentralization*. Edited by Hilpert. London & New York: Routledge.

Hirlinger, Michael W. (1992). "Citizen-Initiated Contacting of Local Government Officials: A Multivariate Explanation." *Journal of Politics* 54/2: 553-564.

Hirshman, A. O. (1959). *The Strategy of Economic Development*. New Haven: Yale University Press.

_____ (1970). *Exit, Voice, and Loyalty: Responses to Decline in Firms, Organizations*, and States. Cambridge: Harvard University Press.

Hochschild, Jennifer (1981). *What's Fair: The Meaning of Redistributive Justice*. Cambridge: Harvard Univ. Press.

Hummel, Ralph P. (1987). *The Bureaucratic Experience*. 3rd ed. New York: St. Martin's.

Hunter, Floyd (1953). *Community Power Structure*. Chapel Hill: University of North Carolina Press.

Ihlanfeldt, William (1988). "Accelerating the Commercialization of Technology through the Research Park Initiative." A presentation delivered at Northwestern/Evanston Research Park.

INLOGOV(Institute of Local Government) (1988). *Local Government Systems in Western Countries*. UK: University of Birmingham.

Jacob, Herbert (1972). "Contact with Government Agencies: A Preliminary Analysis of the Distribution of Government Services." *Midwest Journal of Political Science*   16: 123-146.

Jones, Bryan D. (1977). "Distributional Considerations in Models of Government Service Provision." *Urban Affairs Quarterly* 12: 291-312.

_____ (1981). "Party and Bureaucracy: The Influence of Intermediary Groups on Urban Public Service Delivery." *American Political Science Review*, 75: 688-700.

_____ (1983). *Governing Urban America: A Policy Focus*. Little, Brown and Company.

Jones, B. D., S. Greenberg, C. Kaufman, and J. Drew (1977). "Bureaucratic Response to Citizen-Initiated Contacts: Environmental Enforcement in Detroit." *American*

Political Science Review 71: 148-165.

_____ (1978). "Services Delivery Rules and the Distribution of Local Government Services: Three Detroit Bureaucracies." *Journal of Politics* 40: 332-368.

_____ (1980). *Service Delivery in the City: Citizen Demand and Bureaucratic Rules.* Longman.

Jones, G. W. and J. Stewart (1974). *The Case for Local Government.* London: Allen & Unwin.

Jones, Kathleen, John Brown, and Jonathan Bradshaw (1978). *Issues in Social Policy.* London: Routledge & Kegan Paul.

Jordan, Bill (1989). *The Common Good: Citizenship, Morality and Self-interest.* UK: Basil Blackwell.

Jowitt, Anthony (1991). "Science Parks, Academic Research and Economic Regeneration." In *Regional Innovation and Decentralization.* Edited by Unlich Hilpert. London & New York: Routledge, 1991.

Judd, Dennis R. (1988). *The Politics of American Cities: Private Power and Public Policy.* London: Scott, Foresman and Co.

Judge, David (1995). "Pluralism." In *Theories of Urban Politics*, pp. 13-34. Edited by David Judge, Gerry Stoker, and Harold Wolman. London: Sage, 1995.

Judge, David, Gerry Stoker, and Harold Wolman, eds. (1995). *Theories of Urban Politics.* Sage Publications.

Katznelson, I. (1981). *City Trenches: Urban Politics and the Patterning of Class in the United States.* Chicago: University of Chicago.

Keating, Michael (1991). *Comparative Urban Politics: Power and the City in the United States, Canada,* Britain and France. Vermont: Edward Elgar.

Kennett, P., Jones, G., Meegan, R., and Croft, J. (2015). Recession, austerity and the 'great risk shift': Local government and household impacts and responses in Bristol and Liverpool. *Local Government Studies*, 41(4), 622-644.

Kernell, S. (1977). "Presidential Popularity and Negative Voting: An Alternative Explanation of the Mid-term Congressional Decline of the President's Party." *American Political Science Review* 71: 44-66.

Kernell, Samuel (1986). *Going Public.* Washington, D.C.: Congressional Quarterly.

King, Desmond (1984). *Fiscal Tier: The Economics of Multi-Level Government.* London: Allen and Unwin.

King, Roger (1990). "Policy and Processes in the Modern State." In *The State in*

Action: Public Policy and Politics. Edited by James Simmie and Roger King. London and New York: Pinter Publishers.

Kim, Y., and Warner, M. E. (2016). Pragmatic Municipalism: Local Government Service Delivery After the Great Recession. *Public administration*, 94(3), 789−805.

_____ (2020). Pragmatic municipalism or austerity urbanism? Understanding local government responses to fiscal stress. *Local Government Studies*, 1−19.

Koehler, D. H., and M. T. Wrighton (1987). "Inequality in the Delivery of Urban Services: A Consideration of the Chicago Parks." *Journal of Politics* 49: 80−99.

Koo, H. (1984). "The Political Economy of Income Distribution in South Korea." *World Development* 12: 1209−1037.

Kweit, Mary G. and Robert W. Kweit (1984). "The Politics of Policy Analysis: The Role of Citizen Participation in Analytic Decision Making." *Policy Studies Review* 3/2: 234−245.

_____ (1990). *People and Politics in Urban America*. Brooks/Cole Publishing.

Kysiak, Tonald C. (1986). "The Role of the University in Public−Private Partnership." *Proceedings of Academy of Political Science* 36/2: 47−59.

Langton, Stuart (1978). *Citizen Participation in America*. Lexington, Ma: Heath.

Lassey, William R. and Marshall Sashkin (1983). "Dimensions of Leadership." In *Leadership and Social Change*. Edited by Lassey and Sashkin. San Diego: University Associates.

Lasswell, H. (1951). *Politics: Who Gets What, When, and How*. New York: Meridian Books.

Lee, Seung Jong (1989). "Policy Type, Bureaucracy, and Urban Policies." Unpublished Ph. D dissertation. Northwestern University.

Levin, M. B. (1960). *The Alienated Voter: Politics in Boston*. Holt, Rinehart & Winston.

Levine, C. H. (1978). Organizational decline and cutback management. *Public Administration Review*, 38(4), 316−325.

Levy, F., A. J. Meltsner, and A. Wildavsky (1974). *Urban Outcomes*. Berkeley: University of California Press.

Lewis−Beck, M. S. (1980). *Applied Regression: An Introduction*. Beverly Hills: Sage.

Light, Alfred R. (1978). "Intergovernmental Sources of Innovation in State Adminstration." *American Politics Quarterly*, 6: 147−165.

Lindblom, Charles E. (1959). "The Science of Muddling Through." *Public Administration Review* 19: 79−88.

_____ (1977). *Politics and Markets*. New York: Basic Books.

Lineberry, Robert L. (1977). *Equality and Urban Policy: The Distribution of Municipal Public Services*. Beverly Hills: Sage.

_____ (1985). "Politicians and the Distribution of Public Policies." *Policy Studies Journal* 3: 407-411.

Lineberry, Robert and Ira Sharkansky (1978). *Urban Politics and Public Policy*. 3rd ed. Harper & Row.

Lipsky, Michael (1976). *Street-Level Bureaucracy: Dilemmas of the Individual in Public Services*. New York: Russel Sage Foundation.

Logan, J. H. Molotch (1987). *Urban Fortunes: The Political Economy of Place*. Berkeley: University of California Press.

Logan, J. R., & Molotch, H. L. (1987). Urban Fortunes: *The Political Economy of Place*. Berkeley, CA: University of California Press.

Logan, John and Min Zhou (1989). "Do Suburban Growth Controls Control Growth?" *American Sociological Review* 54: 461-471.

Loh, C. G. (2016). The Everyday Emergency: Planning and Democracy Under Austerity Regimes. *Urban Affairs Review*, 52(5), 832-863. Retrieved from http://uar.sagepub.com/content/early/2015/03/27/1078087415577639.abstract

Lovrich, Jr., Nicholas P., and G. Thomas Taylor, Jr. (1976). "Neighborhood Evaluation of Local Government Services: A Citizen Survey Approach." *Urban Affairs Quarterly* 12/2: 197-222.

Lowi, T. (1967) "Machine Politics: Old and New." *Public Interest* 9: 83-92.

Lowndes, Vivien (1995). "Citizenship and Urban Politics." In *Theories of Urban Politics*, pp. 160-180. Edited by David Judge, Gerry Stoker, and Harold Wolman. London: Sage.

Lowndes, V., and Gardner, A. (2016). Local governance under the conservatives: Super-austerity, devolution and the 'smarter state'. *Local Government Studies*, 42(3), 357-375.

Lowndes, V., and Pratchett, L. (2012). Local governance under the Coalition government: austerity, localism and the 'Big Society'. *Local Government Studies*, 38(1), 21-40.

Lucy, William H. and Kenneth. R. Mladenka (1980). *Equity and Urban Service Distribution: The Urban Management Curriculum Development Project*. The National Training and Development Service.

Lukes, Stven (1974). *Power: A Radical View*. London: Macmillan.

Lunde, Tormod K. (1996). "Client Consultation and Participation: Consumers and Public Services." In OECD, *Responsive Government: Service Quality Initiatives*. Paris: OECD.

Madison, James (1822). "Letter to W. T. Barry Aug. 4 1822." In *The Writings of James Madison*. Edited by Gaillard Hunt. New York: Putnam, 1910. Recited from John Shattuck (1988). "The Right to Know: Public Access to Federal Information in the 1980s." *Government Information Quarterly*. Vol. 5: 369-375.

Maillat, Dennis (1990). "Regional Restructuring in French-Speaking Europe." In *Global Challenge and Local Response*. Edited by Walter B. Stohr. New York: The United Nations University.

March, J. G., & Simon, H. A. (1958). *Organizations*. New York: John Wiley and Sons.

Marcuse, P. (1987). "Neighborhood Policy and the Distribution of Power: New York City's Community Boards." *Policy Studies Journal* 16: 277-289.

Marquand, D. (1988). *The Unprincipled Society: New Demands and Old Politics*. London: Fontana.

Marshall, Michael (1990). "Regional Alternatives to Economic Decline in Britain's Industrial Heartland: Industrial Restructuring and Local Economic Intervention in the West Midlands Conurbation." In *Local Challenge and Local Response*. Edited by Walter B. Stohr. New York: The United Nations University.

Marston, Sallie A. (1993). "Citizen Action Programs and Participatory Politics in Tucson." In *Public Policy for Democracy*. Edited by Helen Ingram and Steven R. Smith. Brookings.

Martin, Hans-Peter and Harold Schumann (1996). *Die Globalisierungsfalle*. 강수돌 역. 세계화의 덫. 영림카디널.

Martinez-Vazquez, J. (2015). Tax assignments at the regional and local levels. In E. Ahmad & G. Brosio (Eds.), *Handbook of Multilevel Finance* (pp. 358-388). Cheltenham, UK: Edward Elgar Publishing.

McClosky, H. (1969). "Political Participation." *International Encyclopedia of the Social Sciences* 12.

Mellors, Colin and Nigel Copperthwaite (1987). *Local Government in the Community*. Cambridge: ISCA Publishing Limited.

Metcalfe, Les (1978). "Policymaking in Turbulent Environments." In *Interorganizational Policymaking: Limits to Coordination and Central Control*. Edited by Kenneth

Hanf and Fritz W. Scharpf. Beverly Hills.

Mill, J. S. (1910). *Considerations on Representative Government*. New York: Henry Holt & Co.

Mladenka, Kenneth R. (1977). "Citizen Demand and Bureaucratic Response: Direct Dialing Democracy in a Major American City." *Urban Affairs Quarterly* 12.

_____ (1980). "The Urban Bureaucracy and the Chicago Political Machine: Who Gets What and the Limits to Political Control." *American Political Science Review* 74: 991-998.

Mladenka, K. R. and K. Q. Hill (1978). "The Distribution of Urban Police Services." *Journal of Politics* 40: 112-133.

Mlinar, Zdravko (1995). "Local Responses to Global Change." *The Annals of the American Academy of Political and Social Science*, 540: 145-156.

Mollenkopf, John H. (1983). *The Contested City*. New Jersey: Princeton University Press.

Morgan, David R. and Sheilah S. Watson (1995). "The Effects of Mayoral Power on Urban Fiscal Policy." *Policy Studies Journal* 23/2: 233-243.

Morgan, Edward P. (1987). "Technocratic versus Democratic Options for Educational Policy." In *Citizen Participation in Public Decision Making*. Edited by Jack De Sario and Stuart Langton. NY: Greenwood Press.

Morphet, Janice (1993). *The Role of Chief Executives in Local Government*. London: Longman.

Morris, J., Harrison, J., Genovese, A., Goucher, L., and Koh, S. (2017). Energy policy under austerity localism: what role for local authorities? *Local Government Studies*, 43(6), 882-902.

Mouffe, Chantal, ed. (1992). *Dimensions of Radial Democracy: Pluralism, Citizenship, Community*. London: Verso.

Moulder, Evelina and Lisa A. Huffman (1996). "Connecting to the Future: Local Governments on Line." In *The Municipal Yearbook*. Edited by ICMA. Washington, D.C.

Mulgan, Geoff J. (1994). *Politics in an Antipolitical Age*. MA: Polity Press.

Musgrave, R. (1959). *The Theory of Public Finance*. New York: McGraw-Hill.

Musgrave, R. A. (1983). Who Should Tax Where and What. In C. McLure (Ed.), *Tax Assignment in Federal Countries* (pp. 2-19). Canberra: Australian National University.

Musheno, Michael (1981). "The Justice Motive in the Social Policy Process: Searching for Normative Rules of Distribution." *Policy Studies Review* 5.

Myers, Dowell (1987). "Community-Relevant Measurement of Quality of Life: A Focus on Local Trends." *Urban Affairs Quarterly* 23/1: 108–125.

Myrdal, G. (1957). *Economic Theory and Underdeveloped Regions.* London: Gerald Duckworth & Co.

Naisbitt, J. (1989). *Megatrends: Ten New Directions Transforming Our Lives.* New York: Warner Commission Co.

Nardulli, P. F., and J. Stonecash (1981). *Politics, Professionalism, and Urban Service: The Police.* Cambridge, MA: Oelgeschlager, Gunn, and Hain.

Niskanen, W. A. (1971). *Bureaucracy and Representative Government.* New York: Aldine- Atherton.

Niskanen, W. A. (1971). *Bureaucracy and Representative Government.* Chicago, IL: Aldine-Atherton.

Nivola, P. S. (1978). "Distributing a Municipal Service: A Case Study of Housing Inspection." *Journal of Politics* 40: 59–81.

Ntampoudi, I. (2014). The Eurozone crisis and the politics of blaming: The cases of Germany and Greece. *Political Perspectives,* 8(2), 1–20.

Oates, W. E. (1972). *Fiscal Federalism.* New York, NY: Harcourt Brace Jovanovich.

O'Conner, J. (1973). *The Fiscal Crisis of the State.* New York: St. Martin's Press.

O'Neil, James E. (1972). "Access to Government Documents: Progress, Problems, and Prospects." In *Access to Government Documents.* Edited by Sunflower University Press.

Osborne, David and Ted Gabler (1992). *Reinventing Government.* New York: International Creative Management.

Pagano, M. A., & Johnston, J. M. (2000). Life at the Bottom of the Fiscal Food Chain: Examining City and County Revenue Decisions. Publius: *The Journal of Federalism,* 30(1), 159–170. Retrieved from http://publius.oxfordjournals.org/content/30/1/159.abstract

Pahl, R. (1977). "Managers, Technical Experts and the State." In *Captive Cities.* Edited by M. Harloe. London: John Wiley.

Pandey, S. K. (2010). Cutback Management and the Paradox of Publicness. *Public Administration Review,* 70(4), 564–571. doi:10.1111/j.1540–6210.2010.02177.x

Parry, Geraint, Goerge Moyser, and Neil Day (1992). *Political Participation and*

Democracy in Britain. Cambridge: Cambridge University Press.

Pateman, Corole (1970). *Participation and Democratic Theory.* New York: Cambridge University Press.

Pauly, Mark (1973). "Income Redistribution as a Local Public Good." *Journal of Public Economic* 2: 35–58.

Peck, J. (2012). Austerity urbanism: American cities under extreme economy. *City, 16*(6), 626–655.

_____ (2014). Pushing austerity: state failure, municipal bankruptcy and the crises of fiscal federalism in the USA. *Cambridge Journal of Regions, Economy and Society, 7*(1), 17–44. doi:10.1093/cjres/rst018

Peck, J., Theodore, N., & Brenner, N. (2009). Neoliberal urbanism: Models, moments, mutations. *Sais Review, 29*(1), 49–66.

Pecorella, R. F. (1986). "Community Input and the City Budget: Geographically Based Budgeting in New York City." *Journal of Urban Affairs* 8: 57–70.

Peters, Guy (1989). *The Politics of Bureaucracy.* 3rd ed. New York: Longman.

Peterson, Paul E. (1981). *City Limits.* Chicago: University of Chicago Press.

Phillips, Anne (1996). "Why Does Local Democracy Matter?" In *Local Democracy and Local Government.* Edited by Lawrence Pratchet and David Wilson. London: CLD Ltd., 1996.

Pickvance, Christopher (1995). "Marxists Theories of Urban Politics." In T*heories of Urban Politics.* Edited by David Judge et al. London: Sage.

Pinch, Steven (1985). *Cities and Services: The Geography of Collective Consumption.* London: Routledge & Kegan Paul.

Pindyck, Robert S. and Daniel L. Rubinfeld (1998). *Econometric Models and Economic Forecasts.* 4th ed. Boston, MA: McGraw–Hill.

Pollio, A. (2016). Technologies of austerity urbanism: the "smart city" agenda in Italy (2011‒2013). *Urban Geography, 37*(4), 514–534.

Polsby, Nelson W. (1980). *Community Power and Political Theory.* New Haven, Con.: Yale University Press.

Poulantzas, N. (1973). *Political Power and Social Classes.* London: New Left Books.

Powell, N. J. (1951). *Anatomy of Public Opinion.* N.J.: Prentice Hall.

Pratchet and David Wilson (1996). *Local Democracy and Local Government.* London: CLD Ltd.

Premus, Robert and John P. Blair (1991). "Economic Development Planning as a

Relay: Dayton's Experience." *Policy Studies Journal* 10: 99-107.

Qian, Y., and Weingast, B. R. (1997). Federalism as a commitment to perserving market incentives. *The Journal of Economic Perspectives,* 83－92.

Rawls, John (1971). *A Theory of Justice.* Cambridge, M.A.: Harvard University Press.

Reagan, Michael D. and Victoria L. Fedor-Thurman (1987). "Public Participation: Reflections on the California Energy Policy Experience." In *Citizen Participation in Public Decision Making,* pp. 89-113. Edited by Jack De Sario and Stuart Langton.

Relyea, Harold C. (1986). "Access to Government Information." *Public Administration Review,* 46: 635-639.

Rhodes, Rob (1992). "Management in Local Government: Twenty Tears On." In Steve Leach, ed., *Strengthening Local Government in the 1990s.* United Kingdom: Longman.

Rich, R. C. (1977). "Distribution of Service: Studying the Products of Urban Policy Making." In *Urban Policy Making.* Edited by D. R. Marshall. Beverly Hills: Sage.

_____ (1982). "The Political Economy of Urban-Service Distribution." In *The Politics of Urban Public Services,* pp. 3-18. Edited by R. C. Rich. Lexington, MA: D.C. Heath and Company.

_____ (1982). "Problems of Theory and Method in the Study of Urban Service Distributions." In *Analyzing Urban Service Distributions,* pp. 3-18. Edited by Rich. Lexington, MA: Heath and Company.

Ridley, Frederick F. (1984). "Intermediaries Between Citizen and Administration: Some British Perspective." *International Review of Administrative Sciences* 50/4: 355-363.

Riker, W. (1962). *A Theory of Political Coalitions.* New Haven: Yale University Press.

Riley, Tom and Harold Rilyea, eds. (1983). *Freedom of Information Trends in the Information Age.* Frank Cass.

Rogers, Everestt M. (1983). *Diffusion of Innovation.* New York: Free Press.

Rosenbloom, David H. (1986). *Public Administration.* New York: Random House.

Rouke, Francis (1984). *Bureaucracy, Politics and Public Policy.* 3rd ed. Boston: Little Brown Co.

Rourke, Francis (1975). "Administrative Secrecy: A Comparative Perspective." Public *Administration Review,* 35: 1-2.

Rourke, Francis (1984). *Bureaucracy, Politics, and Public Policy.* 3rd ed. Boston: Little Brown Co.

Rousseau, J. J. (1968). *The Social Contract.* translated by M. Cranston. Penguin Books.

Rowat, Donald, ed. (1980). *International Handbook on Local Government Reorganization.* Westport, Connecticut: Greenwood Press.

Rueschemeyer, Dietrich, Evelyne H. Stephens, and John D. Stephens (1992). *Capitalist Development and Democracy.* Polity Press.

Sabatier, Paul and Daniel Mazmanian (1980). "The Implementation of Public Policy: A Framework of Analysis." *Policy Studies Journal* 8/4: 538-559.

Salamon, Lester (1992). *American Nonprofit* Sector. The Foundation Center.

Samuelson, P. A. (1954). The pure theory of public expenditure. *The review of economics and statistics,* 36(4), 387-389.

Sanger, M. B. (1976). "Public Services: An Investigation of Intra-city Distribution Patterns." Unpublished Ph. D dissertation. Brandeis University.

Sartori, G. (1962). Democratic Theory. Detroit: Wayne State University.

Saunders, Peter (1979). *Urban Politics: A Sociological Interpretation.* Hutchinson of London.

Sayre, Wallace and Herbert Kaufman (1960). *Governing New York City.* New York: Russell Sage.

Sayrs, Lois W. (1989). *Pooled Time Series Analysis.* London: Sage.

Schachter, Hindy Lauer (1997). "Reinventing Government or Reinventing Ourselves: The Role of Citizen Owners." In *Making a Better Government.* New York: SUNY Press.

Schachter, Laure H. (1995). "Reinventing Government or Reinventing Ourselves: Two Models for Improving Government Performance." *Public Administration Review,* 55/6: 530-537.

Scharpf, Fritz W., Bernd Reissert, and Fritz Schanabel (1978). "Policy Effectiveness and Conflict Avoidance in Intergovernmental Policy Formation." In *Interorganiza-tional Policy Making: Limits to Coordination and Central Control.* Edited by Kenneth Hanf and Fritz W. Scharpf. Beverly Hills.

Schattschneider, E. E. (1960). *The Semi-Sovereign People.* New York: Holt, Rinehart, & Winston.

Schmitter, Philippe C. and Terry L. Kar (1993). "What Democracy Is ⋯ and Is Not." In *The Global Resurgency of Democracy,* pp. 39-52. Edited by Larry Diamond and Marc F. Platter. Baltimore: The Johns Hopkins University Press.

Schneider, M. (1989). *The Competitive City: The Political Economy of Suburbia.* Pittsburgh: University of Pittsburgh Press.

Schulz, M., Wang, S., Scorsone, E., & Zinnes, S. (February2020). *Systems Framework for Meeting Local Government Service Solvency Standards: Case Study of the City of Flint, Michigan*. Retrieved from https://www.canr.msu.edu/center_for_local_government_finance_and_policy/up-loads/files/Flint+water+case+study+white+paper+final+4-17-20.pdf

Schumaker, Paul (1993). Estimating the First and (Some of the) Third Faces of Community Power. *Urban Affairs Quarterly* 28/3: 441-461.

Schumitter, Phililppe C. (1979). "Still the Centre of Corporatism." In *Trend toward Corporatist Intermediation*, pp. 54-71. Edited by Schumitter and G. Lehmbruch. Sage.

Schumpeter, J. S. (1943). *Capitalism, Socialism, and Democracy*. London: Geo Allen & Unwin.

Sharkansky, Ira (1970). *Regionalism in American Politics*. New York: Bobbs-Merril.

Sharp, Elaine B. (1982). "Citizen-Initiated Contacting for Government Officials and Socioeconomic Status: Determining the Relationship and Accounting for It." *American Political Science Review* 76: 109-115.

_____ (1986). *Citizen Demand-Making in the Urban Context*. University of Alabama Press.

_____ (1990). *Urban Politics and Administration: From Service Delivery to Economic Development*. University of Kansas.

Sharpe, L. J. (1970). "Theories and Values of Local Government." *Political Studies* 18/2.

Shefter, Martin (1985). P*olitical Crisis/ Fiscal Crisis: The Collapse and Revival of New York City*. NY: Basic Books.

Sjoquist, D. L. (1981). A median voter analysis of variations in the use of property taxes among local governments. *Public Choice, 36*(2), 273-285.

Skogan, Wesley G. (1975). "Groups in the Policy Process: The Police and Urban Crime." In *Urban Problems and Public Policy*, pp. 51-57. Edited by Robert L. Lineberry and Louis M. Massotti. Lexington, MA: D.C. Heath & Co.

Smith, B. C. (1985) "Measuring Decentralization." In George Jones(ed.), *New Approaches to the Study of Central-Local Government Relationships*, 137-51. London: Gower.

_____ (1985). *Decentralization: The Territorial Dimension of the State*. London: George Allen.

Smith, T. Alexander (1988). *Time and Public Policy*. Knoxville, Tennessee: The

University of Tennessee Press.

Stein, Robert M. (1980). "Functional Integration at the Substate Level: A Policy Approach." *Urban Affairs Quarterly* 16/2: 211-233.

Stewart, John (1989). "The Changing Organization and Management of Local Authorities." In *The Future of Local Government*, pp. 171-184. Edited by John Stewart and Gerry Stoker. London: Macmillan.

Stivers, Camilla (1990). "The Public Agency as Polis: Active Citizenship in the Administrative State." *Administration and Society*, 22/1: 86-105.

_____ (1990a). "Active Citizenship and Public Administration." In *Refounding Public Administration*, pp. 246-273. Edited by Gary L. Wamsley et al. Sage Publications.

Stohr, Walter B. (1990). "On the Theory and Practice of Local Development in Europe." In *Global Challenge and Local Response*. Edited by Stohr. New York: The United Nations University.

Stone, Clarence N. (1980). "Systemic Power in Community Decision-Making: A Restatement of Stratification Theory." *American Political Science Review* 74: 978-990.

_____ (1989). *Regime Politics: Governing Urban Atlanta, 1946-1988*. Lawrence, Kansas: University Press of Kansas.

_____ (1995). "Political Leadership in Urban Politics." In *Theories of Urban Politics*, pp. 96-116. Edited by David Judge, Gerry Stoker, and Harold Wolman. London: Sage.

_____ (1989). *Regime politics: governing Atlanta, 1946-1988*. Lawrence: University Press of Kansas.

Stonecash, Jeffery (1995). *American State and Local Politics*. New York: Jarcout Brace College Publishers.

Stouffer, Samuel A., Edward A. Suchman, Leland C. Devinny, Shirley A. Star, and Robin M. Williams, Jr. (1949). *The American Soldier*. NJ: Princeton University.

Straub, Daniel H. (1974). "Institutionalizing Citizen Participation." In Stanley P. Powers, F. Gerald Brown, and David S. Arnold, eds., *Developing the Municipal Organization*. Washington, D.C. ICMA: 288-298.

Sun, R., & Jung, C. (2012). Does user-charge financing reduce expenditure levels for the charge-financed services? *The American Review of Public Administration*, 42(2), 170-185.

Ter-Minassian, Teresa (1997). "Decentralizing Government." *Finance and Development*,

34/3: 36–39.

Teune, Henry (1996). "Local Government and Democratic Political Development." *The Annals of the American Academy of Political and Social Science*, 540: 11–24.

Thomas, John Clayton (1982). "Citizen–Initiated Contacts with Government Agencies: A Test of Three Theories." *American Journal of Political Science* 26.

Tocqueville, Alexis de (1969). *Democracy in America.* translated by George Lawrence, ed. New York: Doubleday, Anchor.

Tucker, Robert C. (1981). *Politics as Leadership.* Columbia: University of Missouri.

Tullock, G. (2002). People Are People: The Elements of Public Choice. In G. Tullock, A. Seldon, & G. L. Brady (Eds.), *Government Failure: A Primer in Public CHoice* (pp. 3–16). Washington DC: Cato Institute.

Turney, John R. (1981). "Identifying Sources of Organizational Conflict." U.S. Office of Personal Management.

van Lanen, S. (2017). Living austerity urbanism: space–time expansion and deepening socio–spatial inequalities for disadvantaged urban youth in Ireland. *Urban Geography, 38*(10), 1603–1613.

Vedlitz, Arnold and Eric P. Veblen (1980). "Voting and Contacting: Two Forms of Political Participation in a Suburban Community." *Urban Affairs Quarterly* 16, September.

Vedlitz, A., and J. A. Dyer (1984). "Bureaucratic Response to Citizen Contacts: Neigh–borhood Demands and Administrative Reaction in Dallas." *Journal of Politics* 46: 1207–1216.

Vedlitz, Arnold, James Dyer, and Roger Durand (1980). "Citizen Contacting with Local Government: A Comparative View." *American Journal of Political Science* 24: 50–67.

Verba, Sidney, Kay L. Schlozman, and Henry E. Brady (1995). *Voice and Equality: Civic Voluntarism in American Politics.* Harvard University Press.

Verba, Sidney and Norman H. Nie (1972). *Participation in America: Political Democracy and Social Equality.* Harper and Row.

Verba, Sidney, Norman H. Nie, and Jae–On Kim (1971). *The Model of Democratic Participation: A Cross–National Comparison.* Beverly Hills: Sage Comparative Politics Series, No. 01–13.

Viteritti, J. P. (1979). *Bureaucracy and Social Justice: The Allocation of Jobs and Services to Minority Groups Port.* Washington: Kennika Press.

_____ (1982). "Bureaucratic Environments, Efficiency, and Equity in Urban Service-Delivery Systems." In *The Politics of Urban Public Services*. Edited by R. C. Rich. Lexington: Lexington Books.

Voith, Richard P. (1992). "City and Suburban Growth: Substitutes or Complements?" *Business Review*, Sept./Oct.: 21-23.

Wade, Rachima C., ed. (1997). *Community Service Learning*. New York: SUNY Press.

Walker, Jack L. (1969). "The Diffusion of Innovations among the American States." *American Policial Science Review*, 63: 880-899.

Walker, Jack L. (1973). "Comment: Problems in Research on the Diffusion of Policy Innovation." *American Policial Science Review*, 67: 1186-91.

Wallace, R., & Wallace, D. (1998). *A plague on your houses: How New York was burned down and national public health crumbled*. New York, NY: Verso.

Walzer, M. (1983). *Spheres of Justice*. N.Y.: Basic Books.

Warner, M. E., Aldag, A. M., & Kim, Y. (2020). Pragmatic Municipalism: US Local Government Responses to Fiscal Stress. *Public Administration Review*.

Warner, M. E., & Clifton, J. (2014). Marketisation, public services and the city: the potential for Polanyian counter movements. *Cambridge Journal of Regions, Economy and Society*, 7(1), 45-61. doi:10.1093/cjres/rst028

Weaver, R. K. (1986). "The Politics of Blame Avoidance." *Journal of Public Policy* 6: 371-398.

_____ (1988). *Automatic Government: The Politics of Indexation*. Washington, D.C.: Brookings Institution.

Weicher, J. C. (1971). "The Allocation of Police Protection by Income class." *Urban Studies* 8: 207-220.

Weiss, Thomas and Leon Gordenker (1996). *NGOs, the UN and Global Governance*. Boulder, Colo: Lynne Rienner.

Welch, Susan (1975). "The Impact of Urban Riots on Urban Expenditures." *American Journal of Political Science* 19/4: 741-760.

Welch, Susan and Timothy Bledsoe (1988). *Urban Reform and Its Consequences: A Study in Representation*. Chicago: University of Chicago Press.

Welsh, William A. (1979). *Leaders and Elites*. New York: Holt, Rinehart and Winston.

Wiatr, Jerzy J. (1973). "Political Elites and Political Leadership: Conceptual Problems and Selected Hypotheses for Comparative Research." *Indian Journal of Politics*. Recited from Welsh(1973: 19).

Wicks, Bruce E. and John L. Crompton (1989). "Allocating Services for Parks and Recreation: A Model for Implementing Equity Concepts in Austin, Texas." *Journal of Urban Affairs* 11/2: 169-188.

Wildavsky, Aaron (1974). *The Politics of Budgetary Process.* 2nd ed. Boston: Little, Brown.

_____ (1979). *Speaking Truth to the Power: The Art and Craft of Policy Analysis.* Boston: Little, Brown.

Wilson, J. Q. (1968). *Varieties of Police Behavior: The Management of Law and Order in Eight Communities.* Cambridge: Harvard University Press.

Wise, Bob (1989). "Electronic Information and Freedom of Information-Moving to-ward Policy: A Viewpoint." *Government Publications Review* 16: 425-428.

Wolfinger, R. E. (1971). "Nondecisions and the Study of Local Politics." *American Political Science Review,* 65.

Wolman, Harold and Michael Goldsmith (1992). *Urban Politics and Policy: A Comparative Approach.* Oxford, UK: Blackwell

Wong, Kenneth (1988). "Economic Constraint and Political Choice in Urban Policy-Making." *American Journal of Political Science,* 32: 1-18.

Wong, Kenneth K. and Paul E. Peterson (1986). "Urban Response to Federal Program Flexibility: Politics of Community Development Block Grant." *Urban Affairs Quarterly* 21: 293-209.

World Bank (1975). *The Assault on World Poverty.* Baltimore: Johns Hopkins Press.

Wright, Deil S. (1988). *Understanding Intergovernmental Relations.* Brooks/Cole Co.

Yates, D. (1976). "Urban Government as a Policy-Making System." In *The New Urban Politics,* pp. 235-264. Edited by Masotti, L. H. and R. L. Lineberry. Cambridge, MA: Ballinger Publishing Co.

_____ (1977). *The Ungovernable City: The Politics of Urban Problems and Policy Making.* Cambridge, Mass: MIT Press.

Yeric, Jerry L. and John R. Todd (1983). *Public Opinion: The Visible Politics.* IL: Peacock Publishers.

Young, K. (1986). "The Justification of Local Government." In *Essays on the Future of Local Government,* 8. 1. Edited by Goldsmith. Leeds: West Yorks MCC, 1992. Recited from Wolman and Goldsmith(1992).

Zimmerman, Joseph F. (1986). *Participatory Democracy.* NY: Praeger.

Zuckerman, Alan S. and Darrell M. West. (1985). "The Political Bases of Citizen

Contacting: A Cross-National Analysis." *American Political Science Review* 79/1: 117-117-131.

高奇昇三 (1980). 「市民統制と地方自治」. 經革書房.

金子哲藍 (1989). 「自治體の 情報公開」. 第一法規

度辺剋己 (1990). "都道府縣 廣報廣聽 活動에 관한 調査研究의 槪要." 「地方自治」, 1990. 4.

本田弘 (1988). 「정보공개행정론: 일본 지방행정에 있어서의 정보공개시스템」. 한규인 역.   대영문화사.

安藤雅之 (1987). "新奈川縣의 情報公開." 「地方自治」, No. 470.

岩寄忠夫 (1984). 「住民參加論」. 第一法規.

伊藤光利 (1988). "地方自治 と 二元的代表制." 「地方自治研修」. 東京.

伊藤善市 (1993). "國際化와 地方公務員." 「自治研究」, 가을호.

積石順一 (1982). 「自治体 廣報의 新展開」. 第一法規.

電通總研 (1999). Non-Profit Organization. 제진수 역. 삼인.

村松岐夫 (1991). 「중앙과 지방관계론」. 최외출·이성환 공역. 대영문화사.

村松岐夫·伊藤廣利 (1986). 「地方議員의 研究」. 日本經濟新聞社.

八木敏行 (1986). 「情報公開: 現狀, 課題」. 東京: 有斐閣.

찾아보기

625